汽车先进技术译丛　汽车技术经典手册

车辆系统动力学手册
第4卷：控制和安全

[意] 吉亚姆皮埃罗·马斯蒂努（Giampiero Mastinu）
[奥] 曼弗雷德·普勒彻（Manfred Ploechl） 主编

吉林大学汽车仿真与控制国家重点实验室　组译
李杰　等译

机械工业出版社

本丛书对车辆系统动力学建模、分析与优化，车辆概念和空气动力学，充气轮胎和车轮-道路/越野，车辆子系统建模，车辆动力学和主动安全，人机相互作用，智能车辆系统，以及车辆事故重建被动安全进行了全面描述。

本丛书由来自23所大学与9家知名企业的50余位专家共同编写，以科学界与工业界的视角对知识结构进行了平衡，代表了目前车辆系统动力学技术发展的水平，适合汽车工程师与汽车专业师生阅读使用。

推荐序言

汽车仿真与控制国家重点实验室,是国家布局在汽车工程科技领域的首批国家重点实验室。1989 年,实验室获批立项建设。1993 年,获得世界银行贷款 2500 万元投资,研制国际先进的汽车性能模拟器。1996 年,在"整体系统自行设计与集成,关键部件国外引进,一般部件国内配套、软件自行开发"的总体技术路线指导下,成功研制了中国首台开发型汽车性能模拟器,当年 12 月以"世界先进、亚洲第一和中国首创"的评价通过国家验收,正式对国内外开放。

通过 30 多年的建设与发展,实验室已经建设和发展成为我国汽车行业产品开发的基础、共性和前沿技术的主要研究基地、高层次人才培养基地和重大实验装备的主要研制基地,支撑了我国汽车行业产品开发技术自主创新体系的建立与完善,代表中国在国际汽车仿真与控制领域形成重要的学术影响力。

1999 年,李杰教授担任实验室主任助理,协助我开展实验室学术和科研的管理工作。在实验室的工作中,因高度的责任心、踏实的作风和创新的思维而晋升为实验室副主任,负责实验室的学术和科研运行与规划工作。他先后与 4 位实验室主任共事过,有力保证了实验室各项政策和工作的顺利过渡,4 次负责具体组织参加科技部组织的国家重点实验室评估工作,并且 4 次顺利通过国家评估。

国家重点实验室肩负着基地运行与发展、队伍建设与人才培养、学术创新研究、开发交流与科学传播等使命,不断地将实验室的代表性成果向国内外推介,同时引进国外先进的理论、方法和技术,既是科学传播的主要任务,也是中国由汽车大国走向汽车强国的重要途径。

我非常欣慰地看到,李杰教授组织了与机械工业出版社汽车分社的合作,通过"汽车先进技术译丛/汽车技术经典手册"开展汽车仿真与控制国家重点实验室组译工作,并且率先带头开展了 Road and Off – Road Vehicle System Dynamics Handbook 的翻译工作。

这部手册由原 Swets & Zeitlinger 公司(现 Taylor & Francis Group 公司)和国际车辆系统动力学学会(IAVSD)前秘书长 Robin Sharp 教授和车辆系统动力学前主编 Peter Lugner 教授倡议,由欧洲、美国和亚洲等 13 个国家的 50 余位著名的科学家和工程师撰写，23 所大学和 9 家知名企业直接或间接参与完成，具有权威性和系统性。手册的翻译和出版，既有助于进一步推动车辆系统动力学发展，也有助于使车辆系统动力学更好地适应数字化、电动化、智能化和网联化的发展。

2020 年 12 月 7 日

译者的话

Road and Off-Road Vehicle System Dynamics Handbook 由 Swets & Zeitlinger 公司和国际车辆系统动力学学会（IAVSD）一起策划和推进，Taylor & Francis Group 公司收购 Swets & Zeitlinger 公司后，这一计划仍得以继续。这部手册由欧洲、美国和亚洲等13个国家的50余位著名的科学家和工程师撰写，23所大学和9家知名企业直接或间接参与，在车辆系统动力学领域，虽然国内外学者已经出版了一些专著，但是还缺乏一套系统和权威的标准参考手册。因此，我向机械工业出版社建议引进翻译出版本书。

车辆系统动力学是吉林大学汽车仿真与控制国家重点实验室的重点研究方向，而国家重点实验室又具有科学传播的使命，当机械工业出版社建议我来组织本书的翻译时，我愉快地接受了邀请，组织丛书的翻译工作，由此也拉开了其后与机械工业出版社汽车分社合作的汽车仿真与控制国家重点实验室组译工作的序幕。

2016年，我带领自己的研究生郭文翠、王培德、王亮、王祥、杨昆、赵唤、谷盛丰和陈凯开始了翻译工作，结合翻译的内容每周进行组会交流，对存在的问题进行讨论和提出解决方案。在此过程中，他们付出了艰苦的努力，但也从翻译中得到了收获和提高。

在完成了全部42章的翻译初稿后，由我和赵旗老师进行校对和修改工作，对各章风格和排版进行了统一。在此过程中，我也发现了全书各章顺序排列存在的问题。在与责编面对面交流出版问题时，经过讨论，为方便国内读者阅读，我们决定将原著厚达1700多页的手册分卷出版，并按照各卷名对个别章的前后顺序进行了微调，使其更适合国内读者的阅读习惯。此后，在对书稿再次进行全文校对和修改后，向出版社提交稿件。

这部手册翻译和修改共计3次，整个过程得到出版社编辑的大力支持、鼓励和鞭策。译稿历时5年才得以提交，主要原因在于我只能在紧张繁忙的工作之余开展翻译工作，力图能够更好地表达著者的写作内容。虽然希望通过时间消耗尽量减少错误，但是肯定会有错误和不当之处，恳请读者给予指正，通过邮箱联系：lj@jlu.edu.cn。

　　郭孔辉院士在得知我们所进行的这项工作后，欣然应邀为本手册作序，并对与机械工业出版社汽车分社合作的汽车仿真与控制国家重点实验室组译工作表示了肯定和支持。郭院士在国内汽车动力学研究方面所做的开创性的工作，以及多年来工作中对本人的指导和鼓励，是我投身汽车动力学研究的最大动力，在此也向郭院士致以真诚的感谢与最大的敬意！希望本手册的出版，有助于推动国内车辆系统动力学与控制的研究工作，更希望看到中国版车辆系统动力学手册的早日出版。

李杰

前　言

几年前，Swets & Zeitlinger 出版公司和国际车辆系统动力学学会（IAVSD）（以 IAVSD 前秘书长 Robin Sharp 教授和《车辆系统动力学》前主编 Peter Lugner 教授为代表）一起向我们提议出版本书。从那时起我们就做出许多努力，召集杰出学者参与这个项目。在 Taylor & Francis Group 收购 Swets & Zeitlinger 后，我们继续努力。现在，可以向科学和技术领域展示这一成果了。

我们的目标是在车辆系统动力学领域出版一套权威的标准参考著作。当代关于这一主题的出版物要么非常专业（科学论文），要么需要花费大量时间阅读（非常专业的书籍）。本书既适合初学者又适合有经验的工程师阅读，也可以作为大学研究生课程的教科书。

丛书的内容由著名的科学家和工程师撰写，其中的许多人已经就本书中涉及的主题撰写了完整的书籍。作者是从工业领域和大学中挑选出来的，以在理论和实践之间找到平衡。

丛书由来自欧洲、美洲和亚洲等 13 个国家的 50 余位专家撰写，共 42 章，23 所大学和 9 家知名企业直接或间接参与这个项目。

丛书由涵盖当前车辆系统发展状况的一系列独立章节组成，分为 8 个部分：车辆系统动力学基础、建模、仿真分析，车辆概念和空气动力学，充气轮胎和车轮 - 道路/越野道路接触，车辆子系统建模，车辆动力学和主动安全，人机相互作用，智能车辆系统，道路事故重建和被动安全。各部分均从发展历史介绍开始。

我们尽量不过分强调汽车，部分内容还涉及摩托车和商业车辆以及越野车辆。但主要内容还是汽车。

我们为作者提供了在章节中表达其非凡经验的自由，之后编辑们仔细阅读了所有章节，平衡了部分内容，未涉及的问题分别反馈给各个作者。

我们充分意识到丛书内容不会永远是最新的，但以简洁、信息丰富的方式并以基本问题为中心写成的内容，在相当长的一段时间内将是有用的。

丛书是一套公式和实例的集合，有助于在没有任何数学证明下解决问题，而数学证明则留给以后阅读文献中引用的论文或书籍。这样就忽略了小技术问题，只处理高水平的科学/技术问题。我们一直努力遵循 S. K. Clark 编辑《充气轮胎力学》所规定的高标准，这本书于 1981 年由美国交通部出版。

丛书反映了全世界在解决车辆系统动力学设计问题上使用的科学/技术方法。我们鼓励不同作者对相同的问题给出不同的观点。将选择权留给读者以指导使用本书中收集的信息。工程学是一个令人兴奋的复杂领域，在一个仍然悬而未决的问题上仅允许单一的意见将会大大降低本书的丰富性。

丛书可以通过参考问题索引找到想要了解的问题。有经验的读者可以按任何顺序阅读本书，没有经验的读者可以从研究本书开头的"横向"章节中获益，这些内容涉及总论问题，如第 2 章～第 10 章的系统建模、分析和优化。这些"横向"章节是后续阅读"纵向"章节的基础。"纵向"章节处理特殊问题，如第 11 章～第 42 章的轮胎和车辆子系统、人机相互作用、主动和被动安全。无论如何，问题索引可以帮助读者识别本书的各个部分，通过纵向或横向章节找到所需的内容。

丛书对初学者，是希望其获得对于具体问题的基本知识；对有经验的工程师或科学家，是希望其获得对于特定领域最新的信息。这是略有矛盾的目标，需要通过作者处理基本问题并在专业论文中添加适当的参考文献以供进一步阅读。

我们要感谢所有作者的努力，他们热情地参与这个项目，耐心地编辑和修改了其章节并提供了本书的最后定稿，它们反映了车辆系统动力学当前的知识。

吉亚姆皮埃罗·马斯蒂努

曼弗雷德·普勒彻

撰写者

Masato Abe
Department of Vehicle System Engineering
Kanagawa Institute of Technology
Atsugi – shi, Japan

Jorge Ambrósio
Institute of Mechanical Engineering
Instituto Superior Tecnico
Technical University of Lisbon
Lisbon, Portugal

Dieter Ammon
Daimler AG
Stuttgart, Germany

Martin Arnold
Institute of Mathematics
University of Halle – Wittenberg
Halle, Germany

Jahan Asgari
Research and Innovation Center
Ford Motor Company
Dearborn, Michigan

John Aurell
Volvo Trucks
Gothenburg, Sweden

Massimiliano Avalle
Department of Mechanical and Aerospace Engineering
Politecnico di Torino
Turin, Italy

Giovanni Belingardi
Department of Mechanical and Aerospace Engineering
Politecnico di Torino
Turin, Italy

Bernd Bertsche
Institute of Machine Components
University of Stuttgart
Stuttgart, Germany

Maurizio Boiocchi
Pirelli Tire S. p. A.
Milan, Italy

Thomas Bruder
BMW Group
Munich, Germany

Carlo Maria Domenico Cantoni
Brembo S. p. A.
Bergamo, Italy

Riccardo Cesarini
Brembo S. p. A.
Bergamo, Italy

Horst Ecker
Institute of Mechanics and Mechatronics
Engineering Dynamics
Vienna University of Technology
Vienna, Austria

Johannes Edelmann
Institute of Mechanics and Mechatronics
Vehicle System Dynamics Research Group
Vienna University of Technology
Vienna, Austria

Paul Fancher
Transportation Research Institute
The University of Michigan
Ann Arbor, Michigan

Michael Fodor
Research and Innovation Center
Ford Motor Company
Dearborn, Michigan

Jochen Gang
Institute of Machine Components
University of Stuttgart
Stuttgart, Germany

Gwanghun Gim
原 R&D Center
Hankook Tire Co., Ltd.
Daejeon, Republic of Korea

现
Global OE Technology
Cheng Shin Tire & Rubber Co., Ltd.
Kunshan, Jiangsu, People's Republic of China

Michael Gipser
Department of Automotive Engineering
Esslingen University of Applied Sciences
Esslingen, Germany

Massimiliano Gobbi
Department of Mechanical Engineering
Politecnico di Milano
Milan, Italy

Soong–Oh Han
Freudenberg Forschungsdienste SE & Co. KG
Weinheim, Germany

Holger Hanselka
原 Fraunhofer Institute for Structural Durability and System Reliability LBF
Darmstadt, Germany
现
Karlsruhe Institute of Technology (KIT)
Karlsruhe, Germany

Rüdiger Heim
Fraunhofer Institute for Structural Durability and System Reliability LBF
Darmstadt, Germany

Günter H. Hohl

Austrian Society of Automotive Engineers
Vienna, Austria

Davor Hrovat
Research and Innovation Center
Ford Motor Company
Dearborn, Michigan

Stefan Jakubek
Division of Control and Process Automation
Institute of Mechanics and Mechatronics
Vienna University of Technology
Vienna, Austria

Ichiro Kageyama
Director of Nihon University Center for Automotive Research (NU-CAR)
Department of Mechanical Engineering
College of Industrial Technology
Nihon University, Japan

Heinz Kaufmann
Fraunhofer Institute for Structural Durability and System Reliability LBF
Darmstadt, Germany

Michael Kieninger
Fraunhofer Institute for Intelligent Analysis and Information Systems IAIS
Sankt Augustin, Germany

Martin Kozek
Division of Control and Process Automation

Institute of Mechanics and Mechatronics
Vienna University of Technology
Vienna, Austria

Ferit Küçükay
Institute of Automotive Engineering
Braunschweig University of Technology
Braunschweig, Germany

Andreas Laschet
ARLA Maschinentechnik GmbH
Wipperfürth, Germany

Peter Lugner
Institute of Mechanics and Mechatronics
Vehicle System Dynamics Research Group
Vienna University of Technology
Vienna, Austria

Charles MacAdam
The University of Michigan
Ann Arbor, Michigan

Giampiero R. M. Mastinu
Department of Mechanical Engineering
Politecnico di Milano
Milano, Italy

Giuseppe Matrascia
Pirelli Tire S. p. A.
Milan, Italy

Wolfgang Matschinsky
Büssing AG
Brunswick, Germany

和
BMW AG
Munich, Germany

Masao Nagai
Faculty of Engineering
Department of Mechanical Systems Engineering
Tokyo University of Agriculture and Technology
Tokyo, Japan

Jürgen Nuffer
Fraunhofer Institute for Structural Durability and System Reliability LBF
Darmstadt, Germany

Hans B. Pacejka
Delft University of Technology
Delft, the Netherlands

Anna Pandolfi
Department of Civil and Environmental Engineering
Politecnico di Milano
Milan, Italy
和
Division of Engineering and Applied Sciences
California Institute of Technology
Pasadena, California

Panos Y. Papalambros
Department of Mechanical Engineering
The University of Michigan
Ann Arbor, Michigan

Huei Peng
Department of Mechanical Engineering
The University of Michigan
Ann Arbor, Michigan

Manfred Ploechl
Institute of Mechanics and Mechatronics
Vehicle System Dynamics Research Group
Vienna University of Technology
Vienna, Austria

Karl Popp
Institute of Dynamics and Vibration Research
Leibniz Universitaet Hannover
Hannover, Germany

Giorgio Previati
Department of Mechanical Engineering
Politecnico di Milano
Milano, Italy

Werner Schiehlen
Institute of Engineering and Computational Mechanics
University of Stuttgart
Stuttgart, Germany

Robin S. Sharp
Faculty of Engineering and Physical Sciences
University of Surrey
Guildford, United Kingdom

Roberto Sicigliano
Brembo S. p. A.
Bergamo, Italy

Karl Siebertz
Ford Forschungszentrum
Aachen, Germany

Cetin M. Sonsino
Fraunhofer Institute for Structural Durability and System Reliability LBF
Darmstadt, Germany

Yoshihiro Suda
The University of Tokyo
Tokyo, Japan

Andrea Toso
Dallara
Parma, Italy

Hans True
DTU Compute
Technical University of Denmark
Lyngby, Denmark

Eric H. Tseng
Research and Innovation Center
Ford Motor Company
Dearborn, Michigan

Andreas Wagner
Audi AG Ingolstadt
Ingolstadt, Germany

Kai Wolf
Institute for Security Systems
University of Wuppertal
Velbert, Germany

Jo Y. Wong
Department of Mechanical and Aerospace Engineering
Carleton University
Ottawa, Ontario, Canada

Anton van Zanten（已退休）
Robert Bosch GmbH
Abstatt, Germany

目 录

推荐序言
译者的话
前言
撰写者

第30章 车辆纵向和侧向动力学基础 ………… 1
  30.1 引言 ………… 1
  30.2 车辆纵向行为 ………… 1
    30.2.1 应用和车辆模型特性 ………… 1
    30.2.2 车辆和传动系统模型 ………… 2
    30.2.3 行驶阻力 ………… 7
    30.2.4 车辆性能 ………… 10
    30.2.5 反应时间、制动过程和停车 ………… 18
    30.2.6 状态空间描述、逆动力学和纵向控制基础 ………… 19
  30.3 车辆侧向行为 ………… 21
    30.3.1 车辆模型特点和应用 ………… 21
    30.3.2 线性两轮车辆模型 ………… 22
    30.3.3 两轮车辆非线性模型 ………… 38
  30.4 子系统和车辆-挂车组合 ………… 44
    30.4.1 车轮制动至抱死 ………… 44
    30.4.2 车轮摆振 ………… 46
    30.4.3 车辆-挂车组合 ………… 47
  参考文献 ………… 51

第31章 详细的车辆动力学建模、仿真与分析 ………… 52
  31.1 引言 ………… 52
    31.1.1 基于模型的车辆动力学和底盘开发 ………… 52
    31.1.2 车辆动力学和底盘仿真 ………… 53
    31.1.3 描述车辆运动的坐标系 ………… 54
    31.1.4 车轮运动 ………… 55
  31.2 路面建模 ………… 56
    31.2.1 确定性路面不平度 ………… 56
    31.2.2 随机路面不平度 ………… 57
    31.2.3 侧向的路面特征 ………… 58
    31.2.4 路面高度轮廓建模 ………… 60
    31.2.5 两轮激励的综合分析 ………… 60
  31.3 轮胎模型 ………… 61
    31.3.1 应用范围和相关要求 ………… 62
    31.3.2 路面、轮胎和车辆接口 ………… 62
    31.3.3 轮胎模型参数化 ………… 62
    31.3.4 轮胎动力学和低速性能 ………… 64
    31.3.5 摩擦行为和建模 ………… 65
    31.3.6 轮胎舒适性行为和建模 ………… 65
    31.3.7 未来轮胎建模的挑战 ………… 67
  31.4 轴与底盘部件 ………… 68
    31.4.1 底盘悬置和轴承 ………… 69
    31.4.2 弹性运动学调整 ………… 71
  31.5 悬架系统 ………… 73
    31.5.1 钢板弹簧悬架和悬架特性 ………… 73
    31.5.2 空气悬架和空气悬架建模 ………… 73
    31.5.3 减振器和减振器建模 ………… 74
    31.5.4 可变减振器系统 ………… 75
    31.5.5 推拉限位器 ………… 77
    31.5.6 主动悬架系统 ………… 77
  31.6 转向系统 ………… 78
    31.6.1 动力转向系统 ………… 79
    31.6.2 传输特性 ………… 80
    31.6.3 用于车辆动作分析的转向模型 ………… 81
    31.6.4 用于轴动力学分析的详细的转向系统模型 ………… 82
    31.6.5 主动转向系统 ………… 83
  参考文献 ………… 85

第32章 平顺性和接地性 ………… 89

32.1 舒适和安全准则 ………………… 89
　32.1.1 操纵稳定性 ………………… 90
　32.1.2 行驶平顺性 ………………… 91
　32.1.3 行驶安全性 ………………… 96
32.2 车辆随机激励建模 ……………… 97
　32.2.1 随机过程的数学描述 ……… 97
　32.2.2 路面不平度模型 ………… 106
　32.2.3 车辆激励模型 …………… 108
32.3 随机车辆响应的计算 ………… 110
　32.3.1 数值仿真 ………………… 111
　32.3.2 谱密度分析 ……………… 112
　32.3.3 协方差分析 ……………… 115
参考文献 …………………………… 120

第33章 车辆水平运动的控制 …… 122
33.1 汽车控制系统概述 …………… 122
　33.1.1 汽车的可控性 …………… 122
　33.1.2 轮胎的基本特性 ………… 125
　33.1.3 防抱死制动系统 ………… 128
　33.1.4 牵引力控制系统 ………… 136
　33.1.5 电子稳定控制 …………… 141
33.2 ESP 的特殊功能 ……………… 173
　33.2.1 越野车辆 ………………… 173
　33.2.2 侧翻缓解 ………………… 175
　33.2.3 拖车振动缓解 …………… 175
　33.2.4 电子制动力分配系统 …… 176
　33.2.5 制动辅助 ………………… 177
33.3 ESP 安全概念 ………………… 179
　33.3.1 安全系统的要求 ………… 180
　33.3.2 故障避免 ………………… 181
　33.3.3 自检、自控和部件检测 … 182
　33.3.4 故障检测逻辑 …………… 184
　33.3.5 故障检测后的系统行为 … 188
　33.3.6 后备功能 ………………… 189
33.4 部件 …………………………… 189
　33.4.1 传感器 …………………… 190
　33.4.2 执行器 …………………… 193
　33.4.3 电控单元 ………………… 196
33.5 展望 …………………………… 197
术语 ………………………………… 200
缩略语 ……………………………… 206
参考文献 …………………………… 209

第34章 主动和半主动悬架控制 … 213

34.1 引言 …………………………… 213
34.2 性能指标 ……………………… 215
　34.2.1 平顺性 …………………… 215
　34.2.2 动挠度设计约束 ………… 217
　34.2.3 轮胎变形约束 …………… 218
　34.2.4 综合性能指标 …………… 218
34.3 被动悬架和半主动悬架 ……… 219
34.4 外部因素：路面不平度描述 … 220
34.5 用于四分之一车辆模型的优化
　　 悬架 …………………………… 223
　34.5.1 单自由度模型 …………… 223
　34.5.2 两自由度模型 …………… 228
34.6 半车模型的优化悬架 ………… 240
34.7 整车模型的优化悬架 ………… 244
34.8 相关问题 ……………………… 247
　34.8.1 半主动悬架 ……………… 247
　34.8.2 状态估计和闭环系统
　　　　 稳健性 …………………… 250
　34.8.3 非线性悬架系统及控制 … 250
　34.8.4 实际考虑 ………………… 253
　34.8.5 其他方面 ………………… 254
致谢 ………………………………… 255
本章附录：非线性次优化控制 …… 255
参考文献 …………………………… 258

第35章 集成控制 ………………… 265
35.1 引言 …………………………… 265
35.2 车辆底盘控制 ………………… 266
35.3 独立控制的特点 ……………… 267
35.4 集成控制 ……………………… 269
　35.4.1 ABS/TCS 与转向控制的
　　　　 集成 ……………………… 269
　35.4.2 前后转向控制的集成 …… 270
　35.4.3 后轮转向与 4WD 前/后力矩
　　　　 分配的集成 ……………… 270
　35.4.4 转向控制与主动悬架 RDC 的
　　　　 集成 ……………………… 271
35.5 转向控制与 DYC 的集成 …… 273
35.6 轮胎力分配优化的集成控制 … 277
35.7 结论 …………………………… 280
致谢 ………………………………… 281
参考文献 …………………………… 281

第36章 车辆舒适性 ……………… 283

36.1 舒适性 ……………………… 283
　36.1.1 定义和理论 …………… 283
　36.1.2 舒适性方面 …………… 284
　36.1.3 人机工程学的规则和
　　　　 规律 ………………… 284
36.2 人体 …………………………… 286
　36.2.1 人体尺寸 ……………… 286
　36.2.2 共振频率 ……………… 286
　36.2.3 人体运动系统 ………… 288
　36.2.4 热平衡 ………………… 289
36.3 舒适性评价 …………………… 290
　36.3.1 主观评价 ……………… 290
　36.3.2 试验方法 ……………… 290
　36.3.3 CAE 模型 …………… 294
36.4 结论 …………………………… 296
致谢 ………………………………… 296
参考文献 …………………………… 296

第37章 汽车操纵稳定性和平顺性
　　　 的主客观评价 …………… 298
37.1 引言 …………………………… 298
37.2 主观评价 ……………………… 299
　37.2.1 直线性 ………………… 305
　37.2.2 转向性 ………………… 307
　37.2.3 可控性 ………………… 311
　37.2.4 稳定性 ………………… 315
　37.2.5 舒适性 ………………… 317
37.3 主观试验 ……………………… 317
　37.3.1 直线行驶 ……………… 318
　37.3.2 转向操作 ……………… 321
　37.3.3 车道变换操作 ………… 323
　37.3.4 转弯操作 ……………… 326
　37.3.5 平顺性操作 …………… 334
37.4 客观试验 ……………………… 335
　37.4.1 操稳性试验 …………… 335
　37.4.2 平顺性试验 …………… 339
37.5 车辆动力学变量 ……………… 345
　37.5.1 车辆运动变量 ………… 346
　37.5.2 物理感知变量 ………… 350
　37.5.3 客观测试变量 ………… 353
37.6 车辆动力学分析 ……………… 354
　37.6.1 表示 …………………… 355
　37.6.2 分析 …………………… 359

37.6.3 结论 …………………… 370
致谢 ………………………………… 374
参考文献 …………………………… 375

第38章 汽车动力学应用中的
　　　 驾驶员模型 ……………… 377
38.1 引言 …………………………… 377
38.2 聚焦于车辆的应用 …………… 378
　38.2.1 总论 …………………… 378
　38.2.2 虚拟试验驾驶员模型 … 380
38.3 聚焦于驾驶员的应用 ………… 396
　38.3.1 理解驾驶员和（个人）
　　　　 驾驶行为 ……………… 396
　38.3.2 路径和速度规划，优化
　　　　 驾驶员驾驶行为 ……… 402
38.4 聚焦于车辆、驾驶员组合的
　　　 应用 …………………………… 405
　38.4.1 与驾驶员有关的车辆
　　　　 操纵动力学 …………… 405
　38.4.2 避免事故、主动安全与驾驶员
　　　　 支持系统 ……………… 407
38.5 聚焦于环境/交通的应用 …… 409
38.6 结论 …………………………… 414
参考文献 …………………………… 415

第39章 车辆侧向自动控制 ……… 424
39.1 引言 …………………………… 424
39.2 车道保持 ……………………… 424
　39.2.1 背景和文献综述 ……… 424
　39.2.2 传感系统 ……………… 426
　39.2.3 先进控制概念 ………… 427
　39.2.4 车道保持辅助 ………… 428
　39.2.5 车辆状态估计 ………… 429
39.3 精确的侧向操纵 ……………… 437
　39.3.1 自动化公交汽车 ……… 438
　39.3.2 辅助停车和自动泊车 … 439
39.4 车道偏离预警和预防 ………… 439
　39.4.1 车道偏离时间计算 …… 440
　39.4.2 轮胎侧偏刚度估计 …… 442
　39.4.3 预警和控制算法 ……… 442
39.5 结论 …………………………… 443
致谢 ………………………………… 444
参考文献 …………………………… 444

第40章 纵向控制 ………………… 447

40.1 引言 …… 447
40.2 纵向控制系统的基本结构 …… 447
40.3 系统设计和评价的研究 …… 449
40.4 自适应巡航控制 …… 453
　40.4.1 采用 CCC 系统单元的自适应巡航控制 …… 453
　40.4.2 采用加速度控制的 ACC …… 457
　40.4.3 应用于具有速度执行器的 ACC 的统一方法 …… 459
　40.4.4 具有加速度控制器和无可用加速度传感器的 ACC 系统 …… 460
　40.4.5 ACC 相关设计总结 …… 461
　40.4.6 ACC 系统评价 …… 462
40.5 驾驶员驾驶的纵向控制性能仿真 …… 464
40.6 前方碰撞预警 …… 468
40.7 自动公路系统 …… 470
40.8 基本概念的最后概述 …… 473
40.9 先进主题 …… 474
　40.9.1 有限条件下驾驶员闭环制动性能 …… 474
　40.9.2 驾驶员间隔时间控制行为 …… 474
　40.9.3 滑模控制 …… 475
　40.9.4 进入弯道时驾驶员的纵向控制行为 …… 475
　40.9.5 非线性控制 …… 475
　40.9.6 控制滞后和饱和 …… 475
　40.9.7 控制延迟 …… 475
　40.9.8 排和队列的稳定性 …… 475
　40.9.9 用于纵向控制的人工智能方法 …… 475
参考文献 …… 476

第41章 道路事故分析和重建 …… 479
41.1 引言 …… 479
　41.1.1 事故分析：谁和为什么 …… 480
　41.1.2 信息来源 …… 480
41.2 事故场景 …… 481
41.3 事故阶段的顺序 …… 481
　41.3.1 碰撞前阶段 …… 482
　41.3.2 碰撞阶段 …… 485
　41.3.3 碰撞后阶段 …… 487
　41.3.4 重建策略 …… 488
41.4 事故分析模型 …… 489
　41.4.1 车辆模型 …… 489
　41.4.2 轮胎模型 …… 490
　41.4.3 碰撞模型 …… 493
41.5 事故分析的软件工具 …… 498
　41.5.1 HVE 和 HVE-2D …… 498
　41.5.2 PC Crash …… 501
　41.5.3 VCRware …… 502
　41.5.4 其他软件 …… 503
41.6 事故分析专题 …… 503
　41.6.1 摩托车事故 …… 504
　41.6.2 涉及行人的事故 …… 504
参考文献 …… 505

第42章 汽车结构耐撞性和乘员保护 …… 508
42.1 引言 …… 508
42.2 乘员保护测量 …… 513
　42.2.1 不同身体部位的损伤标准 …… 513
　42.2.2 汽车碰撞试验法规 …… 517
　42.2.3 人体试验装置——假人 …… 521
　42.2.4 碰撞障碍 …… 523
42.3 被动安全结构特性和系统 …… 525
　42.3.1 车辆结构的耐撞性 …… 525
　42.3.2 车辆内部保护系统 …… 527
42.4 车辆被动安全中的数值方法 …… 528
42.5 基于多体动力学的分析工具 …… 530
　42.5.1 接触检测和接触模型 …… 532
　42.5.2 结构变形的塑性铰方法 …… 534
42.6 正面碰撞车辆模型的发展 …… 536
42.7 侧面碰撞保护系统的发展 …… 545
42.8 结论和未来发展趋势 …… 554
致谢 …… 555
参考文献 …… 556

第30章 车辆纵向和侧向动力学基础

30.1 引言

为了对汽车的低频特性有基本了解，以简化（主要是线性的）方式建立相应特性的模型至关重要。因此，解析解或易于解释的结果可用于分析车辆在大量行驶和试验条件下的表现，具体见文献 [1-11]。

利用简化的车辆模型，分别考虑车辆大范围的纵向和侧向表现是可能的。然后，对于特征现象，例如制动系统设计、过度或不足转向的表现，不费多大努力就可以理解。

线性化模型的另一个领域应用是车辆动力学控制系统的研究。因为采用这些模型，可以很容易导出和设计反馈控制增益和状态观测器。例如，它们组成了电子稳定系统（ESP）或类似控制系统的理论基础。

建立合适的车辆模型是一种折中，即确定车辆模型细节时应当研究什么和什么要限制或简化。因此，在建模的开始部分，列出可能的应用和模型假设，不仅给出车辆模型特性的概述，也定义了其使用范围。

大多数操控特性在乘用车上更容易显示，因此下面以乘用车为例进行分析。

30.2 车辆纵向行为

30.2.1 应用和车辆模型特性

车辆纵向行为，通过左右轮胎载荷（轮胎法向力）相等或者可以忽略差异而表征。因此，分析沿着曲线轨迹的行驶时，可以假设侧向加速或其他条件引起的左右载荷转移是小的。

因此，可以研究以下目标：

1）在任意等级道路上的行驶、起动和制动。
2）不同传动系统配置的影响，例如前轮驱动、后轮驱动和四轮驱动。
3）基本制动系统设计。
4）具有控制系统的制动系统，例如防抱死制动系统（ABS）。
5）人－车－路（交通）的相互作用。
6）包括 μ －分离条件的不同路面的性质。
7）发动机性能、自动变速器、离合器和手动变速器以及其他驱动传动部件的影响。
8）燃料消耗，有效驱动。

其中的一些目标不仅需要车辆模型，也需要传动系统及其部件的模型、发动机特性和轮胎的纵向力传递行为。

由于平面车辆模型和传动系统总体描述（包括简单的发动机和轮胎行为的描述）的限制，可以解决主要目标 1~3 和目标 6。对于目标 5，应用驾驶员模型是必需的，见第 38 章。对于目标 4，需要包括非线性轮胎特性。对于目标 7 和 8，详细的发动机特性模型及其燃料消耗是必需的。以车辆整体行为重点，这里解决上述目标 1~3 和目标 6，而目标 4 见第 33 章。对于目标 7 和 8，请分别参阅文献 [7] 和 [12]。

30.2.2 车辆和传动系统模型

假定车辆为平面刚体模型，除了车轮旋转外，忽略车轮相对于车身的相对运动，如图 30.1 所示[6,7,11]。轮胎－路面接触，采用纯滚动和纵向最大接触力系数 $[\mu_{max} = (F_x/F_z)_{max}]$ 的限制进行描述。为了简化，纵向最大接触力系数与车轮抱死或滑动的 μ_s 是一样的。对于大多数的基本纵向研究，这种轮胎力转移模型的假设是有效、合理的近似，因为当车轮不滑动时，纵向打滑是小的。

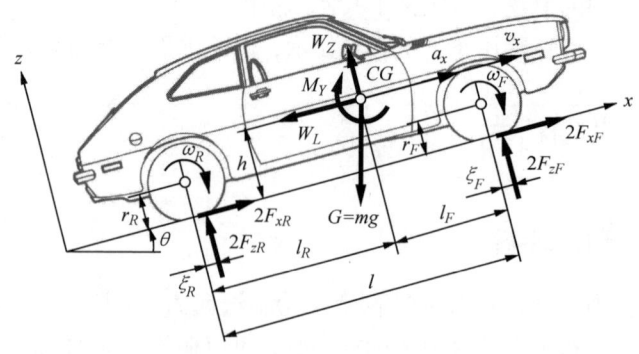

图 30.1 平面车辆纵向模型

为了建立运动方程，设车辆行驶的坡度为 ϑ，车速为 v_x，加速度为 a_x。

车辆的质心为 CG，质量为 m，气动升力为 W_Z，阻力为 W_L，升力力矩为 M_Y（见 30.2.3.2 小节），重力为 mg，假设左右每个车轮轮胎力 F_{xi}、$F_{zi}(i=F,R)$ 均相同。$F_{zi}(i=F,R)$ 的纵向滑移 ξ_i 是由轮胎滚动阻力导致的滚动阻力系数的结果，见 30.2.3.1 小节。

$$f_{Ri} = \frac{\xi_i}{r_i} \tag{30.1}$$

对于所有轮胎，其都是相等的，记为 f_R。

对于 CG，依据牛顿定律和欧拉公式（$G=mg$），有

$$ma_x = 2F_{xF} + 2F_{xR} - W_L - G\sin\vartheta \tag{30.2}$$

$$0 = 2F_{zF} + 2F_{zR} + W_Z - G\cos\vartheta \tag{30.3}$$

$$2I_F\dot{\omega}_F + 2I_R\dot{\omega}_R = 2F_{zR}(l_R - \xi_R) - 2F_{zF}(l_F + \xi_F) - 2(F_{xF} + F_{xR})h + M_Y \tag{30.4}$$

前后车轮的转动惯量分别为 I_F、I_R，角速度分别为 ω_F、ω_R。

由于涉及传动和制动系统，相应驱动和制动的力矩分别为 M_{DR}、M_{BR}，如图 30.2 所示。力 X_R、Z_R 由车身和车轮中心之间的力转移而产生。没有单独考虑空气动力对车轮的影响，但是在式（30.2）~式（30.4）中通过 W_L、W_Z 和 M_Y 进行整体考虑，见 30.2.3.2 小节。关于 CG_R 的相应欧拉公式为

$$I_R\dot{\omega}_R = M_{DR} - M_{BR} - M_{FR} - F_{zR}\xi_R - F_{xR}r_R \tag{30.5}$$

其中，包括车轮轴承的摩擦力矩 M_{FR}。为简化运动学，如前所述进一步假设

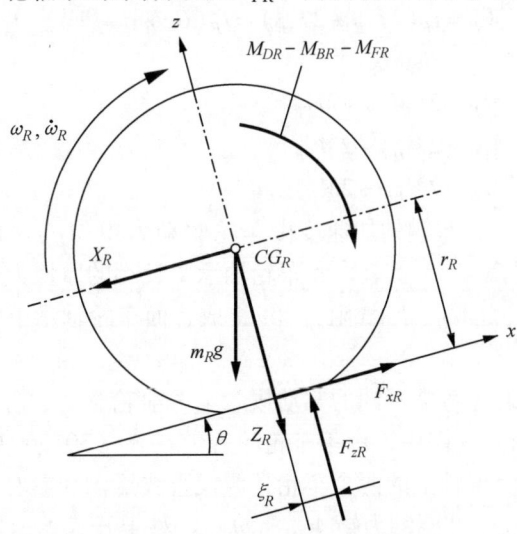

图 30.2 后轮受到的力和力矩

前后轴车轮相同,车轮滚动条件为

$$r\omega = v_x$$
$$r\dot{\omega} = a_x \tag{30.6}$$
$$r = r_F = r_R$$
$$\omega = \omega_F = \omega_R \tag{30.7}$$

为了简化,滚动的有效半径 r 等于前后轮负载下的半径。

式(30.5)中轮胎纵向力 F_{xR} 可以由式(30.1)和式(30.7)表示:

$$F_{xR} = \frac{1}{r}(M_{DR} - M_{BR} - M_{FR}) - \frac{I_R \dot{\omega}}{r} - f_R F_{zR} \tag{30.8}$$

利用式(30.8)和前轮相应的公式,式(30.2)表示为

$$ma_x + 2I_R\frac{\dot{\omega}}{r} + 2I_F\frac{\dot{\omega}}{r} = \frac{1}{r}[(2M_{DR} + 2M_{DF}) - (2M_{BR} + 2M_{BF})]$$
$$-2\left[\left(\frac{M_{FR}}{r} + \frac{M_{FF}}{r}\right) + (f_R F_{zR} + f_R F_{zF})\right] - W_L - G\sin\vartheta$$

或者将式(30.6)和式(30.3)合并,得

$$\left(m + \frac{2I_R}{r^2} + \frac{2I_F}{r^2}\right)a_x = \frac{M_D}{r} - \frac{M_B}{r} - W_{\text{total}} \tag{30.9}$$

其中

$$W_{\text{total}} = \frac{M_F}{r} + W_R + W_L + W_G$$
$$W_R = f_R(2F_{zR} + 2F_{zF}) = f_R(G\cos\vartheta - W_Z)$$
$$W_G = G\sin\vartheta$$
$$M_F = 2(M_{FR} + M_{FF})$$
$$M_D = 2M_{DR} + 2M_{DF}$$
$$M_B = 2M_{BR} + 2M_{BF} \tag{30.10}$$

式(30.9)表明,车辆的加速度由车轮驱动力矩 M_D、制动力矩 M_B、整体行驶阻力 W_{total}(见30.2.3小节)和车轮轴承中较小的摩擦力矩确定。W_{total} 由滚动阻力 W_R、坡度重力 W_G、空气阻力 W_L 组成,而车轮轴承中较小的摩擦力矩通常被忽略。

传动系统可以通过考虑不同的驱动概念——前轮驱动、后轮驱动和四轮驱动建模,如图30.3所示。图中,由于车轮动力学在式(30.5)中已经考虑,因此忽略车轮。对于同一根轴上的两个车轮,假设直线运动和左右对称条件,相同的车轮旋转速度 ω_F、ω_R 和驱动力矩 M_{DF}、M_{DR}。对于开式差速器,例如车轮的旋转方向不同,每个车轮的 ω_i 将是不同的,而对于锁止差速器,每个车轮的驱动力矩将是不同的。

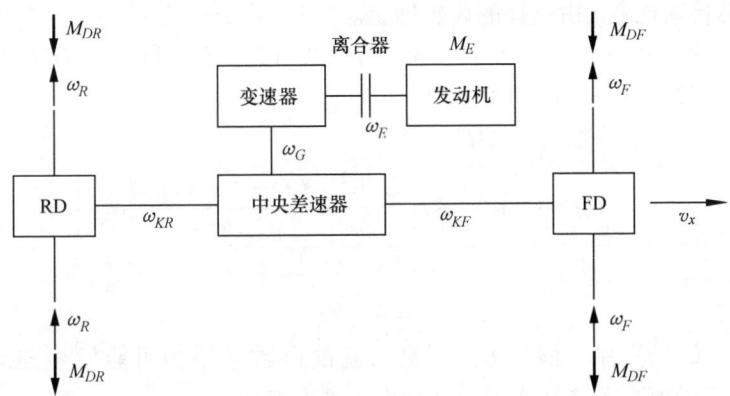

图 30.3 手动变速器四轮驱动车辆方案：RD 后差速器，FD 前差速器

考虑到功率-能量方程 $\dot{E}_{kin} = \sum P$，平动动能的导数与作用在所考虑系统的纵向外力相应的功率平衡，如图 30.3 所示，只考虑旋转动能的导数为

$$E_{rot} = \Theta_E \frac{\omega_E^2}{2} + I_C \frac{\omega_G^2}{2} + I_{DR} \frac{\omega_{KR}^2}{2} + I_{DF} \frac{\omega_{KF}^2}{2} \tag{30.11}$$

式中，Θ_E 是发动机和具有发动机角速度 ω_E 的所有旋转零件的转动惯量；I_C 是具有旋转角速度 ω_G 的变速器和中心差速器的转动惯量；I_{DR}、I_{DF} 分别是具有旋转角速度 ω_{KR}、ω_{KF} 的后差速器、前差速器和旋转零件的转动惯量。

假设从差速器到车轮的驱动轴的转动惯量包括在 I_R、I_F 中，功率-能量方程为

$$\frac{\mathrm{d}E_{rot}}{\mathrm{d}t} = \eta \omega_E M_E(\omega_E) - 2M_{DF}\omega_F - 2M_{DR}\omega_R \tag{30.12}$$

其中，由于应用的效率系数 $\eta < 1$，发动机转矩 $M_E(\omega_E)$ 对应的输入功率 $M_E \omega_E$ 减少，表示系统有传递损失。

通过中央差速器，利用分动器将驱动力矩 M_D 分配到万向轴

$$2M_{DF} = M_D v_F, \quad 2M_{DR} = M_D v_R$$
$$v_F + v_R = 1 \tag{30.13}$$

对于后轮驱动 $\qquad v_R = 1$
对于前轮驱动 $\qquad v_F = 1$
对于等量分布的 4WD $\qquad v_R = v_F = 0.5$ $\tag{30.14}$

通过引入变速器传动比 N_{Gn}，分动器传动比 N_D，得到以下运动关系：

$$\omega_E = \omega_G N_{Gn}$$
$$\omega_G = v_R \omega_{KR} + v_F \omega_{KF}$$
$$\omega_{KR} = N_D \omega_R, \quad \omega_{KF} = N_D \omega_F \tag{30.15}$$

变速器传动比 N_{Gn} 由选择的齿轮确定。

使用简化的式（30.6）和式（30.7）、式（30.13）和式（30.15）中的关系，式（30.12）提供的驱动力矩为

$$M_D = 2M_{DF} + 2M_{DR}$$
$$= \eta N M_E(\omega_E) - r\left[\frac{\Theta_E N^2}{r^2} + \frac{(I_C + I_{DR} + I_{DF})}{r^2}N_{Gn}^2\right]a_x \quad (30.16)$$

有

$$N = N_{Gn}N_D$$

在式（30.16）中，假设 N_{Gn} 不是时间的函数（因为可能发生连续的传动比），并且不随离合器或转换器的动作发生瞬态变化。

这种传动系统模型的基本假设是式（30.6）和式（30.7），其中不考虑轮胎滑移-力的关系。文献［13］给出这种传动系统模型的扩展，适用于转向的情况。

最后，将式（30.16）代入式（30.9），得到发动机转矩输入和车辆加速度之间的关系

$$(m + m_r)a_x = \frac{\eta N M_E(\omega_E)}{r} - \frac{M_B}{r} - W_{\text{total}} \quad (30.17)$$

等效旋转部件的质量为

$$m_r = \frac{1}{r^2}\left[\Theta_E N^2 + (I_C + I_{RD} + I_{FD})N_{Gn}^2 + (2I_R + 2I_F)\right] \quad (30.18)$$

由于 $N = N_{Gn}N_D$，质量因子 λ 主要取决于应用的变速器传动比 N_{Gn}，如图 30.4 所示，即

$$\lambda = \frac{m + m_r}{m} \quad (30.19)$$

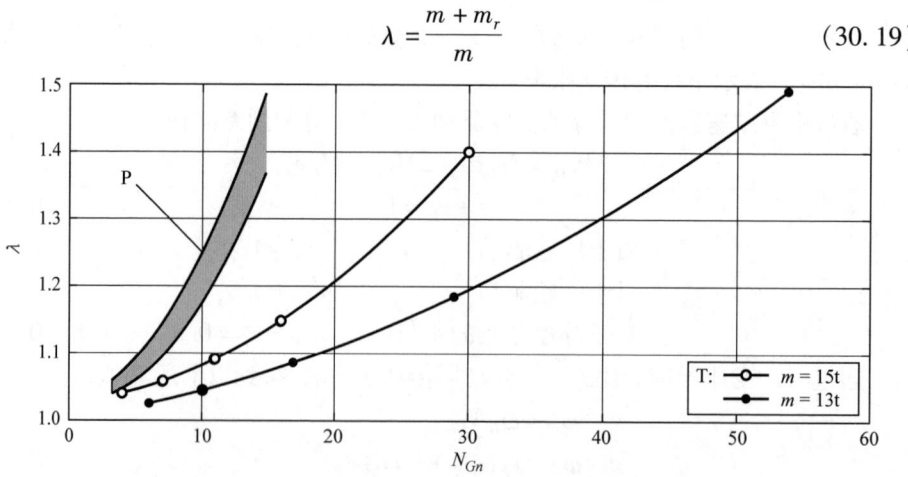

图 30.4 典型的质量因子 λ 与变速器传动比 N_{Gn} 的函数关系：乘用车 P，货车 T

车轮 i 的纵向力系数为

$$\mu_i = \frac{F_{xi}}{F_{zi}} \tag{30.20}$$

轮胎法向力 F_{zi} 可由式（30.3）和式（30.4）导出：

$$0 = 2F_{zF} + 2F_{zR} + W_Z - G\cos\vartheta$$

$$2I_F\dot{\omega}_F + 2I_R\dot{\omega}_R + ma_xh = -2F_{zF}l_F + 2F_{zR}l_R + (-W_L - G\sin\vartheta)h + M_Y - 2(\xi_F F_{zF} + \xi_R F_{zR})$$

利用式（30.2）的 $(2F_{xF} + 2F_{xR})$，且式（30.6）、式（30.7）中 $\xi_F = \xi_R = \xi$，上面的两式可表示为

$$2F_{zF} + 2F_{zR} = G\cos\vartheta - W_Z \tag{30.21}$$

$$-2l_F F_{zF} + 2l_R F_{zR} = \left[\left(\frac{2I_F}{r} + \frac{2I_R}{r}\right)a_x + (ma_x + W_L + G\sin\vartheta)h + M_Y + \xi(G\cos\vartheta - W_Z)\right] \tag{30.22}$$

a_x 由式（30.17）得到，轮胎法向力可以显式确定。通常，只考虑右侧主要部件，即 $M_Y \approx 0$，$W_Z \approx 0$，忽略很小的项 $(2I_F + 2I_R)/r \ll mh$ 以及 $\xi(G\cos\vartheta) \ll (ma_x + W_L + G\sin\vartheta)h$，轮胎法向力为

$$\frac{F_{zF}}{G} = \frac{l_R}{l}\cos\vartheta - a^*\frac{h}{l} \tag{30.23}$$

$$\frac{F_{zR}}{G} = \frac{l_F}{l}\cos\vartheta + a^*\frac{h}{l} \tag{30.24}$$

$$a^* = \left(\frac{a_x}{g} + \sin\vartheta + \frac{W_L}{G}\right) \tag{30.25}$$

此外，对于常见的坡度，$|q| \leq 20\%$（相应的 $|\tan\vartheta| \leq 0.2$），则 $\cos\vartheta \approx 1$ 是适当的，误差小于 2%。通过利用加速度 a_x 和坡度角 ϑ，就可以确定前-后轮胎负荷转移。

30.2.3 行驶阻力

行驶阻力中的加速阻力和坡度阻力，可以定义为正的或负的，但是无需分开讨论。因为这些现象已经包含在 30.2.2 小节中的公式中，如"ma_x"和"$G\sin\vartheta$"。与滚动阻力相比，轮轴轴承的摩擦力矩 M_F 可以忽略[7]。

30.2.3.1 滚动阻力

滚动阻力来源于滚动轮胎变形的能量耗散[7]。因此，轮胎接触面的压力分布在滚动方向中有更大的值，如图 30.5 所示，这产生了在虚拟接触点 A 前方作用的法向轮胎力。在图 30.1 和图 30.2 中，通过引入 ξ 将其影响考虑在内。

通过车轮轴的转矩平衡方程分析，纵向轮胎力可以表示为

$$F_x = -\frac{\xi}{r}F_z = -f_R F_z \tag{30.26}$$

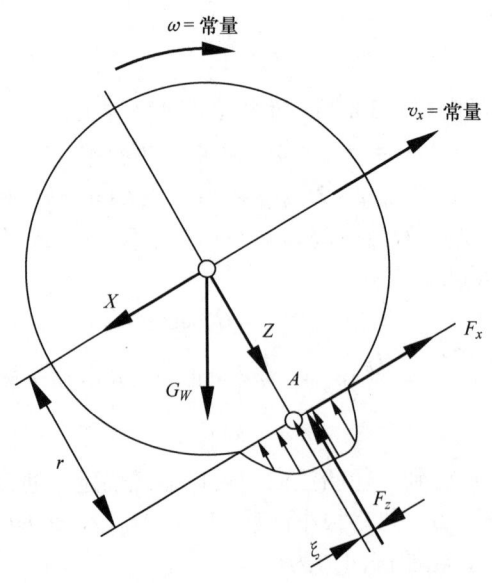

图 30.5　没有轴转矩的轮胎以恒定速度运动

滚动阻力系数 f_R 的值主要取决于轮胎类型和车速,如图 30.6 所示,还取决于轮胎充气压力[7]和轮胎变形[6]。路面积水层也会使得 f_R 增大[7],尤其是在松软土壤上,滚动阻力会显著增加[14]。

30.2.3.2　气动现象和阻力

多年来,围绕行驶车辆的气动流动一直是研究的热点,一些重要的发现和数据见第 16 章和文献 [6,7,15,16]。

作用在车辆上的气动压力分布,通过简化到参考点的相应的力和力矩表示。由于该压力系统的复杂性,主要采用风洞试验确定空气动力系数,使用简化到参考点 O 描述,其位于四个车轮接地点组成的矩形中心,如图 30.7 所示[7]。

与力和力矩的大小最相关的是生成的气流速度矢量 $\vec{v}_R$,通过其大小 v_R 和气动侧滑角 β_a 定义,如图 30.8 所示。矢量 $\vec{v}_R$ 由车辆行驶的负速度 $-\vec{v}$ 和周围风速 $\vec{v}_W$ 产生。

车辆的动压力 p_d 通过空气密度 ρ 定义

$$p_d = \frac{\rho v_R^2}{2} \tag{30.27}$$

根据车辆动力学术语,图 30.7 中原点 O 处车辆的力和力矩通过力和力矩的系数描述

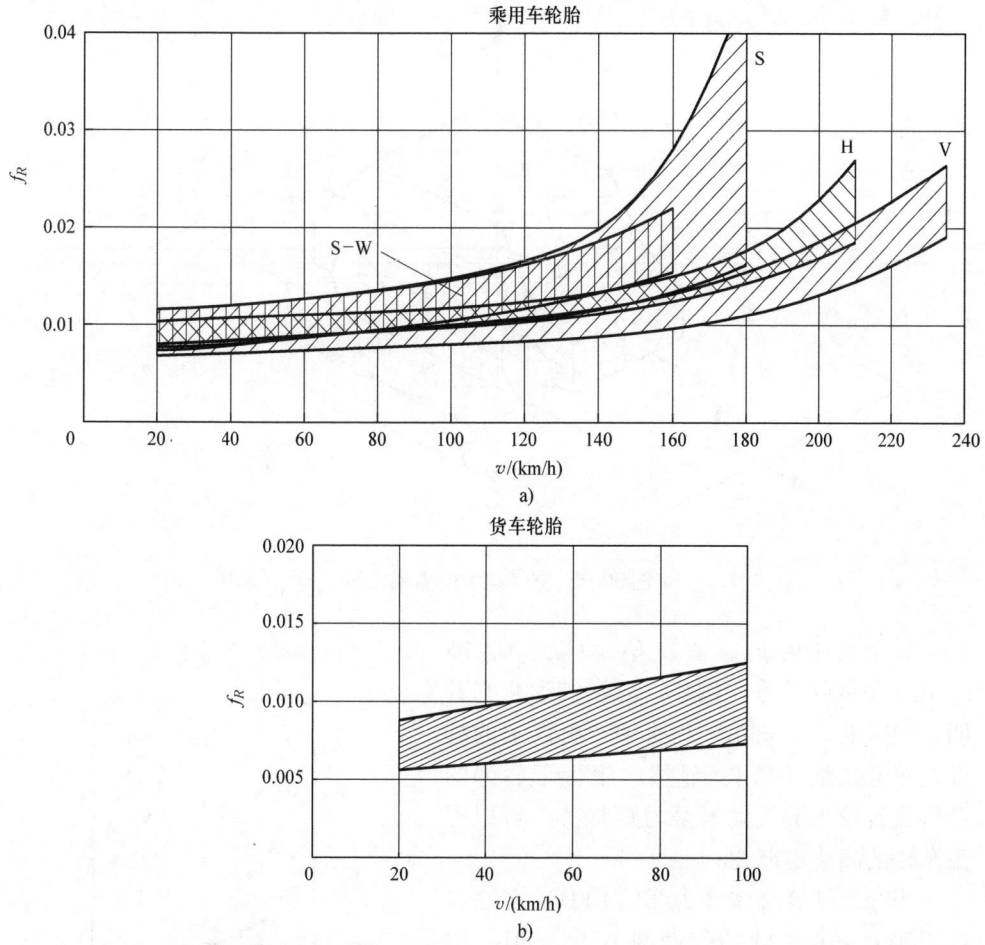

图 30.6 不同类型轮胎滚动阻力系数：a）乘用车子午线轮胎（S－W：冬季轮胎，允许的最大速度为 S＝180km/h，H＝210km/h，V＞210km/h），
b）货车轮胎（车轮承重在 20～30kN 之间）

$$W_L = C_x A p_d, \quad W_Y = C_y A p_d, \quad W_Z = C_z A p_d$$
$$M_X = C_{Mx} A p_d l, \quad M_Y = C_{My} A p_d l, \quad M_Z = C_{Mz} A p_d l \qquad (30.28)$$

车辆迎风面积为 A 包括轮胎和底部部件的正面投影面积。系数 C_x 表示空气阻力，是切向空气动力系数 $C_T(\beta_a)$ 的特定值，$C_T(0) = C_x$。通常，对于乘用车，气动侧滑动角 β_a 较小时，C_T 接近于常数；但是对于其他车辆的车身形状，β_a 对于 C_T 的影响很大，如图 30.9 所示。

C_x、$C_x A$ 通常用于间接表示乘用车和货车的燃油消耗效率。对于当今的乘用车，通常 $C_x = 0.3$ 和 $C_x A = 0.6 \text{m}^2$。对于货车，$C_x = 0.8$ 和 $C_x A = 5 \sim 7 \text{m}^2$ 甚至更大，尤其是具有拖车的货车。

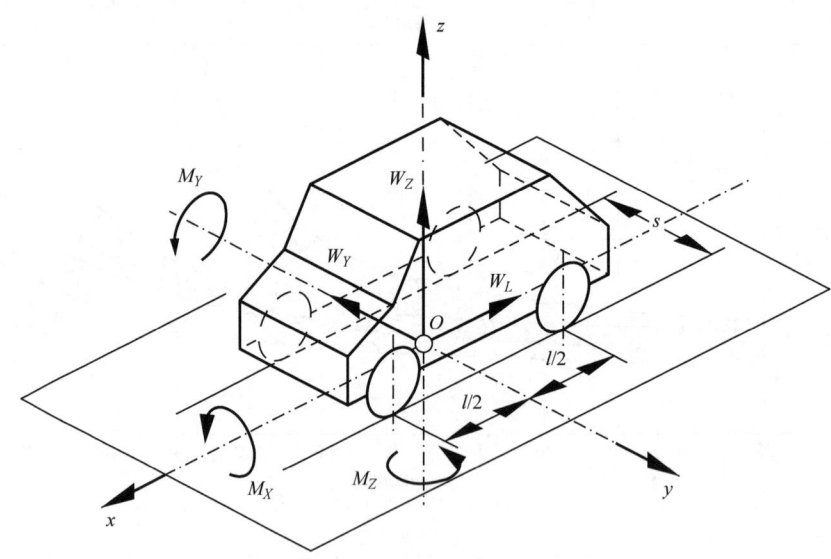

图 30.7 空气动力的力和力矩

对于较小的 β_a，系数 C_Y、C_{Mx}、C_{Mz} 与 β_a 几乎呈线性关系。例如，后端的形状有着明显的影响，如图 30.10 所示；更详细的特性，参考文献 [15]。显然，旅行车后部的箱型具有较小的气动横摆力矩优势，可以提高车辆的高速稳定性。

当今，计算流体动力学（CFD）方法也用于研究车身形状的气动细节[15]，但是空气动力系数通常在风洞中测量。

30.2.4 车辆性能

纵向动力学通过式（30.17）描述，行驶阻力 W_{total} 通过式（30.10）描述，包括滚动阻力和空气阻力，见 30.2.3 小节，发动机转矩 $M_E(\omega_E)$，总传动比 N，制动力矩 M_{Bi}，这些因素决定了车辆性能。

30.2.4.1 动力性能

此时，不考虑制动力矩，发动机转矩对于车速和加速性能起着决定性作用，例如牵引限制。本节不考虑燃油消耗，但是其与发动机特性相关[7,12]。处于全加速状态的发动机特性，如图 30.11 所示。

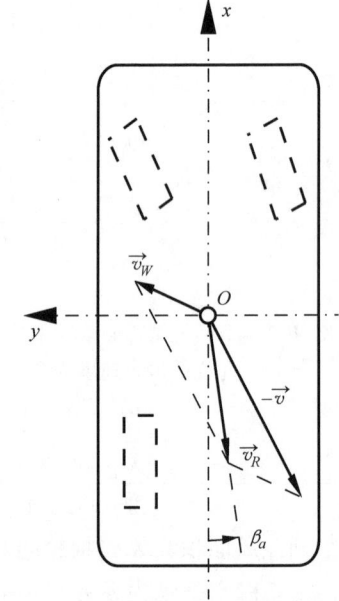

图 30.8 风速 $\vec{v}_W$ 和车速 $\vec{v}$ 合成气动速度 $\vec{v}_R$

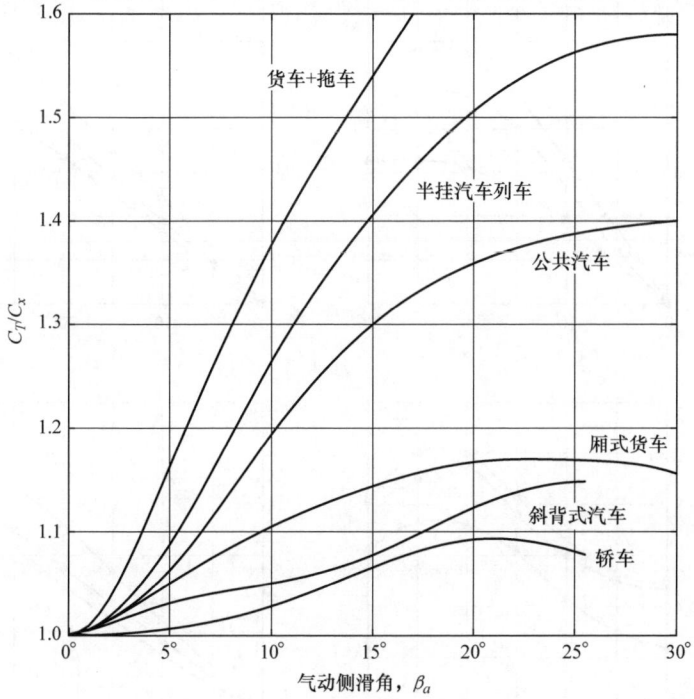

图 30.9 车身（形状）类型对归一化的切向气动力系数 $C_T(\beta_a)/C_x$ 的影响

发动机转速为 n_E，以 r/min 表示，发动机功率为

$$P = M_E \omega_E = M_E \frac{n_E \pi}{30} \tag{30.29}$$

加速踏板位置 $0 \leqslant \lambda_T \leqslant 1$，发动机力矩 M_E 的取值在发动机阻力力矩 $M_{E,d}$ 和节气门开度最大时发动机转矩 $M_{E,\max}$ 之间线性变化

$$M_E = (M_{E,\max} - M_{E,d})\lambda_T + M_{E,d}$$

为了得到不同车速 v_x 和坡度 ϑ 下的车辆性能，将发动机力矩 $M_E(\omega_E)$ 转换为净驱动力 $K_E = K_E(v_x, N_{Gn})$，其为车速 v 和传动比 N_{Gn} 的函数

$$K_E = \frac{\eta M_E(\omega_E) N_{Gn} N_D}{r}, \quad \omega_E = v_x \frac{N_{Gn} N_D}{r}$$

利用式（30.17）和式（30.19），有

$$m\lambda a_x = K_E(v_x, N_{Gn}) - W_{\text{total}}(v_x, \vartheta) \tag{30.30}$$

此时，再次假设小滑移率。因此，无需考虑摩擦限制。例如，使用导出的代表性的图 30.12 驱动性能图，在水平道路（$\vartheta = 0°$）上可以达到的最大车速为 $v_{\max}$，全加速且档位为 4 档 N_{G4}，可以看出相应曲线和表示滚动阻力和空气阻力曲线交点即为此时的最大车速，其中 $W_{\text{total}} = f_R G + W_L$，见式（30.10）。

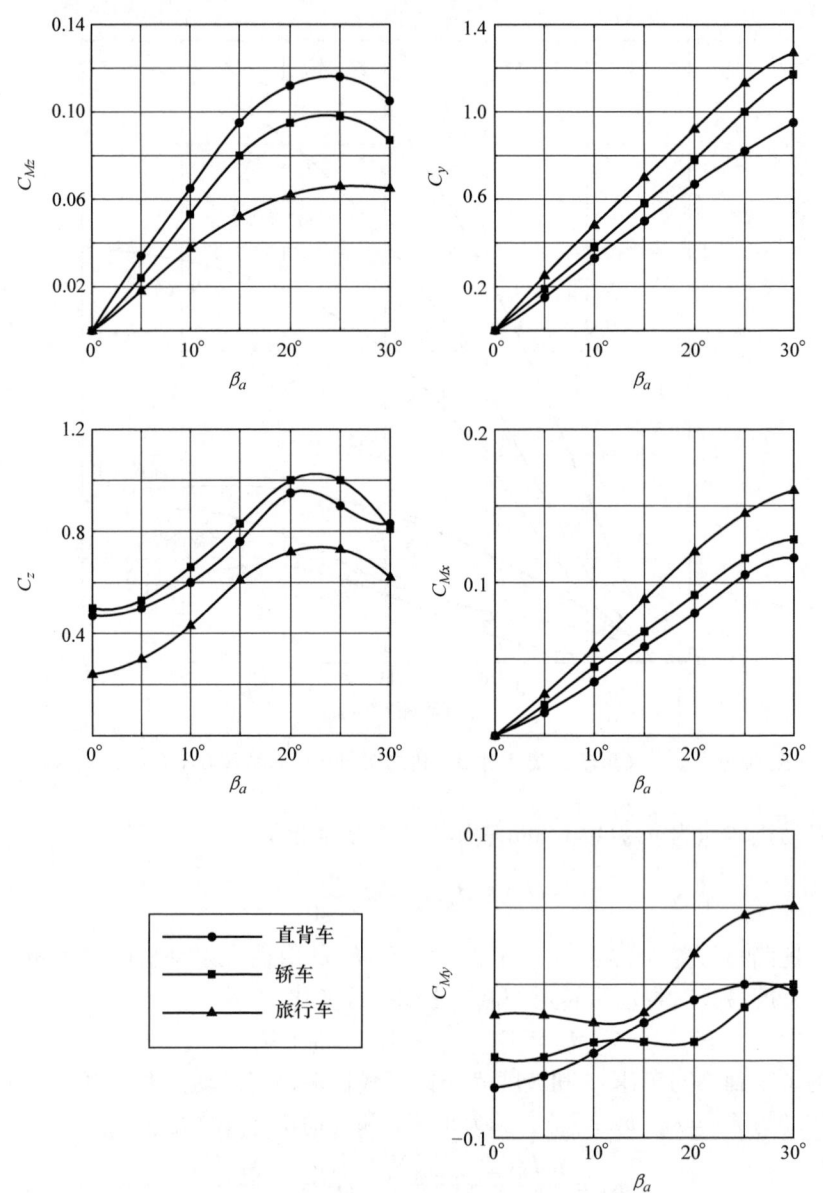

图30.10 不同后部形状的空气动力系数与气动侧偏角 β_a 的关系

图30.12也给出坡度 $q = -10\%$，0%，10%（$\vartheta = -5.7°, 0°, 5.7°$）所需的纯驱动力。例如，发动机阻力（不踩加速踏板）通过 $K_{E,d}$ 和 N_{G3} 表示，对于坡度 $q = -10\%$，稳态下坡车速 v_1 是可能的。应当指出的是，发动机阻力 $K_{E,d}$ 在低速时，对怠速发动机性能依赖性很强。通过驱动阻力曲线（包括坡度的影响）和全纯驱动力 $K_{E,\max}(v_x, N_{Gn})$ 曲线的差值 K_E，可以看出车辆的加速能力；例如，

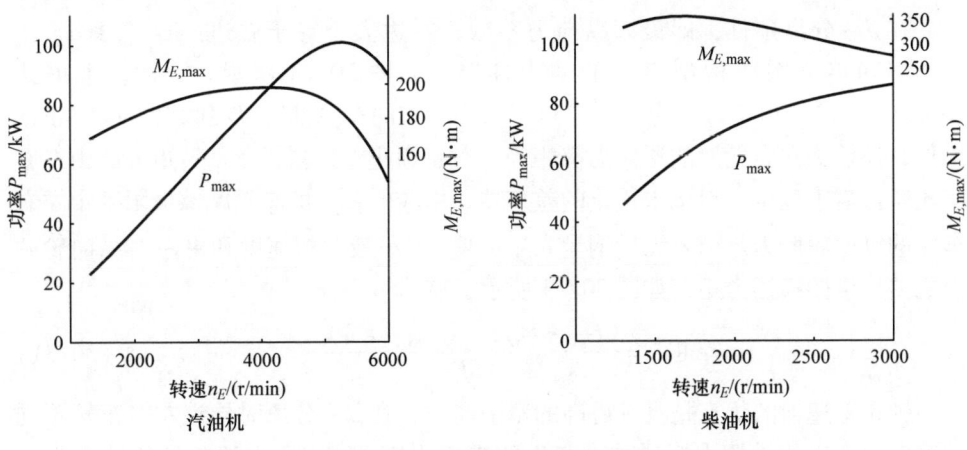

汽油机　　　　　　　　　　柴油机

图 30.11　处于全加速状态的发动机特性 $M_{E,\max}$ 和 $P_{\max}$

车速为 v_2 时，W_{total} 有 $q=10\%$，二档传动比为 N_{G2}，最大加速度可达 $m\lambda a_{x,2}$。通过控制加速踏板位置，可以达到两者之间的行驶条件。

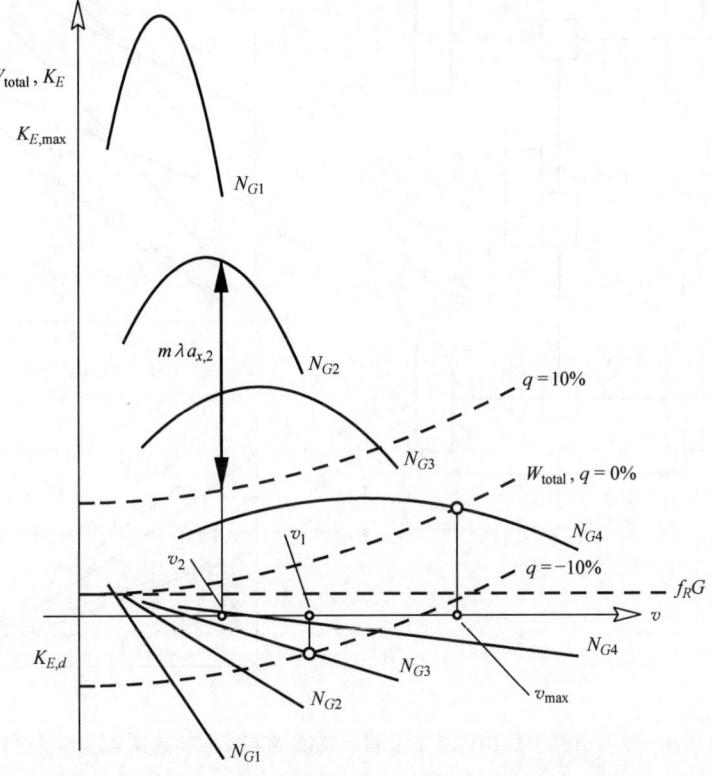

图 30.12　动力特性图：采用汽油机的乘用车的主要特性；对应最大发动机转矩的 $K_{E,\max}$ 是传动比 N_{Gn} 的上面四条曲线；$K_{E,d}$ 是 N_{Gn} 时的线性发动机阻力

在 μ - 分离条件，即最大纵向力系数，左边大于等于右边：$\mu_{L,\max} \geqslant \mu_{R,\max}$ 下，不同传动系统构型启动的动力性能，如图 30.13 所示。因此，根据式 (30.20)、式 (30.23) ~ 式 (30.25)，假设所有的车轮都可以在摩擦极限时正常工作，还认为左右轮胎的法向力都相等。对于锁止差速器，驱动转矩分配由左右车轮摩擦需求确定。对于未锁止的差速器，由较低 $\mu_{\max}$ 的车轮摩擦极限确定左右车轮的纵向轮胎力。引入无量纲量 $a^*_{\max}$、W^* 表示最大加速度和由左右纵向轮胎力之差产生的横摆力矩，如图 30.13 所示，有

$$W^* = \frac{(F_{x1} - F_{x2}) - (F_{x3} - F_{x4})}{Gl} \frac{s}{2} \qquad (30.31)$$

锁止差速器的优点是具有更高的牵引能力，在 μ - 分离时导致左右车轮不同的纵向力产生的横摆力矩增加，产生的横摆力矩 W^* 需要由驾驶员的转向力补偿。对于四轮驱动（A）、前轮驱动（FD）、后轮驱动（RD），其均无锁止差速

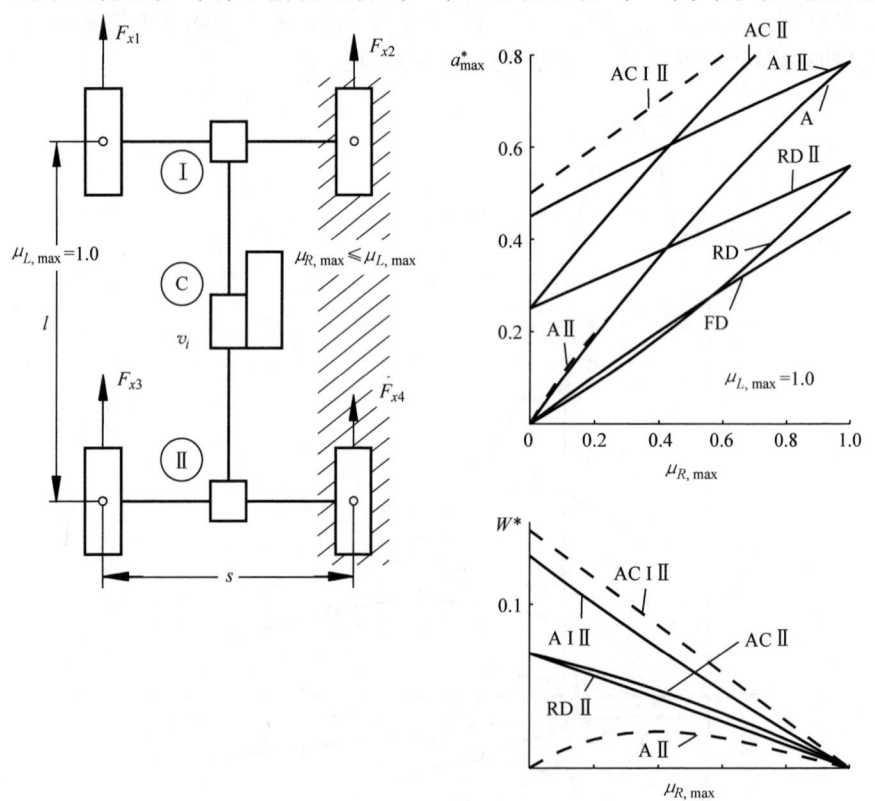

图 30.13 在 μ - 分离情况下启动：基于 g 归一化的最大可能加速度 $a^*_{\max}$ 和（必需的）归一化的横摆力矩 W^*，用于后轮驱动（RD）、前轮驱动（FD）和四轮驱动（A），有 $v_F = v_R = 0.5$；C = 锁止中心差速器；Ⅰ/Ⅱ = 前/后锁止轴差速器

器，总是低摩擦边分别对应纵向力，不仅对最大可能的 $a_{\max}^*$，也对 $W^* = 0$ 负责，基本上不需要驾驶员进行纠正。

此外，可以注意到四轮驱动汽车的一些更大的影响：如果只有一个轴差速器被锁止，例如 A Ⅱ，则由于与锁止轴车轮的相互作用，牵引能力不会有实质改善；再次，由低摩擦边确定 $a_{\max}^*$，但是 W^* 仍然值得注意！当然，可用的最高摩擦力可以通过所以差速器锁止达到，AC Ⅰ Ⅱ；然而，这种构型导致了最大的干涉横摆力矩。

30.2.4.2 制动

在下面，认为制动过程是恒定减速的过程，表示制动动力学的基本方程已经在式（30.2）、式（30.23）～式（30.25）中建立。引入无量纲量和有效的归一化减速度 β（坡度 ϑ 很小）。

$$\frac{2F_{xi}}{G} = \overline{F}_{xi}, \frac{h}{l} = \overline{h}$$

$$\frac{2F_{zi}}{G} = \overline{F}_{zi}, \frac{l_i}{l} = \overline{l}_i, \ i = F, R \tag{30.32}$$

$$a^* = \left(\frac{a_x}{g} + \vartheta + \frac{W_L}{G}\right), \ \beta = -a^* > 0 \tag{30.33}$$

式（30.2）、式（30.23）和式（30.24）可以表示为

$$-\beta = \overline{F}_{xF} + \overline{F}_{xR} \tag{30.34}$$

$$\overline{F}_{zF} = \overline{l}_R + \beta \overline{h} \tag{30.35}$$

$$\overline{F}_{zR} = \overline{l}_F - \beta \overline{h} \tag{30.36}$$

因此

$$\overline{F}_{zF} + \overline{F}_{zR} = 1 \tag{30.37}$$

在这些方程中，再次忽略较小的项，见 30.2.2 小节。进一步假设车辆和环境条件（μ-条件）关于纵向中心平面对称。

对于最大减速度，前后轮需要同时充分利用现有的摩擦条件。在两轴相同条件下

$$\mu_{F,\max} = \mu_{R,\max} = \mu_{\max} \tag{30.38}$$

制动力为（制动方式 $\overline{F}_{xi} < 0 (i = F, R)$）

$$\overline{F}_{xR} = -\mu_{\max} \overline{F}_{zR}, \ \overline{F}_{xF} = -\mu_{\max} \overline{F}_{zF} \tag{30.39}$$

通过考虑式（30.37）和式（30.34），产生最大减速度

$$\beta = \beta_{\text{ideal}} = \mu_{\max} \tag{30.40}$$

由式（30.35）和式（30.36），必需的制动力平衡

$$\frac{-\overline{F}_{xR}}{-\overline{F}_{xF}} = \frac{\overline{l}_F - \overline{h}\mu_{\max}}{\overline{l}_R + \overline{h}\mu_{\max}} \tag{30.41}$$

显然，对于每一个制动牵引系数 $\mu_{\max}$，最大加速度要求另外（理想）的制动力平衡，如图 30.14 所示[18,19]。

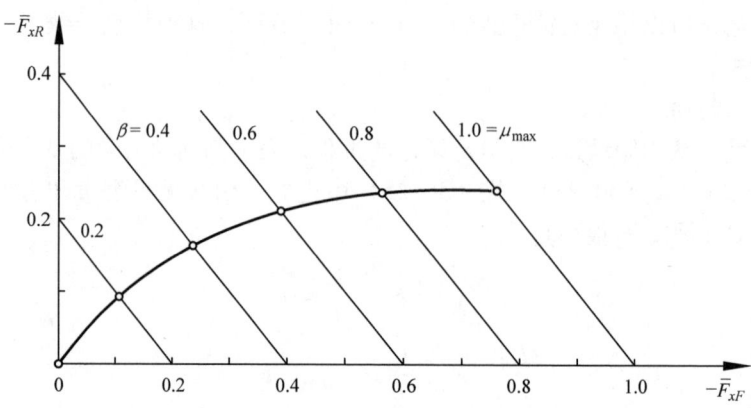

图 30.14 $\overline{l}_F = 0.52$，$\overline{h} = 0.28$ 时的理想制动力平衡

根据式（30.34），图 30.41 中的对角线代表 $-\overline{F}_{xR}$ 和 $-\overline{F}_{xF}$ 所有可能的组合，产生同样的归一化的减速度 β。曲线是选择式（30.41）关于式（30.38）的理想制动力平衡点，两者的制动力使用 $\mu_{\max}$。

如果前轮在极限条件下工作

$$(-\overline{F}_{xF}) = \mu_{\max}\overline{F}_{zF} \tag{30.42}$$

后制动力可由式（30.34）和式（30.35）导出

$$(-\overline{F}_{xR}) = (-\overline{F}_{xF})\frac{1 - \mu_{\max}\overline{h}}{\mu_{\max}\overline{h}} - \frac{\overline{l}_R}{\overline{h}} \tag{30.43}$$

类似地，在只有后轮在极限情况下

$$(-\overline{F}_{xR}) = \mu_{\max}\overline{F}_{zR} \tag{30.44}$$

前轮制动力是

$$(-\overline{F}_{xF}) = -(-\overline{F}_{xR})\frac{1 + \mu_{\max}\overline{h}}{\mu_{\max}\overline{h}} + \frac{\overline{l}_F}{\overline{h}} \tag{30.45}$$

式（30.43）和式（30.45），这两者的关系限制了制动的适用范围，如图 30.15 中的"极限"直线所示。由于前轮或后轮抱死，更大的归一化制动力是不可能的。

如果在制动系统中实现前后轮的恒定制动力矩平衡,则制动力与制动力矩近似成正比(如果滑移变化不太大),存在以下关系

$$\frac{-\overline{F}_{xF}}{-\overline{F}_{xR}} = k \tag{30.46}$$

在图 30.15 中,相应的直线以 c 标识,具有特定的制动平衡集合。例如,这条线上的点 A,表示归一化的减速度 β 的相关值可以通过 −45°倾斜线与水平轴线的交点找到。

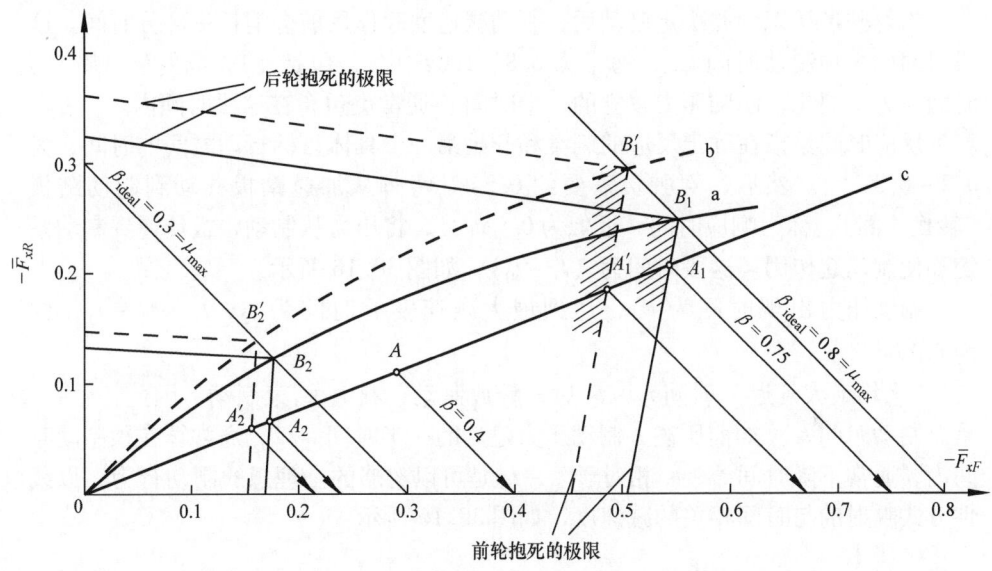

图 30.15 制动力分配图(归一化的制动力 $-\overline{F}_{xF}$, $-\overline{F}_{xR}$)用于乘用车的两个载荷条件(曲线 a:$\overline{l}_F = 0.47$,$\overline{h} = 0.2$;曲线 b:$\overline{l}_F = 0.52$,$\overline{h} = 0.19$)和两个制动牵引系数 $\mu_{max} = 0.3$;0.8 有恒定的制动力平衡(曲线 c):$-\overline{F}_{xF}l - \overline{F}_{xR} = k = 2.63$

使用图 30.15 的制动力分配曲线,可以演示制动系统的性能,包括摩擦条件的极限。曲线 a 和曲线 b 分别代表两种不同载荷条件下的理想制动力平衡,因此点 B'_1、B_1 和 B'_2、B_2 对应(归一化)制动力理想调校点。实际制动系统以曲线 c 表示,设置随着制动压力的增大—意味着沿着曲线 c—前轮会先抱死,用图中点 A'_1、A_1 和 A'_2、A_2 标识。对于可能的归一化减速度 β,显然只有小于理想减速度 $β_{max} = \mu_{max}$ 才能达到。制动系统通常设计为前轮先抱死,防止紧急制动时发生甩尾。前轮抱死的车辆通常沿直线行驶。在这种情况下,由于抱死的车轮侧向

力减少,前轮失去转向能力,可以利用 ABS 改善。图 30.15 中的阴影部分,表示 $\mu_{max}=0.8$ 时 ABS 可能的工作区域。其本质上不能提高可能的减速度,但是可以避免车轮抱死。在阴影区内,ABS 旨在尽可能达到理想制动。有关 ABS 和 ESP 的详细描述,见第 33 章。

除了设计具有恒定 $-F_{xR}/-F_{xF}=k$ 的制动系统外,还有很多其他可能性。例如,具有分段线性关系趋近于理想曲线 a 和曲线 b,因此应更好地利用摩擦极限,例如文献 [12]。

30.2.5 反应时间、制动过程和停车

当驾驶员认识到并决定制动后,制动减速度起作用前会消耗一部分时间。这段时间称为预制动时间 t_{pre},通常为 $0.8 \sim 1.0s^{[7,12]}$,包括反应、转换、响应的时间。为了简化,制动压力建立的一半时间 t_s 通常也包含在这段时间内。

反应时间是指在确定反应的刺激和开始第一个具体目标行动之间的时间,为 $0.2 \sim 0.3s^{[12]}$。然后,驾驶员需要约 $0.2s^{[8]}$ 将脚从加速踏板移动到制动踏板(转换时间),称为响应时间,近似为 $0.05s^{[7]}$,将压力从制动踏板传递到制动系统和使制动起作用。这段时间为 (t_1-t_0),如图 30.16 所示。

制动压力出现时间为 t'_1,达到最大减速度的时间为 t_2,$t_s = t_2 - t_1$,约为 $0.17s^{[7]}$。

"平均最大延迟"时间 $t_3 - t_2$ 后,释放制动,在 t_4 结束制动。因此,$t_4 - t_1$ 是总制动时间 t_B。如前所述,制动压力建立的一半时间 $t_s/2$,通常算在预制动时间内,通常下降时间 $t_4 - t_3$ 相对于 $t_3 - t_2$ 是可以忽略的。理想的制动行为,以线性方式映射的与时间相关的减速度,如图 30.16 所示。

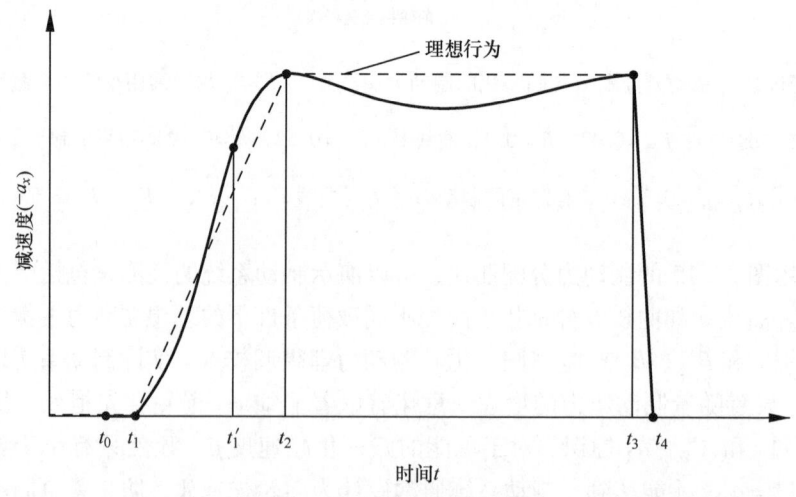

图 30.16 制动过程特性

最后，车辆的总制动时间是预制动时间 t_{pre} 和制动时间 t_B 之和。因此，第一阶段车辆行驶的距离为 $t_{pre}v$，加上第二阶段制动距离为 s_B，得到总的制动距离。

对于随时间变化的减速度，一般需要对运动方程进行时间积分，还要考虑车轮抱死情况。然而，如 30.2.4.2 小节开始所述，许多基本考虑是基于制动减速度恒定的假设。在这种情况下，$\beta = -a_x = const. > 0$，在无车轮抱死情况下，不同路面坡度 ϑ 的制动距离 s_B 可利用式（30.2）和式（30.3）估计和导出。有效制动力系数为

$$\mu_{eff} = \left| \frac{-(2F_{xF} + 2F_{xR})}{2F_{zF} + 2F_{zR}} \right| = \frac{m\beta - W_L - mg\sin\vartheta}{mg\cos\vartheta - W_Z} \quad (30.47)$$

不考虑空气动力学效应：$W_L \approx 0$，$W_Z \approx 0$，初始车速 v_0 下的制动距离为

$$S_B = \frac{v_0^2}{2g(\mu_{eff}\cos\vartheta + \sin\vartheta)}, \quad 对于 \vartheta = 0°，s_{B0} = \frac{v_0^2}{2g\mu_{eff}} \quad (30.48)$$

图 30.17 说明了对于两个不同的 $\mu_{eff,j}$，不同坡度对水平路面制动距离的影响；对于 $\mu_{eff,2} = 0.7$、坡度为 $q = 30\%$ 的制动距离 $s_{B,2}$ 几乎是水平路面制动距离 $s_{B,0}$ 的两倍。

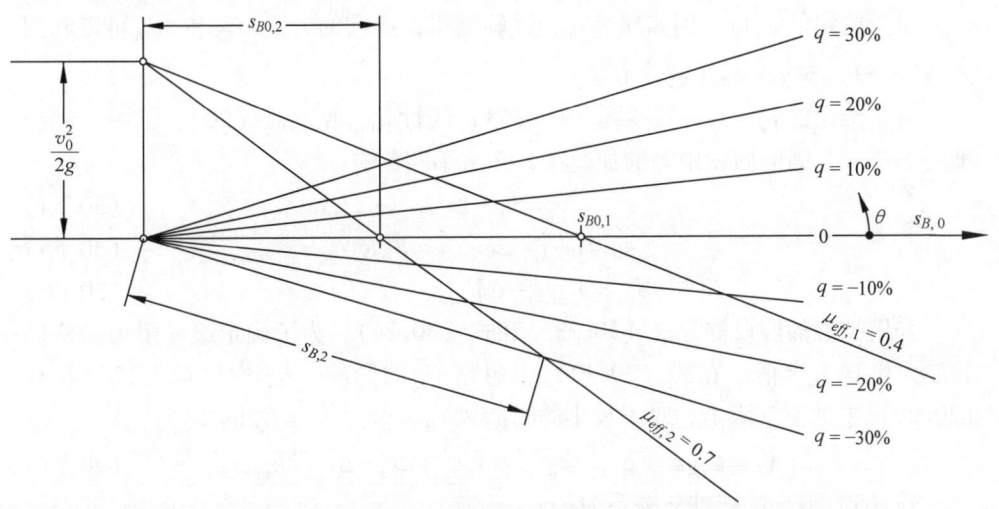

图 30.17　制动距离 s_B 作为坡度 ϑ 的函数（恒定制动减速度）

30.2.6　状态空间描述、逆动力学和纵向控制基础

通过引入简单线性特性，纵向轮胎力为

$$F_{xi} = C_{si}s_i \quad i = F, R \quad (30.49)$$

滑移刚度为 C_{si}，滚动半径 r_i，纵向滑移为

$$s_i = \frac{r_i\omega_i - v_x}{v_x} \quad i = F, R \tag{30.50}$$

利用式（30.2）~式（30.4）的车辆运动方程和前后车轮简化的欧拉方程式（30.5），$M_{Fi} = 0, M_{Ai} = M_{Di} - M_{Bi}(i = F, R)$，施加力矩为 M_{Ai} 时

$$I_F \dot{\omega}_F = M_{AF} - f_R F_{zR} r_F - F_{xF} r_F \tag{30.51}$$

$$I_R \dot{\omega}_R = M_{AR} - f_R F_{zR} r_R - F_{xR} r_R \tag{30.52}$$

该系统的运动方程可以表示为

$$\vec{\dot{x}} = \vec{f}(\vec{x}, \vec{u})$$

$$\vec{x} = [v_x, \omega_F, \omega_R]^T, \quad \vec{u} = [M_{AF}, M_{AR}]^T \tag{30.53}$$

状态向量为 $\vec{x}$、输入向量为 $\vec{u}$。令 $M_{AR} = 0$ 定义前轮驱动；或者 $M_{AF} = 0$ 定义后轮驱动；M_{AR}/M_{AF} 为定值时定义四轮驱动，可将恒定制动力平衡考虑在内。

通过数值求解式（30.53），其通常为非线性微分方程，非恒定减速度的车辆性能也可以求解，如30.2.4.2小节所假设。同样，车轮抱死情况也可以通过 $-F_{xi} = \mu_s F_{zi}$ 考虑。

对于给定的 $v(t)$，例如通过行驶试验测得，所需的力矩 M_{AF} 和 M_{AR} 可以利用式（30.53）对 $\vec{u}$ 求解（逆动力学）。

对于给定的 $v_g = v_g(t)$，将式（30.53）线性化，见文献[20]；其中，利用准稳态值 v_s，因而假设中等的加速度，在水平路面有

$$v_x = v_s + \Delta v_x \tag{30.54}$$

$$\omega_i = \omega_{i,s} + \Delta \omega_i, \quad i = F, R \tag{30.55}$$

$$M_{Ai} = M_{Ai,s} + \Delta M_{Ai}, \quad i = F, R \tag{30.56}$$

采用类似的假设推导式（30.23）和式（30.24）；为了确定滚动阻力，法向轮胎力设置为定值。在式（30.49）中忽略 C_{si} 的影响，包含式（30.27）和式（30.28）中的空气阻力，对于较小的纵向风 $v_W \ll v_s$，$k_x = C_x A \rho / 2$

$$W_L = k_x(v_s + \Delta v_x + v_W)^2 \approx k_x v_s^2 + 2k_x v_s \Delta v + 2k_x v_s v_W \tag{30.57}$$

式（30.50）的线性化关系为

$$s_i \approx \frac{r_i \omega_{i,s} - v_s}{v_s} + \frac{r_i \Delta \omega_i}{v_s} - \frac{\Delta v_x}{v_s} \quad i = F, R \tag{30.58}$$

当假设稳态条件下纵向小滑移值时，意味着 $(r_i \omega_{i,s} - v_s)/v_s \ll 1$ 或 $r_i \omega_{i,s} \approx v_s$。为了简化研究，$r_F = r_R = r$。

$M_{Ai,s}$ 的稳态值可通过 $\vec{f}(\vec{x}_s, \vec{u}_s) = \vec{0}$ 推导，与滚动阻力、空气阻力、坡度阻力（这里 $\vartheta_{F,s} = 0$）平衡。最后，线性化系统方程的稳态偏差用状态空间符号表示为

$$\vec{\dot{x}} = \mathbf{A}\vec{x} + \mathbf{B}\vec{u} + \vec{g}_w w \tag{30.59}$$

其中

$$\vec{x} = \begin{bmatrix} \Delta v_x \\ \Delta \omega_F \\ \Delta \omega_R \end{bmatrix}, \mathbf{A} = \begin{bmatrix} -\dfrac{2(C_{sF}+C_{sR}+k_x v_s^2)}{mv_s} & \dfrac{2rC_{sF}}{mv_s} & \dfrac{2rC_{sR}}{mv_s} \\ \dfrac{rC_{sF}}{I_F v_s} & -\dfrac{r^2 C_{sF}}{I_F v_s} & 0 \\ \dfrac{rC_{sR}}{I_R v_s} & 0 & -\dfrac{r^2 C_{sR}}{I_R v_s} \end{bmatrix}$$

$$\vec{u} = \begin{bmatrix} \Delta M_{AF} \\ \Delta M_{AR} \end{bmatrix}, \mathbf{B} = \begin{bmatrix} 0 & 0 \\ \dfrac{1}{I_F} & 0 \\ 0 & \dfrac{1}{I_R} \end{bmatrix}, \vec{g}_w = \begin{bmatrix} \dfrac{1}{m} \\ 0 \\ 0 \end{bmatrix}, w = -2k_x v_s v_w - mg\Delta\vartheta_F$$

通过计算系统矩阵 A 的特征值 λ_i，即解特征方程 $|A-\lambda I|=0$，可以分析式 (30.59) 的稳定性。采用符号的方法，线性化系统的渐近稳定性可以应用 Hurwitz 稳定性定理证明，同时也证明了非线性系统的局部稳定性。由于稳定裕度非常小，（初始）干扰只缓慢消失，控制的动力学可能是可取的。这可以通过应用输入向量 $u = -Kx$ 达到，其中 K 可以利用前面列出的矩阵和基本控制理论方法确定。由于恒定干扰不会衰减，建议采用 PI 状态控制器。

30.3 车辆侧向行为

30.3.1 车辆模型特点和应用

一种简单的车辆侧向行为基础分析的模型（更多先进的模型和分析，见第 31 章），是（线性化）两轮车模型，如图 30.18 所示，例如文献 [1, 2, 5-10, 20]。其中，一根轴上的两个车轮，由车辆中央平面上的一个车轮代替。由此假设两轴乘用车的替代车轮包含车辆质量和惯性（忽略车轮打滑惯性的影响），不仅包括轮胎，也包括车轮悬架特性。

模型有效性的限制，例如，关于侧向加速度，什么样类型的应用可以研究，取决于附加模型特性。通常，基于两轮（或简化的四轮）车辆模型的研究项目如下：

1) 稳态转向，转向行为和标准化量描述，如不足转向梯度。
2) 频率响应。

3）稳定性分析。

4）给定转向角和车速的开环仿真，闭环仿真，例如沿着给定轨迹的行驶。

5）驾驶员辅助系统设计的控制模型或驾驶员模型。

6）车辆和悬架设计的基本影响。

7）基于测量的车辆基本参数识别。

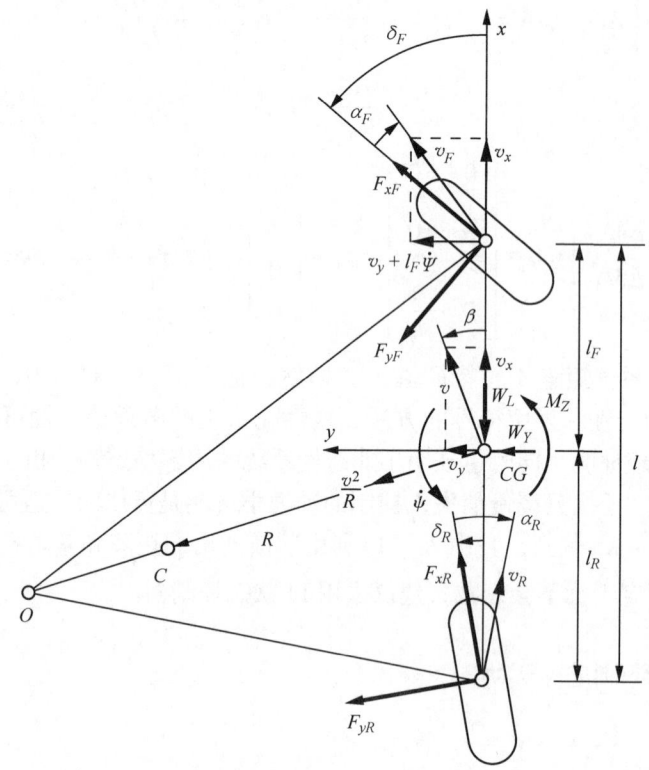

图 30.18　两轮车辆模型，后轮有可能转向

对于项目 1~5，车辆通常行驶在水平的平坦表面上，而且经常假设车速 v_x 为定值，前轮转角为 δ_F 作为输入变量，后轮转角 $\delta_R = 0$ 或 $\delta_R = \delta_R(\delta_F, v_x, \cdots)$。

对于项目 6 和 7，扩展模型包括车辆的车身运动，特别基于固定侧倾轴的侧倾运动和轮胎非线性特性。

30.3.2　线性两轮车辆模型

在英文文献中，两轮车辆模型通常被称为"自行车模型"或"单轨模型"，但是这两个术语在狭窄意义上有可能会被误解。下面给出对线性两轮车辆模型的基本理解和分析。

30.3.2.1 运动方程

为了解释双轴车辆的主要侧向特性，在任何车辆动力学的基本课程中都采用两轮车辆模型。模型如图 30.18 所示，线性化不受干扰地直道行驶，具有恒定纵向车速 v_x。

假设角度 δ_F、δ_R、α_F、α_R 和 β 的值是小的，线性化运动方程为

$$ma_x = (F_{xF} - F_{yF}\delta_F) + (F_{xR} - F_{yF}\delta_R) - W_L \quad (30.60)$$

$$ma_y = (F_{xF}\delta_F + F_{yF}) + (F_{xR}\delta_R + F_{yR}) + W_Y \quad (30.61)$$

$$I_Z\ddot{\psi} = (F_{xF}\delta_F + F_{yF})l_F - (F_{xR}\delta_R + F_{yR})l_R + M_Z \quad (30.62)$$

车辆的总质量为 m，对质心 CG 的 z 轴转动惯量为 I_Z。横摆角速度 $r = \dot{\psi} = \dot{\psi}(t)$ 描述车辆相对于惯性系（固定坐标系 $x-y-z$）的旋转运动。注意，车辆旋转的中心 O 与 CG 轨迹的曲率（$1/R$）中心 C，两者一般不重合，但稳态转向两者是重合的！假设纵向轮胎力小，式（30.61）和式（30.62）中的项 $F_{xi}\delta_i$（$i = F, R$）也可以忽略，式（30.60）不再与车辆侧向运动无关，忽略空气动力学（$M_Z = 0, W_L = 0, W_Y = 0$）的动力学方程简化为

$$ma_y = F_{yF} + F_{yR} \quad (30.63)$$

$$I_z\ddot{\psi} = F_{yF}l_F - F_{yR}l_R \quad (30.64)$$

对于给定的车速，轮胎纵向力 F_{xi} 为定值，可以由式（30.60）得到。例如，分别考虑前驱、后驱、四驱和滚动阻力，加速度 a_x 可以由式（30.67）得到。在式（30.63）和式（30.64）中，轮胎侧向力 F_{yi} 利用各自轴的侧偏角 α_i 和有效侧偏刚度 C_i 线性描述

$$F_{yi} = C_i\alpha_i, \ i = R, F \quad (30.65)$$

在车辆运动学中，考虑固定在车身坐标系 $x-y-z$ 的横摆角速度 $\dot{\psi}$，则加速度为

$$a_y = \dot{v}_y + \dot{\psi}v_x \quad (30.66)$$

$$a_x = -\dot{\psi}v_y \quad (30.67)$$

线性化侧偏角为

$$\alpha_F = \delta_F - \frac{v_y + l_F\dot{\psi}}{v_x}, \ \alpha_R = \delta_R - \frac{v_y - l_R\dot{\psi}}{v_x} \quad (30.68)$$

表示二自由度 v_y、$\dot{\psi}$ 的另一种方法，是车辆的侧向速度 v_y 用侧偏角 β 表示

$$\beta = \frac{v_y}{v_x}, \ \dot{\beta} = \frac{\dot{v}_y}{v_x} \quad (30.69)$$

则

$$a_y = v_x(\dot{\beta} + \dot{\psi}) \quad (30.70)$$

$$\alpha_F = \delta_F - \beta - \frac{l_F\dot{\psi}}{v_x}, \ \alpha_R = \delta_R - \beta + \frac{l_R\dot{\psi}}{v_x} \quad (30.71)$$

合并运动学关系式（30.66）、式（30.68）和运动方程式（30.63）、式（30.64）中的轮胎侧向力描述式（30.65）后，线性微分方程的状态空间符号表示为

$$\vec{\dot{x}} = F\vec{x} + G\vec{\delta} \qquad (30.72)$$

其中，状态向量 $\vec{x} = [v_y, \dot{\psi}]^T = [v_y, r]^T$，输入向量 $\vec{\delta} = [\delta_F, \delta_R]^T$，系统矩阵为

$$F = \begin{bmatrix} -\dfrac{C_F + C_R}{mv_x} & -\dfrac{(l_F C_F - l_R C_R)}{mv_x} - v_x \\ -\dfrac{(l_F C_F - l_R C_R)}{I_Z v_x} & -\dfrac{l_F^2 C_F + l_R^2 C_R}{I_Z v_x} \end{bmatrix} \qquad (30.73)$$

输入矩阵为

$$G = \begin{bmatrix} \dfrac{C_F}{m} & \dfrac{C_R}{m} \\ \dfrac{l_F C_F}{I_Z} & \dfrac{l_R C_R}{I_Z} \end{bmatrix} \qquad (30.74)$$

四轮转向或其他由悬架特性引起的转向效应时，需要考虑后轮转向角为 δ_R。让 $\delta_R = 0$，对横摆角速度 r 和侧滑角 β 通过应用式（30.69）和变量分离[21]，式（30.72）可以写成两个线性二阶微分方程

$$\ddot{\beta} + 2K_1 \dot{\beta} + K_2 \beta = \dfrac{C_F}{mv_x}\dot{\delta}_F - \dfrac{C_F(l_F mv_x^2 - C_R l_R l)}{I_Z mv_x^2}\delta_F \qquad (30.75)$$

$$\ddot{r} + 2K_1 \dot{r} + K_2 r = \dfrac{l_F C_F}{I_Z}\dot{\delta}_F + \dfrac{C_F C_R l}{I_Z mv_x}\delta_F \qquad (30.76)$$

其中

$$K_1 = \dfrac{I_Z(C_F + C_R) + m(C_F l_F^2 + C_R l_R^2)}{2 I_Z mv_x} \qquad (30.77)$$

$$K_2 = \dfrac{l^2 C_F C_R + (C_R l_R - C_F l_F) mv_x^2}{I_Z mv_x^2} \qquad (30.78)$$

然后，这种形式可以很容易地从时间域转换到频率域并获得传递函数，例如分析参数对车辆稳定性的影响。

30.3.2.2 稳态转向

出于与标准定义和解释具有可比性的原因[6,17]，只考虑前轮转向的情况，即 $\delta_R = 0$。

稳态转向时，转向半径为 R，修正条件为

$$\beta_{st} = 常数，\quad r_{st} = 常数，\quad a_{y,st} = \dfrac{v_x^2}{R} \qquad (30.79)$$

由运动方程式（30.75）~式（30.78）得

$$\delta_{F,st} = \delta_{F0} + \frac{C_R l_R - C_F l_F}{C_R C_F l} m a_{y,st} \qquad (30.80)$$

$$\beta_{st} = \beta_0 - \frac{l_F}{C_R l} m a_{y,st} \qquad (30.81)$$

由图 30.19 可知，前轮转向角为 δ_{F0}（阿克曼转向角 δ_a），车辆侧偏角为 β_0，$v_x \approx v \to 0$。既然在这种理想情况下没有轮胎侧向力作用，因此也就没有轮胎侧偏角，角度 β_0 和 $\delta_{F0} = \delta_a$ 可以根据车辆几何状况直接求解。对于较小的角度，有

$$\beta_0 = \frac{l_R}{R} \qquad (30.82)$$

$$\delta_a = \delta_{F0} = \frac{l}{R} \qquad (30.83)$$

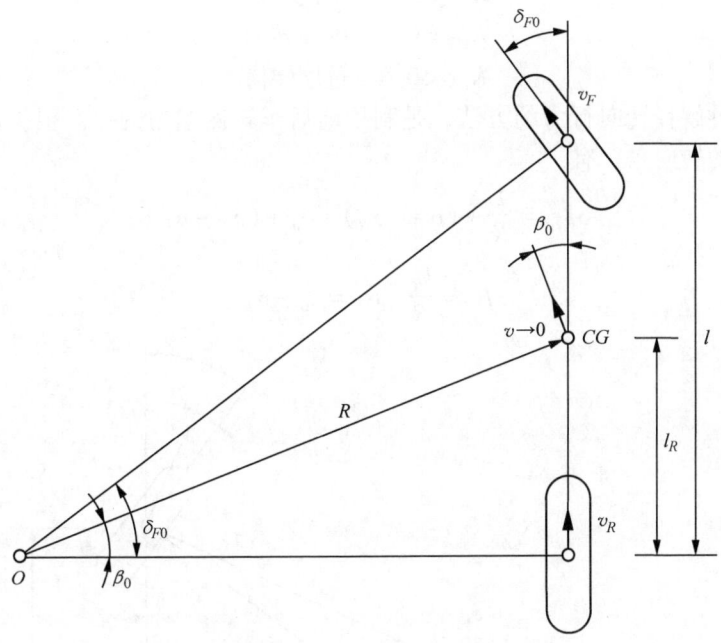

图 30.19 $v \to 0$ 的稳态转向

消去 R 可得

$$\delta_a = \frac{l}{v_x^2} a_{y,st} \qquad (30.84)$$

在一些标准定义中，也会出现转向盘转角 δ_H。其大小与总转向比 i_s 的关系为

$$\delta_H = i_s \delta_F \qquad (30.85)$$

描述操纵和转向行为非常有用的量是不足转向/过度转向梯度 K_{US}，也见 SAE J670e 或 DIN 70000 的"特征梯度" $EG = K_{US}/l$。其为转向盘角梯度与总转

向比之比减去阿克曼转向角梯度

$$K_{US} = \frac{1}{i_s}\frac{\mathrm{d}\delta_{H,st}}{\mathrm{d}a_{y,st}} - \frac{\mathrm{d}\delta_a}{\mathrm{d}a_{y,st}} \tag{30.86}$$

将式（30.86）和式（30.80）结合，给出线性系统转向角

$$\frac{\delta_{H,st}}{i_s} = \delta_{F,st} = \delta_a + K_{US}a_{y,st} \tag{30.87}$$

不足转向梯度为

$$K_{US} = \frac{m(C_R l_R - C_F l_F)}{l C_R C_F} \tag{30.88}$$

然后，利用 K_{US} 的值表示转向/操作特性

$$\begin{aligned}K_{US} &> 0 &\quad \text{不足转向}\\ K_{US} &= 0 &\quad \text{中性转向}\\ K_{US} &< 0 &\quad \text{过度转向}\end{aligned} \tag{30.89}$$

另一种解释转向行为的方法，是利用前后车轮侧偏角的差。根据图 30.20，对于较小的转向角，有

$$\delta_{F,st} = \frac{l}{R} + (\alpha_F - \alpha_R) = \delta_a + (\alpha_F - \alpha_R) \tag{30.90}$$

$$\beta_{st} = \frac{l_R}{R} - \alpha_R = \beta_0 - \alpha_R \tag{30.91}$$

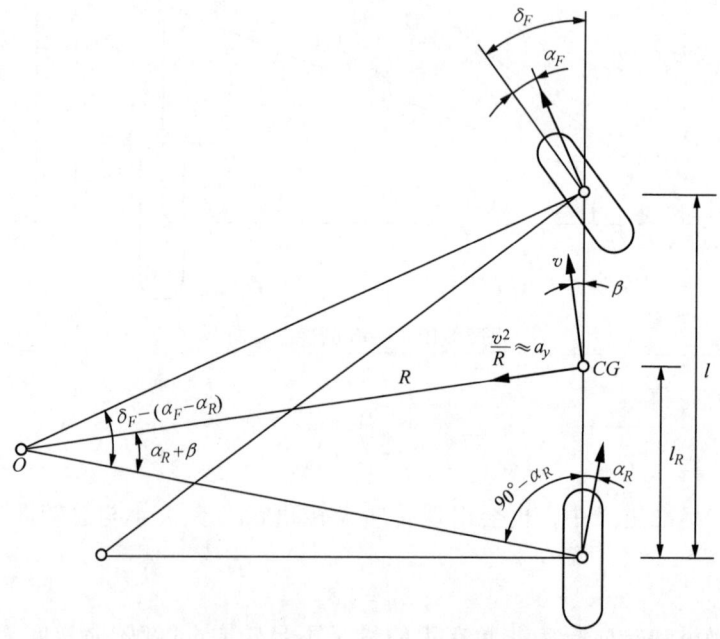

图 30.20　有旋转中心 O 的一般稳态转向情况

由式（30.90）可以看出，给定转向角和轴距 l，转向半径 R 与 $(\alpha_F - \alpha_R)$ 有关。

对于稳态转向，α_F、α_R 可以由式（30.63）～式（30.65）及 $\ddot{\psi}=0$ 直接导出

$$\alpha_F = \frac{l_R}{lC_F}ma_y, \quad \alpha_R = \frac{l_F}{lC_R}ma_y \tag{30.92}$$

比较式（30.90）和式（30.87）有

$$(\alpha_F - \alpha_R) = K_{US}a_{y,st} \tag{30.93}$$

当 $a_{y,st} > 0$ 时，式（30.87）中过度/不足/中性转向的关系和定义，可利用 $(\alpha_F - \alpha_R)$ 代替 K_{US}。

车辆稳态转向行为的特性如图 30.21 所示。在图 30.21a 中，车速不变，通过改变转向角，增加侧向加速度。在图 30.21b 中，转向半径 R 不变，车速增加。对于不足转向特性的车辆 B，随着车速增加，必须增大转向角，才能保持转向半径 R 恒定；而对于过度转向特性的车辆 A，必须减小转向角。在后者情况下，在式（30.96）中，转向角甚至可能变化符号，如果车速进一步增加，则将需要反向转向。两种不同车辆 A 和 B 的二轮车辆模型要求的参数，见表 30.1。

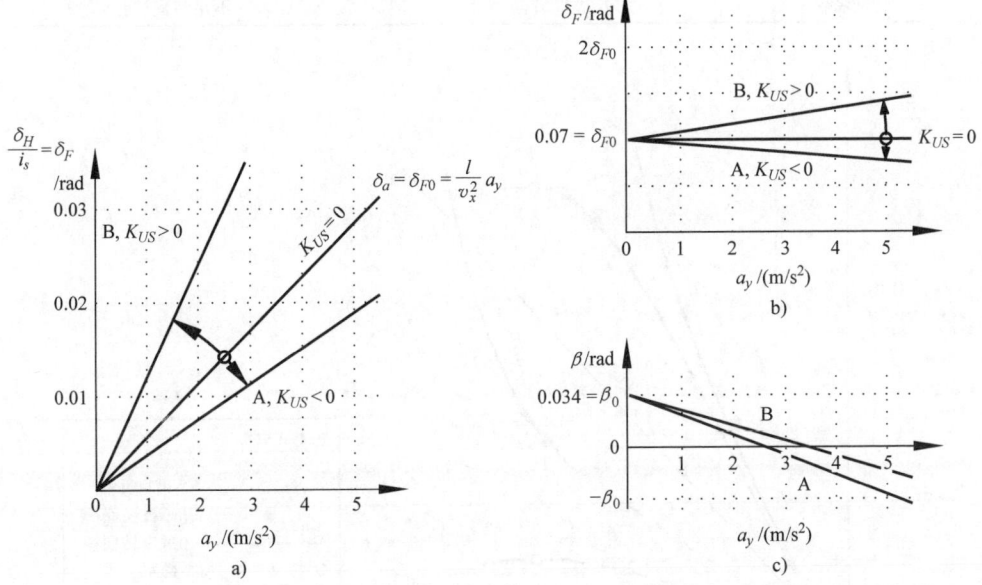

图 30.21　稳态转向特性，线性操纵图，车辆参数见表 30.1：
a) $v = 80$km/h；b) $R = 40$m；c) 对应 b) 的车辆侧偏角

在图 30.21c 中，同样给出与图 30.21b 对应的车辆侧偏角。初始时 $\beta = \beta_0$，式（30.81）和式（30.82）的两条曲线 $\beta = \beta(a_{y,st})$ 变化符号，尽管转向特性不

同，但是主要特点相似。通常，过度转向的车辆随着 $a_{y,st}$ 的增加，其侧偏角 β 的绝对值较大。显然，只用车辆侧偏角不能反映转向特性的特点。

对于非线性系统，图 30.22 给出转向特性及其常用解释。例如文献 [6，7，17]，对于不同类型的车辆，与图 30.21a 类似，对于恒定车速 v_x，梯度 $\mathrm{d}\delta_a/\mathrm{d}a_y = l/v_x^2$ 决定了是过度转向还是不足转向，见式（30.86）和式（30.89）。恒定车速 v_x 下稳定的条件是 $\partial\delta_F/\partial(l/R) > 0$，更多的内容见 30.3.3 小节。同样，非稳态转向行为可能只发生在过度转向的车辆上，见 30.3.2.3 小节。

表 30.1 线性两轮车辆模型的车辆数据

车辆	A	B
m	1900kg	1900kg
I_z	2900kg·m²	2900kg·m²
l_F	1.44m	1.44m
l_R	1.36m	1.36m
C_F	90000N/rad	60000N/rad
C_R	80000N/rad	110000N/rad
K_{US}	-1.96×10^{-3} rad s²/m	$+6.50 \times 10^{-3}$ rad s²/m
转向特性	过度转向	不足转向

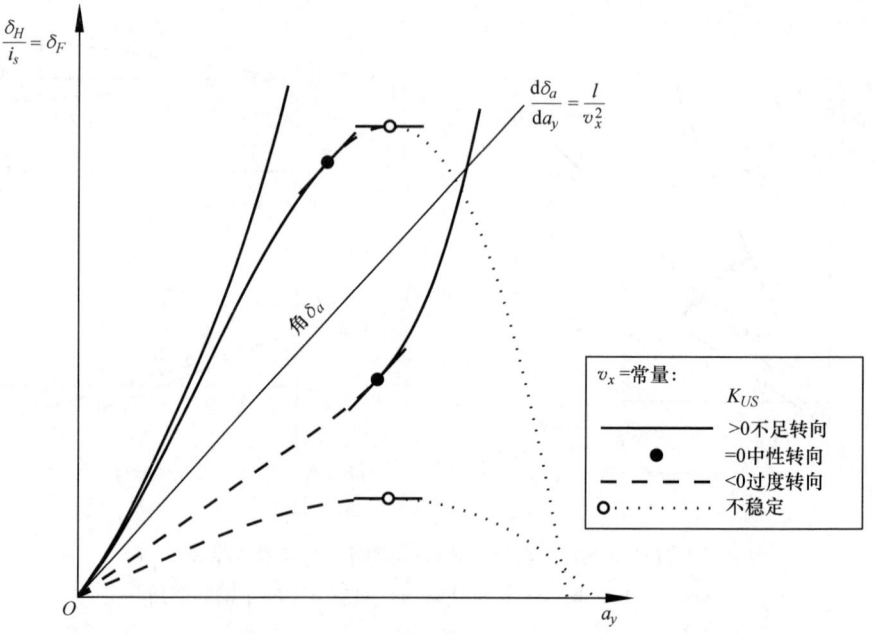

图 30.22 v_x 和 i_s 恒定时的主要非线性操纵图

稳态转向的其他特征量可以通过传递函数得到,如 $G_r(s) = r(s)/\delta_F(s)$ 由式（30.75）拉普拉斯变换得到，$G_\beta(s) = \beta(s)/\delta_F(s)$ 由式（30.76）拉普拉斯变换得到。这产生稳态（静态）横摆速度对转向盘输入的增益

$$G_{r,st} = \left.\frac{r}{\delta_H/i_s}\right|_{st} = \frac{v_x}{l + K_{US}v_x^2} \tag{30.94}$$

在图 30.23 中，车辆过度和不足转向特性的主要不同行为变得明显，其中也给出稳定和不稳定系统行为的区域，更多的内容在本节后面提供。

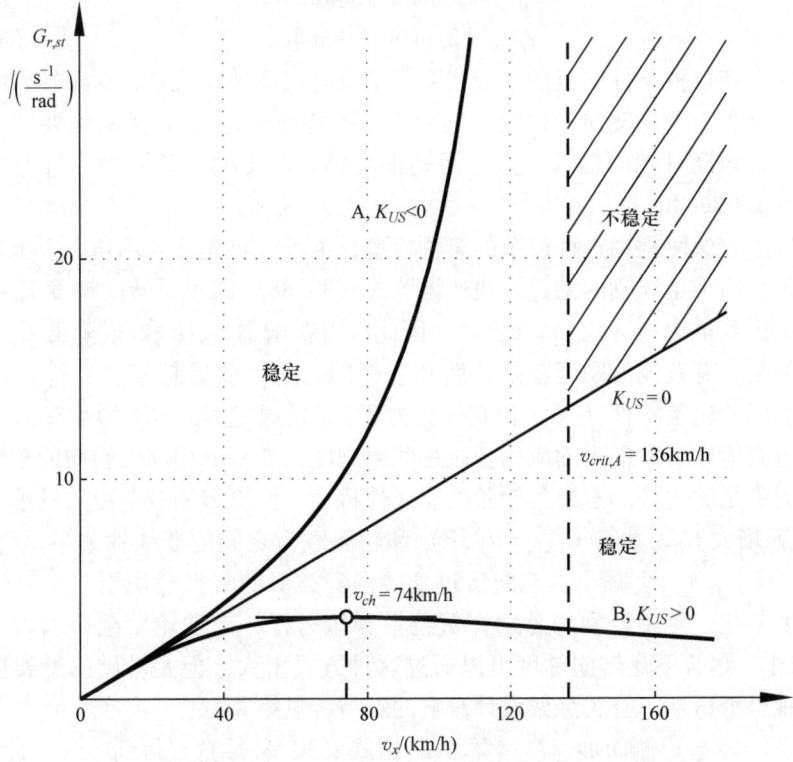

图 30.23 车辆过度、中性、不足转向特性行为对于静态横摆速度的增益；车辆 A 和 B 的数据来源于表 30.1

对于 $K_{US} > 0$，车辆 B 有不足转向，特征车速 v_{ch} 定义为

$$\left.\frac{\partial G_r}{\partial v_x}\right|_{v_x = v_{ch}} = \frac{l - K_{US}v_{ch}^2}{(l + K_{US}v_{ch}^2)^2} = 0$$

$$\Rightarrow v_{ch}^2 = \frac{l}{K_{US}}, \quad K_{US} > 0 \tag{30.95}$$

$G_{r,st}|_{v_x = v_{ch}} = v_{ch}/(2l)$ 是中性转向车辆车速在 $v_x = v_{ch}$ 时的一半。

对于过度转向的车辆 A，$K_{US}<0$，式（30.94）中的静态横摆角速度增益在临界速度 $v_x=v_{crit}$ 下变得无穷大

$$G_{r,st}\big|_{v_x=v_{crit}} \to \infty$$

$$\Rightarrow v_{crit}^2 = -\frac{1}{K_{US}}, \quad K_{US}<0 \tag{30.96}$$

中性转向的车辆，$K_{US}=0$，$G_{r,st}$ 随着车速增加而稳定增加。

因此，对于表 30.1 的车辆，有

$$v_{crit,A}=37\,\mathrm{m/s}(136\,\mathrm{km/h}) \tag{30.97}$$

$$v_{ch,B}=21\,\mathrm{m/s}(74\,\mathrm{km/h}) \tag{30.98}$$

通常，在各种条件的范围，现代车辆不具有过度转向特性，对于转向特性的线性区域至少为不足转向。因此，选择适当的特征车速 v_{ch} 是至关重要的。在特征车速下，车辆对转向输入、横摆运动很敏感。在文献［22］中，推荐特征车速为 65~100km/h。

实际上，即使利用这种简单的车辆模型，也可以首先从实用角度得出如何增加或改善转向不足车辆的结论。快速浏览式（30.88）的不足转向梯度 K_{US} 定义，由此揭示出其本构项（$C_R l_R - C_F l_F$）。因此，需要增加 $C_R l_R$ 和/或降低 $C_F l_F$。需要注意的是，有效侧偏刚度包括轮胎和悬架的行为，前后悬架（弹性）运动学设计和不同的轮胎特性（尺寸和充气压力等），是通过 C_F、C_R 影响转向和操纵特性的有效途径。牵引力的应用会减小侧偏刚度，如果采用前轮转向的车辆可以获得转向不足的趋势。考虑到轮胎的非线性特性，使更多的载荷由后轮承担，会降低 l_R 而增大 C_R。由于 $C_i(i=R,F)$ 和轮胎载荷之间的非线性关系，C_R 增大小于 C_F 减小，K_{US} 会减小，趋向于过度转向。类似的解释适用于一个轴轮胎载荷分布的变化，使用较硬的悬架弹簧特性和扭力杆，前轴轮胎载荷增大，前轮 C_F 会减小。尽管不足转向梯度可以通过这种方式增大，但是较硬的悬架反过来会影响乘坐舒适性。有关悬架设计影响的细节，见第 21 章。

稳态（静态）侧向加速度增益 $G_{ay,st}$ 由式（30.94）直接得到

$$a_{y,st}=r_{st}v_x$$

$$G_{ay,st}=\frac{a_y}{\delta_H/i_s}\bigg|_{st}=G_{r,st}v_x=\frac{v_x^2}{l+K_{US}v_x^2} \tag{30.99}$$

因此，对于图 30.24 中车辆 A，有 $K_{US}<0$，车速为 v_{crit} 时，$G_{ay,st}\to\infty$。对于车辆 B 有不足转向特性，$K_{US}>0$，没有等效的 v_{ch}；其中，随着车速增大，$G_{ay,st}$ 趋近于一个有限值。对于中性转向车辆，$K_{US}=0$，$v_x \to 0$ 时 $G_{ay,st}\to\infty$。

考虑稳态增益 $G_{r,st}$ 和 $G_{ay,st}$，在图 30.23 和图 30.24 中，与过度转向车辆相比，不足转向特性的车辆明显具有更适当的反应。车辆的稳态（静态）侧滑增益 $G_{\beta,st}$ 可以由式（30.75）得到。

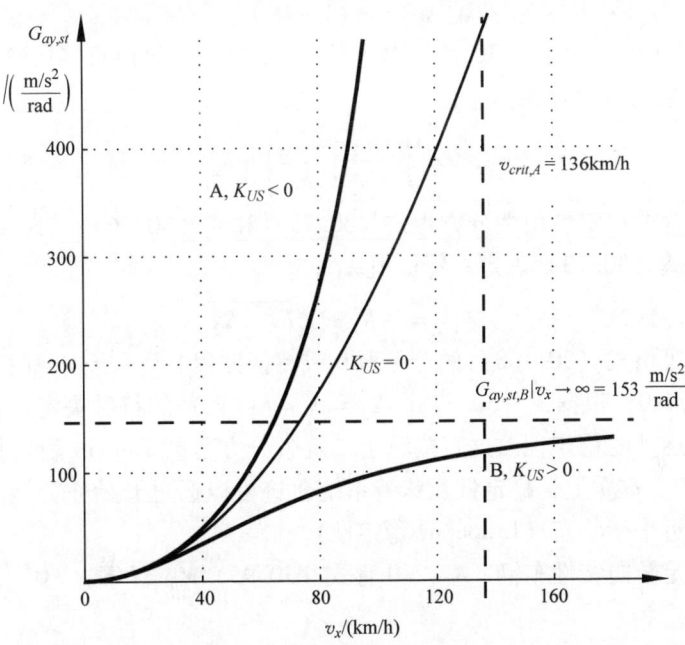

图 30.24 过度、中性、不足转向车辆关于静态侧向加速度增益的行为（车辆 A 和 B 的数据来源于表 30.1）

30.3.2.3 稳定和不稳定状态的车辆行为

基于式（30.72）~式（30.74）或式（30.75）~式（30.78），关于车辆的稳态行为，将讨论车辆对正弦转向输入（伯德图）和阶跃输入的响应。横摆角速度对转向输入的传递函数 $G_r(s)$，是表征车辆非稳态行为的常用方法[7,22]。考虑式（30.76）和式（30.94）得

$$G_r(s) = \frac{r(s)}{\delta_F(s)} = G_{r,st} \frac{1 + T_Z s}{\omega_0^2 + 2D\omega_0 s + s^2} \omega_0^2 \quad (30.100)$$

$$= G_{r,st} \frac{1 + T_Z s}{1 + (2D/\omega_0)s + (s/\omega_0)^2}$$

其中

$$T_Z = \frac{m v_x l_F}{C_R l}$$

$$\omega_0^2 = K_2 = \frac{C_F C_R l^2}{I_Z m v_x^2} \left(1 + \frac{K_{US} v_x^2}{l}\right) \quad (30.101)$$

$$D\omega_0 = K_1$$

K_1 和 K_2 由式（30.77）和式（30.78）得到，阻尼系统的固有频率为

$$\omega^2 = \omega_0^2(1-D^2) \qquad (30.102)$$

将式（30.84）和式（30.87）代入式（30.101），可以直接从稳态转向特性得出无阻尼系统的固有频率

$$\omega_0^2 = \frac{C_F C_R l^2}{I_Z m v_x^2}\left(\frac{\delta_{F,st}}{\delta_a}\right) = K_2 \qquad (30.103)$$

车辆行为的稳定性由微分方程式（30.75）和式（30.76）或式（30.72）中的系统矩阵式（30.73）确定；特征值 $\lambda_{1,2}$ 为

$$\lambda_{1,2} = -K_1 \pm \sqrt{K_1^2 - K_2} \qquad (30.104)$$

特征值可由式（30.100）的分母取 0 或特征方程 $|F-\lambda I|=0$ 很容易得到。由于总有 $K_1>0$，根据式（30.77），$K_2=\omega_0^2=K_2(v_x^2)$ 的符号决定在初始条件小扰动下系统运动的稳定性。这直接源于二阶微分方程的 Hurwitz 稳定性准则，$K_1>0$ 且 $K_2>0$。本质上，稳定性意味着系统轨迹可以通过开始充分接近平衡状态保持任意接近平衡状态（Lyapunov 稳定性）。

对于不足转向特性车辆，$K_{US}>0$ 且式（30.95）$v_{ch}^2=l/K_{US}>0$，无阻尼系统固有频率 $\omega_{0|u}$ 为

$$\omega_{0|u}^2 = K_2 = \frac{C_F C_R l^2}{I_Z m v_x^2}\left(1+\frac{v_x^2}{v_{ch}^2}\right) > 0 \qquad (30.105)$$

对于所有车速，车辆稳态运动都是稳定的（$K_2>K_1^2$ 产生负复数特征值对；$K_2<K_1^2$ 产生两个负实数的特征值）。

对于过度转向特性车辆 $K_{US}<0$，有

$$v_{crit}^2 = -\frac{1}{K_{US}}$$

$$\omega_{0|o}^2 = K_2 = \frac{C_F C_R l^2}{I_Z m v_x^2}\left(1-\frac{v_x^2}{v_{crit}^2}\right) \qquad (30.106)$$

显然，车速 $v_x>v_{crit}$ 时，$\omega_{0|o}^2<0$，车辆的稳态运动会变得不稳定，有一正一负的实特征值。注意的是，过度转向特性车辆稳态运动的不稳定不是先天的，在一定速度 v_{crit} 内具有稳定裕度。

在图 30.25 中，绘出车辆 A 和 B 的自然阻尼因子 D 和固有频率 ω_0、频率 ω 与车速 v_x 的函数关系。对于过度转向特性的车辆 A，由于 $D>1$，阻尼系统不存在固有频率，系统具有非周期解。对于典型的不足转向特性的车辆 B，随车速 $v_x \to \infty$，阻尼系统固有频率从无穷大变化到有限值；自然阻尼因子 $D<1$，且随车速增大而减小。因此，驾驶员可能应对横摆角速度的波动具有一定的难度。例如，由驾驶员避障产生的这种波动，当车辆运动在高速时阻尼较小，这是可能驾驶员预料到的；同样，固有频率随着车速变化。

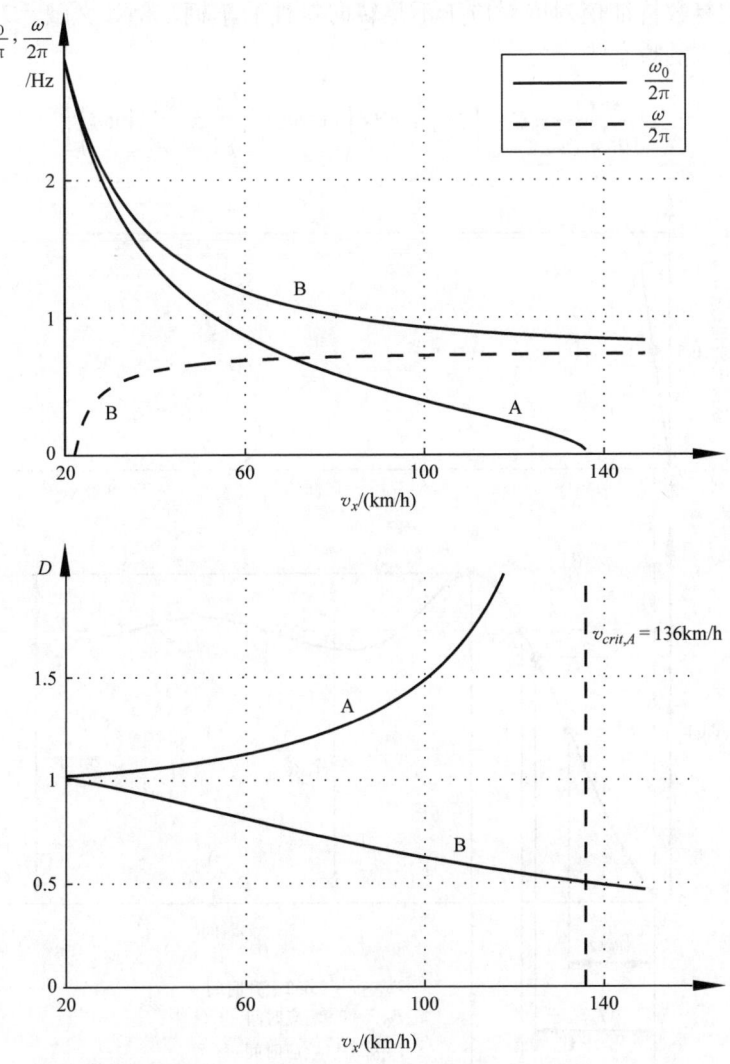

图 30.25　固有频率 $f_0 = \omega_0/2\pi$，阻尼系统固有频率 $f = \omega/2\pi$，阻尼因子 D 与车速 v_x 的函数关系，车辆 A 和 B 数据来源于表 30.1

车辆对转向阶跃输入的响应，在实际试验条件下快速施加一个特定的转向角，通常用于分析系统对操纵的敏感性。依据 ISO 7401 中道路车辆的试验程序，主要通过图 30.26 所示的参数表征。其中，一个重要的量是峰值响应时间 $T_{r\max}$，现代乘用车典型值为 200~400ms，因为其与转向阶跃/斜坡行为的主观评价有良好的相关性。

对于二阶阻尼系统，绘制其时间历程是典型的，在式（30.104）中，$K_2 > K_1^2$

具有负的复数特征值对,对应于不足转向特性的车辆。例如文献[7,22],转向阶跃输入的瞬态响应为

$$\frac{r(t)}{\delta_{H,st}/i_s} = G_{r,st}\left[1 - e^{-D\omega_0 t}\left(\cos\omega t + \frac{D - T_Z\omega_0}{\sqrt{1-D^2}}\sin\omega t\right)\right] \quad (30.107)$$

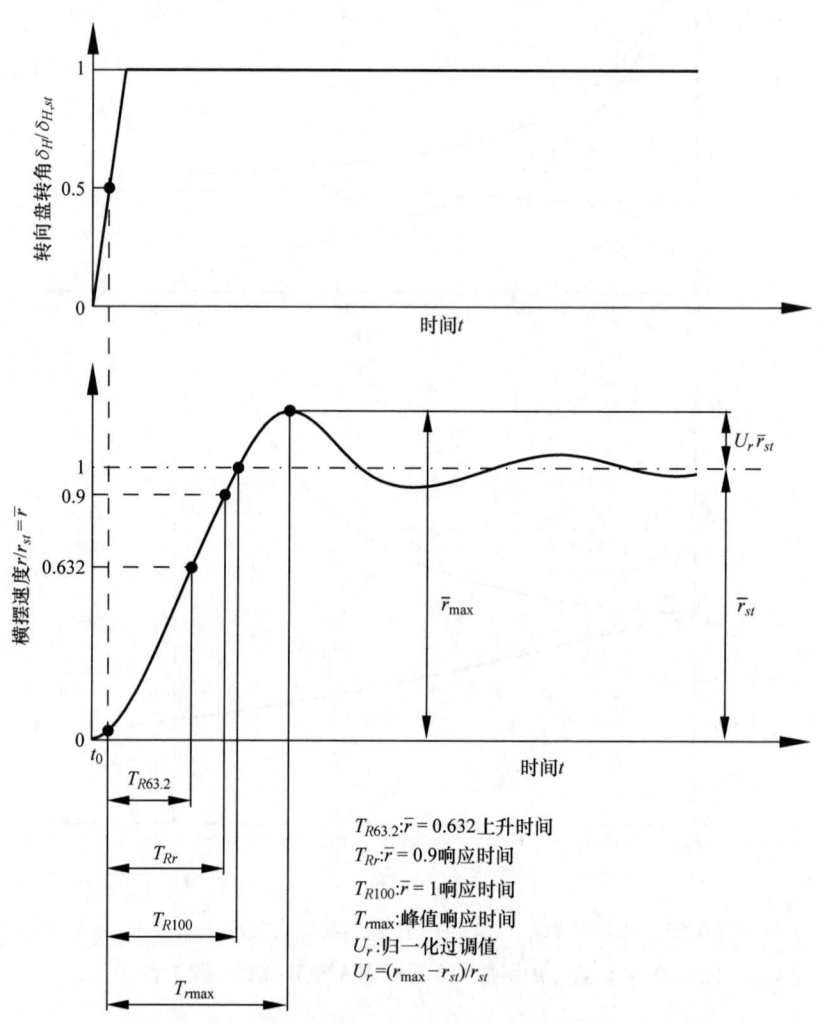

图 30.26 瞬态横摆运动特性

初始梯度是由 $\dot{r}(0)/(\delta_{H,st}/i_s) = (C_F l_F)/I_Z$ 决定的,对于不足转向或过度转向车辆,在式(30.72)中直接由式(30.74)可得 $v_y(0) = r(0) = \delta_R = 0$。在式(30.104)中,对于两种转向特性和 $K_2 > K_1^2$,两个负实数特征值导致对于 $t \to \infty$,非周期性的横摆运动趋近于 $G_{r,st}$。根据图30.23,$G_{r,st}$ 本质上是较大的。因此,

相同转向输入和速度下,最后产生的稳态转向半径,过度转向车辆比不足转向车辆小。如果过多转向车辆的车速高于 v_{crit},施加转向阶跃/斜坡输入,车辆的横摆角速度将以指数方式增加,驾驶员必须进行适当的操作。

对于横摆角速度响应,试验安全车辆(ESV)提出了一个有限区域,见文献[12]和图 30.27。两条试验曲线表明,在这个区域会出现临界点。初始 $t=0$ 应当与图 30.26 中 t_0 重合。

主动车身控制、附加后轮转向和其他主动控制系统可以提高操纵稳定性,可以增强车辆对驾驶员输入的响应[23]。然后,驾驶员可能也需要调整自己适应变化的转向行为,如图 30.27 所示。

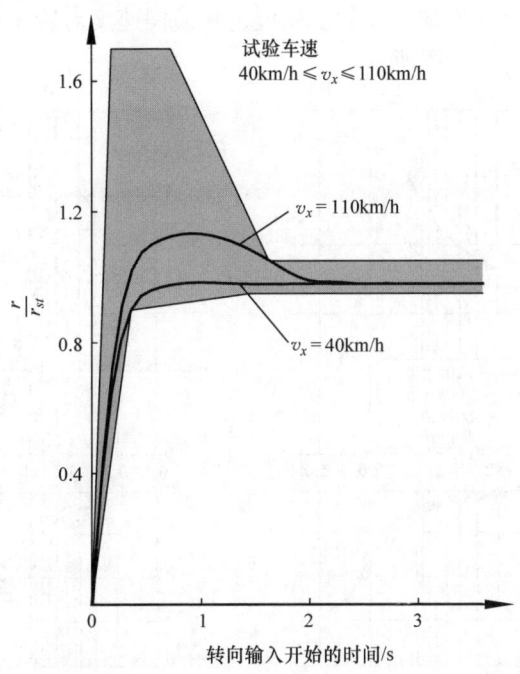

图 30.27 阶跃/斜坡转向输入 $\dot{\delta}_H \approx 500°/s$ 时,最终稳态侧向加速度为 $a_{y,st} \approx 0.4g$ 的试验安全车辆(ESV)的限制区域

动态特性也可以采用频率响应(伯德图)分析。如果车速非常高,不能输入转向阶跃,作为选择可以利用伯德图。对于正弦输入的横摆角速度响应的伯德图,可以直接由传递函数得到,通过将式(30.100)中 s 替换为 iv(v 为激励频率,$i^2 = -1$)。

$$\left.\frac{r(s)}{\delta_F(s)}\right|_{s=iv} = G_r(iv) = G_{r,st}\frac{1 + T_Z(iv)}{1 + (2D/\omega_0)(iv) + (iv)^2/\omega_0^2} \quad (30.108)$$

因此，可以绘制幅值 $A(v) = |G_r(iv)|$、用分贝表示的 $A(v) = 20\lg|G_r(iv)|$ 或相位图 $\phi(v) = \arctan\{\Re[G_r(iv)]/\Im[G_r(iv)]\}$。

测试了转向不足车辆的频率响应，其 K_{US} 与车辆 B 非常接近，如图 30.28 所示[22]。频率范围为 0.2~3Hz，处于驾驶员可行操纵范围。

横摆角速度伯德图，如图 30.28 中的左图所示。$v = 0$ 时，理论上幅值 $G_{r,st} = G_{r,st}(v_x)$；中速时增大，车速为 $v_x = 60 \sim 80 \text{km/h}$ 增大很明显；车速高于特征速度 $v_{ch} = 76 \text{km/h}$ 时，与图 30.23 相比车速影响不明显。$v = 0$ 时，对 $A(v)$ 的理论水平切线，通过测试图中 $v \to 0$ 的幅值的小变化给出。幅值的行为和围绕特征频率的共振放大显著取决于固有阻尼因子 D，两者也是 v_x 的函数，与图 30.25 相比，可在图中明显反映出来。高频下相位角和横摆速度对转向角输入相当大的延长，如图 30.28 中的左下图所示。

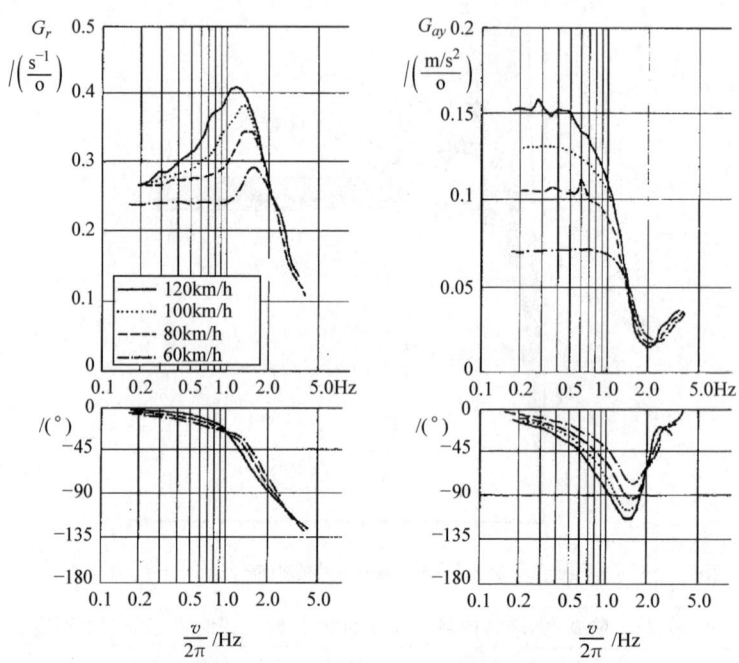

图 30.28 不同行驶速度 v_x 下不足转向特性车辆测试的横摆角速度和侧向加速度频率响应（$K_{US} = 0.00620 \text{ rad} \cdot \text{s}^2/\text{m}$，$v_{ch} = 76 \text{km/h}$）

由式（30.75）可以容易得到车辆侧偏角的频率响应，但是侧向加速度的频率响应通常更重要。两个频率响应通过传递函数彼此相关

$$\frac{a_y(s)}{\delta_F(s)} = v_x \left[\frac{r(s)}{\delta_F(s)} + \frac{s\beta(s)}{\delta_F(s)} \right]$$

侧向加速度的频率响应为

$$\left.\frac{a_y(s)}{\delta_F(s)}\right|_{s=iv} = G_{ay}(iv) = G_{ay,st}\frac{1+T_1(iv)+T_2(iv)^2}{1+(2D/\omega_0)(iv)+(iv)^2/\omega_0^2} \quad (30.109)$$

其中

$$T_1 = \frac{l_R}{v_x}, \quad T_2 = \frac{I_Z}{C_R l}$$

测试的侧向加速度伯德图，如图 30.28 中的右图所示。$v \to 0$ 时，幅值在 $G_{ay,st} = G_{ay,st}(v_x)$ 不同的水平下开始，也见图 30.24，在观察到非常大的下降前，或多或少保持不变，没有明显的特征频率。一方面，$G_{ay,st}$ 开始下降时的频率不会太低，以便保证车辆对驾驶员输入的敏感性；另一方面，中等车速和中等转向频率范围的恒定幅值说明了易于可控性。车速对侧向加速度相位滞后的影响，比横摆角速度更明显。

最后，车辆 A、B 归一化侧向加速度 $G_{ay,st}$ 的伯德图，如图 30.29 所示。不足转向车辆 B 的特性，与前面图 30.28 中讨论的车辆非常类似。只有在车速高于 180km/h 时，图 30.25 阻尼系数变小，相应于图 30.25 中的特征频率，可以注意

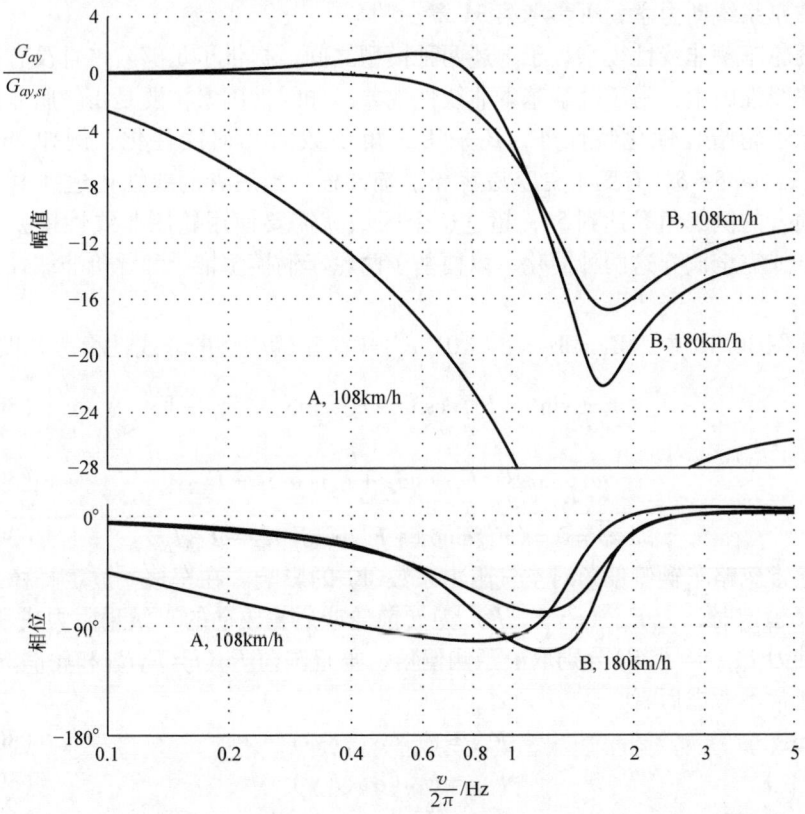

图 30.29　过度转向特性车辆 A 和不足转向特性车辆 B 的归一化加速度频率响应

到幅值的共振峰值。由于 108km/h 的车速已经接近于过度转向车辆 A 的式（29.97）的临界车速 $v_{crit} = 136$km/h，这个车辆响应在该区域的方便性，直到 1Hz 的正常转向很大程度上取决于频率（通过明显下降表示），并且相位滞后增加。由于 180km/h 超过了 A 车辆的临界车速，忽略这个车辆的相应特性。不足转向特性车辆 B 提供了对驾驶员更友好的行为，即使对于 180km/h 的车速，幅值和相位滞后角变化小。对于 $v > 1$Hz，即使不足转向特性的车辆 B，在幅值上显示大的变化。

30.3.3 两轮车辆非线性模型

两轮车辆线性模型应用的假设，是高摩擦路面和恒定车速（或小纵向加速度）下侧向加速度最大为 4m/s^2 的情况。超过这些限制，就需要更复杂的车辆模型，尤其是四轮车辆模型。现在，经常使用基于多体系统和程序的车辆模型（见第 2 章），而不是采用符号表示运动方程的简化四轮车辆模型，例如文献 [7, 8]。复杂车辆模型可也考虑车辆所有重要的系统，以便有效分析和仿真系统和整车系统动力学，可参考第 31 章。

两轮车辆非线性模型处于上述两种模型之间，提供了足够简单且没有忽略重要的非线性因素，易于理解基本非线性现象。非线性因素主要是指轮胎非线性特性。除了轮胎线性化特性外，还采用三角函数的几何线性化，例如 $\sin\delta \approx \delta$，$\cos\delta \approx 1$，$\tan\delta \approx \delta$，有助于更容易解释系统方程。当后者的线性化达到 10° ~ 15° 时，前者的侧偏角只达到 5°，超过这个区域就需要使用轮胎非线性模型。下面将部分或完全放弃这两种简化，以便基于两轮车辆模型推导和评价非线性稳态操稳图。

在图 30.18 中，$M_z = W_Y = \delta_R = 0$，$a_x \approx 0$，车辆模型的非线性稳态方程为

$$-m\frac{v^2}{R}\sin\beta = F_{xF}\cos\delta_F - F_{yF}\sin\delta_F + F_{xR} - W_L \quad (30.110)$$

$$m\frac{v^2}{R}\cos\beta = F_{xF}\sin\delta_F + F_{yF}\cos\delta_F + F_{yR} \quad (30.111)$$

$$I_Z\ddot{\psi} = 0 = (F_{xF}\sin\delta_F + F_{yF}\cos\delta_F)l_F - F_{yR}l_R \quad (30.112)$$

通常忽略车辆侧偏角对空气阻力系数 W_L 的影响。在车速 v 恒定且稳态转向半径 R 恒定时，力 F_{xi} ($i = F, R$) 为（前轮或后轮驱动的）滚动阻力或牵引力。侧向轴力 F_{yi} ($i = F, R$) 分别取决于侧偏角、垂直轴荷 F_{zi} ($i = F, R$) 和轮胎纵向力，但是通常不考虑后者

$$F_{yF} = F_{yF}(\alpha_F, F_{zF}) \quad (30.113)$$

$$F_{yR} = F_{yR}(\alpha_R, F_{zR}) \quad (30.114)$$

$$F_{zF} = mg\frac{l_R}{l}, \quad F_{zR} = mg\frac{l_F}{l} \quad (30.115)$$

例如，这些特性可以描述为

$$F_y = D\sin\{C\arctan[B\alpha - E(B\alpha - \arctan B\alpha)]\} \tag{30.116}$$

具有参数 μ、c_α、C、E，峰侧侧向轮胎/轴力 $D = \mu F_z$，相应的刚度 $C_\alpha = BCD = c_\alpha F_z$，因此 $B = c_\alpha/(C\mu)$。其他轮胎模型可在文献[24]中查找。

在图30.20中，对应式（30.90）和式（30.91）的非线性关系为

$$\delta_F = \arctan\left[\frac{l_F + R\sin\beta}{R\cos\beta}\right] - \alpha_F \tag{30.117}$$

$$\beta = \arcsin\left[\frac{l_R\cos\alpha_R}{R}\right] - \alpha_R \tag{30.118}$$

对于给定车速 v，式（30.110）~式（30.114）、式（30.117）和式（30.118）都可以在零初始条件下数值求解：β、α_F、α_R、δ_F 或 R（取决于问题）、F_{yF}、F_{yR}、F_{xF}、F_{xR}（对于前轮或后轮驱动）。作为另外的选择，可以应用迭代法，计算有效且收敛速度较快[19]。因此，对于前轮驱动车辆，式（30.110）~式（30.112）可以写为

$$\begin{bmatrix} \cos\delta_F & -\sin\delta_F & 0 \\ \sin\delta_F & \cos\delta_F & 1 \\ l_F\sin\delta_F & l_F\cos\delta_F & -l_R \end{bmatrix} \begin{bmatrix} F_{xF} \\ F_{yF} \\ F_{yR} \end{bmatrix} = \begin{bmatrix} -m\dfrac{v^2}{R}\sin\beta - F_{xR} + W_L \\ m\dfrac{v^2}{R}\cos\beta \\ 0 \end{bmatrix} \tag{30.119}$$

则有

$$F_{xF} = m\frac{v^2}{Rl}(l_R\sin\delta_F\cos\beta - l\cos\delta_F\sin\beta) - (F_{xR} - W_L)\cos\delta_F$$

$$F_{yF} = m\frac{v^2}{Rl}(l_R\cos\delta_F\cos\beta + l\sin\delta_F\sin\beta) + (F_{xR} - W_L)\sin\delta_F \tag{30.120}$$

$$F_{yR} = m\frac{v^2}{Rl}l_F\cos\beta$$

同理，后轮驱动为

$$F_{xR} = m\frac{v^2}{Rl\cos\delta_F}(l_R\sin\delta_F\cos\beta - l\cos\delta_F\sin\beta) + W_L - \frac{F_{xF}}{\cos\delta_F}$$

$$F_{yF} = m\frac{v^2 l_R\cos\beta}{Rl\cos\delta_F} - F_{xF}\tan\delta_F \tag{30.121}$$

$$F_{yR} = m\frac{v^2}{Rl}l_F\cos\beta$$

迭代开始时，低速转向在式（30.120）或式（30.121）中，让 $\delta_{F0} = l/R$，$\beta_0 = l_R/R$，以便得出力。轴的侧偏角 α_F、α_R 根据轴的特性、式（30.113）和式（30.114）得到，其中纵向和侧向轮胎力之间的相互作用也可以考虑在内。最

后,式(30.117)和式(30.118)产生新的迭代值 δ_F 和 β。以这种方式,计算得到非线性操稳图,如图30.22所示。

当侧偏角小和满足线性关系式(30.90),并且式(30.111)和式(30.112)中 F_{xF} 和 δ_F 可以忽略时,可以应用一种非常直观的方法构建非线性转向图,见文献[8]。然而,侧向轴特性的非线性数学表述,例如式(30.116),或者测试的轴特性,涉及悬架、转向和其他影响。

稳态侧向轴力可以由式(30.63)和式(30.64)推导得到,条件为 $\ddot{\psi}=0$,$F_{yF}=(ma_yl_R)/l$,$F_{yR}=(ma_yl_F)/l$,利用式(30.115)有

$$\frac{F_{yF}}{F_{zF}}=\frac{F_{yR}}{F_{zR}}=\frac{a_y}{g}=\frac{v^2}{Rg} \quad (30.122)$$

这些比率也可以应用数值轮胎特性绘制,即分别由式(30.113)~式(30.116)或测试的轴特性与侧偏角的函数关系(见图30.30中的上图)得到。根据式(30.122),对于各自的法向加速度 $v^2/(Rg)$,由每个 $\alpha_F-\alpha_R$ 减去这些水平特性,给出图30.30中的左下图。对于给定的 $v^2/(Rg)$ 和轮距 l,通过给定各种车速 v 且与 $l/R=\delta_a$(为了确定半径 R)相联系,该特性图可以扩展到右侧,相应的转向盘转角最后可以由式(30.90)的 $\delta_{F,y}=l/R+(\alpha_F-\alpha_R)$ 求得,即转向曲线和各自速度直线的距离。换言之,对于给定车速的点,纵轴为 a_y/g,右横轴为 l/R,水平线上的 δ_F 被转向线分割。非线性转向图可以通过各种侧向加速度完成,如图30.30所示,在左下部平面内的点属于负 R,为右转向。给出的转向图对应于表30.1中的车辆 A(具有过度转向),变化的法向轮胎特性画在图30.30中上部。较低两条曲线的最大值定义了转向图中最大可能的侧向加速度 a_y/g。

如果转向半径保持恒定,给定 l/R;在 l/R 与速度(线)的交叉点,所需的转向角 $\delta_{F,R}$ 为转向线和垂直直线之间的距离。

在式(30.86)中,不足转向梯度的定义遵循 SAE J670e[17],没有明确提及测试条件,线性条件下无影响。但是对于轮胎非线性特性[25],如果认为 v 或 $1/R$ 为独立变量,则有很大影响

$$\left.\frac{d(\delta_F-l/R)}{da_y}\right|_{v=\text{const}}=\frac{gl}{v^2}\left[\frac{\partial \delta_F}{\partial(l/R)}-1\right] \quad (30.123)$$

$$\left.\frac{d(\delta_F-l/R)}{da_y}\right|_{R=\text{const}}=\frac{gR}{2v}\frac{\partial \delta_F}{\partial v} \quad (30.124)$$

对于中性转向特性,条件 $d(\delta_F-l/R)/da_y=0$,由式(30.123)得到 $\partial\delta_F/\partial(l/R)|_{v=\text{const}}=1$,由式(30.124)得到 $\partial\delta_F/\partial v|_{R=\text{const}}=0$,将会导致不同的工作点。然而,图30.22是基于式(30.123),图30.30基于式(30.124)。于是,

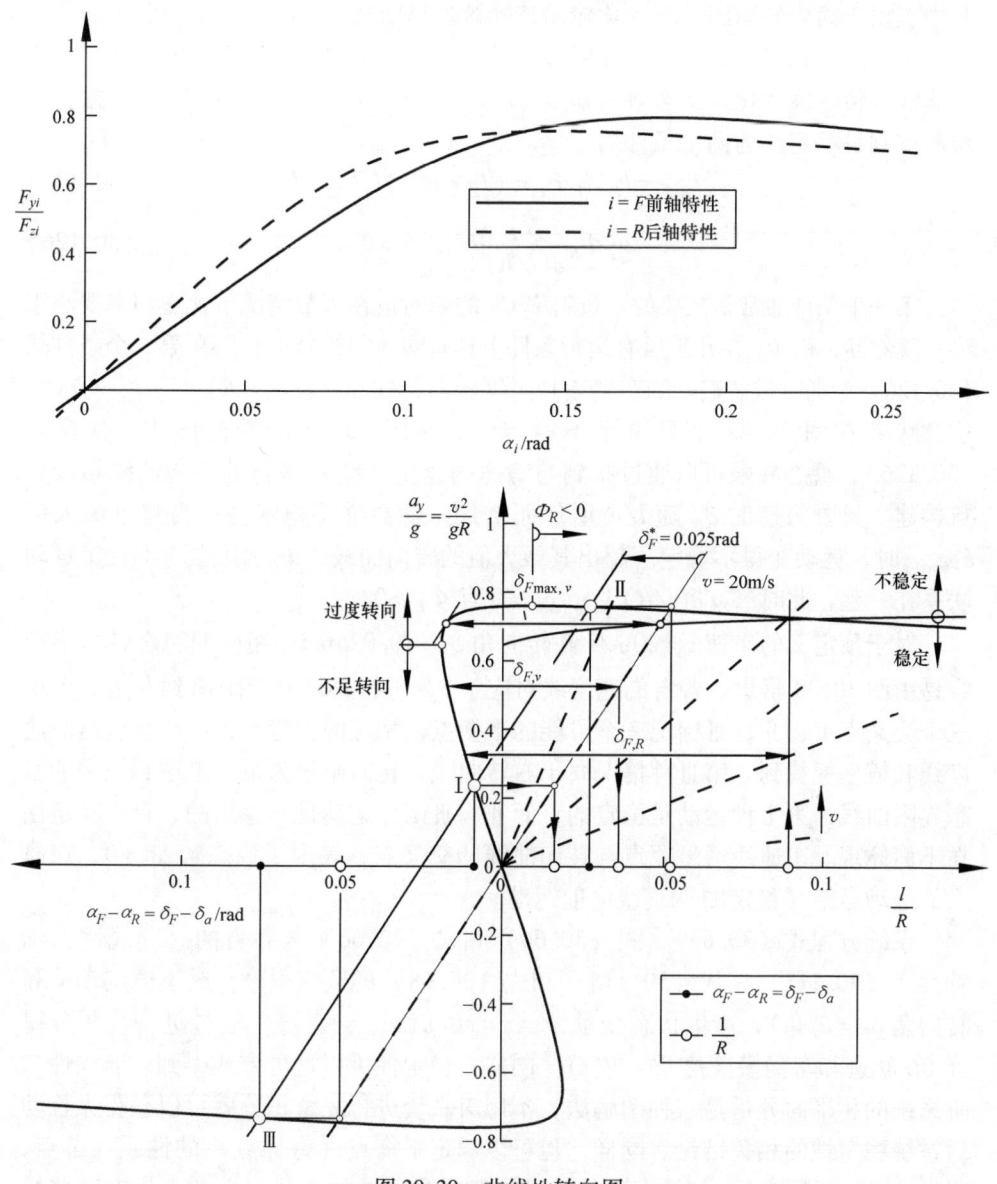

图 30.30 非线性转向图

定义了转向曲线的切线，偏向左侧为不足转向，斜率 $\partial\delta_F/\partial v > 0$，偏向右侧为过度转向，斜率 $\partial\delta_F/\partial v < 0$。原点的梯度对应于线性化系统，有式（30.93）的不足转向梯度 K_{US}。因此，轮胎特性的形状或者说轴的特性，包括悬架和牵引力等影响，决定了车辆的操纵稳定性。如果形状在大侧滑角时有向下最大的斜率，转向曲线变得更加复杂，除了原点的主要分支外，可能产生其他（孤立）的分支[8]。

其中，出于简化的原因，归一化轮胎特性被过早削减。

为了进行稳定性分析，将非线性运动方程式（30.110）~式（30.112）及轮胎非线性特性线性化，稳态解为 $\Phi_i = (1/F_{zi})(\partial F_{yi}/\partial \alpha_i)\mid_{st}(i=F,R)$。根据霍尔维茨准则，稳定性的两个条件为

$$(I_Z + ml_F^2)l_R\Phi_F + (I_Z + ml_R^2)l_F\Phi_R > 0 \qquad (30.125)$$

$$\Phi_F\Phi_R \frac{\partial \delta_F}{\partial (l/R)}\bigg|_{v=\text{const}} > 0 \qquad (30.126)$$

第一个条件通常是次要的：负斜率 Φ_i 的绝对值在多数情况下比正斜率要小很多；既然 Φ_F 和 Φ_R 在几乎所有运行条件下具有同样的符号，它们在第二个条件式（30.126）中通常被忽略。当车辆表现过度转向特性和 $\partial \delta_F/\partial(l/R)\mid_{v=\text{const}} < 0$ 时，这意味着在图 30.22 中只出现不稳定性。在图 30.30 的转向图中，根据式（30.126），稳态界限可以通过找到与考虑的速度（线）平行的转向曲线切线逐点构建。只要匀速时 δ_F 随 l/R 增加而增加，就会维持稳定性；当超过最大值 $\delta_{F\max}$ 时，运动变得不稳定。超出其最大值的转向曲线，$\Phi_R < 0$ 也与不稳定运动联系在一起，此时 $\partial \delta_F/\partial(l/R)\mid_{v=\text{const}} > 0$ 且 $\Phi_F > 0$。

对于预定义的车速 $v = 20\text{m/s}$ 和转向角 $\delta_F^* = 0.025\text{rad}$，相应的稳态转弯半径容易由图 30.30 得出。各自的速度线对应于 δ_F^* 平行移动一个距离到左边。出现三个交叉点 Ⅰ、Ⅱ、Ⅲ 标记三个可能的平衡点；相应的转弯半径 l/R 通过返回速度线和横坐标找到。第Ⅲ种情况属于右转曲线，转向半径为负。考虑到图中的稳态界限曲线，第Ⅰ种运动是稳定的，而 Ⅱ、Ⅲ 两种运动是不稳定的；更多稳定性在下面体现。车速线通过原点与转向曲线的交叉点，表现了稳态解 $\delta_F = 0$，在原点的运动是指（稳定的）直线向前运动。

系统方程式（30.63）、式（30.64）和式（30.66）与各自的（非线性）轴特性式（30.113）~式（30.115）和式（30.68）的数值积分，对于恒定车速和转向角 $\delta_F = \delta_F(t)$，产生状态变量 $\dot{\Psi} = r = r(t)$ 和 $v_y = v_y(t)$，通过进一步积分得到 CG 轨迹和车辆横摆角 $\Psi = \Psi(t)$。同样，稳定性可以这种方式得到。非线性二阶系统的相平面分析是一种图解法，不用对系统进行完整积分就可以获得大扰动后系统稳定性的相关结论。同样，也可以确定平衡点（奇异点）的性质（节点、焦点、鞍、极限环）。如果存在，也可以找到吸引域的边界，由此产生在某些情况下的局部稳定性（有稳定边界）或全局稳定性的结论。

为达到这个目的，将式（30.63）、式（30.64）和式（30.66）消除时间得

$$\frac{dv_y}{dr} = \frac{I_Z}{m} \frac{F_{yF} + F_{yR} - mrv_x}{F_{yF}l_F - F_{yR}l_R} \qquad (30.127)$$

其中，$F_{yF} = F_{yF}(\alpha_F, F_{zF})$，$F_{yR} = F_{yR}(\alpha_R, F_{zR})$，状态变量为 α_F、α_R 更方便。由式（30.68）和式（30.127）得

$$\frac{\mathrm{d}\alpha_R}{\mathrm{d}\alpha_F} = \frac{(\mathrm{d}v_y/\mathrm{d}r) - l_R}{(\mathrm{d}v_y/\mathrm{d}r) + l_F} =$$

$$= \frac{(I_Z/m)[F_{yF} + F_{yR} - m(v_x^2/l)(\delta_F - \alpha_F + \alpha_R)] - l_R(l_F F_{yF} - l_R F_{yR})}{(I_Z/m)[F_{yF} + F_{yR} - m(v_x^2/l)(\delta_F - \alpha_F + \alpha_R)] + l_F(l_F F_{yF} - l_R F_{yR})}$$

(30.128)

这种关系和各自的轴特性，可以用于 $\alpha_F - \alpha_R$ 相平面中通过等值线绘制轨迹。同样，各种初始条件下对运动方程的时间积分，也会得到相平面图，如图30.31 所示，对应于图 30.30，$v_x \approx v = 20\mathrm{m/s}$ 和 $\delta_F^* = 0.025\mathrm{rad}$，轨迹的历程，如箭头所示。

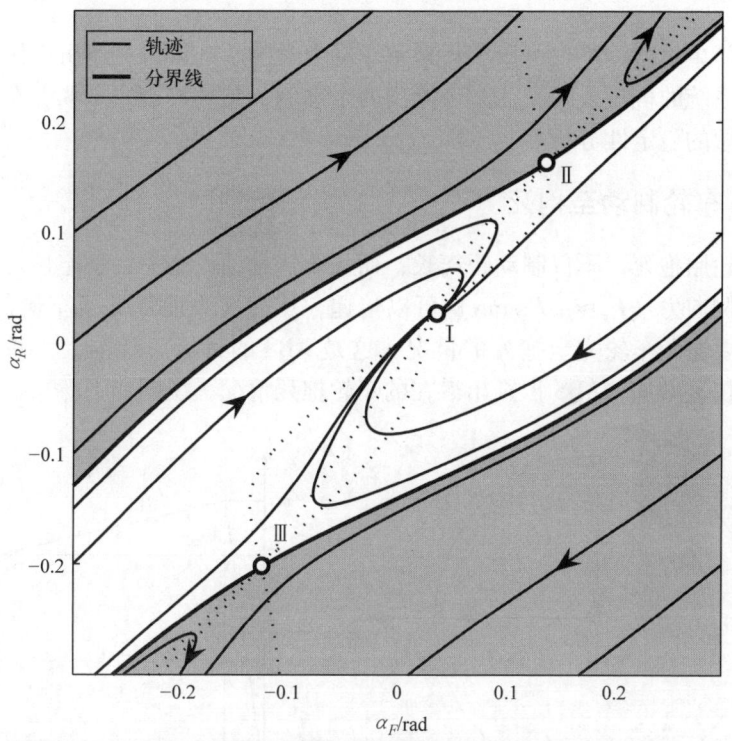

图 30.31 与图 30.30 对应的相平面图，$20\mathrm{m/s}$ 和 $\delta_F^* = 0.025\mathrm{rad}$，产生相同的奇异点 Ⅰ、Ⅱ 和 Ⅲ

将式（30.128）中的分子和分母设为 0，导致控制方程等值线，相对于轨迹具有水平和垂直切线。将分数设为 1，等值线具有 45°的切线，并且根据式（30.64），$\dot{r}$ 将为 0。在图 30.31 中，三条等值线如虚线所示，它们的交点为奇异点，$\mathrm{d}\alpha_F = \mathrm{d}\alpha_R = 0$，并且运动为稳定状态，$\dot{\alpha}_F = \dot{\alpha}_R = \dot{v}_y = \dot{r} = 0$。在图 30.31 中，三个平衡点 Ⅰ、Ⅱ、Ⅲ 与图 30.30 对应相同的情况。点 Ⅰ 是一个稳定的焦点，代表线性化系统特征方程特征值的负复数对；点 Ⅱ 和点 Ⅲ 为不稳定的鞍点，分别对应特征值的实数对,其中一个为正。可以看出,不同吸引类型的轨迹从界限的内部或外部通过指出的分界线开始。在这个例子中,轨迹从这个区域(阴影区域)的外部开始,趋向于非常大的侧偏角,对应于不稳定的运动,轨迹从区域内部开始运行到稳态运动。然而,这可能是不通用的,特别是在高侧偏架下,当前轴/轮胎特性低于后轴/轮胎的特性时。无论如何,从技术观点而言,只有在分界线内的区域通常才会引起注意力。对于有限的干扰,可以导出稳定性裕度,研究不同轴/轮胎特性和其他参数的影响。

30.4 子系统和车辆－挂车组合

应用简单模型,不仅可以获得对整车动力学的基础认识,还可以用于解释来源于车辆系统的机理或现象。本节给出两个案例,总结铰接式车辆、车辆－挂车组合的简短的稳定性分析。

30.4.1 车轮制动至抱死

车辆轮胎抱死,不仅制动距离长,而且车辆运动也会失去稳定性。只有非常有限轮胎侧向力($F_y \approx \mu_s F_z \sin\alpha$)可以传递,从而极大地降低了车辆的机动性。因此,需要避免车轮完全抱死的情况,这是 ABS 的目标。基本上,通过车轮角加速度的快速增加,ABS 识别出潜在的车轮抱死情况,说明如下[7]。

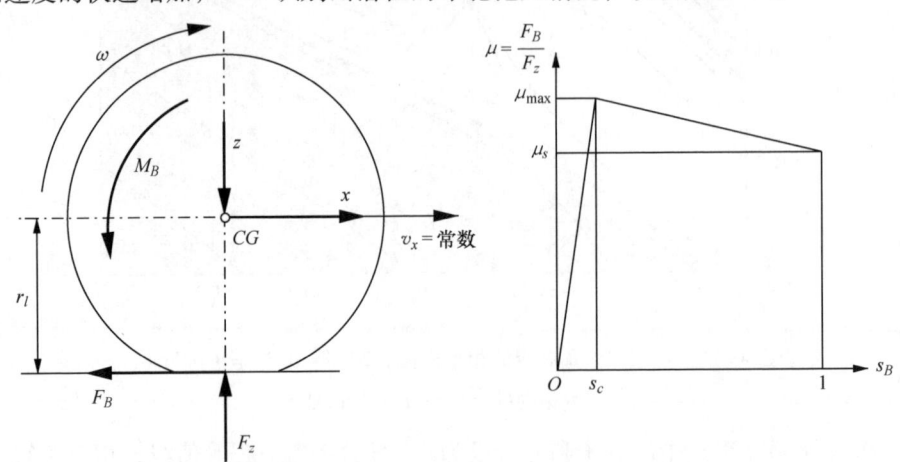

图 30.32 作用在制动车轮上的力和力矩;制动力系数 μ 的双线性特性

由图 30.32,车轮的欧拉公式为

$$I\dot{\omega} = -M_B + F_B r_l \tag{30.129}$$

车轮绕旋转轴的转动惯量为 I;施加的制动力矩 $M_B = c_B t$,与制动时间 t 呈线性变化直至抱死。假设这个过程很短,可以忽略车速的降低。因此,v_x 为常数,假设车轮载荷 F_z 恒定。

为了获得运动方程式(30.129)的解析解,给定制动力系数 $\mu = F_B/F_z$ 为双线性特性,如图 30.32 所示,制动滑动率为

$$s_B = \frac{v_x - r\omega}{v_x} = 1 - \frac{\omega}{\omega_0} \tag{30.130}$$

其中,r 为滑动率为零时的有效滚动半径,$v_x = r\omega_0$。定义两个阶段,在式(30.129)中代入双线性 $F_B = \mu(s_B)F_z$。

当 $0 \leq s_B \leq s_c$,$0 \leq t \leq t_c$ 时,车轮的运动方程为

$$\dot{\omega} + \frac{\mu_{\max}F_z r_l}{s_c I \omega_0}\omega = \frac{\mu_{\max}F_z r_l}{s_c I} - \frac{c_B}{I}t \tag{30.131}$$

解析解为

$$\frac{\omega(t)}{\omega_0} = 1 - \frac{c_B s_c}{\mu_{\max}F_z r_l}\left[t - \frac{s_c I \omega_0}{\mu_{\max}F_z r_l}\left(1 - e^{\frac{-\mu_{\max}F_z r_l}{s_c I \omega_0}t}\right)\right] \tag{30.132}$$

由图 30.33 可以看出,数值算例的 $\omega(t)$,过渡期后可以忽略指数函数;从 t_c 到 $\mu_{\max}$ 的时间段内,相应的制动滑动率 $s_c = 1 - \omega_c/\omega_0$,且

$$t_c \approx \frac{s_c I \omega_0}{\mu_{\max}F_z r_l} + \frac{\mu_{\max}F_z r_l}{c_B} \tag{30.133}$$

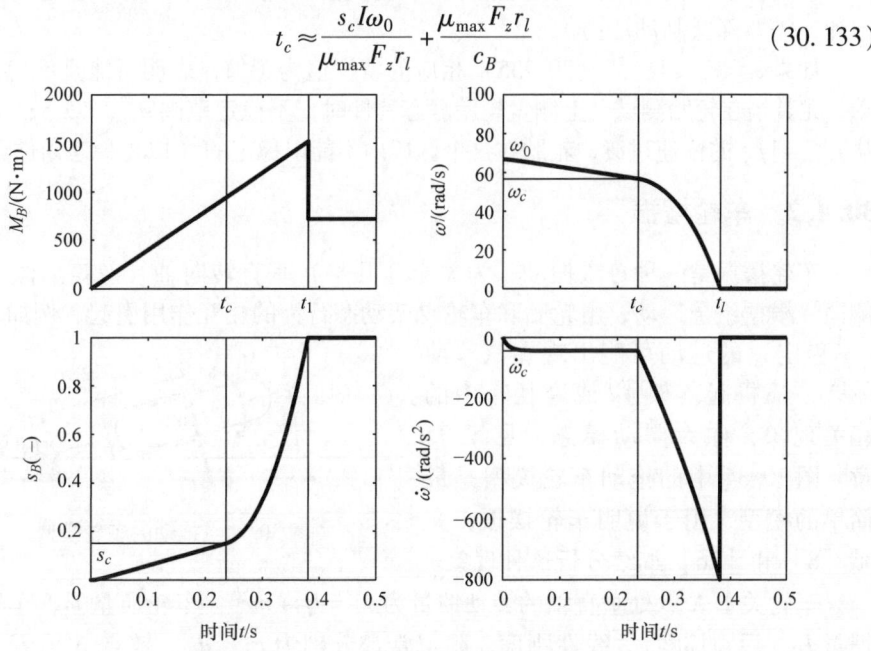

图 30.33 制动车轮直到抱死:模型参数

$I = 1\text{kg} \cdot \text{m}^2$,$F_z = 3000\text{N}$,$C_B = 4000\text{N} \cdot \text{m/s}$,$r_l \approx r = 0.3\text{m}$,$v = 20\text{m/s}$,$s_c = 0.15$,$\mu_{\max} = 1$,$\mu_s = 0.8$

在推导式（30.132）与时间的关系后，t_c 时刻相应的角加速度 $\dot{\omega}_c$ 为

$$\dot{\omega}_c \approx -\frac{s_c C_B}{\mu_{\max} F_z r_l} \omega_0 \tag{30.134}$$

从 ω_0 至 ω_c 的降低几乎是线性的，因此在 t_c 时刻前 $\dot{\omega} \approx \dot{\omega}_c \approx$ 常数。

时间段 $t_c - t_l$ 的时间通过第二阶段确定。

在 $s_c \leq s_B \leq 1$，$t_c \leq t \leq t_l$ 时，相应欧拉方程的解析解为

$$\dot{\omega} - \frac{(\mu_{\max} - \mu_s) F_z r_l}{(1 - s_c) I \omega_0} \omega = -\left[\frac{c_B s_c \omega_0}{\mu_{\max} F_z r_l} + \frac{(\mu_{\max} - \mu_s) F_z r_l}{I} + \frac{c_B}{I}(t - t_c)\right]$$

(30.135)

$$\frac{\omega(t)}{\omega_0} = \frac{(1-s_c) c_B}{(\mu_{\max} - \mu_s) F_z r_l} \left[\frac{(\mu_{\max} - \mu_s) F_z r_l}{c_B} + (t - t_c) + \frac{I(\mu_{\max} - s_c \mu_s) \omega_0}{\mu_{\max}(\mu_{\max} - \mu_s) F_z r_l} \left(1 - e^{\frac{(\mu_{\max} - \mu_s) F_z r_l}{(1-s_c) I \omega_0}(t - t_c)}\right)\right]$$

(30.136)

在这一阶段，假设 $\mu_{\max} - \mu_s > 0$，指数函数说明了角速度的快速下降，尤其是在角加速度非常大的情况下，直至 t_l 时刻均为零；当车轮完全抱死时，$s_B = 1$。抱死车轮制动力矩不再由驾驶员决定，而是由滑动的轮胎决定，$M_B = r_l F_B = r_l \mu_s F_z$。

因此，ABS 需要检测角加速度比 $\dot{\omega}_c$ 更大的特定极限，此时车轮趋向于迅速抱死，需要降低制动压力。

如果 $s_c < s_B \leq 1$，式（30.135）相应的特征值为正值，表明可能是不稳定的运动。尤其当在轮胎测试台上测量轮胎静态特性时，不稳定范围 $\mu_{\max} < \mu < \mu_s$ 产生了从 $\mu_{\max}$ 到 μ_s 的快速过渡，轮胎在这个区域内不能以稳定的（拟）稳态条件运行。

30.4.2 车轮摆振

车轮摆振是一种自激振动，为关于（几乎）垂直转向轴（忽略后倾角）的侧向 - 横摆组合运动，由轮胎和车轮悬架动态行为的相互作用引起。例如，这种（不稳定）的运动可能出现在汽车前轮[8]、飞机起落架[26]或摩托车中的相关现象，称为摆动模态，见第 35 章。图 30.34 中的拖动车轮模型是最简单的模型，用于说明车轮摆振，文献 [8] 和 [26] 继续分析这种现象。

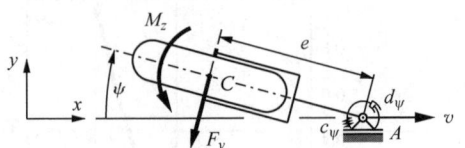

图 30.34 拖动的车轮模型

车轮关于 A 点处垂直轴的转动惯量为 $I_A = I_C + me^2$，车轮质量 m，车轮转动惯量 I_C，后倾长度 e，线性刚度、阻尼常数分别为 c_ψ、d_ψ。铰点 A 沿着 x 轴移动，移动速度 v 为常数，横摆角 ψ 是系统的单自由度

$$I_A \ddot{\psi} = -d_\psi \dot{\psi} - c_\psi \psi - F_y e - M_z \tag{30.137}$$

采用直线相切轮胎模型研究轮胎瞬态特性。因此，单一的变形弦的近似形状

表示轮胎，是与前缘处实际接触线相切的直线。相应的变形角 α_t 是另外一个自由度。考虑对直线运动的小偏差，瞬态轮胎模型为

$$\sigma\dot{\alpha}_t + v\alpha_t = v\psi - a\dot{\psi} + \dot{y}_C \quad (30.138)$$

$$F_y = C_F \alpha_t \quad (30.139)$$

$$M_z = C_M \alpha_t \quad (30.140)$$

其中，$\dot{y}_C = e\dot{\psi}$，松弛长度为 σ，轮胎接触长度的一半为 a，侧偏刚度为 C_F，自回正刚度为 C_M。因此，充气拖距 $t = M_z/F_y = C_M/C_F$。

线性三阶系统式（30.137）~式（30.140）的特征方程为

$$a_0 s^3 + a_1 s^2 + a_2 s + a_3 = 0 \quad (30.141)$$

$$a_0 = \sigma I_A \quad (30.142)$$

$$a_1 = v I_A + \sigma d_\psi \quad (30.143)$$

$$a_2 = \sigma c_\psi + C_F (e-a)(e+t) + v d_\psi \quad (30.144)$$

$$a_3 = v c_\psi + C_F v(e+t) \quad (30.145)$$

根据霍尔维茨和斯托多拉准则，$a_i > 0 (i = 0 \sim 3)$ 和 $H_2 = a_1 a_2 - a_0 a_3 > 0$，假设除力学拖距 e 外参数均为正，无阻尼 $d_\psi = 0$ 的稳态运动的条件为

$$a_3 > 0: \ e > -\left(t + \frac{c_\psi}{C_F}\right) = e_1 \quad (30.146)$$

$$H_2 > 0: \ e < -t = e_2 \ \text{或} \ e > \sigma + a = e_3 \quad (30.147)$$

因此，对于 $-t < e < \sigma + a$，系统振荡不稳定，H_2 首先变成负的[27]，与 v、I_A、c_ψ、C_F 无关，但是特征频率会变化！如果 $c_\psi = 0$，负力学拖距的稳定区域消失。如果 $e < -t - c_\psi/C_F$，意味着转向轴位于接触中心之后，系统变成单调不稳定，a_3 首先变成负的[27]，车轮绕旋转轴进行拖动运动。这些分析结果通过数值实例给出，如图 30.35 中左上图所示。右上图给出 $d_\psi = 0$ 的根轨迹，力学拖距从 $e = -0.6\text{m}$ 增加到 $e = 0.6\text{m}$，起点由"*"标识，终点由"o"标识。当不考虑横摆阻尼时 $d_\psi = 0$，虽然 $e(e_1, e_2, e_3)$ 的稳定裕度独立于车速 v，但是固有频率和稳定度都取决于它，可由 $v = 15\text{m/s}$ 和 $v = 30\text{m/s}$ 根轨迹验证。需要注意的是，不同车速的根轨迹在同一点经过虚轴。

通过引入横摆阻尼，见图 30.35 中的下图，$d_\psi = 0$ 时，如果阻尼足够大，$-t < e < \sigma + a$ 之间的不稳定区域可以减小甚至完全消失。然而，大的负力学拖距 $e < -t - c_\psi/C_F$ 的不稳定区域还存在，此时运动的稳定性取决于车速。

30.4.3　车辆-挂车组合

基本稳定性分析的最后一个例子，是车辆-挂车的组合运动。图 30.18 中的线性二轮车辆模型与一个挂车模型耦合，基于同水平的复杂程度和模型假设，车辆-挂车模型如图 30.36 所示。

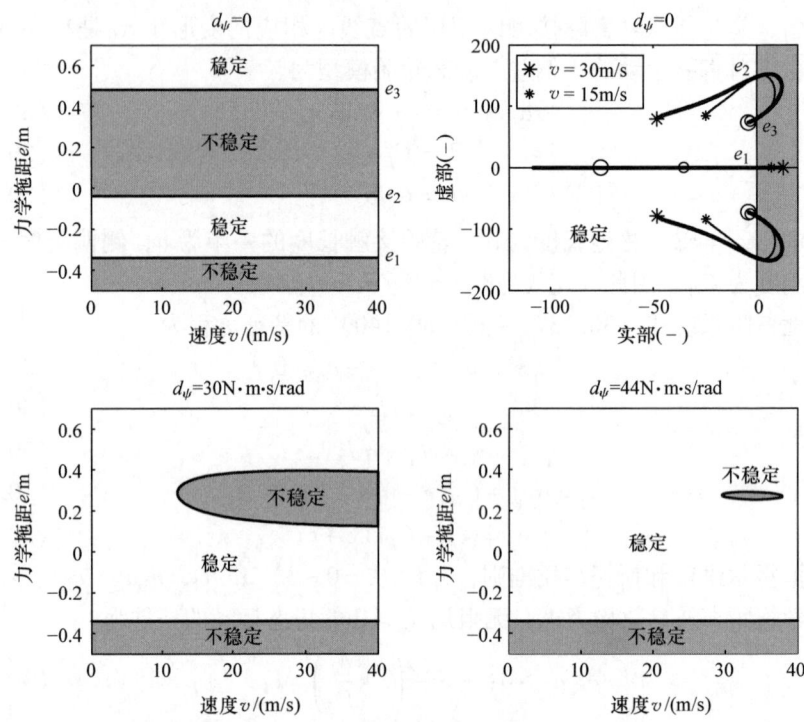

图 30.35　图 30.34 中拖动车轮系统的稳定图：$d_\psi = 0$，$d_\psi = 30\text{N} \cdot \text{m} \cdot \text{s/rad}$，$d_\psi = 44\text{N} \cdot \text{m} \cdot \text{s/rad}$；$-0.6\text{m}(*) < e < 0.6\text{m}(\circ)$；模型参数 $I_c = 0.65\text{kg} \cdot \text{m}^2$，$m = 25\text{kg}$，$C_F = 50000\text{N/rad}$，$c_\psi = 15000\text{N} \cdot \text{m/rad}$，$\sigma = 0.36\text{m}$，$a = 0.12\text{m}$，$t = 0.04\text{m}$

牵引车的两个自由度，车辆的侧向速度 $v_y = v\beta$ 和横摆角速度 $\dot\psi = r$，通过车辆和挂车之间的铰接角 $\varphi = \psi - \psi_T$ 连接。假设牵引车的车速 $v \approx v_x$ 为常数，线性系统方程写成矩阵形式为

$$E\vec{\dot x} = A\vec{x} + B\delta_F \qquad (30.148)$$

其中，状态向量 $\vec x = [v_y, r, \varphi, \dot\varphi]$，前轮转角为 δ_F，挂车质量为 m_T，转动惯量为 I_T，侧偏刚度为 C_T，矩阵为

$$A = \begin{bmatrix} -(C_F+C_R+C_T)\dfrac{1}{v} & -(m+m_T)v - C_F\dfrac{l_F}{v} + C_R\dfrac{l_R}{v} + C_T\dfrac{h+b}{v} & -C_T & -C_T\dfrac{b}{v} \\ -C_F\dfrac{l_F}{v} + C_R\dfrac{l_R}{v} + C_T\dfrac{h}{v} & m_Thv - C_F\dfrac{l_F^2}{v} - C_R\dfrac{l_R^2}{v} - C_T\dfrac{h(h+b)}{v} & C_Th & C_T\dfrac{bh}{v} \\ 0 & 0 & 0 & 1 \\ -C_T\dfrac{b}{v} & -m_Tav - C_T\dfrac{b(b+h)}{v} & -C_Tb & -C_T\dfrac{b^2}{v} \end{bmatrix}$$

$$(30.149)$$

第 30 章 车辆纵向和侧向动力学基础

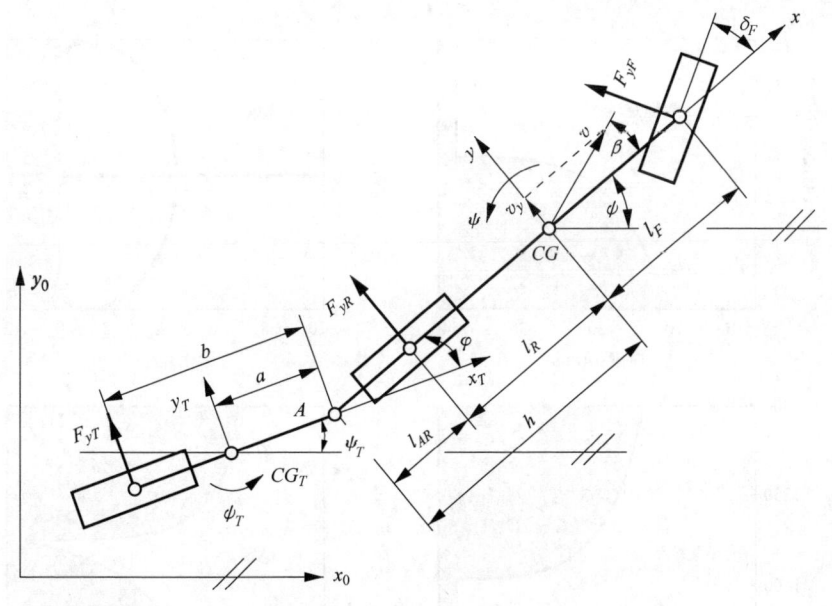

图 30.36 车辆 – 挂车模型

$$\mathbf{B} = \begin{bmatrix} C_F \\ C_F l_F \\ 0 \\ 0 \end{bmatrix} \quad (30.150)$$

$$\mathbf{E} = \begin{bmatrix} (m+m_T) & -m_T(h+a) & 0 & m_T a \\ -m_T h & I_Z + m_T h(h+a) & 0 & -m_T h a \\ 0 & 0 & 1 & 0 \\ m_T a & -(I_T + m_T a^2) - m_T a h & 0 & I_T + m_T a^2 \end{bmatrix} \quad (30.151)$$

上述公式可以用于设计控制系统、研究操纵性或稳定性。如果对稳态运动的稳定性感兴趣，可以通过数值计算 $|A - \lambda E| = 0$ 的特征值。如果要评价系统的参数对稳定性的影响，可以准备稳定性图，特征方程 $a_0 \lambda^4 + a_1 \lambda^3 + a_2 \lambda^2 + a_3 \lambda^1 + a_4 = 0$ 的系数 a_i 可以（符号）导出。然后，渐近稳定性由 $a_i > 0 (i = 0 \sim 4)$ 和 $H_3 = a_1 a_2 a_3 - a_1^2 a_4 - a_0 a_3^2 > 0$ 决定（Lienard – Chipart 和 Stodola 准则）。

图 30.37 为小型车辆挂车模型稳定性图，其参数在标题中给出，牵引车 A 的参数来源于表 30.1。在后部增加负荷有利于牵引车辆具有过度转向特性，因此选择这种车辆进行研究。

由图 30.37 中的左上侧图可以看出，降低挂车侧偏刚度会加剧振荡不稳定性。需要注意的是，如果参数在渐近稳定性区域内开始变化，当 $a_4 H_3 = 0$ 时，达

49

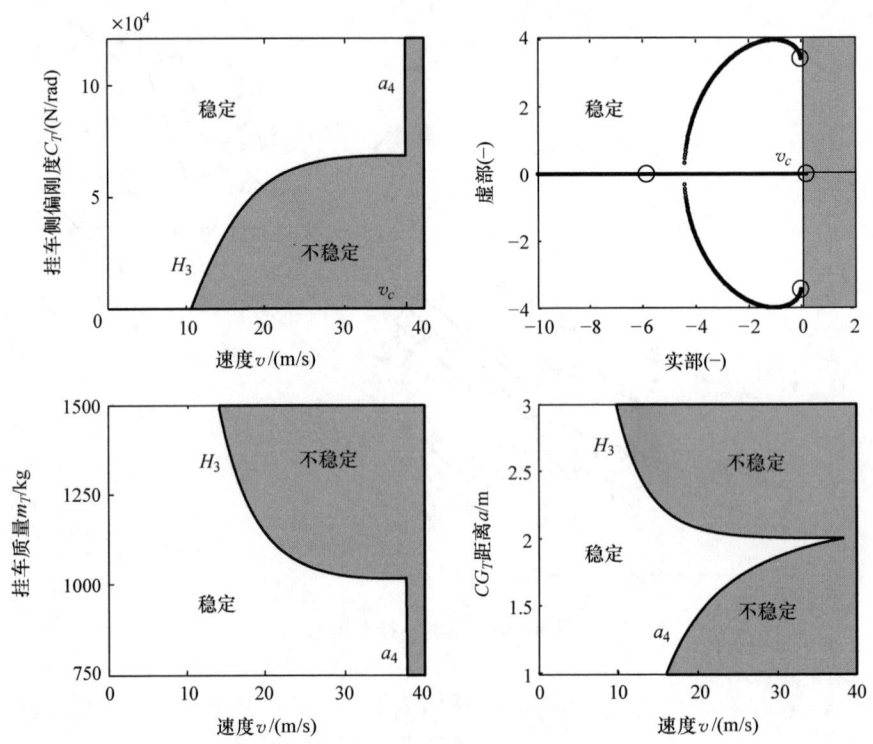

图 30.37 图 30.36 中小型车辆-挂车模型的稳定性图；牵引车：车辆 A 根据表 30.1 给定；挂车：$m_T=1000\text{kg}$，$I_T=1440\text{kg}\cdot\text{m}^2$，$C_T=70000\text{N/rad}$，$a=2\text{m}$，$b=2\text{m}$，$h=2\text{m}$；根轨迹 $v\to 40\text{m/s}$（通过"o"标识）

到稳定性边界。$a_4=0$，为单调的边界稳定性；$H_3=0$，为振荡的边界稳定性，各自的稳定性边界在图中通过 a_4 和 H_3 标识。因此，对于侧偏刚度较低的挂车，超过稳定区域后，可能出现"蛇行"振荡运动。H_3 振幅较大会增加侧偏角，反之则减小。实际轮胎侧向非线性特性，平均侧偏刚度（进一步）减小，会增加蛇行。因此，车辆-挂车组合甚至可能翻车[8]。大侧偏刚度下，当车速增加超过临界车速 v_c（用垂直线 a_4 标识）时，可能出现发散的不稳定性；$v_c=37.8\text{m/s}$ 不取决于侧偏刚度 C_T。例如，在 $C_T=70000\text{N/rad}$ 时，绘制特征值轨迹随车速增加曲线，见图 30.37 中的右上图。在车速 $v=v_c$ 时，达到单调的边界稳定性，直到 $v=40\text{m/s}$ 时，出现发散的不稳定性，用"o"标识。

图 30.37 中的左下图说明，降低挂车质量 m_T，稳定区域增大。应当指出的是，在 $a=b=h$ 的特殊情况，"a_4"图与 m_T 无关。

对各自的车轮轴，虽然对铰链似乎有一种最佳的挂车质心位置，但是将载荷朝向挂车前部移动（a 较小），有助于稳定性。

详细的内容见文献［8］，非线性车辆 - 半挂车组合的非线性稳定性分析，见文献［28］和［29］。

参考文献

1. Abe M.: *Vehicle Handling Dynamics: Theory and Application*. Butterworth/Heinemann, Oxford, U.K., 2009.
2. Ammon D.: *Modellbildung und Systementwicklung in der Fahrzeugdyamik*. Teubner Verlag, Stuttgart, Germany, 1997.
3. Bastons C., Howard G.: *Car Suspension and Handling*. Pentech Press, London, U.K., 1993.
4. Dixon J.C.: *Tires, Suspension and Handling*. SAE Inc., Warrendale, PA, 1996.
5. Ellis J.R.: *Vehicle Handling Dynamics*. MEP, London, U.K., 1994.
6. Gillespie T.D.: *Fundamentals of Vehicle Dynamics*. SAE Inc., Warrendale, PA, 1992.
7. Mitschke M., Wallentowitz H.: *Dynamik der Kraftfahrzeuge*. Springer Verlag, Berlin, Germany, 2004.
8. Pacejka H.B.: *Tyre and Vehicle Dynamics*. Butterworth/Heinemann, Oxford, U.K., 2012.
9. Popp K., Schiehlen W.: *Ground Vehicles Dynamics*. Springer Verlag, Berlin, Germany, 2010.
10. Rill G.: *Road Vehicles Dynamics: Fundamentals and Modeling*. CRC Press, Taylor & Francis Group, Boca Raton, FL, 2012.
11. Willumeit H.-P.: *Modelle und Modellierungsverfahren in der Fahrzeugdynamik*. Teubner Verlag, Stuttgart, Germany, 1998.
12. *Bosch Automotive Handbook*, 6th edn. Robert Bosch GmbH Distribution, SAE, Warrendale, PA, 2004.
13. Lugner P.: Plöchl M.: Dynamic traction limitations of a passenger car with 4-wheel drive. *International Journal of Vehicle Design*, 25(3), 189–197, 2001.
14. Wong J.Y.: *Theory of Ground Vehicles*, 3rd edn. John Wiley & Sons, New York, 2001.
15. Hucho W.H. (ed.): *Aerodynamik des Automobils*. Vogel Verlag, Würzburg, Germany, 1999.
16. Milliken W.F., Milliken D.L.: *Race Car Vehicle Dynamics*. SAE International, Warrendale, PA, R 146, 1995.
17. SAE Handbook Supplement: *Vehicle Dynamics Terminology*. Society of Automotive Engineers Inc., Warrendale, PA, last revision 1976.
18. Lugner P., Plöchl M., Desoyer K.: *Skriptum zur Vorlesung "Fahrzeugdynamik"*. Institut für Mechanik und Mechatronik, Technische Universität Wien, Vienna, Austria, 2004.
19. Genta G.: *Motor Vehicle Dynamics*. World Scientific, Singapore, 1997.
20. Kortüm W., Lugner P.: *Systemdynamik und Regelung von Fahrzeugen*. Springer Verlag, Berlin, Germany, 1994.
21. Lugner P.: Horizontal motion of automobiles: Theoretical and practical investigations. CISM Courses and Lectures No 274, W.O. Schiehlen (ed.), Springer Verlag, New York, 1982.
22. Zomotor A.: *Fahrwerktechnik: Fahrverhalten*. Reimpell J. (ed.). Vogel Buchverlag, Würzburg, Germany, 1987.
23. Furukawa Y. et al: A review of four-wheel steering studies from the viewpoint of vehicle dynamics and control. *Vehicle System Dynamics*, 18: 151–186, 1989.
24. Pacejka H.B. (ed.): *1st International Colloquium on Tyre Models for Vehicle Dynamics Analysis*. Delft, the Netherlands. *Vehicle System Dynamics*, 21(S1), 1993.
25. Winkler Ch.B.: 1st simplified analysis of the steady-state turning of complex vehicles. *Vehicle System Dynamics*, 29: 141–180, 1998.
26. Besselink I.J.M.: Shimmy of aircraft main landing gears. PhD. thesis, Delft University of Technology, Delft, the Netherlands, 2000.
27. Müller P.C., Schiehlen W.: *Linear Vibrations*. Martinus Nijhoff Publishers, Dordrecht, the Netherlands, 1985, p. 110.
28. Troger H., Zeman K.: A nonlinear analysis of the generic types of loss of stability of the steady state motion of a tractor-semitrailer. *Vehicle System Dynamics*, 13: 161–172, 1984.
29. Troger H., Steindl A.: *Nonlinear Stability and Bifurcation Theory: An Introduction for Engineers and Applied Scientists*. Springer-Verlag, New York, 1991.

第 31 章 详细的车辆动力学建模、仿真与分析

31.1 引言

目前,道路车辆动力学设计和调整的目的在于保证下列要求:
1) 可以精确控制车辆且对干扰具有稳健性。
2) 驾驶员实际可以掌握所有行驶状况。
3) 对驾驶员而言,车辆响应是可以预测的。
4) 可以实现舒适性、机动性、稳定性和越野性。

为了满足这些越来越复杂的要求,必须使用有效和有些复杂的分析工具[1-3]。这尤其适用于车辆及其系统设计,但也越来越多地适用于支持和优化测试系列,还可以对客户需要进行适当的调整[4,6]。

31.1.1 基于模型的车辆动力学和底盘开发

在车辆和底盘开发过程中,通过仿真技术进行分析,构成开发过程的起点和支柱,如图 31.1 所示。

利用建模和仿真分析,允许将以前车型或参考车辆的功能特性和经验整合到开发的模型中,使模型的配置接近目标车辆。采用台架试验分析新型或大规模改动组件,对其建模并将其集成到整车系统中分析。

如果技术创新对驾驶员和车辆之间的相互作用产生影响,这些方面可以在驾驶模拟器评价体系中进行处理,并在详细的整车硬件完备之前进行预优化[8]。

基于之前的工作,通过仿真技术可以解决很多必要的设计和调整问题,这尤其适用于设计的功能和鲁棒性以及剩余的调整范围。最后的原型阶段主要是为了验证真实行驶环境下的结果,也用于检验和细调,因为目前仍然在用的技术评价标准还只包含人体感觉的部分。因此,通过经验丰富的驾驶员对车辆进行评价和调整是车辆开发过程必不可少的部分。

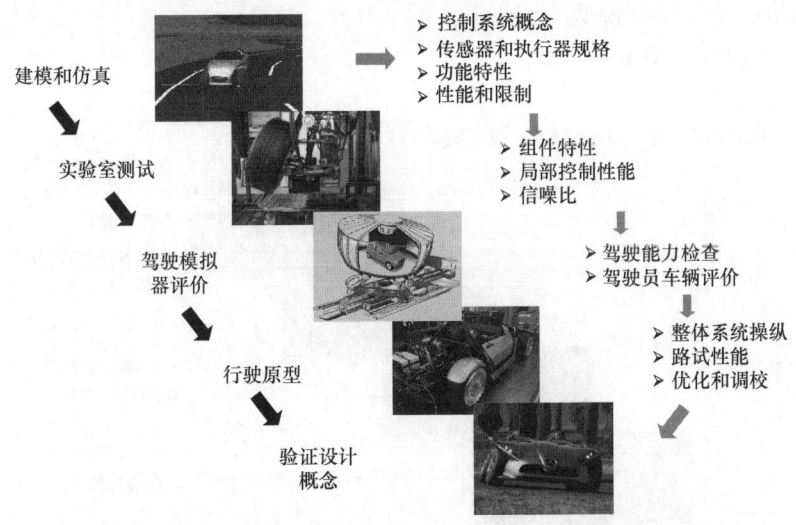

图 31.1 基于模型的车辆动力学和底盘开发的过程概念

总之,在开发过程链的末端,在功能、鲁棒性和调整选择方面,具有成熟的车辆或系统的概念,而这构成了低风险和工业实现的基础。

31.1.2 车辆动力学和底盘仿真

车辆动力学整体上涉及驾驶员与车辆之间复杂的相互作用,包括集成的车辆动力学、乘坐舒适性、行驶安全系统以及与车辆环境相关的车辆干扰和控制行为,如图31.2所示。

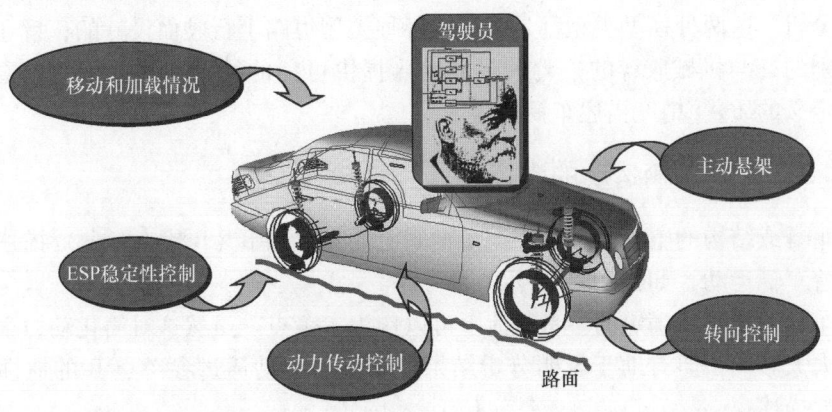

图 31.2 车辆动力学评价过程中驾驶员 – 车辆 – 环境之间的相互作用

考虑到车辆动力学分析的复杂性和工作的异质性,开发了具有不同复杂程度的三个主要模型类型,用于描述和说明车辆动力学现象和调整问题的解决,如图

31.3 所示。三个主要模型类型如下：

1）车辆行为模型。
2）操纵模型。
3）详细的行驶分析模型，包括轴的动力学特性。

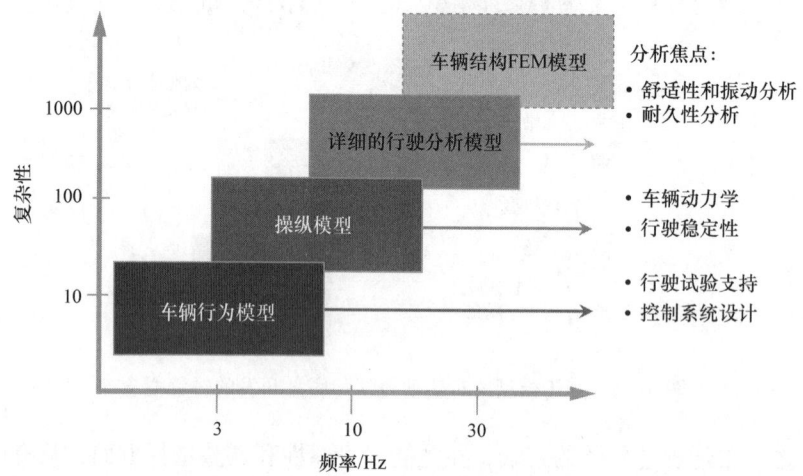

图 31.3　车辆动力学分析的模型分类，根据复杂性和主要的基本频率分析范围确定

车辆行为模型，例如单轨（自行车）模型或 1/4 车辆模型，是对车辆行为的某个方面进行的近似。例如，低频侧向动力学或悬架特性与路面不平度干扰的传递。

相反，用于整车的操纵模型和底盘动力学模型，适用于车辆在任何行驶环境下的分析。这两种模型类型都是为了在各种类型道路上行驶而设计的；旨在为任何类别的（与机械兼容的）驾驶员的输入提供可信的结果，并在相关的验证范围以定义的质量/精度描述车辆行为。

31.1.3　描述车辆运动的坐标系

车身或结构的空间运动基于与车辆固定的坐标系 B（B 代表车身）描述，即其随着车辆运动，如图 31.4 所示。

车辆的质心在确定的参考载荷下可以作为参考点。虽然这对简化动力学方程没有太大影响，但有助于说明分析结果。车身的运动通过参考点 B 的惯性位置和速度描述。

$$\vec{r} = \begin{pmatrix} x \\ y \\ z \end{pmatrix} = \vec{r}_{B,O}; \quad \vec{v} = \begin{pmatrix} \dot{x} \\ \dot{y} \\ \dot{z} \end{pmatrix} = \vec{v}_{B,O} \qquad (31.1)$$

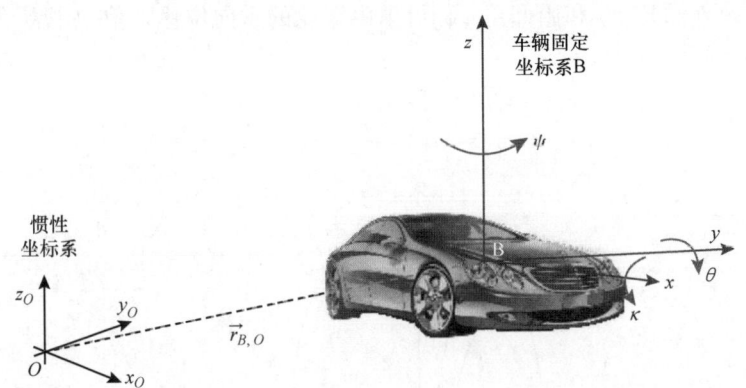

图 31.4 车辆运动的空间描述：车辆固定坐标系 B，与车辆的纵向、侧向和垂直方向一致

车身绕垂向、侧向和纵向轴连续旋转的角度和角速度值为

$$\vec{\varphi} = \begin{pmatrix} \kappa \\ \vartheta \\ \psi \end{pmatrix}; \quad \dot{\vec{\varphi}} = \begin{pmatrix} \dot{\kappa} \\ \dot{\vartheta} \\ \dot{\psi} \end{pmatrix}; \quad \vec{\omega} = \begin{pmatrix} \omega_x \\ \omega_y \\ \omega_z \end{pmatrix} = \begin{pmatrix} 1 & 0 & -\sin\vartheta \\ 0 & \cos\kappa & \sin\kappa\cos\vartheta \\ 0 & -\sin\kappa & \cos\kappa\cos\vartheta \end{pmatrix} \dot{\vec{\varphi}} \quad (31.2)$$

利用参考点的值 $\vec{r}_B$、$\vec{v}_B$ 和旋转矩阵 $\overline{T}$，车身系统 B 的所有相关量都能转化到惯性坐标系 O 内，反之亦然。例如

$$\vec{r}_{P,O} = \vec{r}_{B,O} + \overline{T} \Delta \vec{r}_{P,B}; \quad \vec{v}_{P,O} = \vec{v}_{B,O} + \overline{T} \Delta \vec{v}_{P,B} + \vec{\omega} \times \overline{T} \vec{r}_{P,B} \quad (31.3)$$

将基本坐标系绕参考轴连续旋转，获得旋转矩阵 $\overline{T}$

$$\overline{T} = \begin{pmatrix} \cos\psi & -\sin\psi & 0 \\ \sin\psi & \cos\psi & 0 \\ 0 & 0 & 1 \end{pmatrix} \times \begin{pmatrix} \cos\vartheta & 0 & \sin\vartheta \\ 0 & 1 & 0 \\ -\sin\vartheta & 0 & \cos\vartheta \end{pmatrix} \times \begin{pmatrix} 1 & 0 & 0 \\ 0 & \cos\kappa & -\sin\kappa \\ 0 & \sin\kappa & \cos\kappa \end{pmatrix} \quad (31.4)$$

31.1.4 车轮运动

车轮相对车身的主要运动，涉及的自由度为垂向平移 z_e、车轮转向角 δ_R 和车轮转动角 φ_R，$\dot{\varphi}_R = \omega_R$，如图 31.5 所示。

由于轴动力学，车轮的这些运动类型是可能的，使车轮具有更大的位移和角度范围。然而，应当说明的是，基本底盘设计通常都与车辆主轴线有偏差。例如，绕车轮轴的前束 $\Delta\delta_R$ 和外倾角 γ_R 用于抵抗横向车轴的扭曲。车轮上下跳动 z_e 时，车轮接地印迹的纵向位置 x_{RC} 和侧向位置 y_{RC} 会发生变化。前者由底盘特定的加速/制动补偿产生，而后者对应于所谓的侧倾中心高度，侧倾中心通常定义为轴与车辆在自由滚动时的旋转中心。

应用已知的单轮悬架车轮运动学，车轮系统的所有运动，即车轮的纵向和侧

向位移以及外倾角 γ_R 和俯仰角 φ_{WC} 可以由车轮的垂向位移 z_e 和（投影的）车轮转向角 δ_R 确定

$$x_{RC} = x_{RC}(z_e, \delta_R); \quad y_{RC} = y_{RC}(z_e, \delta_R) \tag{31.5}$$

$$\gamma_R = \gamma_R(z_e, \delta_R); \quad \varphi_{WC} = \varphi_{WC}(z_e, \delta_R) \tag{31.6}$$

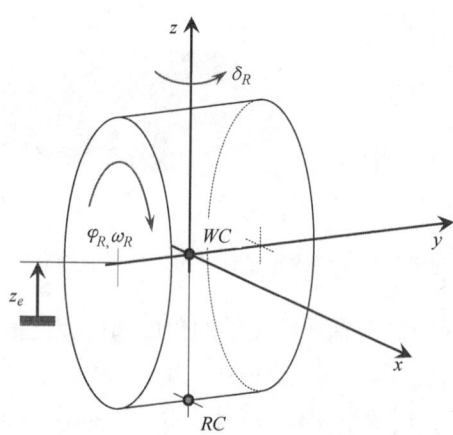

图 31.5 车轮主要运动的自由度定义与车辆系统 B 相关的相对坐标：RC 为车轮接地点，WC 为车轮中心点

在刚性轴的情况下，条件稍微复杂些。其中，一般要求四维特征，因为车轴的两个车轮运动的跳动和转向状态影响车轮的导向。然而，当左、右半轴间的转向运动通常是运动学耦合时，经常使用三维特性。

除了以上主要的车轮运动外，力和力矩的平衡确定了实际车轮其他方向的位置，参见 31.4 节。

31.2 路面建模

行驶舒适性分析以及弹簧 – 减振器的调整、半主动和主动悬架的设计，必须考虑路面激励。实际上，这可以基于确定性的试验障碍、指定的路面轮廓、测试或者合成生成的"随机"路面轮廓获得。

31.2.1 确定性路面不平度

确定性路面不平度激励谱，从低/高频的不规则激励，诸如模拟凹坑和减速带的小凸起和路面接缝（垂直方向）等到延伸的斜坡类型（沿着直线或拐角）的范围变化，产生较强烈的车身激励，如图 31.6 所示。侧向路面轮廓的典型干扰包括侧向斜坡或车道沟槽。与道路建设相关的路面特征和轮廓，其不同曲率之间具有常用的螺旋线（回旋线），相关的侧向斜坡和曲线斜坡以及倾斜和下降的轮廓，通常被认为是确定性路面激励。通过小幅增加，路面建设的描述也允许用于定义跑道和曲线斜坡。后者对于确保行驶动力学控制系统尤为重要，因为它们允许在更陡的倾斜的位置上评估行驶条件和发现潜在的弱点。

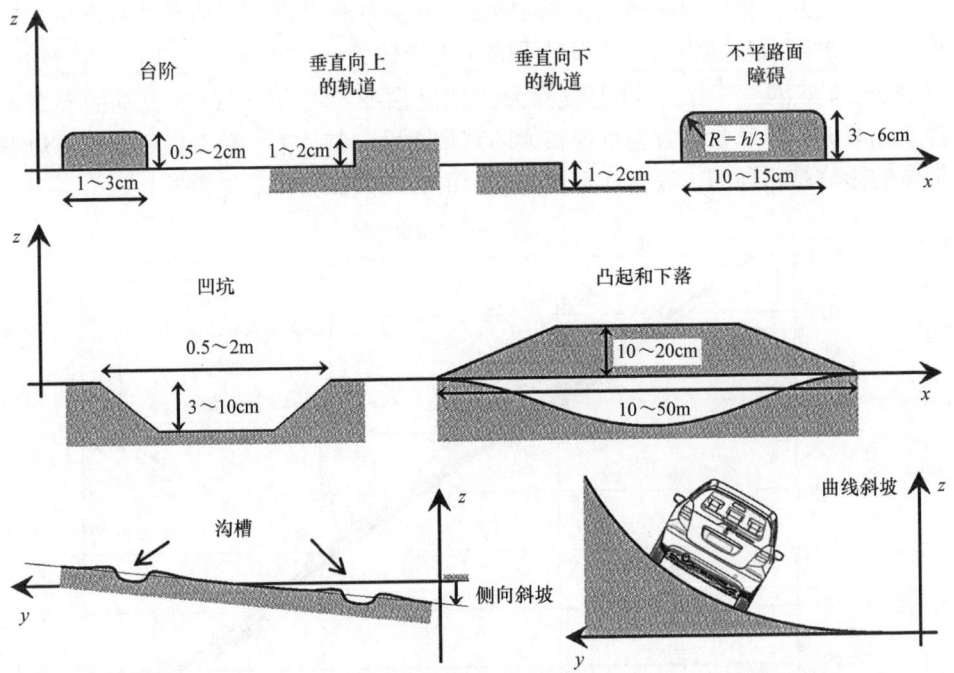

图 31.6　用于乘坐舒适性和车辆动力学分析的确定性路面不平度激励的选择

31.2.2　随机路面不平度

乡村道路和高速公路以及与磨损有关的路面不平度，与随机过程 ξ_s 的模型符合得非常好。随机过程 ξ_s 对应于稳定状态下行驶距离 S，显示为高斯分布。在随机过程中，通常用序数变量作为索引数字，与确定性过程的表示相反。因此，相关功率谱密度 $S_{\xi\xi}(\Omega)$ 的知识，可以用于完全描述纵向方向的路面特征[16,20]。

大量的分析[12,18,20]表明，大部分路面可以非常好地通过类型谱近似：

$$s_{\xi\xi}(\Omega) = S_0 \left(\frac{\Omega_0}{\Omega}\right)^w ; \ \Omega_0 = \frac{1}{m} \tag{31.7}$$

假设幅值参数 S_0 的值在 $1 \sim 200 \text{cm}^3$ 之间，频率指数 ω，即双对数坐标图的斜率的值确定在 $1.8 \sim 3.8$ 之间。但是，良好的路面会出现更大的频率指数和更小的幅值参数值 S_0。如图 31.7 所示，在给定车速 v 的条件下，路面谱密度可以转

换成等价的时间域功率谱密度

$$S_{\xi\xi}(\omega) = \frac{S_0}{v}\left(\frac{\Omega}{\Omega_0 v}\right)^{-\omega} \text{ 或者对于 } \omega = 2, \ S_{\xi\xi} = \frac{vS_0\Omega_0^2}{\omega^2} \qquad (31.8)$$

正如可以看到，频率指数 $\omega = 2$ 时，路面激励的能量输入随着速度的增加比例增加；因此，激励幅值随 $\sqrt{v}$ 增加而增加。在激励频率以上，功率谱密度呈二次减少。如果路面激励为 ξ_t，路面激励的一阶导数为 $\dot{\xi}_t$，则当 $\omega = 2$ 时，均匀白噪声谱 $S_{\ddot{\xi}\ddot{\xi}} = vS_0\Omega_0^2$。因此，这也被称为"速度白噪声"。对于速度敏感的底盘部件，如减振器或底盘悬置会承受较大的宽带激励。整体上，路面激励对所有频率带宽的影响是相同的，底盘或整车中每个潜在的共振会可靠地激发。

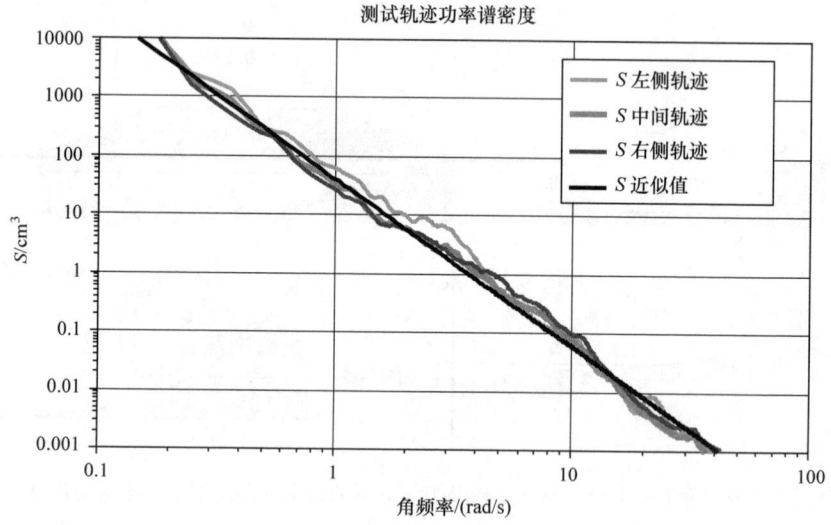

图 31.7　不同轨迹的典型舒适性评价试验场的功率谱密度

从理论观点而言，式（31.7）或式（31.8）类型的模型谱存在严重的问题：没有定义相关过程 ξ_s，而且其方差无限大。实际上，这个问题不是表面的，然而，干扰在极低频率激励成分存在，例如，$\Omega \leq 0.01/m$ 会被忽视或者有同样的影响，只有100m 长度的距离用于分析。因此，沿着自然路面的波谷和波峰被从路面建模的随机部分去除，并指定为确定性道路轮廓的成分。

31.2.3　侧向的路面特征

侧向路面特征和车辆左右两边激励的相关性，通过激励相关函数 γ 描述[15,18]

$$\gamma(\rho;\Omega) = \frac{S_{lr}(\Omega)}{\sqrt{S_{ll}(\Omega)S_{rr}(\Omega)}} \qquad (31.9)$$

式中，下标 r、l 分别为左、右车轮的轨迹；ρ 为轮距。

不同车辆轮距的典型相关函数的特征，如图 31.8 所示。

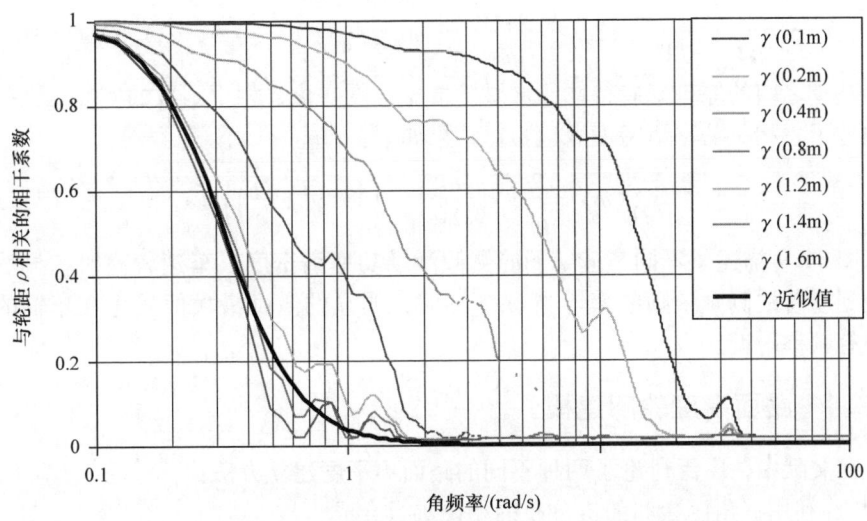

图 31.8　不同轮距的典型舒适性评价试验场的相干函数

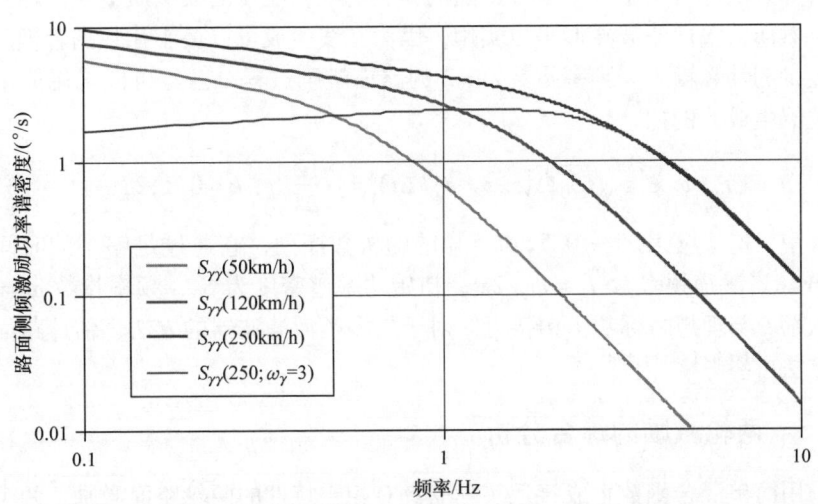

图 31.9　频率系数 $\omega = 2.84$ 和相干参数 $\Omega = 0.3/\mathrm{m}$，$\omega_\gamma = 2.5$ 时对应不同车速的侧倾激励谱

因为真正相干特性的数据库还比较薄弱，另一方面，二维随机过程在理论上确定纵向功率谱时没有留下太多的余地，这有利于对不太适用的各向同性模型结果和似是而非的路面数据评价进行综合，用于确定相干函数。如果首先确定相干函数符合各向同性模型，然后通过对纵向路面进行一定的压缩或放大，以便建立

实际观测的单个干扰的相干函数，这就非常容易实现。该类型路面相干函数近似为

$$\gamma = \frac{\Omega_\gamma^{\omega_\gamma}}{\Omega_\gamma^{\omega_\gamma} + \Omega^{\omega_\gamma}}; \ \Omega_\gamma \approx \frac{0.5, \cdots, 1}{\rho}; \ \omega_\gamma = \omega_\gamma(\rho) \approx (0.5, \cdots, 1.5)\omega \quad (31.10)$$

基于之前的原理来看待侧倾激励随着车速度变化，相干函数的实际意义就变得明显了。相关功率谱密度 $S_{\gamma\gamma}(\omega)$ 结果如下：

$$s_{\gamma\gamma}(\omega) = \frac{2}{\rho^2}\frac{s_0}{v}\left(\frac{\omega}{\Omega_0 v}\right)^{-\omega}\left(1 - \gamma\left(\rho\frac{\omega}{v}\right)\right) \quad (31.11)$$

图 31.9 描述了不同车速 v 下的侧倾激励功率谱密度。车速较高时，显然车身受到显著的侧倾激励频率。当 $\omega_r > \omega$ 时，明显的激励最大值发生在车辆的侧倾固有频率附近。

31.2.4 路面高度轮廓建模

在文献中，广泛讨论了两种不同的路面不平度建立方法：
1）利用三角函数和随机分布的相位进行合成[12]。
2）基于噪声激励的线性动态系统进行综合[13,16]。

两种方法都可用于单个或多个点的模型过程；建立的模型质量在原理上是等效的。然而，线性滤波器似乎更实用，因为在线生成可以最小化数据管理，并且需要较少的计算输入。频率指数 $\omega = 2$ 的路面激励过程，已经可以采用简单的一阶滤波器生成，例如

$$\dot{\xi} + \omega_g \xi = \sqrt{vS_0\Omega_0^2}z; \ z \equiv z(k\Delta t) = \sqrt{\frac{12}{\Delta t}}Z_k; \ k = 0,1,2,\cdots \quad (31.12)$$

其中，Z_k 为范围 $[-0.5, 0.5]$ 的随机数序列，它通过足够小的时间间隔 Δt 生成。当激励频率 $f > f_g = \omega_g/2\pi$，初始功率谱密度为 S_0，频率指数 $\omega = 2$ 时，路面激励 ξ 与理想目标功率谱接近。对于更多类似滤波器的方法，估计路面功率谱的方法可参考[12,14,19]。

31.2.5 两轮激励的综合分析

采用简单混合函数生成接近实际的具有相干特性的两轮路面激励。两个独立的激励 ξ_1 和 ξ_2 作为输入信号，其已经调整为所需的纵向谱。根据这两个信号，通过一阶滤波器产生两个耦合的信号 η_1 和 η_2

$$\eta_1' + \Omega_{\Delta y}\eta_1 = \Omega_{\Delta y}\xi_1; \ \eta_2' + \Omega_{\Delta y}\eta_2 = \Omega_{\Delta y}\xi_2 \quad (31.13)$$

因此，耦合信号 η_1 和 η_2 与原始激励 ξ_1 和 ξ_2 产生期望的路面激励 ξ_l 和 ξ_r

$$\xi_l = \xi_1 - \left(1 - \frac{\sqrt{2}}{2}\right)\eta_1 + \frac{\sqrt{2}}{2}\eta_2; \ \xi_r = \frac{\sqrt{2}}{2}\eta_1 + \xi_2 - \left(1 - \frac{\sqrt{2}}{2}\right)\eta_2 \quad (31.14)$$

合成保持了纵向功率谱和产生交互功率谱/相干性，即

$$S_{lr} = S_{rl} = \gamma S_{\xi\xi} = \frac{\Omega_\gamma^2}{\Omega^2 + \Omega_\gamma^2} S_{\xi\xi} \tag{31.15}$$

因此，常用的路面相干函数的特征为 $\omega_r = 2$。

31.3 轮胎模型

近年来，用于车辆动力学和乘坐舒适性分析的轮胎模型发展迅速，在模型质量和准标准的引入方面尤为如此。具有不同复杂度和应用范围的三类主要模型如下[28]

1) 映射类型模型，例如 Pacejka 类型和其他[22]。
2) 部分物理模型、刷子模型和环模型，例如 BRIT 和 MF – SWIFT[32]。
3) 详细的轮胎结构模型，例如 FTyre 和 RMOD – K[29,30]，如图 31.10 所示。

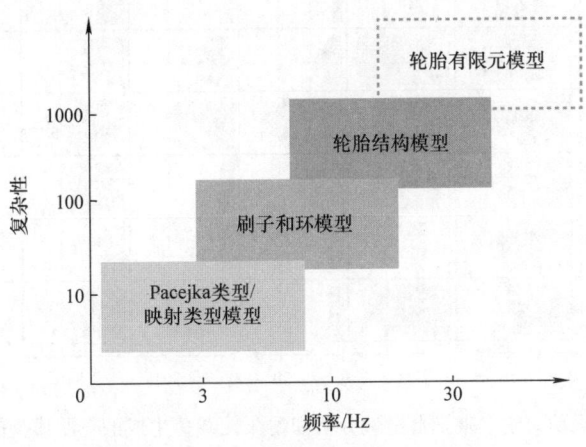

图 31.10 轮胎模型设计的粗略分类

轮胎模型主要包括用于轮胎分析的元素：
1) 稳态状态下轮胎力和力矩特性。
2) 垂直刚度和阻尼特性。
3) 三维运动学分析/计算。
4) 路面接触评价。
5) 接地印迹的运动学及其建模。
6) 轮胎动力学/振动建模概念。

31.3.1 应用范围和相关要求

由于不断的改进，目前认可的不同类型模型的应用范围会有重叠。基本上，映射类型模型主要适用于典型的车辆动力学和操纵性能分析。当数据库较小时，需要部分物理模型，还有严重的控制系统干预。例如，ABS 或 EPS 干预成为分析的重点时，也需要部分物理模型。一方面是舒适性和振动分析，另一方面是耐久性载荷的计算，需要使用详细的轮胎结构模型，以便获得可靠的结果。这种类型的模型目前还处于工业化阶段，尚未完成针对试车结果的实际相关验证。不同轮胎模型的应用范围[27]，如图 31.11 所示。

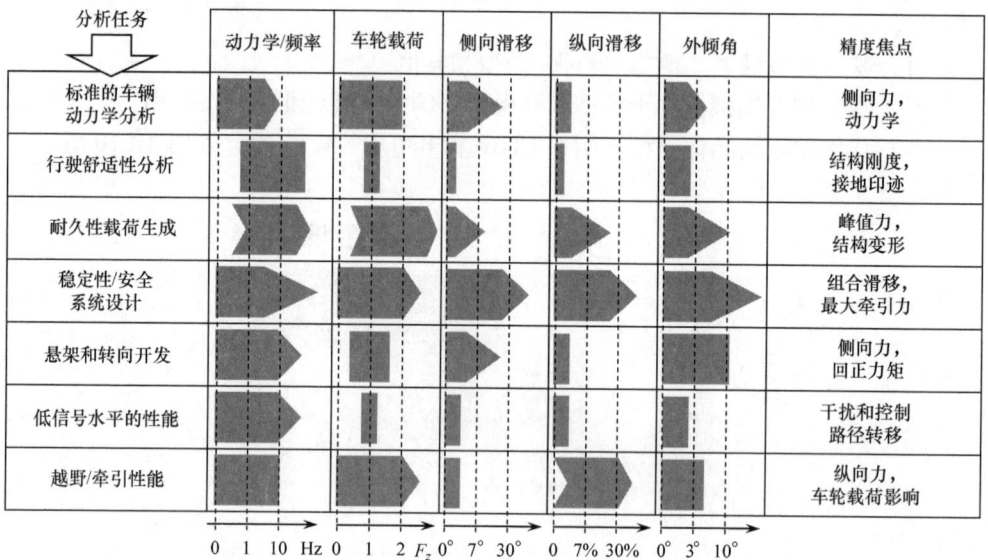

图 31.11 用于车辆动力学、乘坐舒适性分析和耐久性载荷生成的轮胎模型的应用范围和要求

31.3.2 路面、轮胎和车辆接口

在车辆动力学和行驶舒适性仿真中，轮胎模型通常表示为广义力元。输入值为由车辆施加的轮辋中心的位置 $\vec{r}_c$、角度 $\vec{\varphi}_c$ 和速度变量 $\vec{v}_c$、$\vec{\omega}_c$。轮胎根据产生的轮胎力 $\vec{F}_c$ 和力矩 $\vec{M}_c$ 提供反馈，如图 31.12 所示。在这个过程中，对轮胎与路面的内部接触条件进行确定和评价。为此，轮胎模型需要路面轮廓的附加信息，可能还需要牵引条件。

31.3.3 轮胎模型参数化

轮胎模型参数化和验证通常存在一些问题，因为行驶测试和复杂的试验台测试都与不安全和误差相关。例如,在路面测试的情况下,不能可靠记录局部摩擦值,侧向速度数据相对不准确,力和力矩测量的分辨率有待提高。由于试验台测试在室内进行,与前述问题相比通常结果更好。然而,轮胎试验机总是涉及路面轮廓(转鼓曲率,外部或内部鼓)、路面(平面和外部转鼓试验平台的合成)和轮胎热应力的妥协问题。此外,试验台不能正常模拟动态载荷工况,例如小凸块或内部转鼓试验台上垂直台阶的路面干扰。

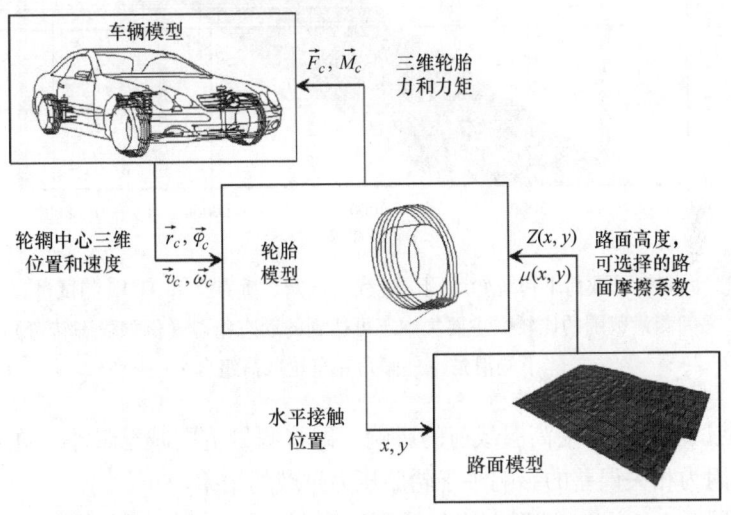

图 31.12　车辆 - 轮胎接口和轮胎 - 路面相互作用

由于这些测试技术的限制,一些轮胎特性能是众所周知的,其他特性只能大概了解。稳态轮胎特性已经得到相对较好的研究,而且不同的轮胎载荷 F_z 和不同的车轮外倾角下可以可靠地测试:

1)侧向力 $F_q(\alpha, F_z)$ 的侧滑特性。
2)回正力矩 $M_q(\alpha, F_z)$ 的侧滑特性。
3)纵向力 $F_l(s, F_z)$ 的侧滑特性。

这也可应用于联合载荷工况,例如固定纵向滑移 s 的侧向力 $F_l(s, F_z)$ 或固定侧滑角 α 的 $F_q(\alpha, F_z)$。

测试固定轮胎载荷 F_z,有助于理解轮胎行为,非常易于轮胎模型参数化。然而,固定轮胎载荷并不是有用的行驶情况,这是 TIME 过程建议采用与车辆动力学相关的替换测试过程的原因。TIME 过程主要集中于典型的转向操作,此时侧滑和外倾角变化是相关的,如图 31.13 所示。

TIME 概念有两个核心目标:
1)在动态相关和可实现的相关操作点上,尽可能多获得测量值。

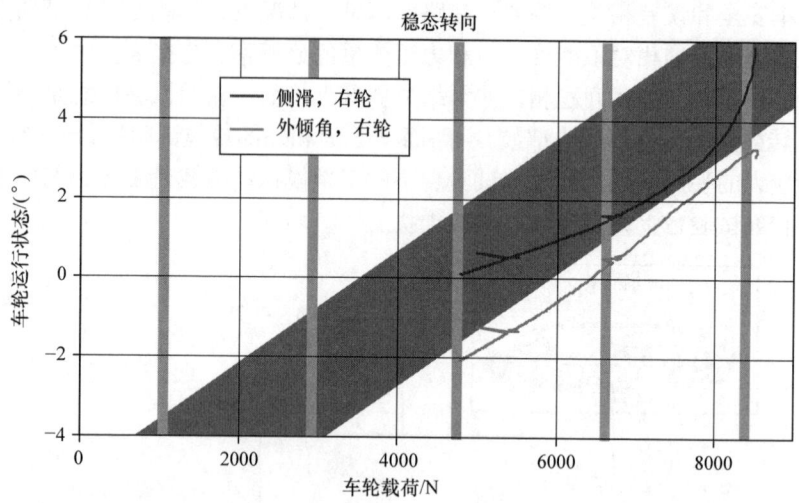

图 31.13 固定车轮载荷下传统轮胎测试过程（浅灰、垂直）和 TIME 测试过程（黑灰）之间测量范围的比较，主要集中于可达到的动态稳态（例如稳态转弯）下侧滑角 – 外倾角 – 车轮载荷组合

2）使试验轮胎不受高温载荷的影响，即将测量范围减至最小，在测量中降低车速，因为相关误差的影响小于轮胎压力过载的结果。

与此同时，Pacejka 模型方法与该测试过程专门匹配，对轮胎力特性的近似给出建议[23]。将这种类型的方法确定为标准是可取的。然而，即使在这种情况下，未来任何更广泛的使用都必须说明，对基本车辆动态操作点测试数据的限制是否足以确定轮胎行为的完整性。

31.3.4 轮胎动力学和低速性能

为了模拟侧向力和纵向力产生的动力学，必须（至少）扩展映射类型模型。在已知侧向轮胎刚度 c_q^R 的情况下，对于侧向力动力学，模型如下：

$$\frac{\dot{F}_q}{c_q^R |v|} + F_{q,stat}^{-1}(F_q) = \alpha; \quad F_{q,stat}(\alpha) = \mu_{max} F_z^{eff} f\left(\frac{\alpha}{\alpha_{max} \mu_{max}}\right) \quad (31.16)$$

这种物理侧向力动力学方法基于这样的事实：轮胎与路面接触印迹通过侧向轮胎刚度 c_q^R 与轮辋耦合。其中，基于摩擦系数 μ_{max}、垂向力 F_z^{eff}、归一化的轮胎力形状函数 $f(\cdots)$ 和侧向力最大时的侧滑角 α_{max}，稳态轮胎力 $F_{q,stat}$ 通过简单的映射类型方法定义。

对于小的位移，该方法等效于已经建立的松弛长度的概念。而对于较大滑移角，物理固定的 T1 类型结果产生的接触力变化更快。此外，车轮载荷对于侧向力和纵向力动力学影响的表示是一致的：这是一阶系统分母中典型的参数激励。这不仅说明了侧向力对轮胎载荷减少的快速响应，而且解释了车轮载荷增加情况下侧向力的延迟累积，也可以以相同的方式建立纵向力动力学模型。为了避免模型产生的极限周期，采用稳态径向力代替径向力特性的不稳定部分是有利的。

轮胎建模技术的另一个问题领域，是低速行驶或静止状态下。在静止状态，因为关键的输入值例如纵向滑移和侧向滑移表现为除以速度$|v|$，唯象模型产生无穷大的刚度值。用于低速行驶的模型或多或少采用数值技巧进行处理，如限制最小速度。对于物理模型，这并不是问题，因为它们使用实际的材料和结构特性。在斜坡上模拟车辆停止和重新起动，或者在静止状态以不同的转向速度进行转向，可以容易测量$v \Rightarrow 0$时车辆的性能。在小转向速度下，后者应当始终产生相同的滑转力矩。在开始和车辆转向方向改变时，可以确定（近似的）常值的轮辋耦合刚度。

31.3.5　摩擦行为和建模

轮胎分析通常在干燥和高附着系数的路面上实现。一些深入研究也可以用于湿润和潮湿的路面[24]，同样适用于雪和冰路面上轮胎的行为。与几年前一些研究相比[25]，可以认为轮胎性能得到了改善。

大多数轮胎模型现在允许确定轮胎与路面之间整体的牵引力，即参数化。例如，这种选择允许调整轮胎模型的牵引特性，使其适应特定的测试路面属性。

观察部分物理轮胎模型或基于刷子模型原理的轮胎结构模型可知，为了能够合理地使模型参数化，需要知道轮胎橡胶和路面之间的实际摩擦条件。

在这种背景中，橡胶的滑动摩擦性质是个小问题，因为如 TIME 的分析框架所示车辆速度对轮胎特性几乎没有影响，即轮胎滑动速度相对较小。在相关速度范围内的框架中，认为滑动摩擦特性几乎是恒定的，行驶稳定性试验过程是例外。因此，可以由轮胎整体特性识别滑动摩擦特性。

另一方面，轮胎橡胶和路面之间的（材料）摩擦条件的确定会产生更多的问题。由于在模型中与地面压力分布存在强耦合，识别方法容易出错。为了避免这种情况，在类似于测量道路的表面上，单独直接测量橡胶 – 路面之间的摩擦系数[26]，如图 31.14 所示。这些给出的静摩擦系数与刷子模型一致的概念可以获得比整体轮胎 – 路面摩擦系数高得多的值。因此，局部接地压力和接地压力分布的均匀性显著影响轮胎的路面附着潜力。

31.3.6　轮胎舒适性行为和建模

通常，轮胎舒适性通过分析干扰传递行为进行讨论。在这种情况下，当车辆

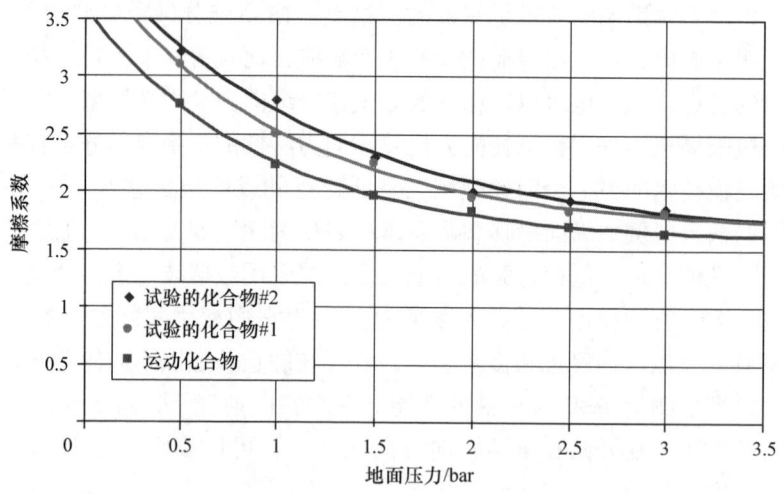

图 31.14 在高附着路面上轮胎橡胶材料与路面摩擦的材料能力
（试验橡胶化合物和运动化合物）

行驶通过凸块或更接近实际的垂直台阶时，轮胎垂直方向上的刚度和轮胎动力学是至关重要的。在侧滑压力（等效于最大的侧向力的30%）下，通过试验台驱动，以80km/h速度通过垂直台阶的测试结果，如图31.15所示。

力和转矩曲线清楚表明，轮胎在35～350Hz频率范围内进行振动。轮胎振动只会缓慢下降，这对舒适性造成实际不利的影响，因为这些路面产生的振动会传递到底盘和车身内的车辆部件。因此，作为更高频率的激励，整个系统再次平静下来需要一定的时间。

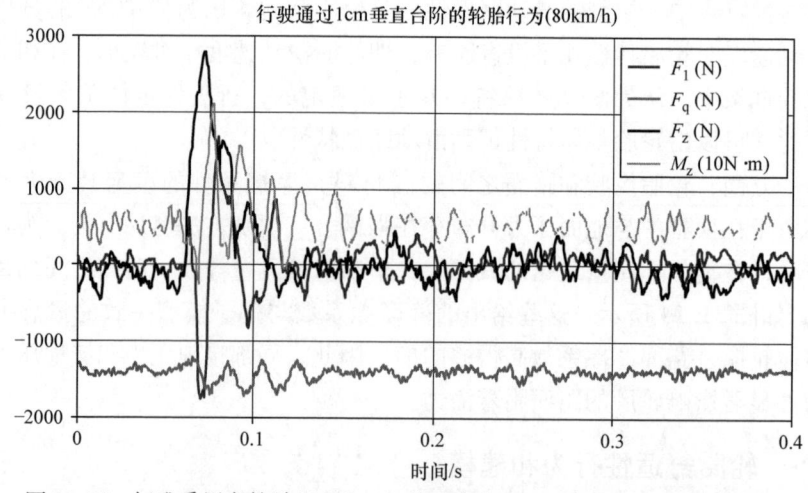

图 31.15 标准乘用车轮胎以 80km/h 的速度在 0.06s 内通过 1cm 垂直台阶，障碍类型参考图 31.16

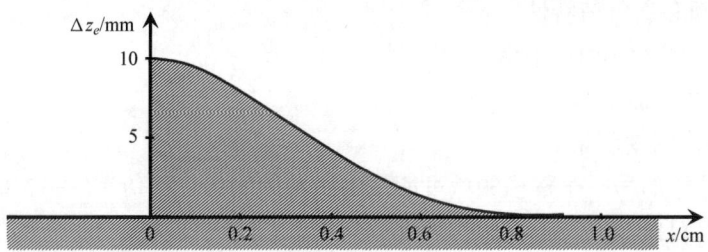

图 31.16　1cm-垂向激励：根据具有轴频率调整的二阶系统，自然增加 +1cm，然后降为 0

在原理上，轮胎结构相关的模型，如 Ftyre 或 RMOD-K 能够有足够精度描述这种类型的现象。因此，它们构成了轮胎-底盘-车身舒适性系统优化的基础。

类似地，耐久性分析的行驶工况也应当能够仿真。然而，必须考虑这些工况下力和激励振幅至少要高出 10 倍。目前，正在审查相关的试验台分析和验证的测试工况。可以假设的是，传统轮胎模型必须以某种形式或另外一种形式扩展，以便即使在极端载荷下也能提供正确的结果。因为典型部件的耐久性随着力幅值的四次幂退化，这样的仿真需要非常精确。

31.3.7　未来轮胎建模的挑战

一些轮胎特性和现象可能难以或不可能集成到车辆/车轴动力学轮胎模型中，或者仍然局限于纯定性估计。这特别适用于驱动过程中轮胎的热调节和摩擦系数的相关变化，因为通常无法获得必要的流动信息[37]。这同样适用于对某些舒适性的效果，例如滚动过程的轮胎径向刚度降低和静止过程的测试（由路面接触印迹微变形引起）；热产生的沉降影响，例如轮胎平斑，或者更一般地在不同运行温度下预测轮胎的舒适性。

相反，重点将继续放在一个或几个选定的参考温度下轮胎的更精确建模上。即使在这些限制条件下，轮胎性能与底盘设计相关的大量综合的测试程序，需要相对复杂的测试[27]：

1. 稳态特性
1) 稳态轮胎力和力矩特性。
2) 垂直刚度和阻尼特性。
3) 静止回正力矩（转向滑移）。
2. 动态特性
1) 侧向拉力试验（侧向刚度）。
2) 转向阶跃激励。

3. 振动和高负荷特性

1) 凸块激励和垂直阶跃激励。

2) 耐久性载荷障碍。

3) 结构刚度测量。

未来几年的另一个建模领域可能是爆胎轮胎的更精确仿真。一方面,因为这些系统要求对极低气压下轮胎行为进行分析;另一方面,因为越来越多地将承载功能从传统的空气悬架概念转移到复杂的橡胶-纤维复合结构。

31.4 轴与底盘部件

车轮悬架保证车轮/路面接触与跳动、转向运动有关的平动和转动的位移,整体上不会影响车辆行为或者有正面影响。这通常通过调整基本运动学参数实现,如垂向路面干扰只对车轮位置有很小的影响,因此对力的传输的影响也很小。类似地,旋转中心的选择对驱动力和制动力的传输至关重要,以便大幅度抑制相关的俯仰和举升运动。

除了运动学外,底盘还可利用多种多样的悬置和轴部件的弹性和阻尼,目的如下:

1) 优化紧急状况的车辆响应。

2) 提高乘坐舒适性。

3) 以针对性方式塑造和调整车辆基本特性,如直线行驶稳定性、精确的转向响应和侧风响应等。

作为实例,图31.17给出中型乘用车典型的前后悬架。

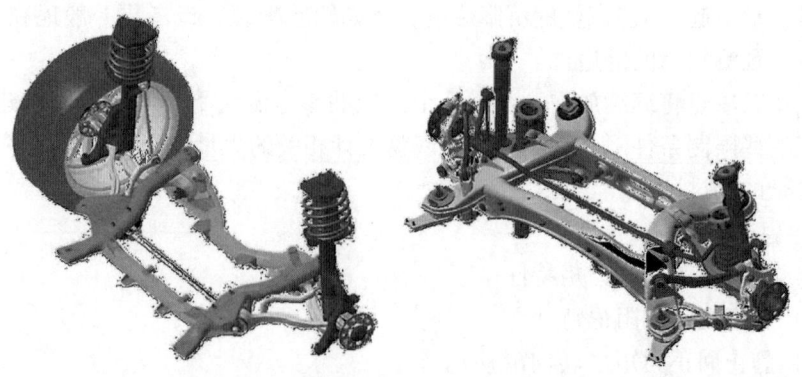

图31.17 包括副车架和悬架系统的典型紧凑模型的车轮悬架,前:弹簧-减振器-车轮;后:多连杆悬架

因此，车辆可感知的乘坐舒适性越来越依赖于塑料和橡胶材料的特性，而不是传统的金属材料特性。

31.4.1 底盘悬置和轴承

一般而言，三种不同类型的连接单元通常用作底盘悬置：
1）橡胶衬套。
2）液压悬置，特别适用于连接副车架和车身。
3）球接头。

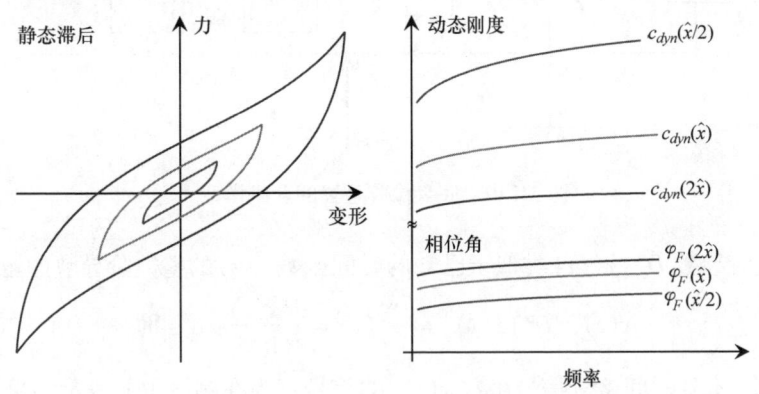

图 31.18 典型橡胶悬置部件的准静态和动态行为

橡胶悬置和液压悬置的动态特性不能通过机械基础单元，如弹簧、黏性阻尼元件或质量进行充分描述，其主要原因是橡胶制品的材料性能复杂。在准静态载荷下，橡胶部件会显示明显的滞后效应，在动态载荷下，其会变硬，如图 31.18 所示。然而，相位和耗损角大多是小的，只随着频率略有增加。

为了建立橡胶悬置的非线性部件特性模型，多部件模型通常使用通过适当设置的单元综合反映观察到的效果。在这个过程中，采用非线性弹簧单元模拟基本的刚度，如图 31.19 所示。滞后效应采用一种类型的滞后生成器建模，即根据先前运动显式生成典型曲线形状的一种力单元。除了这些静态方法外，增加了 Maxwell（麦克斯韦）单元，如果需要的话，还得增加普通的阻尼单元，以便建立随着频率增加的动态刚度模型。

采用 Maxwell 和阻尼单元建立橡胶悬置动力学模型，在实践中证明是有问题的。因为随着近似质量的增加，在高频率产生负耗损角的风险也在增加。通过适当的限制可以避免这种类型问题，然而问题的存在表明形状函数并不完全适合于系统特性。

为了在原理上避免这些困难，最近提出了另一个概念，基于分数阶导数的橡胶刚度建模[42]。其核心思想是几乎所有固定相位角和随着频率递减而增加的橡胶硬化的幅值，对应于弹簧和减振器之间相应的动态行为。分数阶导数使建立的模型具有这样的特点。

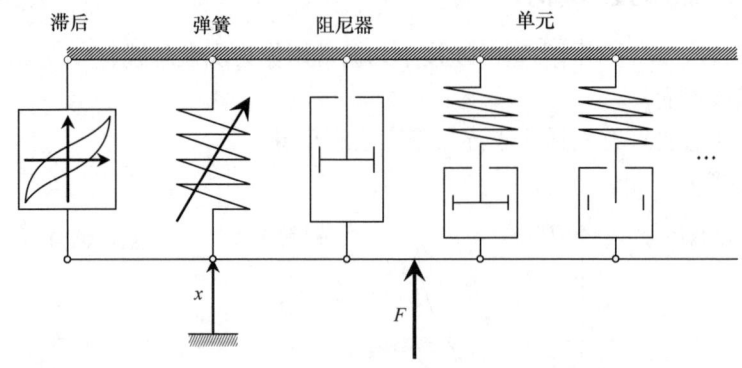

图 31.19　底盘橡胶悬置的合成模型

分数阶导数 $D^\alpha\{x(t)\}$ 类似于已知的时间函数 $x(t)$ 的整数阶导数的定义：

$$y(t) = D^\alpha\{x(t)\} \equiv \overset{(\alpha)}{x}(t) = \frac{d^\alpha x(t)}{dt^\alpha}; \ \alpha \in \Re \tag{31.17}$$

因此，α 阶时间微分信号函数 $y(t)$ 的信号行为在频域中的表示结果为

$$Y(\omega) = (j\omega)^\alpha X(\omega) = \omega^\alpha \left(\cos\frac{\alpha\pi}{2} + j\sin\frac{\alpha\pi}{2}\right) X(\omega) \tag{31.18}$$

相位或耗损角在 $\alpha\pi/2$ 处不变。对离散时间 $\Delta t [x_k = x(k\Delta t)]$ 的信号 x，分数阶导数 y 计算退化为差商

$$y_k = D^\alpha\{x(t)\} = \lim_{n\to\infty} \sum_{l=0}^{n-1} a_l x_{k-l}; \ a_l = \frac{\Delta t^{-\alpha}}{\Gamma(-\alpha)} \frac{\Gamma(l-\alpha)}{\Gamma(l+1)} \tag{31.19}$$

其中，$\Gamma(n+1) = n!$ 是所谓的伽马函数，分数的连续级数。实际上，需要将级数展开到预定义的序数 n 处。这会使低频段处的结果与采用连续方法［式(31.18)］的结果有一定的偏离，但是这个偏差几乎都在允许误差范围内，因为随着 l 的增大，系数 a_l 迅速收敛于零。

离散分数阶模型系统的频率响应最后结果为

$$F^n_{x>y}(\omega) = \frac{Y}{X} = \sum_{k=0}^{n-1} (\cos k\omega\Delta t - j\sin k\omega\Delta t) a_k \tag{31.20}$$

图 31.20 显示一个标准化离散分数阶模型的传递行为（时间步 $\Delta t = 3\text{ms}$，系统序列 $n = 10$，$n = 100$）与 $\alpha = 0.15$ 时的精确和连续方法结果的比较，对应的耗损角为 13.5°。这表明，这种方法很好地适用于典型橡胶悬置、相位不变且幅值随着频率的增大呈递减趋势的响应。小频率与连续方法的偏离由绝对滤波器的长

度，即乘积 $n\Delta t$ 决定。然而，这个偏差很小，因为只有与真实悬置频率响应的偏差才是决定悬置建模质量的关键。

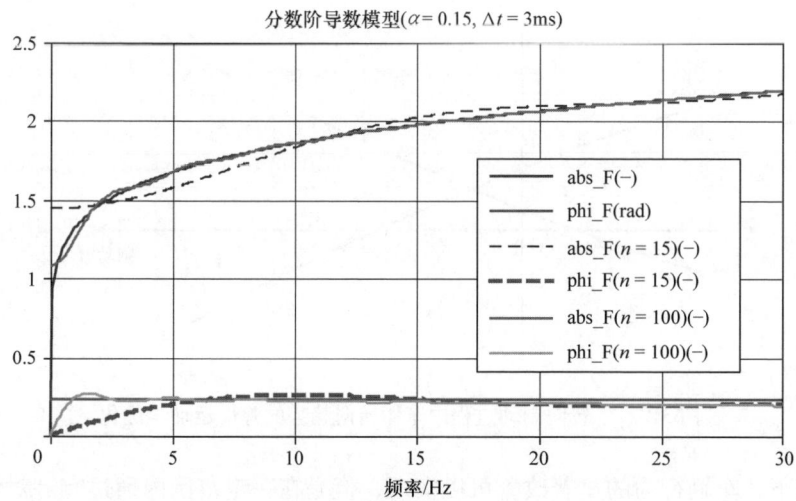

图 31.20　基于分数阶导数的橡胶悬置模型的频率响应

此外，还有一系列的纵向旋转轴承，例如减振器支架或减振器，通常会导致依赖于变形的弯曲刚度值和相当复杂的载荷 - 摩擦相互作用[4,43,47]。然而，这里不对这种现象进行详细讨论。

通常，底盘的弹性运动学设计基于这样的事实，车轮的几何位置（位置和角度）受到车轮力的影响而变化并且可以进行针对性的调整。例如，这种的效果可以用于改善车辆的转向行为，如图 31.21 所示。

31.4.2　弹性运动学调整

车辆制动导致车轮载荷向前移动。因此，在给定侧偏角的前提下，前轮会产生更大的侧向力，后轮的侧向力会相应减小。纵向力的增大会进一步强化这种趋势，会导致车辆强烈向内转向。

为了避免刺激驾驶员，尝试确保车辆行为只改变很少或者制动过程不改变，这可以由如图 31.21 所示的措施获得。其中，在制动过程中，前轮进入负前束，向外偏转，可降低其侧偏角，避免侧向力方向的干扰增加。反之亦然，通过弹性运动学在后桥生成附加的侧偏角，抵消车轮载荷造成的侧向力减小或补偿其减小量。总之，转向过程施加制动时，产生的车辆行为在很大程度上是中性的。相反，μ - 分离制动时，在相反方向调整前束变化以提高车辆的方向稳定性。

驱动力、制动力和轴转向力矩的传递机制通常是不同的，至少在多连杆悬架

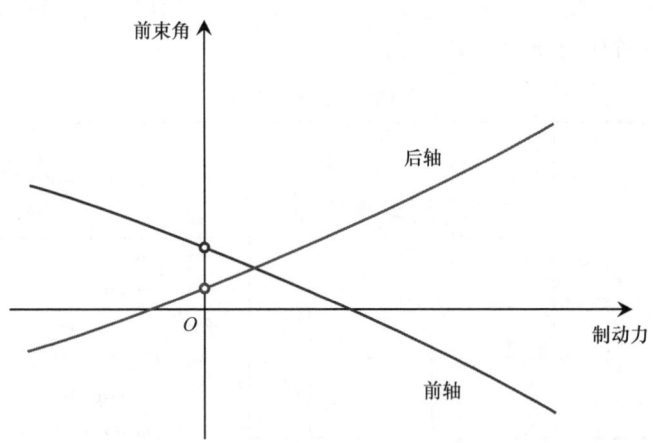

图 31.21　转向制动过程中车辆转向趋势的弹性运动学优化

的情况下，车辆行为的显著改善可以实现，但是在一定范围内通过有针对性的力控制干预，也可用实现更简单的轴概念。弹性运动学设计的相关功能部件是底盘悬置和一定程度上具有更大弹性的轴部件本身。此外，当提供更有弹性的车轮-车辆连接时，底盘悬置可以实现解耦和隔离功能，有助于抑制干扰激励的传递。然而，合成产生的弹性总是促进底盘的约束和固有振动的潜力。因此，在底盘调校期间，必须在底盘的全局控制、隔振特性和自激趋势之间作出合适的折中。

从建模角度而言，最简单清晰的底盘悬置可能是球铰，通常靠近车轮安装，如图31.22所示。这些球铰通常在空间各个方向上都具有相当大的刚度，刚度可达10kN/mm。相比其他轴部件，这些属于准刚性连接。阻尼影响相对较小，甚至可以忽略不计。由于寿命要求，球铰需要进行内部预张。这意味着旋转运动总是与更大的摩擦力矩相联系，达到几N·m。为了能够正确模拟悬置现象的影响，尤其是在有明显差异化的附着和滑动状态下，要确定一些特定积分器的设置。

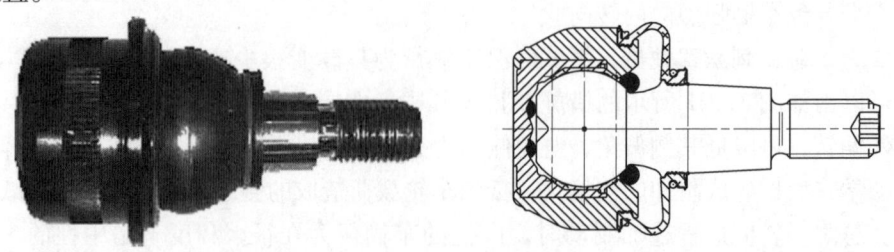

图 31.22　底盘球铰及其横截面

31.5 悬架系统

悬架系统具有下列功能：
1）承载车身的载荷。
2）补偿路面不平度和扭转效应。
3）抑制和降低路面与车辆之间的振动。
4）确保车轮行程限制是充分的。

因此，这些功能可以在实际几乎所有可能的行驶情况下实现，而且不损坏车辆或底盘。

取决于底盘设计，弹簧-阻尼器系统要么集中于单独的部件，如多杆件或双叉臂轴，要么与车轮悬架系统集成，如McPherson（麦弗逊）或减振器支柱的独立悬架。与车轮悬架系统集成通常可以节省安装空间，减轻重量；虽然其通常需要更详尽的解决方案，以便抑制设计单元在有限空间内的相互干涉。例如，复杂的支柱顶部支座会将垂直弹簧、减振器和侧向力的传递路径隔离。

31.5.1 钢板弹簧悬架和悬架特性

在建模方面，车身弹簧即支撑弹簧和稳定杆，都是相对比较简单的部件。对其仿真有很好的近似，可以知道其部分非线性弹簧特性。对于单轮悬架，车轮跳动或弹簧安装点之间的距离可作为悬架模型的输入值；另一方面，在刚性轴的情况下，同一根轴两侧车轮的跳动量会引起弹簧变形。对于稳定杆位移，左右两边车辆跳动量的差别是决定性的，其产生主要抵消侧倾运动的反作用力偶。

为了对车轮悬架或轴动力学进行更精确的分析，有时需要对弹簧和稳定杆结构及其支承的运动学和设计细节进行显式建模。例如，螺旋弹簧的内部振动模态对轮胎舒适性起着重要的作用。同样，安装稳定杆时，在稳定杆形状复杂的情况下，可能还会使其力的传递垂直于实际的有效方向，可以改变车轮悬架和转向性能。

在钢板弹簧导向刚性轴的情况下，悬架弹簧部件对车轮悬架的运动的贡献是特别明显的。其通常用于商用车中，特别是由于其非凡的鲁棒性。在这种情况下，运动学和弹性运动学的计算特别耗时，因为许多可以分离的效应都是强耦合的。一个例子是制动过程中钢板弹簧对制动力的支撑导致轴俯仰和跳动的效应，因此将制动力控制调节与底盘设计进行了耦合。

31.5.2 空气悬架和空气悬架建模

与钢板弹簧悬架相比，空气悬架和液压气动悬架的布置通常需要更详细考虑相关介质和内部关联。在这两种情况下,通过压缩气体介质实现实际的悬架功能。在空气弹簧的情况下,工作压力水平通常达到10bar,而液压气动系统的工作压力通常达 50~80bar。因为通常使用简单和低分子的气体,可以基于理想气体方程确定压力变化。对于缓慢的等温过程和快速的绝热体积 $\dot{V}$ 的变化,应用边缘模型(绝热指数 κ)

$$\dot{p}_{\text{isotherm}} = -\frac{p}{V}\dot{V}; \quad \dot{p}_{\text{isotrop}} = -\kappa\frac{p}{V}\dot{V} \tag{31.21}$$

实际上,系统总是会与环境交换热能。这会引起压力延迟变化

$$\dot{p} + \omega_g p = -\kappa\frac{p}{V}\dot{V} + \omega_g\frac{p_0 V_0}{V}; \quad p_0 = p(T_u); \quad V_0 = V(T_u) \tag{31.22}$$

以极限频率常数 ω_g 总结系统的传热效应,p_0 为环境温度 T_u 下系统的参考压力,V_0 是相应系统的体积。根据系统尺寸和表面设计,极限频率 ω_g 表明系统会出现几秒的延迟时间,后者主要用于商用车的空气悬架系统。这使空气悬架系统的技术分析和评价更加困难,尤其是在试验台上,因为必须精确确定和检查热条件。

除了主要基于非常低的弹簧刚度改善舒适性外,空气悬架还有一个优点——可以调整弹簧本身的刚度以适应车轮载荷同时也适应车辆载荷。系统的固有频率随着载荷的增加而降低,这通常是可以观察到的。因此,可以避免甚至是过度补偿的某些情况。

通过适当的波纹管特性的设计,空气悬架底盘也可以根据车辆操纵的要求调整弹簧的刚度。对于液压气动悬架,类似的效果可以通过使用几个蓄能器达到,但是这种设计的可能性受到相当的限制。作为主动悬架的基础,液压气动底盘可受到较大的关注,因为它可以安装在有限空间内,成本合理且易于激活。目前,由于高压密封性能的问题,一些需要克服的轮胎舒适性妥协依然存在。

31.5.3 减振器和减振器建模

减振器建模更复杂,设计不同,其响应也不同,这主要取决于应力的幅值和频率。单筒减振器的设计,是最简单的减振器设计,如图 31.23 所示。非线性节流阀 $\Delta p(s)$ 安装在减振器活塞中,用于确定实际的减振器特性 $F_d(\dot{x})$

$$F_d = A_k p_k - A_s p_s; \quad p_k - p_s = \begin{cases} \Delta p_{Druck}(s) & \text{当}\dot{x} \geq 0, \\ \Delta p_{Zug}(s) & \text{当}\dot{x} < 0; \end{cases} \quad s = (A_k - A_s)\dot{x} \tag{31.23}$$

为了能够在压缩过程中吸收减振器活塞杆的体积,在减振器底部设置小的压力室 V_G。其中的气体是预压的,压力 p_G 通常为 10~30bar,以便使活塞杆端面一直处于正压力。预压力与减振器基力有关,始终为正的。

$$F_G = (A_k - A_s)p_G \tag{31.24}$$

由于与气体体积耦合,活塞压力 $p_k \approx p_G$,大致相当于气体压力。活塞压力的波动相对较小,即减振器力分布在活塞杆侧。

由于要求减振器在相对长的寿命中保持功能,需要对其采用高性能密封和导向。然而,与压力预载相结合,意味着减振器在小激励幅值下倾向于"硬化"。然后,减振器的力响应包含明显的弹性内容;相位从90°转变为0°方向。

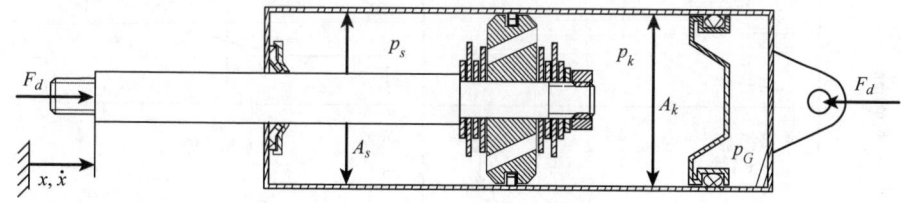

图 31.23 单筒气压减振器的设计

由于密封具有一定的纵向弹性(纵向刚度 c_D),硬化效应可以使用弹簧-摩擦单元建模

$$F_R = \min\left(\max\left(c_D \int \dot{x} \mathrm{d}t; -F_R^{\max}\right); F_R^{\max}\right) \tag{31.25}$$

除了外部密封外,减振器的活塞密封和分度活塞有助于摩擦和硬化效应。在这个过程中,当前减振器压力 p_s 和 p_k 会影响最大摩擦力 $F_R^{\max}$。在高频减振器应力的情况下,还需要考虑减振器介质的压缩系数

$$\beta = -\frac{\partial V}{V \partial p} \tag{31.26}$$

通常,有效压缩系数 β_{eff} 有点高,因为减振器本体和密封单元增加了附加弹性。减振器硬化和动态效应的结果实例,如图 31.24 所示。

在非常严重和快速的减振器激励的情况下,活塞杆边的减振器压力会很快下降到气压水平。这导致局部油的气穴,出现小气泡并破裂。在正常行驶工况下,减振器设计要确保不会发生这种现状。在所谓的不平路面试验过程中,即在不平的道路上进行极端耐久性试验过程中,难以避免减振器的气穴效应。为了对这些主要影响进行建模,在气压水平下采用附加压力室是足够的,当达到气压水平时,压力室就会动态填满,一旦杆侧压力再次增加时,就会自动清空压力室。

为了进行双筒减振器的建模,可以再次使用相同的基本单元。然而,要去掉分度活塞,相反增加附加阀单元。

31.5.4 可变减振器系统

在可变减振器系统的情况下,通常增加旁路通道,以便通过开关或连续可调

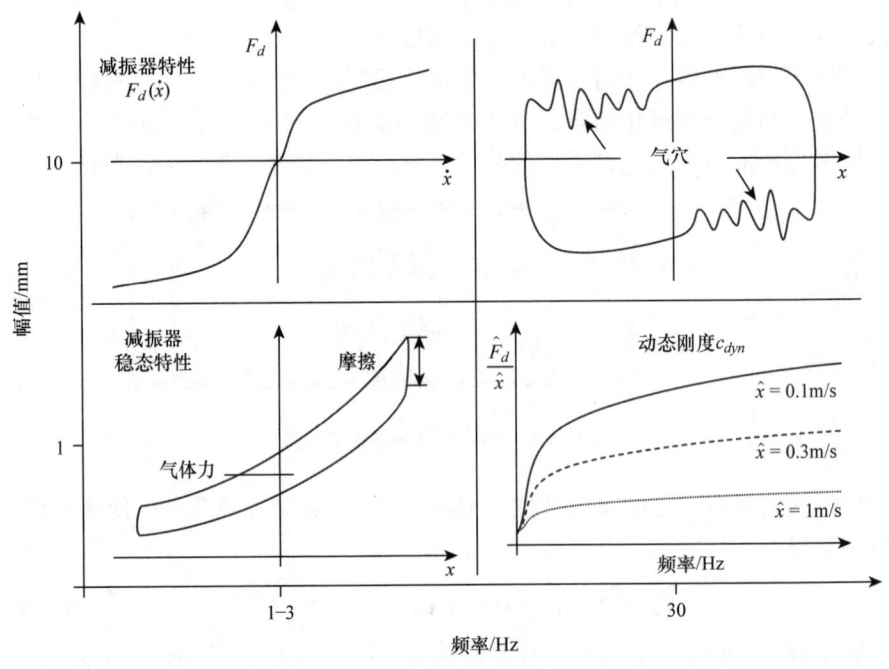

图 31.24 相关运行范围内的减振器特性

控制阀使活塞杆和活塞之间进行介质交换。然后,基本阻尼通常会大幅增加。因此,控制干预导致阻尼力减少。

相关的减振器控制,主要是根据相关行驶条件调整减振器的阻尼硬度。快速控制概念会影响车辆单轮的运动,目前在量产车辆上还没有实现,因为一方面所需的循环率对计算机容量和信号处理都具有高的要求,另一方面对阻尼常数进行针对性控制干预也需要对减振器速度测量具有非常好的分辨率。影响力或压差的可变阻尼的概念可以解决传感器问题,但是迄今为止还没有应用此项技术。

由于不可避免的硬化效应,减振器通常使用橡胶悬置与底盘连接。它们的特性是可以调整的,以便使悬置对小变形反应非常柔软,从而掩盖摩擦效应。然而,在更大减振器力的情况下,悬置产生高的刚度值,以便阻尼效应可以对底盘的冲击没有主要的损失,同时减小车身能量。总而言之,非常低的阻尼力使车轮产生1~2mm的振动,因此是可以容忍的,不会显著降低乘坐舒适性。

对于商用车和一些乘用车,有时使用依赖活塞位置的减振器,以便能够根据载荷调整阻尼强度,或者在车轮运动过程中通过旁路通道的智能互联确保减振器在压力缓冲器中充满,从而使车辆保持在目标水平。

31.5.5 推拉限位器

由于中心和纵向导向已经存在，车轮运动限位器经常集成到减振器中。反弹缓冲器通常是简单的渐进式钢板弹簧，在达到机械弹簧行程极限之前，通过"抓住"车轮将其从路面上弹性抬起。相反，弹跳缓冲器在有限的安装空间内必须能够吸收车轮与车身之间突然冲击的载荷峰值，并且不损害车身结构。聚合物泡沫限位器可以相当有效地完成这样的功能，因为它以大的和渐进增加的力抵消弹跳运动。在最后的反弹过程中，其达到更低的力水平，这意味着支座直接减少了大量的动能。在建模过程中，这些滞后效应可以类似橡胶悬置的方式近似，见31.4节。

31.5.6 主动悬架系统

除了前述的传统悬架系统外，近年来开发了一系列的主动悬架概念，旨在解决或至少减弱乘坐舒适性和面向安全的车辆调整之间的经典设计冲突[45]。在原理上，可以在轴上的系统干预和单个车轮概念之间进行区分。

前者激活稳定杆，即其允许施加由执行器产生的稳定杆扭矩或合成生成的稳定杆力。这些系统的主要好处是有针对性地影响车辆的侧倾运动。这也是称 ARS（主动侧倾稳定系统）的起源。在大多数情况下，侧倾运动只是通过执行器单元抑制，使其达到系统的性能极限。结果是使车辆感觉更稳定，更容易控制。这使得驾驶更容易，因为驾驶员实际上不再需要通过其方向感纠正车辆的侧倾。然而，这也意味着这些系统可以用于塑造或遮蔽车辆的侧倾性能，对于正常驾驶员可以视之为一个主要和令人深刻的车辆稳定性指标。

主动稳定系统的技术实现基于角度执行器或力矩执行器，而执行器集成到稳定杆本身或液压缸中，而不是稳定杆-车轮运动耦合的传统摆支承。力矩执行器在技术上更好，但是需要一定的最小安装空间。执行器的建模是针对具体系统的，特别是在与摆支承执行器连接时，需要讨论轴的液压对角耦合，在提高越野性能方面尤其是如此。在个别情况下，需要创建非常详细的液压网络模型，以便能够优化布局，评价和优化总是非常复杂的动态效应，因为它通常有较长的液压连接线路。

就控制侧倾运动和车轮载荷的功能范围而言，控制各个车轮的主动悬架完全包括 ARS。其允许车辆水平和车辆俯仰运动以针对性方式受到影响，图 31.25 显示两种主要设计类型——主动油气（AHP）系统和主动车身控制（ABC）系统。

在 ABC 系统中，液压缸与较大刚度的悬架弹簧串联布置。这允许迅速改变悬架水平和以针对性方式调节，有时抵抗减振器的力。由于悬架弹簧和执行器串联布置，ABC 系统需要相对大的安装空间。另一方面，悬架弹簧需要确保可以达到复杂传统弹簧 - 减振器系统的整体舒适性水平。根据系统设计，控制极限频率达到 3~8Hz，即可以完全和可靠控制车身运动。

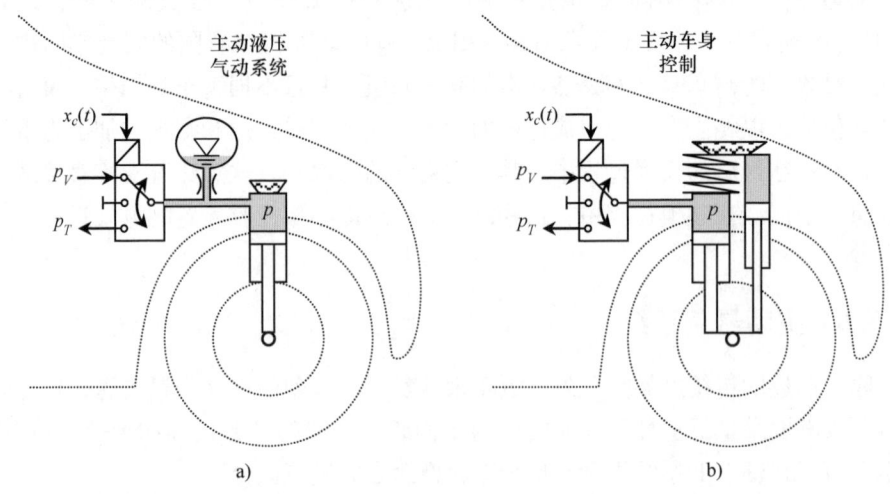

图 31.25　控制单轮的主动悬架类型：a）AHP 系统；b）ABC 系统

相比之下，主动油气系统更简单且更节省空间。用一个简单的液压缸代替传统的弹簧 - 减振器单元，不需要比减振器更大的空间。基本的悬架由气体压力蓄能器取代，减振器阀集成在尽可能短的连接线中。类似于 ABC 系统或 ARS，通过可控阀门结合高性能压力供应激活系统。AHP 系统的唯一但具有决定性的缺点，是承载液压缸的摩擦效应，造成了舒适性损失，这使其至今不能在复杂车辆中广泛应用。

ARS 的说明同样适用于主动悬架建模：只有在相当详细的液压系统建模的基础上，才能理解系统的动态传递特性，检测相互作用，通过针对性措施消除弱点或共振。对于 AHP 和 ABC 系统，甚至在比简单的 ARS 控制更重要的情况下，液压学、底盘力学和控制之间产品的相互作用对良好的车辆动力学和舒适性具有决定性作用。

31.6　转向系统

从驾驶员的角度而言，认为转向系统是最重要的控制干预，也是关于驾驶条件的最重要的信息来源之一。

31.6.1 动力转向系统

为了使控制车辆所需的力尽可能小,但是同时对不同车速下底盘优化允许有足够大的设计空间,今天的车辆几乎都装备动力转向系统。

图 31.26 显示了当今最常见的转向设计——液压齿轮 - 齿条转向系统,而图 31.27 显示了车辆动力转向系统的元件。显然,在设计转向系统时,需要的不仅仅是开始描述的基本单元。

由于动力转向系统具有较高的峰值功率,其需要一个高效的压力供应。为此,通常使用流量控制叶片泵,其速率高达 15L/min,并且峰值压力高达 150bar。在较小的车辆中,可以通过电机驱动动力转向泵,以便避免一系列包装和交互问题。

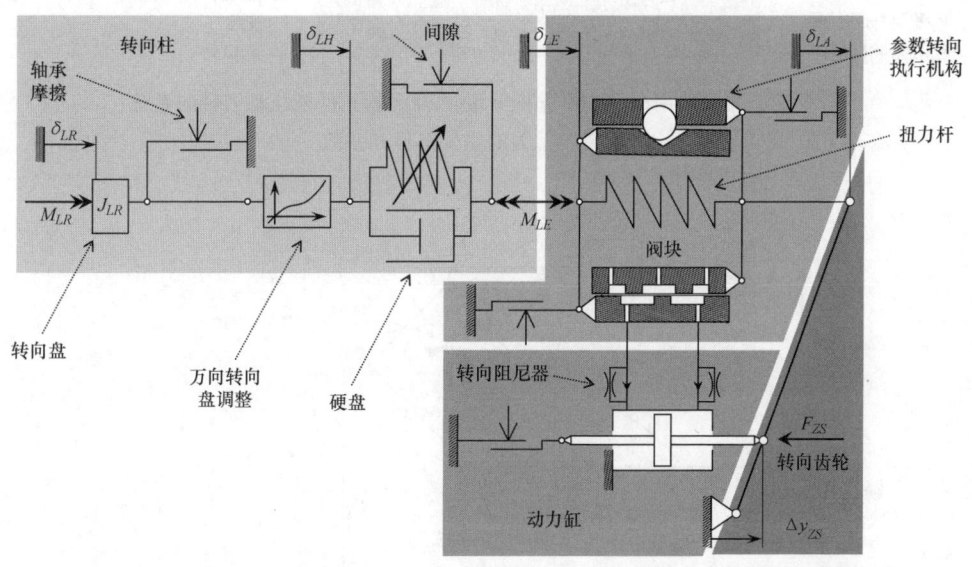

图 31.26 车辆动力转向系统的机械结构功能图,类似于伺服液压齿轮 - 齿条系统

图 31.28 显示了车辆动力转向系统的主要液压元件。一个扭力杆旋转,即扭矩测量元件的机械位移影响伺服阀的位移。这些设置在阀块内的阀桥设计中,以便每个对角的阀门同时执行。在(近似)常供应流速下,阀桥的不对称导致气缸表面之间的压力差,从而辅助动力转向。为了有效抑制路面和底盘干扰,将单向转向阻尼阀安装在气缸出口,这与任何干扰激励相反,直接与减振器阻尼力匹配。实际上,为了不减弱驾驶员的快速转向运动,必须限制阻尼效应。例如,在紧急转向的情况下,转向盘的转速可能要求达到每秒几百度。

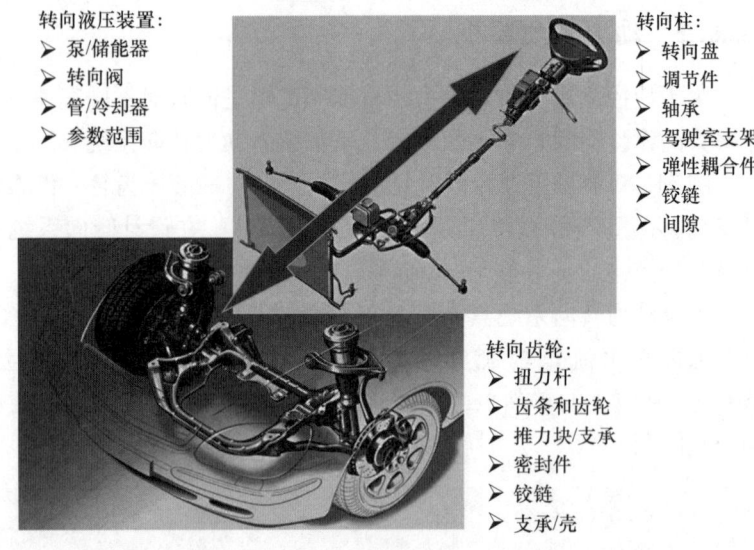

图 31.27 豪华乘用车（梅赛德斯 S 级，2002 款）的液压动力转向系统：影响转向行为的主要部件和参数

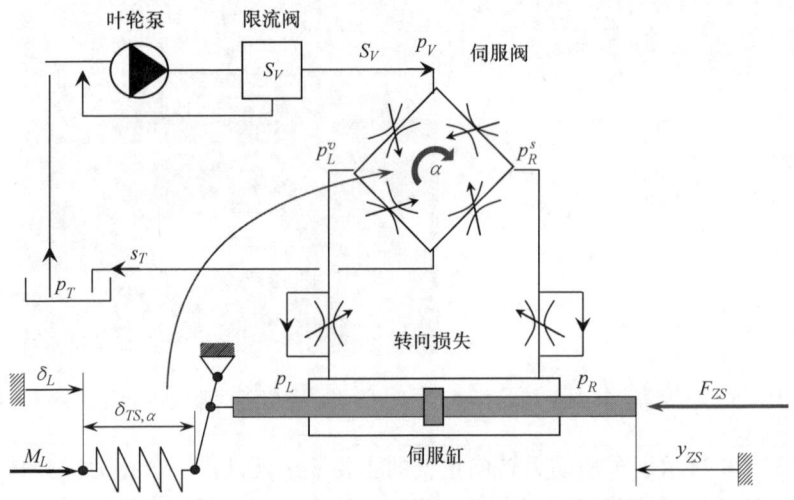

图 31.28 车辆动力转向系统的基本液压部件（没有参数转向分支/功能）

31.6.2 传输特性

多数行驶情况下，转向盘转角 δ_L 可能是主要转向输入变量；因此转向盘转矩 M_L 变成响应或输出变量。在侧向倾斜的道路上或侧风条件下，驾驶员干预更倾向于某种类型的力矩控制，同样适用于路面激励的突然干预[58]。

转向系统和轴之间的相互作用证明了类似的互补性：借助于齿条相对于车辆（或相对于前轴体）侧向移动距离 y_{ZS}，转向对轴施加车轮转角 δ_R。然而，经过仔细检查，转向角似乎是由围绕底盘转向轴的力和力矩的平衡产生的，进一步的贡献由横拉杆力完成，其与转向的齿条侧向力 F_{ZS} 直接相关，这也意味着在转向和底盘之间的界面上不能观察到明确的输入和输出。因此，必须将转向理解和描述为一个通用的动态四级，如图 31.29 所示。

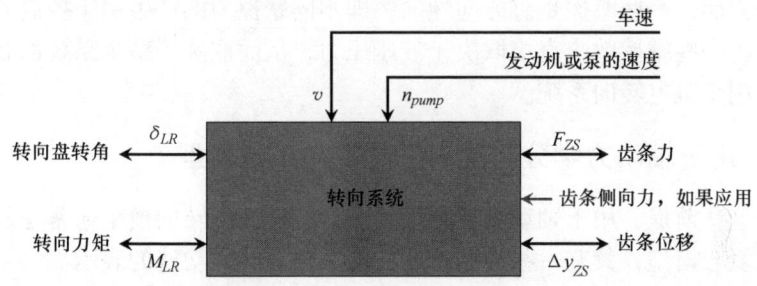

图 31.29 车辆转向系统的系统限制：具有主要相互作用参数的四级特性——转向盘转角、转向轮力矩、齿条侧向位移和齿条力

31.6.3 用于车辆动作分析的转向模型

首先，为了建立相关工作点适当的传递特性模型，确定用于车辆动力学和车辆动作分析的准稳态转向特性是有利的。这种类型的模型要考虑：

1) 转向盘和转向柱的惯性，齿条和横拉杆的惯性，轴转向的自由度。

2) 由于铰接位置倾斜，传动不均匀，或设计的齿轮传动比有偏差，转向比在转向角之上变化。

3) 内部弹性、阻尼和转向柱的摩擦。

4) 动力辅助，通常取决于行驶车速。

对于简单伺服阀的几何结构，产生的伺服力 ΔF_{servo} 可以直接由阀阻力值确定。当忽略摩擦效应时，给定转向比 r_L 下，转向力矩 M_L 产生的齿条力 F_{zs} 为

$$F_{zs} = \left[\frac{1}{r_L} + \frac{\Delta F_{servo}^{max}}{M_L^{max}} \left(\frac{1-(M_L^{lim}/M_L^{max})^2}{1-(\min(M_L;M_L^{lim})/M_L^{max})^2} \right)^2 \right] M_L \quad (31.27)$$

式中，ΔF_{servo}^{max} 为最大伺服力；M_L^{max} 为相关的转向盘力矩；M_L^{lim} 为伺服特性的设计参数，M_L^{max} 通常不小于 M_L^{lim}。

因此，伺服特性在零位置附近非常平坦，其增强了驾驶员直线行驶的转向感。反之亦然，大的转向辅助力由更大的转向力矩产生，例如停车过程。总之，这是非常强的非线性系统特性的结果。

转向分析和建模的另一个问题是摩擦。摩擦产生在不同的位置，例如转向柱

或伺服阀块内；在齿轮、齿条和推力块之间，在密封和液压缸执行机构导轨之间。总之，需要高达 150N 的摩擦力，例如用自由的转向盘移动齿条。各种摩擦点总是有设计方面的原因，但是为了优化转向系统的干扰传递行为，也有针对性地使用摩擦。

关于建模，同时产生一些问题：一方面，如果不将转向系统本身分割开来，转向系统中分散的、连续的摩擦点几乎不允许将整体影响分配到相应的责任部件；另一方面，一些摩擦是有方向性的，即不同摩擦力的产生用于控制和干扰激励。此外，一些摩擦效应直接取决于液压压力，从而取决于整个系统的状态。而这同样适用于机电转向系统。

31.6.4 用于轴动力学分析的详细的转向系统模型

由于这些前提，用于轴动力学和振动分析的详细的转向模型通常是复杂的力学 - 液压复合模型，具有一些控制扩展，例如参数转向功能的表示。

其中，这样的力学包括从转向柱到转向机构齿轮的一维扭转模型或三维力学模型。转向机构和转向轴的耦合以三维力学模型建立，特别是为了能够充分模拟转向装置在不同运行状态下的效果。

转向液压系统至少必须考虑以下部件：
1）动力转向泵。
2）流量控制和压力限制器。
3）伺服阀桥回路。
4）扩张软管。
5）转向阻尼器阀。
6）伺服执行机构（液压缸）。

此外，还应当考虑液压参数转向部件的建模。然而，这主要取决于制造商，因此这里不能对一般有效性进行讨论。在原理上，参数或图表控制的转向系统总是等价的：在泵压力水平 p_V 下，相对的较小部分流量被分支；这通过一系列限制器阀门和相对缓慢的控制阀进行累积。由此产生的控制压力用于生成转向系统的内部力矩以增强扭力杆的旋转，从而减少低速条件和制动下所需的转向力矩，如图 31.26 所示。

详细的转向系统模型用于优化转向动力学和改进对干扰传递行为的调整，即避免转向摆振、紧张状态下转向或转向反冲。这部分所有的调整工作最终旨在使轮胎 - 路面 - 转向系统对干扰激励具有鲁棒性，同时保持系统的主要控制特性。

就转向盘反冲现象而言，即在转向过程中经过减速设施时转向盘的反应。显然，必须找到或计算出转向和底盘之间所需的合理分布要求：在这种载荷情况下，来自路面的激励直接产生垂直和侧向轴振动，导致横拉杆力波动，从而导致转向干扰。在较小的力激励或变化较慢的力情况下，转向会有阻尼效应，可以快速且有效减少激励能量。然而，如果激励超过一定力或动态水平，转向系统首先会产生激励效果，如图31.30所示。根据所涉及的原理，这种影响会发生在任何液压动力转向系统中。一方面，这个问题在转向概念上得到了解决，要通过阻尼和无激励使转向与定义的动态力水平相适应；另一方面，在相关减速设施转向的行驶情况下，轮胎-底盘结合确保转向限制力和干扰力水平没有超出极限值。

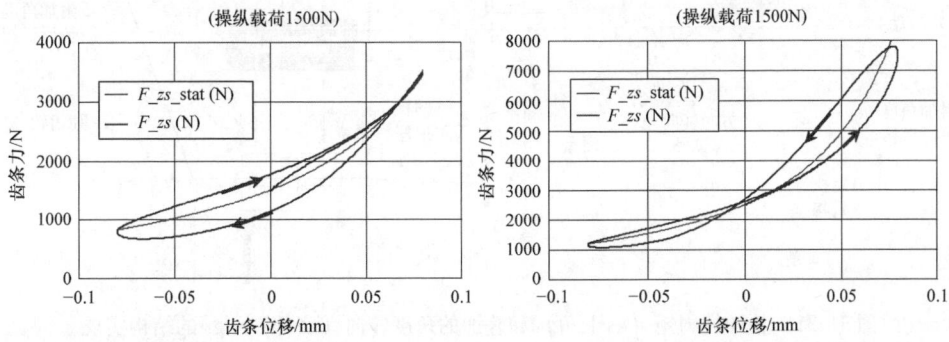

图 31.30 在高侧向力下转向时，动力转向系统的干扰行为，通过频率15Hz的谐波齿条激励演示；1500N的干扰力被吸收和缓冲，而2500N的干扰力导致强烈的转向响应

31.6.5 主动转向系统

除了传统的转向设计外，近年来还讨论或使用了不同类型的主动转向系统（力矩和叠加角转向系统），这些转向系统通常采用或保留了大部分的传统转向设计。附加的功能通过转向装置中特定的执行机构实现，如图31.31所示。

主动力矩转向系统允许产生附加的合成转向力矩 ΔM_L 和转向力 ΔF_S，通过适当控制已经存在的转向执行机构或将附加的力矩执行机构（例如电机）集成到转向柱中进行实现。这使得先进的安全功能得以实现，例如在紧急驾驶情况下抑制过多的转向运动。另一方面，抑制底盘弱点，如不足转向的回正。转向力矩执行结构也形成一些舒适功能的基础，从通过抑制侧风的直线行驶辅助到基于轨迹识别传感器的受控轨迹引导。

力和力矩输入保证转向干预辅助应当接受，因为干预几乎是驾驶员无法感知的，而且最重要的是，车辆感知的几何和动态方面几乎不会改变干预的结果。

与此相反，所谓叠加转向系统具有附加转角特性。执行机构布置在转向柱内，或者靠近转向盘，或者在动力转向阀块和齿轮单元之间的内部，如图31.31所示。

叠加转向系统的主要目的是在不损害中间速度转向特性的前提下，改善非常低速和非常高速下车辆的行为，经验表明这是重要的。设计问题的背景是与概念

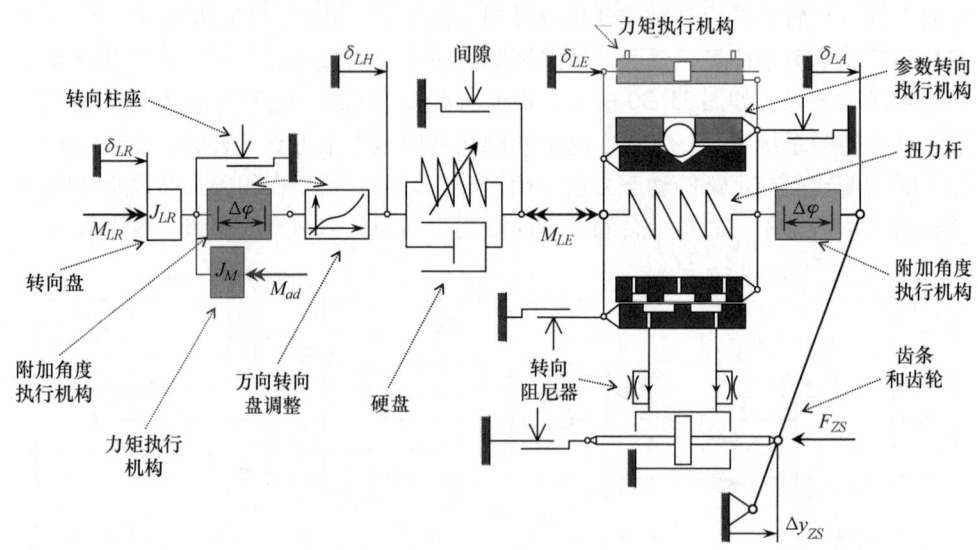

图 31.31 叠加的力矩（右上角）和叠加的角度转向（底部）干预的结构实现

相关的（稳态）横摆增幅 $K_{\dot{\psi}}$ 和转向角变化的转换为横摆运动。横摆速度 $\dot{\psi}$ 描述了车辆绕其垂直轴的旋转。

$$K_{\dot{\psi}} = \left.\frac{\partial \dot{\psi}}{\partial \delta_L}\right|_{stationary} = \frac{v}{l_l + EGv^2}; \quad EG = \frac{m}{l_l}\left(\frac{l_h}{c_v} - \frac{l_v}{c_h}\right) \quad (31.28)$$

为了确保所有速度范围内的驾驶性能，必须将自转向梯度 EG 的值设置在 $0.15\sim0.45\mathrm{Grad}/(\mathrm{m/s})^2$ 之间。对于给定车辆质量 m 和几何尺寸（轴距 l_l，前轴距离质心的距离 l_v，$l_h = l_l - l_v$），通过设计前后轴的转向刚度值 c_v 和 c_h 确定 EG。由此产生的横摆增幅特性，如图 31.32 所示。

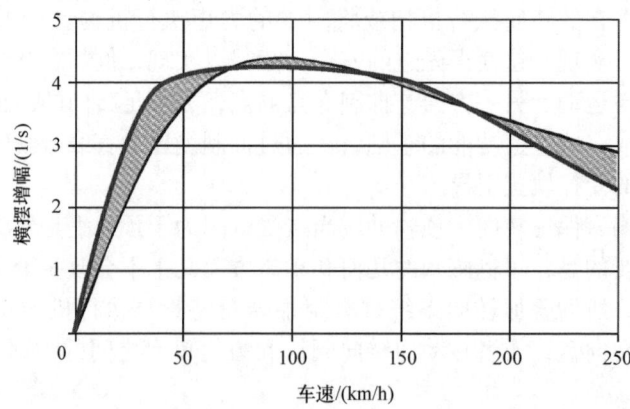

图 31.32 传统车辆的横摆增幅特性（黑）和基于叠加转向系统优化的车辆横摆增幅特性（灰）

因此，传统车辆在较小的速度下需要更大的转向角度。在高速时，试图降低车辆对快速转向角度变化的敏感性，达到支持完全放松和平稳行驶的程度，但是在另一方面只取得适度的成功。叠加转向系统提供了这样的机会，如图 31.32 所示。在低速下显著增加转向比，在较高速下同时实现更间接的转向系统。只要叠加干预缓慢实施，使其与驾驶员的转向运动同步，就不会出现问题，如叠加力矩转向系统情况所示[61,62]。另一方面，难以让驾驶员相信快速叠加转向干预，它与驾驶员并不协调，这只有在安全功能很少激活的情况下才似乎是可行的。

通过将力矩和角度叠加执行机构相结合，再现了线控转向功能。在这种情况下，可以控制转向干预准独立于驾驶员。例如，为了确保即使最不利的条件下的车辆稳定性，或者为了根据特殊情况的要求，提供驾驶员不同的或也是不变的车辆特性。

参 考 文 献

详细的建模、仿真和分析

1. Milliken, W. F. and Milliken, D. L., *Race Car Vehicle Dynamics*, SAE, Warrendale, PA, 1995.
2. Ammon, D., Apel, A., Mitschke, M., and Schittenhelm, H., Driver behaviour model for longitudinal and directional control in emergency manoeuvres, in: *5th International EAEC-Congress, Conference C Active Safety, Components and Sub-Components*, June 21–23, 1995, Strasbourg, France, SIA-Paper No. 9506C12.
3. Ammon, D., *Modellbildung und Systementwicklung in der Fahrzeugtechnik*, Habil., Universität Karlsruhe (TH), Teubner, Stuttgart, Baden-Württemberg, Germany, 1997.
4. Ammon, D., Gipser, M., Rauh, J., and Wimmer, J., High performance system dynamics simulation of the entire system tire-suspension-steering-vehicle, *Vehicle System Dynamics*, 27(1997), 435–455.
5. Zomotor, Z., Ammon, D., and Meljnikov, D., Modellbasierter fahrversuch, in: VDI-Tagungsbericht *Meß- und Versuchstechnik in der Fahrzeugentwicklung*, Stuttgart, Baden-Württemberg, Germany, 2003, VDI-Ber. Nr. 1755, Düsseldorf, Germany, 2003, pp. 25–36.
6. Rauh, J., Virtual development of ride and handling characteristics for advanced passenger cars, *Vehicle System Dynamics*, 40(1–3), 135–155, 2003.
7. Karnopp, D., *Vehicle Stability*, Marcel Dekker, New York, 2004.
8. Ammon, D., Fahrdynamiksimulationen und Fahrsimulatoren—Potenziale und Grenzen anspruchvoller Entwicklungswerkzeuge, *Motion Simulator Conference*, GZVB, Braunschweig, Lower Saxony, Germany, 2005, pp. 116–135.
9. Valásek, M. (ed.), Computational mechanics in vehicle system dynamics, *Vehicle System Dynamics*, 40, 17–36, Supplement, Taylor & Francis, 2002.
10. Dragon, L., FADYS handling simulations used in a real-time hardware-in-the-loop application with the ESP-controller, *International Symposium on Advanced Vehicle Control AVEC 96*, Vol. 1, Aachen, North Rhine-Westphalia, Germany, 1996, pp. 559–572.
11. Falkner, A. and Reinalter, W., Consistent vehicle model for determining the design envelope, ride comfort and component load, *Vehicle System Dynamics*, 44, 468–478, Supplement, 2006.

路面建模

12. Shinozuka, M., Simulation of multivibrate and multidimensional random processes, *Jounal of the Acoustical Society of America*, 49(1971), 357–368.
13. Ammon, D. and Wedig, W., Identification of power spectra—Linear and nonlinear approaches, in: *Proceedings of the ICOSSAR '89 Structural Safety and Reliability*, August 8–11, 1989, San Francisco,

CA, ICOSSAR Paper No. T23D-05.
14. Ammon, D., Approximation and generation of Gaussian and Non-Gaussian stationary processes, in: *Proceedings of the Euromech 250 Colloq. Nonlinear Structural Systems under Random Conditions*, June 19–23, 1989, Como, Italy, *Structral Safety*, 8(1990), 153–160.
15. Ammon, D. and Bormann, V., Zur Kohärenz zwischen den Unebenheitsanregungen an der linken und rechten Fahrspur, in: *VDI-Tagung Unebenheiten von Schiene und Straße als Schwingungsursache*, April 23–24, 1991, Braunschweig, Lower Saxony, Germany, VDI Ber. Nr. 877, 1991, 103–118.
16. Ammon, D., *Problems in Road Surface Modelling*, 12th IAVSD-Symposium., Suppl. to *Vehicle System Dynamics*, 20, 28–41, Swets & Zeitlinger, Amsterdam, the Netherlands, 1992.
17. Hofer, R., Lugner, P., and Ammon, D., Safety loss of passenger cars due to road unevennesses, in: *Proceedings of the 6th European Congress on Leightweight and Small Cars—The Answer to Future Needs*, Vol. 1, July 2–4, 1997, Cernobbio, Italy, EAEC-Paper No. 97A2107, pp. 49–59.
18. Gimmler, H., Ammon, D., and Rauh, J., Strassenprofile: Mobile Messung, prozessgerechte Datenaufbereitung und vollständige Bewertung bereiten die Basis für eine effektive Simulation, in: *VDI-Tagungsbericht Reifen-Fahrwerk-Fahrbahn*, Hannover, Lower Saxony, Germany, 2005, VDI-Ber. Nr. 1912, Düsseldorf, North Rhine-Westphalia, Germany, 2005, pp. 335–352.
19. Imine, H., Delanne, Y., and M'Sirdi, N. K., Road profile input estimation in vehicle dynamics simulation, *Vehicle System Dynamics*, 44(4), 285–303, 2006.
20. ISO. 8608, Mechanical vibration—Road surface profiles—Reporting of measured data, Ref.-Nr. ISO 8608:1995(E).
21. Riepl, A., Reinalter, W., and Fruhmann, G., Rough road simulation with tire model RMOD-K and FTire, *Vehicle System Dynamics*, 41, 734–743, Supplement, 2004.

轮胎模型

22. Bakker, E., Nyborg, L., and Pacejka, H. B., Tyre modelling for use in vehicle dynamics studies, SAE-Paper No. 870421, 1987.
23. Leister, G., New procedures for tyre characteristics measurement, *Vehicle System Dynamics*, 27, 22–36, Supplement, 1997.
24. Fach, M., Lokale Effekte der Reibung zwischen Pkw-Reifen und Fahrbahn, Diss., VDI-Fortschritts-Ber., Reihe 12, No. 411, 1999.
25. Fischlein, H., Untersuchung des Fahrbahnoberflächeneinflusses auf das Kraftschlussverhalten von Pkw-Reifen, Diss., VDI-Fortschritts-Ber., Reihe 12, No. 414, 1999.
26. Ammon, D., Gnadler, R., Mäckle, G., and Unrau, H.-J., Determination of the friction coefficients of rubber ribs for the exact parameterisation of tyre models, Automobiltechnische Zeitschrift—ATZ, Bd. 106, 2004, Heft 7/8, 694–701.
27. Ammon, D., Vehicle dynamics analysis tasks and related tyre simulation challenges, *Vehicle System Dynamics*, 43, 30–47, Supplement, 2005.
28. Lugner, P. and Plöchl, M. (eds.), Tyre models for vehicle dynamics analysis, *Vehicle System Dynamics*, 43, Supplement, Taylor & Francis, 2005.
29. Oertel, C. and Fandre, A., *Das Reifenmodellsystem RMOD-K, Ein Beitrag zum virtuellen Fahrzeug*, Automobiltechnische Zeitschrift—ATZ, Bd. 103, 2001, Heft 11, 1074–1079.
30. Gipser, M., FTire, A new fast tire model for ride comfort simulations, *International ADAMS User's Conference*, Berlin, Germany, 1999, available from http://www.ftire.com
31. Lugner, P., Pacejka H., and Plöchl, M., Recent advances in tyre models and testing procedures, *Vehicle System Dynamics*, 43(6–7), 413–436, June–July, Taylor & Francis, 2005.
32. Pacejka, H.-B. and Besselink, I. J. M., Magic formula tyre model with transient properties, *2nd International Colloquium on Tyre Models for Vehicle Dynamic Analysis*, Berlin, Germany, February 20–21, 1997, *Vehicle System Dynamics*, 27, 234–249, Supplement, 1997.
33. VERTEC EU Project Final Report: Vehicle, road, tyre and electronic control system interaction—Prediction and validation of handling behaviour, *3rd International Colloquium on Vehicle Tyre Road Interaction*, Tyre Technology Conference, Stuttgart, Baden-Württemberg, Germany, March 8, 2006, www.vertec.hut.fi
34. Besselink, I. J. M., Experiences with the TYDEX standard tyre interface and file format, in: *Tyre Models for Vehicle Dynamics Analysis, Vehicle System Dynamics*, 43, Supplement, Taylor & Francis, 2005, pp. 63–75.
35. Van Oosten, J. J. M., Unrau, H.-J., Riedel, G., and Bakker, E., *TYDEX Workshop: Standardisation of Data Exchange in Tyre Testing and Tyre Modeling*, in: *Tyre Models for Vehicle Dynamic Analysis, Vehicle*

System Dynamics, 27, Swets & Zeitlinger, Lisse, the Netherlands, 1997, pp. 272–288.
36. Pottinger, M., *Tire Tests for Full Vehicle Road-Load Prediction*, SAE Tire Tests for Road-Load Tire Model Parameter Task Force, 7 March 2006 Tire Expo; J-documents available from www.sae.org: J2704 Tire Normal Force/Deflection and Cross Footprint Dimension Test, J2705 Tire Quasi-Static Envelopment of Triangular/Step Cleats Test, J2710 Modal Testing and Identification of Lower Order Tire Natural Frequencies of Radial Tires, other J-documents in final editing or approval process.
37. Netsch, L., Schick, B., and Wenninger, F., *TÜV—Intelligent tire sensor*, in: *VDI-Tagungsbericht Reifen-Fahrwerk-Fahrbahn*, Hannover, Lower Saxony, Germany, 2005, VDI-Ber. Nr. 1912, Düsseldorf, North Rhine-Westphalia, Germany, 2005, pp. 153–167.
38. Narasimha Rao, K. V., Krishne Kumar, R., Mukhopadhyay, R., and Misra, V. K., A study of relationship between different Magic Formula coefficients and tyre design attributes through finite element analysis, *Vehicle System Dynamics*, 44(1), 33–63, 2006.
39. Gäfvert, M. and Svendenius, J., A novel semi-empirical tyre model for combined slips, *Vehicle System Dynamics*, 43(5), 351–384, 2005.
40. Rauh, J. and Mössner-Beigel, M., Tire simulation challenges, Paper #104 to be published on the *20th IAVSD-Symposium*, Berkeley, CA, 2007.

轴和底盘部件
41. Bastow, D., Howard, G., and Whitehead, J. P., *Car Suspension and Handling*, 4th edn., Pentech Press, London, U.K., 2004.
42. Sjöberg, M., On dynamic properties of rubber isolators, Ph.D. Thesis, KTH, Stockholm, Sweden, 2002.
43. Matschinsky, W., *Road Vehicle Suspensions*, Wiley Publishers, New York, 1997.
44. Miege, A. J. P. and Cebon, D., Optimal roll control of an articulated vehicle: theory and model validation, *Vehicle System Dynamics*, 43(12), 867–893, 2005.

悬架系统
45. Ammon, D., New perspectives in vehicle dynamics—The mechatronic suspension system of the F400 Carving, in: *VDA-Kongreß Sicherheit durch Elektronik*, März 20.–21, 2002, VDA, Frankfurt, Germany, pp. 345–354.
46. Ammon, D., Gimmler, H., Hilf, K.-D., Rauh, J., Scheible, G., and Stiess, P., *Fahrzeugschwingungen—Von der Fahrbahnanregung bis zum Komfortempfinden*, VDI-Tagung *Humanschwingungen*, Darmstadt, Hesse, Germany, 2004, VDI-Ber. Nr. 1821, Düsseldorf, North Rhine-Westphalia, Germany, 2004, pp. 139–158.
47. Schiehlen, W. O. and Schirle, T., Modeling and simulation of hydraulic components for passenger cars, *Vehicle System Dynamics*, 44, 581–589, Supplement, 2006.
48. Yung, V. Y. B. and Cole, D. J., Modelling high frequency force behaviour of hydraulic automotive dampers, *Vehicle System Dynamics*, 44(1), 1–31, 2006.
49. Dixit, R. K. and Buckner, G. D., Sliding mode observation and control for semiactive vehicle suspensions, *Vehicle System Dynamics*, 43(2), 83–105, 2005.
50. Smith, M. C. and Wang, F-C., Performance benefits in passive vehicle suspension employing inerters, *Vehicle System Dynamics*, 42(4), 235–257, 2004.
51. Strandemar, K. and Thorwald, B., Ride diagram: A tool for analysis of vehicle suspension settings, *Vehicle System Dynamics*, 44, 913–920, Supplement, 2006.
52. Bosch, R., *Automotive Handbook*, 6th edn., Robert Bosch GmbH, Plochingen, London, U.K., 2004.
53. Schöneburg, R. and Breitling, T., Enhancement of active & passive safety by future pre-safe systems, *19th ESV Conference*, Washington, DC, 2005, Paper # 05-0080.
54. Liebemann, E. K., Meder, K., Schuh, J., and Nenninger, G., Safety and performance enhancement: the bosch electronic stability control (ESP), *19th ESV Conference*, Washington, DC, 2005, Paper # 05-0471.

转向系统
55. Groll, M. V., Müller, S., Meister, T., and Tracht, R., Disturbance compensation with a torque controllable steering system, *Vehicle System Dynamics*, 44(4), 327–338, 2006.
56. Tseng, H. E., Asgar, J., Hrovat, D., van der Jagt, P., Cherry, A., and Neads, S., Evasive manoeuvres with a steering robot, *Vehicle System Dynamics*, 43(3), 199–216, 2005.
57. Yuhara, N. and Tajima, J., Advanced steering system adaptable to lateral control task and driver's intention, *Vehicle System Dynamics*, 36(2–3), 119–158, 2001.
58. Ammon, D., Börner, M., and Rauh, J., Simulation of the perceptible feed-forward and feed-back properties of hydraulic power steering systems on the vehicle's handling behaviour using simple physical

models, *Vehicle System Dynamics*, 44, 158–170, Supplement, 2006.
59. Bröcker, M., New control algorithms for steering feel improvements of an electric powered steering system with belt drive, *Vehicle System Dynamics*, 44, 759–769, Supplement, 2006.
60. Chai, Y. W., Abe, Y., Kano, Y., and Abe, M., A study on adaptation of SBW parameters to individual driver's steer characteristics for improved driver-vehicle system performance, *Vehicle System Dynamics*, 44, 874–882, Supplement, 2006.
61. Neukum, A. and Krüger, H. P., Fahrerreaktionen bei Lenksystemstörungen—Untersuchungsmethoden und Bewertungskriterien, VDI-Bericht-Nr. 1791, 2003, pp. 297–318.
62. Reinelt, W. and Lundquist, C., Controllability of active steering system hazards: From standards to driving tests, in: *Proceedings of the SAE World Congress*, Detroit, MI, April 2006, SAE paper 2006-01-0600.
63. Ammon, D. and Schiehlen, W., Advanced road vehicles: Control technologies, driver assistance, in: *Dynamical Analysis of Vehicle Systems*, CISM courses and lectures, Vol. 497, Springer, 2007, pp. 283–304.

第32章 平顺性和接地性

32.1 舒适和安全准则

车辆动力学特性的评价,与三个基本运动相关:
1) 纵向运动——驱动和制动。
2) 侧向运动——导向和转向。
3) 垂向运动——悬架和阻尼。

为了简化起见,认为车辆这三个方向的运动是解耦的,即相互独立的,因而可以单独制订各个运动的评价准则。当然,如果需要,也可以开发耦合准则。但是,评价准则要与驾驶测试过程中的主观感受竞争。因此,评价准则的数学表示是困难的,通常只能通过经验公式确定,见第 37 章。有时,考虑人机工程学知识交叉学科的方法是有益的。

评价纵向运动的准则,称为车辆性能,包括最高车速、运动阻力和车辆加速度。这些评价准则在一定程度上是不言自明的,也见第 30 章。然而,应当说明的是,行驶测试时车辆性能的准确测试是一个非常重要的问题,见第 7 章。

评价侧向运动的基本准则是操纵稳定性,车辆应当按照转向系统给定的轨迹安全行驶,因此会产生稳定性问题,可以应用系统动力学中成熟的方法去解决它,见第 5 章。

对于垂向运动,平顺性和安全性准则至关重要。车轮悬架应当吸收由于路面不平度引起的振动。同时,车辆重力应当传递到没有车轮振动的路面上,使轮胎和路面的接触面保持较大的侧向/纵向力,从而保证安全性。

除了车辆运动外,作用在车辆部件上的静载荷和动载荷也是重要的准则,因为车辆部件的寿命主要取决于载荷,见第 9 章和第 10 章,这些载荷可以基于模型的数值仿真确定。在下面各节,将详细考虑前面提到的准则:操纵稳定性、平顺性和安全性,并且引入标量以简化评价。

32.1.1 操纵稳定性

通常，侧向运动可以通过齐次线性或非线性状态方程描述

$$\dot{x}(t) = Ax(t) \tag{32.1}$$

或者

$$\dot{x}(t) = a(x,t), x(t_0) = x_0 \tag{32.2}$$

因此，操纵稳定性可以定义为 Lyapunov（李雅普诺夫）意义上的运动稳定性，即

$a(0,t) = 0$ 的动态系统式（32.2）的平衡状态 $x(t) = 0$ 称为稳定，如果对于每一个 t_0 和所有 $\varepsilon > 0$，存在一个正数 $\delta = \delta(\varepsilon, t_0) > 0$，使得任意的初始状态 x_0 有

$$\|x_0\| < \delta \tag{32.3}$$

其遵循的扰动有

$$\|x(t)\| < \varepsilon, t \geq t_0 \tag{32.4}$$

式中，$\|x\|$ 为矢量 x 的范数，通常选择 Euler（欧拉）范数 $\|x\| = \sqrt{x^T x}$。

如果有

$$\lim_{t \to \infty} x(t) = 0 \tag{32.5}$$

则这个系统称为渐近稳定的。另一个方面，如果它不是稳定的，则平衡状态 $x(t) = 0$ 称为不稳定的。

例 32.1　二阶系统的稳定性行为

对于单自由度系统或者由两个状态变量 x_1、x_2 组成状态向量 $x = [x_1, x_2]^T$ 的系统，由相平面中的轨迹会看出趋近稳定、稳定和非稳定的平衡位置，见第 5 章。

解：

对于一个二阶系统，解可以在相平面中绘制出来，见第 5 章，如图 32.1 所示。首先，选择平衡状态邻域 ε，即平衡状态为位置坐标原点。然后，确定完全保持在邻域 ε 内的稳定和渐进稳定的邻域 δ，这意味着邻域 δ 足够小。这里，应用 Euler 范数

$$\|x\| = \sqrt{x_1^2 + x_2^2} \tag{32.6}$$

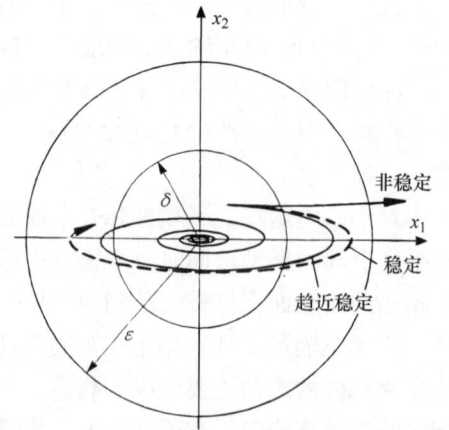

图 32.1　在相平面中绘制的二阶系统的解

应用式（32.6），在相平面中产生围绕原点的圆。

Lyapunov 意义上的稳定性定义也适用于线性系统，即式（32.1）。然而，这个定义只允许在系统解决方案已知的情况下对稳定性进行评价。因此，不要求系统显式解的稳定性准则具有特殊的意义，这样的稳定性准则特别适用于线性系统[1]。

32.1.2 行驶平顺性

行驶平顺性基于人的主观感受进行评价，见第 36 章。人机工程学中大量的试验研究表明，人对振动的主观感受取决于加速度，即

$$K = K(a) \tag{32.7}$$

式中，K 为无量纲的感受量值；a 为水平或垂直方向加速度的绝对值，如图 32.2 所示。

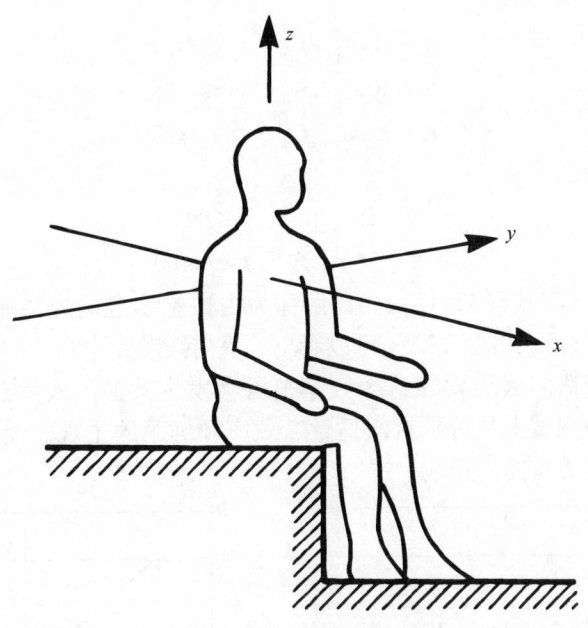

图 32.2　人体坐姿受振方向

此外，人体的位置（坐姿、站姿或卧姿）具有重要性。在人机工程学中，使用确定性激励尤其是谐波激励，进行振动测试。然而，在车辆中，人体一般受到随机振动。因此，下面分别研究不同类型的激励。

32.1.2.1 确定性激励

在确定性激励过程中，对于行驶平顺性的粗略评价，假设

$$K \sim a_{max} \tag{32.8}$$

即最大加速度值以人体感受量值测试为准。根据经验法则，$a_{max} \leq 0.5 \mathrm{m/s^2}$

时行驶平顺性良好。基于广泛的人机工程学研究,国内外标准给出 K 和 a 之间更精确的关系,见 ISO 2631 标准[2] 或者 VDI 2057 标准[3]。

对于谐波激励,前面提到的标准给出适用于车辆动力学的 K 和 a 精确关系。首先谐波加速度表示为

$$a(t) = A\sin\omega t, \quad \omega = 2\pi f \tag{32.9}$$

式中,f 为频率(Hz)。

加速度的均方根值 a_{rms} 为

$$a_{rms} = \sqrt{\frac{1}{T}\int_0^T a^2(t)\mathrm{d}t} = \frac{A}{\sqrt{2}} \tag{32.10}$$

其中,a_{rms} 的单位是 m/s^2。然后,感受量值 K

对于垂向激励,有

$$\begin{aligned} K &= 10a_{rms}\sqrt{f}, & 1 \leqslant f < 4 \\ K &= 20a_{rms}, & 4 \leqslant f \leqslant 8 \\ K &= 160a_{rms}f^{-1}, & 8 < f \leqslant 80 \end{aligned} \tag{32.11}$$

对于水平激励,有

$$\begin{aligned} K &= 28a_{rms}, & 1 \leqslant f \leqslant 2 \\ K &= 56a_{rms}f^{-1}, & 2 < f \leqslant 80 \end{aligned} \tag{32.12}$$

式(32.11)和式(32.12)可以解释为由试验确定的人体感受频率响应函数,如图 32.3 所示。由图 32.3a 可以看出,垂向振动频率在 4~8Hz 之间时,人体感受非常不舒适。因为胃在这个频率范围会发生共振。人体感受评价量值 K 是无量纲值,为测试人员分别对舒适性、效率和健康的主观感受特性值。其中,暴露时间起着至关重要的影响。

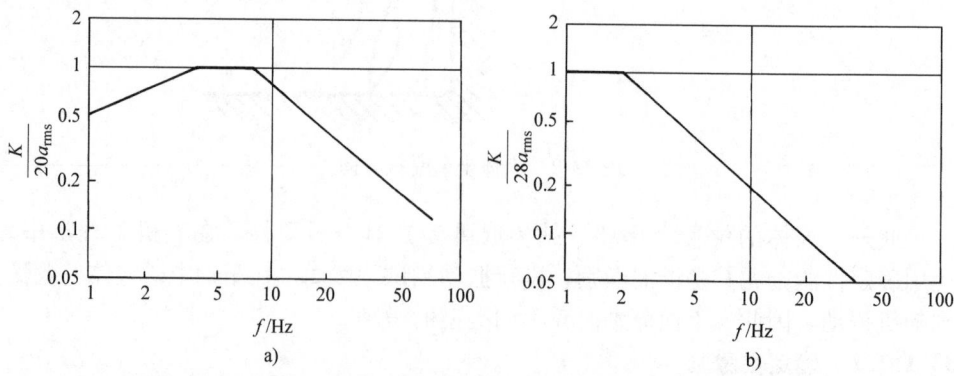

图 32.3 人体感受的频率响应函数:a)垂直方向;b)水平方向

ISO 2631 标准和 VDI 2057 标准描述了暴露时间和前面提到的极限的关系,如图 32.4 所示。路面车辆人体感受值的取值范围为

$$2 < K < 10 \tag{32.13}$$

可以定义主观感受的子类,相应的振动等级可以描述为

$$C_1/C_2, \quad 显著的$$
$$D_1/D_2, \quad 强烈的$$
$$E_1/E_4, \quad 非常强烈的 \tag{32.14}$$

显然,由于人的主观特性,感受的描述表现出不确定性。

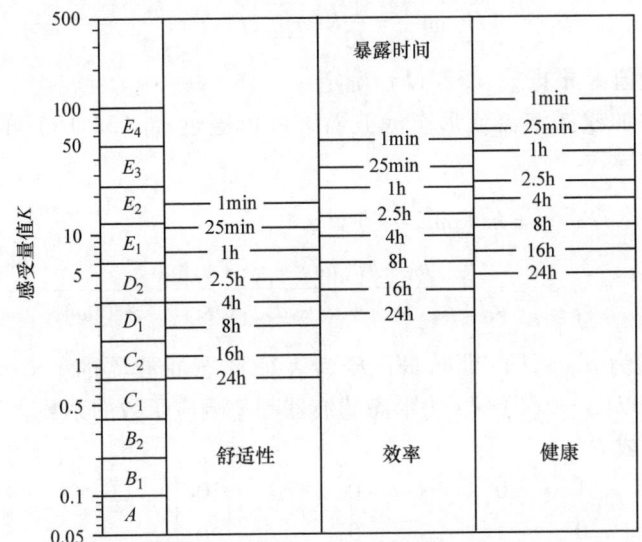

图 32.4 人感受和振动的暴露时间

32.1.2.2 随机激励

测试人员的随机激励试验结果是非常有限的,见第 22 章实例。然而,它们也证实了人体主观感受作为随机激励响应,在机械系统上运用线性系统理论对其进行描述的意义。

高斯过程 $a(t)$ 的均方根值(rms)等于其标准差 σ_a

$$a_{\text{rms}} = \sigma_a = \sqrt{\int_0^\infty \Phi_a(\omega)\,\mathrm{d}\omega} \tag{32.15}$$

式中,$\Phi_a(\omega)$ 为考虑过程的单边功率谱密度(PSD)。

标准差是一个标量参数,总体上描述随机过程的特性。然而,其与频率无关。因此,对于线性随机系统,频率加权和均方根值的计算需要交互,这产生了加权过程 $\overline{a}(t)$ 的方差 $\sigma_{\overline{a}}^2$

$$\sigma_{\overline{a}}^2 = \int_0^\infty \alpha^2 \,|\, F(\omega)\,|^2 \Phi_a(\omega)\,\mathrm{d}\omega \tag{32.16}$$

式中，α 为维度因子；$F(\omega)$ 为加权滤波器的频率响应函数；$\Phi_a(\omega)$ 为加速度过程 $a(t)$ 的单边功率谱密度。

通过与确定性激励比较，可以确定式（32.16）中未知的频率加权值。对于垂向激励，维度因子 α 为

$$\alpha = 20\text{s}^2/\text{m} \tag{32.17}$$

频率响应函数由下式确定

$$|F(\omega)| = \frac{1}{20}K(a_{\text{rms}}, f), f = \frac{\omega}{2\pi} \tag{32.18}$$

式中，感受量值 K 根据式（32.11）确定。

通过线性加权滤波器或形态滤波器，可以逼近式（32.18）的频率响应函数。在频率域导致

$$\begin{aligned}F(\omega) &= \overline{\boldsymbol{h}}^{\text{T}}(i\omega \boldsymbol{E} - \overline{\boldsymbol{F}})^{-1}\overline{\boldsymbol{g}} \\ &= \frac{b_0 + b_1(i\omega) + \cdots + b_r(i\omega)^r}{a_0 + a_1(i\omega) + \cdots + a_{s-1}(i\omega)^{s-1} + (i\omega)^s}\end{aligned} \tag{32.19}$$

式中，$\overline{\boldsymbol{h}}$ 和 $\overline{\boldsymbol{g}}$ 为 $(s \times 1)$ 维向量；$\overline{\boldsymbol{F}}$ 为表征形态滤波器的 $s \times s$ 的矩阵；a_i，$i = 0(1)s-1$ 和 b_j，$j = 0(1)r < s$ 为形态滤波器频率响应函数的系数。

以下关系成立

$$\overline{\boldsymbol{F}} = \begin{bmatrix} 0 & 1 & 0 & \cdots & 0 \\ 0 & 0 & 1 & \cdots & 0 \\ \vdots & \vdots & \vdots & \ddots & \vdots \\ 0 & 0 & 0 & \cdots & 1 \\ -a_0 & -a_1 & -a_2 & \cdots & -a_{s-1} \end{bmatrix}, \overline{\boldsymbol{g}} = \begin{bmatrix} 0 \\ 0 \\ \vdots \\ 0 \\ 1 \end{bmatrix}, \overline{\boldsymbol{h}}^{\text{T}} = [b_0 \ b_1 \cdots b_r \ 0 \cdots 0]$$

$$\tag{32.20}$$

即系统矩阵 $\overline{\boldsymbol{F}}$ 可以选择为 Frobenius（弗罗宾尼斯）矩阵。

在时间域，形态滤波器能够通过不同的方程等效描述

$$\overline{a}(t) = \alpha \overline{\boldsymbol{h}}^{\text{T}} \overline{\boldsymbol{v}}(t), \ \dot{\overline{\boldsymbol{v}}}(t) = \overline{\boldsymbol{F}} \overline{\boldsymbol{v}}(t) + \boldsymbol{g}a(t) \tag{32.21}$$

式中，$\overline{\boldsymbol{v}}$ 为由加速度 $a(t)$ 激励的形态滤波器的 $s \times 1$ 的状态向量。

$s \times 1$ 维向量 $\overline{\boldsymbol{h}}$ 和 $\overline{\boldsymbol{v}}(t)$ 的标量乘积，产生频率加权标量加速度 $\overline{a}(t)$。形态滤波器的系数要以使式（32.18）给定的频率响应函数足够好逼近的方式确定，这总是可以通过选择足够大的滤波器阶数达到。

例 32.2　人体感受的形态滤波器

确定二阶形态滤波器，以使式（32.11）频率响应函数逼近人体感受。

解：

二阶形态滤波器，$s=2$，根据式（32.20）和式（32.21），下式成立

$$\overline{a} = \alpha \begin{bmatrix} b_0 & b_1 \end{bmatrix} \begin{bmatrix} \overline{v}_1 \\ \overline{v}_2 \end{bmatrix} \tag{32.22}$$

$$\begin{bmatrix} \dot{\overline{v}}_1 \\ \dot{\overline{v}}_2 \end{bmatrix} = \begin{bmatrix} 0 & 1 \\ -a_0 & -a_1 \end{bmatrix} \begin{bmatrix} \overline{v}_1 \\ \overline{v}_2 \end{bmatrix} + \begin{bmatrix} 0 \\ 1 \end{bmatrix} a(t) \tag{32.23}$$

选择参数为

$$a_0 = 1200\mathrm{s}^{-2}, \quad b_0 = 500\mathrm{s}^{-2}$$
$$a_1 = 50\mathrm{s}^{-1}, \quad b_1 = 50\mathrm{s}^{-1}$$
$$\alpha = 20\mathrm{s}^2 \cdot \mathrm{m}^{-1}$$

假设垂向激励的频率响应函数，如图 32.5 所示，二阶形态滤波器非常好地逼近 ISO 2631 标准，误差保持在标准允许的范围内。

同理，对应于水平激励的频率加权式（32.12），确定二阶形态滤波器参数如下：

$$a_0 = 75\mathrm{s}^{-2}, \quad b_0 = 31.25\mathrm{s}^{-2}$$
$$a_1 = 12.5\mathrm{s}^{-1}, \quad b_1 = 12.5\mathrm{s}^{-1}$$
$$\alpha = 28\mathrm{s}^2 \cdot \mathrm{m}^{-1}$$

因此，人体感受量值 K 的计算可以简化为

$$K = \sigma_{\overline{a}} \tag{32.24}$$

其自动包含了频率加权。再次运用 K 值，在舒适性、效率和健康方面允许的暴露时间，遵循图 32.4 的要求。

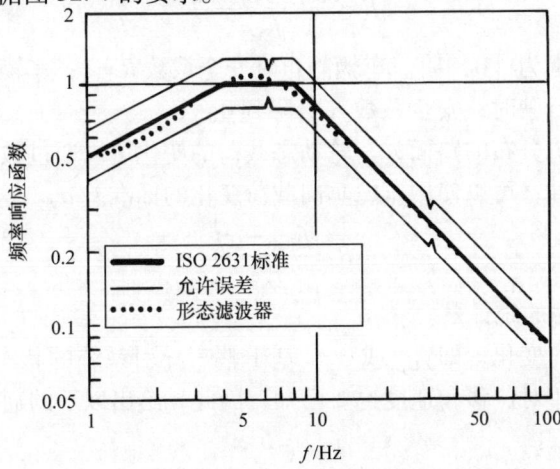

图 32.5　垂向人体感受的形态滤波器的频率响应函数

32.1.3 行驶安全性

行驶安全性与车辆的纵向制动力和侧向导向力相关,轮胎和路面之间的切向接触力主要受接触区域法向力的影响。因此,剩余的最小车轮载荷是行驶安全性的一个评价准则。

总的车轮载荷 f_{Wheel} 可以分成由车辆重量产生的静态载荷 f_{Stat} 和由车辆振动产生的动态载荷 f_{Dyn}。

$$f_{Wheel}(t) = f_{Stat} + f_{Dyn}(t) \tag{32.25}$$

如图 32.6 所示,剩余的最小车轮总载荷

$$f_{Wheel,min} = f_{Stat} - f_{Dyn,max} \tag{32.26}$$

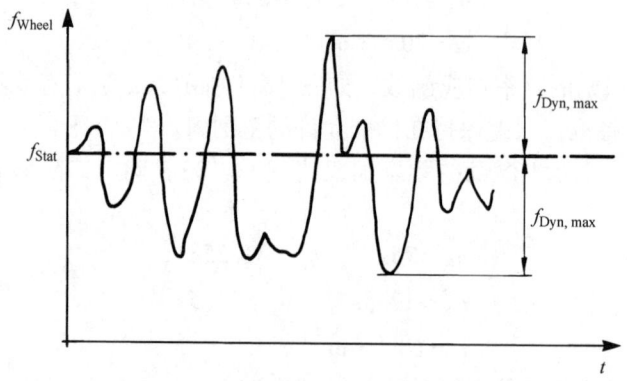

图 32.6 车轮的静态载荷和动态载荷

定义安全系数 R

$$R = \frac{f_{Stat} - f_{Dyn,max}}{f_{Stat}} \tag{32.27}$$

其变化的范围为 [0, 1]。车辆静止时安全系数 $R=1$;车辆以较快的行驶速度在粗糙路面上行驶时,安全系数 R 会降到 0。

对于具有随机分布的路面,车轮动态载荷的变化可以通过数值仿真确定。为了评价行驶安全性,可以使用车轮垂向载荷变化的标准差 σ_f。这产生

$$R = \frac{f_{Stat} - \sigma_f}{f_{Stat}} \tag{32.28}$$

式中,R 为要考虑的统计量。

车轮动态载荷变化,即 f_{Dyn} 或 σ_f,基于整车导引系统的状态和输入量计算。根据轮胎模型,相对位移和速度也要已知。因此,给出以下的通用表示:

$$f_{Dyn} = \boldsymbol{b}^T \boldsymbol{x} \tag{32.29}$$

或者

$$\sigma_f^2 = \boldsymbol{b}^T \boldsymbol{P}_x \boldsymbol{b}, \quad \boldsymbol{P}_x = E\{\boldsymbol{x}\,\boldsymbol{x}^T\} \tag{32.30}$$

式中，$\boldsymbol{b}$ 为 $n \times 1$ 的系数向量；$\boldsymbol{b}^T$ 为 $1 \times n$ 的状态向量；$\boldsymbol{P}_x$ 为相应 $n \times n$ 的协方差矩阵。

32.2 车辆随机激励建模

车辆在刚性路面上行驶时，受到各种因素导致的激扰，将会传递到车辆模型中[4]，通常可以区别单独的障碍和纵向路面不平度。障碍包括台阶（路缘石的边缘）和楔块（凹坑和凸起），数学上通过阶跃函数和脉冲函数描述，主要导致车辆的自由振动。纵向路面不平度引起车辆发生受迫振动，路面不平度是永久的和非常重要的激励源。过去，有时假设路面不平度为正弦激励，因而处理为确定的。现今，认为路面不平度是随机的[5]，并且运用随机方法对其进行研究。在原理上，纵向路面不平度可以通过局部测试获得，具有足够精度和再现性，处理为确定的。然而，车辆动力学的主要焦点是考虑如何由各种局部的路面不平度表示全局的路面不平度。出于这一目的，随机过程提供了合适的数学方法。下面首先将纵向路面不平度描述为取决于空间坐标的不平度轮廓；然后考虑车速，将其变换进时间域，产生作用于车辆的随机激励过程，并使车辆产生随机振动；产生的系统响应对评价是重要的，如平顺性和安全性。

几十年来，对路面不平度的研究一直在进行[6-9]。大量的测试表明路面不平度的数学描述可以平稳的正态分布和各态历经随机过程的形式给出。

在描述路面不平度和相应的激励过程之前，将给出随机过程一般介绍，以便对前面提到的性质进行解释[10-12]。

32.2.1 随机过程的数学描述

考虑一种特殊的路面，例如国家公路网，假设记录了大量的路面纵断面测试值 $\zeta^{(r)}(x)$，$r = 1, 2, L$，将其放在一个图中，如图 32.7a 所示。独立变量 x 表示从每个部分任意选择的起始点开始的距离，每个路面不平度彼此是不同的，即当 $r \neq s$ 时，$\zeta^{(r)}(x) \neq \zeta^{(s)}(x)$。然而，所有的测试结果集合建立了表示公路路面不平度的随机过程 $\zeta(x)$，每个单独的记录 $\zeta^{(r)}(x)$ 称为这个随机过程的一个实现或样本函数。对于确定的距离 $x = x_j$，$j = 1, 2, \cdots$，路面不平度值的总体 $\zeta_j = \zeta(x_j)$ 成为随机变量。可以应用概率密度函数 $p(\zeta)$ 对其进行统计评价，如图 32.7b 所示。由 $p(\zeta)$ 可以得到 ζ_j 在区间 $[a, b]$ 的概率函数 Pr

$$Pr(a \leq \zeta_j \leq b) = \int_a^b p(\zeta_j)\,d\zeta_j, \quad 0 \leq Pr \leq 1 \tag{32.31}$$

如果在无穷区间,则路面不平度值 ζ_j 的概率函数值 $Pr = 1$,即

$$\int_{-\infty}^{\infty} p(\zeta_j) \mathrm{d}\zeta_j = 1 \tag{32.32}$$

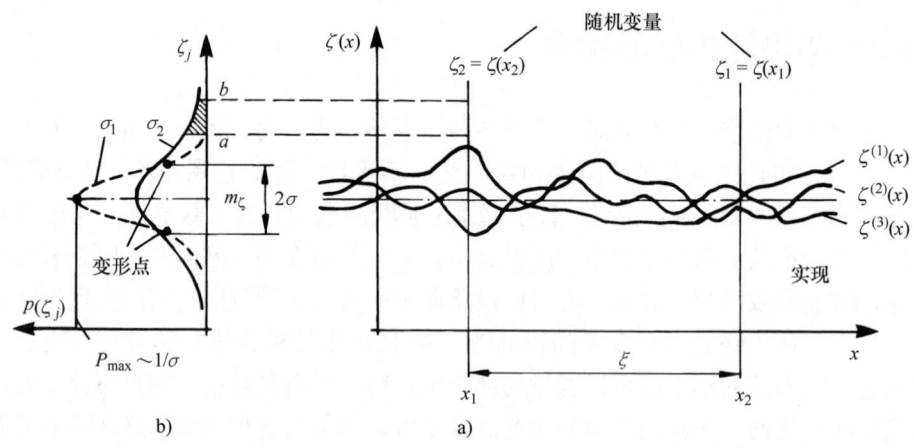

图 32.7 作为随机过程的路面不平度:a) 实现 $\zeta^{(r)}(x)$ 和随机变量 ζ_j;b) 概率密度函数 $p(\zeta_j)$

概率密度函数的矩称为数学期望 $E(\cdot)$,其描述了随机变量的特征。最重要的矩是一阶矩和二阶矩,前者称为均值 $m_\zeta(x_j)$ 或期望,后者称为均方值 $m_{\zeta^2}(x_j)$。对于 $j = 1$,有

$$m_\zeta(x_1) = E\{\zeta(x_1)\} \equiv \int_{-\infty}^{\infty} \zeta_1 p(\zeta_1) \mathrm{d}\zeta_1 \tag{32.33}$$

$$m_{\zeta^2}(x_1) = E\{\zeta^2(x_1)\} \equiv \int_{-\infty}^{\infty} \zeta_1^2 p(\zeta_1) \mathrm{d}\zeta_1 \tag{32.34}$$

式(32.34)的平方根,称为均方根值。一个重要的统计参数是方差 $P_\zeta(x_1) = \sigma_\zeta^2(x_1)$ 或标准差 $\sigma_\zeta(x_1)$,方差等于随机变量与均值的差值二次方的平均,又称为二阶中心矩

$$P_\zeta(x_1) \equiv \sigma_\zeta^2(x_1) = E\{[\zeta(x_1) - m_\zeta(x_1)]^2\} = E\{\zeta^2(x_1)\} - m_\zeta^2(x_1) \tag{32.35}$$

数学期望 $E(\cdot)$ 是一个线性算子,如果 c 为常数,则 $E(c) = c$。式(32.35)运用了这种性质。在确定质心和转动惯量的过程中,一阶矩和二阶矩是众所周知的。对于不熟悉均值和方差的概念的读者,机械质量的类比是有益的。一根无限长度的杆或线,其密度 ρ(单位长度的质量)是变量,密度与概率分布中的概率密度 $p(x)$ 是相同的。根据式(32.32),杆的质量归一化为 1。式(32.33)的均值对应于质心坐标,均方值可以理解为相对原点的转动惯量。然

而，式（32.35）的方差对应于相对质心的转动惯量。因此，式（32.35）中的关系 $\sigma_\zeta^2 = E(\zeta^2) - m_\zeta^2$ 可以理解为平行轴定理。前两阶矩包含相应量的分布的信息分别是概率或质量。

考虑随机过程 ζ 的两个随机变量 $\zeta_1 = \zeta(x_1)$ 和 $\zeta_2 = \zeta(x_2)$，由这些变量之间的统计关系，可以得到随机过程本身的一些特性。这通过（自）相关 $R_\zeta(x_1, x_2)$ 或自协方差 $P_\zeta(x_1, x_2)$ 体现。其中，后者使用中心二阶矩

$$R_\zeta(x_1, x_2) = E\{[\zeta(x_1)\zeta(x_2)]\} = \int_{-\infty}^{\infty}\int_{-\infty}^{\infty} \zeta_1 \zeta_2 p(\zeta_1, \zeta_2) \mathrm{d}\zeta_1 \mathrm{d}\zeta_2 \quad (32.36)$$

$$P(x_1, x_2) = E\{[\zeta(x_1) - m_\zeta(x_1)][\zeta(x_2) - m_\zeta(x_2)]\} \quad (32.37)$$
$$= E\{\zeta(x_1)\zeta(x_2)\} - m_\zeta(x_1)m_\zeta(x_2)$$

式中，$p(\zeta_1, \zeta_2)$ 为二阶概率密度函数。

前缀"自"指两个随机变量属于同一随机过程，否则如果两个随机变量属于不同的随机过程，将使用前缀"互"标识。在 $x_1 = x_2$ 的条件下，式（32.36）的相关变成与式（32.34）的均方根值相等，式（32.37）的协方差变成与式（32.35）的方差相同。

在以上条件下，平稳性、正态或高斯分布和各态历过程通过数学进行解释或描述。

如果随机过程的统计性质不随着 x 轴的起点变化而变化，则这个随机过程就称为平稳的或均匀的。因此，所有一阶概率密度是相等的，即 $p(\zeta_1) = p(\zeta_2) = p(\zeta)$；二阶概率密度函数 $p(\zeta_1, \zeta_2)$ 只有相关距离 $\zeta = x_1 - x_2$，称为相关宽度决定。因此，所有随机变量和整个随机过程具有相同的均值和均方值。平稳随机过程总是可以集中的，于是其均值为零。因此，平稳过程满足式（32.33）~式（32.37），有

$$m_\zeta(x) = 0 \quad (32.38)$$

$$R_\zeta(x_1, x_2) = P_\zeta(x_1, x_2) = R_\zeta(\xi = x_1 - x_2) \quad (32.39)$$

$$m_{\zeta^2}(x) = \sigma_\zeta^2(x) = R_\zeta(\xi = 0) = 常数 \quad (32.40)$$

对于均值为零的过程，相关和协方差是相同的。由式（32.39）可知，相关只取决于相关宽度 ξ，因此其称为相关函数，描述了整个随机过程的特性。

一个随机过程称为正态分布或高斯过程，如果对于每一个值 x_j，其对应的随机变量 $\zeta_j = \zeta(x_j)$ 的概率密度分布函数为

$$p(\zeta_j) = \frac{1}{\sigma_j \sqrt{2\pi}} \exp\left[\frac{(\zeta_j - m_j)^2}{2\sigma_j^2}\right] \quad (32.41)$$

式中，$m_j = m_\zeta(x_j)$；$\sigma_j = \sigma_\zeta(x_j)$。

正态分布可以通过其均值和变量，即前二阶矩唯一确定，而更高阶矩可以通

过这两个量表示。对于平稳正态分布过程，式（32.41）可以根据式（32.38）和式（32.40）进行简化。式（32.41）的概率密度函数的图形，是著名的钟形，如图 32.7b 所示。概率密度曲线表明，$\zeta_j = m_j$ 时概率密度最大值 $p_{max} = 1/(\sigma_j \sqrt{2\pi})$，并且图形关于 $\zeta_j = m_j$ 对称；点在 $\zeta_j = m_j \pm \sigma_j = \pm \zeta^*$ 的值 $p(\pm\zeta^*) = p_{max}/\sqrt{e}$；标准差 σ_j 取得较小的值时，意味着量 ζ_j 绕 m_j 集中。根据式（32.31）可以计算概率，以便使正态分布随机变量 ζ_j 绕均值 m_j 位于长度间隔 $2k\sigma_j$，$k = 1,2,\cdots$。这些间隔称为置信区间或 $k\sigma$ 范围，$k = 1,2,\cdots$。

$$k = 1: \quad Pr(m - \sigma \le \zeta \le m + \sigma) \quad = Pr(|\zeta - m| \le \sigma) = 0.6827$$
$$k = 2: \quad\quad\quad\quad\quad\quad\quad\quad\quad\quad\quad\quad Pr(|\zeta - m| \le 2\sigma) = 0.9545$$
$$k = 3: \quad\quad\quad\quad\quad\quad\quad\quad\quad\quad\quad\quad Pr(|\zeta - m| \le 3\sigma) = 0.9973$$
$$k = 3: \quad\quad\quad\quad\quad\quad\quad\quad\quad\quad\quad\quad Pr(|\zeta - m| \le 4\sigma) = 0.99994$$
(32.42)

式中，j 被取消。

在高斯随机变量的概率之外，如 2σ 范围外为 $Pr = 0.0455 \hat{=} 4.55\%$。

如果平稳随机过程的随机变量的总体平均值 $\zeta_j = \zeta(x_j)$ 与相应的空间或时间沿坐标 x（或 t）足够长的代表性样本函数 $\zeta^{(r)}(x)$ 的均值相等，则该平稳随机过程是各态历经的，这意味着总体平均值和样本平均值相等。

对于各态历经过程，其满足下列公式：

$$m_\zeta = \lim_{X \to \infty} \frac{1}{2X} \int_X^X \zeta^{(r)}(x) \mathrm{d}x \quad (32.43)$$

$$R_\zeta(\xi) = \lim_{X \to \infty} \frac{1}{2X} \int_{-X}^X \zeta^{(r)}(x) \zeta^{(r)}(x - \xi) \mathrm{d}x \quad (32.44)$$

$$m_{\zeta^2} = R_\zeta(\xi = 0) = \lim_{X \to \infty} \frac{1}{2X} \int_{-X}^X [\zeta^{(r)}(x)]^2 \mathrm{d}x \quad (32.45)$$

$$P_\zeta(\xi) = \lim_{X \to \infty} \frac{1}{2X} \int_{-X}^X [\zeta^{(r)}(x) - m_\zeta][\zeta^{(r)}(x - \xi) - m_\zeta] \mathrm{d}x \quad (32.46)$$

$$\sigma_\zeta^2 = P_\zeta(\xi = 0) = \lim_{X \to \infty} \frac{1}{2X} \int_{-X}^X [\zeta^{(r)}(x) - m_\zeta]^2 \mathrm{d}x \quad (32.47)$$

通常，很难确定一个平稳随机过程是否是各态历经的。在现在的路面不平度情况下，如果考虑图 32.7，认为是各态历经至少是合理的：对于获得的信息，例如公路的路面不平度，分析非常长的路面不平度测试记录（样本函数）的单独一条信号，或者对整体记录的一部分记录进行统计分析是相同的。总之，样本函数的平均比总体平均更节约时间。然而，在实际应用中，无限长度的总体和无限长度的样本函数都是无法得到的，因此这两种方法只能产生近似平均。

在接下来的分析中，总是假设研究均值 $m_\zeta = 0$ 的随机过程。因此，均方根值和方差相同，或者相关函数和协方差函数相同。

在技术应用中，平稳过程通常通过其 PSD 或简称谱密度 $S_\zeta(\Omega)$ 描述，可以通过相关函数 $R_\zeta(\xi)$ 的傅里叶变换得到：

$$S_\zeta(\Omega) = \frac{1}{2\pi} \int_{-\infty}^{\infty} R_\zeta(\xi) e^{-i\Omega\xi} d\xi \tag{32.48}$$

$$R_\zeta(\xi) = \int_{-\infty}^{\infty} S_\zeta(\Omega) e^{i\Omega\xi} d\Omega \tag{32.49}$$

$$m_\zeta = 0; P_\zeta = \sigma_\zeta^2 = R_\zeta(\xi=0) = \int_{-\infty}^{\infty} S_\zeta(\Omega) d\Omega \tag{32.50}$$

式中，Ω 为空间圆频率（rad/m），即通过 $\Omega = 2\pi/\lambda = 2\pi F$ 将波长 λ 和空间频率 F 联系起来。

式（32.48）和式（32.49）也是著名的 Wiener – Chintschin（维纳 – 辛钦）关系；然而，在一些文献中，在式（32.49）的积分前会乘以因子 $1/2\pi$，或者两式前都乘以 $1/\sqrt{2\pi}$。由式（32.50）知，这样选择的好处是其方差和功率谱相同。路面不平度的随机过程 ζ，可以通过空间域的相关函数 $R_\zeta(\xi)$ 或频率域的谱密度 $S_\zeta(\Omega)$ 进行等价的表述。方差 σ_ζ^2 可以由 $\xi = 0$ 时的相关函数 $R_\zeta(\xi)$ 求得，或者由与频率 Ω 相关的小区间方差 $S_\zeta(\Omega)d\Omega$ 的积分获得。这一积分也可以解释为在经过一个对带宽 $d\Omega$ 的窄带滤波，对小区间累加的结果为方差。函数 $R_\zeta(\xi)$ 和 $S_\zeta(\Omega)$ 是偶函数，即

$$R_\zeta(\xi) = R_\zeta(-\xi), \; S_\zeta(\Omega) = S_\zeta(-\Omega) \tag{32.51}$$

这种特性使得通过式（32.50）计算式（32.44）和式（32.48）的积分更加简便，并且产生了非负圆频率下的单边功率谱密度 $\Phi_\zeta(\Omega)$

$$\Phi_\zeta(\Omega) = \begin{cases} 2S(\Omega) & \Omega \geq 0 \\ 0 & \Omega < 0 \end{cases} \tag{32.52}$$

相应地，$S(\Omega)$ 表示双边功率谱密度。表 32.1 列出一些常用的相关函数 $R_\zeta(\xi)$ 以及其对应的单边功率谱密度 $\Phi_\zeta(\Omega)$。

到目前为止，只考虑了一种标量的随机过程。如果给出两个标量的随机过程 $\zeta_{l,r}$，例如汽车辆左右轮轨迹的路面不平度，则要区别自互相关函数和互相关函数及其对应的谱。通常，这通过双下标的互相关函数表示，其中定义了类似于式

(32.48) 和式 (32.49) 的傅里叶变换。

$$S_{lr}(\Omega) = \frac{1}{2\pi} \int_{-\infty}^{\infty} R_{lr}(\xi) e^{-i\Omega\xi} d\xi \tag{32.53}$$

$$R_{lr}(\xi) = \int_{-\infty}^{\infty} S_{lr}(\Omega) e^{i\Omega\xi} d\Omega \tag{32.54}$$

互谱密度通常为复变函数,仍然满足下列对称性

$$R_{lr}(\xi) = R_{rl}(-\xi), \quad S_{lr}(\Omega) = S_{rl}(-\Omega) \tag{32.55}$$

表 32.1 相关函数 $R_\zeta(\xi)$ 和相应的单边功率谱密度 $\Phi_\zeta(\Omega)$(所有的常量都为正数)

编号	相关函数 $R(\xi) = \int_0^\infty \Phi(\Omega)\cos\Omega\xi d\Omega$	单边功率谱密度 $\Phi(\Omega) = \frac{2}{\pi}\int_0^\infty R(\xi)\cos\Omega\xi d\xi$
I	$\sigma^2 e^{-\alpha|\xi|}$	$\dfrac{2\alpha\sigma^2}{\pi}\dfrac{1}{\Omega^2+\alpha^2}$
II	$\sigma^2 e^{-\alpha|\xi|}\cos\beta\xi$	$\dfrac{2\alpha\sigma^2}{\pi}\dfrac{\Omega^2+\alpha^2+\beta^2}{(\Omega^2-\alpha^2-\beta^2)^2+4\alpha^2\Omega^2}$
III	$\sigma^2 e^{-\alpha|\xi|}\left(\cos\beta\xi - \dfrac{\alpha}{\beta}\sin\beta|\xi|\right)$	$\dfrac{4\alpha\sigma^2}{\pi}\dfrac{\Omega^2}{(\Omega^2-\alpha^2-\beta^2)^2+4\alpha^2\Omega^2}$
IV	$\sigma^2 e^{-\alpha|\xi|}\left(\cos\beta\xi + \dfrac{\alpha}{\beta}\sin\beta|\xi|\right)$	$\dfrac{4\alpha\sigma^2}{\pi}\dfrac{\alpha^2+\beta^2}{(\Omega^2-\alpha^2-\beta^2)^2+4\alpha^2\Omega^2}$
V	$\Omega_d = \sqrt{1-D^2}\,\Omega_0$ $\sigma^2 e^{-D\Omega_0|\xi|}\left(\cos\Omega_d\xi + \dfrac{D\Omega_0}{\Omega_d}\sin\Omega_d|\xi|\right)$	$\dfrac{4D\Omega_0\sigma^2}{\pi}\dfrac{\Omega_0^2}{(\Omega^2-\Omega_0^2)^2+4D^2\Omega_0^2\Omega^2}$
VI	$\dfrac{\sigma^2}{\beta-\alpha}[\beta e^{-\alpha|\xi|} - \alpha e^{-\beta|\xi|}]$	$\dfrac{2\alpha\beta(\alpha+\beta)\sigma^2}{\pi}\dfrac{1}{(\Omega^2+\alpha^2)(\Omega^2+\beta^2)}$
VII	$\sigma^2 e^{-\alpha\xi^2}$	$\dfrac{\sigma^2}{\sqrt{\pi\alpha}}e^{-\frac{\Omega^2}{4\alpha}}$
VIII	$\sigma^2 e^{-\alpha\xi^2}\cos\beta\xi$	$\dfrac{\sigma^2}{\sqrt{4\pi\alpha}}\left[e^{-\frac{(\Omega+\beta)^2}{4\alpha}} + e^{-\frac{(\Omega-\beta)^2}{4\alpha}}\right]$
IX	$\sigma^2\cos\beta\xi$	$\sigma^2\delta(\Omega-\beta)$

(续)

编号	相关函数 $R(\xi) = \int_0^\infty \Phi(\Omega)\cos\Omega\xi d\Omega$	单边功率谱密度 $\Phi(\Omega) = \frac{2}{\pi}\int_0^\infty R(\xi)\cos\Omega\xi d\xi$
白噪声 X	$q_w \delta(\xi)$	$\frac{1}{\pi} q_w$
限宽白噪声 XI	$q_w \dfrac{\sin\alpha\xi}{\pi\xi}$	$\dfrac{1}{\pi}q_w$ 如果 $0 \leq \Omega \leq \alpha$ 0 否则
理想带通 XII	$2q_w \dfrac{\sin\alpha\xi/2 \cos\beta\xi}{\pi\xi}$	$\dfrac{1}{\pi}q_w$ 如果 $0 \leq \beta - \dfrac{\alpha}{2} \leq \Omega \leq \beta + \dfrac{\alpha}{2}$ 0 否则

两个过程的相关性归一化表示，通过相干函数 $\gamma(\Omega)$ 来衡量

$$\gamma^2(\Omega) = \frac{|S_{lr}(\Omega)|^2}{S_l(\Omega)S_r(\Omega)}, 0 \leq \gamma \leq 1 \tag{32.56}$$

对于 $\gamma \equiv 0$，两个过程例如左右轮的轨迹路面不平度是完全不相关的；对于 $\gamma \equiv 1$，完全相关。通常，相关性取决于频率，见式（32.56）。

如果给出 n 维标量过程 ζ_v，$v = 1(1)n$，则可以组合它们生成一个 $n \times 1$ 的向量过程 ζ 是合适的。然后，均值 m_ζ 被 $n \times 1$ 的均值向量 $\boldsymbol{m}_\zeta$ 替代，方差 p_ζ 被 $n \times n$ 的协方差矩阵 $\boldsymbol{P}_\zeta$ 替代。

$$\boldsymbol{m}_\zeta(x) = E\{\zeta(x)\}$$

$$\boldsymbol{P}_\zeta(x) = E\{[\zeta(x) - \boldsymbol{m}_\zeta(x)][\zeta(x) - \boldsymbol{m}_\zeta(x)]^T\} = \boldsymbol{P}_\zeta^T(x) \tag{32.57}$$

矩阵 $\boldsymbol{P}_\zeta$ 的对角元素，是单个标量过程的方差。显然，方差是表示平稳、正态分布和各态历经过程的非常重要的量征，方差可以通过下列方式进行解释：

1）随机变量的二阶中心矩，式（32.35）和式（32.57）。
2）均值为零的样本函数的均方值，式（32.47）。
3）均值为零的过程的功率谱，式（32.50）。
4）概率密度函数的标准差的开方，从而定义高斯钟形分布的式（32.41）和置信区间的式（32.42）。

例 32.3 白噪声和有色噪声

推导和解释表 32.1 中第 X、第 I 和第 IV 个相关函数的功率谱密度。

解：

首先，推导单边功率谱密度 $\Phi(\Omega)$ 的傅里叶变换。将欧拉公式 $\exp(\pm i\Omega\xi) = \cos\Omega\xi \pm i\sin\Omega t$ 代入式（32.48）和式（32.49），分解式（32.48）的积分产生

$$S(\Omega) = \frac{1}{2\pi}\left[\int_{-\infty}^{0} R(\xi)(\cos\Omega\xi - i\sin\Omega\xi)\mathrm{d}\xi + \int_{0}^{\infty} R(\xi)(\cos\Omega\xi - i\sin\Omega\xi)\mathrm{d}\xi\right] \tag{32.58}$$

在第一个积分中运用 $\xi = -\bar{\xi}$，其中 $\bar{\xi}$ 是新引入的变量，且 $R(\xi) = R(-\xi) = R(-\bar{\xi})$，由式（32.51）得到

$$2S(\Omega) = \frac{1}{\pi}\left[\int_{0}^{\infty} R(\bar{\xi})(\cos\Omega\bar{\xi} + i\sin\Omega\bar{\xi})\mathrm{d}\bar{\xi} + \int_{0}^{\infty} R(\xi)(\cos\Omega\xi - i\sin\Omega\xi)\mathrm{d}\xi\right] \tag{32.59}$$

将右端项放在一起，考虑 $2S(\Omega) = \Phi(\Omega)$，有

$$\Phi(\Omega) = \frac{2}{\pi}\int_{0}^{\infty} R(\xi)\cos\Omega\xi \mathrm{d}\xi \tag{32.60}$$

反变换遵循相同的原则，即

$$R(\xi) = \int_{0}^{\infty} \Phi(\Omega)\cos\Omega\xi \mathrm{d}\Omega \tag{32.61}$$

将表 32.1 中的三个相关函数代入式（32.61），得到结果，见表 32.2。

（1）第 X 个相关函数 $R(\xi) = q_w\delta(\xi)$

表 32.2 白噪声和有色噪声的相关函数 $R_\zeta(\xi)$ 和谱密度 $\Phi_\zeta(\Omega)$ 的对比分析

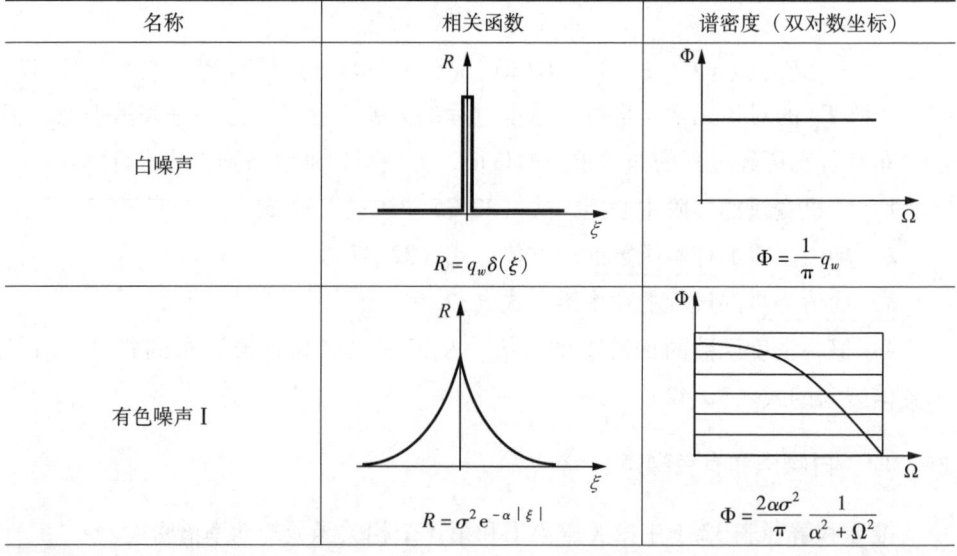

名称	相关函数	谱密度（双对数坐标）
白噪声	$R = q_w\delta(\xi)$	$\Phi = \dfrac{1}{\pi}q_w$
有色噪声 I	$R = \sigma^2 e^{-\alpha\|\xi\|}$	$\Phi = \dfrac{2\alpha\sigma^2}{\pi}\dfrac{1}{\alpha^2+\Omega^2}$

名称	相关函数	谱密度（双对数坐标）
有色噪声Ⅳ	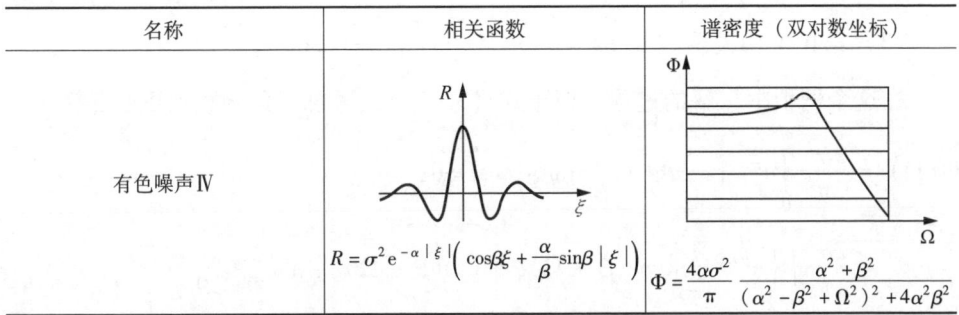$R = \sigma^2 e^{-\alpha|\xi|}\left(\cos\beta\xi + \dfrac{\alpha}{\beta}\sin\beta|\xi|\right)$	$\Phi = \dfrac{4\alpha\sigma^2}{\pi}\dfrac{\alpha^2+\beta^2}{(\alpha^2-\beta^2+\Omega^2)^2+4\alpha^2\beta^2}$

对式（32.61）进行变化，得

$$\frac{2}{\pi}\Phi(\Omega) = \int_0^\infty q_w\delta(\xi)\cos\Omega\xi\mathrm{d}\xi = \frac{q_w}{\pi} = 常数 \tag{32.62}$$

为了计算式（32.62）中的积分，必须考虑积分的下限与 Dirac（狄拉克）分布 $\delta(\xi)$ 的非零坐标相一致。因此，不是对整个而是部分被积函数通过积分滤掉。同样，如果应用式（32.48）的变换，则要引入 $S(\Omega) = \Phi(\Omega)/2$。结果当 $\xi \neq 0$ 时，第 x 个随机过程是完全不相关的，其功率谱密度对所有频率都是常量。这样的过程称为白噪声 $w(x)$，因为其包含像白光一样的常量谱值。然而，这个过程的方差是无穷大。

$$P_w = \sigma_w^2 = R_w(\xi = 0) = \int_0^\infty \Phi(\Omega)\mathrm{d}\Omega = \infty \tag{32.63}$$

这表明白噪声是一种数学上的理想状态，在自然中是不存在的。然而，这是一种实际噪声的实用极限状态，很容易对其进行数学处理，因此被广泛应用。平稳高斯白噪声的均值 $m_w = 0$，方差 q_w 由下式表示

$$w(x) \sim N(0, q_w) \tag{32.64}$$

（2）第Ⅰ个相关函数 $R(\xi) = \sigma^2 e^{-\alpha|\xi|}$，$\alpha > 0$

解要求对式（32.60）进行处理

$$\Phi(\Omega) = \frac{2\sigma^2}{\pi}\int_0^\infty e^{-\alpha\xi}\cos\Omega\xi\mathrm{d}\xi = \frac{2\sigma^2}{\pi}\left[\frac{e^{-\alpha\xi}}{\Omega^2+\alpha^2}(-\alpha\cos\Omega\xi+\Omega\sin\Omega\xi)\right]_{\xi=0}^{\xi=\infty}$$

$$\Phi(\Omega) = \frac{2\sigma^2}{\pi}\frac{\alpha}{\Omega^2+\alpha^2} \tag{32.65}$$

其中，计算非常简单，由于 $\xi \geq 0$ 时，$|\xi| = \xi$，在上限 $\xi = \infty$，式（32.65）的右端项趋于 0，其为一个有色噪声过程。当空间频率 $\Omega = 0$ 时，其功率谱密度取得最大值 $\Phi_{\max} = 2\sigma^2/(\pi\alpha)$，并且 $\Omega \to \infty$ 时，其有渐进行为 $\Omega \sim 1/\Omega^2$；方差 $\sigma^2 = R(\xi = 0)$ 是有限的；随着距离 ξ 单调增加，相关性减小。表 32.2 表明了其

与白噪声过程的明显不同。

(3) 第Ⅳ个相关函数 $R(\xi) = \sigma^2 e^{-\alpha|\xi|}\left[\cos\beta\xi + \dfrac{\alpha}{\beta}\sin\beta|\xi|\right]$, $\alpha > 0$

在这个例子中，解的过程类似于式（32.59），考虑三角函数乘积的变换

$$\Phi(\Omega) = \dfrac{2\sigma^2}{\pi}\int_0^\infty e^{-\alpha\xi}\left(\cos\beta\xi + \dfrac{\alpha}{\beta}\sin\beta\xi\right)\cos\Omega\xi\, d\xi$$

$$= \dfrac{2\sigma^2}{\pi}\int_0^\infty \left\{ e^{-\alpha\xi}\dfrac{1}{2}[\cos(\beta+\Omega)\xi + \cos(\beta-\Omega)\xi] + e^{-\alpha\xi}\dfrac{\alpha}{2\beta} [\sin(\beta+\Omega)\xi + \sin(\beta-\Omega)\xi] \right\} d\xi$$

$$= \left\{ e^{-\alpha\xi}\left[\dfrac{1}{\alpha^2+(\beta+\Omega)^2}(-\alpha\cos(\beta+\Omega)\xi + (\beta+\Omega)\sin(\beta+\Omega)\xi)\right.\right.$$

$$+ \dfrac{1}{\alpha^2+(\beta-\Omega)^2}(-\alpha\cos(\beta-\Omega)\xi + (\beta-\Omega)\sin(\beta-\Omega)\xi)$$

$$+ \dfrac{\alpha}{\beta(\alpha^2+(\beta+\Omega)^2)}(-\alpha\sin(\beta+\Omega)\xi - (\beta+\Omega)\cos(\beta+\Omega)\xi)$$

$$\left.\left. + \dfrac{\alpha}{\beta(\alpha^2+(\beta-\Omega)^2)}(-\alpha\sin(\beta-\Omega)\xi - (\beta-\Omega)\cos(\beta-\Omega)\xi) \right] \right\}_{\xi=0}^{\xi=\infty}$$

$$= \dfrac{\sigma^2}{\pi}\left[\dfrac{\alpha}{\alpha^2+(\beta+\Omega)^2} + \dfrac{\alpha}{\alpha^2+(\beta-\Omega)^2} + \dfrac{\alpha}{\beta}\left(\dfrac{\beta+\Omega}{\alpha^2+(\beta+\Omega)^2} + \dfrac{\beta-\Omega}{\alpha^2+(\beta-\Omega)^2} \right) \right]$$

$$= \dfrac{4\alpha\sigma^2}{\pi}\dfrac{\alpha^2+\beta^2}{N} \tag{32.66}$$

在式（32.66）中，分母可以不同的方式表示

$$N = [\alpha^2+(\beta+\Omega)^2][\alpha^2+(\beta-\Omega)^2]$$
$$= (\Omega^2-(\alpha^2-\beta^2))^2 + 4\alpha^2\Omega^2 = (\Omega^2+\alpha^2-\beta^2)^2 + 4\alpha^2\beta^2 \tag{32.67}$$

结果表明，其为一个最大功率谱密度为 Φ_{max} 的有色噪声过程

$$\Phi_{max} = \begin{cases} \dfrac{\alpha\sigma^2}{\pi}\dfrac{\alpha^2+\beta^2}{\alpha^2\beta^2} \\ \dfrac{\alpha\sigma^2}{\pi}\dfrac{4}{\alpha^2+\beta^2} \end{cases} \text{当} \begin{array}{l} \Omega = \sqrt{\beta^2-\alpha^2} \\ \Omega = 0 \end{array} \text{对于} \begin{array}{l} \beta > \alpha \\ \beta \leq \alpha \end{array} \tag{32.68}$$

$\Omega \to \infty$ 时，其导致渐进行为 $\Phi \sim 1/\Omega^4$；方差 $\sigma^2 = R(\xi=0)$ 是有限的。其中，随着距离 ξ 的增加，相关性振荡，见表32.2。

32.2.2 路面不平度模型

通过对大量的路面不平度测量数据的分析，路面不平度描述逐渐标准化。一

种简单而常用的路面不平度模型为

$$\Phi_\zeta(\Omega) = \Phi_0\left(\frac{\Omega_0}{\Omega}\right)^\omega, 0 < \Omega_\mathrm{I} \leq \Omega \leq \Omega_\mathrm{II} < \infty \quad (32.69)$$

式中,Ω_0 为参考空间圆频率(rad/m);$\Phi_0 = \Phi_\zeta(\Omega_0)$ 为 Ω_0 的不平度功率谱密度 [m^2/(rad/m)],考虑作为路面不平度的等级;ω 为频率指数,决定路面是包含长波长(ω 大)还是短波长(ω 小),有明显的功率谱密度。

对于波长 λ,有 $\lambda = 2\pi/\Omega$ 成立。频率指数 ω 的取值范围为 $1.75 \leq \omega \leq 2.25$,平均值 $\omega \approx 2$。式(32.69)在 $\Omega - \Phi$ 的双对数坐标下通常为斜率 $-\omega$ 的直线,如图 32.8 所示。

一种类似但更为复杂的模型为[13]

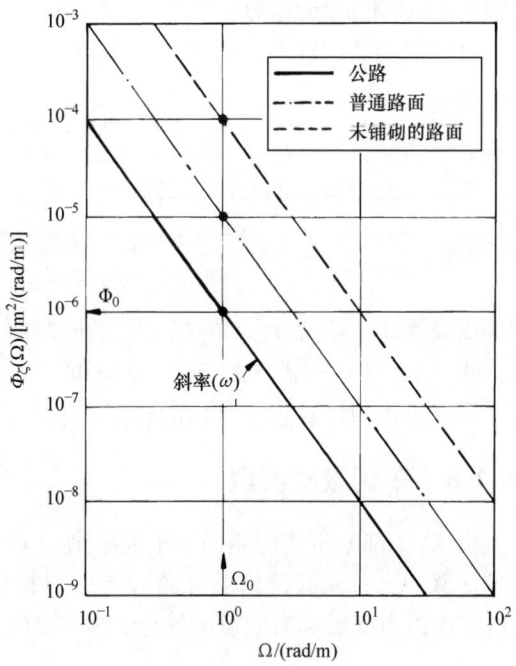

图 32.8 具有不平度等级近似值 $\Phi_0 = \Phi(\Omega_0)$,$\Omega_0 = 1\mathrm{rad/m}$ 的简单的路面不平度模型

$$\Phi_\zeta(\Omega) = \begin{cases} \Phi_0\left(\dfrac{\Omega_0}{\Omega}\right)^{\omega_1} \\ \Phi_0\left(\dfrac{\Omega_0}{\Omega}\right)^{\omega_2} \end{cases} \text{对于} \begin{matrix} 0 < \Omega_\mathrm{I} \leq \Omega \leq \Omega_0 \\ \Omega_0 \leq \Omega \leq \Omega_\mathrm{II} < \infty \end{matrix} \quad (32.70)$$

式中,ω_1 和 ω_2 的取值不同,且 $\omega_1 < \omega_2$,两个频率范围的频率指数不同。

式(32.68)和式(32.70)所示的路面不平度模型,是测试的路面不平度的功率谱密度在不同频率范围($0 < \Omega_\mathrm{I} \leq \Omega \leq \Omega_\mathrm{II} < \infty$)的近似。在极限情况 $\Omega \to 0$ 时,两种形式的功率谱密度都趋于无穷($\Phi_\zeta(0) \to \infty$),因此方差也趋于无穷($P_\zeta \to \infty$)。为了避免这种不现实的情况,提出了适用于整个频率范围的路面不平度扩展模型,这是功率谱谱密度为有色噪声过程:

$$\mathrm{I}: \Phi_{\zeta_\mathrm{I}}(\Omega) = \frac{2\alpha\sigma^2}{\pi}\frac{1}{\alpha^2 + \Omega^2}$$

$$0 \leq \Omega < \infty \quad (32.71)$$

$$\mathrm{II}: \Phi_{\zeta_\mathrm{II}}(\Omega) = \frac{2\alpha\sigma^2}{\pi}\frac{\Omega^2 + \alpha^2 + \beta^2}{(\Omega^2 - \alpha^2 - \beta^2)^2 + 4\alpha^2\Omega^2} \quad (32.72)$$

式中，α、β 和 σ^2 为正数。

对应的相关函数可以通过下式计算

$$R_\zeta(\xi) = \int_0^\infty \Phi_\zeta(\Omega)\cos\Omega_\xi \mathrm{d}\Omega \tag{32.73}$$

将式（32.71）和式（32.72）代入式（32.73），得到

$$\mathrm{I}: R_{\zeta\mathrm{I}}(\xi) = \sigma^2 \mathrm{e}^{-\alpha|\xi|} \tag{32.74}$$

$$\mathrm{II}: R_{\zeta\mathrm{II}}(\xi) = \sigma^2 \mathrm{e}^{-\alpha|\xi|}\cos\beta\xi \tag{32.75}$$

由表 32.2，其中 $\sigma^2 = R_\zeta(\xi=0)$ 表明路面不平度的方差是有界的。当 $\Omega\to\infty$ 时，式（32.71）和式（32.72）根据 $\Phi \sim 1/\Omega^2$ 衰减，因此，说明以上说明的路面不平度可以很好趋近于真实的路面不平度。

32.2.3 车辆激励模型

由 32.2 部分所建的路面不平度激励 $\zeta(x)$，可以导出对应时间域的车辆激励模型。其中，首先假设轮胎和路面始终保持接触，并且是单点接触。通过车速 $v(t)$ 实现由空间域到时间域的转化 $\zeta(x) \to \zeta(t)$。

$$\mathrm{d}x(t) = v(t)\mathrm{d}t, \quad x(t) = x(t_0) + \int_{t_0}^t v(\tau)\mathrm{d}\tau \tag{32.76}$$

路面不平度激励在空间域是平稳的，而如果车速 $v(t)$ 是随时间变化的，则车辆激励过程就是非平稳的[14,15]。这里不考虑这种情况，假设车速 v 为常数，导致平稳的车辆激励过程。对于 $t_0 = 0$ 和 $x(t_0) = 0$，由式（32.76）得到

$$x(t) = vt, \xi = v\tau, \omega = v\Omega, v = 常数 \tag{32.77}$$

式中，τ 为与相关宽度 ξ 相应的相关时间；ω 为时间圆频率（rad/s）。

由于路面不平度 $\zeta(x)$ 的方差 $R_\zeta(0)$ 和车辆激励 $\zeta(t)$ 必须相等，使式（32.73）中 $\Phi_\zeta(\omega)\mathrm{d}\omega = \Phi_\zeta(\Omega)\mathrm{d}\Omega$，又由式（32.77），可得车辆激励的功率谱密度

$$\Phi_\zeta(\omega) = \frac{1}{v}\Phi_\zeta\left(\Omega = \frac{\omega}{v}\right) \tag{32.78}$$

例如，由式（32.69）的路面不平度模型，平均频率指数 $\omega = 2$，则

$$\widetilde{\Phi}_\zeta(\omega) = \frac{1}{v}\widetilde{\Phi}_0\left(\frac{v\Omega_0}{\omega}\right)^2 = v\widetilde{\Phi}_0\left(\frac{\Omega_0}{\omega}\right)^2 \tag{32.79}$$

到目前为止，只考虑了车辆位移的随机激励过程 $\zeta(t)$。但是，车辆速度和加速度的不同微分过程 $\dot\zeta(t)$ 和 $\ddot\zeta(t)$ 也需要考虑，相应的功率谱密度分别为

$$\Phi_{\dot\zeta}(\omega) = \omega^2\Phi_\zeta(\omega), \Phi_{\ddot\zeta}(\omega) = \omega^4\Phi_\zeta(\omega) \tag{32.80}$$

将式（32.80）代入式（32.79），如果产生的车辆激励速度 $\dot\zeta(t)$ 为白噪声过

程，则其功率谱密度为

$$\widetilde{\Phi}_{\dot{\zeta}}(\omega) = \omega^2 v \widetilde{\Phi}_0 \left(\frac{\Omega_0}{\omega}\right)^2 = v\widetilde{\Phi}_0 \Omega_0^2 = 常数 \qquad (32.81)$$

相应的相关函数为

$$R_{\dot{\zeta}}(\tau) = q_{\dot{\zeta}}\delta(\tau), q_{\dot{\zeta}} = \pi v \widetilde{\Phi}_0 \Omega_0^2 \qquad (32.82)$$

式中，$q_{\dot{\zeta}}$ 为 $\dot{\zeta}(t)$ 的噪声强度；$\delta(\tau)$ 为 Dirac 分布。

假设式（32.69）中的频率指数 $\omega = 4$，类似地由式（29.69）车辆激励加速度 $\ddot{\zeta}(t)$ 的白噪声过程为

$$\widetilde{\widetilde{\Phi}}_{\ddot{\zeta}}(\omega) = \omega^4 v \widetilde{\widetilde{\Phi}}_0 \left(\frac{\Omega_0}{\omega}\right)^4 = v\widetilde{\widetilde{\Phi}}_0 \Omega_0^4 = 常数 \qquad (32.83)$$

$$R_{\ddot{\zeta}}(\omega) = q_{\ddot{\zeta}}\delta(\tau), q_{\ddot{\zeta}} = \pi v \widetilde{\widetilde{\Phi}}_0 \Omega_0^4 \qquad (32.84)$$

白噪声过程的方差为无穷大，因此是不真实的。另一个方面，假设车辆激励如式（32.81）~式（32.84）所示，车辆随机振动的计算量可以大大减少。因此，道路车辆的白噪声速度激励作为技术近似是非常重要的。

基于式（32.71）~式（32.75）的车辆激励 $\zeta(t)$ 更现实的模型，是平稳高斯有色噪声过程。这些过程可以通过受到白噪声 $w(t)$ 激励的线性时不变系统的常微分方程（ODE）的稳态解而产生。在图形上，这些常微分方程改变功率谱密度或者相应的相关函数的形状，因此称之为形态滤波器，如图 32.9 所示。

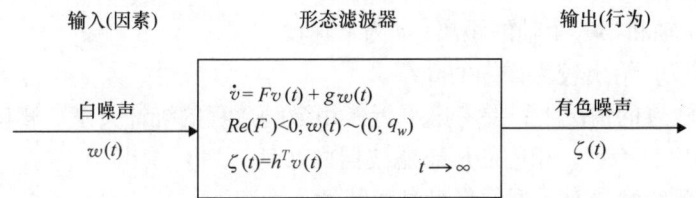

图 32.9　形态滤波器的可视化

通常，如果一个平稳各态历经的高斯过程作用于一个线性时不变系统的常微分方程，则平稳、正态分布和各态历经的特性会由系统输入转换为系统输出特性。形态滤波器的公式为

$$\zeta(t) = \boldsymbol{h}^\mathrm{T}\boldsymbol{v}(t) \qquad (32.85)$$

$$\dot{\boldsymbol{v}}(t) = \boldsymbol{F}\boldsymbol{v}(t) + \boldsymbol{g}w(t), \mathrm{Re}\lambda(F) < 0, w(t) \sim N(0, q_w) \qquad (32.86)$$

在稳态系统中，状态变量 $v_i(t), i = 1(1)m$ 的叠加产生有色噪声过程 $\zeta(t)$，状态变量 $v_i(t)$ 组合得到 $m \times 1$ 维状态向量 $\boldsymbol{v}$。状态向量 $\boldsymbol{v}$ 是系统常微分方程的解，由形态滤波器的状态方程式（32.86）组合得到，其中系统矩阵 $\boldsymbol{F}$ 是渐近稳定的，激励是均值为 0 和密度为 q_w 的白噪声 $w(t)$。$\boldsymbol{F}$、$\boldsymbol{g}$ 和 $\boldsymbol{h}$ 完全表征了形态滤波器的特性。由式（32.71）~式（32.75）的模型，这些量为

$$\text{I}: F = -\alpha v, \quad g = g, \quad h = 1, \quad (g^2 q_w = 2\alpha v \sigma^2) \tag{32.87}$$

$$\text{II}: F = \begin{bmatrix} 0 & 1 \\ -(\alpha^2+\beta^2)v^2 & -2\alpha v \end{bmatrix}, g = g\begin{bmatrix} 0 \\ 1 \end{bmatrix}, h = \begin{bmatrix} v\sqrt{\alpha^2+\beta^2} \\ 1 \end{bmatrix}, (g^2 q_w = 2\alpha v \sigma^2) \tag{32.88}$$

既然形态滤波器量的 $g^2 q_w$ 域模型参数的乘积相同,则就有选择的可能。例如,如果取 $g = 1$,则对于形态滤波器,白噪声激励的强度 q_w 为 $q_w = 2\alpha v\sigma^2$,这说明车辆激励的强度随着车速的增加而正比增加。

通常,形态滤波器的量应当由测试的功率谱密度 $\Phi_\zeta(\Omega)$ 直接决定,而不是通过这里所示的分析近似解得到。然而,在这种情况下,要选择滤波器的阶 m。对于广泛使用 $m = 2$,在文献 [16] 中描述了其过程。

至今,只考虑了由单点接触引起的车辆激励,产生了标量随机激励过程。然而,实际上多轴车辆与路面是多点接触的。对于 $i = 1(1)q$ 轴和 $k = 1(1)s$ 轨迹就有 qs 个接触点,相应产生多个标量随机过程,可以组合成一个车辆激励的 $(qs) \times 1$ 维矢量过程 ζ。

对于单轨迹的几个接触点,激励过程 $\zeta_i(t)$,$i = 1(1)q$,可以由第一个接触点的激励过程 $\zeta_1(t) \equiv \zeta(t)$ 通过时移 t_i 得到

$$\zeta_i(t) = \zeta(t - t_i), t_i = \frac{l_i}{v}, 0 = t_1 < t_2 < \cdots < t_q, i = 1(1)q \tag{32.89}$$

式中,l_i 为 i 轴和第一个轴的距离;v 为常速度。

文献 [17] 给出较为详细的介绍。

在平行轨迹的情况下,要考虑平行作用激励过程的统计关系。测试的相关函数在文献 [19] 给出,相应的形态滤波器由文献 [14] 给出。

四轮车辆激励具有典型的矢量过程特性

$$\zeta(t, T) = \begin{bmatrix} \zeta_{lf}(t) \\ \zeta_{rf}(t) \\ \zeta_{lr}(t) \\ \zeta_{rr}(t) \end{bmatrix} = \begin{bmatrix} \zeta_l(t) \\ \zeta_r(t) \\ \zeta_l(t-T) \\ \zeta_r(t-T) \end{bmatrix}, T \equiv t_2 = \frac{l_2}{v} \tag{32.90}$$

式中,时间延迟 T 由轴距离 l_2 和车速 v 确定。

32.3 随机车辆响应的计算

整车系统通过运动学方程建立模型,见第 2 章,并且通过路面不平度激励,由非线性状态方程描述

$$\dot{x}(t) = a(x, w, t) \tag{32.91}$$

式中，x 为状态向量；w 为激励；a 为非线性向量函数。

下面假设式（32.91）可以线性化，产生线性状态方程

$$\dot{x}(t) = A(t)x(t) + B(t)w(t) \tag{32.92}$$

式中，状态矩阵 A 和输入矩阵 B 在多数情况下是不变的。

状态方程立即成为评价行驶稳定性的基础，见32.1.1小节。然而，在平顺性评价的情况下，要考虑一种特殊的形态滤波器。这种形态滤波器的输入是座椅位置的加速度 $a(t)$，其由整车系统的状态和激励得到

$$a(t) = c^{\mathrm{T}} x(t) + d^{\mathrm{T}} w(t) \tag{32.93}$$

式中，c 为状态的权重向量；d 为激励的权重向量。

因此，状态方程式（32.92）由形态滤波器方程式（32.2）扩展，有

$$\underbrace{\begin{bmatrix} \dot{x} \\ \dot{v} \end{bmatrix} = \begin{bmatrix} A & 0 \\ gc^{\mathrm{T}} & F \end{bmatrix} \begin{bmatrix} x \\ v \end{bmatrix} + \begin{bmatrix} B \\ gd^{\mathrm{T}} \end{bmatrix} w}_{\dot{\tilde{x}} = \tilde{A}\tilde{x} + \tilde{B}w} \tag{32.94}$$

扩展系统式（32.94）与车辆系统式（32.92）有相同的结构，因此可以认为系统式（32.92）具有普遍性。所需的计算方法分为数值方法和解析方法，将在下面介绍。

32.3.1 数值仿真

给定一组线性或非线性微分方程式（32.91）和式（32.92），可以通过数值积分进行分析，见第2、3、5章。对于随机激励，由于各态历经，一次实现就足够了。在非线性系统中，随机响应通常不再是正态分布。即使这样，多数情况下为了对其进行评价仍然会计算其前二阶矩。然而，数值仿真的效率很大程度总是由车辆系统模型的复杂程度决定的。积分方法的适当选择是非常重要的，但是不可能给出通用的规范，因为一方面在数值数学方面会不断发展新的积分方法，另一方面计算机的性能也在不断提高。通常，用户会应用手头的积分方法通过测试运行比较。

例32.4 车辆垂直运动仿真

应用不同的积分方法对斜坡激励下非线性16自由度车辆模型的前后轴垂直运动进行仿真。此外，利用5自由度车辆模型对随机激励进行测试举例。

解：

斜坡首先通过前轴，然后通过后轴，这导致了相应振动响应的一个时间延迟，如图32.10所示。

与Rill（里尔）[18]类似，将比较下列积分方法：

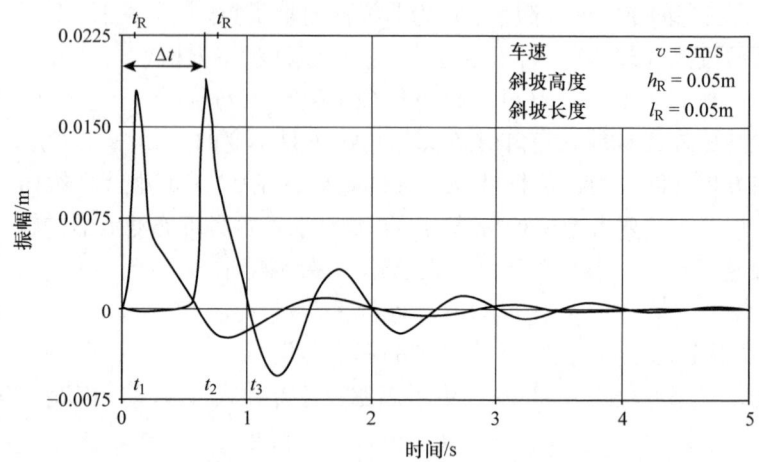

图 32.10 斜坡激励下非线性 16 自由度车辆模型前后轴的垂直振动

1. 单步方法

5 阶和 6 阶 Runge – Kutta – Fehlberg（龙格－库塔－菲尔德）程序［RKF5，RKF6］。

2. 多步预估校正方法

Shampine – Gordon（沙蓬－戈登）程序［SGDE］。

3. 外推方法

Stoer – Bulirsch（斯托－布利尔施）程序（SB）。

较多自由度的车辆模型的结果，由图 32.11 可以看出，Shampine – Gordon 程序[19]的结果最好、耗时少且计算精度高。

较少自由度车辆模型的随机激励，由表征路面不平度轮廓的谐波函数随机叠加生成，如图 32.12 所示。

前轴的垂直振动由路面轮廓确定，如图 32.13 所示。但是，激励的高频分量受到抑制，积分方法必须考虑高频。应用上面提到的程序产生的结果，如图 32.14 所示。由于快速确定微分方程的右端项，Runge – Kutta – Fehlberg 程序是更优的。

数值积分程序产生的时间历程，用于评价平顺性和安全性。在随机激励下，性能准则的计算需要通过时间平均，而时间平均可以直接通过谱密度或者协方差分析得到。

32.3.2 谱密度分析

随机振动的研究，可以在频率域采用谱分析或者在时间域应用协方差分析完成。

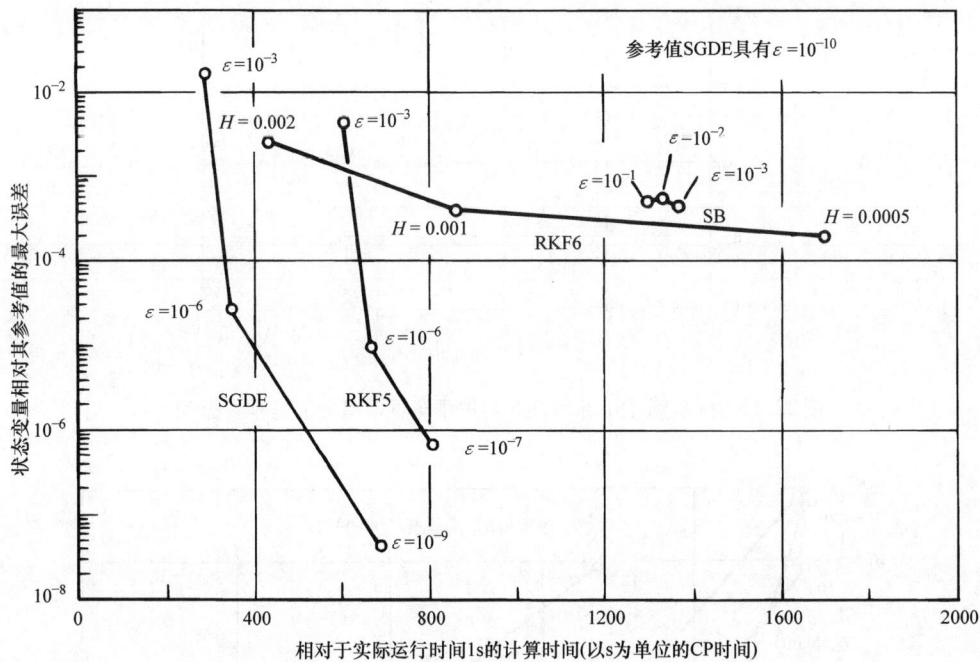

图 32.11 斜坡激励下非线性 16 自由度车辆模型的积分方法的比较（误差范围 ε，步长 H）

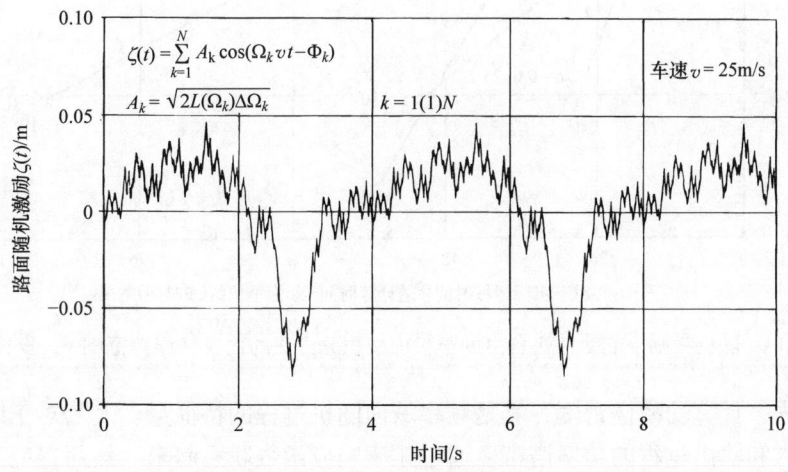

图 32.12 随机路面激励过程的实现

假设 $x(t) = 0$ 是渐进稳定的平衡位置，由 $E\{w(t)\} = 0$ 可知 $E\{x(t)\} = 0$，即稳态下状态向量的均值为 0。因此，目标是计算特征方差，例如频率域加权加速度 $\bar{a}(t)$ 的方差 $\sigma_{\bar{a}}^2 = E\{\bar{a}^2(t)\}$。

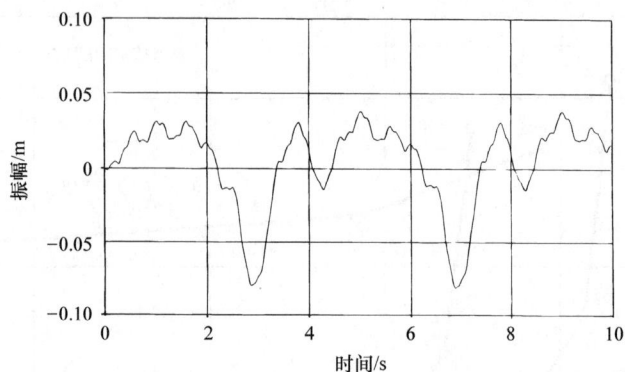

图 32.13　随机激励下非线性 5 自由度车辆模型的前轮垂直振动

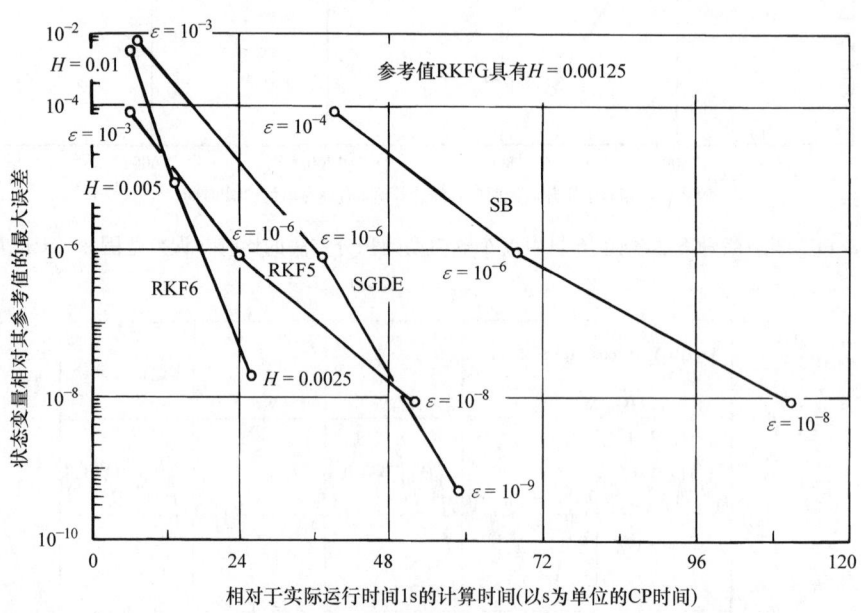

图 32.14　随机激励下非线性 5 自由度车辆模型积分方法的比较（误差范围 ε，步长 H）

首先，计算功率谱密度，其是频率域内随机过程的特征量。尤其对于线性系统，输入和输出过程的功率谱密度通过频率响应函数联系起来。然而，应当注意的是，车辆平顺性和安全准则主要由方差而不是由功率谱密度决定。

通过状态方程式（32.92）描述的整车系统的 $n \times n$ 功率谱密度矩阵 $S_x(\omega)$，假设 A 和 B 为常量，白噪声过程 $w(t) \sim (0, Q_w)$，有

$$S_x(\omega) = (i\omega E - A)^{-1} B Q_W B^{\mathrm{T}} (-i\omega E - A)^{-\mathrm{T}} \qquad (32.95)$$

因此，功率谱密度矩阵 S_w 由输入的强度矩阵 Q_w 与频率响应函数矩阵 $F_x =$

$(i\omega E - A)^{-1}$ 相乘得到。由于状态向量 $x(t)$ 和系统矩阵 A 通常可以分块,因此可以分别得到路面激励、悬架系统和底盘的功率谱密度矩阵的中间结果,从而更多减少数值计算的工作量。

标量加速度 $a(t)$ 的标量功率谱密度 $S_a(\omega)$,可以通过式(32.93)给出

$$S_a(\omega) = (c^T F_x(\omega) B + d^T) Q_W (B^T F_x^T(-\omega) c + d) \quad (32.96)$$

其中,运用了 $n \times n$ 频率响应矩阵 F_x。由式(32.95)可知,功率谱密度是一个二次表达式,即量和的功率谱密度在结果中产生附加项。由功率谱密度 $S_a(\omega)$、式(32.95)和由式(32.16)得到的频率权重,非常容易得到

$$S_{\bar{a}}(\omega) = \alpha^2 |F(\omega)|^2 S_a \quad (32.97)$$

对功率谱密度在整个区间进行积分得到方差

$$\sigma_{\bar{a}}^2 = \int_{-\infty}^{\infty} S_{\bar{a}}(\omega) d\omega = \int_{0}^{\infty} \Phi_{\bar{a}}(\omega) d\omega \quad (32.98)$$

将式(32.16)和式(32.98)进行对比,可以得到单边功率谱密度 $\Phi_{\bar{a}}(\omega) = 2 S_{\bar{a}}(\omega)$。

通常,不难实现对功率谱密度式(32.98)的数值计算。然而,要处理复杂的矩阵、许多近似点和非常大的积分间隔,这将产生数值误差,并且耗时多。通过运用下一节给出的协方差分析,可以避免式(32.98)的积分。

需要特别注意多轴车辆的谱分析,不同轴的激励通过具有时间延迟的激励函数给出

$$Bw(t) = \sum_{i=1}^{m} B_i \zeta_i(t)$$
$$\zeta_i(t) = \zeta(t - t_i), 0 = t_1 < t_2 < \cdots < t_m$$
$$t_i = \frac{l_i}{v}, i = 1, \cdots, m \quad (32.99)$$

式中,l_i 为前轴和第 i 轴之间的距离;v 为常车速。

随机激励下两轴车辆的功率谱密度矩阵为

$$S_x(\omega) = (i\omega E - A)^{-1} [B_1 S_\zeta B_1^T + B_2 S_\zeta B_2^T + e^{i\omega(t_1 - t_2)} B_2 S_\zeta B_1^T$$
$$+ e^{i\omega(t_2 - t_1)} B_1 S_\zeta B_2^T] (-i\omega E - A)^{-T} \quad (32.100)$$

在频率域内,时间延迟 $t_2 - t_1$ 产生了通过指数函数加权的附加项。

32.3.3 协方差分析

与谱分析相对照,协方差分析可以直接产生评价车辆平顺性和安全性要求的方差。整车系统的协方差矩阵,可以由代数方程即 Lyapunov 矩阵方程得到,而且不需要进行积分。协方差分析的关键前提条件是输入过程为白噪声,这总是可

以通过对车辆随机激励进行形态滤波器建模实现。

Lyapunov 矩阵方程与整车系统的状态方程式（32.92）相一致

$$AP_x + P_x A^T + BQ_w B^T = 0 \qquad (32.101)$$

式中，$P_x = E\{xx^T\}$ 为 $n \times n$ 的协方差对称矩阵；Q_w 为 $r \times r$ 的白噪声强度输入矩阵。

式（32.101）的一般推导在文献 [20] 中给出，求解 Lyapunov 矩阵方程稳定的数值方法在文献 [21-22] 中给出。因此，可以得到系统所有状态标量的方差。然而，平顺性计算需要频率加权加速度的方差，因而要将协方差分析应用于扩展系统式（32.94）。扩展状态向量 $\tilde{x}$ 的协方差矩阵为

$$P_{\tilde{x}} = \begin{bmatrix} P_x & P_{x\bar{v}} \\ P_{\bar{v}x} & P_{\bar{v}} \end{bmatrix} \qquad (32.102)$$

式中，$P_{x\bar{v}} = P_{\bar{v}x}^T$。

根据式（32.21），由 $s \times 1$ 维过程 $\bar{v}(t)$ 立即产生频率加权加速度及其方差

$$\sigma_a^2 = \alpha^2 \bar{h}^T P_{\bar{v}} \bar{h} \qquad (32.103)$$

这与式（32.98）相对应。协方差分析也适用于多轴车辆的研究，需要进行理论研究，如文献 [16] 所述。与谱分析相对照，协方差分析也可以应用于非平稳和非线性系统，不存在任何困难。

例 32.5　单轴车辆的随机振动

受到路面不平度激励的车轮，在垂直方向产生和进行随机振动，如图 32.15 所示。车轮动载变化的方差要应用协方差分析研究。路面不平度由白噪声速度 $\dot{\zeta}(t) \sim (0, q)$ 表征。

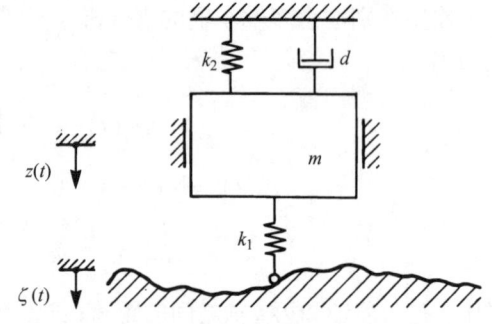

图 32.15　随机激励下单轴车辆模型

解：

车辆运动方程为

$$m\ddot{z} + d\dot{z} + (k_1 + k_2)z = k_1 \zeta(t) \qquad (32.104)$$

式中，$\zeta(t)$ 为标量随机过程。

相应的状态方程为

$$\underbrace{\begin{bmatrix} \dot{z} \\ \ddot{z} \end{bmatrix}}_{\dot{x}} = \underbrace{\begin{bmatrix} 0 & 1 \\ -\kappa_{12} & -\delta \end{bmatrix}}_{A} \underbrace{\begin{bmatrix} z \\ \dot{z} \end{bmatrix}}_{x} + \underbrace{\begin{bmatrix} 0 \\ \kappa_1 \end{bmatrix}}_{B} \zeta(t), \qquad (32.105)$$

$$\dot{x} = Ax + Bw(t)$$

式中，$\delta = d/m$；$\kappa_{12} = (k_1 + k_2)/m$；$\kappa_1 = k_1/m$。

由于随机激励由白噪声速度过程给出，推荐对式（32.105）进行微分，以便直接将 $\dot{\zeta}(t)$ 作为激励。然后，Lyapunov 方程为

$$A P_{\dot{x}} + P_{\dot{x}} A^T + BqB^T = 0 \tag{32.106}$$

其中，引入了状态向量的一阶导数 $\dot{x}$ 的 2×2 协方差矩阵

$$P_{\dot{x}} = \begin{bmatrix} P_{11} & P_{12} \\ P_{12} & P_{22} \end{bmatrix} = \begin{bmatrix} P_{\dot{z}\dot{z}} & P_{\dot{z}\ddot{z}} \\ P_{\dot{z}\ddot{z}} & P_{\ddot{z}\ddot{z}} \end{bmatrix} \tag{32.107}$$

式（32.106）的解产生如下矩阵

$$A P_{\dot{x}} = \begin{bmatrix} P_{12} & P_{22} \\ -\kappa_{12} P_{12} - \delta P_{12} & -\kappa_{12} P_{12} - \delta P_{22} \end{bmatrix} \tag{32.108}$$

$$BqB^T = \begin{bmatrix} 0 & 0 \\ 0 & \kappa_1^2 q \end{bmatrix} \tag{32.109}$$

由于式（32.106）中协方差矩阵的对称性，对于未知量有三个线性等式

$$\begin{bmatrix} 0 & 2 & 0 \\ -\kappa_{12} & -\delta & 1 \\ 0 & -2\kappa_{12} & -2\delta \end{bmatrix} \begin{bmatrix} P_{11} \\ P_{12} \\ P_{22} \end{bmatrix} = \begin{bmatrix} 0 \\ 0 \\ \kappa_1^2 q \end{bmatrix} \tag{32.110}$$

其解为

$$P_{11} = \frac{k_1^2}{2d(k_1 + k_2)} q, \ P_{12} = 0, \ P_{22} = \frac{k_1^2}{2dm} q \tag{32.111}$$

由式（32.104）可得车轮动载的加权向量 b，

$$f_{Dyn} = k_1 (z - \zeta) = \underbrace{[-d -m]}_{b^T} \underbrace{\begin{bmatrix} \dot{z} \\ \ddot{z} \end{bmatrix}}_{\dot{x}} \tag{32.112}$$

其中，认为 $k_2 \ll k_1$，得到车轮动载的方差 σ_f^2

$$\sigma_f^2 = b^T P_{\dot{x}} b = \left[\frac{k_1 d}{2} + \frac{k_1^2 m}{2d} \right] q \tag{32.113}$$

由此可以看出，如果选择黏性阻尼系数 $D = d/(2\sqrt{k_1 m}) = 0.5$，则 σ_f^2 取得最小值；如果选择最佳阻尼，则 $\sigma_f^2 = k_1 \sqrt{k_1 m q}$。结果表明，较小的轮胎质量 m 和较小的轮胎刚度 k_1 有益于车轮载荷变化。这些参数的设计限制，见第 8 章。

由于考虑了理想白噪声速度，本例需要 $k_2 \ll k_1$ 的假设。在通常有色噪声下，不需要满足此假设。

例 32.6　两轴车辆的随机振动

通过如图 32.16 所示的例子，演示协方差分析。两轴车辆四自由度模型，由

有色噪声 $\zeta(t)$ 由式（32.79）或者式（32.81）白噪声导数过程 $\dot{\zeta}(t)$ 激励。

假设为微小运动，要考虑前轮和后轮接触点的时间滞后 $t_2 = l_2/v$。

解：

广义坐标通过位置向量 $y(t) = [y_1(t), y_2(t), y_3(t), \Phi(t)]^T$ 表示，运动方程为

$$M\ddot{y}(t) + D\dot{y}(t) + Ky(t) = s_1\zeta_1(t) + s_2\zeta_2(t), \zeta_1(t) = \zeta(t), \zeta_2(t) = \zeta(t-t_2) \tag{32.114}$$

式中，M、D 和 K 分别为惯性、阻尼和刚度的矩阵；s_1，s_2 为输入激励向量；$M = \mathrm{diag}[m_1, m_2, m_3, J], s_1 = [k_1\ 0\ 0\ 0]^T, s_2 = [0\ k_2\ 0\ 0]^T$。

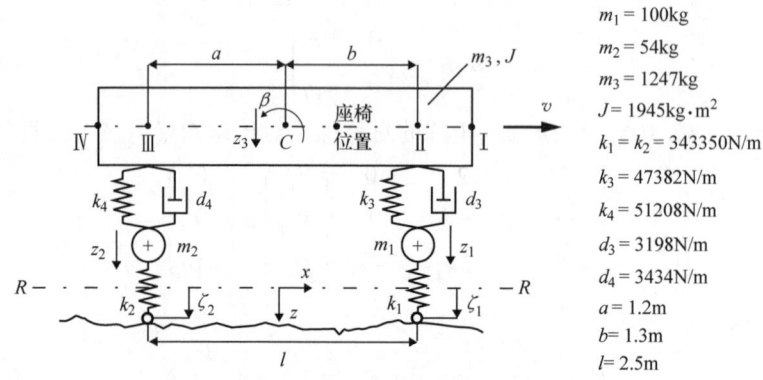

图 32.16　随机激励下两轴车辆模型和系统参数

$$D = \begin{bmatrix} d_3 & 0 & -d_3 & bd_3 \\ 0 & d_4 & -d_4 & -ad_4 \\ -d_3 & -d_4 & d_3+d_4 & -bd_3+ad_4 \\ bd_3 & -ad_4 & -bd_3+ad_4 & b^2 d_3 + a^2 d_4 \end{bmatrix} \tag{32.115}$$

$$K = \begin{bmatrix} k_1+k_3 & 0 & -k_3 & bk_3 \\ 0 & k_2+k_4 & -k_4 & -ak_4 \\ -k_3 & -k_4 & k_3+k_4 & -bk_3+ak_4 \\ bk_3 & -ak_4 & -bk_3+ak_4 & b^2 k_3 + a^2 k_4 \end{bmatrix} \tag{32.116}$$

由式（32.114），可以得到车辆状态空间表示

$$\dot{x}(t) = Ax(t) + b_1\zeta_1(t) + b_2\zeta_2(t) = Ax(t) + B\xi,$$

$$x(t) = \begin{bmatrix} y(t) \\ \dot{y}(t) \end{bmatrix}, \xi(t) = \begin{bmatrix} \zeta_1(t) \\ \zeta_2(t) \end{bmatrix}, A = \begin{bmatrix} 0 & E \\ -M^{-1}K & -M^{-1}D \end{bmatrix}, b_1 = \begin{bmatrix} 0 \\ M^{-1}s_2 \end{bmatrix}$$

$$B = \begin{bmatrix} b_1 & b_2 \end{bmatrix} \tag{32.117}$$

为了应用车辆白噪声激励，$\dot{\zeta}(t) \equiv w(t)$，对式（32.117）微分为

$$[\dot{x}(t)]^1 = A[\dot{x}(t)] + Bw(t) \tag{32.118}$$

其中，白噪声向量过程 w 的协方差矩阵为

$$R_W(\tau) = E\{w(t)w^T(t-\tau)\} = q_\zeta \begin{bmatrix} \delta(\tau) & \delta(\tau + t_2) \\ \delta(\tau - t_2) & \delta(\tau) \end{bmatrix} \tag{32.119}$$

因此，稳态的协方差矩阵 P_x^* 满足 Lyapunov 代数方程

$$AP_x^* + P_x^* A^T + Q = 0, cQ = q_\zeta [b_1 b_1^T + b_2 b_2^T + e^{At_2} b_1 b_2^T + b_2 b_1^T e^{A^T t_2}] \tag{32.120}$$

由 P_x，在坐标 $y_p(t) = a^T y(t)$ 中任一点 P 的车身加速度 $\ddot{y}_p(t)$ 的方差可以通过下式计算

$$\sigma_a^2 = [0^T \ a^T] P_x^* \begin{bmatrix} 0 \\ a \end{bmatrix} \tag{32.121}$$

类似得到车轮载荷 $F_i = k_i(\zeta_i - y_i)$，$i = 1, 2$ 的方差 σ_F^2，但是需要运用式（32.114）消除位移。图 32.17 给出一些数值结果，其中假设光滑路面（$q_\zeta = 3.14 \times 10^{-6} \cdot vm^2/s$——实线）和不平路面激励（$q_\zeta = 24.7 \times 10^{-6} \cdot vm^2/s$——虚线）。在图 32.17a 中，给出前后轮载荷的标准差 σ_F/F_0 与速度的关系，由于激励与 v 成正比，因此，其随着 $\sqrt{v}$ 的增加而增加，其中 F_0 表示静载。即使在最坏的情况，即不平路面、前轮、最大车速的情况，根据式（32.28）可以得到安全系数 $R = 1 - \sigma_F/F_0 \approx 0.75$，这表明车辆乘坐安全。在图 32.17b 中，给出车身加速度标准差 σ_a/g 与车长的关系，其清晰说明不同车速下的质心位置的最小值。忽略前轮和后轮激励之间的时间滞后（点线）会导致不正确的结果，尤其是在座位点附近会更大。协方差分析在优化问题中也有重要的应用，图 32.17c 给出简单的例子。其中，研究无量纲阻尼比 $D = D_i \equiv d_i/(2\sqrt{k_i \overline{m_i}})$，$i = 1, 2$，($\overline{m}_1 = m_3 a/l_1$，$\overline{m}_2 = m_3 b/l_1$) 对座椅加速度标准差 σ_{a_s}/g 的影响。当 $0.1 \le D \le 0.25$ 时，标准差取得最好解。然而，车轮载荷变化需要更高的阻尼，要进行折衷。对于平顺性评价，要计算感受量值 K。粗略的近似估计方法，运用经验法则 $a_{max} \le 0.5$m/s 表明最坏情况：不平路面、前轮、最大阻尼，当然导致不良的行驶平顺性。车辆悬架优化方法的进一步信息，见第 8 章。

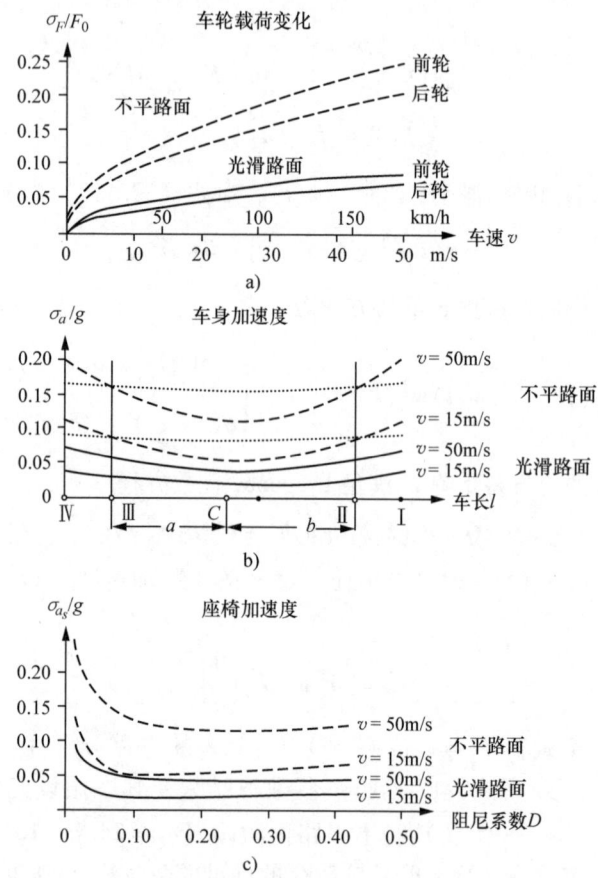

图 32.17 随机响应方差：a）车轮载荷变化与车速的关系；b）车身加速度与车长的关系；c）座椅加速度与阻尼的关系（实线—光滑路面，虚线—不平路面）

参 考 文 献

1. Müller, P. C.: *Stabilität und Matrizen*. Berlin, Germany: Springer, 1977.
2. ISO International Standard 2631: *Guide for the Evaluation for the Human Exposure to Whole-Body Vibrations*. Berlin, Germany: Beuth, 1974. Also ISO 2631: Mechanical Vibration and Shock-Evaluation of Human Exposure to Whole-Body Vibrations. Berlin, Germany: Beuth, 1997–2004.
3. VDI–Richtlinie 2057: *Beurteilung der Einwirkung mechanischer Schwingungen auf den Menschen*. Duesseldorf, Germany: VDI-Verlag, 1975–1979. Also VDI 2057: Einwirkung mechanischer Schwingungen auf den Menschen-Ganzkoerper-Schwingungen. Duesseldorf, Germany: VDI-Verlag, 2002.
4. Popp, K.: Schiehlen, W.: Ground Vehicle Dynamics. Berlin, Germany: Springer, 2010.
5. Wong, J. Y.: *Theory of Ground Vehicles*. New York: Springer, 2001.
6. Mitschke, M.: *Dynamik der Kraftfahrzeuge*. Berlin, Germany: Springer, 1972.
7. Braun, H.: *Untersuchungen von Fahrbahnunebenheiten und Anwendung der Ergebnisse*. Braunschweig,

Germany: Dr.-Ing. Diss., 1969.
8. Voy, C.: *Die Simulation vertikaler Fahrzeugschwingungen*. Fort. Ber. VDI Reihe12 Nr. 30. Düsseldorf, Germany: VDI-Verlag, 1977.
9. Bormann, V.: Messungen von Fahrbahnunebenheiten paralleler Fahrspuren und Anwendung der Ergebnisse. *Vehicle Syst. Dyn.* 7 (1978), 65–81.
10. Crandall, S. H.; Mark, W. D.: *Random Vibration in Mechanical Systems*. New York, London, U.K.: Academic Press, 1963.
11. Newland, D. E.: *Random Vibrations and Spectral Analysis*. London, U.K., New York: Longman, 1975.
12. Heinrich, W., Hennig, K.: *Zufallsschwingungen mechanischer Systeme*. Braunschweig, Germany: Vieweg, 1978.
13. Dodds, C. J.; Robson, J. D.: The description of road surface roughness. *J. Sound Vibration* 31 (1973), 175–183.
14. Rill, G.: *Instationäre Fahrzeugschwingungen bei stochastischer Erregung*. Stuttgart, Germany: Dr.-Ing. Diss., 1983.
15. Czerny, L.: *Analyse instationärer Zufallsschwingungen*. Fort. Ber. VDI Reihe 11 Nr. 99. Düsseldorf, Germany: VDI-Verlag, 1987.
16. Müller, P. C., Popp, K., Schiehlen, W. O.: Berechnungsverfahren für stochastische Fahrzeugschwingungen. *Ing. Arch.* 49 (1980), 235–254.
17. Müller, P. C., Popp, K.: Kovarianzanalyse von linearen Zufallsschwingungen mit zeitlich verschobenen Erregerprozessen. *Z. angew. Math. Mech.* 59 (1979), T144–T146.
18. Rill, G.: *Auswahl eines geeigneten Integrationsverfahrens für nichtlineare Bewegungsgleichungen bei Erregung durch beliebige Zeitfunktionen*. Stuttgart, Germany: Forschungsbericht FB-4. Inst. B f. Mechanik, 1981. Also Rill, G.; Schiehlen, W.: Performance assessment of time integration methods for vehicle dynamics simulations In: Arczewski, K.; Frazek, J.; Wojtyra, M. (eds.): Multibody Dynamics 2009, ECCOMAS Thematic Conference. Warsaw, Poland: Warsaw University of Technology, 2009.
19. Shampine, L. F., Gordon, M. K.: *Computer Solution of Ordinary Differential Equations*. San Francisco, CA: Freeman, 1984: Braunschweig, Germany: Vieweg, 1984.
20. Müller, P. C.; Schiehlen, W.: *Lineare Schwingungen*. Wiesbaden, Germany: Akademische Verlagsgesellschaft, 1976 und Stuttgart, Germany: Inst. B. f. Mechanik (ISBN 3-927618-13-6), 1991.
21. Smith, R. A.: Matrix equation XA + BX = C. *SIAM J. Appl. Math.* 16 (1968), 198–201.
22. Kreisselmeier, G.: A solution of the bilinear matrix equation AY + YB = -Q. *SIAM J. Appl. Math.* 23 (1972), 334–338.

第33章 车辆水平运动的控制

33.1 汽车控制系统概述

在一些行驶工况下,驾驶员可能会失去对汽车的控制。如果驾驶员踩踏制动踏板过于用力,车轮会停止转动和抱死。如果前轮抱死,驾驶员不能转向,汽车会漂移;如果后轮抱死,驾驶员将无法使汽车转弯。如果驾驶员过于用力踩踏加速踏板,也会产生类似的效果:车轮滑动对汽车的作用与车轮抱死相似。然而,即使不过度加速或减速,驾驶员同样可能会失去对汽车的控制,例如由于粗暴的转向操作。

在这些情况下,控制系统有助于驾驶员保持对汽车的控制,这些系统包括防抱死制动系统(ABS),用于防止车轮抱死;驱动防滑系统(TCS 或 ASR),用于防止车轮打滑;电子稳定性系统(ESP),用于防止汽车转向或漂移。在下面的部分中,ABS 和 TCS 会被当作单独系统进行说明。ESP 包括 ABS 和 TCS 的功能,它们会作为 ESP 层次结构的一部分进行说明。这些系统的综述,见文献 [1-3]。

33.1.1 汽车的可控性

众所周知,如果车轮抱死或打滑,其产生对汽车的力和横摆力矩与轮胎侧偏角无关,这样就可以解释汽车为什么会失去控制。然而,这并不能直接解释为什么即使车轮不抱死或打滑汽车也会失去控制,如图 33.1 所示。

为了进行解释,Honda(本田)开发出称为 β 法的方法[4]。该方法说明了侧偏角对汽车横摆力矩的影响,如图 33.2 所示。侧偏角较小时,转向角的改变导致横摆力矩的变化比大侧偏角大得多。如果由于某些原因导致侧偏角变大,转向角的改变对横摆力矩的影响会是小的,当该影响太小以至于无法通过转向盘来消除侧偏角时,就无法避免汽车行驶方向的偏离。这就解释了侧偏角较大(超过 6°)的情况下,一般驾驶员通常在转向盘的任何方向转向不超过 90°从而失控的

图 33.1　干燥沥青路面，初始车速 100km/h，转向盘转角阶跃 90°输入时的转向运动

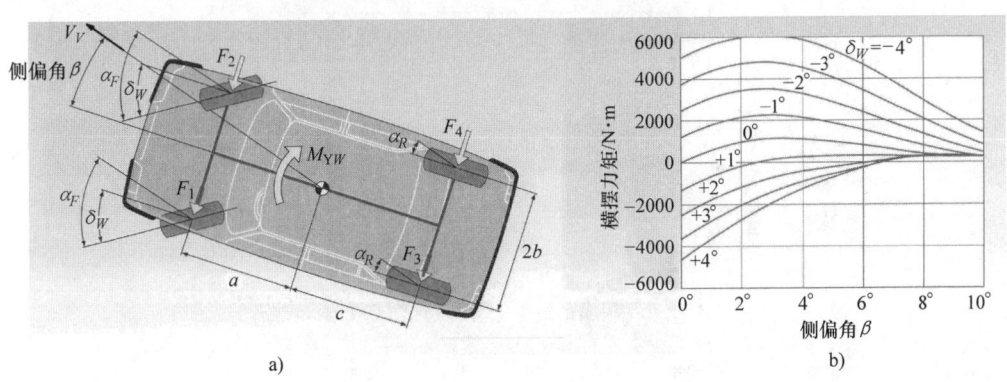

图 33.2　β 法：a) 汽车俯视图；b) 各种转向盘转角下汽车横摆力矩与侧偏角的关系

原因。

Toyota（丰田）给出汽车可能失控的另一种解释，如图 33.3 所示[5]，该图是不同转向角下组合侧偏角和侧偏角速度的汽车运动轨迹。在稳定区域，侧偏角和侧偏角速度的组合导致侧偏角恒定和零侧偏角速度的稳态。如果转向角为零，则稳定状态的侧偏角和侧偏角速度都为零。这意味着无论初始状态如何，汽车最终将沿直线行驶，如图 33.3a 所示。在不稳定区域，无法实现稳定状态，并且汽车将不会沿直线行驶。然而，沿直线行驶是驾驶员希望实现的。如果转向角不为零，则稳定区域将减小，如图 33.3b 所示。如果转向角足够大，汽车行驶没有稳定状态，如图 33.3c 所示。

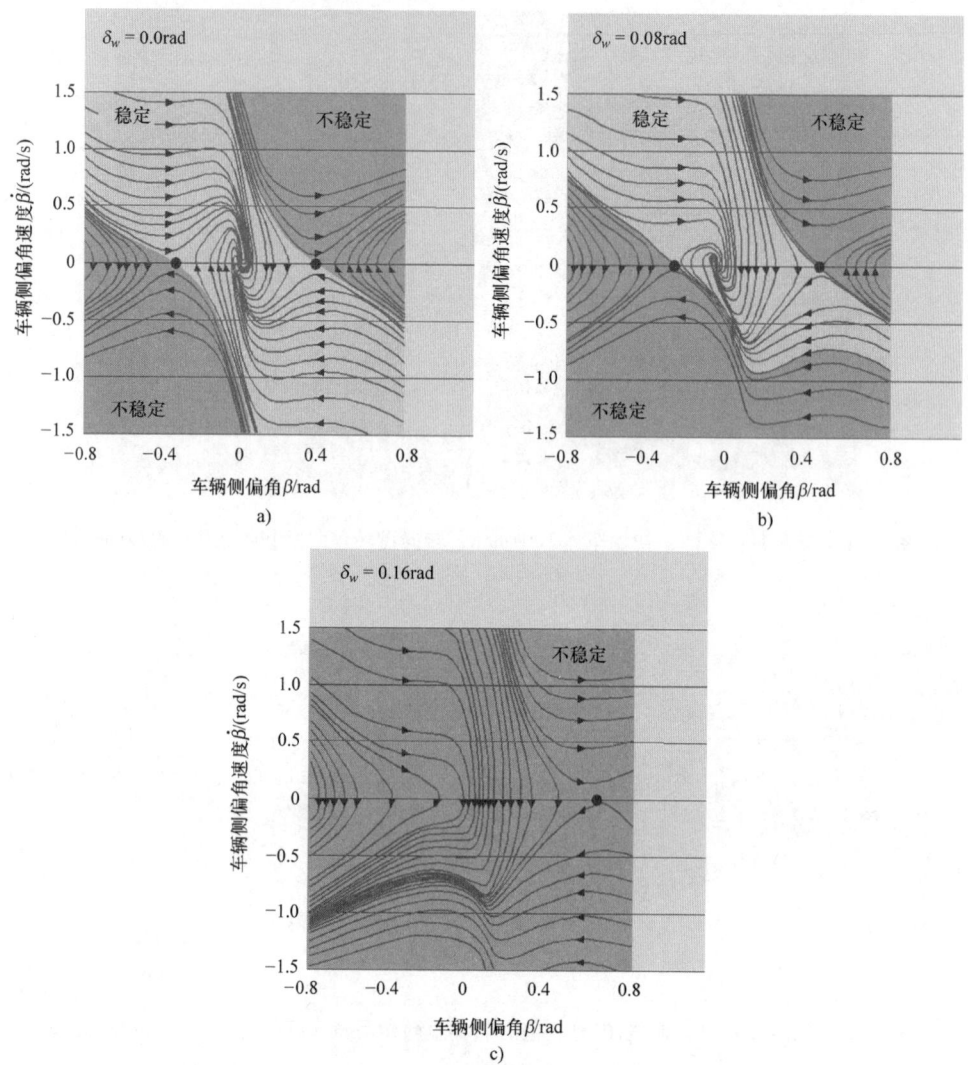

图33.3 取决于转向盘转角具有稳定和非稳定区域的汽车运动相平面图

在这样的状态下,驾驶员控制汽车极其困难。其中,ESP有助于驾驶员对汽车进行控制。此外,研究结果表明,即使ABS和TCS分别防止车轮抱死和打滑,也可能仍然难以控制汽车。这些系统采用了特殊的控制逻辑,在防止车轮抱死或打滑过程中分别改善汽车的控制性。此外,必须针对每个汽车对该系统进行调整,以达到汽车有关行为性能的优化。这表明ESP改善车辆可控制性的必要性也与ABS和TCS情况一样。

33.1.2 轮胎的基本特性

如果一个车轮不进行转向、制动和驱动,则其旋转角速度称为自由滚动旋转角速度 ω_{R0},可以由车速 v_v 计算:$\omega_{R0} = v_v/R$,如图 33.4 所示。车轮半径 R 通过车轮滚动一周的距离除以 2π 得到。如果车轮受到制动力矩 M_{BR},则其旋转角速度 ω_R 小于自由滚动旋转角速度 ω_{R0}。在描述控制系统时,采用的是车轮速度而不是其旋转角速度。车轮速度可以定义为车轮旋转角速度和车轮半径 R 的乘积,则车轮自由滚动速度 $v_{WhlFre} = \omega_{R0} R$,而车轮速度为 $v_{Whl} = \omega_R R$。

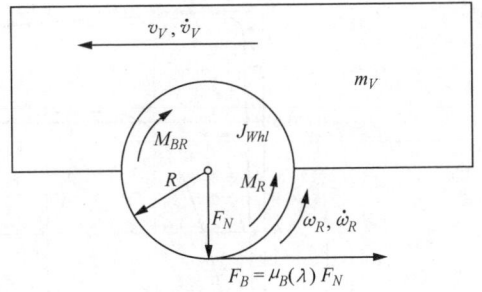

图 33.4 连接车身的简单车轮物理模型

车轮自由滚动速度与车轮制动速度之差称为滑动速度,滑动速度除以车轮自由滚动速度称为车轮或轮胎滑动率 λ。当车轮抱死时,其值为 1。通常,滑动率也用百分比表示,当车轮抱死时,其值为 100%。

$$\lambda = \frac{v_{WhlFre} - v_{Whl}}{v_{Whlfre}} \tag{33.1}$$

如果制动力矩 M_{BR} 作用于车轮上,则在轮胎和路面之间产生制动力 F_B。如果轮胎法向力为 F_N,则制动摩擦系数为 $\mu_B = F_B/F_N$。车轮上的路面力矩 M_R 可以定义为制动力 F_B 和车轮半径 R 的乘积:$M_R = \mu_B F_N R$,在制动滑动率与制动摩擦系数之间存在非线性关系,称为 μ - 滑动率曲线。图 33.5 所示为典型的 μ - 滑动率曲线,图 33.6 给出各种路面的 μ - 滑动率曲线,曲线通常存在一个最大值。但是,对于如雪地和沙地,曲线可能不存在最大值。最大值处对应的滑动率通常

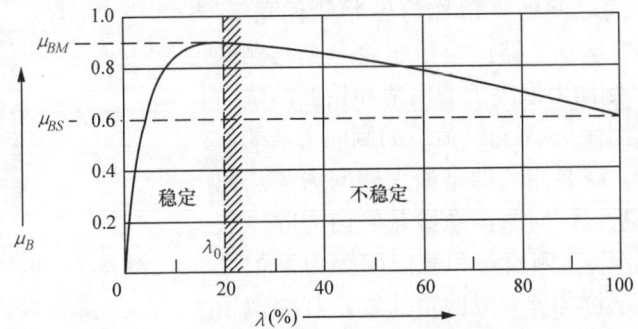

图 33.5 典型的 μ - 滑动率曲线,具有 μ_{BM} 作为摩擦系数的最大值,
μ_{BS} 作为滑动轮胎的摩擦系数值

称为 λ_0，当轮胎滑动率大于 λ_0 时，μ - 滑动率曲线是不稳定的，因为制动力矩和路面力矩之间没有稳定平衡：常制动力矩下的轮胎滑动率是不稳定的，其将增加直到轮胎抱死。

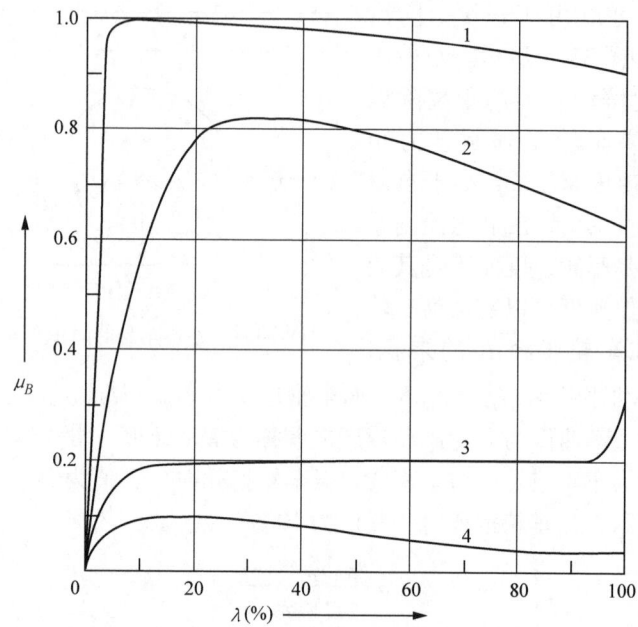

图 33.6　一些典型路面的 μ - 滑动率曲线

曲线 1 为干燥沥青路面；曲线 2 为湿滑沥青路面；曲线 3 为踩过的雪；曲线 4 为抛光的冰

对于一个自由滚动车轮，其纵向速度为 v_x，当受到侧向力时，则车轮将向侧向运动，轮心产生的速度为 v_{VWhl}，如图 33.7 所示。产生的车轮速度与车轮平面之间的夹角称为轮胎侧偏角 α。由于车轮向侧向运动，路面会给车轮一个与侧向相反的力 F_S，侧向力取决于侧偏角和轮胎的法向力。图 33.8 给出一些车轮载荷下的侧向力与侧偏角之间的关系，需要注意的是最大侧向力与法向力不成正比关系，侧向摩擦系数是侧向力除以法向力，$\mu_S = F_S/F_N$。侧偏角和侧向摩擦力系数之间的非线性关系称为 μ - 侧偏角曲线，其类似于滑动率与纵向摩擦系数之间的关系。

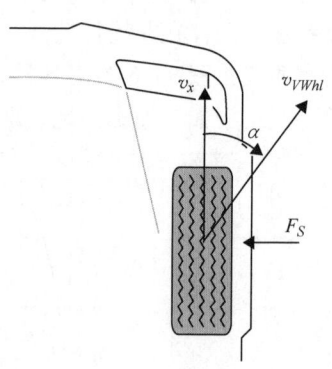

图 33.7　车轮侧偏角和侧向力定义

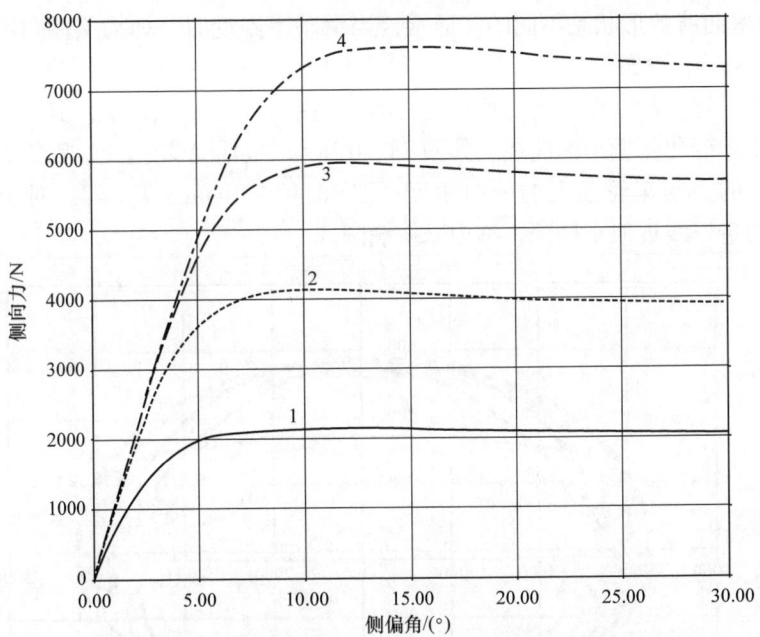

图 33.8 一些车轮载荷下车轮侧向力与侧偏角的关系
曲线 1 为 2000N；曲线 2 为 4000N；曲线 3 为 6000N；曲线 4 为 8000N

侧向摩擦系数也取决于轮胎滑动率。通常，当侧偏角不变时，如果轮胎滑动率增加，则侧向摩擦系数会减小，如图 33.9 所示。此外，对于不同的侧偏角，

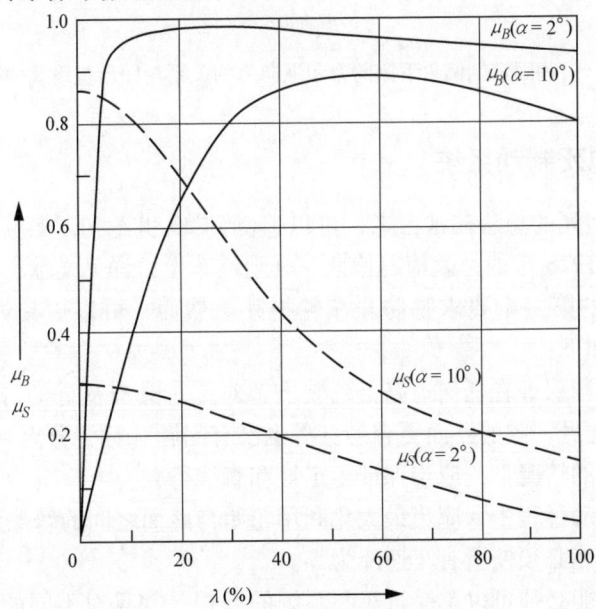

图 33.9 一些固定侧偏角下 μ - 滑动率曲线和侧向力摩擦系数与滑动率之间的关系

μ-滑动率曲线的形状是不同的。通常，当滑动率不变时，如果侧偏角增加，则μ_B会减小，λ_0增加。

通常，将车轮上纵向力与侧向力之间的关系表示在一张图上。其中，画出固定侧偏角和变化侧偏角的曲线，如图33.10所示。如果车轮抱死，则轮胎和路面之间产生的力与车轮速度的方向相反；图33.10中$\tan\alpha = F_S/F_B$。对于控制系统，图的包络线近似于椭圆，称为摩擦椭圆。

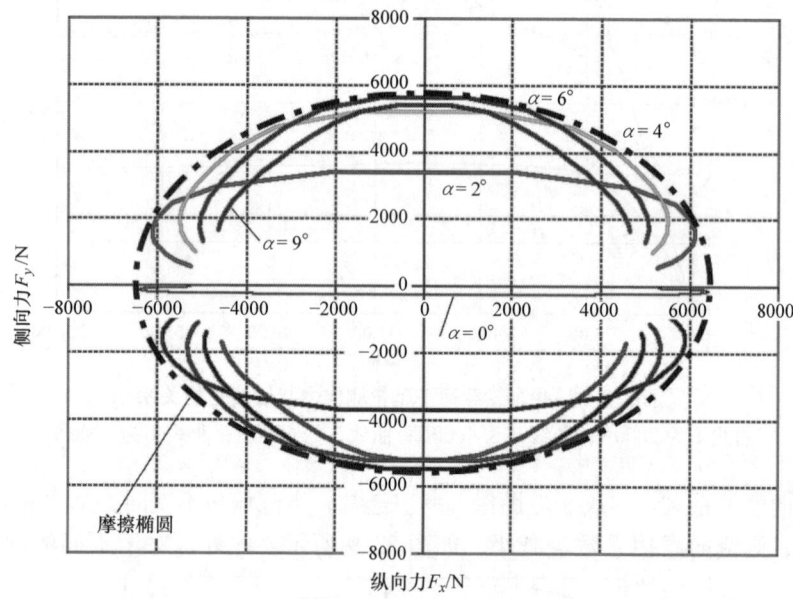

图33.10 一些固定侧偏角下侧向力和纵向力的关系与图形包络线的摩擦椭圆

33.1.3 防抱死制动系统

防止车轮抱死的想法非常古老，可以追溯到20世纪初。第一款现代电子控制ABS安装在1978年的一款梅赛德斯-奔驰汽车上，详见文献[6]。

对于ABS的第一个要求是防止车轮抱死。然而，可以更具体地制定要求。最重要的要求如下：

1）制动应当保证在任何道路上驾驶员都对汽车具有良好的可控性，即使汽车一侧的路面比另一侧的路面更容易打滑也没有问题（称为分离-μ制动）。

2）在滑水的情况下，应当保证稳定性和直线行驶。

3）在全制动过程中，应当最大化利用轮胎与路面之间的摩擦系数。

4）控制功能必须使所有车速降为零。

5）控制性能必须可以承受汽车和系统的磨损，并且对不同的轮胎类型和轮胎磨损也是一样。

6）在 -20~120℃ 范围内，系统必须表现充分的性能，在更低的温度下性能也不能突然消失。

7）高速直线制动情况下的优先顺序如下：

① 制动距离。

② 汽车稳定性。

③ 舒适性（噪声和制动踏板的抖动）。

8）高速操纵情况下的优先顺序如下：

① 汽车稳定性。

② 制动距离。

③ 舒适性（噪声和制动踏板的抖动）。

9）μ-分离制动情况下的优先顺序如下：

① 制动距离。

② 汽车稳定性。

③ 汽车转向稳定性（转向盘旋转速度 <90°/s）。

④ 汽车的侧向位移（相对于行驶轨迹的中轴线 <0.5m）。

⑤ 舒适性（噪声和制动踏板的抖动）。

10）系统应当不断被监控以保证适当的性能。如果检测到系统部件失效，其可能降低系统性能，则该系统必须要将自身关闭，通过车辆仪表板上的警告灯对驾驶员进行警告；如果系统被关闭，则基本制动系统必须是全功能的。

为了满足这些要求，控制系统必须限制车轮滑动，以使得前后轴的侧向稳定性裕度足够大，驾驶员可以在尽可能减小制动距离的同时保持对于汽车的控制。

由于成本的原因，没有对车速进行测定；因此，滑动既不能直接确定也不能被控制。相反，独立的 ABS 主要以如下方式设计为制动力的优化器。如果滑动率大于最大制动力下的滑动率 λ_0，则滑动不稳定，并且车轮趋向于抱死，表现为大的车轮减速度。反之亦然，假设如果车轮的减速度较大，则滑动率大于 λ_0，并且制动力小于最大值。在这种情况下，必须减小制动压力，以使车轮加速，增加其速度，因而减小滑动率，增加制动力。此外，假设车轮加速度下降到一个较小的值后，则滑动率小于 λ_0，制动力小于其最大值。在这种情况下，必须增加制动压力，以使滑动率增加，从而增加制动力。通过车轮的加速度和减速度控制车轮的制动压力；ABS 主要控制车轮的加速度和减速度。滑动率值为 λ_0 时，轮胎侧向稳定性的裕度已经改善了全制动过程车辆的可控性。

ABS 减小了驾驶员所产生的车轮制动压力，以便车轮不抱死。如果驾驶员没有施加足够大的力去踩制动踏板，车轮不趋向于抱死，则控制就不会开始。因此，车轮的制动压力不会大于驾驶员施加的力；ABS不能主动增加车轮的压力。

ABS压力控制的简化原理，如图33.11所示。在阶段1中，展示制动过程开始阶段的车轮制动压力 p_{Whl}。由于制动力矩，车轮减速，车辆也减速。如果车轮的加速度 a_{Whl} 低于阈值 $-a$，则停止增加制动压力。因为水平轴运动可以使车轮不稳定，所以它保持为一个常数，不立即减小。这可能较易发生在制动过程的开始阶段，当车轮的柔性开始起作用时。只有在车轮速度也下降到低于曲线 λ_1 时，压力才降低。曲线 λ_1 位于参考速度 v_{Ref} 曲线下的某个阈值。

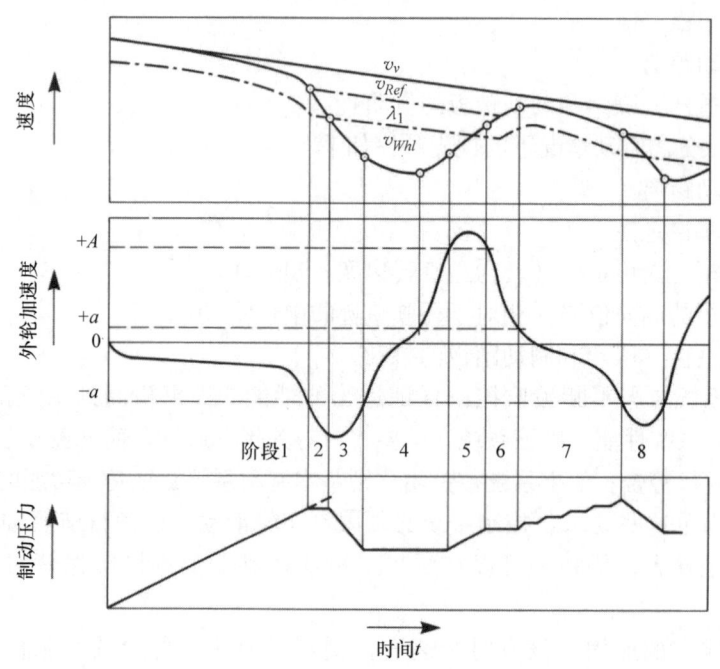

图33.11 独立ABS制动控制策略典型的初始部分时间历程

在车轮减速过程中，假设 a_{Whl} 达到值 $-a$ 时摩擦系数达到其最大值。因为摩擦系数最大时，v_{Ref} 应当接近于车轮速度，参考速度就是由这个车轮速度外推得出的。外推的斜率是可变的，从 $-0.3g$（近似对应于压实雪的摩擦系数）开始，随着压力增加而增大。此外，v_{Ref} 由每一对对角车轮推导，例如左前轮和右后轮；在后轴，参考速度由某种逻辑联系在一起。v_{Ref} 的平均斜率不能太陡是很重要的，否则车轮会在车辆停下来之前抱死。

如果车轮减速度减少，a_{Whl} 增大到超过阈值 $-a$ 以上时，压力不再下降和保持不变。在阶段4中，可以观测到车轮的加速度和速度。如果车轮速度不能快速增加到大于速度 λ_1 的话，压力会逐步下降。在阶段5中，车轮的加速度很大，

超过了阈值 $+A$。在这种情况下，假设制动力矩 M_{BR} 和路面力矩 M_R 之间的差异很大。因此，在整个阶段中制动压力增加。在阶段 5 之后，制动压力保持不变，可以进一步观测车轮的加速度。

如果车轮再次减速，则会有一个稳定的滑动。在此发生之前的短时间内，当车轮的加速度降到阈值 $+a$ 之下时，制动压力再次增加。现在以分步方式进行解释。第一步是可变的，而接下来的几步是固定的，但在数量上增加。第一步的初始值根据学习方案选取，以便使其接近最大制动力。后面按照逐步增加的想法，也就是制动压力缓慢增加，只是为了缓慢增加滑动率的水平，以便在很长时间内使制动力保持其最大值。压力分步增加，直到车轮加速度再次达到阈值 $-a$。此时，制动压力立刻下降，因为假设车轮的柔性不再影响车轮运动。然后，重复控制循环。由于控制方案的逻辑有许多阈值，其通常被称为 ABS 逻辑。

由于车轮的加速度和减速度只取决于制动力矩和路面力矩之间的差，而不是它们的大小，路面摩擦系数对控制性能的影响不大。因此，ABS 对路面摩擦系数具有适应性。制动时摩擦系数的变化也是如此，例如制动力逐渐消退时。滑动率的平均值可以通过修正阈值和压力步实现。通常，为了提高车辆的可控性，选取的修正是平均滑动率结果，其小于 μ - 滑动率曲线上最大值对应的滑动率。

先前的控制目标几乎是在每个车轮上单独最大化制动力，这种类型的控制称为单独控制。在某些情况下，单独控制不足以使驾驶员保持对汽车的控制。特别是在分离 - μ 路面，即汽车一侧的摩擦系数小于另一侧的摩擦系数，需要特殊的控制特性。后轴采用"就低"原则控制，前轴采用横摆力矩梯度衰减（GMA）。这些特性将在分离 - μ 制动操作中讨论。

分离 - μ 路面的制动，如图 33.12 所示。汽车左侧的路面摩擦系数高（$\mu_B = 0.8$），而右边非常低（$\mu_B = 0.1$）。对于单独控制，左侧的制动力远高于右侧的制动力。结果是汽车会产生大的横摆力矩，驾驶员必须通过快速和大的反向转向平衡这个横摆力矩。为了减小横摆力矩和增加后轴稳定性裕度，后轴左侧的压力要等于右侧压力，这称为就低原则。这样左后轮的滑动就会非常小，由于滑动产生的侧向力降低也会很小。因此，驾驶员更容易控制车辆。但是，这个原理不能应用在前轴上，因为车辆左侧较高的摩擦系数根本不能被利用，会使制动距离相

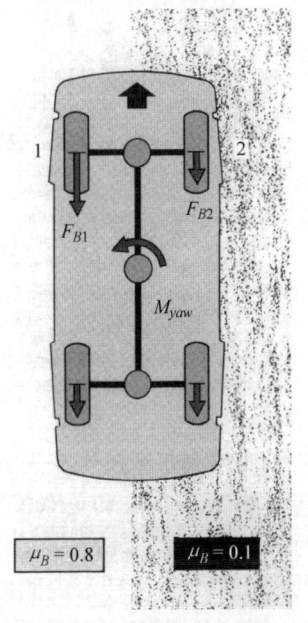

图 33.12　在分离 - μ 路面上单独 ABS 制动控制过程的制动力 F_{B1}、F_{B2} 和横摆力矩 M_{yaw}

应变得更长。相反，在前轴允许存在横摆力矩；然而，不允许其增加非常快。这可以通过两种方式实现。一种方式是只要右车轮达到减速度阈值，就开始逐步增加左车轮的制动压力，如图33.13曲线3所示。所需的转向盘力矩（图33.13曲线7）小于单独控制（图33.13曲线2和曲线6）。另一种方式，如图33.13曲线4所示。由于这是横摆力矩梯度减少，驾驶员有足够的时间反向转向使车辆在道路上保持稳定。

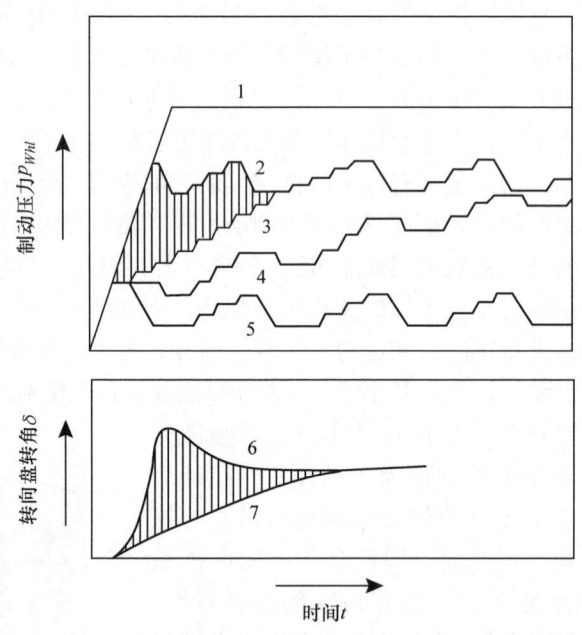

图 33.13 一些横摆力矩梯度减少方案对所需转向盘转角的影响
曲线 1 为驾驶员引起的制动压力；曲线 2 为单轮制动控制；
曲线 3 和曲线 4 为高摩擦系数路面上减少车轮制动压力梯度的两种可能控制方案；
曲线 5 为摩擦系数路面上的制动控制；曲线 6 为单独控制所需的时间历程；
曲线 7 为减少压力梯度控制所需的转向盘转角时间历程

如果汽车摩擦半径为负，驾驶员的反方向力矩也会减少，因为车轮会自动回转。然而，GMA 和负摩擦半径都会降低汽车在转向制动时的稳定性。车辆转弯时，转弯外侧的车轮具有的垂向力比内侧的要大，对于单独控制，转弯外侧车轮的制动压力会比转弯内侧的要大。因此，"转弯制动"与"分离 - μ 制动"类似。在 ABS 控制开始阶段，GMA 特性控制将从选择前后轴的低制动压力开始。这种情况与转向时部分制动类似，车辆趋向于过度转向是已知的，这种趋势会在前轴车轮单独控制时消失，如图 33.14 所示。在负摩擦半径情况下，因为前轮将转向过度进入转弯，汽车转弯制动时也趋向于过度转向。然而，这种情况更为严重,因为整个过程中自转向效应保持活跃。因此,GMA 特性不能只对分离 $-\mu$ 制动优化,而应在转弯制动和分离 $-\mu$ 制动的车辆控制性之间找到折衷。

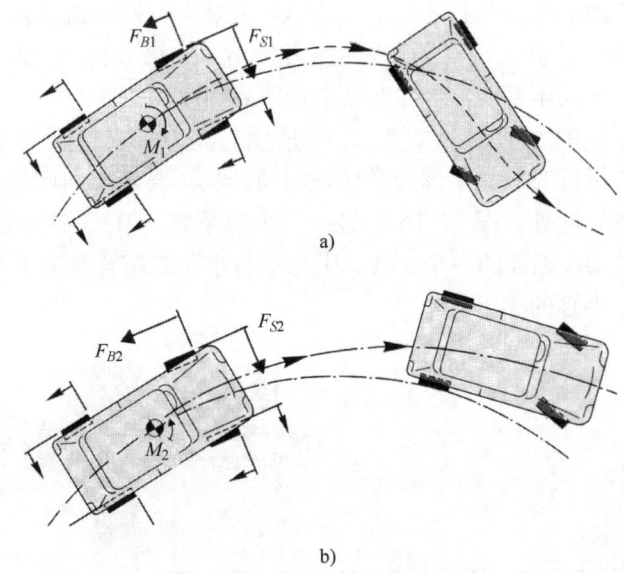

图 33.14 转弯 ABS 制动过程中汽车横摆力矩梯度减少对横摆力矩的影响:
a) 由于横摆力矩梯度减少导致的过度转向行为和对汽车产生的过度转向横摆力矩 M_1;
b) 由于每个车轮单独控制导致的不足转向行为和对汽车产生的不足转向横摆力矩 M_2

在雪覆盖的路面上,μ - 滑动率曲线小于 100% 的滑动率可能不表现最大值,如图 33.6 所示。在这种情况和摩擦系数随轮胎滑动率连续增加的所有情况下,例如深雪、深沙,违反了 ABS 的基本假设,即 μ - 滑动曲线的最大值表现在小滑动率下,其中侧向稳定性裕度大。对于这些情况,ABS 控制可能最终导致车轮抱死。

单个车轮制动压力调节原理,如图 33.15 所示。液压方块图的部件处于未触

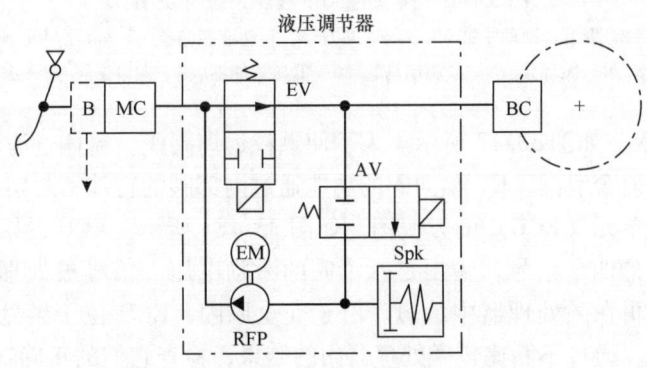

图 33.15 单个车轮制动压力调节原理

发的位置，然后入口阀（EV）打开，出口阀（AV）关闭。如果驾驶员踩制动踏板，制动流体从制动主缸（MC）通过打开的 EV 加压到制动轮缸（BC）。如果 EV 被触发，BC 内的压力保持不变。如果 AV 被触发，制动流体从制动 BC 流到低压蓄能器（Spk），并且制动 BC 内的压力减小。如果电机（EM）被触发，再循环泵（RFP）从低压蓄能器传输制动液返回到制动 MC。

ABS 液压系统的方框图，如图 33.16 所示。其中，入口阀增加了一个单向阀。当控制系统运行时，如果驾驶员松开制动踏板，要求单向阀从制动 BC 中立即释放制动液体。此外，图 33.16 中显示一个阻尼室（D），这是液压块中与循环泵出口和制动 MC 相连的一个小孔。阻尼室与小孔的结合衰减了泵中液体压力的脉动，从而减小泵的噪声。

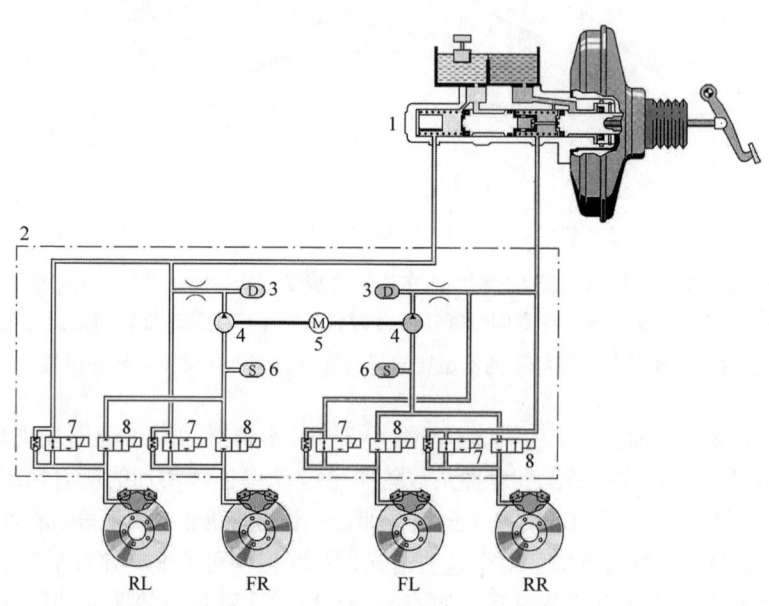

图 33.16　典型的 ABS 液压系统方块图
1—制动踏板、制动主缸 MC、制动助力器、制动液存储器　2—液压单元 HU
3—阻尼室　4—循环泵　5—泵驱动马达　6—低压蓄能器　7—入口磁阀　8—出口磁阀

入口和 AV，如图 33.17 所示。为了使颗粒远离阀座，流体过滤器是必需的。否则，阀门可能会泄漏。EV 单向阀的功能通过内部阀的特殊密封实现。

电子控制单元（ECU）的方块图，如图 33.18a 所示。ECU 的输入是车速传感器（WSS）的四个信号，输出是八个阀的激励电压。信号被处理后导出车轮速度，控制逻辑在微处理器中编辑。出于安全原因，ECU 位于微处理器中采用并行方式工作。通过不断比较微处理器中的结果，检查它们的正确功能。如果结果有一定时间偏差，则在 EEPROM 中写入故障码，系统关闭，ABS 警告灯会亮

第 33 章 车辆水平运动的控制

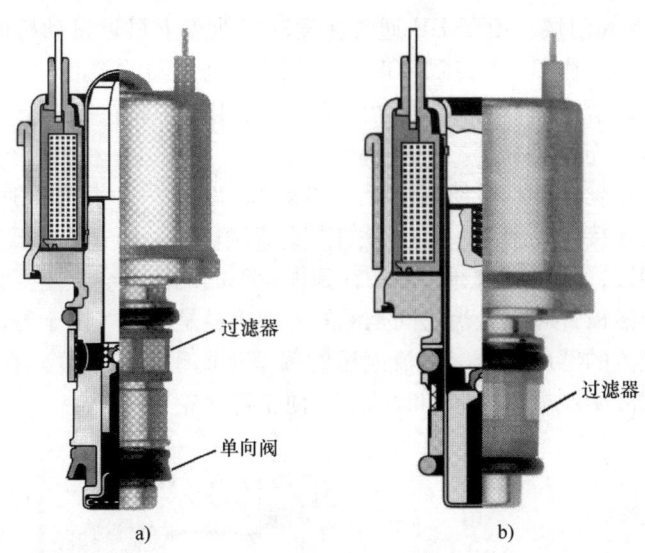

图 33.17 ABS 中所用的阀
a）输入电磁阀 b）输出电磁阀

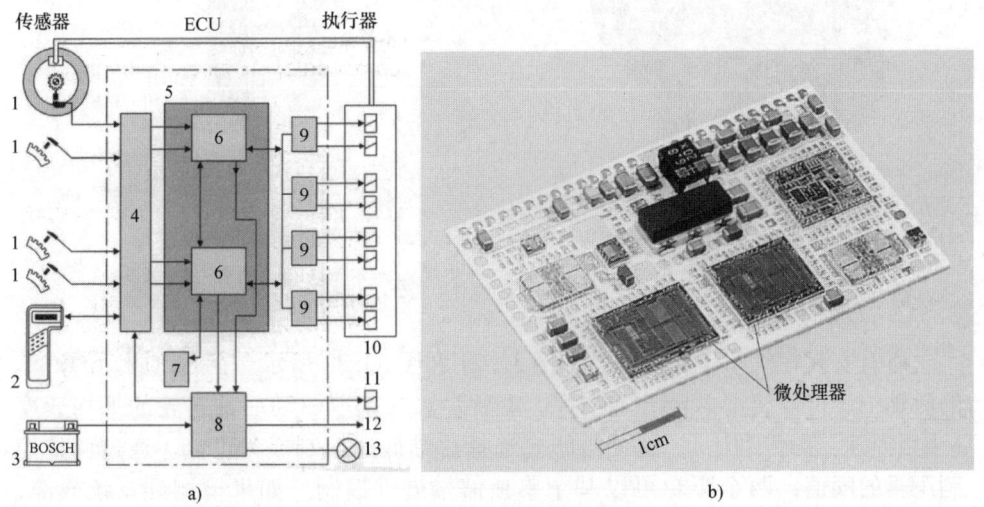

图 33.18 ECU
a）方块图 b）微型混合 ECU 的照片
1—车速传感器 WSS 2—诊断工具 3—电池 4—信号处理器 5—数字控制器 6—微处理器
7—永久性内存 8—稳压器和失效内存 9—输出驱动器 10—磁阀芯 11—阀和泵继电器
12—稳压电源 13—ABS 警告灯

起。使用诊断工具中的诊断阅读器，就会解读出故障所在。ECU 被连接到液压单元（HU）的阀门块，由于 HU 通常在发动机舱盖下靠近发动机的位置，环境温度高达 120℃。图 33.18 表面 ECU 是与冗余微处理器的微混合。

图 33.19 显示了完整的 HU 和所附的 ECU，HU 安装在支架上并通过橡胶悬置与汽车底盘相连。

为了测试车轮速度，可使用 WSS，如图 32.20 所示。齿轮环随着车轮旋转，而传感器单元连接到轮架上。传感器如同交流发电机，有一个永磁铁和磁极针。如果齿轮环旋转，则从磁铁通过磁极针到齿轮环的磁流量会发生变化。如果齿轮环的一个齿与磁极针相反且齿之间是低的，则流量是高的。由于磁流量变化，在线圈中产生交流的感应电压，交流电压的频率正比于车轮速度。在 ECU 中，测试、转换、滤波交流电压的周期时间，以便获得车轮速度。

图 33.19 装有 ECU
1—ECU 2—液压块

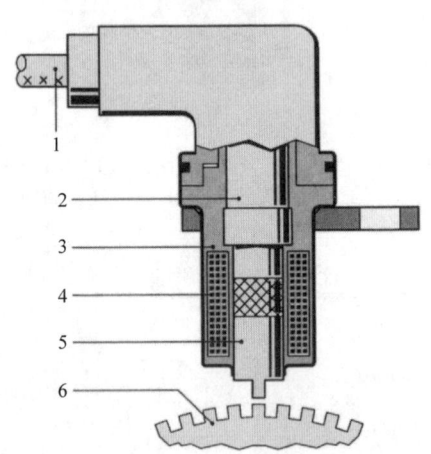

图 33.20 典型的被动轮速传感器
1—电缆 2—永磁铁 3—外壳 4—线圈
5—磁极针 6—齿轮环

所有安装在汽车中的部件，如图 33.21 和图 33.22 所示。在后轮驱动的汽车的后轴中，可以使用 WSS，如图 33.21 所示。其获取驱动后轴车轮的平均速度（乘以差速器的传动比），这使得结合选择后轴低速控制成为可能。通过调整控制逻辑的阈值，两个车轮可以基于单独信号进行控制。如果检测到系统故障，ECU 必须以打开警告灯的方式对驾驶员进行警告。

33.1.4 牵引力控制系统

在 ABS 进入汽车市场后不久，开始研发牵引力控制系统（TCS）。需要开发许多昂贵的额外部件，如高压蓄能器[7]。由于后轮驱动车辆的 TCS 的主要特性被认为是对车辆稳定性的改善，TCS 进一步的发展集中于发动机输出转矩的改进控制上[8,9]。为了避免"电子加速踏板"的成本，实现了如"燃油喷射抑制"

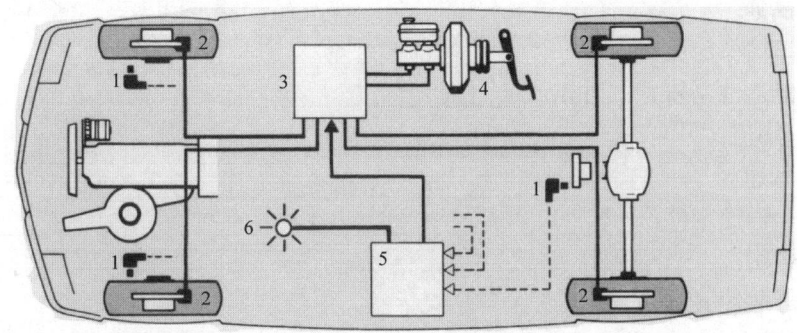

图 33.21 ABS 在后轮驱动车辆系统中的集成
1—车轮速度传感器 2—制动 BC 3—液压调节器
4—具有制动踏板和制动助力器的制动主缸 MC 5—ECU 6—ABS 警告灯

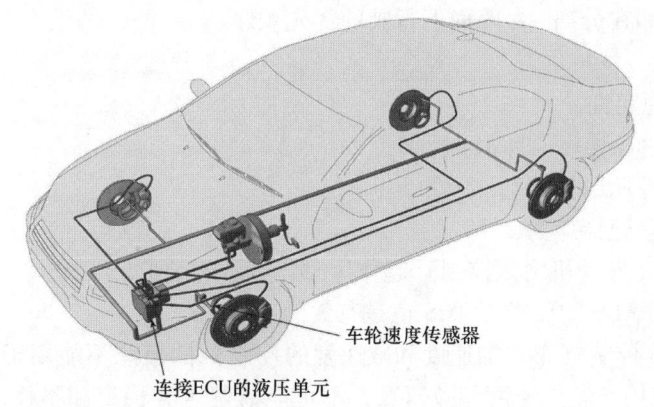

图 33.22 装有 ABS 的汽车

控制发动机的输出转矩等简化方法[10]。随着电子加速踏板在所有车辆作为标准引入,这些简化方法已经消失。

如果驱动轮打滑,驾驶员不能控制汽车。TCS 的第一个功能要求是防止驱动轮打滑。一方面,通过控制发动机转矩可以控制驱动轮打滑。另一方面,也可以通过主动制动驱动轮(即驾驶员不施加制动)控制车轮打滑。通常,TCS 使用这两种控制。在原理上,TCS 控制车轮滑动率接近 λ_0。

TCS 的最重要的要求如下:

1)防止车轮打滑和转弯时提高道路稳定性,既不漂移也不偏离。

2)防止车轮在分离 $-\mu$ 和湿滑的路面打滑和提供足够的牵引力。

3)开车上坡时防止车轮打滑。

4)操纵时的优先顺序。

① 高速。

a. 车辆稳定性。

b. 舒适性（噪声，冲击）。

c. 牵引。

② 低速。

a. 车辆稳定性。

b. 牵引。

c. 舒适性（噪声，冲击）。

5）低速直线加速时的优先顺序

① 牵引。

② 车辆稳定性。

③ 舒适性（噪声，冲击）。

6）开离和在分离 - μ 路面上行驶的优先顺序。

① 牵引。

② 车辆稳定性。

③ 舒适性（噪声，冲击）。

7）减少轮胎磨损。

8）减少差速器应力。

9）控制（发动机力矩控制）起作用时，警示驾驶员。

10）很多 ABS 的要求对 TCS 也是有效的。

独立 ABS 控制（车轮加速度和减速度的控制）的概念不能用于独立 TCS 控制，原因是使用车轮加速度和减速度，不可能清楚区分稳定和不稳定的滑动值。一方面，加速度和减速度都非常小，尤其在变速器第一个档时。另一方面，发动机转矩与发动机转速无关。因此，必须寻找不同于 ABS 使用的控制概念。幸运的是，对 TCS 实现控制概念是可能的。非驱动轮的速度可以用于确定车轮自由滚动速度，因而可以确定驱动轮的滑动，然而这对于四轮驱动汽车是不可能的。对于四轮驱动汽车，单独的 TCS 不可能防止车轮滑动。

TCS 控制基本上可以分为均质路面和分离 - μ 路面的滑动控制。在均质路面上，所有驱动轮的摩擦系数都是相同的。差速器将驱动力矩均等地分布在驱动轴的驱动轮上。在直线运动中，两个轮胎的法向力相等，两个车轮驱动滑动也相等。如果驱动力矩超过路面可以提供的最大力矩，则车轴上的两个车轮会打滑。在这种情况下，通过降低驱动力矩足以减少两个车轮的滑动，这可以由发动机管理系统来实现。对于汽油发动机，这可以通过控制节气门实现，如图 33.23 所示；另一方法是，对于快速力矩控制，通过控制附加的点火时间和控制燃油喷射实现。对于柴油发动机，控制燃油喷射泵的调节齿杆就足够了。控制器连续向

TCS 发送实时的发动机转矩,如果必须减少发动机转矩,TCS 就会发送一个减少转矩的请求给控制器。由于该请求比驾驶员请求的优先级更高,转矩降低到 TCS 所需的大小。然后,控制器的执行器分别调整汽油发动机节流门开度和柴油发动机的调节齿杆。注意,TCS 只能减少驾驶员所要求的发动机转矩。

在分离 -μ 路面上,如果发动机转矩 M_{Ca} 增加,则在低 μ 路面上(μ_l)的车轮倾向于先打滑,如图 33.24 所示。转弯时存在类似的情况,转弯的内侧车轮趋向于先打滑,对应于低 μ 路面上的车轮,而转弯的外侧车轮对应于高 μ 路面上的车轮。由于差速器,高 μ 路面上(μ_h)车轮的驱动力矩受到低 μ 路面上车轮驱动力矩的限制,两个车轮的牵引力(F_l)也相应较小。为了使高 μ 路面上车轮达到较大的牵引力,低 μ

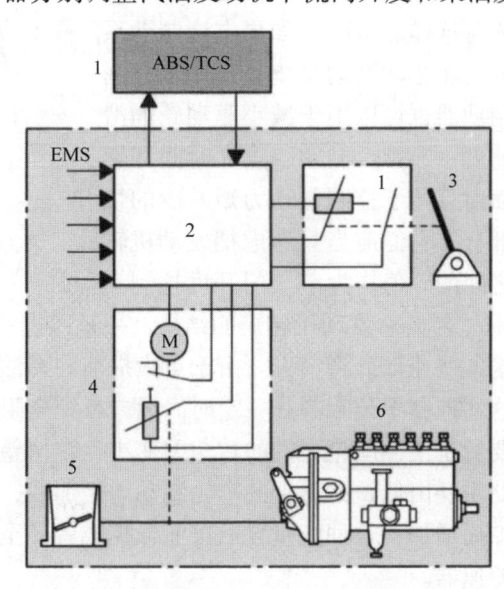

图 33.23 发动机功率电子控制(EMS)与 ABS/TCS
1—ABS/TCS 2—ECU 3—加速踏板
4—步进电动机 5—节流阀 6—喷油泵组件

路面上的车轮可以由 TCS 的液压系统进行主动制动,控制制动力矩以便低 μ 路面上车轮的滑动速度低于取决于车速的速度阈值。只要高 μ 路面的车轮不打滑,发动机力矩就不会减小。然而,如果高 μ 路面车轮的滑动速度也超过速度阈值,发动机力矩会由 TCS 减小。有几个滑动速度阈值可供选择,较大的用于较高车速。在转弯和分离 -μ 行驶的情况下,选择合适的值以使稳定性和牵引之间达成好的折中。

有时,发动机转矩不能减少得过快,以保证驱动轮有足够的侧向稳定性裕度。特别是对于汽油发动机,单独的节气门控制减少发动机

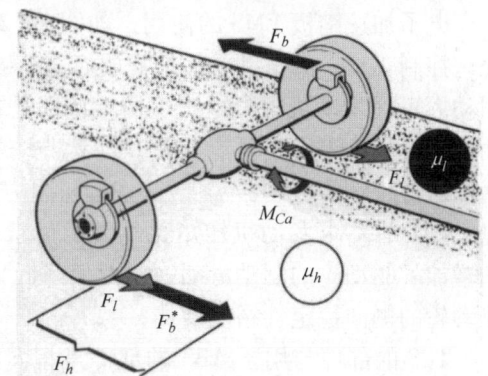

图 33.24 在分离 -μ 路面上用于牵引的制动力矩控制原理(μ_l 是路面低摩擦系数,μ_h 是路面高摩擦系数):F_b 是制动踏板上的力,F_b^* 是牵引力增量,F_h 是增强的牵引力,F_l 是最大牵引力)

转矩的过程太慢,大的滑动速度持续时间太长,如图 33.25 所示。在这些情况下,点火时间和燃油喷射控制可以改善这样的情况。如果电液制动系统的快速主动制动系统是可用的,则该制动器也可以用于减小驱动轮的滑动速度。通常,制动、点火时间和燃油喷射只用于控制驱动力矩减少的快速部分,它们应当只考虑把发动机转矩之间的差值作为节气门开度控制和

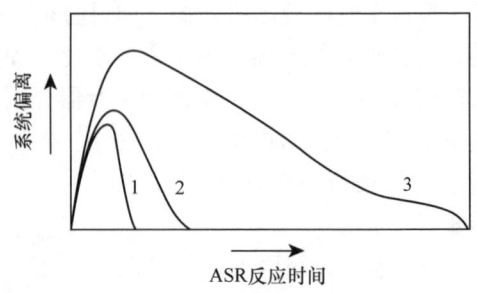

图 33.25 快和慢干预对 TCS 发动机控制激励信号大小和持续时间的影响

所需(名义)发动机转矩的结果。一旦通过节气门控制达到所需的发动机转矩,控制的快速部分将消失。由于点火提前和燃油喷射控制对废气排放有影响,因此将这些控制干预限制在一定时间段或者完全阻止干预是一种趋势。

重要的是使驱动轮之间的转速差变小。转速差越大,差速器的旋转越快。既然差速器主要由低 μ 路面上的车轮制动力矩加载,差速器的能量耗散随着差速器速度增加而增加,这种能量耗散可能损坏或者甚至摧毁没有为这样大能量耗散而设计的差速器。

在覆盖雪的路上,车轮不能在同一地点旋转太长,因为雪可能磨光和转化成冰,而冰的摩擦系数比雪小得多。同样,在像沙漠一样的深沙路面上,车轮也不能在同一地点旋转太长时间,因为它们可能形成沙坑,从沙坑中驶出比驶离光滑路面困难得多。

电子加速踏板 EMS 的使用,如图 33.23 所示,在加速踏板的抬起过程中也允许控制驱动轮的滑动。如果释放加速踏板,则发动机转矩的作用就如驱动轮的制动力矩(发动机阻力矩)一样。特别是在低摩擦系数的路面上,驱动轮的滑动由于发动机阻力矩可能变大。为了减少这种滑动,必须增加发动机转速。这种增加通过特殊的控制器实现,"发动机阻力控制器",其缩写为 MSR。在 MSR 情况下,允许请求发动机转矩比驾驶员请求高。如果 MSR 增加了发动机的转速,则增加了驱动轮的驱动滑动(绝对值降低),由于滑动降低,侧向力减小,因此驱动轮的侧向稳定性裕度增加。

TCS 的部件与用于 ABS 的部件是相同的。然而,每个驱动轮必须有一个单独的 WSS,以允许单个车轮的制动控制。HU 必须进行修改和扩展,以有效独立制动每个驱动轮,如图 33.26 所示。最重要的增加是在每个制动管路中新增两个阀,最重要的修改是循环泵是自吸式的,可以从制动液存储器通过制动 MC 吸取制动液。在 TCS 运行过程中,吸入电磁阀打开,泵供应流体到驱动轮的制动 BC 中。这个阀有大的阀座直径,使得制动液的流动阻力低,如图 33.27 所示。为了

防止制动液回流到制动 MC 中，主动压力电磁阀关闭，其限压功能需要阻止 HU 中的压力增加过大，以致强制打开 EV 或者造成 HU 损坏。如果 HU 中压力达到限定值，阀杆移动释放弹簧从而打开阀。

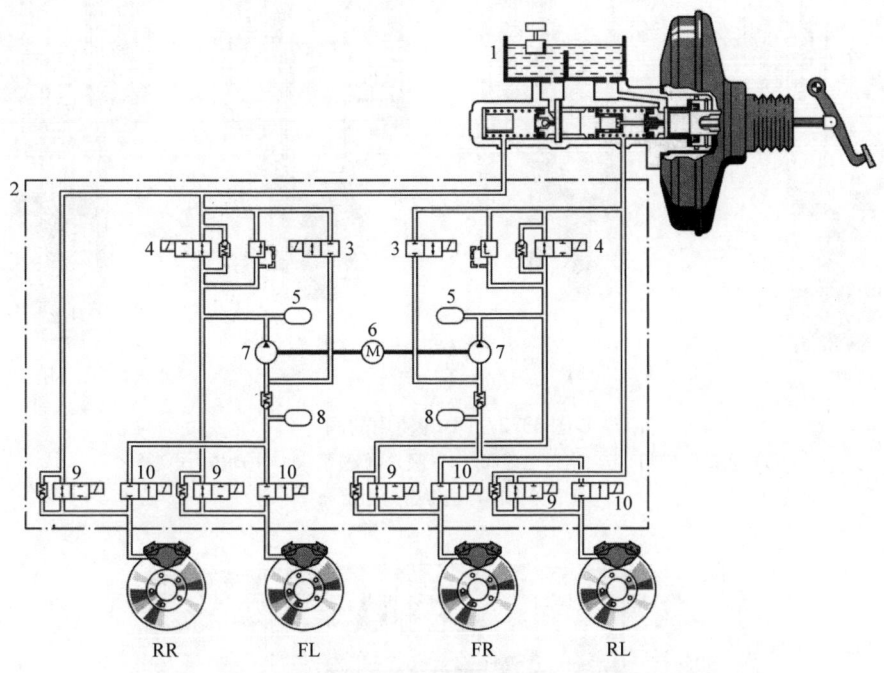

图 33.26　TCS 典型液压系统的方块图
1—制动踏板、制动主缸 MC、制动助力器、制动液存储器　2—液压单元 HU　3—吸入电磁阀
4—具有限压功能的主动压力电磁阀　5—阻尼室　6—泵电机　7—自吸循环泵
8—低压蓄能器　9—入口电磁阀　10—出口电磁阀

汽车的 TCS 部件，如图 33.28 所示。如果发动机输出转矩由系统控制，则 TCS 信号灯开始闪烁。在系统出现故障的情况下，TCS 信号灯常亮。

33.1.5　电子稳定控制

通过控制单个车轮滑动而实现车辆稳定性和转向性反馈控制的第一次研究在 1973 年完成，远早于 ABS 进入汽车市场[11]。工业实现在 20 世纪 80 年代末提出[12-14]，这些建议也传达了未来对系统集成的需求和考虑主动悬架和主动转向控制。1991 年，第一个主动后轮转向系统进入汽车市场，其中应用横摆速度传感器进行汽车横摆角速度反馈控制[15]。之后，其他横摆角速度反馈控制，通过制动力或驱动力分配控制实现[16-18]。

1995 年，ESP 进入汽车市场[19,20]，系统采用分层控制结构，将在本节讨

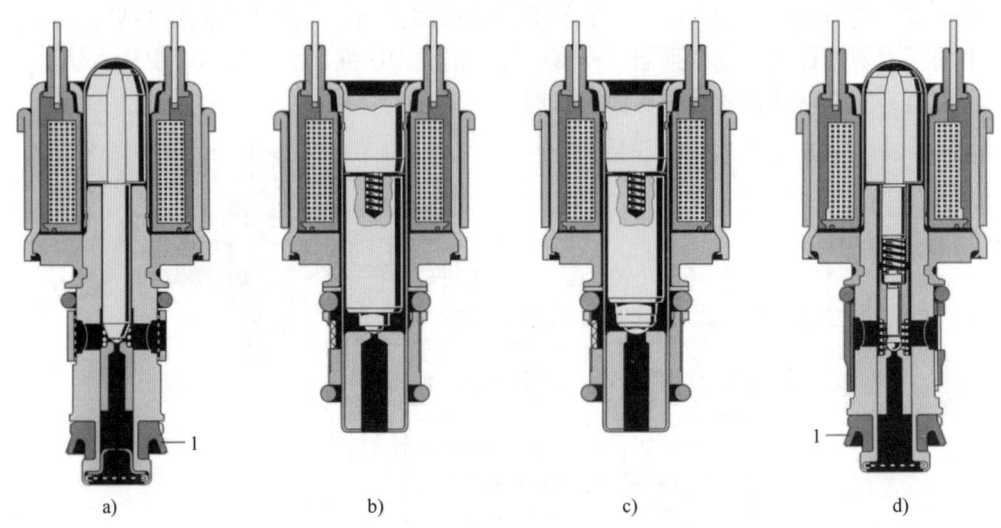

图 33.27 TCS 使用的阀
a) 入口电磁阀 b) 出口电磁阀 c) 吸入电磁阀 d) 主动压力电磁阀
1—单向阀与边缘密封相结合

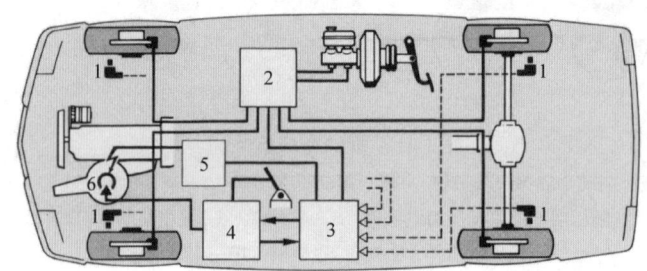

图 33.28 车辆系统中 TCS 的集成
1—轮速传感器 2—液压调节器 3—TCS ECU 4—发动机功率电子控制
5—电子喷射和点火控制 6—节气门执行器

论。伴随着快速演变,更多的系统进入市场[19-31]。许多这些系统使用独立的 ABS 和 TCS 控制器结构实现 ESP,称为模块化系统[29]。进一步发展的主要目标是改善系统的可靠性,降低系统成本[32,33]。Toyota 提出一项新的方案,称为 VDM(车辆动态管理),基于分层控制器结构和包含轮胎力信号[34],以填补模块化方法的不同控制器部件之间的死角。

汽车转弯和漂移由车身侧偏角描述。如前所述,汽车侧偏角对驾驶员操纵汽车的可控性和车辆稳定性也有很大的影响。因此,为了保持汽车稳定,必须限制侧偏角,也保持小的状态,以便汽车处于正常状态,驾驶员可以控制汽车。在这方面，对于在干燥路面上正常行驶的普通驾驶员正常行为进行描述是有用的。

1）普通驾驶员转向，使得侧向加速度通常小于 $0.2g$。

2）普通驾驶员驾驶，使得汽车的侧偏角通常小于 $2°$。

3）普通驾驶员踩制动踏板，使得汽车的减速度通常小于 $0.4g$（制动压力约 4MPa）。

因此，普通驾驶员习惯于在滑动的线性区域驾驶和轮胎侧偏角使汽车行为是线性的。普通驾驶员对汽车非线性区域体验几乎为零，没有路面摩擦系数和汽车稳定性裕度的概念[35]。如果汽车表现为非线性和稳定性裕度小，驾驶员会被本质上不同的行为弄得措手不及，通常会恐慌和行动不周到，例如转向过度。因此，当设计像 ESP 的主动安全系统时，期望驾驶员面对汽车行为的非线性区域会考虑周到是不合理的。为了避免驾驶员恐慌，以汽车名义行为接近线性开始，似乎是一个好的想法。

设计 ESP 的目的是在各种行驶工况下改善汽车的道路稳定性。然而，它不是通过设计控制制动和发动机用于改善汽车基本操纵性的。因此，只有达到汽车运动的物理极限时，ESP 才能开始控制。当 ESP 安装在汽车上牵引大拖车时，如果拖车开始摆动，则控制要扩展到稳定牵引车和拖车的组合。此外，ESP 还安装在具有软悬架和高质心的汽车上，如越野车和运动型多功能车（SUV），也扩展其功能以便改善侧翻稳定性。

33.1.5.1 系统概念

对 ESP 的第一个要求是使汽车侧偏角限制在小的值。就讨论车辆可控性而言，保证小的侧偏角和保持 $(\beta, \dot{\beta})$ 组合在稳定区域是重要的，需要一个侧偏角传感器允许对激励信号进行简单描述。然而，这种传感器在汽车的应用不能保证在所有天气状况的可靠性和成本上是有效的。作为一种可选方案，使用横摆角速度传感器和侧向加速度传感器的组合。这些传感器信号导出的侧偏角并不总是足够可靠的，需要基于汽车名义横摆角速度的第二个激励信号。为了导出名义横摆角速度，需要前轮转向角、车速、MC 制动压力和发动机转矩。因此，产生的系统概念，除了 WSS 外，也需要横摆角速度传感器、侧向加速度传感器、转向盘角度传感器和制动压力传感器，发动机转矩值由发动机管理系统提供。ESP 系统概念，如图 33.29 所示。

既然车辆在物理极限下运动，就不可能在车轮上增加侧向力，因而不可能在不影响纵向力的情况下减小侧偏角。相反，ESP 控制横摆运动，间接控制侧偏角。因此，ESP 通过激励信号计算所需的横摆力矩，横摆力矩的增量可以通过修改轮胎的侧向力和纵向力产生。然而，只有制动时，不能直接修改轮胎的侧偏角。轮胎的侧向力可以通过轮胎滑动间接修改，如图 33.29 所示，但是不能独立于纵向力。如果对滑动进行变化以便产生所需的横摆力矩，要同时考虑这两个

力。例如,如图 33.31 所示,横摆力矩由左前轮纵向滑动($\Delta\lambda_1$)产生

$$\Delta M_{Yw} = -\frac{\partial F_{S1}}{\partial \lambda_1}\Delta\lambda_1(a\cos\delta_W - b\sin\delta_W) + \frac{\partial F_{B1}}{\partial \lambda_1}\Delta\lambda_1(b\cos\delta_W + a\sin\delta_W) \quad (33.2)$$

如果式(33.2)的偏导数已知,则可以计算每个车轮的滑动增量。例如,应用最速下降法。偏导数表示恒定车轮载荷下的制动和侧向力系数曲线的斜率,如图 33.9 所示。由于它们是未知的,随着滑动值迅速变化,也可能随着轮胎的参数和状态变化,它们可以通过快速辨识计算。然而,对于快速辨识,(压力)输入应当足够丰富,例如压力脉冲或压力阶跃。但是,随后激励的车轮动力学是瞬态变化的,制动压力逐步提高的结果,如图 33.30 所示[36]。这表明如果不考虑车轮动力学,稳态制动力 - 滑动率曲线的斜率不能通过辨识确定,辨识由于具有许多未知变量而变得极其复杂,不再实用。

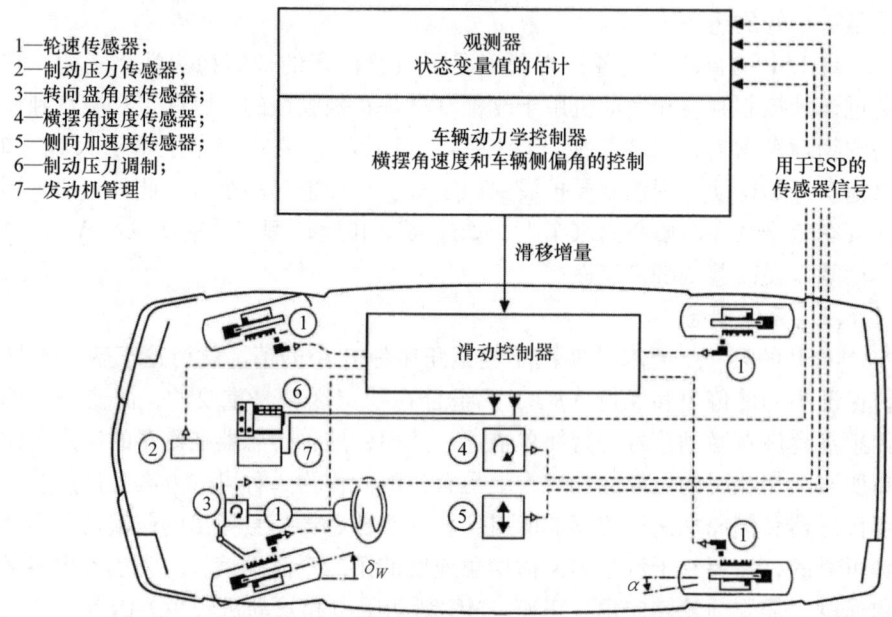

图 33.29 具有分层控制结构的 ESP 系统概念

相反,应用摩擦椭圆理论,如图 33.31 所示。假设轮胎与路面之间的摩擦力达到其最大值,即汽车运动达到其物理极限。为了简化说明,摩擦椭圆通过摩擦圆近似。如果车轮滑动率为 0,则左前轮胎就没有纵向力和侧向力的横摆力矩,轮胎编号为 1,有 $F_{S1} = F_{R1}(\lambda = 0)$

$$M_{Yw} = -F_{S1}(a\cos\delta_w - b\sin\delta_w) \quad (33.3)$$

如果车轮滑动率增至 λ_0,则会产生相应的制动力 $F_{B1}(\lambda_0)$,侧向力减小到 $F_{S1}(\lambda_0)$,侧向力和制动力的矢量和表示为 $F_{R1}(\lambda_0)$,由于之前的假设,其与侧向力的初始值有同样的大小。由于 F_{R1} 有与侧向力 F_{S1} 不同的方向,汽车的横摆

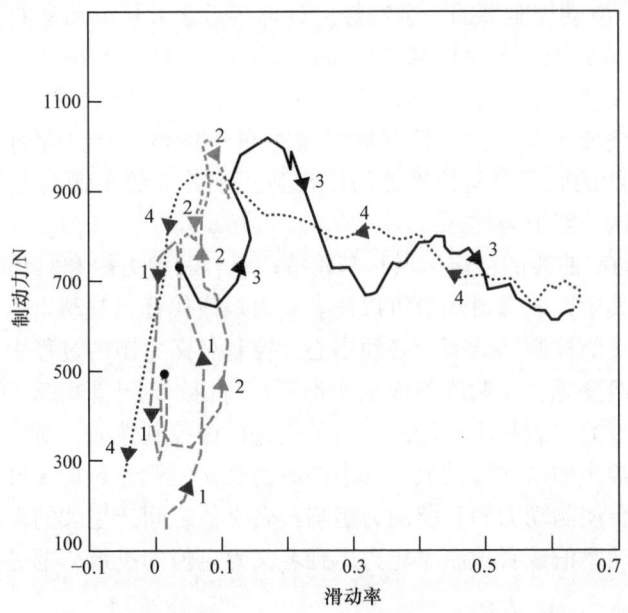

图 33.30 动态制动力-滑动率曲线,其中制动力矩以逐步方式增加
(曲线 1~曲线 3)和减少(曲线 4)

力矩会因车轮滑动而变化(在解释中,增量从滑动率 0 变化到 λ_0)。增益(轮胎滑动引起的横摆力矩增量)使用摩擦椭圆确定,要求滑动率已知。一个限制条件是制动滑动只能增加到车轮抱死的点,另一个限制条件是发动机转矩增加不能超出驾驶员所产生的值,除非发动机的阻力矩太大而导致大的滑动值。然而,在部分制动时,任何车轮制动压力的增加,允许超出驾驶员所产生的值。

因此,横摆力矩的变化由轮胎滑动率控制,其可以使用车轮滑动率由摩擦椭圆计算。在分层控制系统中,车辆动力学控制器下的滑动控制器,可以处理这两项工作。其计算车轮滑动率和控制车轮滑动率的增量。既然在设计上单独的 ABS 不能控制制动滑动率增量和确定车轮滑动率,ESP 制动滑动控制器(BSC)的设计有所不同,基于单独的 ABS 和 TCS 的不同的 ESP 设计,

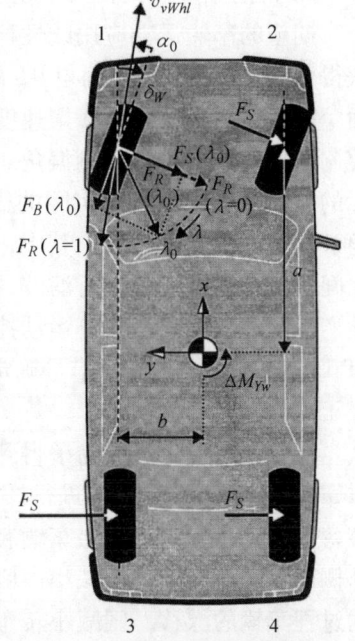

图 33.31 制动滑动率修正对
汽车横摆力矩的影响

见文献［29］。滑动控制器的一个特性，计算接近于 μ - 滑动率曲线最大值的目标滑动率 λ_T，允许其用于 ABS 功能。进行某些修正后，该特性也可以用于滑动控制器的 TCS 功能。此外，滑动控制器也可以用于其他全部行驶情况，例如海岸地区和通过叠加车辆动力学控制器控制的部分制动来控制滑动率增量。拥有 ABS 和 TCS 功能的底层滑动控制器的结构独立于叠加的车辆动力学控制器的干预是重要的，这一点值得注意。

在 μ - 滑动率曲线的稳定区域，车轮滑动率、制动力矩和驱动力矩之间存在独特的关系。其中，名义滑动值可以被名义力矩值代替，制动力矩和发动机转矩可以被这个名义值控制。然而，必须小心，控制名义力矩的过程中，例如由于轮胎纵向力的突然变化，轮胎既不能抱死也不能打滑。对于非稳定区域的滑动值，这种对名义压力的控制是不可能的。为了改进横摆控制性能，对于名义车轮力矩的控制用于非常小的名义滑动值。其中的原因是 μ - 滑动率曲线很陡峭，小的滑动率估计误差会使制动力矩和驱动力矩与其名义值之间产生大的误差。将滑动率控制到名义滑动率值或者控制车轮力矩到名义力矩值的决策，都是在滑动控制器中进行的。

分层算法将使用图 33.32 讨论，对于 ESP 的分层设计见文献［34］。在图 33.32 的左上角，驾驶员相对于车辆期望运动的需要由其输入导出。而在图 33.32 的右上角，车辆的实际运动被测量，没有测量的运动变量被估计。

期望的车辆运动应用线性稳态的自行车模型导出。通过这个模型，使用车速获得横摆速度 $\dot{\psi}_M$ 和侧偏角 β_M 的第一个名义值。由于模型的侧向加速度受到路面摩擦系数限制，因此横摆速度也要受到限制。在高速时，为了使驾驶员更好地控制车辆，减小允许的侧偏角。这些期望的运动值必须与车辆发出激励信号的实际的运动值进行比较。实际的横摆速度是测量的，以便只需要估计实际的侧偏角，这通过观测器完成。其中，需要轮胎的实际滑动率。期望的和实际的运动值之间的偏差通过死区进行滤波，以避免如建模、测量和估计误差产生的干预。由此产生的滤波偏差是汽车运动控制器的激励信号。应用简单的比例 - 积分 - 微分（PID）控制器，由激励信号确定汽车所需的横摆力矩。增益是变化的，而且取决于其他轮胎的侧偏角。

在下一层模块中，为了得到期望的汽车横摆力矩，每个车轮的名义滑动率通过摩擦椭圆式（33.12）进行计算。通常，只在两个车轮上修正滑动率。例如在转弯全制动过程中，如果车辆表现过大的初始转向和要稳定运动时，则增加转弯外侧前轮的滑动率，而减小内侧后轮的滑动率；另一方面，如果要减少转弯全制动过程车辆的漂移，则减小转弯外侧前轮的滑动率，而增大内侧后轮的滑动率。如果转弯内侧后轮的制动滑动率为零，则不能再进一步减小。因此，在转弯全制动过程中，如果要在转弯中稳定车辆，则都要增大转向外侧两个车轮的制动滑动

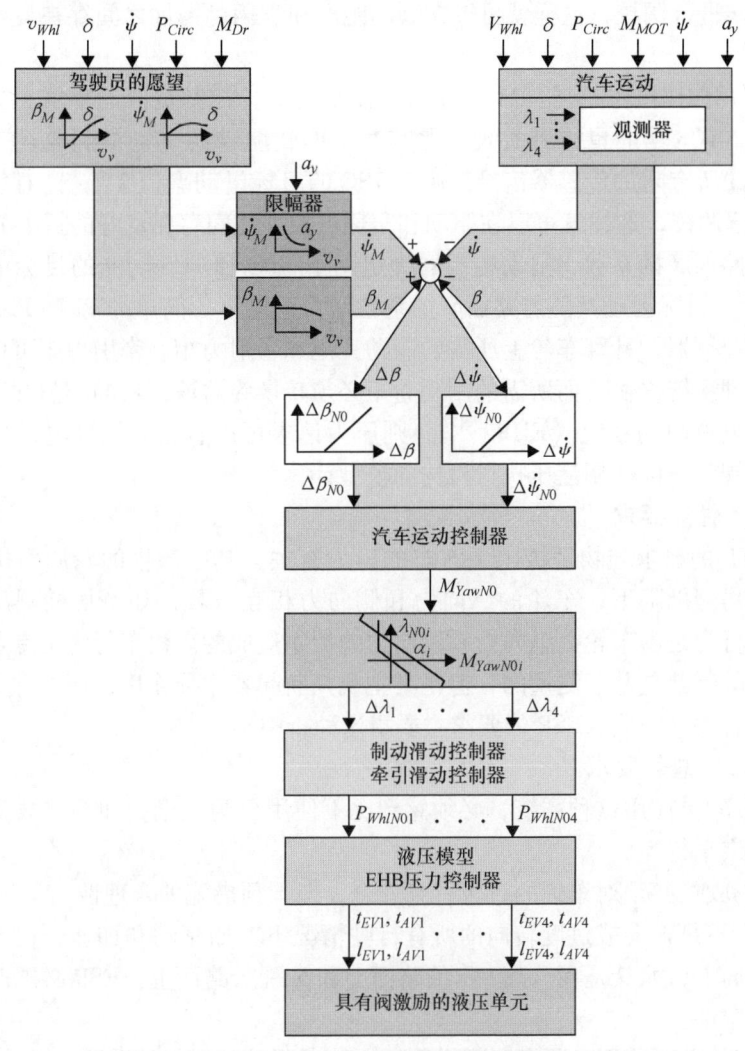

图 33.32 ESP 的控制模块

率;在转弯部分制动过程中,如果要稳定车辆,则可以增加转向外侧两个车轮的滑动率,而减小转向内侧前轮的滑动率。因此,用于控制汽车横摆力矩的车轮选择取决于行驶情况。车轮 i 期望的滑动率值 λ_{Noi} 与由滑动控制器确定的目标滑动率值 λ_{Ti} 之间的差值,将作为轮胎滑率增量 $\Delta\lambda_i$ 发送给滑动控制器。

滑动控制器由两部分组成:

1) 制动滑动控制器 BSC。在这个控制器中,控制正滑动率值,这种情况发生在制动或发动机制动时。与独立的 ABS 相比,ABS 功能也得到实现和改进,其利用 ESP 使用的所有附加传感器信号。用于 ABS 的目标滑动率值 λ_{Ti},针对每

一个车轮 i 进行调校，这样就可以在制动距离和车辆可控性之间存在良好的折中关系。

2）牵引力滑动控制器 TSC。在这个控制器中，控制负滑动率值。与独立的 TCS 相比，TCS 功能也得到实现，尤其对于四轮驱动的车辆得到改进，其利用 ESP 使用的所有附加传感器信号。用于 TSC 的目标滑动率值 λ_{Ti}，针对每一个驱动轮 i 进行调校，这样就可以在驱动和车辆可控性之间存在良好的折中关系。

根据路面摩擦系数，滑动控制器确定用于 ABS 和 TCS 功能的目标滑动系数 λ_{Ti}。通常，目标滑动率随着路面摩擦系数增大而增大。简单的 PI 和 PID 控制器用于滑动控制器，计算车轮上所需的制动力矩和牵引力矩。牵引力矩可以直接由发动机管理系统提供，而所需的制动力矩必须转换为对液压块的阀门开度。如果系统包括电液制动系统（EHB）[37]，则压力请求可以直接发送到电子压力控制器，否则阀门开度使用液压执行机构的模型计算。

33.1.5.2　性能要求

对 ESP 的要求与物理极限下汽车的行为有关，其中产生的轮胎力接近其最大值。在物理极限下，车轮的纵向力和侧向力相互依赖，如摩擦椭圆所示。因此，汽车行为是由车轮上纵向力和侧向力的折中造成的。汽车行为由专业的驾驶员判断，其判断是基于测量的，但是其主观判断起着主导作用，而这种主观判断就与折中有关。因此，ESP 的要求主要指这种折中。

33.1.5.2.1　总体要求

1）驾驶员使用这种系统，必须感到比不使用更为安全，即系统故障不能导致危险的汽车行为。

2）驾驶员必须对车辆的行为感到安全，即干预措施的合理性。

3）在不足转向或过度转向的所有行驶情况下，如制动和加速，在各种摩擦水平的路面上，尤其是在分离 $-\mu$ 的路面上和 μ 跳跃路面上，ESP 必须改善车辆的道路稳定性。

4）ESP 必须适用于所有路面类型，上坡、下坡和倾斜的路面。

5）如果转向角不断增大或从较大值持续下降，ESP 必须保持车辆在所有行驶情况下稳定和可转向。

6）ESP 必须减少驾驶员的转向力。

7）驾驶员不会觉得装有 ESP 的车辆比未装车辆更慢。

8）驾驶员的输入不会导致 ESP 不稳定。

9）ESP 必须可以使车辆侧偏角小于一定的值，该值可能会减小，取决于车速、侧向加速度、路面摩擦系数和转向盘的转动。如果不能达到这种要求，ESP 必须要能限制侧偏角速度在一定的值，以保证驾驶员可以保持车辆稳定。

10）车辆必须立即对驾驶员的转向输入作出反应，以防止驾驶员转向过度。

因为后续行驶情况不可预测，减小漂移的处理措施（过度转向）不可太粗暴。

11）ESP 必须立即识别出车辆运动和恢复到稳定状态。

12）ESP 必须能够处理运动学和转向柱的公差。

13）如果没有达到物理极限，ESP 不得干预在公共道路上的倾斜转弯（坡度 $<20°$）。

14）ESP 在任何环境下不能降低车辆的行为，例如爆胎、拖车、减振器效果差等。

15）如果车辆不向前行驶，ESP 就不需要工作，然而必须明确识别反向行驶。

16）在海拔 2500m 的高架道路上，ESP 必须表现出完整的性能。

17）驾驶员必须保证驾驶汽车接近物理极限的可能性，而不需要 ESP 干预，否则驾驶员可能会抱怨 ESP 过早干预。

18）TSC 必须调整到牵引和车辆可控性之间的最佳平衡，使得 ESP 干预车辆减速的恼人现象最小化。

19）ABS 和 TCS 的要求也适用于 ESP。

20）ESP 的应用工作应当尽可能少，应当尽可能使用最小数量的参数，控制器结构应当清晰和简单，否则应用工作量将会增加；如果各种参数不能独立应用，控制器功能相互之间不独立，应用工作量会增多。

33.1.5.2.2 全制动的要求（ABS 功能）

1）操纵、高速和全制动的优先顺序如下：

① 车辆稳定性：$\beta < 5°$。

② 制动距离：制动距离不能因为车辆动力学控制而增加。

③ 舒适性（噪声、制动踏板的跳动）。

2）全制动过程中转向角开环跳动。在第一个 3s 内，侧偏角不能超过 $6°$。

3）在分离 $-\mu$ 的路面上制动，摩擦系数一侧为 1.0、另一侧为 0.1 时，减速度必须不小于 $0.3g$。

33.1.5.2.3 部分制动的要求

1）车辆减速必须遵循制动 MC 的压力。

2）必须调整制动力电子分配（EBD）的控制，使得需要的 ESP 干预最低。

33.1.5.2.4 牵引力控制要求（TCS 功能）

高速操纵的优先顺序如下：

1）车辆稳定性：$\beta < 6°$。

2）舒适性（噪声、车辆冲击）。

3）牵引。

33.1.5.2.5 其他要求

1）滑行时的闭环变道：

① 侧偏角 $\beta < 5°$。

② 转向盘角速度。

　　a. 低的 μ：$< 300°/s$。

　　b. 高的 μ：$< 400°/s$。

2）开环转向：车辆的侧向位移必须小于 0.5m（相对于行驶轨迹的中线）。

3）在不足转向的情况下，车辆可以减速。

4）必须通过"Moose（穆斯）测试"，也称为"VDA 测试"[1]。

33.1.5.3 车辆动力学控制器

车辆动力学控制器的两个主要部分，是名义横摆速度和车辆侧偏角的确定，将在下面讨论。

33.1.5.3.1 名义横摆速度的计算

横摆速度的名义值主要由线性稳态自行车模型得到，如图 33.33 所示。该模型的数学方程，见表 33.1。

前轮和后轮总的侧偏刚度分别表示为 $C_{\alpha,F}$ 和 $C_{\alpha,R}$，包括轮胎、悬架和转向系统柔度的影响。$(a+c)/R_T$ 称为 Ackermann（阿克曼）转角 δ_A，其中 R_T 是转弯半径。如果前轴和后轴的侧偏角相等，则转向盘转角等于阿克曼转角，此时的车辆操纵行为称为"中性转向"；如果前轴的侧偏角大于后轴的侧偏角，此时的车辆操纵行为称为"不足转向"；如果前轴的侧偏角小于后轴的侧偏角，此时的车辆操纵行为称为"过度转向"。由此容易看出，对于小的车辆侧偏角，车速和横摆速度的乘积等于侧向加速度。由定义，特征车速 v_{CH} 取决于轮胎的侧偏刚度，也取决于车辆质量、轴距和质心位置。如果车辆行为是不足转向，则存在特征车速。对于跑车，其特征车速（如 30m/s）比其他车型（如 20m/s）要大。如果车辆行为是中性转向，则特征车速趋于无穷大。如果车辆行为是过度转向，则特征车速是虚数。通过设计，所有车辆操纵特性均为不足转向。

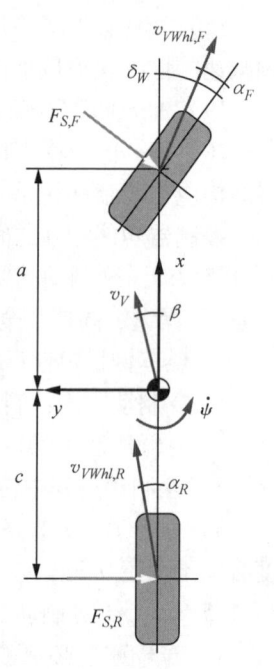

图 33.33　车辆自行车模型

对于一定的转向盘转角，横摆速度和车速的关系如图 33.34 所示，车速较低时，随着车速的增加，横摆速度几乎呈线性增加；但是车速较高时，横摆速度的增加较慢；车速很大时，随着车速的增加，横摆速度减小。由图 33.34 还可以看出，曲线最大值对应的车速等于特征车速，曲线最大值对应的横摆速度等于

"中性转向"时横摆速度的一半。既然侧向加速度等于车速和横摆速度的乘积，则等侧向加速度曲线为双曲线。如果车速从零开始增加，则横摆速度和侧向加速度也从零开始增加。如图 33.34 所示，转向盘转角为 90°时，曲线可以在某一车速下通过 $0.9g$ 的侧向加速度双曲线，该点处的侧向加速度与路面摩擦系数相等。对于更大的车速，根据横摆速度 - 车速曲线得到的侧向加速度将大于路面摩擦系数，而这是不可能发生的。因此，车速较大时，表示路面摩擦系数的双曲线会限制横摆速度。在一定车速下，横摆速度会随着转向盘转角的增加而线性增加。于是，横摆增益，即横摆速度除以转向盘转角，与转向盘转角无关，即对于所有的转向盘转角，增益是一条曲线。

表 33.1 线性自行车模型的基本方程和结果

	基本方程式		结果
运动学关系	$\delta_W = \dfrac{a+c}{R_T} + \alpha_F - \alpha_R = \delta_A + \alpha_F - \alpha_R$ $\beta = \dfrac{c}{R_T} - \alpha_R$	横摆速度	$\dot{\psi} = \dfrac{v_V}{(a+c)\,(1+v_V^2/v_{CH}^2)} \delta_W$
线性轮胎关系	$F_{S,F} = C_{\alpha,F} \alpha_F,\ \ F_{S,R} = C_{\alpha,R} \alpha_R$	横摆增益	$\dfrac{\dot{\psi}}{\delta_W} = \dfrac{v_V}{(a+c)\,(1+v_V^2/v_{CH}^2)}$
动力学方程	$F_{S,F} + F_{S,R} = m_V v_V \dot{\psi}$		$\dfrac{1}{v_{CH}^2} = \dfrac{m_V}{(a+c)^2} \left(\dfrac{cC_{\alpha,R} - aC_{\alpha,F}}{C_{\alpha,F} C_{\alpha,R}} \right)$
稳态方程	$F_{S,F} a - F_{S,R} c = 0$ $v_V = R_T \dot{\psi}$	车辆侧偏角	$\beta = \delta_A \left(\dfrac{c}{a+c} - \dfrac{a}{(a+c)^2} \dfrac{m_V}{C_{\alpha,R}} v_V^2 \right)$

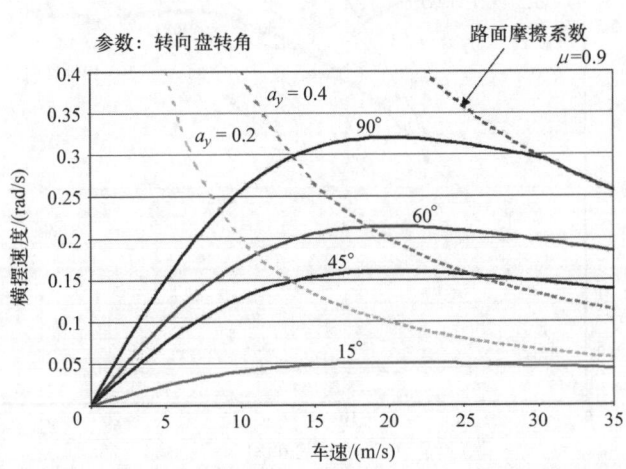

图 33.34 转向盘不同转角下线性稳态自行车模型的操纵特性

只有小侧偏角，即小侧向加速度时，侧向力和侧偏角才呈现线性关系。对于较大侧偏角,侧向力和侧偏角的关系是非线性的,可能有不同的曲线。图33.35表示在一辆前轮驱动汽车上测得的不同转向盘转角下横摆速度和横摆增益曲线,曲线显示对于任何转向盘转角对应于路面摩擦系数,$1g$的加速度是达不到的,因为前轮达到了μ-滑动角曲线的最大值,而后轮没有达到最大值。转向角越大,横摆速度曲线最大的车速越小。与线性自行车模型相反,横摆增益取决于转向盘角度,最大横摆增益随着转向盘转角度增加而减小。因此,线性自行车模型

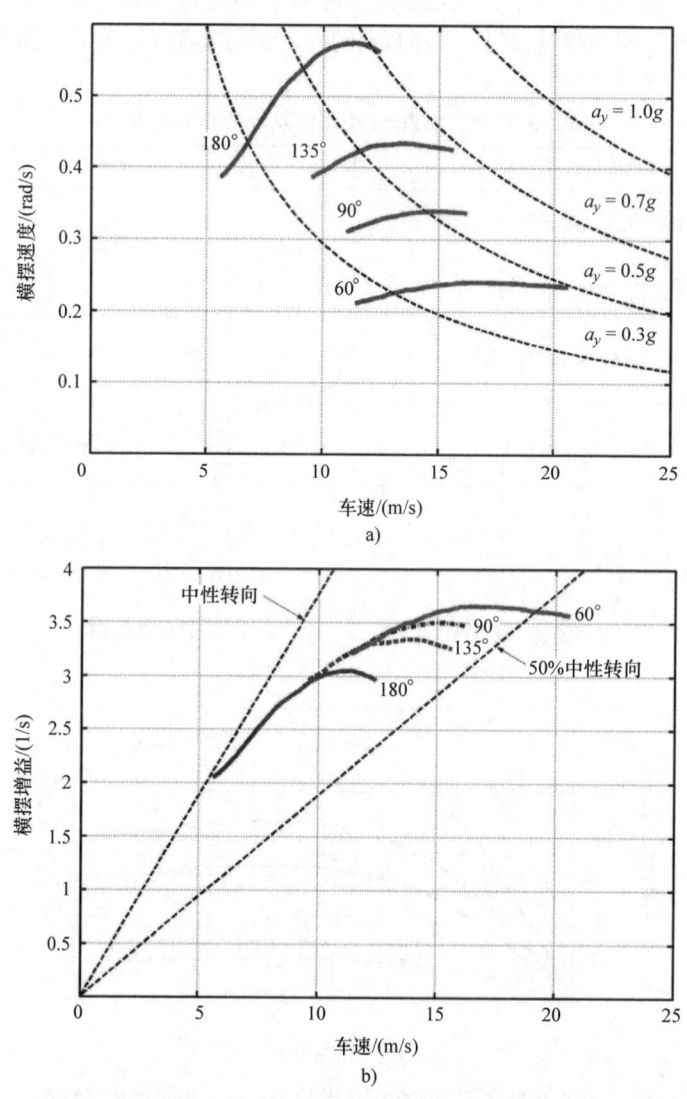

图33.35 前轮驱动汽车在一定转向盘转角下操纵特性:a)横摆速度;b)横摆增益

的操纵行为不同于车辆的行为,必须扩展该模型以便更好表示真实的操纵行为,否则由模型计算的名义横摆速度和测得的横摆速度之间的差异可能变得很大,甚至在没有达到物理极限的情况下发生 EPS 干预。

特征速度 v_{CH} 随着车辆质量(例如满载/空载)、轮胎刚度(例如夏季/冬季轮胎)而变化,车辆真实的操纵行为也一样。由于这些变化是未知的,ESP 必须调整到足够稳健才能在达到物理极限之前防止发生干预。这种稳健性通过指定关于名义横摆速度的死区达到,其由扩展的线性自行车模型计算。

如前所述,侧向加速度受到路面摩擦系数的限制

$$\mu \geq |a_y| \tag{33.4}$$

对于稳定转向运动,使用式(33.5),其遵循横摆速度必须由式(33.6)限制

$$a_y = v_V \dot{\psi} \tag{33.5}$$

$$|\dot{\psi}| \leq \frac{\mu}{v_V} \tag{33.6}$$

只要路面的摩擦系数是未知的,将取侧向加速度 a_y 而不是 μ。这种选择将在达到物理极限之前防止 ESP 干预。

在由扩展自行车模型计算横摆速度与测量的横摆速度进行比较之前,必须对其进行滤波,以便模拟转向角和车辆横摆速度之间的相移。同理,在横摆速度对应于路面摩擦系数和车辆速度进行限制之前,也必须进行滤波,以便模拟横摆速度和侧向加速度之间的相移。

需要注意两种特殊情况。首先,如果车辆在分离 $-\mu$ 路面上使用 ABS 进行制动,则驾驶员必须反打转向盘以保持车辆行驶在轨迹上,这种反打转向盘不能解释为来自驾驶员的转向愿望。由每根轴的制动压力之差计算汽车横摆力矩和估计转向角,这些需要反打转向盘用于抵抗横摆力矩。该转向角用于作为偏移量,校准的转向角用于自行车模型导出名义横摆速度。其次,如果车辆通过倾斜转弯运动,则重力加速度对测量的侧向加速度有影响,测量的侧向加速度甚至可能变成零。无需专门的关心,这种情况可以解释为在结冰路面上转向的车辆。因为现有传感器无法检测到当前的情况,例如在冰面上转向或在倾斜路面上转向稳定行驶,所以要进行合理性检查。如果驾驶员反打转向盘,则这种情况解释为在冰面上转向和驾驶员在 ESP 帮助下控制车辆保持稳定。如果驾驶员没有反打转向盘,则这种情况解释为在倾斜路面上转向稳定驾驶。后一种情况下,可以计算侧向加速度和转向角的偏移量,传感器信号可用这些偏移量进行校准,ESP 进一步的控制基于校准信号进行。作为传感器信号补偿的另一种选择,也可以增加车辆动态控制器激励信号的死区,然后避免干预。然而,对于粗暴的驾驶行为,驾驶员仍可以得到 ESP 系统的支持。另一种确定道路倾斜角的分析方法,也可以见

文献[38]。

名义横摆角速度的计算原理，如图 33.36 所示。

名义横摆速度利用线性稳态的自行车模型，即具有恒定转向角的滑动的车辆模型导出。在制动和抬起加速踏板的过程中，车速是变化的并且车辆趋向于过度转向。此时，必须注意的是在达到物理极限之前 ESP 是不工作的。这样的干预会驾驶员感受为车辆突然减速，驾驶员同样可能注意到来自于系统的噪声。因此，在这些情况下必须对名义横摆速度进行修正。特殊的情况是 ABS 控制，因为在 ABS 控制过程中，车辆已经减速，有最大减速度和系统已经产生噪声，不会注意到 ESP 干预。尤其是滑动率的增加几乎不会改变制动力，驾驶员几乎感受不到其影响。因此，

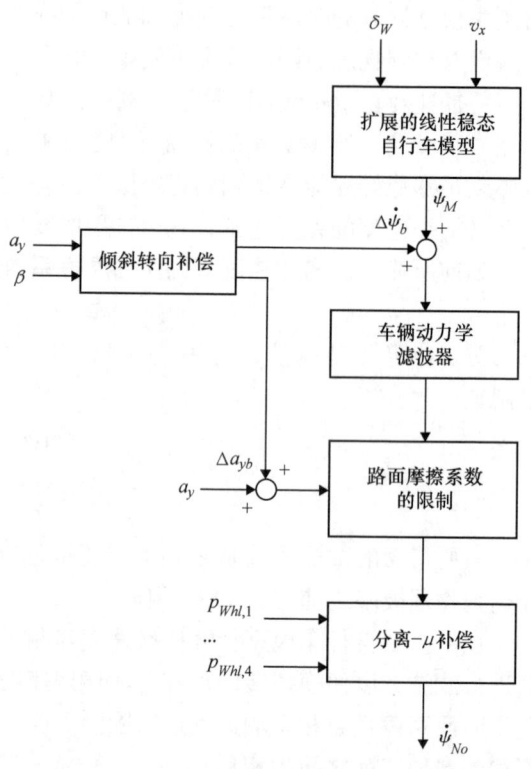

图 33.36 车辆名义横摆速度的计算原理

由自行车模型和具有路面摩擦系数限制的式（33.6）计算得到的名义横摆速度，毫无疑问可以应用于 ABS。

33.1.5.3.2 车辆侧偏角的计算

既然车辆侧偏角是车辆稳定性的一个重要衡量指标，已经提出很多估计侧偏角的方法。这里只讨论文献［39］提出的方案，其余的方法可以参见文献［40 - 43］。

为了推导车辆侧偏角，使用安装在车辆上的传感器信号，这些传感器测量车身固定坐标系（X, Y）的物理值，如图 33.37 所示。

车身固定坐标系和惯性坐标系（X_0, Y_0）的关系为

$$\begin{aligned}
\dot{x}_0 &= v_x \cos\psi - v_y \sin\psi \\
\dot{y}_0 &= v_x \sin\psi + v_y \cos\psi \\
\ddot{x}_0 &= a_x \cos\psi - a_y \sin\psi \\
\ddot{y}_0 &= a_x \sin\psi + a_y \cos\psi
\end{aligned} \tag{33.7}$$

由图 33.37 可知，有

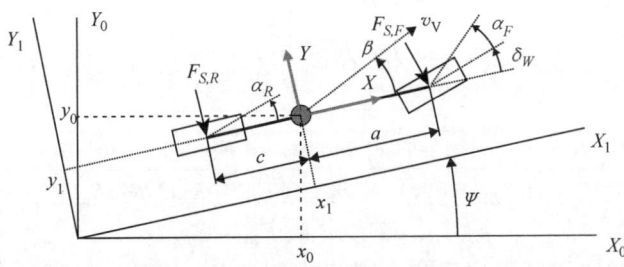

(X_0, Y_0)惯性坐标系
(X_1, Y_1)旋转坐标系
(X, Y)车身固定坐标系

图 33.37 惯性坐标系、参考坐标系和车身固定坐标系的定义

$$\tan(\beta + \psi) = \frac{\dot{y}_0}{\dot{x}_0}, \beta = -\psi + \arctan\left(\frac{\dot{y}_0}{\dot{x}_0}\right)$$

$$\dot{\beta} = -\dot{\psi} + \frac{1}{v_V^2} \cdot (\ddot{y}_0 \dot{x}_0 - \ddot{x}_0 \dot{y}_0)$$

$$\dot{\beta} = -\dot{\psi} + \frac{1}{v_V}(a_y \cos\beta - a_x \sin\beta) \tag{33.8}$$

对于小的侧偏角，侧偏角速度的方程可以简化，此时侧偏角可以通过积分直接得到

$$\dot{\beta} = \frac{a_y}{v_V} - \dot{\psi}, \beta(t) = \beta_0 + \int_0^t \left(\frac{a_y}{v_V} - \dot{\psi}\right)\mathrm{d}t \tag{33.9}$$

既然侧向加速度和横摆速度通过测量得到，车速由估算得到，如果初始车辆侧偏角已知，则可以计算车辆侧偏角。然而，由于这些信号每个都可能存在偏差，计算的车辆侧偏角误差随着时间的增长可能会累积到大值，必须经常重置侧偏角的值。

如果车轮的轮胎侧偏大，例如 ABS 过程，Kalman（卡尔曼）滤波可以用于获得车辆侧偏角的另一种估计[44]。对于卡尔曼滤波，使用车辆侧向运动的动力学方程，而车辆横摆运动的动力学方程用于得到测量方程。卡尔曼滤波的思想，如图 33.38 所示。侧向速度 $\tilde{v}_y$ 的估计值由测量方程得到，由于传感器信号受到噪声的干扰，将信号滤波后得到侧向速度的滤波估计值 $\hat{v}_y$。滤波

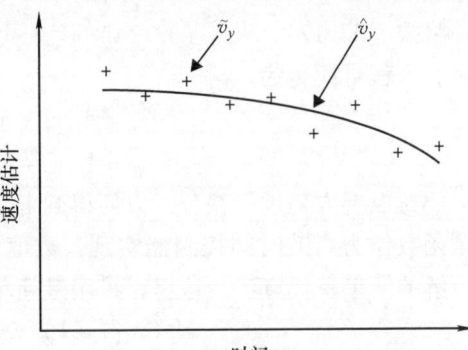

图 33.38 采用测量值 $\tilde{v}_y$ 和估计值 $\hat{v}_y$ 的车辆侧向速度的 Kalman 滤波原理

方程是侧向速度的过渡函数，其为车辆侧向运动方程的解。

基于水平路面，即无道路坡度，不考虑风阻的影响，符号约定如图 33.37 所示，动力学方程为

$$m_V(\dot{v}_y + v_x\dot{\psi}) = -(F_{S1} + F_{S2})\cos\delta_W - (F_{B1} + F_{B2})\sin\delta_W - F_{S3} - F_{S4} \tag{33.10}$$

$$J_V\ddot{\psi} = -(F_{S1} + F_{S2})a\cos\delta_W - (F_{S1} - F_{S2})b\sin\delta_W \\ -(F_{B1} + F_{B2})a\sin\delta_W + (F_{B1} - F_{B2})b\cos\delta_W \\ +(F_{S3} + F_{S4})c + (F_{B3} - F_{B4})b \tag{33.11}$$

通过使用摩擦椭圆可以看出，对于小侧偏角，$\tan\alpha \approx \alpha$ 和对于滑动率不为零，制动力和侧向力之间存在简单的关系，当滑动率较大时，其也是有效的，即处在 μ - 滑动率曲线非线性区域的滑动率

$$F_B = \lambda\frac{F_R}{\sqrt{\lambda^2 + (C_\alpha/C_\lambda)^2\alpha^2}}, \quad F_S = \alpha\left(\frac{C_\alpha}{C_\lambda}\right)\frac{F_R}{\sqrt{\lambda^2 + (C_\alpha/C_\lambda)^2\alpha^2}}$$

$$\Rightarrow F_S = \frac{C_\alpha\alpha}{C_\lambda\lambda}F_B \tag{33.12}$$

此外，通过使用轮速的动力学方程，每个车轮的制动力可以与制动压力相关联（只有驱动轮才考虑驱动力矩 M_{CaHalf}）

$$F_B = C_p\frac{p_{Whl}}{R} - \frac{M_{CaHalf}}{R} + \frac{J_{Whl}}{R^2}\dot{v}_{Whl} \tag{33.13}$$

如果两个前轮的侧偏角小，则可以认为前轮侧偏角近似相等。同理，如果两个后轮侧偏角小，则可以认为两个后轮侧偏角也近似相等。然后，侧偏角计算为

$$\alpha_F = \frac{v_y + a\dot{\psi}}{v_x}, \quad \alpha_R = \frac{v_y - c\dot{\psi}}{v_x} \tag{33.14}$$

将式（33.12）~式（33.14）代入式（33.10）和式（33.11），合并同类项后，方程可简化为

$$\dot{v}_y = A_{11}v_y + A_{12}\dot{\psi} + u_1 \\ \ddot{\psi} = A_{21}v_y + A_{22}\dot{\psi} + u_2 \tag{33.15}$$

要对以上方程进行积分，以便得到卡尔曼滤波的过渡函数和测量方程。因为控制函数作为离散时间控制器实现，数值积分是代替线性微分方程式（33.15）解析解的简单替代方法。这里，采用最简单的欧拉法

$$v_{y,k+1} = (A_{11}T + 1)v_{y,k} + A_{12}T\dot{\psi}_k + u_{1,k}T \tag{33.16}$$

$$\dot{\psi}_{k+1} = A_{21}Tv_{y,k} + (A_{22}T + 1)\dot{\psi}_k + u_{2,k}T \tag{33.17}$$

为了将式（33.17）作为测量方程，采用横摆速度的线性外推

$$\dot{\psi}_{k+1} = 2\dot{\psi}_k - \dot{\psi}_{k-1} \tag{33.18}$$

将式（33.18）代入式（33.17），测量方程为

$$v_{y,k} = \frac{(1-A_{22}T)\dot{\psi}_k - \dot{\psi}_{k-1} - u_{2,k}T}{A_{21}T} \tag{33.19}$$

前轮侧偏角的估计值和测量值之间的比较，如图 33.39a 所示；而在冰面上 ABS 制动和双车道变换后轮侧偏角的估计值和测量值之间的比较，如图 33.39b 所示。通过比较可以看出，估计效果非常好，即使对大的侧偏角，估计值也接近于测量值。在冰面上，μ-侧偏角曲线的最大值约为 5°，该结果表明在 μ-侧偏角曲线的非线性区域和不稳定区域，估计方法也产生了良好的效果。既然在所有方程中使用了轮胎侧偏刚度和纵向刚度的商式（33.12），则侧偏角的估计对于轮胎特性变化具有鲁棒性。例如，如果使用的是冬季轮胎而不是夏季轮胎，轮胎的侧偏刚度和纵向刚度都会显著降低。然而，两者之间的变化不明显。同样，如果轮胎磨损了，与新轮胎相比磨损轮胎的纵向刚度和侧向刚度增加明显。然而，两者之间的变化不明显。因此，不要求根据轮胎制造和状态改变估计。

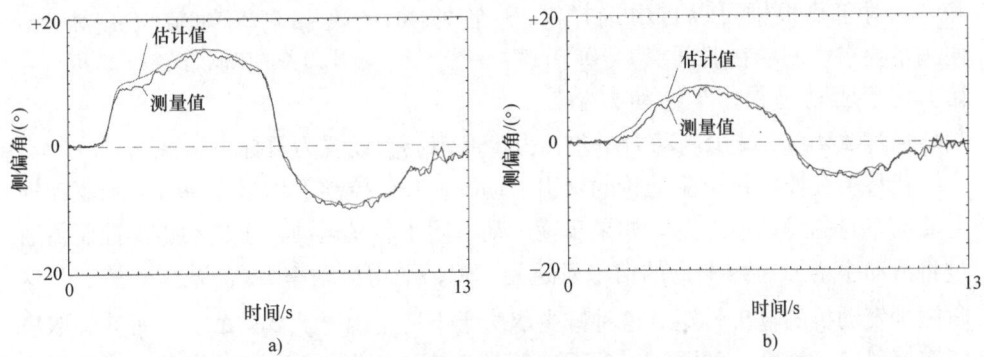

图 33.39　汽车侧偏角的测量值和卡尔曼滤波估计值之间的比较：
a）车辆前轴；b）在冰面上 ABS 制动和双车道变换时的车辆后轴

33.1.5.3.3　控制算法

PID 控制用于计算所需横摆力矩。PID 控制器的输入是侧偏角和横摆速度的驱动信号。在侧偏角没有足够计算精度的情况下，横摆速度的控制成为主导。如前所述，不仅难以获得横摆速度的名义值，而且车辆的操纵行为和横摆速度的值可能随着轮胎侧向刚度（冬季/夏季轮胎）、车辆质量和质心位置的变化而变化。这些变化对于控制器是未知的，因而由于车辆不同的基本操纵行为干预可能在物理极限内发生。但是，必须避免这些早期干预。通常，通过扩大横摆速度的死区避免这些早期干预。

通过选定车轮滑动率变化产生横摆力矩。如果滑动率远低于 λ_0 的值，名义滑动率值转换为名义车轮力矩值，并且车轮力矩被控制到这个名义值。选择车轮所需的滑动率变化，以便所选择车轮横摆力矩的总和等于车辆上所需的横摆力矩。车轮的滑动率变化正比于横摆力矩和滑动率变化之间的增益,增益可以由摩擦椭圆式(33.12)使用实际滑动率和侧偏角值计算。

在分离 $-\mu$ 路面上制动和驱动车辆时,由于车辆左侧和右侧车轮的纵向力之差产生车辆的横摆力矩。这个横摆力矩通过每根轴左侧和右侧之间的制动力矩(或压力)之差由车辆动力学控制器直接控制。对于制动过程,制动力矩之差的时间导数也是指定定的,如图 33.40 所示。在图 33.40 中,最大压力差 Δp_1 和 Δp_2,从制动开始测量的时间点 t_1 和 t_2,对于每根轴可以自由选择以便满足要求,制动在时间点 $t = 0\mathrm{s}$ 开始。对于驱动过程,车辆动力学控制器通过 ΔM_{NoLock} 减少制动力矩差,由 TSC M_{NoLock} 设置为目标。

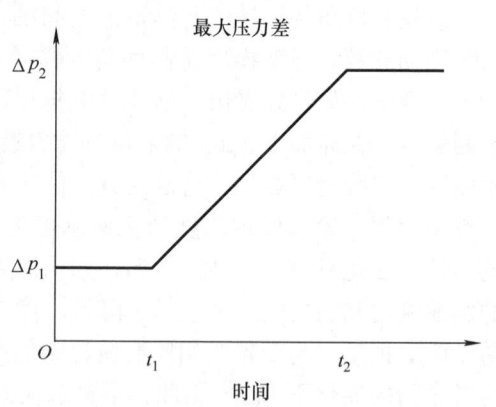

图 33.40　分离 $-\mu$ 制动下同轴车轮制动压力差的限制

代替单独控制每个驱动轮的牵引滑动率,TSC 控制平均滑动率 λ_{MA} 和驱动轴上驱动车轮的滑动率之差。如果车辆运动不同于名义运动,车辆动力学控制器通过将滑动率增加(减少)的信号发送到 TSC,平均滑动率 $\Delta\lambda_{MA}$ 减少。然后,这将减少发动机的输出转矩。这种减少取决于不稳定因子 $f(\Delta\beta, \Delta\dot{\psi})$,而其又取决于车辆稳定性裕度,如图 33.41 所示,不稳定因子也考虑了发动机参数(其最大转矩、怠速转矩、怠速转速)的限制。不稳定因素 f 越大,稳定性裕度越小。如果不稳定因子为 0,则平均牵引滑动率不会从其目标值减少,它为优化的牵引和稳定性 λ_{MAT} 的值。如果不稳定因子为 1,则滑动率增量将把平均滑动率从目标滑动率值减小至最大车辆稳定性条件下速度决定的最小值 λ_{MAmin},细节将在 33.1.5.5 小节中讨论。

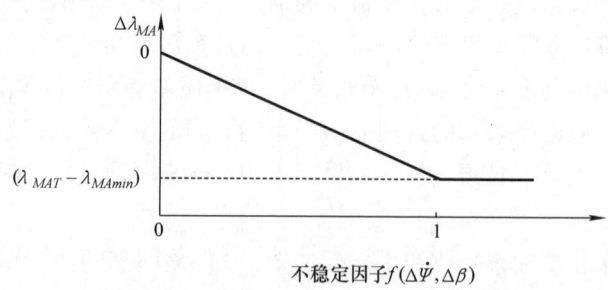

图 33.41　取决于车辆稳定性裕度的目标值减少万向节的滑动率

对于每种车辆工况，选择和确定产生横摆力矩的车轮。从一种车辆状况过渡到另一种车辆状况存在一些不确定性，例如从滑行到部分或全部的制动过程。在每种车辆工况下，选择不同的车轮产生横摆力矩。必须仔细测试和调整过渡过程，以便从一种选择到切换到另一种选择，既不太早，也不太晚。由于控制器不随行驶情况改变其结构和在所有控制器中滑动率是基本变量，因此分层控制结构似乎是处理这些过渡问题的最好的正确选择。

33.1.5.4 制动防滑控制器

BSC 用于控制车轮正值滑动率（制动滑动率）。控制器由一些主要任务组成，如图 33.42 所示。主要任务如下：

1）车辆速度估计。
2）ABS 目标车轮滑动率确定。
3）车轮滑动率控制。
4）阀门激励确定。

输入和输出变量，如图 33.42 所示。滑动率增量 $\Delta\lambda$ 通过车辆动力学控制器提供给每个车轮，以便控制车辆的横摆力矩。

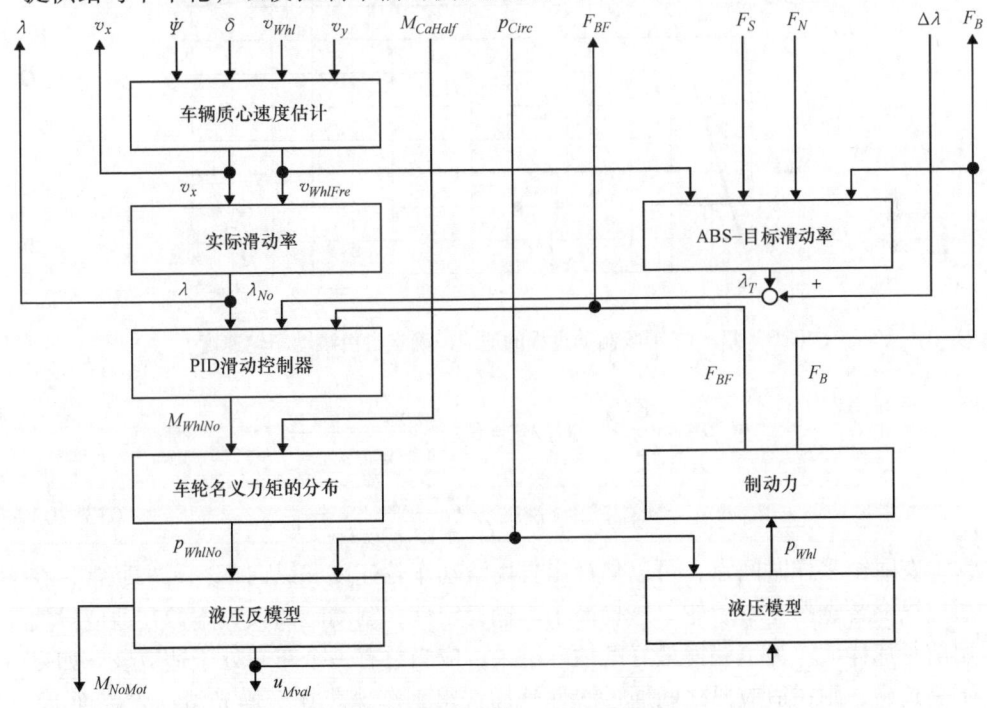

图 33.42 BSC 方框图

33.1.5.4.1 车辆速度估计

为了确定车轮的实际滑动率，需要自由滚动车轮速度 v_{WhlFre}。自由滚动车轮速度的计算思路如下。

如果在滑动控制的一定时间段,制动力矩很低以致产生稳定的滑动,则通过将制动力矩的值外推到零,可以估计自由滚动的车轮速度。这个时间段称为"适应段"。由自由滚动车轮速度,车辆质心的纵向速度 v_x 可以使用车辆侧向速度和横摆速度以及车轮转角计算。由车辆质心速度,可以计算其他车轮的自由滚动速度。

图 33.43 展示了这种思路,圆圈代表制动力矩调节,以便保持车轮滑动率 λ 接近名义滑动率值 λ_{No}。在适应段,制动力矩固定在调节段最低值 M_{BR} 处,产生稳定的滑动率 λ_A。如果制动力矩 $M_{BR,A}$ 已知,则可以计算适应段的制动力 $F_{B,A}$。为了消除适应段法向力 F_N 变化的影响,计算使用 μ-滑动率曲线和摩擦系数 μ_A 而不是制动力-滑动率曲线。此外,假设点 (λ_A, μ_A) 位于 μ-滑动率曲线的部分,其可以由原点 (0, 0) 与 (λ_A, μ_A) 之间的直线近似。

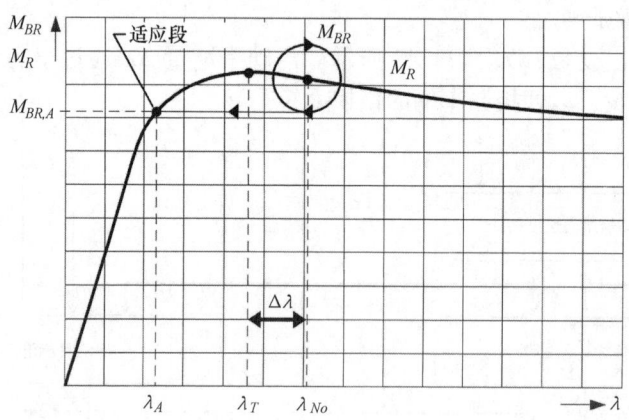

图 33.43 由 ABS 制动过程的适应段确定自由滚动车轮速度

$$\mu_A = \frac{F_{B,A}}{F_N} = C_\lambda \lambda_A = C_\lambda \frac{v_{WhlFre} - v_{Whl,A}}{v_{WhlFre}}$$

$$\Rightarrow v_{WhlFre} = v_{Whl,A} \frac{C_\lambda}{C_\lambda - (F_{B,A}/F_N)} \quad (33.20)$$

在每个采样时间点,可以估计出自由滚动车轮速度和纵向车速 v_x。通常,在适应段交替选择左右后轮。这提高了车辆稳定性,制动距离损失不像在适应段使用前轮那样大。为了获得最好的估计结果,应当总有一个车轮处于适应段。如果不是这样,则在适应段之间通过线性外插法得到车速。在干燥光滑沥青路面上,以 120km/h 的速度直线 ABS 制动过程中,适应段后轮的压力和速度,如图 33.44b 所示。

由于上述车速估计易于出错,通过卡尔曼滤波器对估计进行滤波。滤波方程

中用到了车速 v_x

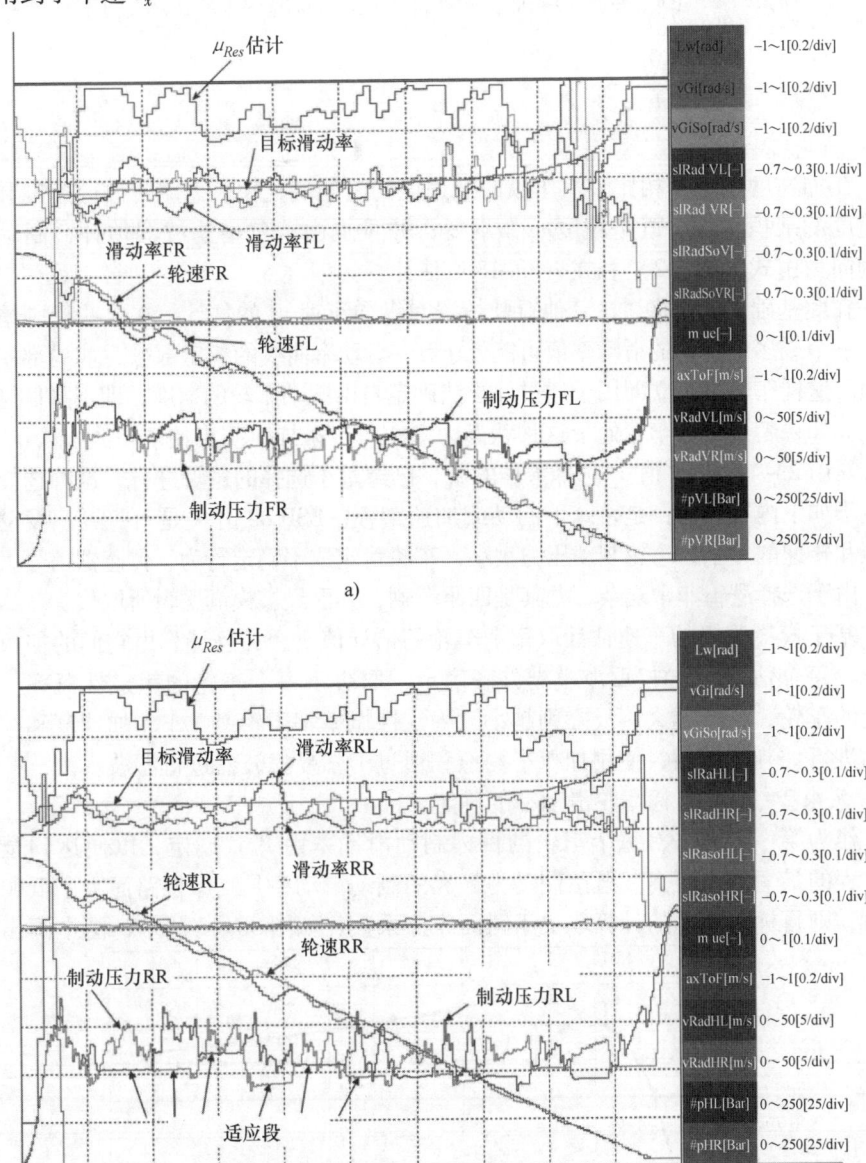

图 33.44 前轴和后轴一些制动变量的时间历程，表示直线 ABS 制动过程的适应段：
a) 前轴；b) 后轴

$$\dot{v}_x = \frac{1}{m_V}\left[(F_{S1}+F_{S2})\sin\delta_W - (F_{B1}+F_{B2})\cos\delta_W - (F_{B3}+F_{B4})\right]$$

$$-\frac{c_w A v_x^2 \rho/2}{m_V} - \dot{v}_{x,off}$$

$$\ddot{v}_{x,off} = 0 \tag{33.21}$$

在加速度项中，相比于汽车纵向加速度的时间变化率，忽略了侧向速度和横摆速度的乘积。假设道路坡度 $\dot{v}_{x,off}$ 不变，并且也由卡尔曼滤波器估计，制动力和侧向力由式（33.12）和式（33.13）估计。

在此基础上，也将讨论其他行驶情况对纵向车速 v_x 的估计。在这些行驶情况中，一个或多个车轮的滑动率值可能处于 μ - 滑动率曲线的稳定部分，如局部制动过程。这样车轮可以立即用于通过外插法确定自由滚动车轮的速度，即不降低制动力矩。如果超过一个车轮处于这种状态，则在每个采样时间点便能得到多个 v_x 的估计。由 2~4 个估计值 v_x 选择最佳的 v_x，已经基于选择的逻辑进行。这种选择逻辑基于如下内容考虑：是否踩下制动或加速踏板，ESP off 开关是否打开，发动机转矩和转速的大小，车轮制动压力大小，车轮稳定或不稳定行为，传感器信号大小等。由于选择逻辑非常复杂，尤其是四驱车辆，其已经被模糊逻辑所取代。

基于模糊逻辑的车速估计取每个车轮的估计值 v_x，并且计算出它们的加权平均值。每个估计值 v_x 的权重由模糊方法确定，取决于每个车轮的稳定性概率。越稳定的车轮，权重越大，反之则越小。稳定性概率基于轮速、车轮加速度和车轮跳动进行评判。然后，使用加权平均值和通过卡尔曼滤波器进行滤波。

33.1.5.4.2 ABS 目标车轮滑动率的确定

作为第一种方法，每个车轮的目标制动滑动率由 BSC 确定，以便达到全制动过程的最短制动距离。既然制动最大的制动滑动率是高摩擦路面大于低摩擦路面，则目标滑动率的计算取决于路面摩擦系数，如图 33.45 所示，图中画出两

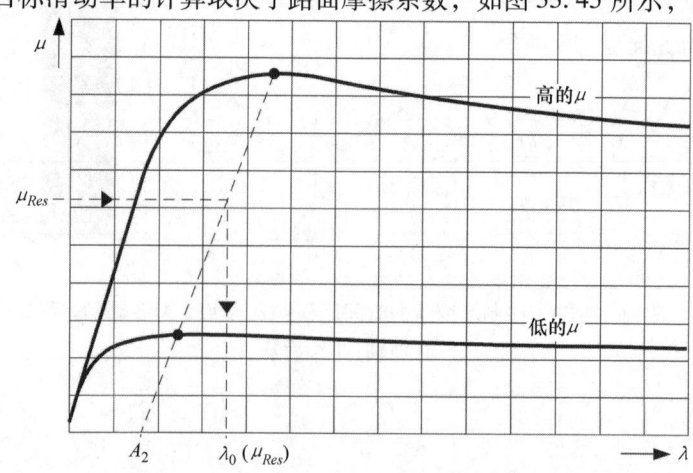

图 33.45 ABS 制动时车轮目标滑动率的计算

条 μ-滑动率曲线：一条是低摩擦系数的曲线，另一条是高摩擦系数的曲线，每一条曲线有其最大值。思路是连接两个最大点的线，所有其他路面的 μ-滑动率曲线最大值对应的滑动率值都位于这条线上。因此，如果路面的摩擦系数是 μ_{Res}，则其对应的 μ-滑动率曲线最大值的滑动率是 $\lambda_0(\mu_{Res})$。

对于低的自由滚动车轮速度，目标滑动率从 λ_0 开始增加以改善滑动率控制。为了提高车辆稳定性，考虑后轮的目标滑动率小于前轮的目标滑动率

$$\lambda_T(\mu_{Res}) = A_2 + A_0\mu_{Res} + \frac{A_1}{v_{WhlFre}}$$

$$\mu_{Res} = \frac{\sqrt{F_B^2 + F_S^2}}{F_N} \tag{33.22}$$

图 33.44 给出路面摩擦系数 μ_{Res} 的估计和相应的前后轮目标滑动率的确定，由该试验可以看出，从制动开始就可以很快找到目标滑动率。

33.1.5.4.3 车轮滑动率的控制

名义车轮滑动率 λ_{No} 由 ABS 制动目标滑动率 $\lambda_T(\mu_{Res})$ 加上车辆动力学控制器要求的滑动率增量 $\Delta\lambda$。如果名义车轮滑动率 λ_{No} 下的稳态制动力由 F_{BF} 表示，则车轮的名义制动力矩由式（33.23）计算，其中"SUM"表示时间积分

$$M_{WhlNo} = F_{BF}R + K_p(\lambda_{No} - \lambda)R + K_d(\dot{v}_{Whl} - \dot{v}_{WhlFre})\frac{J_{Whl}}{R}$$

$$+ K_iC_pSUM[(\lambda_{No} - \lambda)D_T] \tag{33.23}$$

名义车轮滑动率下的稳态制动力，通过对制动力的低通滤波估计，由式（33.13）计算

$$T_1\dot{F}_{BF} + F_{BF} = F_B \tag{33.24}$$

由名义制动力矩，如果车轮为驱动轮，考虑驱动力矩 M_{CaHalf}，则可以容易确定名义制动压力

$$p_{WhlNo} = \frac{M_{WhlNo} + M_{CaHalf}}{C_p} \tag{33.25}$$

如果制动压力为负，则驱动轮的发动机阻力矩太大，必须将发动机输出力矩增加到 M_{NoMot}。求名义发动机力矩时，包括动力和传动系统加速的动态项，为了计算发动机力矩，考虑阻力矩绝对值最大（即驱动力矩最小）的驱动轮

$$M_{NoMot} = -\frac{2m}{I_{Tr}} + \frac{J_{Mot}I_{Tr}}{R}\dot{v}_x \tag{33.26}$$

针对后驱车辆有

$$m = MIN(M_{Whl3No}, M_{Whl4No}) \tag{33.27}$$

为了获得良好的滑动率控制性能，重要的是尽可能快地找到稳态制动力

F_{BF}，否则控制可能开始振荡，对控制性能（停车距离，舒适性）造成负面影响。

33.1.5.4.4 阀激励的确定

如果名义车轮制动压力为正，则通过使用液压系统模型可以得到阀激励的时间。最简单的模型基于不可压缩液体的 Bernoulli（伯努利）定律。为了计算入口或 AV 必须打开的时间，需要使用一个逆向模型

$$U_{Mval} = \frac{p_{WhlNo} - p_{Whl}}{(x_1 + x_2 p_{Whl})\sqrt{|p_{Circ} - p_{Whl}|}}$$

$U_{Mval} > 0$ 压力增加

$U_{Mval} = 0$ 压力保持

$U_{Mval} < 0$ 压力减少 (33.28)

参数 x_1 和 x_2 取决于容积压力特性曲线和液压系统（阀）的节流孔，计算的正值 U_{Mval} 是 EV（入口阀）开启的时间。如果 U_{Mval} 值是负的，则其绝对值是 AV（出口阀）开启的时间。由于阀的开启时间只能由一些确定的离散值（1，2，3，…）实现，因此 U_{Mval} 值被圆整，由圆整的激励时间可计算车轮制动产生的实际压力 p_{Mval}。计算再次应用液压系统模型，利用制动压力阀，由式（33.13）计算制动力 F_B。

33.1.5.5 驱动防滑控制器

TSC 控制驱动轮的负滑动率（驱动滑动率）。与单独控制每个车轮的驱动滑动率不同，TSC 控制驱动轮的平均滑动率 λ_{MA} 和驱动轮之间滑动率差值的死区 D_λ。这种选择背后的想法是平均滑动率可以通过发动机输出力矩控制，滑动率的差值可以通过转速最快车轮的制动力矩控制。于是，控制分成了慢（惯性大的动力传动系统的发动机控制）和快（惯性小的驱动轴车轮的制动控制）两部分。

首先，对后驱车辆 TSC 原理进行解释。TSC 由两个主要部分组成，如图 33.46 所示：

1）平均滑动率控制器，也称为万向滑动率控制器，输出为发动机名义输出转矩。

2）差分滑动率控制器，输出为一个车轮的名义制动力矩。

33.1.5.5.1 平均滑动率控制器

TSC 该部分通过控制发动机输出力矩控制驱动轮滑动率的平均值，平均滑动率的目标值 λ_{MAT} 的计算类似于用于 ABS 的式（33.22）。类似于 BSC 的 ABS 功能，当驱动轮的平均滑动率超过目标值后，开启 TCS 功能。平均滑动率的名义值 λ_{MA} 通过目标值 λ_{MAT} 加上一个增量 $\Delta\lambda_{MA}$ 计算，该增量由汽车动力学控制器计算。使用驱动轮的自由滚动速度除以（$1 + \lambda_{MA}$），计算驱动轮的名义平均速度

第33章 车辆水平运动的控制

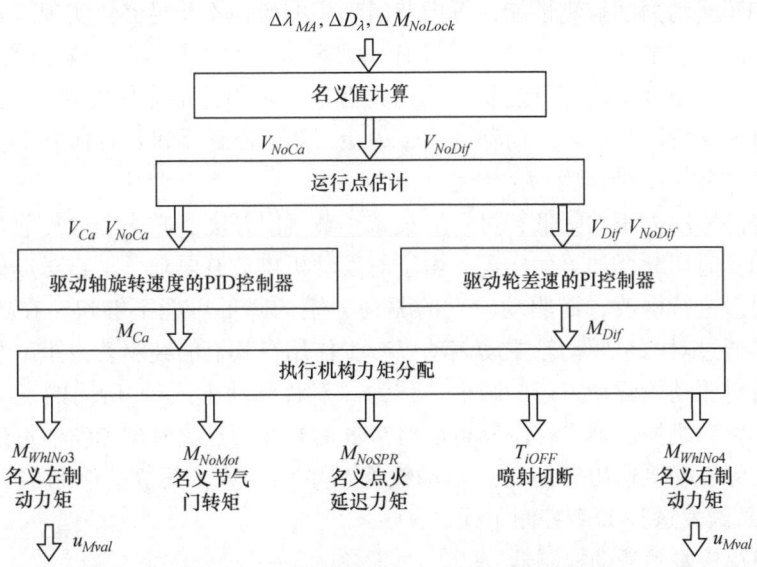

图 33.46 TSC 方框图

v_{NoCa}。万向滑动率控制器的激励信号为 $v_{NoCa} - v_{Ca}$,其中 v_{Ca} 是(后驱车辆)两个驱动轮的平均速度

$$v_{Ca} = \frac{v_{Whl,3} + v_{Whl,4}}{2} \quad (33.29)$$

激励信号是 PID 控制器的输入,PID 控制器的输出是万向轴的转矩与传动系统传动比的乘积,由此利用动力传动系统总的传动比 I_{Tr} 可以很容易计算发动机转矩 M_{Ca}。

PID 控制器的增益由以下行驶状况确定:
1) 变速器档位。
2) 转换器效率,如果车辆有自动变速器。
3) 实际发动机转矩与其限值的距离(最大/最小值)。
4) 液压系统在驱动轮上可以产生的主动制动压力梯度。
5) 路面的摩擦系数。
6) 驱动轮所需的侧向力。

由于传动系统会以非常小的阻尼因子振荡,PID 控制器的增益必须选择足够小以避免控制不稳定。此外,驱动轮的平均速度信号被低通滤波器滤波以使得控制器对振荡信号不敏感。振荡的频率取决于变速器的档位,可以低于 2Hz。因此,选择低通滤波器的带宽为 2Hz。

由于控制器的低增益和对车轮平均速度的低通滤波,对于所需的 TCS 车辆稳定性和车辆动力学控制性能，万向节滑动率的变化不能足够快实现。发动机输出转矩的降低速度如此慢，以至于具有较大牵引力的车轮也将开始打滑。因此，发动机输出转矩被快速并行控制，根据具有较大牵引力的车轮的状态进行控制，即开始打滑车轮的状态。万向轴的两个力矩（PID 控制器和万向轴力矩快速减少的输出）中较小一个作为 M_{Ca} 传递。

车轮的驱动力矩的降低，可以通过减小节气门开度、减小点火提前角、减小喷油量和有时切断燃油喷射实现。由于对发动机排放有要求，禁止对点火时间和燃油喷射量进行修改，而驱动轮上的驱动力矩的降低可能不够快。在这种情况下，可以通过对两个驱动轮主动制动以减少作用在其上的纯驱动力矩。这种制动干预支持对驱动轮驱动力矩的减少，称为"对称制动干预"。所需的发动机转矩被传送至发动机控制器，控制器可以对节气门开度、点火时刻和喷油量进行集中控制。实际发动机输出转矩通过发动机控制单元计算，其值由控制器区域网络（CAN）总线发送到 ESP 控制单元。

33.1.5.5.2 差动滑动控制器

通过控制具有最低牵引力车轮的制动力矩，TSC 的另一部分控制驱动轮间的滑动差动小于 D_λ。当车辆转弯或行驶在分离 - μ 路面上时，这种控制可以使得车轮的牵引力最大。虽然车辆在均质的路面直线行驶时可以选择 D_λ 为零，以便在转弯或在分离 - μ 路面上行驶时获得最佳的牵引力，但是这种选择是不可能的。因为车辆转弯时内侧车轮上的法向力要小于外侧车轮的法向力，内侧车轮的滑动率值要大于外侧车轮的滑动率值，虽然作用在两侧车轮的驱动力矩是相等的，类似的情况也存在于分离 - μ 路面。在这两种情况下，左右车轮总存在滑动率差，但是如果车轮不打滑，则不能进行干预。只有当两侧车轮之间的滑动率差超过阈值（也称为死区）D_λ，才激活滑差控制以减少滑动率差到低于该阈值的值。阈值 D_λ 指定一个死区，当滑动率值低于该值时不进行制动控制。由控制两侧车轮的速度差，代替控制两侧车轮的滑动率差。直线行驶时，D_λ 是零，两侧车轮之间的名义速度差 v_{NoDif} 也为零。

车辆转弯时，情况更复杂，因为内侧车轮的自由滚动速度比外侧车轮的要小。如果车轮 3 在外侧，车轮 4 在内侧，则 v_{NoDif} 可以按如下方法计算

$$\lambda_{WhlNo3} = \lambda_{MA} = \frac{v_{WhlFre3} - v_{WhlNo3}}{v_{WhlNo3}}$$

$$\lambda_{WhlNo4} = \lambda_{MA} + D_\lambda = \frac{v_{WhlFre4} - v_{WhlNo4}}{v_{WhlNo4}}$$

$$v_{WhlNo3} = \frac{v_{WhlFre3}}{1 + \lambda_{MA}}$$

$$v_{WhlNo4} = \frac{v_{WhlFre4}}{1 + \lambda_{MA} + D_\lambda}$$

$$v_{NoDif} = v_{WhlNo4} - v_{WhlNo3}$$

$$v_{Dif} = v_{Whl,4} - v_{Whl,3}$$

$$e_{\Delta v} = v_{Dif} - v_{NoDif} (激励信号) \tag{33.30}$$

如果激励信号是负值,即车轮间的速度差小于名义差,则 v_{Dif} 位于死区内,控制器不进行作用,否则速度差由产生的制动力矩 M_{NoLock} 控制,其类似于差速锁。根据制动力矩,液压阀的激励由 BSC 描述的液压系统模型计算。

如果对一个驱动轮进行制动,则车辆将产生横摆力矩。如果必须减少横摆力矩,则车辆动力学控制器将先减少该力矩,因为这种减少比制动对前轮的干预更舒适。这种来自车辆动力学控制器的减少是 ΔM_{NoLock},将会增加驱动轮之间的滑动率差。因此,当车辆动力学控制器需要减少制动力矩时,必须同时增加死区范围 ΔD_λ,否则滑动控制器会立即再增加制动力矩。

33.1.5.5.3 四轮驱动车辆

用于两轮驱动车辆的 TSC 原理可以拓展产生四轮驱动车辆控制器原理,图 33.47 给出典型四轮驱动的原理。在变速器之后,转矩通过中央差速器分配给前万向轴和后万向轴,前万向轴的力矩通过前轴差速器分配给前轴左右车轮,而后万向轴的力矩通过后轴差速器分配给后轴左右车轮。中央差速器或后轴差速器具有黏性耦合以便将后轴与动力系统连接。

图 33.48 给出 TSC 的原理。如果前万向轴打滑由前轮对称制动,则前轴制动控制器纵向抱死可以减少前万向轴和后万向轴之间的速度差。同理,如果后万向轴打滑由后轮对称制动,则后轴制动控制其纵向抱死可以减少前万向轴和后万向轴之间的速度差。通过所有四轮的对称制动,可以减小发动机输出转矩(或万向力矩)。制动控制器的侧向抱死功能减少前轴车轮和后轴车轮之间的速度差。

图 33.49 给出四轮驱动车辆开下 20°斜坡的分离 $-\mu$ 路面的控制。来自驾驶员的发动机转矩请求被看作是一个稳定增加的力矩 M_{Dr}。经过约 1.2s,在湿滑路面上左前轮突然开始打滑,如图 33.49a 所

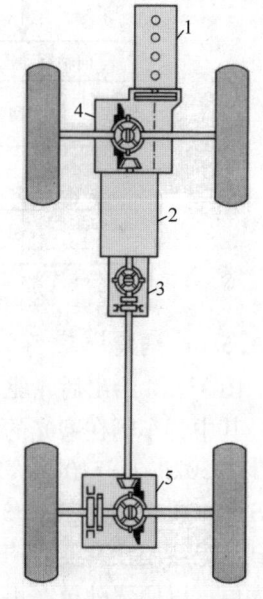

图 33.47 四轮驱动和中央后轴差速器具有可选的黏性离合器的动力传动原理
1—发动机 2—变速器
3—中央差速器 4—前轴差速器
5—后轴差速器

示。这个车轮的激发的制动压力为 $p_{whl,1}$,中央万向轴的力矩 M_{Ca} 通过控制系统减小,控制的延迟明显可见。由于车轮速度的强滤波,车轮上的压力不跟随车轮速度振荡。类似的情况也可以在后轴上发现,如图 33.49b 所示。当左轮制动力矩增加时,中心万向轴的力矩可以再次增加。右前轮在约 4.8s 后开始转动,右后轮也开始转动,即车轮的速度比可以测量的最小速度(2.75km/h)要大,这个时候车辆可能已经移动。7s 后,两个前轮之间的速度差下降到一个小值和前轮的制动压力可以保持不变。在最后,驾驶员释放加速踏板,可以降低左轮的制动压力。因为后制动小于前制动,后制动的压力大于前制动的压力。

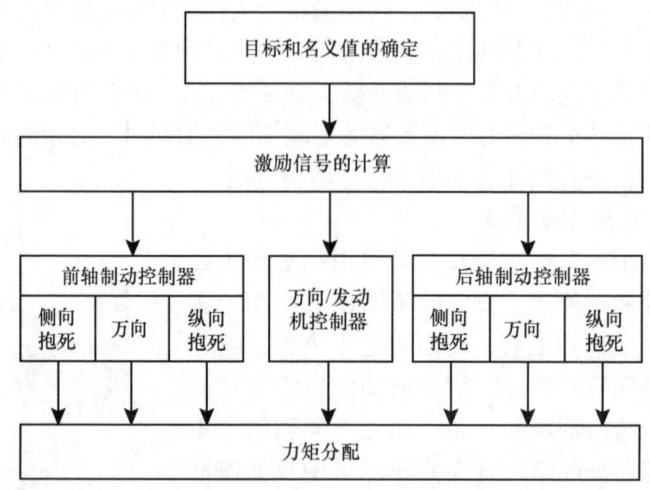

图 33.48 四轮驱动车辆 TSC 方块图

33.1.5.6 结果

图 33.50 给出后轮驱动的测试车辆的 ABS 结果,此结果由闭环试验测试得到。其中,车辆在磨光的冰面上($\mu \approx 0.15$)完全制动时进行车道变换。测试以初速度 50km/h 开始,然后在同一点及时进行制动和转向,测试车辆可以选配 ABS 和 ESP 系统。在图 33.50 中,ABS 测试结果绘制在左侧,而使用了 ESP 的测试结果绘制在右侧。ABS 测试结果表明,横摆速度和车辆的侧偏角从开始获得大值,以便驾驶员在 4s 后不得不进行迅速和大的反向转向,但他几乎无法使车辆在另一个车道上平稳停住。在图 33.50 右侧使用 ESP 的测试结果证明了车辆优秀的操控性能,驾驶员不需要反向转向,也不需要大转向角操纵。因此,驾驶员驾驶容易,而且横摆速度和车辆侧偏角都立即遵循驾驶员的转向输入和保持在小范围值内。车辆表现几乎与摩擦系数大得多的情况相同,因此驾驶员对车辆行为的突然变化并不感到惊讶。令人足够惊讶的是,在操稳性有相当改善的 ESP 车辆的制动距离也远小于更难操控的 ABS 车辆,这可以通过 ESP 系统将车辆侧偏角限制到小值和改进的 ABS 规则进行解释。

第33章 车辆水平运动的控制

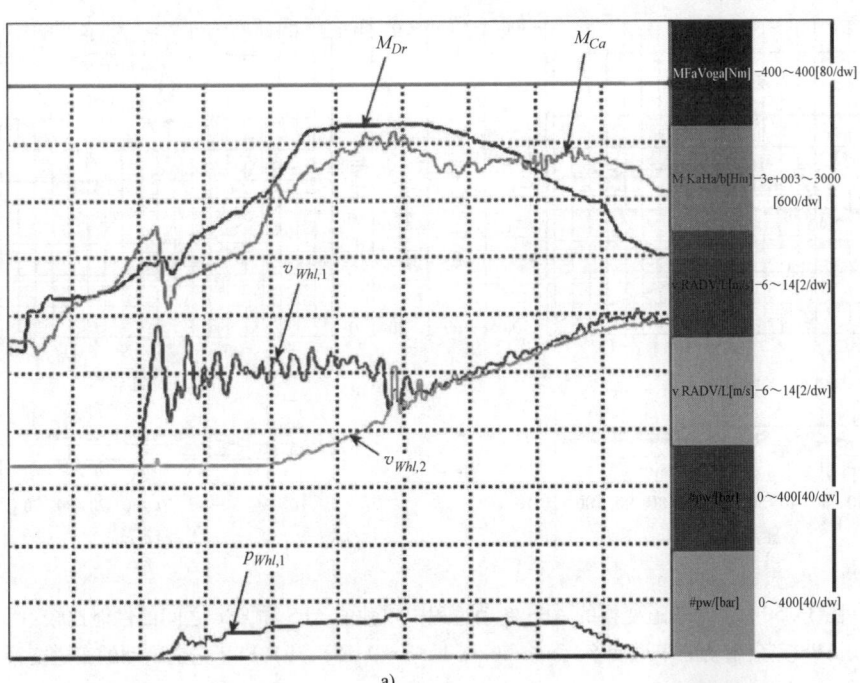

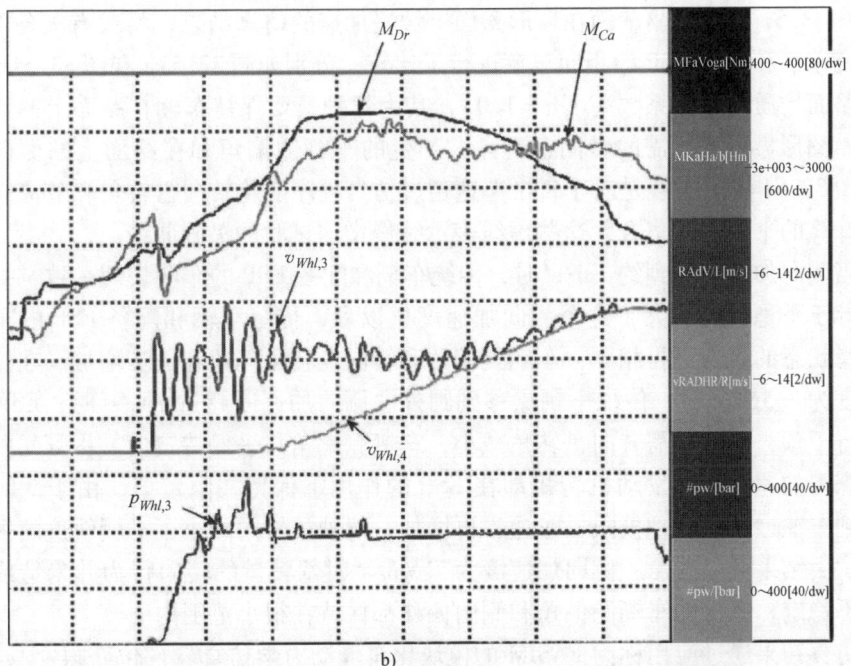

图33.49 在分离-路面上下坡行驶的四轮驱动车辆的一些变量的时间历程：
a) 前轴；b) 后轴

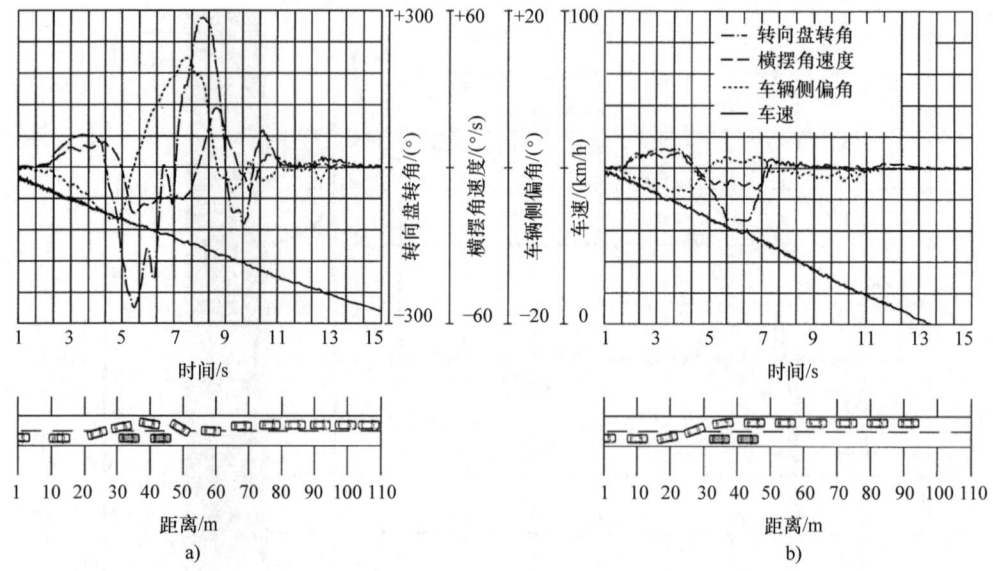

图 33.50 包含车道变换的 ABS 制动过程中单独的 ABS 和 ESP 之间的性能比较：
a) ABS 完全制动的车道变换 ($v_V \approx 50 \text{km/h}$, $\mu \approx 0.15$)；b) ESP 完全制动的车道变换

图 33.51 给出后驱车辆在环形路面上缓慢加速的仿真结果，将没有配备 ESP 的传统车辆和配备 ESP 的相同车辆进行了比较，分别如图 33.51a 和图 33.51b 所示。路面均质和摩擦系数高（$\mu = 1.0$），其为驾驶员要保持车辆在路面上的闭环测试。图形显示了所需的转向盘转角，产生的车辆侧偏角和在路面上的侧向偏差，图 33.51 中的虚线是对于每个车速通过仿真程序变化转向盘转角和节流阀角迭代计算的平稳点的集合，这些虚线表示缓慢增速试验的极限曲线。

当侧向加速度达到约 7m/s^2 时，传统车辆和配备 ESP 的车辆表现一致，并且几乎等于平稳行为。大于这个侧向加速度值以后，传统车辆和配备 ESP 的车辆的平稳状态的表现不再相同，车辆侧偏角和转向盘转角迅速和逐步增加。在侧向加速度为 7.5m/s^2 时，传统车辆漂移到圆外。侧向加速度超过 7m/s^2 时，ESP 系统进行干预，使得所需转向盘转角减小，车辆侧偏角几乎保持定值。尽管驾驶员逐渐踩下加速踏板，发动机转矩却在 ESP 的作用下保持在限定值，由于此时已经达到车辆运动的物理极限，车速不再增加，驾驶员转向减小了车辆轨迹的侧向偏移。由结果可以看出，侧向加速度为 7.5m/s^2 时驾驶员的转向行为并未造成车辆的不稳定，产生的车辆侧偏角和侧向偏移都保持在很小范围内。

仿真结果通过应用称为 FASIM 的模块化车辆动力学仿真软件包获得[45]，仿真程序已经被验证和准确再现了试验车辆的动态行为，之前显示的结果已经通过测试车辆得到验证。

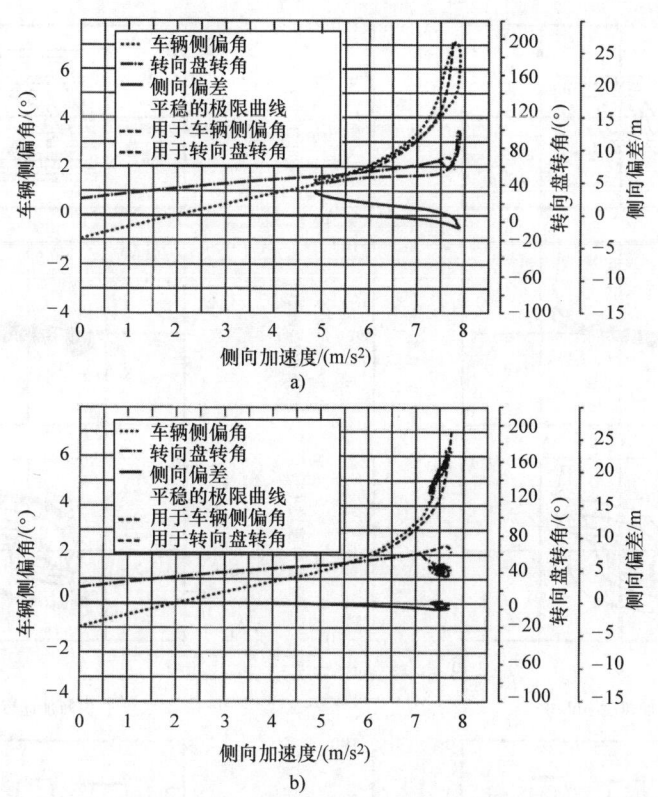

图 33.51 在半径不变的缓慢加速稳态转向时车辆无 ESP 和有 ESP 之间的性能比较：
a) 无 ESP；b) 有 ESP

图 33.52 给出障碍回转的仿真结果，其中比较了没有配备 ESP 的传统车辆和配备 ESP 的相同车辆的性能。转向盘以一定的时间间隔和增加的步长朝反方向逐步旋转，路面是均质的，具有中等值的摩擦系数（$\mu = 0.45$）。在整个过程中，逐渐加速，以达到一个近似恒定的车速，将在驱动后轮产生稳定增加的驱动滑动。图 33.52 左图描述了传统车辆的结果，而图 33.52 右图描述了装备 ESP 车辆的结果。图 33.52 上部给出取决于车辆侧向加速度的相位结果，图 33.52 下部给出时间历程结果。

传统车辆在第四个正转向盘阶跃输入后变得不稳定，然后转向盘转角是 40°。横摆速度和车辆侧偏角迅速增加，而侧向加速度几乎保持恒定值。装备 ESP 车辆的结果表明，ESP 系统在第三个正转向盘阶跃输入后已经干预，节气门开度值轻微下降，并且前轮和后轮主动制动，以便改善车辆的可转向性和保持车辆稳定。车辆运动也遵循转向盘阶跃输入顺序稳定增加，车辆侧偏角和横摆速度的值会受到物理环境特性的限制。

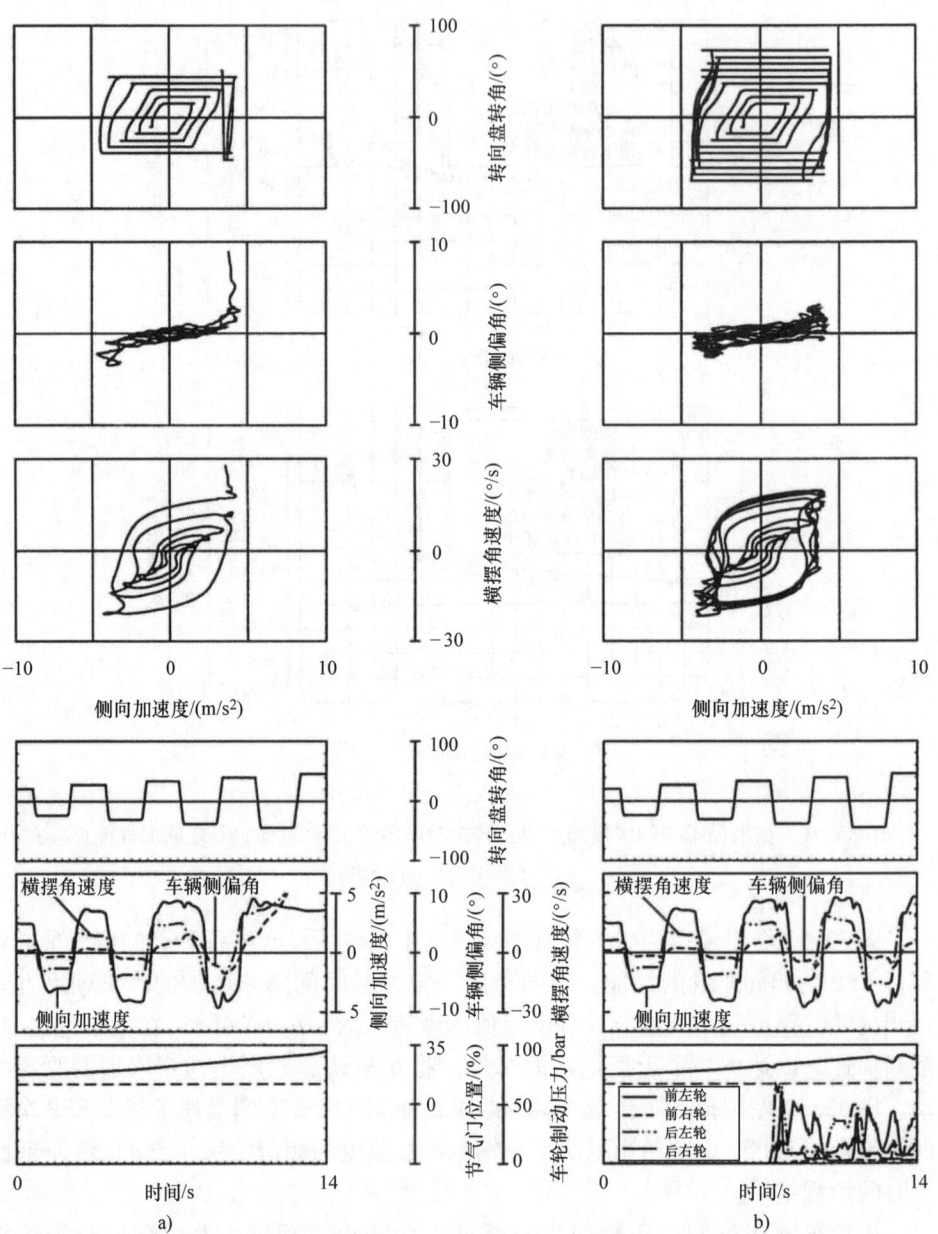

图33.52 恒定车速下增加转向盘转角障碍回转时车辆无 ESP 与有 ESP 之间的性能比较：
a) 无 ESP；b) 有 ESP

33.2 ESP 的特殊功能

33.2.1 越野车辆

33.2.1.1 越野 ABS 制动

四轮驱动车辆到越野车辆的扩展指的是这些车辆可能运行的特殊环境，特别是像沙地那样松散的路面。这里讨论 ESP 在这方面的一个扩展[46]。

众所周知，在深沙和深雪这样的松散路面，最大制动力和牵引力是在大滑动率水平下达到的，即这种路面的滑动率比沥青路面大得多。在滑动率是干沥青路面 λ_0（例如 $\lambda_0 = 0.1$）的深沙路面上，车轮的制动摩擦系数可能是 0.3，而抱死车轮的制动摩擦可能是 0.7。对于改善制动距离，如果可以增加 ABS 作用时的平均滑动率，则将具有很大优势，这利用 ESP 的 BSC 易于实现。因此，ESP 向越野 ABS 制动的扩展是简单的。

首先，必须检测出车辆在越野条件下行驶。为此，引入越野计数器。如果越野计数器达到特定的阈值，则遇到越野条件。如果车轮速度高频振荡，则越野计数器增加。高频振荡的振幅越大，越野计数器的增量就越大。如果车轮速度高频振荡消失，则越野计数器减小。

一旦满足越野条件，两个前轮 ABS 滑动率目标值便会增加。如果不清楚越野条件是否有效，则只在一个前轮增加滑动率目标值。在积雪路面制动还是在深沙路面制动之间可能存在一定的不确定性，因为对于小的车轮滑动率，路面附着系数近似相等。为了区分这两种路面，研究车轮滑动率和路面摩擦系数的组合。如果车轮滑动率大和路面摩擦系数小，则假定路面为积雪或结冰路面；如果车轮滑动率大和路面摩擦系数也大，则假定路面为越野路面；如果区别不明显，则只在一个前轮增加目标滑动率，后轮目标滑动率保留原值。

图 33.53 给出这种情况，其中是越野还是积雪或结冰路面的环境区分不明显。曲线一开始，车辆加速，前轮和后轮速度有明显的振荡，尤其是右前轮。加速期间，越野计数器随着振荡幅值的增大和减小而相应增加和减小，但是平均计数器值增加。当 ABS 在 27km/h 启动时，计数器达到其阈值，右前轮的目标滑动率开始增加约 $\Delta \lambda_T = 15\%$，在制动结束时增加约 30%。根据式（33.22），增量 $\Delta \lambda_T$ 增加到目标滑动率 $\lambda_{T,2}$。这样，产生的目标滑动率在制动开始和结束时分别设定为约 25% 和约 45%。

这种特性只有在车速低于 40km/h 才使用，目的是保持车辆在较高速时稳定和可转向。此外，如果驾驶员转动转向盘时，滑动率增量会立即减为 0。

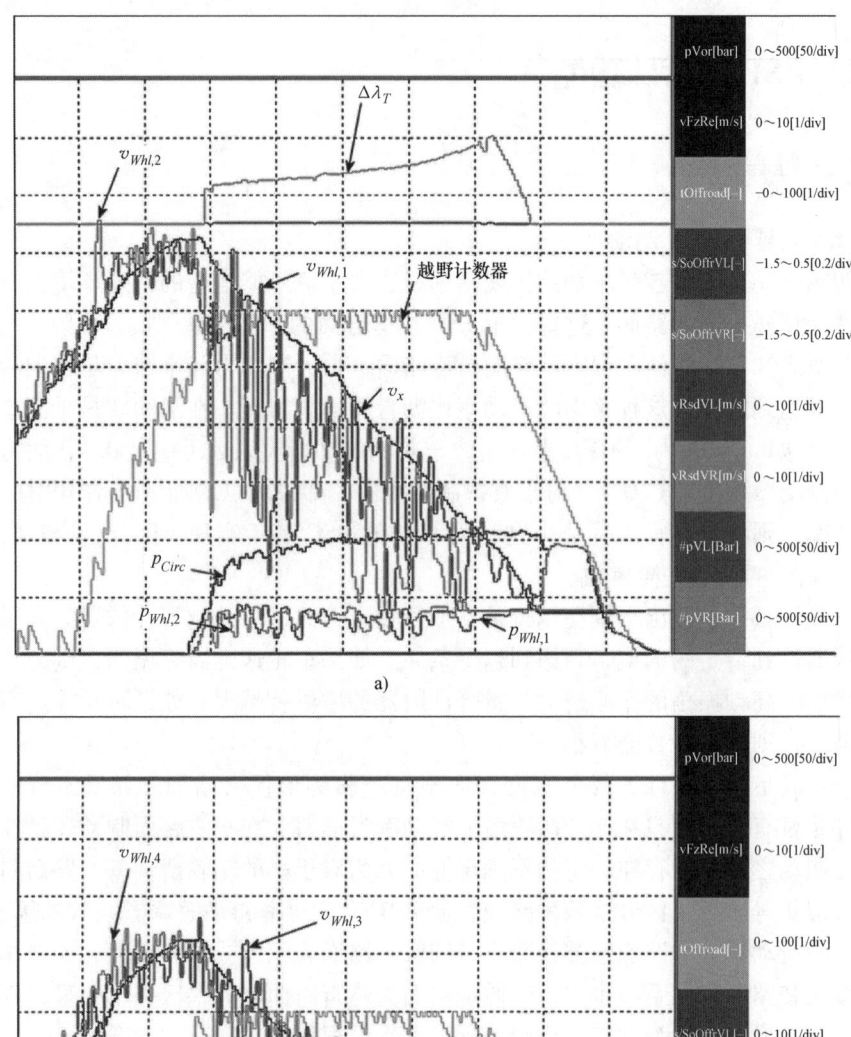

图 33.53 越野条件下 ABS 直线制动时四轮驱动车辆前轮和后轮一些变量的时间历程：
a）前轮；b）后轮

33.2.1.2 坡道缓降控制

许多越野车辆都有一个附加的中间轴式变速器，它可以增加总传动比，也可以根据越野条件打开或关闭。其齿轮专门用于坡道缓降的情况。在越野情况下坡时，驾驶员不必连续制动，从而可以集中精力控制车辆的转向任务。其他越野车辆可能没有附加的中间轴式变速器。对于这些车辆，ESP 具有称为"坡道缓降控制"的功能，该功能使车辆可以自动制动，从而使驾驶员可以再次充分重视转向任务[46]。

HDC（坡道缓降控制）功能可以由驾驶员通过按下 HDC 按钮激活，该功能只在车辆下坡时才被激活。由于使用卡尔曼滤波器，路面坡度已经由车速估计得到，该功能的实施也简单。偏移越大，路面坡度越大，下坡制动控制的一个关键因素是路面坡度信息。该功能通过在所有车轮上自动施加制动，使车辆速度保持在 8km/h 的恒定值。通过主动制动和制动压力调节，车速保持恒定，这取决于路面摩擦。可能路面摩擦局部低，以至于车轮可能在坡道缓速制动控制过程中开始抱死。在这种情况下，BCS 将优先于 HDC 限制车轮滑动率到名义滑动率值。这意味着 ABS 制动可能运行，虽然驾驶员没有施加制动。越野路面的摩擦系数一般在 0.2~0.6 范围内。如前所述，在深沙（包括厚的积雪和深的砾石）路面，摩擦系数达到 0.3~0.7，视滑动率值而定。

33.2.2 侧翻缓解

ESP 的标准调整通常足以降低所有汽车的侧翻危险[47]。然而，对于软悬架和高质心的车辆，可能激活特殊功能"ROM"，以便进一步降低侧翻不稳定性。该功能包含车辆初始侧翻的预测，预测基于车辆转向角和侧向加速度两者的变化率。如果预测到初始侧翻，则转弯外侧的前轮将主动制动以降低车辆的侧向加速度。制动也将降低车辆速度、向心加速度和侧翻威胁。

其他系统可能使用第二个横摆角速度传感器以测量车辆绕其纵轴（x 轴）的旋转速度[48]。旋转速度和旋转角度（由旋转速度的积分获得），用于预测侧翻的风险。如果存在侧翻风险，转弯外侧的两个车轮都会自动制动。

33.2.3 拖车振动缓解

车辆牵引拖车的众所周知情况是，拖车会自发地绕牵引车辆的连接点和拖车的垂直轴（z 轴）摆动。如果车辆拖车组合速度高于所谓的临界速度，将会出现该情况。如果组合速度低于临界速度，则绕 z 轴的摆动将会衰减。应用简单的自行车模型，说明车辆速度在阻尼比公式的分母中，这意味着摆动衰减的阻尼取决于车辆速度。速度越接近临界速度，阻尼比越小。如果速度高于临界速度，阻尼比变为正，拖车摆动将变得不稳定，并且摆动的振幅增大。这时建议驾驶员牢牢踩住制动踏板,使车辆减速。如果车辆减慢到低于临界速度,摆动将自行消失。

ESP 包含识别拖车摆动的功能[49]。如果拖车某些时段持续摆动并且不自行消失,则自动施加制动。因为拖车的摆动可以通过牵引车辆的横摆速度反映,所以识别拖车摆动是可能的。通过分析横摆速度信号,大约需要 3~6 个拖车摆动周期就可以识别拖车摆动。通过确定车辆减速度和通过液压模型调整制动压力施加制动,使用二级水平的减速度。如果摆动的振幅大,则使用大减速度水平($0.5g$),否则用使小减速度水平($0.3g$)。如果牵引车辆横摆速度摆动的振幅变得非常大,ESP 可能先于减速度指令干预,以降低横摆速度。此外,提前减速制动时,牵引车辆的制动可以是不对称的,以主动衰减摆动。

33.2.4 电子制动力分配系统

制动法规要求制动器设计必须使前轮先于后轮抱死。如果车辆减速度大于 $0.85g$,则该要求不适用。由于车轮制动器的尺寸是固定的,前轴和后轴的制动力之间存在线性关系,结果是通常后轮对车辆减速作用不大。

这种情况,如图 33.54 所示。如果两个车轴的车轮摩擦系数相等,则制动力分配称为"理想的"。在车辆减速度为 $0.85g$ 时,固定制动力分配直线与理想制动力分配曲线相交。对于这种固定制动力分配,后制动力比理想制动力分配的制动力小得多,尤其对于小制动力,即车辆小减速度的情况。这意味着对于车辆小减速度,即目前为止施加的最大制动力,根据固定制动力分配,后轮制动力对减速度的贡献比前轮小得多。为了改善小减速度的情况,可以将固定制动力分配直线做得陡峭。但是,在这种情况下,固定制动直线将与理想制动力曲线在低得多的车辆减速度处相交,例如 $0.5g$,这并不符合制动法规。为了仍然遵守制动

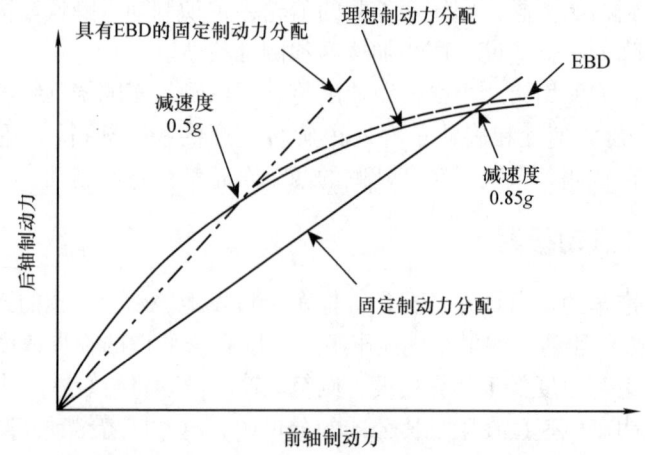

图 33.54 集成 EBD 的固定制动力分配原理

法规，如果减速度比此交点大，ABS 将被用于降低后轴的制动力。这种功能称为 EBD，即电子制动力分配。虽然不测量后轴的制动压力，但是这可以通过控制后轮的速度实现。

沿着理想制动力分配曲线，前后轴车轮的摩擦系数是相同的。由于路面是均质的，则前后轴车轮的滑动率也是相同的。但是，这意味着沿着理想制动力分配曲线，前后轴车轮速度是相同的。如果车轮速度后轴小于前轴，则滑动率后轴大于前轴，摩擦系数后轴也大于前轴，于是后轮先抱死。因此，监测和控制前轮和后轮之间的转速，并且保持后轮比前轮的速度大是足够的。为了最佳利用后轮制动，后轮速度应当接近前轮速度。

事实上，后轮速度通常保持略低于前轮的速度。一旦后轮速度变得小于前轮速度，并且差值大于（取决于车辆速度的）第一阈值，则作用在后轴的制动压力不再增加。如果后轮速度变得小于前轮速度，并且差值大于第二阈值，则作用在后轴的制动压力会降低，直至差值小于第二阈值。如果后轮速度小于前轮速度，但是差值小于第一阈值，则作用在后轮的制动压力会逐步增加。

如果系统的故障阻止 EBD 功能，并且不进行后轮抱死不能达到车辆减速度 5.8m/s，则 EBD 警告灯应当在仪表板中点亮。

33.2.5 制动辅助

制动辅助（BA）属于所谓驾驶员辅助功能。自从其引入以来，各种辅助功能的数量稳步增长，见前面的章节。辅助功能的想法通常是协助驾驶员操作车辆和改善交通安全。BA 的目标是在紧急制动情况下帮助驾驶员和减少停车距离。

Mercedes（梅赛德斯）通过应用全尺寸驾驶模拟器研究表明，在紧急的情况下，许多普通驾驶员在制动之前有一段时间的犹豫。如图 33.55 所示[50]。由于其发生在车辆最高速度时，这种犹豫对停车距离有很大的影响。如果紧急情况可以被 BA 识别，则犹豫期间的制动压力会自动增加到如驾驶员施加的较高水平。

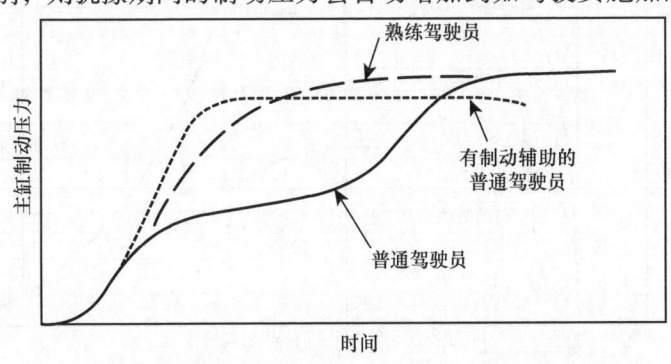

图 33.55　普通驾驶员使用气动制动辅助系统的支持原理

配合辅助系统，普通驾驶员可以像"熟练驾驶员"那样在紧急制动时表现优异。

BA 最重要的功能要求如下：

1) 在紧急制动情况下为驾驶员提供支持，并且可以通过减小停车距离，达到训练有素驾驶员的水平值。

2) 如果驾驶员显著减小作用在制动踏板上的力，则取消支持。

3) 保持传统制动助力器功能不变，正常制动时制动踏板感觉和舒适度必须符合正常标准。

4) 只在真正的紧急情况下才会激活 BA，这样驾驶员就不会调整其对 BA 的习惯行为。

5) 如果关闭 BA，传统制动不能受损。

BA 的关键任务是基于驾驶员行为识别紧急情况，识别取决于 BA 的类型。BA 有三种类型：

1) 气动机械 BA，称为"紧急阀辅助"（EVA）。

2) 气动电子 BA（PBA）。

3) 液压电子 BA（HBA）。

EVA 通过扩展真空制动助力器的设计实现。根据使用制动踏板的速度，将助力器的增益转化成一个更大的值。

PBA 通过使用智能真空助力器实现。使用一个电磁阀，智能助力器可以让空气进入助力器以最大限度支持驾驶员。为了分析紧急情况，测量助力器膜的运动。如果膜再次移动和推动释放开关，则关闭 BA 的支持。

现在，将讨论 HBA 更多的细节[51]。液压制动辅助的原理如图 33.56 所示。

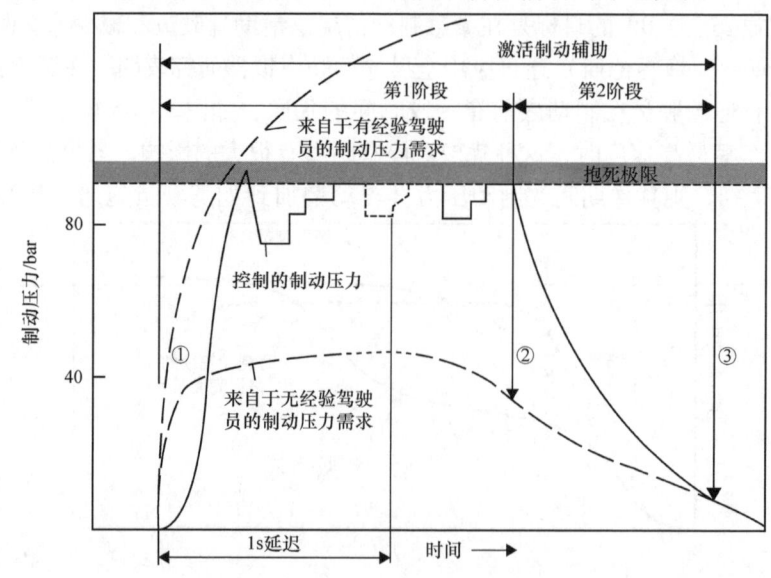

图 33.56　液压制动辅助的原理

使用 ESP 的压力传感器，BA 功能在第 1 阶段激活或者在第 2 阶段关闭，取决于表 33.2 中的逻辑，可以选择合适的阈值以适应车辆及其制动系统的功能。此外，阈值的修改取决于车辆速度、制动 MC 压力、BSC 的状态变量和制动时间历程的分析。

表 33.2 液压紧急制动辅助的概念

情况	检测逻辑
第 1 阶段（图 33.56）	应用制动踏板
紧急情况	应用制动踏板，MC 压力梯度超过阈值
紧急制动	应用制动踏板，MC 压力超过阈值，车速超过阈值
第 2 阶段（图 33.56）降低制动需要	踏板力（来自于 MC 压力）低于阈值
重新激活	MC 压力梯度超过阈值
标准制动	未应用制动踏板； 或者 MC 压力低于关闭阈值； 或者车辆速度低于关闭阈值； 或者踏板力足够大

一旦检测到紧急情况，就会激活 BA（第 1 阶段中的数①），BA 功能增加所有车轮的制动压力，直到 ABS 控制开始使用 ESP 中 HU 的再循环泵，这种控制情况与局部制动过程中 ESP 控制干预相当。如果制动踏板上的力减小到使 MC 中的制动压力低于阈值 4（数②），则 BA 的制动压力就会降低（第 2 阶段）。现在改变控制策略，目标是使车轮上的制动压力遵循 MC 中的压力，以寻找到标准制动情况的舒适过渡。只要增加的制动压力达到 MC 的值或 MC 的压力达到关闭的阈值，就会关闭 BA。与 PBA 相比，ABS 控制所有的车轮，而 PBA 可能难以提供足够的支持达到这种情况。

33.3 ESP 安全概念

ESP 是复杂的机电系统，因为其有大量的传感器和执行器，同时考虑了车辆和驾驶员的行为，如图 33.57 所示[32]。ESP 系统需要几个来源的信息：车轮速度、横摆速度、侧向加速度、转向盘转角、制动压力、制动灯开关、手制动开关和来自于发动机和传动控制器的一些信号。基于这些信息，ESP 控制器为多达 21 个执行器计算信号：12 个阀、泵电动机、发动机和传动控制、3 个驾驶信息灯、可选的蜂鸣器和 ESP 开/关指示灯，其改善车轮力或者通知驾驶员。在失效的情况下，ESP 系统必须不能不正确地使用这些部件，ESP 安全概念的主要目的是避免这样的失效。

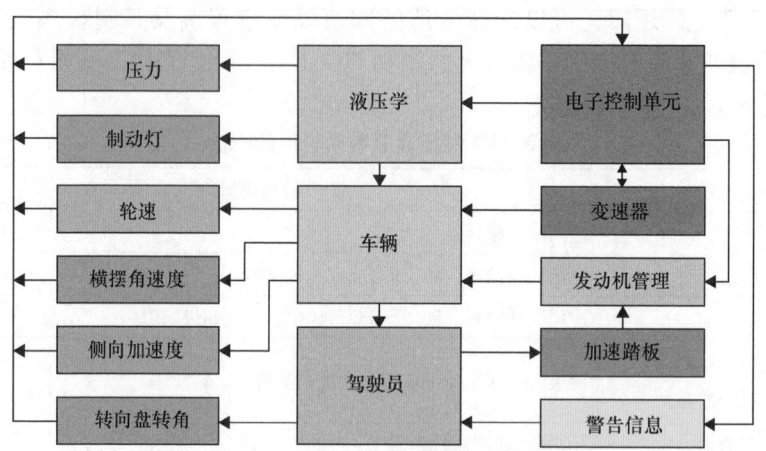

图 33.57 包含在 ESP 监测概念中的系统组成

33.3.1 安全系统的要求

1）在任何行驶情况下，与没有配备 ESP 的车辆相比，配备 ESP 车辆的行为都不能更糟，即部件失效不能导致危险的驾驶情况。

2）必须足够快速检测到系统故障，以便确保乘客的安全和其他交通参与者免受损害。

3）在同一时间只有一个前轮控制到非常高的滑动率值，以便在紧急情况下，另一个前轮可以用于操纵。

4）系统发生故障后，必须根据车辆制造商的定义选择最佳可能的关闭策略。

5）在 ESP 干预期间，如果检测到系统故障，控制必须继续以缓慢降低功能运行，直到与 ESP 相关的情况结束。

6）ESP 必须提供后备功能，要求 ABS 功能尽可能持续有效，如果只有 4 个 WSS 可用，则最好也是如此。

7）对于短时间内的一些故障，例如电磁干扰，如果控制性能仍然可接受，系统就要保持激活；否则，如果控制功能不断降低或者长时间降低，则必须关闭系统。

8）只有在安全系统释放控制系统后，才可以执行控制。

ESP 安全概念基本原理的现状，如图 33.58 所示：

1）在影响控制器之前，通过对潜在问题的分析避免故障。

2）关键传感器的自监控和自测试功能。

3) 复杂和精密的监控逻辑可以检测出轻微超出规范的部件,并且在怀疑故障的情况可以降低控制器的灵敏度。

4) 根据故障的类型,逐步或立即关闭系统。

5) 根据故障的类型,缓慢降低功能。

33.3.2 故障避免

第一个 ESP 实现的经验表明,在供应商和客户之间就 ESP 系统安全概

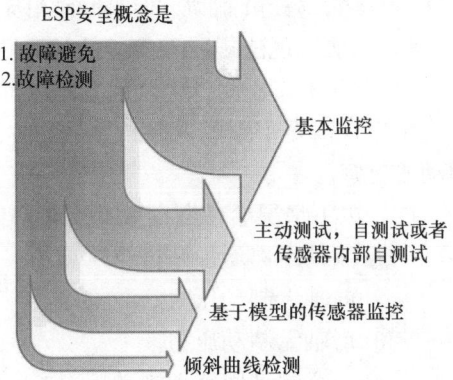

图 33.58 ESP 安全概念

念进行深入和早期的讨论是至关重要的。在车辆的整个生命周期内,只有全面考虑所有可能的影响,并在客户和供应商之间进行全面的讨论,才能充分降低系统或部件发生故障的风险。共享部件规范的滥用、修改及其使用,服务中的错误或损坏,或者由事故导致的结果,这些因素造成的故障和后果都必须考虑在内。为此,使用 FMEA (故障模式和影响分析)原理解决问题的分析已经在开发项目的早期实施。通过这些广泛的讨论,可以效预防误解或定义模糊;另一方面,客户对 ESP 非常了解,其需求可以集成在安全概念中。如果客户提供重要部件,例如制动 MC、WSS 或发动机和传动的控制器,不仅需要定义功能接口,而且对涉及这些部件的安全技术和设备的综合考虑是必不可少的。从根本上说,ESP 的安全性和可用性由整个机电系统最薄弱的环节决定,这种努力总是合理、值得的。

大多数供应商使用 FMEA 分析可能出现的问题。第一次 FMEA 会议要尽可能早开始,并且在项目进行过程中继续进行。因此,改变和通常定义的措施可以及时融入设计中。FMEA 产生指南,实现改进和避免故障。通过 FMEA 对系统的考虑和讨论会深入到系统的细节中,同时也是安全概念的基石。

FMEA 的一个重要方面是故障后果严重性的判断,这是一些最严重影响的例子(等级 10 和 9):

1) 在 ESP 操作之外,一个或多个车轮意外制动,会导致车辆明显的侧向运动。

2) 车辆意外加速度($>1.5\text{m/s}^2$)。

3) 车辆意外减速度($>2\text{m/s}^2$)。

4) 制动失效(例如所有 EV 关闭)。

5) 起火或冒烟。

6) 尽管检测到故障,但是警示灯未亮。

7）虽然驾驶员制动，但是制动灯未亮。

8）无法实现法规要求的最低减速度。

9）TCS 工作期间，一个前轮的意外制动。

10）在需要干预或者有必要干预前，ESP 关闭或者其性能降低，会造成车辆飘动或转弯。

11）以下情况会使制动效率明显降低：

① 制动距离增加超过 40%。

② 前轴无制动压力。

③ 后轴无制动压力。

④ 一个制动回路无制动压力。

⑤ 一个前轮无制动压力。

以下是严重影响的一些例子（等级 8 和 7）：

1）在 ESP 操作之外，一个或多个车轮意外制动，被驾驶员觉察到但是没有导致明显的车辆侧向运动。

2）车辆的意外加速度（$>1.2 m/s^2$，但是 $<1.5 m/s^2$）。

3）车辆的意外减速度（$>1.5 m/s^2$，但是 $<2.0 m/s^2$）。

4）制动时后轮抱死。

5）TCS 工作期间，一个驱动轮意外制动。

6）在需要干预或者有必要干预前，ESP 关闭或者其性能降低，虽然车辆未飘移或转弯，但是会使驾驶员有不安全的感觉。

7）ESP 性能降低，造成驾驶员恐慌：

① 制动距离增加，但是小于 40%。

② 后轴一个车轮无制动压力。

33.3.3 自检、自控和部件检测

由于传感器冗余昂贵，自检、自控、主动测试和冗余分析会用于传感器监控。除了横摆角速度传感器外，转向盘转角传感器对 ESP 系统也是非常重要的。因为角度测量是当前技术，可以用一个非常鲁棒和可靠的方式实现，所以转向盘转角传感器已定义为 ESP 系统的"主传感器"。这意味着传感器本身必须能够检测内部故障，并将故障传递到 ECU。用于识别故障的时间要符合 ESP 系统的要求，小于 100ms。如果可能的话，系统要采用一个鲁棒的数字接口（CAN 总线），该接口将数据从传感器传递到控制单元。只有当转向盘转角传感器满足这些要求，安全算法尤其是基于模型的传感器监控才能及时以必要的精度检测发生的故障，同时识别出有故障的部件。

自检功能也集成在横摆角速度传感器、侧向加速度传感器和制动压力传感器

中。横摆角速度传感器具有内置的自我检测（BITE），其由 ECU 每 40ms 外部触发一次。由于这一原因，横摆角速度只能每 40ms 测量一次，图 33.59 给出横摆角速度传感器信号。在测试模式，外部激励自检功能（来自 ECU）会在输出端对横摆角速度信号产生一个 ±25°/s 的双极叠加测试信号，持续到瞬变结束，这种测试信号的误差为 ±9°/s。模拟/数字（A/D）转换器每 1ms 会采集横摆速度信号，然后在外部激励延迟 20ms 后，通过使用最后三个测量的横摆速度值计算出对测试输入的响应。这种滤波是为了尽可能准确考虑横摆速度信号本身的变化，在高动态行驶条件下也是如此。因为在这三个周期内的鲁棒性估计，在检测到故障的情况下，系统会非常快作出反应。

与横摆角速度传感器的 BITE 类似，侧向加速度传感器也包含类似的测试功能，然而其完全集成在传感器中。出现故障时，传感器信号会切换至超出范围的波段，可以快速和安全归类为传感器的缺陷状态。

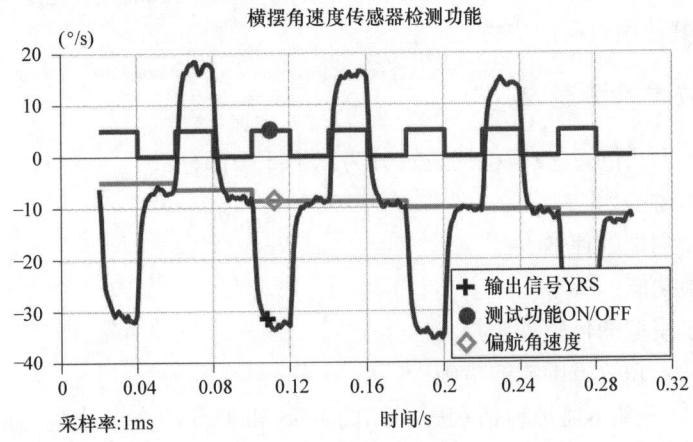

图 33.59 包含自检功能的横摆速度信号

制动压力传感器提供有其灵敏度和偏移的内部监测，在故障的情况下会将输出信号送至超出范围的波段。此外，传感器提供初始的自检，以便检测连接器电阻引起的故障和检查监控功能。图 33.60 给出在供电电压建立过程中制动压力传感器输出的信号，输出信号与供电电压平行，直到其最大值 5V。大约 300ms 后，传感器要显示一个 2.5V 的预定值，持续时间约 100ms，这时才会显示测量信号。

除了 ESP 传感器的这些自检功能外，通过复杂的液压系统可以实现主动测试。可以激活其部件，激活的结果可以由传感器检测。例如，当 HU 的 EV 关闭时，可以测试预充泵是否开通，检查激活泵引起的推杆制动回路压力的增加，如图 33.70 所示。同时，使用相同的过程，可以得到压力传感器的粗略测试。即使液压系统也可以测试，通过测量每一个制动回路循环泵的旋转停机时间可以区分

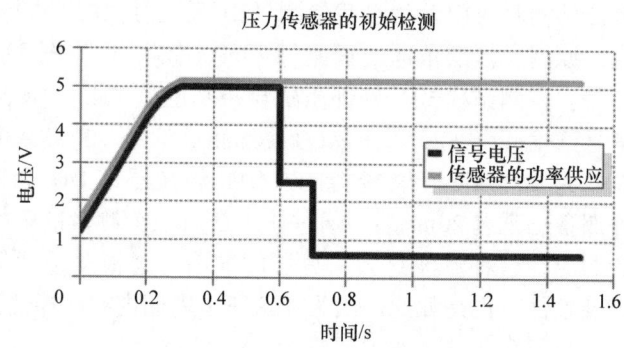

图 33.60　压力传感器的功率检测

两个制动回路。这一过程称为"主动液压测试",可以检测液压系统中的机械缺陷,防止在故障情况下主动压力的积聚。然而,应当注意的是,这种测试显著增加了 HU 在其使用过程的应力。

33.3.4　故障检测逻辑

如图 33.58 所示,故障检测逻辑分为以下 5 个部分:
1) 基本监控。
2) 主动测试的评估。
3) 自检功能。
4) 基于模型的传感器监控。
5) 降低未知故障影响的措施。

第一部分,基本监控包括众所周知的 ABS 和 TCS 的大多数监控逻辑。其监控阀和泵马达的电气功能,WSS 的纠错功能,ECU 和附加传感器的电源供应,ECU 内部电子元件,ESP 传感器的电缆和连接器,CAN 总线。将逻辑扩展到车轮速度监控,因为 ESP 控制器使用非常低的滑动控制器的阈值。为了防止系统发生故障,需要改进故障检测逻辑。

安全逻辑的第二部分,是对前述横摆角速度传感器和压力传感器的自检功能进行评估,并实现主动测试。其他部分将在下面的章节讨论。

33.3.4.1　基于模型的传感器监控

基于模型的传感器监控用于两个目的。首先,用于改善 ESP 容错,例如传感器信号中误差不会降低系统的性能。其次,用于检测传感器故障。这里在文献 [52] 基础上讨论基于模型的传感器监控的概念。进一步讨论见文献 [53,54]。

33.3.4.1.1　ESP 的容错性能

为了满足系统必须具有的容错性要求,如果点火开关打开,则传感器是连续校准的。基于平均每辆车都向前直线移动的假设,校准转向盘转角和侧向加速度信号。因此,转向盘转角信号和侧向加速度信号的偏移,通过每个信号的低通滤波获得。如果驾驶员连续在一个方向转向,必须要引起特别的注意,例如在试验场特殊道路上的高速测试过程。在这种情况下,必须中断偏移滤波。

基于车辆静止而横摆速度为零的假设,计算横摆角速度传感器的偏移。因此,在车辆静止时测得的横摆角速度信号是信号的偏移。特别注意"零"车速,因为使用被动的 WSS,不能测量车轮速度;如果车轮速度小于 2.75km/h,则车辆可能会向前缓行,但是测量的车轮速度为零。如果一直转动转向盘至其极限,通常为 ±720°,则横摆速度可能高,例如 10°/s,这个值不能解释为信号偏移。此外,有的停车楼采用电梯运输车辆到不同的楼层,例如日本东京。这些电梯可以旋转,例如 90°,以便让车辆出来,这个旋转被测量作为车辆的横摆速度,虽然车辆实际还静止着。

除了车辆在静止时的横摆速度偏移补偿外,还有可能确定行驶过程中的偏移。对于这种偏移校准,必须确定一个具有可靠值的参考横摆速度,然后将测得的横摆速度与参考横摆速度相比较,以便确定横摆速度偏移量。通过"基于模型的传感器信号监控",也称为"解析冗余",获得参考横摆速度。安全概念这一部分的基本原理,如图 33.61 所示。这种监控方法很好用,甚至可以确定横摆速度传感器的灵敏度变化。

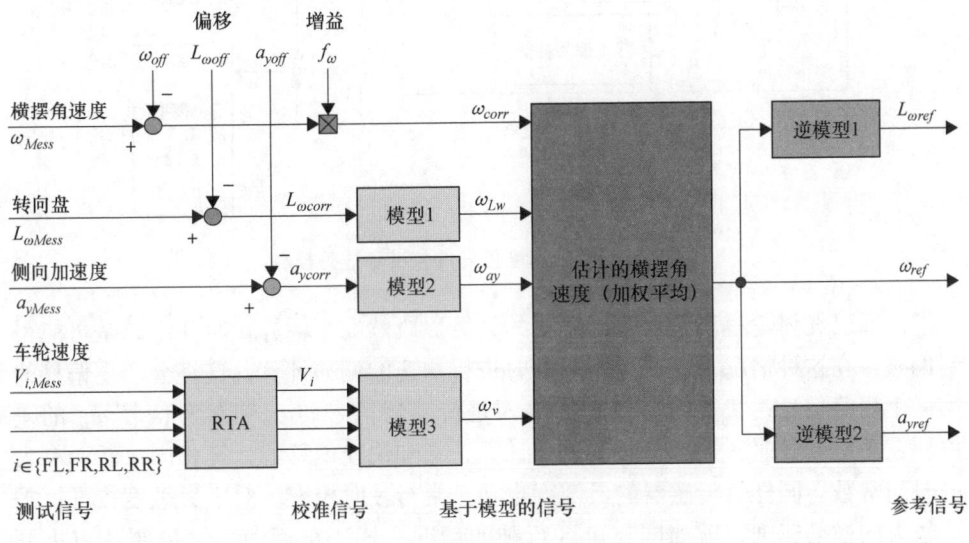

图 33.61　基于模型的传感器信号监控

角、侧向加速度和车轮速度信号的情况下,通过应用几个模型可以估计得到横摆速度。模型 1 是线性稳态的自行车模型,见表 33.1;模式 2 是式(33.5);模型 3 可以由同一车轴的车轮速度之差除以轮距得到。在应用模型 3 之前,重要的是先对车轮速度进行标定,这种标定称为 RTA。因为估计值取决于使用模型的有效性,只有车辆运动很好落在物理极限内,才能有效估计横摆速度,即车轮的侧偏角是否完全在侧偏角曲线的线性范围内。

与测量的横摆速度一起,四个解析冗余横摆速度由四个值的加权平均计算确定的参考横摆角速度值 ω_{ref} 得到,得到的参考横摆角速度对传感器故障不敏感,并且与实际的横摆速度有较大的概率对应。借助于逆向模型,除了参考横摆角速度外,还可能确定参考转向盘转角和参考侧向加速度。通过比较参考信号和测量信号,可以建立一个残差。如果集成残差增长过大,则关闭 ESP 功能。基于模型的故障检测非常精确,其可以检测横摆速度信号的绝对误差到 3°/s 以下。

横摆速度信号的偏移、灵敏度变化的确定和传感器故障检测的总过程,如图 33.62 所示。

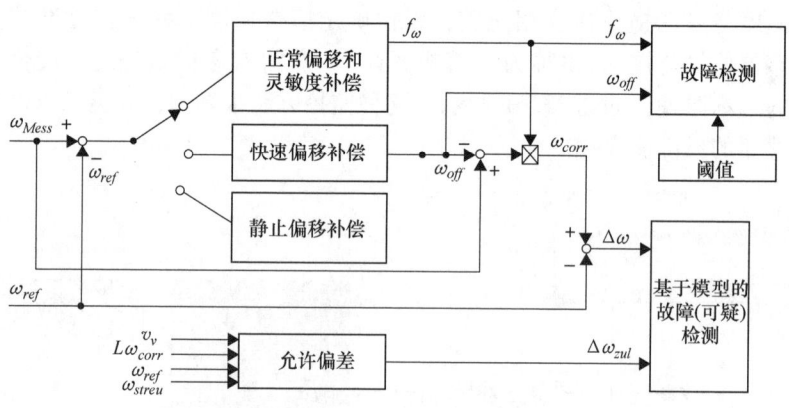

图 33.62 横摆速度信号的校准和故障检测

前面已经讨论过车辆静止时偏移的计算。既然在车辆静止时并不总是可能得到偏移,在这种情况下,在开车离开时进行快速的偏移计算,这将会产生偏移的第一个粗略信息,快速偏移计算的输入是传感器信号 ω_{Mess} 和参考信号 ω_{ref} 的差值。在正常驾驶时,进行正常的偏移计算,它和快速偏移的计算相同,然而有大的时间常数。同样,传感器的灵敏度也在正常行驶时校准。对于灵敏度校准,需要较大的横摆速度,就如同在市区行驶的情况一样。车辆动力学控制从点火开始,横摆速度和车身侧偏角的激励信号都有放大的死区。只有得到精确的偏移估计值,死区才能减小到正常值。偏移和灵敏度存储在 EEPROM 中。

只要图 33.61 所示的模型是有效的,就可以得到横摆速度信号偏移和灵敏度的精确估计。图 33.63 给出在不同路面和条件下行驶时模型有效性的概率,可以看出,在正常路面情况下模型大部分时间都是有效的,但是在急转弯和大坡度转弯的山区行驶情况下就不一样了。

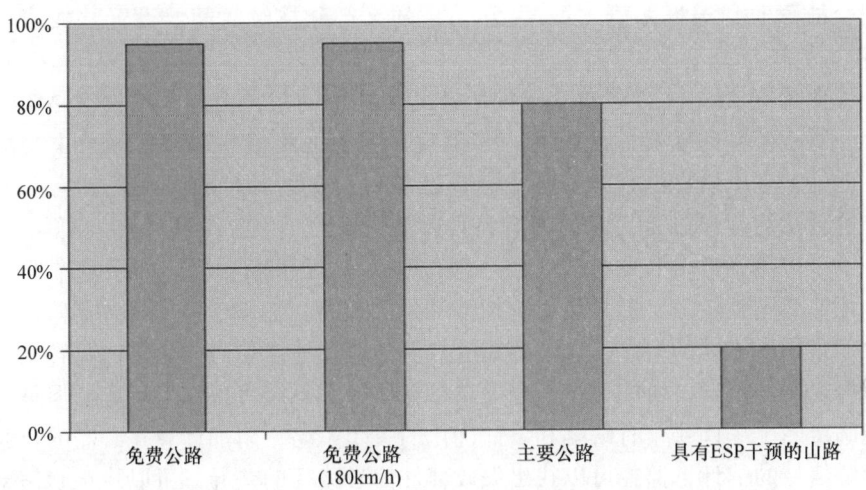

图 33.63　以百分率表示的各种路面下行驶时间模型的有效性

33.3.4.1.2　故障检测

基于模型的故障检测的另一个目的是,如果一个传感器发生故障,则使车辆动力学控制器失效。例如,如果测量的横摆速度或侧向加速度与其参考值出现明显的偏差,则这将会导致一个可疑的传感器故障。基于模型的故障检测将会在 250ms 内决定是否允许预期的控制干预,或者是否出现错误的传感器信号并使控制器无效。在非常短的时间内,基于模型的传感器故障检测定位故障、使 ESP 系统无效和打开驾驶员警告灯。

基于模型的横摆角速度传感器故障检测,将会利用图 33.62 进行讨论。

首先,将计算的偏移和灵敏度故障与允许的阀值进行比较,如果计算值大于其相应的阀值,则检测到一个故障。

其次,将校准信号 ω_{corr} 和参考信号 ω_{ref} 进行比较,将两者差值 $\Delta\omega$ 与可变阀值 $\Delta\omega_{zul}$ 进行比较。如果差值大于其对应的阀值,则故障检测系统选择的路径取决于行驶情况。

1) 如果模型是有效的,则检测到故障。

2) 如果模型是无效的,但是横摆速度信号是"可观测的",则可能存在故障。既然不确定故障是否真的发生,则只设置"故障可疑条件"的标志。在窄的横摆速度段内以时间为顺序连续的几个采样点,如果计算的横摆速度值:ω_{Lw} 来自于转向盘转角,ω_{vR} 来自于车轮速度,ω_{ay} 来自于侧向加速度,三者非常接近，则校准的横摆速度信号 ω_{corr} 是可观测的。因此，模型仍然用于故障检测，而不是用于传感器信号的校准。如果设置"故障可疑条件"标志，则车辆动力学控制器的死区将会放大，以防止意外的横摆力矩的干预。当检测到一个故障时，根据差值（$\Delta\omega - \Delta\omega_{zul}$）的大小和持续时间，设置"故障可疑条件"标志。

可变阀值 $\Delta\omega_{zul}$ 主要取决于横摆角速度传感器的规范值。既然模型是实际的抽象，基于模型的横摆速度也有一些误差，因此，阀值一定要比规范定义的要大。此外，基于模型的横摆速度由传感器信号得到，即使校准后仍然有一些误差，这被认为是通过 ω_{streu} 值计算允许误差 $\Delta\omega_{zul}$。

基于应用参考信号的概念，也可能改善 ESP 的诊断功能。如果基本监控或自检评估检测到故障，通常受影响的部件是已知的。在基于模型传感器监控的情况下，采用所描述的概念，这是可能的。例如横摆速度信号与由转向盘转角导出的信号之间的差异，可能显示信号关系存在故障和系统可以作出反应。但是，不可能确定两个部件哪个有缺陷和设计优化的关闭策略，附加计算是必需的。通过对参考信号的估计，监控可以找出失效部件信号路径的差异，可以将正确信息存储到 ESP ECU 的 EEPROM 中。

33.3.4.2 未识别故障的措施测

未被在线检测功能识别的故障可能会引起意外的控制干预。但是，即使这样不太可能的情况出现，也要采取限制结果的措施。最有效的预防措施似乎成为车辆稳态行驶侧斜转弯时预防控制器干预的逻辑。例如，如果侧向加速度传感器被卡住和连续显示零加速度值，则横摆速度信号和侧向加速度信号的组合类似于侧斜转弯和在冰面上迂回行驶。控制器通过描述的逻辑可以识别这样的工况，并且利用传感器信号的补偿预防控制干预，如图 33.36 所示。因此，在侧向加速度传感器信号没有检测到故障的情况下，就能避意外干预。

其他合理性检查缩短干预时间长度。例如，如果 ABS 控制持续时间非常长，则停止控制和关闭系统。同理，如果制动灯开关开着，但是压力传感器信号在一段时间内是零值，则关闭系统。

33.3.5 故障检测后的系统行为

故障检测后，ESP 系统的响应基于 ABS 和 TCS 管理的策略完成。在 ECU 和液压部件发生电气故障的情况下，立即关闭整个系统和打开所有警告灯。在 WSS 和压力传感器发生故障同时控制是主动的情况下，可以使用故障策略维持一些控制，直到干预结束。当这些部件在主动控制外发生故障时，必须关闭 ESP 系统和所有其他功能。在横摆角速度传感器、侧向加速度传感器或转向盘转角传感器发生故障的情况下，控制切换到后备 ABS，详见 33.3.6 小节。通过打开

ESP 警告灯，提醒驾驶员车辆已经切换到后备 ABS 功能。

在完全关闭 ESP 系统或后备 ABS 功能之后，在某些情况下，EBD 功能或其跛行模式功能仍然是有效的。如果此功能不再维持，则通过红色警告灯提醒驾驶员，详见 EBD 功能。

33.3.6 后备功能

所有 ESP 部件非常低的故障率是此领域的主要目标，因此过去的几年间 ESP 整体性能已经达到非常高的有效性和得到验证。尽管如此，进一步研究是实现发生故障时保留 ESP 功能部分可用，而不是完全关闭系统。例如 ESP 只在自由滚动和制动时部分可用，或者 ESP 只在制动过程中部分可用，或者基本 ABS 功能只部分可用，或者只给控制的制动力分配部分可用，最后一项对于具有临界制动力分配的车辆具有重要性。例如系统切换到第一个后备阶段，ESP 只适用于自由滚动和制动，每当发动机管理界面发生故障。在这种情况下，除了驱动、加速期间外，所有行驶条件都给出完整的性能。在预充泵发生故障的情况下，也是如此，如图 33.70 所示。

为保持基本的 ABS 功能可用，即使三个传感器（转向盘转角传感器、横摆角速度传感器或侧向角速度传感器）中的一个或多个发生失效，研发了不使用上述传感器信号的新 ABS 参考速度算法。其设计是让其作为模块取代 ESP 标准速度估计，并且与未变化的 BSC 一起工作。该算法也使用前述的适应阶段导出自由滚动车轮的速度。通过与车轮侧参考速度结合，使其更具鲁棒性。后备算法与 ESP 标准速度估计并行运行。在一个传感器失效的情况下，运行的 ABS 后备参考速度模块立刻取代标准速度估计。同时，关闭车辆运动控制器，一些 BSC 的状态变量设置为默认值。以这种方式，上述三个 ESP 传感器任何一个发生故障后，立刻达到完整的 ABS 性能。这样不仅 ABS 功能有效性有所提高，而且安全性也有所改善，因为在主动 ESP 控制期间由于发生传感器故障系统无需完全关闭。当 BSC 保持不变时，只通过后备参考速度模块取代速度估计，后备 ABS 控制的应用可以基于完整系统的应用而建立。特别是液压模型的参数值和大部分应用参数值，对后备 ABS 也是有效的。

最后的后备阶段对结合 EBD 具有临界制动力分配的车辆是必需的，以防所有传感器包括部分（不是全部）WSS 失效。这个后备阶段通过限制后轴制动压力保持车辆的 EBD 在非临界值，只要可用的 WSS 数量允许这样。

33.4 部件

通过系统定义选择的部件，如图 33.64a 所示，而图 33.64b 给出它们在汽车上的安装。侧向加速度传感器（横摆角速度传感器）应当靠近车辆质心位置安装，因为其与前轴和后轴的转角和侧向加速度之间的相位改变有较好的折衷。

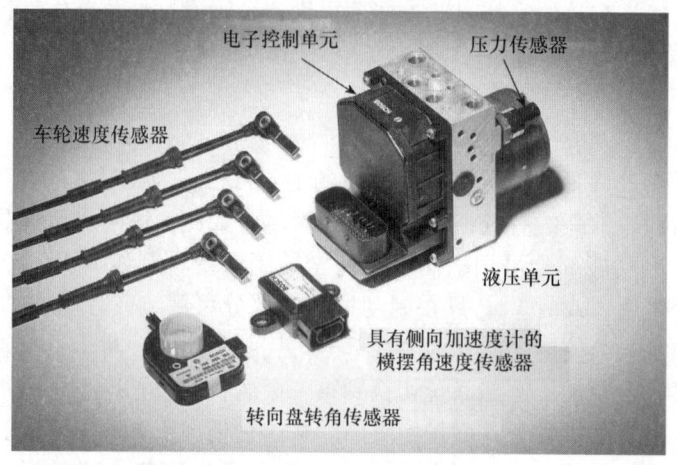

a)

① 具有电子控制单元和压力传感器的液压单元
② 车轮速度传感器
③ 转向盘转角传感器
④ 具有侧向加速度计的横摆角速度传感器

发动机管理系统具有
⑤ 电子控制单元
⑥ 节流叶片执行器
⑦ 喷射阀
⑧ 点火模块
⑨ 加速踏板传感器

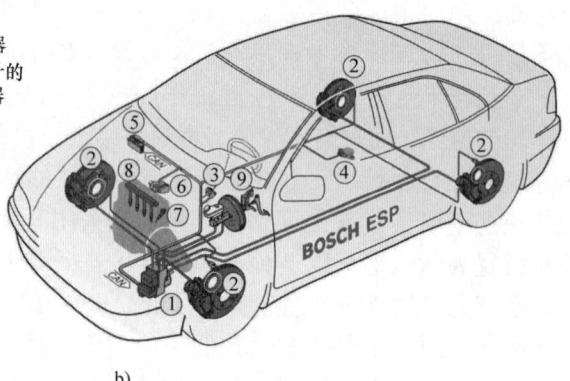

b)

图 33.64　ESP 系统的部件 a）及其在汽车中的位置 b）

33.4.1　传感器

33.4.1.1　横摆角速度传感器

横摆角速度传感器属于振动陀螺仪的范畴。由于此传感器的重要性，在全球范围内为开发低成本高精度的传感器做了很多工作，此类传感器首次在 ESP 系统中应用在文献 [52] 中描述。在传感器整个寿命中，偏移的精度要大于 $\pm 2°/s$，灵敏度误差要小于 $\pm 5\%$。测量范围是 $\pm 100°/s$，同时具有一个外部连接两级自检功能,此功能引起对横摆角速度信号叠加输出±25°/s,如图 33.59 所示,并且降低线缆的感应噪声和辐射电磁干扰的灵敏度。图 33.65 给出低成本的微型机械传感器,作为前述第一代传感器的后继者,有关此传感器详细资料,参见文献 [53]。

图 33.65 具有混合传感器在上部的横摆角速度传感器

横摆角速度传感器是成对传感器,即两个传感器组合,一个微型机械横摆角速度传感器单元和一个表面微型机械加速度传感器单元集成在一个封装中。在故障的情况下,其内部自检能力开启,输出超出波段范围的信号,以便由 ECU 可以检测到内部缺陷,加速度信号的工作范围是 $\pm 1.8g$。为了提高安全性,这种设计也使用后台测试检测内部缺陷,然后开关输出超出波段范围的信号。

两种输出——横摆速度和侧向加速度都是模拟量,它们的值由具有 +2.5V 参考电压的输出信号差得到。这种方法的优点是,其改善了每个信号通道的共模抑制比,因此降低了对各种干扰的敏感性。更进一步的步骤是增加一个数字 CAN 的接口,其将进一步减少线缆的数量和改善噪声抑制能力。

如图 33.66 所示,两块大体积微机械的硅质量由平衡框架(边长 7mm)通过叶片弹簧支撑,在洛伦兹力作用下以其固有频率振动,一般为 6kHz。这两块质量的振荡以反相模式进行,通过另一对叶片弹簧连接的两块质量之间的机械耦合是相近的。框架通过非常弱的弹簧支撑,以便有效隔离车辆引起的振动。在每一块质量的顶部,安装了表面微机械加速度计,具有开环信号处理以测量传感器角速度引起的 Coriolis(科氏)加速度。通过切换输出到正常范围外的波段,可以检测内部缺陷。其偏移稳定性好,易于补偿温度的影响。

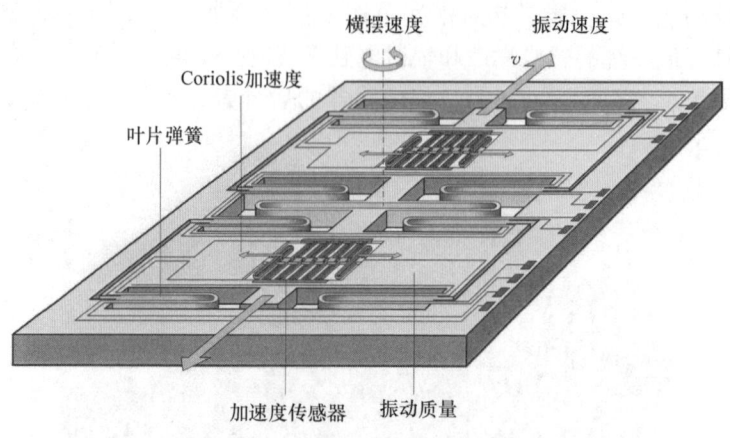

图 33.66　横摆角速度传感器单元

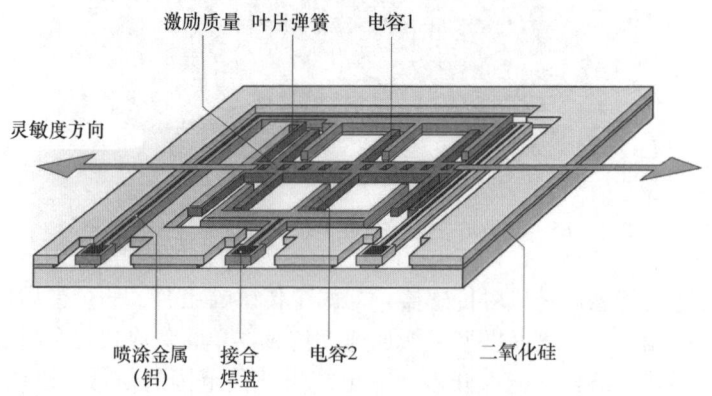

图 33.67　用于测量 Coriolis 加速度和侧向加速度的加速度计单元

类似的，具有闭环信号处理的加速度计用于测量车辆的加速度，如图 33.67 所示[53]。偏移精度要超过 $\pm 0.075g$，灵敏度误差要小于其寿命的 $\pm 7\%$。背景测试信号被连续地注入信号处理回路中以检测内部故障，然后在输出信号中消除得到干净的输出信号。如果测试信号相差达到一定值，则输出切换至信号的波段范围之外。

横摆角速度传感器采用名义 12V 的电压，因此输出不是成比例的。在传感器内部使用电源调节器可以改善信号滤波，也可以增加功率抑制比。ESP 要求信号具有高保真度，因此共模抑制比要大，并且这些传感器的易测试性变得非常重要。满足这些高的要求，导致采用五引脚接口是绝对必需的。其允许以拟差分形式读出传感器输出，以便补偿传递误差、校正 A/D 转换器和使测试模式成为可能。总之，与比例的三线引脚接口相比，信道误差减少了 50%，传感器内部设计的数字接口采用 CAN 总线协议。在这种情况下，对传导噪声、辐射噪声、腐蚀和连接器的其他问题的敏感性进一步降低，并且对不一致信号条件的监控随之变得更加容易。

33.4.1.2 转向盘转角传感器

转向盘转角传感器工作的基本原理，是利用磁性薄层（AMR 元素）的各向异性效应[54]。其中，两个元件固定在具有不同齿数的小齿轮上，由转向柱驱动，其输出信号采用游标原理导出。在接通传感器后，这种特殊的设计也可以立即提供转向盘的绝对角位置，不需要休眠模式。其正常工作角度为 ±720°，寿命期内总精度要高于 ±5°，传感器如图 33.68 所示。小齿轮齿数的选择方法是：两个小齿轮旋转角度之差可以用于测量转向盘旋转的圈数。一个微处理器处理 AMR 元素的 4 个 A/D 转换输出信号，检查这些信号是否一致，将信号转换成 CAN 协议预先定义的格式。由此降低对传导噪声、辐射噪声、腐蚀和连接器有关的其他问题的敏感性，并且对不一致信号条件的监控随之变得更加容易。传感器的冗余信号、电路和实现的软件概念允许其具有自控功能，这是安全概念实现的基础。内部缺陷会立即通过 CAN 总线发送至 ECU。CAN 协议具有误差检测和误差校正能力，因此，其他传感器可以采用这个数字信号作为基准校正。

33.4.1.3 压力传感器

压力传感器用于测量由驾驶员或预充泵引起的制动液压力，工作范围为 0~250bar。在其寿命内，压力偏差要小于 ±3bar，误差灵敏度要小于 ±5%。传感器的设计包括背景测试，这允许检测影响传感器测量偏差和灵敏度的内部缺陷。在内部存在缺陷的情况下，传感器的输出会切换至信号波段范围之外。为了保证背景测试功能的正确能力，在每个加电条件下，一系列加电测试以电源电压转换率的方式进行，如图 33.60 所示。这也允许检测线束和传感器与 ECU 之间的连接器的缺陷。

压力传感器是利用多晶硅层的压阻效应设计制造的应变计，它可以直接沉积在由高级钢制成的电绝缘膜上，如图 33.69 所示。作为主信号通道的全桥信号被放大和用于温度补偿。将半桥信号和与压力无关的参考信号比较，两者之间的差值用于补偿温度和其他影响，然后放大表示与主信号通路相同的灵敏度。因此，导出测试信号用于检查主信号的偏差和灵敏度的正确性。如果这两个信号偏差达到一定值，则输出切换至信号波段范围之外。这种自检功能允许检测灵敏度变化范围在 ±5% 内或更大和在偏移的等效变化内。

33.4.2 执行器

33.4.2.1 液压单元

液压单元的方块图，如 33.70 所示。该单元是牵引力控制类型，并且采用自吸再循环泵（sRFP）实现液压封闭。为了在车轮制动轮缸中产生主动压力，主动压力阀，也称为换向阀 USV 关闭，而吸入阀 HSV 打开。USV 阀附加的压力限制功能有一个值，选择其足够大以实现在任何操纵下每个车轮制动轮缸的压力达到抱死压力。为了限制泵电动机的工作负载，只有当相应制动回路的电磁阀 EV 打开时，HSV 才会打开。

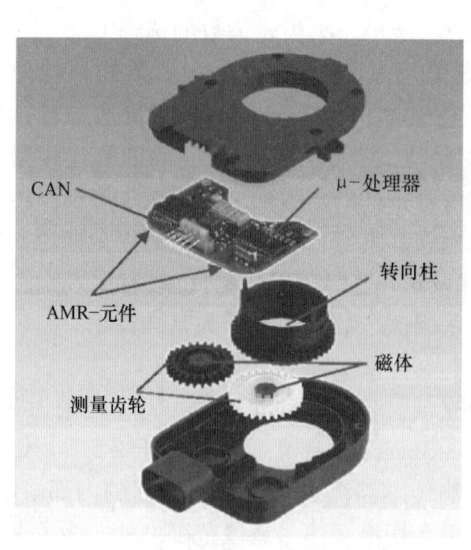

图 33.68 转向盘转角传感器的分解图

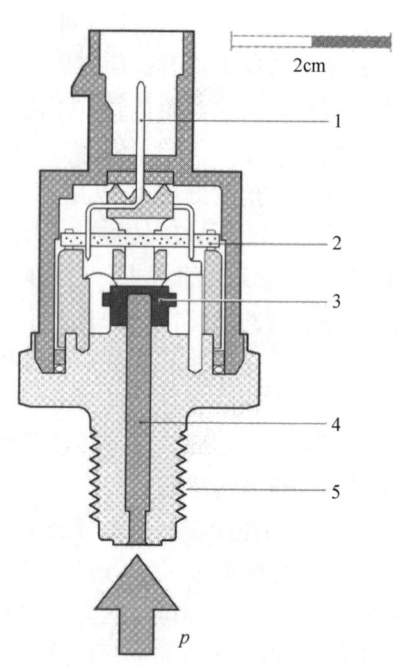

图 33.69 压力传感器的截面
1—连接器引脚 2—信号处理器
3—钢质膜应变计 4—制动液孔
5—螺纹 p—制动液压力

为了在驾驶员进行制动时能够打开阀，TCS-HU 的吸入阀 ASV 要更换为 HSV。HSV 是两级阀，如图 33.71 所示。在第一级时，释放阀的小阀座；在第二级时，也释放阀的大阀座。如果驾驶员进行制动，HSV 的电磁力也可能不足以使锚杆释放大阀座。然而，在制动期间，只要达到 HSV 的第一级就足够了。为了进行主动制动，即如果驾驶员不进行制动，则必须打开 HSV 的第二级。因为驾驶员没有踩制动踏板，电磁力足够大，可以打开大阀座。HSV 的设计允许在 MC 的压力达到 120bar 时打开小阀座，这足以满足要求，因为当 MC 的压力超过 120bar 时所有的车轮都在防抱死制动模式下。

33.4.2.2 预充泵 eVIP

对 HU 循环泵进行预充的主要原因，是 ESP 在低温下的性能需求。低温下增

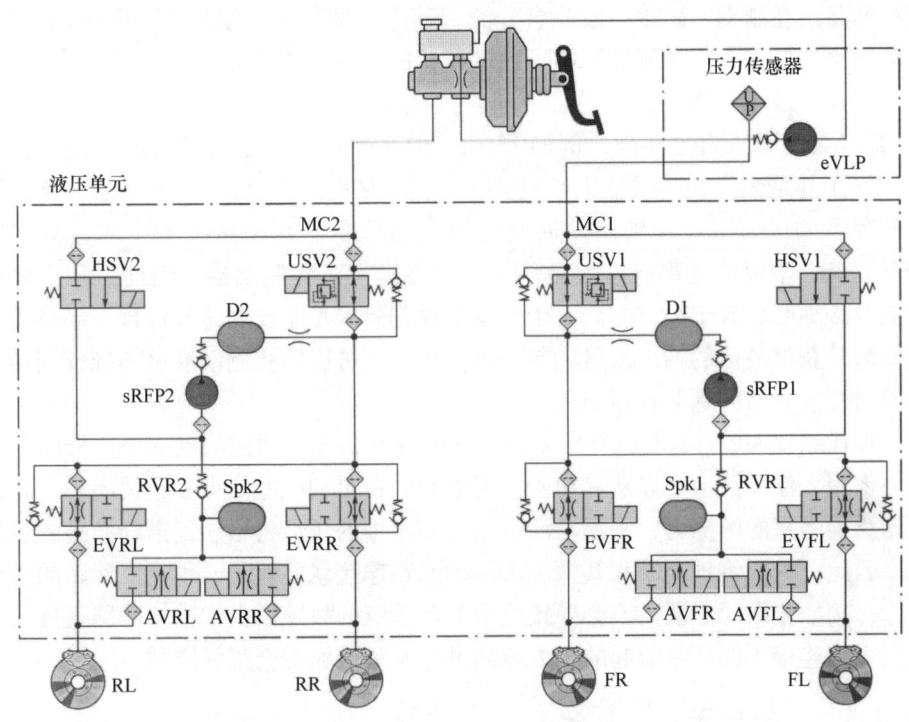

图 33.70 带有可选预充泵的 ESP 液压系统

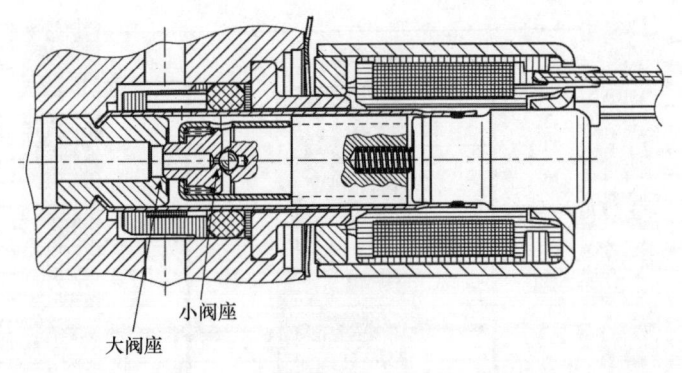

图 33.71 两级磁性吸入阀 HSV 的横截面

加制动液黏度,也增加制动液通过 MC 的流动阻力,连接 MC 和 HU 的制动管路和 HU 的吸入阀是 sRFP 效率低的主要原因。然而,如果 sRFP 不预充的情况下本身能够足够快增加车轮制动器的压力,则可以忽略预充泵 eVLp。大部分汽车不需要预充,预充泵是内齿油泵类型,液流几乎是连续的,是没有限制流量的 EV。

如果预充泵开始工作,制动液从储存器出发,流经预充泵和止回阀进入推杆制动回路。在制动回路中，液流会分流，其中一部分流过制动 MC 回到储存器。制动回路的压力由通过制动 MC 回到储存器的液流阻力确定，这种阻力通过 MC 的节流孔实现，节流孔的直径必须随着预充泵的输出流量调整。调整时必须使 HU 循环泵的预压力足够高，例如 15bar。但是在低环境压力时不能太高，否则在 TCS 工作期间，当驾驶员施加制动时，制动踏板是"硬的"。如果通过 MC 回到储存器的液流减小，则制动回路的压力也降低。这种情况发生时，吸入阀 HSV 打开，液流的一部分进入循环泵，最终进入车轮制动器。因此，预充泵输出流量必须明显大于循环泵。由于低温下预充要求是主要的，设计预充泵是为了在低温时获得最佳的输出流量。制动时，止回阀可以防止制动液逃离推杆制动回路而通过预充泵回到储存器中。

现代制动 MC 具有与推杆活塞不相连的浮动活塞。通过制动 MC 推杆回路的压力作用，浮动活塞可以从其初始位置移开。在浮动活塞的中心阀关闭后，如果忽略浮动活塞的摩擦力，则浮动活塞制动回路中的压力将增加到推杆回路的近似值。因此，只要将预充泵和其中一个制动回路连接就足够了。预充泵回路的一个故障，例如止回阀泄漏，不会导致整个制动系统的故障。由于推杆回路直接与储存器直接连接，循环泵引起的压力脉冲进入制动回路时会很好衰减。

33.4.3　电控单元

ESP 的 ECU 方块图，如图 33.72 所示。出于安全原因，微处理器是冗余的，

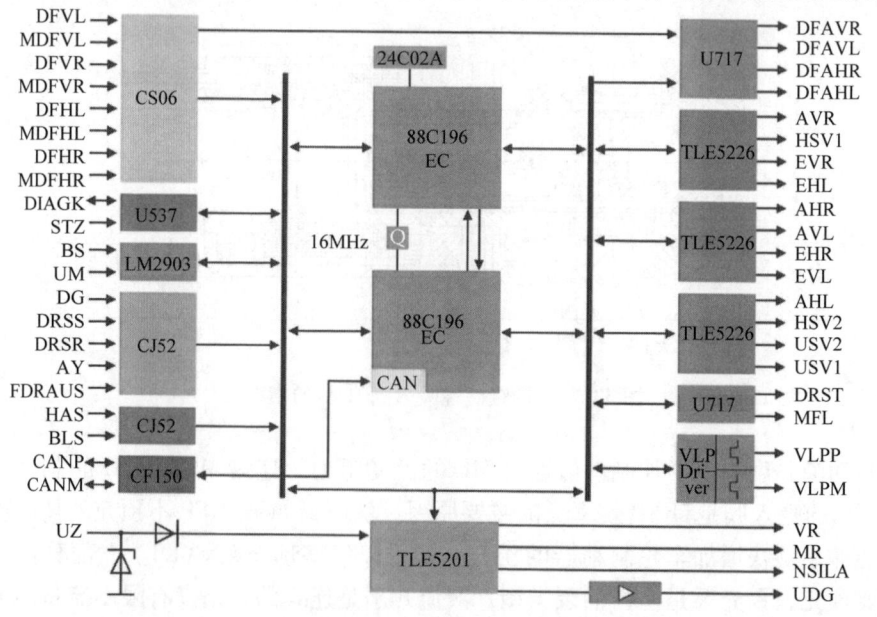

图 33.72　ESP 的 ECU 方块图

类似于 ABS 和 TSC，与其他系统一样，各微处理器之间是交互核查的。出于成本原因，现代系统采用一种不同的方法检查微处理器的正常功能。同样，关键信号通道是冗余的，以便提高安全性。对于阀和泵电动机的电压供应，采用固态继电器，输出车轮速度信号用于其他控制单元。5V 稳定电压是必需的，如压力传感器。

ECU 安装在 HU 上，这样降低了成本、尺寸和布线，与安装独立的 ECU 盒子相比，提高了可靠性。但是，由于 HC 安装在发动机舱内的支架上，ECU 的环境温度可能会高，高达 120℃。因此，整个电路应用一种新型的小规模混合技术设计在陶瓷衬片上。这种衬片直接附着在 HC 上，阀线圈是 ECU 的一部分，以便相互连接非常短和相当简单。这一设计导致了轻微电感耦合产生的小干扰，因此导致改善的信号通道性能允许对阀和泵电动机进行脉冲宽度调制激励。这使得外部布线减少，降低了整体成本。每个信号通道针对信号通道误差和带宽进行了优化，以达到传感器信号整体更好的精度，另一方面也减少了对传感器的要求。

进一步降低成本的步骤，是通过引入变体的编码。现在可以为同一平台的不同车辆使用相同的 ECU，并选择与车辆相关的合适的参数设置，如车辆类型、制动系统、发动机和变速器。这就减少了 ECU 变化和存储单元的备件，也增加了制造过程中的灵活性。

33.5 展望

20 世纪 80 年代以来，随着主动四轮驱动系统、主动悬架系统、主动后轮转向系统、主动制动和牵引力分配系统的发展，提出了将这些系统与 ABS 和 TCS 进行集成的需求[55-74]。在欧洲，目标是通过以集成方式使用这些系统提高"车辆安全到一个前所未有的水平"[65]，一个总结在文献［74］中给出。这种技术发展的一个缺点是，通过这些主动系统的巨大成本和重量才能达到安全水平，只有豪华乘用车才能承担起这么高的成本。随着 ESP 的引入，这些活动几乎停止，因为 ESP 已经实现了类似非常高的安全性水平，但是成本明显较低，几乎没有附加重量。因此，安全不仅是豪华乘用车的特权，也属于微型和紧凑型乘用车。

新的发展实现了主动前轮转向系统和主动防侧倾杆系统，不像 20 世纪 80 年代的主动系统那样昂贵。集成这些系统的需求再次出现，然而现在是与 ESP 集成[75-81]。这里，讨论文献［76-78］的方法。

如果主动转向系统可用，ESP 也可以应用这个系统控制汽车的操纵行为，不仅在极限情况下，而且在正常行驶情况下。图 33.73 给出这样系统首次实现的概念，通过其 ESP 可以修正转向角[82,84,85]。这种系统本身执行 4 个功能：

1) 低于一定的车辆速度，降低转向传动比，以便提高车辆操纵性和在坑槽停车时的机动性。

2）补偿转向系统的弹性，从而通过前馈控制提高较高车速时的操纵性。

3）在分离 $-\mu$ 路面制动时逆转向，减少了驾驶员的转向力和由于不要求 GMA（见 ABS）而缩短制动距离。

4）通过自动转向控制车辆的横摆力矩支持 ESP，这个特性非常有趣，因为转向角度修正非常舒适，当横摆力矩要通过制动和发动机的干预产生时，车速没有受到影响，而且干预非常快，可以保持小作用信号。

另一种主动系统，如图 33.74 所示。其中，同主动悬架[83,86]一样，ESP 可以通过特殊的主动防侧倾杆控制修正车轮上的法向力分布。这种系统本身执行 4 个功能：

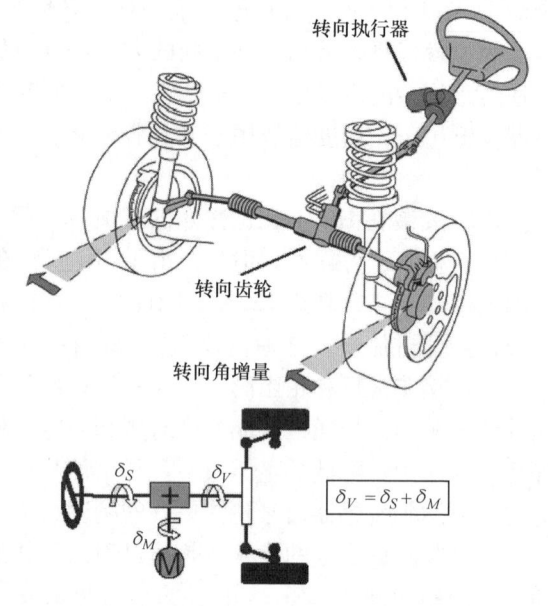

图 33.73　主动转向系统

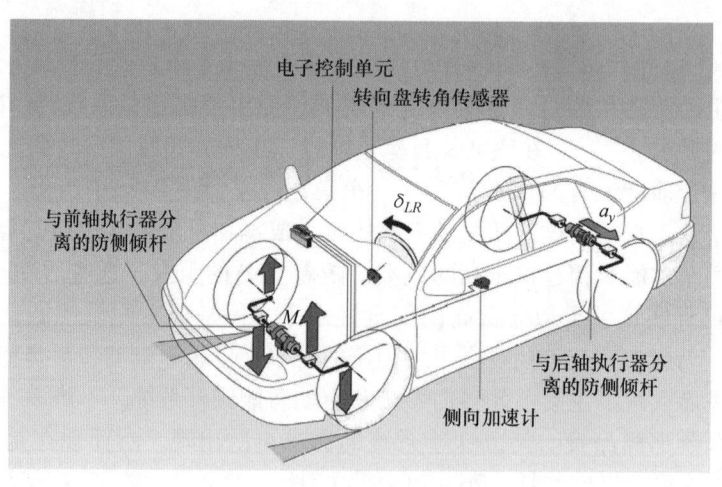

图 33.74　主动防侧倾杆

1）前后轴防侧倾杆有效刚度的对称变化，减小转弯时的侧倾角。

2）前后轴防侧倾杆有效刚度的不对称变化，影响不足转向或过度转向时车

3）前后轴防侧倾杆的不对称变化，增加车轮上的法向力、侧向力和纵向力，提高分离 $-\mu$ 路面的制动距离或减少车辆横摆力矩。

4）通过前后轴防侧倾杆有效刚度的自动变化，控制车辆横摆力矩支持 ESP，这个特性特别有趣，因为如转向角修正一样，防侧倾杆修正非常舒适，当横摆力矩要通过制动和发动机的干预产生时，车速没有受到影响；然而，与转向角度修正相比，通过主动防侧倾杆进行的干预相对缓慢，只通过这种特性不能保持小作用信号。

每个这样的系统都可以影响汽车的横摆力矩。现在的问题是，如何实现总的横摆角速度控制，横摆角速度控制意味着车辆动力学控制。早期的建议是基于对制动、发动机、主动转向和主动悬架执行器的不同干预带宽的观察，每个执行器都有自己的横摆角速度控制器，如图 33.75 所示。控制器增益要调整到干预之间的干扰没有导致不良甚至不稳定的车辆行为，这种方法的魅力是控制器的发展在一定程度上可以相互独立完成。显然，如果控制器增益必须大幅降低以保证各个控制器的和平共存，则丧失重要的性能潜力，识别、适应和学习控制是不可行的。此外，系统必须进行信息交换。这由主动悬架系统的干预可以看出，如果主动悬架系统修改汽车行为和改变特征速度，则 ESP 可能干预和补偿汽车行为的修改。控制的复杂度和控制器的安全性，将随着系统的数量增加而迅速增加，其发展和应用成果也是如此。多种传感器或包含非标准传感器在控制和安全概念方面的问题，也必须得到解决。

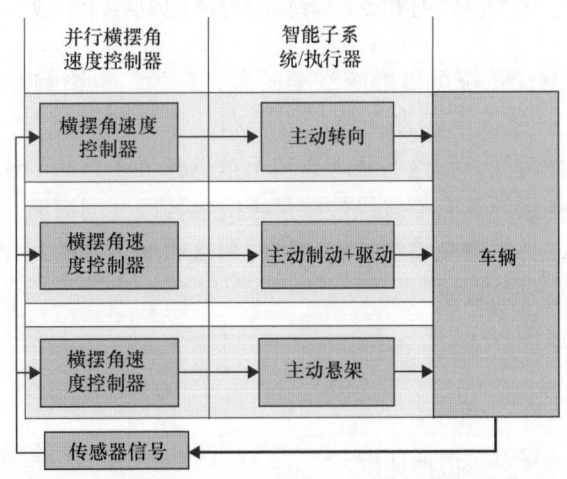

图 33.75　使用平行横摆角速度控制器的系统集成

后来的设计方案采用了一个中心横摆角速度控制器,该控制器可以考虑不同执行器的特性,如图 33.76 所示。这是特别重要的,如果制动作用不比转向作用慢很多,正如 EHB 的情况,制动干预可以非常迅速。叠加的中心横摆角速度控制分配各主动系统之间所需的横摆力矩和使用它们作为智能执行器。这个想法是为了扩大现有 ESP 的结构,其中的智能子系统 BSC 和 TSC 确定其控制变量"滑动率"的目标值,而车辆动力学控制器确定滑动率增量以调整车辆的横摆力矩。因此,主动转向控制器和主动悬架控制器必须自己确定其目标值,而车辆动力控制器也要扩展确定转向角度和有效抗侧倾杆刚度的增量,以便调整车辆的横摆力矩。

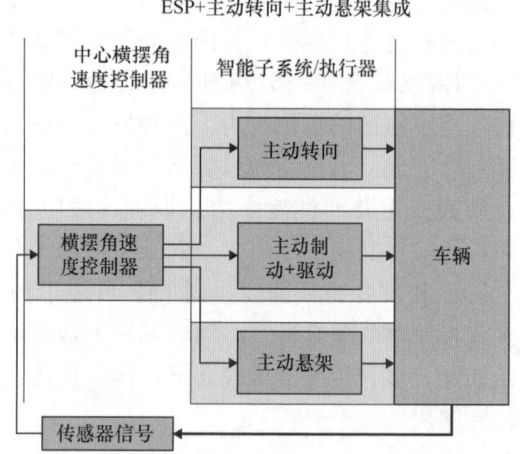

图 33.76 使用中心横摆角速度控制器的系统集成

EHB 和新的主动系统可以影响汽车的操纵行为,也影响没有达到物理极限的情况。例如 EHB 情况下的侧向制动力分布。如果被动汽车的操纵发生改变,例如由于轮胎特性改变,则这些系统通过不被驾驶员注意的干预恢复正常的车辆行为。因此,这些系统具有使操纵性稳健抵抗参数改变的潜能。然而,为了能充分开发高速干预,必须避免横摆速度信号的测试周期,如图 33.59 所示,这将导致冗余横摆速度信号的要求。

术语

$\dot{\psi}$ 横摆速度
$\dot{x}_0$ 车辆质心在 x_0 方向的速度
$\dot{y}_0$ 车辆质心在 y_0 方向的速度

第33章 车辆水平运动的控制

$\ddot{x}_0$	车辆质心在 x_0 方向的加速度
$\ddot{y}_0$	车辆质心在 y_0 方向的加速度
$\tilde{v}_y$	由测量方程获得的车辆质心在侧向方向的速度
$\hat{v}_y$	由 Kalman 滤波方程获得的车辆质心在侧向方向的速度
$\dot{\beta}$	车辆质心的侧偏角速度
$\dot{\psi}_M$	扩展自行车模型的横摆速度
$\dot{v}_y$	车辆质心侧向速度的时间变化率
$\ddot{\psi}$	横摆加速度
$\dot{v}_{Whl}$	车轮加速度
$\Delta\dot{\psi}$	名义和实际的横摆速度值之差
$\dot{v}_x$	车辆质心纵向速度的时间变化率
$v_{x,off}$	车辆纵向路面的斜率
$\dot{v}_{x,off}$	车辆纵向路面斜率的时间变化率
$\dot{\psi}_M$	车辆扩展自行车模型的横摆速度
$\Delta\dot{\psi}_{No}$	车辆横摆速度的作用信号
$\Delta\dot{\psi}_b$	坡面转向的扩展自行车模型横摆速度的补偿
$\dot{\psi}_{No}$	名义横摆速度
$\dot{\psi}_k,\ \dot{\psi}_{k+1}$	采样点 k 和 $k+1$ 的横摆速度
$+A$	加速度阈值
$+a$	加速度阈值
a	前轴至车辆质心的纵向距离
A	车辆舱壁面积
$-a$	减速度阈值
$A_0,\ A_1,\ A_2$	目标车轮滑动率的计算系数
$A_{11},\ A_{12},\ A_{21},\ A_{22}$	时间变量系数
a_{Whl}	车轮加速度
$a_x,\ a_y$	车辆质心纵向、侧向的加速度
ay_{corr}	校准的侧向加速度信号
ay_{Mess}	测试的侧向加速度信号
ay_{off}	测试侧向加速度信号的偏离值
ay_{ref}	由横摆速度参考值计算的侧向加速度值
b	轮距之半
c	后轴至车辆质心的距离
C_p	制动力矩比

c_w	风阻系数
C_α, C_λ	轮胎侧向、纵向的刚度
$C_{\alpha,F}$, $C_{\alpha,R}$	前后车轮的总侧向刚度
D_T	制动滑动控制器的采样时间
D_λ	一个轴驱动车轮驱动滑动率差的死区
$e_{\Delta v}$	驱动滑动差控制器作用信号
F_1, …, F_4	车轮1, …, 4 的车轮纵向力
F_B	轮胎上的路面制动力
F_b	车轮制动盘上的制动力
F_b^*	由于制动另一个车轮的牵引力增量
$F_{B,A}$	适应段轮胎上的路面制动力
F_{B1}, …, F_{B4}	车轮1, …, 4 的轮胎上的路面制动力
F_{BF}	轮胎上静态（滤波）路面制动力
F_h	高摩擦路面驱动车轮上的路面牵引力
F_l	低摩擦路面驱动车轮上的路面牵引力
F_N	轮胎上的路面名义力
F_R	在路面平面内的轮胎上的路面合力
F_{R1}	在路面平面内的车轮1轮胎上的路面合力
F_S	轮胎上的路面侧向力
$F_{S,F}$	自行车模型前轮轮胎上的路面侧向力
$F_{S,R}$	自行车模型后轮轮胎上的路面侧向力
F_{S1}, …, F_{S4}	车轮1, …, 4 的轮胎上的路面侧向力
F_x	纵向轮胎力
F_y	侧向轮胎力
f_ω	测试的横摆速度信号的灵敏度变化
I_{EVi}, I_{AVi}	EHB 系统进口阀、出口阀的电流
I_{TR}	动力传动系统的总传动比
J_{Mot}	发动机曲轴转动惯量
J_V	车辆对车身固定 z 轴的转动惯量
J_{Whl}	车轮对其轴的转动惯量
K_p, K_d, K_i	PID 制动滑动控制器增益
$L\omega_{corr}$	校准的转向盘转角信号
$L\omega_{Mess}$	测试的转向盘转角信号
$L\omega_{off}$	测试的转向盘转角信号的偏离值
$L\omega_{ref}$	由横摆速度参考值计算的转向盘转角值

m	用于 MSR 控制的驱动轮最低负名义力矩
M_1	过多转向横摆力矩
M_2	不足转向横摆力矩
M_{BR}	车轮上的制动力矩
$M_{BR,A}$	适应段车轮上的制动力矩
M_{Ca}	万向轴力矩乘以差速器传动比
M_{Cahalf}	驱动轮上的力矩
M_{Dif}	同一轴两个驱动轮的制动力矩之差
M_{Dr}	驾驶员要求的发动机输出转矩
M_{MOT}	发动机输出转矩
M_{NoLock}	用于同一轴驱动轮滑动之差控制的名义制动力矩之差
M_{NoMot}	用于节气门控制的名义发动机输出转矩
M_{MoSPR}	由点火延迟产生的名义发动机转矩减少
M_R	车轮上的路面力矩
m_v	车辆质量
M_{WhlNo}	车轮上的名义力矩
M_{WhlNo3},M_{WhlNo4}	驱动轮 3、4 的名义力矩
M_{YawNo}	名义横摆力矩
M_{Yw},M_{yaw}	横摆力矩
p_{Circ}	制动回路的压力
p_{Whl}	制动轮缸的压力
$p_{Whl,i}$	车轮 i 的制动轮缸压力
p_{WhlNo}	制动轮缸的名义压力
p_{WhlNoi}	车轮 i 的制动轮缸名义压力
R	车轮半径
R_T	转弯半径
SUM	控制事件积分
T	相邻采样时间点的时长
t_1,t_2	同一轴两个制动轮缸之间压差阈值增加的开始和结束时间
t_{EVi},t_{AVi}	车轮 i 进口阀和出口阀的作用时间
T_{iOFF}	燃油喷射关闭期间发动机 i 缸的时间周期
u_1,u_2	强迫函数
$u_{1,k}$,$u_{2,k}$	采样时间点 k 的强迫函数
U_{Mval}	进口和出口电磁阀的作用时长

v_{Ca}	同一轴驱动轮的平均速度
v_{CH}	特征速度
v_{Dif}	同一轴两个驱动轮的速度差
v_i	校准的车轮速度信号
$v_{i,Mess}$	测量的车轮速度信号
v_{NoCa}	同一轴驱动轮的名义平均速度
v_{NoDif}	同一轴驱动轮名义车轮速度差
v_{Ref}	参考速度
v_V	车辆质心速度
v_{VWhl}	轮心速度
$v_{VWhl,F}$	自行车模型前轮心速度
$v_{VWhl,R}$	自行车模型后轮心速度
v_{Whl}	车轮速度
$v_{Whl,1}$, $v_{Whl,4}$	车轮 1 和 4 的速度
$v_{Whl,A}$	适应段的车轮速度
v_{WhlFre}	自由滚动车轮速度
$v_{WhlFre3}$, $v_{WhlFre4}$	自由滚动车轮 3 和 4 速度
v_{WhlNo3}, v_{WhlNo4}	车轮 3 和 4 名义速度
v_x	车辆质心纵向速度
v_y	车辆质心侧向速度
$v_{y,k}$, $v_{y,k+1}$	时间采样点 k 和 $k+1$ 的车辆质心侧向速度
x_1, x_2	制动液压仿真模型的参数
α	车轮侧偏角
α_0	μ - 侧偏角曲线最大点的侧偏角
α_F	前轮侧偏角
α_R	后轮侧偏角
β	车辆质心侧偏角
$\beta(t)$	车辆质心侧偏角的时间历程
β_0	车辆质心侧偏角的初始值
β_M	扩展自行车模型车辆质心侧偏角
ΔM_{NoLock}	由车辆动力学控制器确定的同一轴驱动轮驱动滑动率之差控制的名义制动力矩之差的减少
δ, δ_S, δ_{LR}	转向盘转角
δ_A	Ackermann 转角
Δa_{yb}	侧倾转弯的侧向加速度补偿

ΔD_λ	由车辆动力学控制器确定的同一轴驱动轮驱动滑动率之差的死区增量
δ_M	主动转向的转向盘转角增量
ΔM_{yw}	横摆力矩增量
Δp_1	同一轴两个制动轮缸压力差的初始阈值
Δp_1	同一轴两个制动轮缸压力差的结束阈值
δ_V	主动转向的总转向盘转角
δ_W	前轮转向角
$\Delta\beta$	名义和实际车辆侧偏角值之差
$\Delta\beta_{No}$	车辆侧偏角的作用信号
$\Delta\lambda$	由车辆动力学控制器计算的车轮滑动率增量
$\Delta\lambda_1$	车轮 1 的滑动率增量
$\Delta\lambda_i$	车辆 i 的滑动率增量
$\Delta\lambda_{MA}$	车辆动力学控制器的名义平均驱动滑动率增量
$\Delta\lambda_T$	越野条件的目标滑动率增量
$\Delta\omega$	校准的和参考的横摆速度值之差
$\Delta\omega_{zul}$	横摆速度故障的阈值
λ	车轮滑动率
λ_0	μ-滑动率曲线最大点的滑动率值
λ_1	速度滑动率阈值
λ_A	适应段的滑动率
λ_i	车轮 i 的滑动率
λ_{MA}	同一轴驱动轮的名义平均驱动滑动率
λ_{MAmin}	TCS 作用期间具有最大车辆稳定性的同一轴驱动轮的平均驱动滑动率
λ_{MAT}	同一轴驱动轮的目标平均驱动滑动率
λ_{No}	名义车轮滑动率
λ_{Noi}	车轮 i 的名义滑动率
λ_T	目标滑动率
λ_{Ti}	车轮 i 的目标滑动率
λ_{WhlNo3}，λ_{WhlNo4}	车轮 3 和 4 的名义滑动率
μ_A	适应段轮胎和路面之间车轮纵向摩擦系数
μ_B	轮胎和路面之间制动摩擦系数
μ_{BM}	μ-滑动率曲线最大点的摩擦系数
μ_{BS}	轮胎和抱死车轮路面之间的摩擦系数

μ_h	路面摩擦系数的高值
μ_l	路面摩擦系数的低值
μ_{Res}	由车轮纵向和侧向力计算的路面摩擦系数
μ_S	轮胎和路面之间的侧向摩擦系数
ρ	空气质量密度
ψ	横摆角
ω_{ay}	由侧向加速度计算的横摆速度值
ω_{corr}	校准的横摆速度值
ω_{Lw}	由转向盘转角值计算的横摆速度值
ω_{Mess}	未校准的横摆速度值
ω_{off}	横摆速度测试信号的偏离值
ω_R	车轮旋转速度
ω_{R0}	自由滚动车轮旋转速度
ω_{ref}	横摆速度参考值
ω_{streu}	故障对车轮速度、侧向加速度的信号影响和转向盘转角对横摆速度参考值故障的影响
ω_v	有车轮速度值计算的横摆速度值

缩略语

ABS	防抱死制动系统
AC	交流电流
A/D	模/数转换器
AMR	各向异性磁阻
ASR	牵引力控制系统
ASV	吸入阀
AV	排出阀
AVHL	后左排出阀
AVHR	后右排出阀
AVVL	前左排出阀
AVVR	前右排出阀
AY	侧向加速度传感器输入
B	制动助力器
BA	制动辅助
BC	制动轮缸

BITE	内置测试设备
BLS	制动灯开关
BS	制动开关
BSC	制动滑动控制器
CAN	控制器局域网络
CANM	CAN 总线接地
CANP	CAN 总线信号
D1	前阻尼室
D2	后阻尼室
DFAHL	后左车轮速度传感器输出
DFAHR	后右车轮速度传感器输出
DFAVL	前左车轮速度传感器输出
DFAVR	前右车轮速度传感器输出
DFHL	后左车轮速度传感器
DFHR	后右车轮速度传感器
DFVL	前左车轮速度传感器
DFVR	前右车轮速度传感器
DG	压力传感器输入
DIAGK	诊断输入/输出
DRSR	横摆角速度传感器参考电压
DRSS	横摆角速度传感器信号
DRST	横摆角速度传感器测试信号
EBD	电子制动力分配系统
ECU	电子控制单元
EEPROM	电子可擦可编程只读存储器
EHB	电液制动系统
EM	循环泵电动机
EMS	电子发动机功率控制
ESP	电子稳定程序
EV	进气阀
EVHL	后左进气阀
EVHR	后右进气阀
eVLP	新一代预充泵
EVVL	前左进气阀
EVVR	前右进气阀

FDR	电子稳定程序
FDRAUS	ESP 开/闭开关
FMEA	故障模式和影响分析
FWD	前轮驱动
GMA	横摆力矩梯度衰减
HAS	手动制动开关
HBA	液压制动辅助
HDC	坡道缓速控制
HSV	高压吸入阀
HU	液压单元
M	电动机
MC	制动主缸
MDFHL	后左车轮速度传感器
MDFHR	后右车轮速度传感器
MDFVL	前左车轮速度传感器
MDFVR	前右车轮速度传感器
MFL	多功能灯
MR	泵电动机继电器
MSR	发动机阻力矩控制
MSILA	SILA（反向）
PATA	ESP 开/关信号输入
PBA	气压制动辅助
PCB	印制电路板
PI	比例-积分类型控制器
PID	比例-积分-微分类型控制器
RAM	随机存储器
RFP	循环泵
ROM	只读存储器
ROM	侧翻缓解
RTA	车轮速度故障补偿
RVR1	前止回阀
RVR2	后止回阀
RWD	后轮驱动
SL	低位选择
SN	制动液水平信号输入

第33章 车辆水平运动的控制

Spk1	前部累加器
Spk2	后部累加器
sRFP	自吸循环泵
STZ	怠速定时器
SW	软件
TCS	牵引力控制系统
TSC	牵引滑动控制器
UDG	压力传感器电源
UM	循环泵电压
USV	限压电磁阀
UZ	电源输入
VDA	德国车辆制造商协会
VLPM	预充泵接地
VLPP	预充泵电压
VR	阀继电器
WSS	车轮速度传感器

参 考 文 献

1. *Fahrsicherheitssysteme*, Bosch, Vieweg, Wiesbaden, Hesse, Germany, 1998.
2. Bert Breuer, Karl-Heinz Bill (eds.) *Bremsenhandbuch*, 4th edition, Springer Vieweg, Wiesbaden, Germany, 2013.
3. ABS/TCS/VDC Technology Report 1996. *Tier One*, Sacramento, CA, 1996.
4. Furukawa, Y., Abe, M., Advanced chassis control systems for vehicle handling and active safety. *Vehicle System Dynamics*, 28, 59–86, 1997.
5. Inagaki, S., Kshiro, I., Yamamoto, M., Analysis on vehicle stability in critical cornering using phase-plane method. *AVEC'94*, Nr. 9438411, Tsukuba, Japan, 1994, pp. 287–292.
6. Leiber, H., Czinczel, A., Der elektronische Bremsregler und seine Problematik. *ATZ Automobiltechnische Zeitschrift*, 74(7), 269–277, 1972.
7. Maisch, W., Jonner, W., Sigl, A., ASR—Traction control—A logical extension of ABS. *SAE'87*, Nr. 870337, Detroit, USA, 1987.
8. Egger, G., Herb, E., Krusche, H., Wallentowitz, H., Stabilitäts- und Traktionsüberwachung bei allradgetriebenen Personenwagen. *ATZ Automobiltechnische Zeitschrift*, 91(2), 83–90, 1989.
9. Shiraishi, S., Yamamoto, O., Kin, K., Akuta, Y., Traction control for improved vehicle dynamics. *JSAE Review*, 13(1), 58–64, 1992.
10. Böning, B., Folke, R., Franzke, K., Traction control (ASR) using fuel-injection suppression—A cost effective method of engine-torque control. *SAE 92*, Nr. 920641, Detroit, USA, 1992.
11. van Zanten, A., Krauter, A., Optimal control of the tractor-semitrailer truck. *Vehicle System Dynamics*, 7, 203–231, 1978.
12. Zomotor, A., Leiber, H., Schlupfregelung—Ein Weg zur Erhöhung der aktiven Sicherheit. *Fachtagung der VDI-Gesellschaft Fahrzeugtechnik Reifen Fahrwerk Fahrbahn*, Hannover, Germany, September 24–25, 1987.
13. Heeß, G., van Zanten, A. T., System approach to vehicle dynamics control, *Fisita 1988*, Nr. 885107,

Detroit, MI, 1988, pp. 2.109–2.121.
14. McLellan, D., Ryan, J., Browalski, E., Heinricy, J., Increasing the safe driving envelope—ABS, Traction control and beyond. *SAE 92C014*, Huntsville, AL, 1992.
15. Sato, S., Inoue, H., Tabata, M., Inagaki, S., Integrated chassis control system for improved vehicle dynamics. *AVEC'92*, Nr. 923074, Yokohama, Japan, 1992, pp. 413–419.
16. Matsumoto, S, Yamaguchi, H., Inoue, H., Yasuno, Y., Braking force distribution control for improved vehicle dynamics. *AVEC'92*, Nr. 923079, Yokohama, Japan, 1992, pp. 441–446.
17. Shibahata, Y., Shimada, K., Tomari, T., The improvement of vehicle maneuverability by direct yaw moment control. *AVEC'92*, Nr. 923081, Yokohama, Japan, 1992, pp. 452–457.
18. Motoyama, S., Uki, H., Isoda, K., Yuasa, H., Effect of traction force distribution control on vehicle dynamics. *AVEC'92*, Nr. 923080, Yokohama, Japan, 1992, pp. 447–451.
19. Müller, A., Achenbach, W., Schindler, E., Wohland, T., Mohn, F.-W., Das neue Fahrsicherheits system electronic stability program von Mercedes Benz. *ATZ Automobiltechnische Zeitschrift*, 96(11), 656–670, 1994.
20. van Zanten, A., Erhardt, R., Pfaff, G., VDC, The vehicle dynamics control system of Bosch, *SAE 95*, Nr. 950759, Warrendale, PA, 1995.
21. Koibuchi, K., Yamamoto, M., Fukada, Y., Inagaki, S., Vehicle stability control in limit cornering by active brake. *SAE 96*, Nr. 960487, Aachen, Germany, 1996.
22. Yasui, Y., Tozu, K., Hattori, N., Sugisawa, M., Improvement of vehicle directional stability for transient steering maneuvers using active brake control. *SAE 96*, Nr. 960485, Detroit, USA, 1996.
23. Gass, H., Glaser, H., Heißing, B., Mäusbacher, B., Electronic driving aids. *AVEC'96, Proceedings International Symposium on Advanced Vehicle Control*, Aachen, Germany, June 24–28, 1996, pp. 609–627.
24. Alberti, V., Babbel, E., Improved driving stability by active braking of the individual wheels. *AVEC'96, Proceedings International Symposium on Advanced Vehicle Control*, Aachen, Germany, June 24–28, 1996, pp. 717–732.
25. Jost, K., Cadillac, stability enhancement, *Automotive Engineering*, pp. 111–113, October 1996.
26. Debes, M., Herb, E., Müller, R., Sokoll, G., Straub, A., Dynamische stabilitäts control DSC der Baureihe 7 von BMW—Teil 2. *ATZ Automobiltechnische Zeitschrift*, 99(4), 208–213, 1997.
27. Sugiyama, M., Inoue, H., Uchida, K., Monzaki, S., Inagaki, S., Kido, S., Development of VSC (vehicle stability control) system. *Toyota Technical Review*, 46(2), April 1997.
28. Fennel, H., ABS plus und ESP—Ein Konzept zur Beherrschung der Fahrdynamik. *ATZ Automobiltechnische Zeitschrift*, 100(4), 302–308, 1998.
29. Fennel, H., Gutwein, R., Kohl, A., Latarnik, M., Roll, G., Das modulare Regler- und Regelkonzept beim ESP von ITT Automotive, 7. *Aachener Kolloquium Fahrzeug- und Motortechnik*, Aachen, Germany, Oktober 5–7, 1998, S409–S431.
30. Straub, T., Vehicle stability control (VSC) and its rapid product improvement cycle to meet a wide customer base. *TOPTEC*, Wien, Austria, 1999.
31. Sawase, K., Sano, Y., Application of active yaw control to vehicle dynamics by utilizing driving/braking force. *JSAE 9930801*, 1999.
32. van Zanten, A., Erhardt, R., Landesfeind, K., Pfaff, G., VDC systems development and perspective. *SAE 98*, Nr. 980235, 1998.
33. van Zanten, A., Bosch ESP systems: 5 years of experience. *SAE Automotive Dynamics Stability Conference*, Paper Nr. 2000–01–1633, Troy, MI, May 15–17, 2000.
34. Hattori, Y., Koibuchi, K., Yokoyama, T., Force and moment control with nonlinear optimum distribution for vehicle dynamics. *AVEC'02, JSAE* 20024577, Yokohama, Japan, 2002.
35. Förster, H.-J., Der Fahrzeugführer als Bindeglied zwischen Reifen, Fahrwerk und Fahrbahn. *VDI Berichte*, Nr. 916, Düsseldorf, Germany, 1991.
36. van Zanten, A., Erhardt, R., Lutz, A., Measurement and simulation of transients in longitudinal and lateral tire forces. *SAE 90*, Nr. 900210, Detroit, USA, 1990.
37. Gottwick, U., Schunck, E., van Zanten, A., Die Elektrohydraulische Bremse revolutioniert die Pkw-Bremssysteme. *VDI Berichte*, Nr. 1496, Düsseldorf, Germany, 1999, pp. 287–303.
38. Tseng, H., Dynamic estimation of road bank angle. *Vehicle System Dynamics*, 36(4–5), 307–328, 2001.
39. van Zanten, A., Erhardt, R., Pfaff, G., Kost, F., Hartmann, U., Ehret, T., Control aspects of the Bosch-VDC. *AVEC'96, Proceedings International Symposium on Advanced Vehicle Control*, Aachen, Germany, June 24–28, 1996, pp. 574–607.

40. Fukada, Y., Slip-angle estimation for vehicle stability control. *Vehicle System Dynamics*, 32, 375–388, 1999.
41. Furukawa, Y., Abe, M., Direct yaw moment control with estimating side-slip angle by using on-board-tire-model. *AVEC'98, JSAE* 9837030, 1998.
42. Venhovens, P., Naab, K., Vehicle dynamics estimation using kalman filters. *AVEC'98, JSAE* 9836617, 1998.
43. Kato, M., Isoda, K., Yuasa, H., Estimation of vehicle side slip angle with artificial neural network. *JSAE Review*, 15, 79–82, *JSAE* 9430103, 1994.
44. Meditch, J., *Stochastic Optimal Linear Estimation and Control*. McGraw Hill, New York, 1969.
45. van Zanten, A., Erhardt, R., Lutz, A., Neuwald, W., Bartels, H., Simulation for the development of the Bosch—VDC. *SAE 96*, Nr. 960486, Detroit, USA, 1996.
46. Fischer, G., Müller, R., Das elektronische Bremsenmanagement des BMW X5. *ATZ Automobiltechnische Zeitschrift*, 102(9), 764–773, 2000.
47. Ponticel, P., Dynamic rollover testing on the way. *Automotive Engineering*, pp. 26–28, November 2003.
48. Wielgat, A., SUV Safety: The Volvo Way. *Automotive Industries*, pp. 36–38, June 2002.
49. Fischer, G., Heyken, R., Trächtler, A., Aktive Gespannstabilisierung beim BMW X5, *ATZ Automobiltechnische Zeitschrift*, 4/2002, Jahrgang 104, 2002, pp. 330–336.
50. Kiesewetter, W., Klinkner, W., Reichelt, W., Steiner, M., Der neue Brake Assist von Mercedes-Benz—Aktive Fahrerunterstützung in Notsituationen. *ATZ Automobiltechnische Zeitschrift*, 99(6), 330–339, 1997.
51. Lücke, H., Wagner, J., Wiss, H., Hydraulischer Bremsassistent. *ATZ, Automobiltechnische Zeitschrift*, 101(6), 470–475, 1997.
52. Aanen, G., Plausibilitätsbasierte Fehlererkennung. MSc thesis, Number A-740, Technical University Delft, Delft, the Netherlands, 1996.
53. Fennel, H., Ding, E., A model-based failsafe system for the continental TEVES electronic-stability-program (ESP). *SAE Automotive Dynamics Stability Conference*, Paper Nr. 2000-01-1635, Troy, MI, May 15–17, 2000, pp. 229–237.
54. Isermann, R., Diagnosis methods for electronic controlled vehicles. *Vehicle System Dynamics*, 36(2–3), 77–117, 2001.
55. Reppich, A., Willig, W., Yaw rate sensor for vehicle dynamics control system, *SAE 95*, Nr. 950537, Detroit, USA, 1995.
56. Lutz, M., Golderer, W., Gerstenmeier, J., Marek, J., Maihöfer, B., Schubert, D., A precision yaw rate sensor in silicon micromachining. *SAE 98*, Nr. 980267, Dearborn, MI, 1998.
57. Gruber, J., Steering wheel angle sensor for vehicle dynamics control systems. *SAE 97*, Nr. 970382, St. Louis, MO, 1997.
58. Shibahata, Y., Irie, N., Ito, H., Nakamura, K., The development of an experimental four-wheel-steering vehicle. *SAE 86*, Nr. 860623, Detroit, USA, 1986.
59. Kizu, R., Harada, H., Minabe, H., Electronic control of car chassis present status and future perspective. *Convergence 88*, Toronto, Ontario, Canada, 1988, pp. 173–188.
60. Numazawa, A., Chassis systems electronics—Today and tomorrow. *ISATA*, Nr. 88005, pp. 77–100.
61. Aono, S., The next step in automotive electronic control. *Convergence 88*, Toronto, Ontario, Canada, 1988, pp. 83–89.
62. Schilkle, N., Fruechte, R., Boustany, N., Karmel, A., Repa, B., Rillings, J., Integrated vehicle control. *Convergence 88*, Toronto, Ontario, Canada, 1988, pp. 97–106.
63. Matsuo, Y., Harada, H., Yamamoto, M., Development of experimental vehicle with integrated chassis control. *JSAE Review*, 11(3), 30–36, 1990.
64. Wallentowitz, H., Scope for the integration of powertrain and chassis control systems: Traction control—All-wheel drive—Active suspension. *SAE 90*, Nr. 901168, Detroit, USA, 1990.
65. Dreyer, A., Heitzer, H., Control strategies for active chassis systems with respect to road friction. *SAE 91*, Nr. 910660, Detroit, USA, 1991.
66. Wallentowitz, H., Safety enhancing electronic control systems to aid drivers. *Automotive Technology International*, 92, 271–286, 1992.
67. Tanaka, H., Inoue, H., Iwata, H., Development of a vehicle integrated control system. *ImechE*, Nr. 925049, 1992, pp. 163–174.
68. Braess, H., Reister, D., The PROMETHEUS concept for future traffic—Conflict between dream and real-

ity? *ImechE*, Nr. 925213, 1992, pp. 93–102.
69. Lugner, P., Mittermayr, P., Controlled additional 4-wheel steering at critical driving conditions. *AVEC'92*, Nr. 923045, Yokohama, Japan, 1992, pp. 245–251.
70. Ono, E., Hayashi, Y., Doi, S., Tanakami, K., Coordination of vehicle steering and suspension systems by integrated control strategy. *AVEC'92*, Nr. 923069, Yokohama, Japan, 1992, pp. 384–389.
71. Hirano, Y., Sato, Y., Ono, E., Tanakami, K., Integrated control system of 4WS and 4WD by H$^\infty$ control. *AVEC'92*, Nr. 923075, Yokohama, Japan, 1992, pp. 419–423.
72. Roppenecker, G., Wallentowitz, H., Integration of chassis and traction control systems, what is possible—What makes sense—What is under development. *Vehicle System Dynamics*, 22, 283–298, 1993.
73. Nagai, M., Ono, H., Model-following control for an integrated four-wheel steering and driving force control system taking into account tire nonlinearity. *JSAE Review*, 14(4), 35–41, 9307533, 1993.
74. Fujita, K., Ohashi, K., Inoue, Y., Ise, K., Development of automotive integrated control system. *EAEC6*, 1993, pp. 201–225.
75. Masinu, G., Babbel, E., Lugner, P., Margolis, D., Mittermayr, P., Richter, B., Integrated controls of lateral vehicle dynamics. *Vehicle System Dynamics*, 23, 358–377, 1994.
76. Lugner, P., Plöchl, M., Additional 4WS and driver interaction. *Vehicle System Dynamics*, 24, 639–658, 1995.
77. Shladover, S., Review of the state of development of advanced vehicle control systems (AVCS). *Vehicle System Dynamics*, 24, 551–595, 1995.
78. Beller, H., Rieth, P., Mit total chassis management auf dem Weg zum intelligenten Fahrwerk. XX. *μ-Symposium*, Bad Neuenahr, Germany, 10/2000, *Fortschr.-Ber. VDI-Reihe 12, Nr. 440*, Düsseldorf, North Rhine-Westphalia, Germany, 2000, pp. 48–76.
79. Trächtler, A., Integration der fahrdynamischen Funktionen durch Vehicle Dynamics Management (VDM). Fahrdynamikregelung, *Haus der Technik Conference Fahrwerktechnik*, Essen, Germany, September 20–21, 2001.
80. Trächtler, A., Liebemann, E., Vehicle dynamics management: Ein Konzept für den Systemverbund. *11. Aachener Kolloquium Fahrzeug- und Motorrentechnik*, Aachen, Germany, 2002.
81. van Zanten, A., Evolution of electronic control systems for improving the vehicle dynamic behavior. *AVEC'02, Proceedings 6th International Symposium on Advanced Vehicle Control*, Keynote Speech, Hiroshima, Japan, September 9–13, 2002.
82. Heinzl, P., Lugner, P., Plöchl, M., Stability control of a passenger car by combined additional steering and unilateral braking. *Vehicle System Dynamics Supplement*, 37, 221–233, 2002.
83. Schwarz, R., Muntu, M., Bauer, U., Schräbler, S., Tröster, S., Wein, M., Fritz, S., Maurischat, C., ESP II Fahrdynamik der nächsten Generation. Teil 1: Komponenten und Funktionen, *ATZ 11/2003, Automobil Technische Zeitschrift*, Jahrgang 105, pp. 1062–1069.
84. Schwarz, R., Muntu, M., Bauer, U., Schräbler, S., Tröster, S., Wein, M., Fritz, S., Maurischat, C., ESP II Fahrdynamik der nächsten Generation. Teil 2: Funktionsintegration und Elektronik, *ATZ 12/2003, Automobil Technische Zeitschrift*, Jahrgang 105, pp.1178–1182.
85. Köhn, P., Baumgarten, G., Richter, T., Schuster, M., Fleck, R., Die Aktivlenkung—Das neue fahrdynamische Lenksystem von BMW. *11. Aachener Kolloquium Fahrzeug und Motorentechnik*, Aachen, Germany, October 8–9, 2002.
86. Konik, D., Bartz, R., Bärnthol, F., Bruns, H., Wimmer, M., Dynamic Drive—Das neue aktive Wankstabilisierungssystem der BMW Group. *9. Aachener Kolloquium Fahrzeug- und Motorrentechnik*, Aachen, Germany, 2000.

第34章 主动和半主动悬架控制

34.1 引言

车辆悬架的重要性主要体现在平顺性、操纵稳定性、整车敏捷性以及与安全性相关的功能，要承载车身质量，保证合适的车辆姿态以及驾驶员姿势。同时，悬架需要有效隔离路面不平度对车辆的影响。

在制动、转向、阵风和其他条件产生各种惯性力、外力和外力矩的情况下，希望保持适当的车辆姿态。例如在制动和转向加速时，通常需要合理的抗点头和抗俯仰的悬架几何和抗侧倾杆设计，用于保证车辆良好的车辆姿态和控制当前大多数装备传统的被动悬架的车辆。反之，这可以使驾驶员的姿势更舒适和更可控，导致更好的操纵稳定性和整车更加安全行驶，这可以使用后面讨论的主动悬架进一步增强。

影响车辆平顺性的因素很多，包括路面不平度、曲率、路面波动、座椅配置、车身内饰、颜色、空间、NVH，甚至气味和对周围环境的视觉。与平顺性研究最相关的内容是由路面不平度引起的路面输入扰动，这也是本章的主要焦点。因此，在一定意义上，可以将平顺性设计问题视为一个等效的滤波器设计问题，试图消除路面不平度引起振动的负面影响。同时，在满足给定的设计条件和系统约束下，希望通过随着路面而来的路面输入的低频成分。

传统车辆的悬架通过被动方式，如弹簧和阻尼器或减振器对路面不平度引起的振动进行隔振。另一方面，主动悬架的特点是悬架有一部分作用力通过主动的动力源产生，如压缩机和液压泵。微处理器和相关的电子设备技术的成熟，促进主动悬架的实际应用，反过来也影响执行器和传感器的发展。

早在几十年前，第一批先驱的研究者就预测了主动悬架的潜在好处。的确，自20世纪50~60年代以来，最优控制技术被应用于苏联的人造地球卫星和航空与航天工业，同时期被应用于主动悬架的研究[1]。早期研究[2-5]使用最简单的单自由度（1-DOF）1/4 车辆模型，产生的最优悬架设计问题自然与线性二次高斯（LQG）相一致或者等效于 Wiener-Hopf（维纳-霍普夫）设置。稍后将讨论，尽管这些早期的研究很简单，但是其对 15~20 年以后的实际运用产生深远的影响，当在汽车工业中微型计算机能力不断增长时，这些理论结果的应用就成为可能。

应当指出的是，主动悬架的设计和综合可以通过许多途径实现：模态分析[6]；经典技术，如根轨迹法、Bode（伯德）图和 Nichols（尼柯尔斯）图[7-9]；特征值配置[10]；Youla（尤拉）参数化和线性分形变换[11]；采用多体动力学计算机模型的仿真[12-15]；试验设计[16]；键合图建模方法[17]；优化方法，如非线性规划、多目标优化[18-20]和优化控制[2-5,21-24]；最近的神经网络、模糊逻辑、进化策略以及学习自动化[25-30]。这些方法可以带来一些有用的观点和见解，本章将重点放在最优控制技术的应用上，特别是作者及其同事在福特公司所做的相关工作。稍后将会说明，这构成了一种非常自然的方法，揭示了全球趋势和重要见解，如优化系统结构、性能潜能和折中以及基本的执行器和传感器需求。

尤其要指出的是，这种方法即使采用最简单的单自由度线性车辆模型，也会产生非常有益的见解。例如著名的线性二次（LQ）优化控制方法的简单应用，作为典型平顺性指标最小化了车辆加速度均方根（rms），导致 34.5.1 小节引入天棚阻尼器的概念。后者在汽车工业中已经有许多实际应用，尤其是在半主动（SA）阻尼上的应用。进一步引入均方根的加速度术语作为附加的平顺性指标，导致快速载荷均衡的概念，为主动悬架提供了附加的实际优势。

引入表示车轮跳动动力学的附加自由度，构成四分之一两自由度模型。其被大量学者引用，尤其是在 20 世纪 80 年代，为研究打开了新思路。例如，如后面的 34.5.2 小节所示，增加的轮跳模态，导致与车辆操纵相关的约束和与传递函数相关的附加不变点，如簧载质量加速度对路面输入的传递函数。反过来，这也显著降低主动悬架的潜在价值。一旦对这种约束本质有很好理解，恢复这种性能损失的一种方法，就是通过使用适当的动力吸振器对结构进行变化。

其次，由 1 维模型变化到 2 维模型，将可能使用前轮预瞄对后轮有影响的路面激励。这自然导致预瞄控制的概念，如 34.6 节所示，可以提供进一步重要的好处。最后，变化到 3 维模型，在合理的假设条件下给出，许多这些模型可以进一步分解为较简单的 1 维和 2 维模型。

应当指出的是，对于早期系统级潜在好处的全局研究，非常适合使用简单的线性模型，其中经常忽略执行器的动力学特性。再次，主要目标是建立什么是主动悬架在理想条件下可以提供的最好性能改善。显然，如果这些最大可能的潜在改善不重要，则就没有进一步追求特殊的主动设置以各种方式应用实施的动机了。同时，这些类型的研究自然会导致达到特定的性能需要考虑的结构变化，即跳出固有思维去思考问题。对于给定的主动悬架构形，一旦确定了其潜在的效益，则开始考虑不同的驱动方案是适当的，以便可以提供这些预期的效益。在这一阶段，仔细考虑执行器的动力学和设计是必要的，因为释放预期效益的实际过程要经过实践中的琐碎过程。

早期的线性设置非常适于典型的平顺性问题，表征为车辆以给定速度在不平度为主的典型路面上行驶，激励车辆质量和悬架部件产生相对较小的运动。这种情况因越野行驶或偶然遇到的大的凸起或凹坑激励而改变，在这种情况下还需要考虑非线性的动态扩展。一种自然建立在早期线性模型的非线性扩展，将在34.8.3.2 小节中给出，随后将考虑重要的实际问题和相关主题。

本章其余的三个部分将总结考虑悬架优化设计问题所需的主要内容。必要的基础包括对行驶性能指标的适当定义，主动和半主动悬架以及相应作为主要激励的路面不平度表示。随后部分是高水平的主动悬架设计和系统级的性能潜力和协调研究，也包括对相关车辆模型的简要说明。

34.2 性能指标

地面车辆悬架设计受到许多通常相互矛盾因素和特性的影响。良好的隔振性能要求保证乘员的舒适性，然而良好的姿态和路面保持性能对车辆操纵稳定性是重要的，其通常导致安全性和整车控制与稳定性的增强。关键的设计约束通过车身与非簧载质量部件之间的最大允许相对位移表示，包括车轮、减速带和转向机构的突出部分，附加约束通过整个系统的稳健性、可靠性、重量和成本的要求产生。许多这些因素将在下面讨论，组合在整体性能指标（PI）中，在后面的大多数优化控制设计中应用。

34.2.1 平顺性

由于高度的主观性，有多种评价汽车平顺性的不同方法，见第36章，通常是在合适的簧载质量（或车辆主要质量）位置度量，如驾驶员座椅位置或车身质心（CM）或重心（CG）位置。它们的复杂程度不同，从简单的均方根值和最大垂向或起伏加速度度量到频率加权值和组合不同车辆振动模态的更复杂的度量。接下来几个部分，将总结最相关的指标和特性，其他的细节和方法将在第36章进行介绍。

34.2.1.1 RMS 基于加速度的平顺性指标

最简单的一个平顺性指标基于垂向加速度均方根（rms）值计算，通常在驾驶员或乘员座椅处测量。在1978年的相关文献[31]中，作者针对两种不同汽车、

78名乘员和18个不同的路面条件进行了场地研究，结论是：平顺性主观评分与车辆地板或乘员座椅处的简单的均方根值之间存在良好的相关性。这项工作的主要结果，如图34.1所示。由此说明平均值或平均个人的评分与测量的垂向和侧向组合的加速度rms之间的相关性，评分越高，意味着平顺性越好，对于垂向加速度，可以得出类似的相关性。

34.2.1.2 加加速度的引入

进一步精细均方值平顺性指标是可能的，通过引入均方（ms）加加速度，其为加速度的导数。一些学者[32-34]倡议引入加加速度作为附加的平顺性指标，放大高频干预的影响，通常是NVH的反映。在34.5.1.3小节中，将利用这个附加的术语获得非常理想的基本的优化悬架结构。

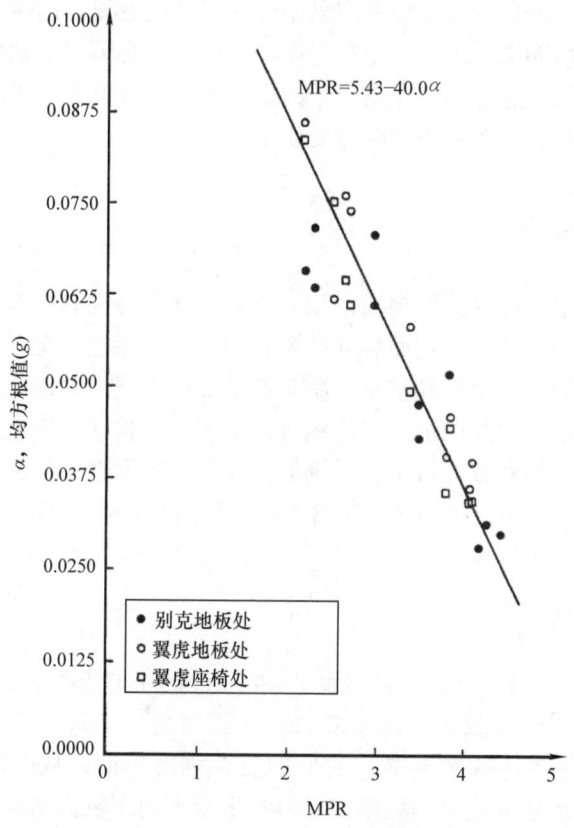

图34.1 试验的加速度均方根值与平均个人评分和相应的最小曲线拟合[31]

34.2.1.3 基于ISO的平顺性指标

rms或ms并不能反映人体对振动的频率依赖性。为了解释对平顺性这方面的影响，国际标准化组织（ISO）提出ISO 2631标准，还考虑人体暴露在振动下的时间长短[35]。这通过绘制平顺性边界，作为三分之一倍频程中心频率的函数表示。根据早期的标准，人体对垂直振动最敏感的区域是 4~8Hz，大致包括人体内部器官的各种共振频率，见 36.2.2 小节。尽管主要基于正弦或周期激励的假设，该标准也适用于宽带振动情况，在预先指定的 1/3 倍频程内通过 rms 表示[36,37]。类似的考虑适用于人体的侧向振动。虽然这里没有明确使用，但是通过适当的状态空间扩展，基于 ISO 的指标可以容易地结合到提出的优化控制框架中。

34.2.1.4 基于 NASA（美国航空和航天局）的平顺性指标

早期的测试主要基于解耦试验，通常一次只在一个方向进行测试。更加全面的测试考虑各种振动模态的相关性，由 NASA 提出，主要应用于航空和航天领域[38]。类似的方法也在汽车领域采纳和扩展，总结在文献［39］中。其中，考虑了车辆的起伏、俯仰、侧倾和许多其他因素之间的相关性。这一指标可以用于优化悬架设计，对应的车辆模型可以有多个自由度（除了标准的起伏模态），也用于不同的悬架概念和策略的更详细车辆评价。

34.2.1.5 平顺性指标的适当选择

选择前面什么类型的平顺性指标，取决于其应用的背景。如果主要是用于简单的车辆模型，则使用基于 rms 的指标就可以。另一方面，如果车辆模型有较高的自由度，则使用更加复杂的基于 NASA 的指标可能是合适的。

到目前为止，缺乏对不同平顺性指标的全面比较。早期对简单的 rms 指标和涉及更多 ISO 2631 标准的指标进行过比较[31]，但结论不明确。事实上，与平顺性评分相关性，使得简单的 rms 指标略有优势。鉴于此，为了简便，往往需要这种方法揭示主要趋势。因此，使用 ms 加速度作为平顺性指标是自然的。这也与相应车辆动力学相对简单的模型和路面输入扰动模型相匹配，将在后面讨论。一旦在这种简化或理想化系统水平上对潜在的效益获得足够的信息，考虑其他和更详细的指标是恰当的，例如 2.1.3 小节和 2.1.4 相应增加了模型和优化过程的复杂程度和系统级别。

34.2.2 动挠度设计约束

由前面的内容，如果想要最小化簧载质量垂向加速度均方值，则解决方案在概念上是简单的：产生一个恒定的悬架力，等于簧载质量，这样问题中的加速度就恒等于零。需要注意的是概念简单，实现这个看似简单的策略其实绝不简单，正如第 22 章所讨论的。这种解决方案的问题是，为了通过较大的路面不平度和山丘、山谷地形，受到影响车辆将需要不切实际的大悬架行程，即实际上车辆要转化成飞行物。车辆只有有限的悬架行程可用，这一事实需要至少一个附加约束条件纳入于平顺性优化问题中。

这个附加的与设计相关的约束，可以表达为优化理论中某种意义使用的硬约束或软约束。也就是说，软约束通常引入一个完整的惩罚项，允许偶尔违反约束。另一方面，硬约束则是严格要求的，通常通过显式等式表示。硬约束方法更加准确，但是即便在这种情况下，也不能保证找到全面、准确的优化解。简单地讲，在大量生产车辆的使用生命周期内，实际不可能预测车辆遇到的所有路面不平度。鉴于此，为了便于分析，更加常见的是引入软约束，以悬架行程或所谓撞击空间的均方值形式表示。要优化指标 PI，通常由两部分组成：

1）加速度均方值，用于评价汽车平顺性。
2）悬架动挠度加权均方值，用于反映设计和包装的约束。

这两个简单的指标 PI 可以用于最简单的单自由度四分之一车辆模型，将在 34.5.1 小节中讨论。一个类似的两项指标 PI 可以用于两自由度四分之一车辆模型。然而，三项指标 PI 结合后面引入的车辆操纵稳定性约束，在这种情况下是更合适的，因为对在路面上行驶的许多车辆，操纵稳定性约束比悬架动挠度更有限制或主动。

34.2.3 轮胎变形约束

对于稍微复杂的两自由度四分之一车辆模型，施加一个附加的与操纵稳定性相关的约束是可能的。这属于轮胎跳动力学，通常表现为在 10~12Hz 的相对小阻尼模式，这可以导致轮胎法向力绕其（准）静平衡位置做相当多的时间变化，反过来可能导致车轮跳离地面和减少操纵稳定性。轮胎力变化对车辆操纵稳定性的不利影响，相当一部分来自于给定轮胎侧偏角下轮胎转向力（侧向力）和法向力之间的凸关系，见第 27 章。为了研究这些影响，进行了以下研究[40]：一辆车以 100km/h 车速直行常转角转向行驶，在起伏不平的路面上受到 36km/h 的阵风作用。4s 后由此产生的车辆轨迹的侧向偏移，作为轮胎绕平衡位置变形均方根值的函数，如图 34.2 所示，可以看出，车辆侧向偏移（操纵稳定性的显式指标）与轮胎变形均方根（隐式指标）之间几乎是线性关系。因此，轮胎变形均方根值可以包含在表示车辆平顺性、操纵稳定性和设计/包装要求的三项指标 PI 中。

34.2.4 综合性能指标

通过前文的介绍，现在可以建立三项综合性能指标：①对于平顺性，使用加速度均方值；②对于悬架动挠度约束，使用反映设计和包装限制的加权动挠度；③对于操纵限制，使用加权轮胎变形均方值。这三项综合指标 PI 可以用于两自由度四分之一车辆模型，将在 34.5.2 小节中讨论。作为最后的提醒，应当指出，有些作者尝试只使用早期的平顺性均方值和操稳性指标两项 PI，这会导致悬架

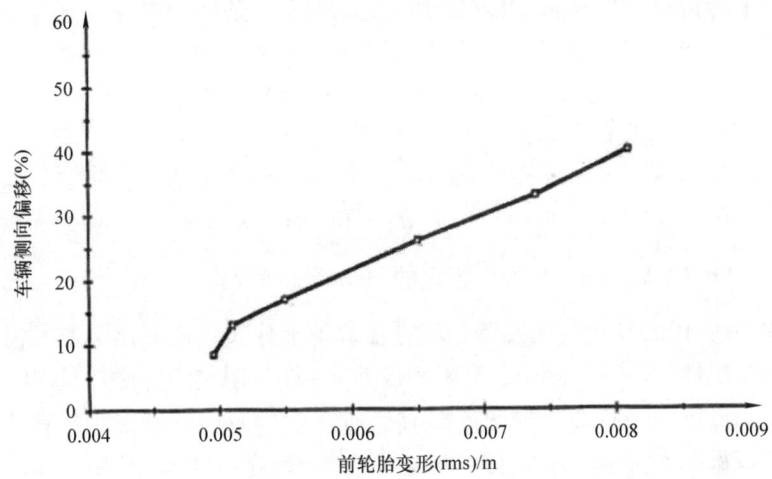

图 34.2　车辆偏移百分比与轮胎跳动均方根的关系曲线

动挠度无穷大的不合理现象。

34.3　被动悬架和半主动悬架

不同的悬架在不同程度上满足前面提到的平顺性、操稳性和设计要求。虽然重要的改进可以出自设计师的聪明才智,但是通常悬架性能主要受到悬架类型或种类的影响。其中,依据提高性能的顺序,可以区分为被动悬架、半主动悬架(SA)和主动悬架。被动悬架应用于大部分传统车辆上,总体上其以不需要外部动力源为特征,而主动悬架需要附加的动力源,例如压缩机或泵,以便达到更优的平顺性和操稳性。半主动悬架[41]的性能介于被动悬架和主动悬架的性能之间,主要是利用随时间变化的阻尼器提供潜在重要性能的改善,同时要求相当小或可以忽略的外部动力源补充。

主动悬架和被动悬架的更准确定义,见文献 [42,43],类似于电子网络和数学中的被动和被动算子。根据后者,如果在内积中存在某个常数 k,使得

$$\text{内积} <Px|x>T>k \tag{34.1}$$

则算子 P 是被动的。其中,不等号对于扩展内积空间 He 中所有的最后时间 T 和所有元素 $x(\cdot)$ 均成立,而 He 由没有有限的逃逸时间(即不会在有限的时间内"爆炸")的所有函数组成。如果将 x 与执行器速度相联系,Px 对应相应的力,则不等式(34.1)就反映被动执行器的功率损耗需求。

对于线性时不变动态系统,不失一般性,可以假设常数 $k=0$。而且,在这种情况下,被动不等式(34.1)等效于要求相关传递函数矩阵 $P(s)$ 是有理正定

实（RPR）矩阵。RPR 矩阵 $P(s)$ 必须满足下列 3 个条件[42,44]：

1）$P(\cdot)$ 的所有元素在左平面内有极点，即 $Re[s] \leq 0$。

2）Hermitian（埃尔米特）矩阵 $P(j\omega) + P*(j\omega)$ 对于所有的 $\omega \in R$ 是半正定的，$j\omega$ 不是 $P(\cdot)$ 任何元素的极点。

3）如果 $j\omega_0$ 是 $P(\cdot)$ 任何元素的一个极点，其为最简单的极点。这种情况下，留数矩阵：ω_0 为有限时，对应的 $P_o = \lim\limits_{s \to j\omega_0}(s - j\omega_0)P(s)$；$\omega_0$ 为无限时，对应的 $P_\infty = \lim\limits_{\omega \to \infty} P(j\omega)/j\omega$，其为半正定的 Hermitian 矩阵。

其中，$P*$ 代表复数共轭转置，P 的元素属于分布或广义函数类。需要注意的是，一个线性时不变、集中、有限和被动 n-端口阻抗矩阵必然是 RPR。在这种情况下，可以使用状态方程的方法对被动性进行另一种描述，其导致正实引理，即经常说的 Kalman-Yakubovich（卡尔曼-雅库伯维奇）引理。由此产生的矩阵方程组等效于前面提到的 3 个条件，有时更适用于被动网络的综合。

前面定义用于检查单自由度[43]和两自由度[45]车辆模型的优化悬架力和速度之间关系的被动性。类似的方法也可用于显式约束对被动结构子系统的悬架综合，或者约束既定路面条件下具有再生能力的主动悬架消耗的主动能量，这也使后续的研究更具有挑战性与趣味性。

34.4 外部因素：路面不平度描述

影响汽车平顺性和操纵稳定性的两个主要因素：一个因素是路面不平度，另一个因素起源于各种惯性和空气动力载荷的不同的力和转矩，其由制动、转向和阵风等引起。例如与平顺性最相关的就是路面不平度引起的路面输入激励。

路面输入激励可以采用多种方法描述。其主要可以分为冲击或振动。冲击是持续时间相对较短和强度较大的离散事件，例如光滑路面上的一个明显凸起或凹坑。另一方面，振动特征则是持续时间较长和一致的激励，如对不平路面的感受。设计合理的悬架，必须在广泛的冲击和振动环境下充分发挥作用。

在振动的情况下，路面不平度通常指定为给定位移功率谱密度（psd）的随机过程。典型测量的各种路面功率谱密度[46]，如图 34.3 所示。这些路面位移功率谱曲线的常用近似表示为

$$S(\Omega) = A\Omega^n \quad (34.2)$$

式中，Ω 为空间频率（rad/m）；A 和 n 为适当的常数。

对于大部分常用情况，$n = -2$，将相应的线绘制在双对数坐标轴上，如图 34.3 所示。当 $n = -2$ 时，式（34.2）的位移谱意味着白噪声路面输入速度，一般通过引入 Gauss 假设，便于与过程噪声的著名的、标准的 LQG 假设相匹配。

在数字计算机上构建和处理这样的路面不平度序列的一种方法，在文献［47］中给出。

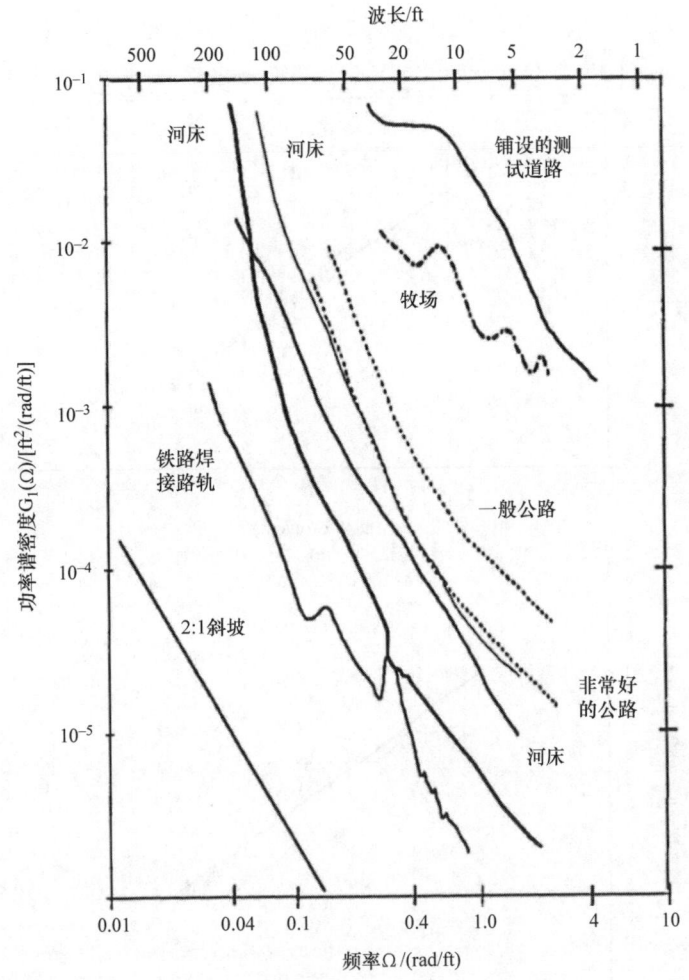

图 34.3　各种路面和地面的功率谱密度

简单的式（34.2）以不同的保真度对不同路面进行了近似表达[39]。例如 Ford Dearborn（福特迪尔本）试验场所谓低速的 Rochester（罗彻斯特）路段的功率谱密度，如图 34.4a 所示[39]，可以看出，标准白噪声速度假设通过粗线表示，除了非常低的频率外，数据拟合得很好（n 取值 $-2.02 \sim -2$）。

另一方面，图 34.4b 给出文献［39］中的不同路段。这是所谓坏路段与 Rochester 路段之间的部分，显示明显的偏差，尤其在低频处，由式（34.2）拟合的模型，$n = -1.99$。在这种情况下，借助于更复杂的指数拟合，可以获得与测试谱更好的相关性[24]。其他类型的路面描述，包括对"原始"白噪声速度谱的各种形式处理。这种处理从简单的一阶滤波到三阶滤波，用于捕捉谱中可能的强振动分量[39]。

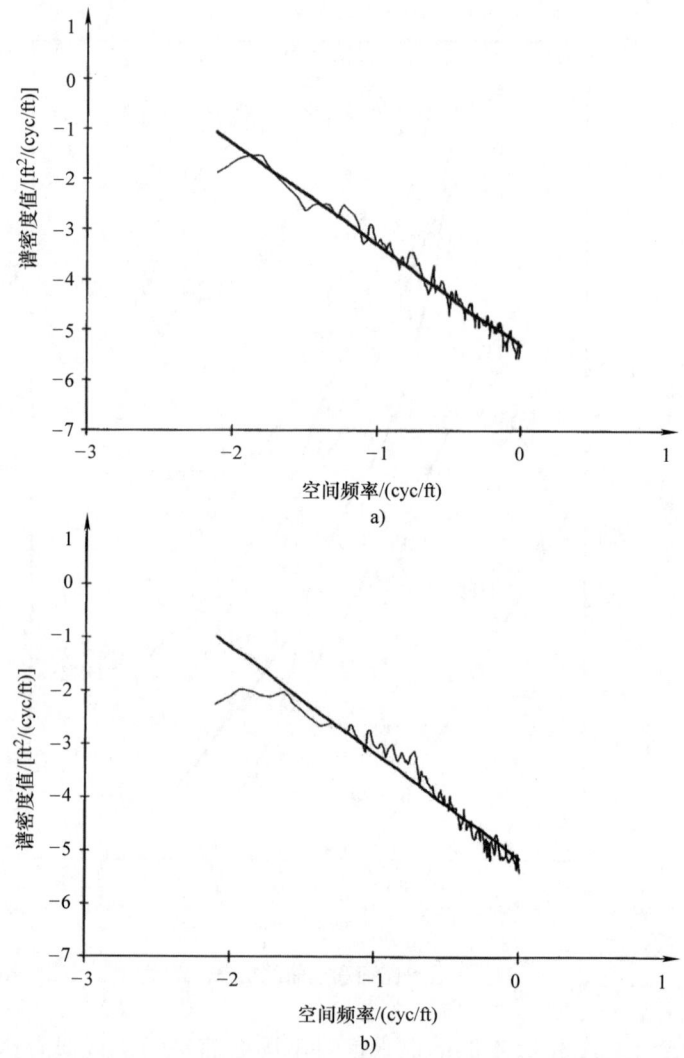

图34.4　a）式（34.2）给出的模型 $n = -2.02$ 与Rochester路段的测量对比；
b）式（34.2）给出的模型 $n = -1.99$ 与坏路和Rochester路之间路面的测量对比

对于这些空间路面不平度单轨模型的拓展，在文献［39］中进行了描述和给出参考文献。路面模型如图34.5所示。其中，左、右轮输入基于轨迹之间合适点的路面不平度导出，通常沿车辆中心线由图34.5中的 E' 和 F' 表示。E 和 F

点处的车轮-路面接触速度作为垂直速度（W_E 和 W_F）和转动速度（ω_E 和 ω_F）的相关表达式，也在图 34.5 中给出。进一步假设 W_E 和 ω_E 为低通滤波白噪声速度过程，W_F 和 ω_F 是它们的延迟。由此产生的互相关路面输入表示适于 3 维优化控制设计和分析，将在后面给出，自然引出相应整车问题特殊形式的解耦与简化。

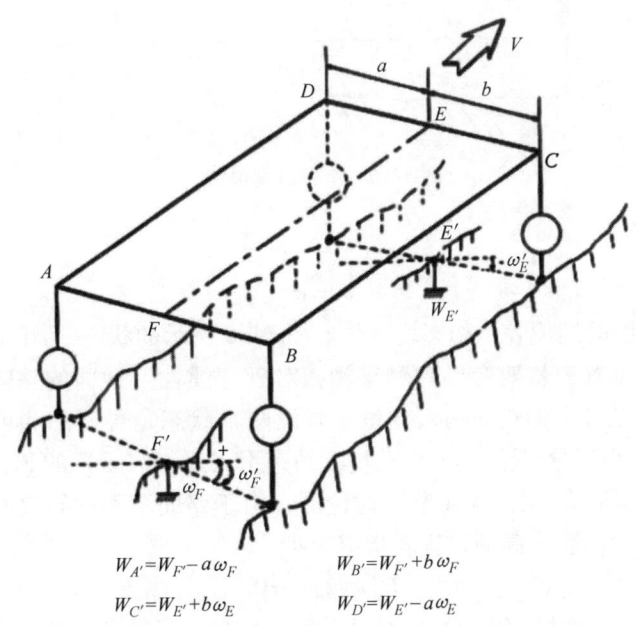

$$W_{A'} = W_{F'} - a\omega_F \qquad W_{B'} = W_{F'} + b\omega_F$$
$$W_{C'} = W_{E'} + b\omega_E \qquad W_{D'} = W_{E'} - a\omega_E$$

图 34.5　3 维车辆模型研究中的路面构型

34.5　用于四分之一车辆模型的优化悬架

本节将回顾基于简单的四分之一车辆模型或单轮 1D 车辆模型的许多发现的一些内容，其为过去几十年的研究主题。这里最合适的方法起始于最简单的单自由度模型，忽略了非簧载质量，仍然产生一些十分有益的结果，为更复杂和更多自由度的车辆模型的优化性能形成奠定了边界界限。

34.5.1　单自由度模型

以 34.2 节的观点，图 34.6 所示的单自由度模型的悬架优化问题可以表示如下：

$$\text{Minimize}\{PI_1 = E(x_1^2 + ru^2)\} \tag{34.3}$$

相应的状态方程为

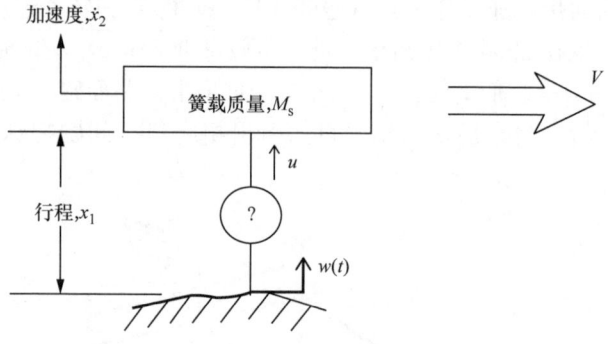

图 34.6 单自由度模型

$$\dot{x}_1 = x_2 - w \quad (34.4)$$

$$\dot{x}_2 = u \quad (34.5)$$

其中，前面的期望表示稳态均方值。图 34.6 所示的状态 x_1 和 x_2，代表动挠度（对于平衡位置的悬架变形）和车辆相对于"惯性"地面的垂向速度，而实际上为低频"光滑"的路面输入分量。假设两个状态是可测的和可控的；其他情况在 34.8.2 小节中讨论。对 x_1 动挠度约束引入式（34.3）的 PI，以便反映有限的悬架动挠度能力。如 34.4 节所讨论的，由于路面不平度导致的路面输入速度 w 通常建模为白噪声高斯过程，指定为：

$$E[w(t)] = 0 \quad (34.6)$$

$$E[w(t_1)w(t_2)] = 2\pi W \delta(t_1 - t_2) \quad (34.7)$$

$$W = AV$$

式中，$\delta(\cdot)$ 为脉冲函数或 Dirac（狄拉克）δ 函数；W 为路面双边功率谱密度[47]；A 为路面不平度因子；V 为车辆前进速度。

悬架优化设计问题，然后由式（34.3）的 PI 最小化组成，其惩罚过大的悬架动挠度和簧载质量加速度 u，受到状态方程式（34.4）和式（34.5）的约束。在当前的设置下，加速度是方便控制的变量，相当于归一化图 34.6 所示对簧载质量 m 的原始控制力 U。式（34.3）中的加权参数 r 相当于可调旋钮，以便较大的 r 会产生较小的加速度，即改善平顺性和增加悬架动挠度的要求。

对于现在的二阶系统，LQ 优化方法可以用于分析计算相应的 Riccati（黎卡提）方程，得到优化的控制加速度[24]：

$$u_{LQ} = -r^{-1/2} x_1 - \sqrt{2} r^{-1/4} x_2 \quad (34.8)$$

对应的优化折中曲线，如图 34.7 中实线所示。均方根值的加速度和动挠度都已经便利地归一化到相对路面/车速特性上，以使 $\tilde{x}_1 = x_{1,rms}/\sqrt{2\pi AV}$。尤其需要注意的是，当车辆在不平路面上或高速行驶时，意味着较小的归一化动挠度和较大的归一化加速度。图 34.7 中的实直线受加权参数 r 参数化的影响,在双对数坐标轴上斜率为 -3,这意味着允许的动挠度每增加 10%,就会使加速度均方根值降低 30%。较大的 r 产生较软的悬架,有较小的加速度和较大的动挠度要求。

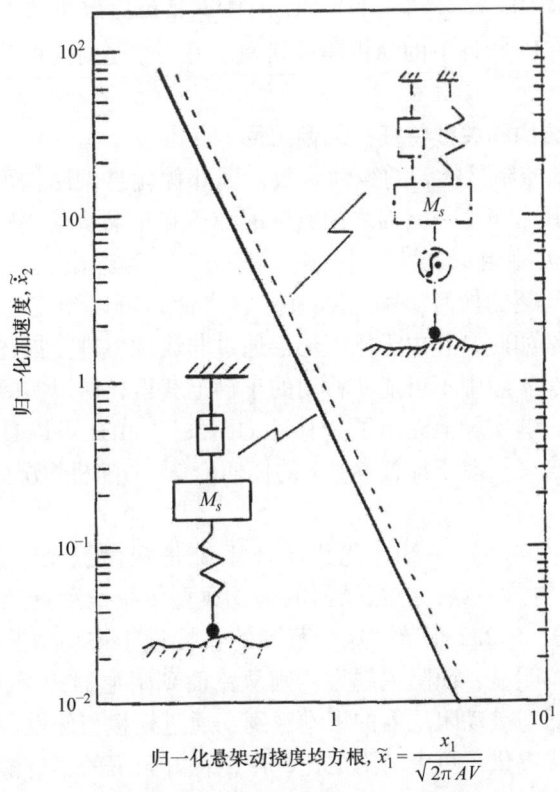

图 34.7　单自由度模型的优化性能折中:PI_1 为实线,PI_2 为虚线

34.5.1.1　一些有用的事实:确定性等价原理

34.4 节的假设意味着所有响应变量是高斯分布的,这就使得计算悬架动挠度和平衡位置附近的其他感兴趣变量的概率成为可能。例如采用标准高斯或正态分布的标准结果,可以得出结论:绕其平衡位置这些变量变化超过其均方根值三倍只为行驶时间的 0.3%。也应当注意的是,由中心极限定理[24],类似的结论也可应用于非高斯分布的路面序列,一些学者基于道路测量数据也观测到这些结论[39,48]。

虽然前面的问题也可以通过优化滤波解决[24],但是 LQ 方法的优点之一是其可以应用于线性时变系统,并且有许多发展成熟的数值解法用于求解最一般的多输入多输出(MIMO)问题。此外,还可以应用确定性等价原理(CEP)[24],

其指出将所有随机变量用其均值代替后，初始随机问题的优化控制器与等效的确定性问题的解相一致。在本例中，可以证明[49]，确定性问题相当于用等效的路面位移步长，即路面速度的脉冲代替白噪声的地面速度。或者，路面步长可以用等效的非零状态（单自由度模型的动挠度）初始条件替换，例如用于飞机起落时的隔振优化。应用"一次性"LQ方法的要点是可以解决两个问题：一个是式（34.3）所给出的PI指标下的随机隔振问题，另一个是对应的确定性或冲击隔离问题[49]。

34.5.1.2　优化结构和关键特征：天棚阻尼

由于LQ优化控制是状态的线性函数，因此优化悬架结构可以通过LQ问题直接推导得出。其由车身与路面之间放置的弹簧和车辆簧载质量与惯性光滑路面之间放置的所谓天棚阻尼器[2,41]构成，图34.7左侧给出其示意。需要注意的是，即使在追求问题的任何实际（数值）解之前，可以预先确定优化结构。等效非线性问题也是如此，其中天棚阻尼器通过非线性力进行描述。因为一个绝对平滑的惯性路面在实际中不可能从移动的车辆上获得，所以实际的悬架要放置在车辆和路面之间，这实际上充当了"移动的路面"。由此可以看出，使用先前讨论的被动系统的定义，对于加权参数r的任何值[43]，随机情况的LQ优化悬架必然是主动装置。

此外，由式（34.8）可知，优化闭环系统是轻微振动，适宜的阻尼比为0.7。为了正确看待这一点，应当指出的是，典型传统被动悬架对应的阻尼比为0.2~0.3，详见34.5.2.2小节，这个范围的值接近于被动情况的优化值：阻尼越小，车身共振越明显，而阻尼越大，则从路面到阻尼器的干扰力传递率越大。这就是天棚阻尼器与被动阻尼器的根本区别：通过模拟与假设、光滑和惯性路面的接触，优化算法提供了更大的阻尼比，产生良好阻尼的车身模态，没有与传递率相关的副作用。对于车身模态附近的路面/转向激振频率，最终的效果是平顺性和操稳性的显著改善。例如，在同样刚度下，由车身侧倾导致的动态松弛，优化主动悬架可以比被动悬架小33%~50%[24]。因此，即便早期的优化中没有考虑操纵稳定性，但是优化后的结构明显地提高操纵稳定性。而目前基于简单的1-DOF车辆模型的研究结果，大部分也可以应用于全3D模型。例如，可以将优化阻尼比0.7应用于关键的刚体模态（起伏、俯仰和侧倾），表征占主导的簧载质量振动模态，见34.7节。

34.5.1.3　冲击优化实例：快速载荷均衡

因为车辆在行驶过程中有明显的冲击作用以及加速度，这些对平顺性十分重要，见34.2.1。因此，考虑扩展早期1-DOF模型包含簧载质量冲击的$\dot{u}$，即加加速度（加速度的导数）作为附加的平顺性PI指标是合适的。由式（34.2），定义[49,50]

$$PI_2 = E(x_1^2 + r_1 u^2 + r_2 \dot{u}) \qquad (34.9)$$

通过将簧载质量加速度 u 定义为附加的第三个状态，簧载质量加加速度 $\dot{u}$ 定义为新的控制输入，这个问题可以转化为更加标准的 LQR 形式。现在，有两个可调参数 r_1 和 r_2，用于分别对加速度和加加速度加权。

如早期文献所述，由此产生的三阶 LQR 问题仍然可能获得其解析解。这种情况的优化结构，如图 34.7 中虚线所示。除了天棚阻尼器之外，这种结构还包含天棚弹簧和载荷均衡装置，用以对悬架动挠度进行集成调节。实际上，这种结构配置有许多可取的特性。

载荷均衡可以保证零稳定偏移，抵消外部载荷扰动，例如在转向或制动过程中车辆重量变化和惯性力引起的情况。由于其完全集成在 LQR 的综合过程中，因此这种载荷均衡动作可以相当快，稳定时间约为 $1\sim3$ s[49,50]。而更多传统的动作慢的载荷器，其稳定时间约为几十秒。快速载荷均衡有利于抑制载荷干扰和很好跟踪路面的低频成分，天棚阻尼器和弹簧可以使路面产生的干扰传递率最小。

相应的优化平顺性，如图 34.7 中虚线所示，适用于 $r_1=0$ 的极端情况，这导致在保证给定动挠度的情况下达到最小可能的冲击。即使在极端情况下，对于同样的加速度均方根值，动挠度要求的增加也相当温和，约为 10%[50]。同时，当优化的阻尼比由 0.7 降低到 0.5 时，仍然大于典型被动悬架阻尼比的 $0.2\sim0.3$。

另一方面，在另一种极端情况 $r_2=0$ 下，对于标准的单自由度模型，加加速度均方根值在理论上是无限大，或者考虑到轮跳和其他被忽略的动力学特性，加加速度均方根值也非常大。这意味着采用新的冲击优化结构可以实质降低加加速度，实际上，这意味着高频，所提出的冲击优化悬架对 NVH 隔离将优于标准结构。

这种改进低通滤波的基础，是将标准构型中的传统弹簧由集成器和天棚弹簧替代的事实，两者降低了高频的传递。这种情况下，改进的高频滤波也导致不太严格的所用力的带宽要求。这对于窄带或慢作用主动悬架的执行器是有利的考虑，对于主动悬架的实际生产提供了有前途的方法。

总之，优化控制技术对单自由度四分之一模型或单轮模型的应用，导致了对优化悬架结构和性能潜力的基本认识。这包括天棚阻尼器的概念，其已经在大多数半主动悬架和主动悬架的生产或研究与开发中找到应用途径。虽然简单的模型忽略了轮跳模态，前述的主要隔离结构仍然接近优化值，并且根据需要可以通过主动执行器并联一个阻尼器来增强。通常，这种构型在实际中经常用于控制 2-DOF 模型的情况。在文献 [24] 中，这种策略通常离优化不远。引入加加速度作为附加平顺性指标，导致快速载荷均衡和相应的集成控制的概念，也可以扩展用于更加复杂的模型。因此，通过适当扩大状态空间车辆模型[51]，还可以显式包含积分项。

34.5.2 两自由度模型

典型的 2-DOF 车辆模型结构，包含轮跳动力学，如图 34.8a 所示，同时类比的是图 34.8b 所示的 1-DOF 主动悬架和图 34.8c 所示的 2-DOF 被动悬架。第 22 章给出相应的模型方程和相关的先进的悬架硬件，PI 指标中允许包含操稳性指标

$$PI_3 = E(r_1 x_1^2 + r_2 x_3^2 + u^2) \qquad (34.10)$$

式中，x_1 和 x_3 为表示轮胎跳动和悬架动挠度的状态，如图 34.8 所示。

如 34.2.3 小节所述，轮胎跳动表征路面保持性能。在这种意义上，车轮跳动越小，导致车辆的操纵稳定性越好。由于该项在式（34.10）表示附加的"软"约束，预期这将导致以加速度和动挠度的均方根值度量的性能恶化。

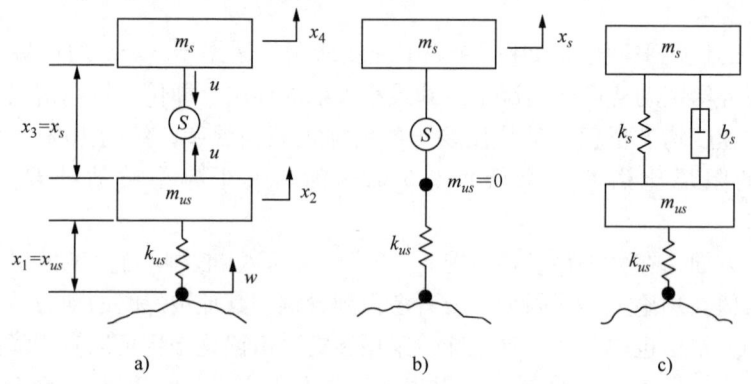

图 34.8　a) 具有主动悬架 S 的 2-DOF 模型；b) 对应 $m_{us}=0$ 的极限情况；
c) 具有传统被动悬架的 2-DOF 模型

前述的四状态 LQ 问题采用数值求解[24]，各种 r_1 和 r_2 组合全面研究的对应结果，如图 34.9a 和图 34.9b 所示[57]，以归一化加速度均方根分别与悬架和轮胎行程的地毯图形式给出。其中，簧载质量与非簧载质量之比为 $\rho=10$，非簧载固有频率为 $\omega_{us}=10\times2\pi$ rad/s。指标 PI 的权 r_1 和 r_2 作为"调节"按钮，控制加速度、悬架动挠度（设计约束）和轮胎跳动（操纵稳定性约束）之间的协调优化。

由图 34.9b 可知，保持 r_2 不变，降低 r_1，会增加轮胎跳动，降低簧载质量加速度。另一方面，由图 34.9a 可知，保持 r_1 不变，降低 r_2，会增加悬架动挠度，降低加速度。对于 $r_2=0$ 的极端情况，这个问题变成一个退化问题，可能导

致极大的悬架动挠度,由于悬架力不再是悬架动挠度的函数,因此不能为车辆重量提供静态支撑。实际上,由图 34.9 可以看出,当 r_1/r_2 超过 1000 时,没有增加的动机,因为此时加速度和轮胎跳动几乎保持常数,而悬架动挠度明显增大。如果只有 $r_1 = 0$,不会发生类似的问题,这种情况可以用于悬架的最初设计。作为经验规则,r_1/r_2 取 10 左右比较合理。此外,图 34.9a 和图 34.9b 相对较大的归一化加速度(例如大于 $50s^{-3/2}$)的区域,对应于非常大的干扰水平,这是典型的越野行驶;而小的归一化加速度的区域,则对应于非常光滑的路面和低速情况。

当将这些因素都考虑进去时,显然大多数对汽车应用具有实际意义的优化设计落在图 34.9a 和图 34.9b 的阴影部分,归一化加速度在 $10 \sim 50s^{-3/2}$ 之间。这与之后 34.5.2.2 小节中讨论的被动悬架的结果相一致。同样,基于大多数在路上行驶的车辆/路面数据,可以预料将首先触发轮胎跳动约束,即在动挠度约束达到前先达到。这意味着在多数情况下,应当首先检查图 34.9b,当轮胎的操纵稳定性约束满足时,是否有动挠度约束也满足的机会。最后,需要注意的是,无论是线性还是非线性,没有控制设计可以落在低于图 34.9a 中的 $r_1 = 10^{-2} \sim 0$ 和图 34.9b 中的 $r_2 = 0 \sim 10^{-3}$ 以下。典型的全局性能图,最好地通过演示的实例给出。

类似的解决方案也可以应用基于线性矩阵不等式(LMI)的方法得到[52-54],尽管应当意识到偶尔存在这种方法在原始的 H_2 度量中优于前面地毯图的不正确说法。理想的 LMI 类型控制器特性,是其可以对随时间缓慢变化的参数进行调节,如车辆簧载质量的变化。相关的方法包括线性参数变参数(LPV)技术[53,55],其显式包括可能随时间缓慢变化的系统参数,如路面不平度和车速变化,其结果类似于文献 [56]。通常,有许多出版物基本上重复了 20 世纪 80 年代末和 20 世纪 90 年代初的结果[24],但是采用了不同的技术和方法,其可以归因于"水床"效应,其中任何一个领域的改善(例如平顺性),通过其他互补领域(例如操纵稳定性)相应的性能损失得到体现。

34.5.2.1 演示实例

假设一个特殊的车辆 $\rho = 10$ 和 $\omega_{us} = 2\pi \times 10 \text{rad/s}$。路面采用路面不平度系数 $A = 1.6 \times 10^{-5} \text{ft}(4.9 \times 10^{-6} \text{m})$ 描述,对应于中等级路面。车辆以 $V = 80 \text{ft/s}$(88.5km/h)沿路面行驶。轮胎在平衡位置的跳动在 99.7% 的情况下要低于 1in,以使 $x_{1rms} < 1/3 \text{in} = 0.847 \text{cm}$ 和 $\tilde{x}_1 = x_{1,rms}/\sqrt{2\pi AV} < 0.3 s^{1/2}$。由图 34.9b 可知,最小可能的归一化加速度均方根值 $\tilde{u} = 10 s^{-3/2}$。接受 $\tilde{u} = 10 s^{-3/2}$,导致 3% 的加速度均方根值和调教参数 $r_1 = 1100$ 和 $r_2 = 100$,如设计点 A。在图 34.9a 中使用这两个 r_1 和 r_2 的值,揭示了归一化二次悬架动挠度均方根值 $x_3 = 0.605 s^{1/2}$,

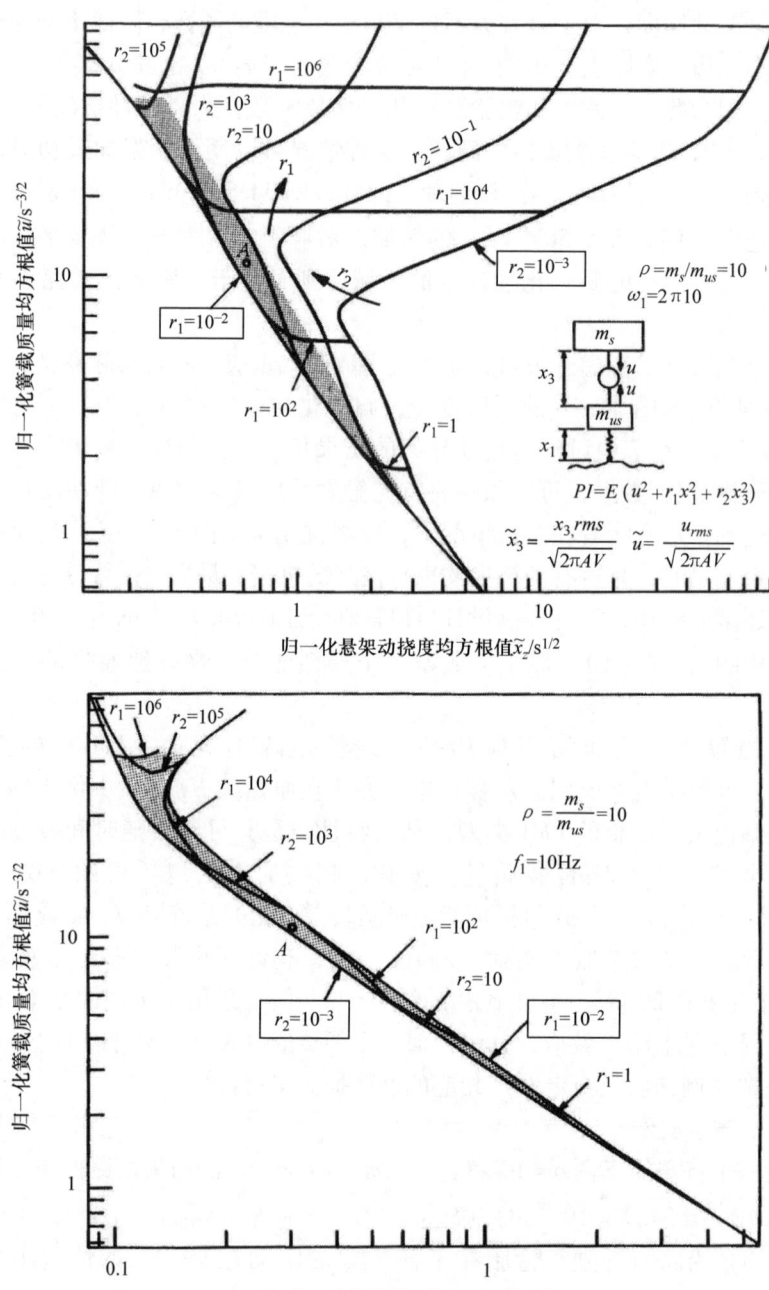

图 34.9 a) 2-DOF 模型优化的归一化加速度均方根值与归一化悬架动挠度均方根值的曲线；
b) 2-DOF 优化的归一化加速度均方根值与归一化轮胎跳动均方根值的曲线

以保证悬架动挠度在 99.7% 静态值的情况下保持在 ±2in（5.08cm）内。$r_1 = 1100$ 和 $r_2 = 100$ 的优化控制增益 $k_1 = -6.084$，$k_2 = 0.548$，$k_3 = -10.0$，$k_4 = -4.438$，闭环特征值 $e_{1,2} = -2.20 \pm j2.26$，$e_{3,4} = -2.75 \pm j62.9$。第一阶振动特征值对应于固有频率为 0.5Hz 和阻尼比约为 0.7 的车辆起伏模态，第二阶振动特征值对应于固有频率为 10Hz 和相对较小阻尼比 4.4% 的车轮轮跳模态。这种少量阻尼的重要性，将取决于特定硬件的实施，可能包括改善闭环稳健性的主动和被动方式的组合。同样，实际上过软的悬架配置可能要求载荷均衡，以保证悬架在零变形或标称值附近的静态或稳态变形。

34.5.2.2 与传统被动悬架的比较

在此阶段，比较早期的主动悬架和相应的被动悬架是有指导意义的。为此，考虑来自 Hrovat（赫罗瓦特）文献的图[24]，其显示主动悬架和被动悬架归一化加速度均方根值和轮胎跳动的关系，如图 34.10 所示。为了简单起见，通过只限制 $r_1 \sim 0$ 和 $r_2 \sim 0$ 的曲线，显示优化的主动悬架性能，这也代表了主要趋势。其中，有较低加速度和较高轮跳的设计点，通过较软、低频的车身模态和较小阻尼的车轮模态表征。

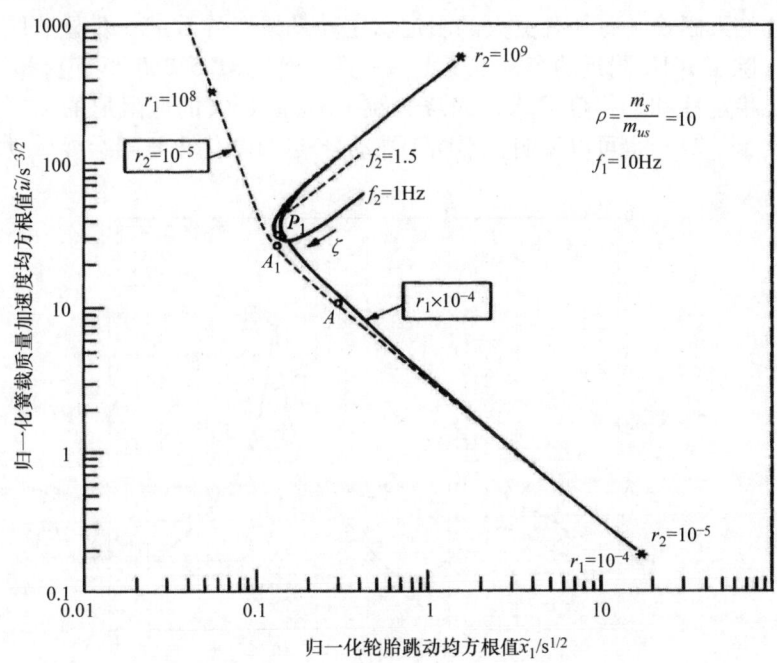

图 34.10 传动被动悬架和优化主动悬架之间的比较

被动性能的权衡，对应于车辆的结构特征，如图 34.8c 所示，起伏共振频率 f_2

介于 1~1.5Hz，阻尼比 ζ 介于 0.2~1。典型被动悬架设置，如点 P_1 所示，其中 $f_2 = 1$Hz，$\zeta = 0.3$。由图 34.10 可以看出，对应点的阻尼接近于对应被动悬架平顺性和操纵稳定性权衡的优化点。这些值在现在大部分的车辆的典型范围内，其不断迭代进化，主要基于直觉和几十年的经验。

优化的主动悬架性能拥有相同的轮跳，如 34.10 图中的 A_1 所示。比较 P_1 和 A_1 两个点可以看出，在这种情况下，主动悬架的加速度均方根值只降低 11% 的均方根加速度水平。然而，也可以看出，对于其他的路面/速度运行条件（对应 A_1 点的右侧区域），相比于被动悬架，主动悬架有平顺性实质改善的潜力。事实上，被动悬架对于点 P_1 的行驶条件的任何偏移均会导致性能的降低，如图 34.10 所示。另一方面，对于主动悬架，操纵稳定性或平顺性可以通过选择调校参数 r_1 和 r_2 进行改善，使产生的运行设置分别位于 A_1 点的左侧或右侧。例如通过放松轮跳约束，前面演示实例中处理的设计工况 A 对应的加速度与 P_1 点对应的加速度相比减小了 67%，如图 34.10 所示。

在三个感兴趣的运行点（A、A_1、P_1），不同的性能属性，由相关的 Bode（伯德）图可以看出，如图 34.11 所示。由图 34.11c 可以看出，主动悬架 A_1 和对应的被动悬架 P_1 之间的主要区别为 1Hz 左右的簧载质量模态，其中主动悬架由于前述的天棚效应而具有更大的阻尼。主动悬架 A 导致进一步显著降低加速度水平（除了 10Hz 附近的车跳不变点——见下面的 31.5.2.5 小节），但同时恶化了操纵稳定性和动挠度要求，因绕轮跳 10Hz 附近大的低阻尼的共振峰值导致。由文献 [24] 也可以说明，不同于被动悬架，LQ 优化悬架会导致动挠度和

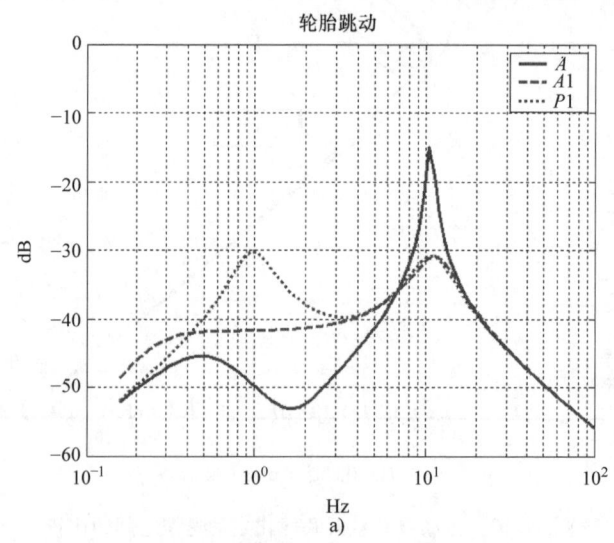

图 34.11　a) 轮跳 Bode 图；b) 动挠度 Bode 图；c) 图 34.10 中相应运行点（A、A_1、P_1）的簧载质量加速度与路面车速的关系

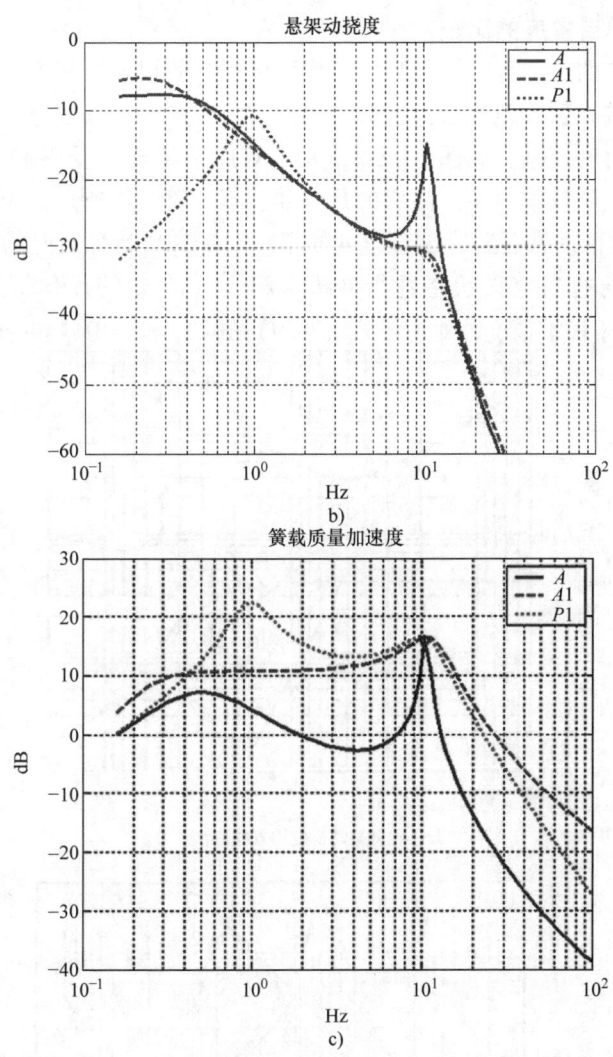

图 34.11 a) 轮跳 Bode 图；b) 动挠度 Bode 图；c) 图 34.10 中相应运行点（A、A_1、P_1）的簧载质量加速度与路面车速的关系（续）

路面输入速度之间的非零 DC 增益。这在实际中可能不是太不利，因为可以使用高通滤波器消除由山丘和路面的等级变化产生的路面输入信号非常低频的成分。

基于前面的结果和观测，可以断定主动悬架的全部优势源于可能的控制器参数自适应调校（或增益规划），其取决于行驶条件[24,56]。例如如果转向轮位置或侧向加速度传感器判断出车辆处于直线行驶时，此时操纵稳定性并不重要，就可能适当放宽轮跳约束。不同行驶条件下轮跳的准确量，应当可以通过适当的车辆测试进行预设。

34.5.2.3 与单自由度的比较

现在,将前面的四分之一两自由度模型以适当的视角与其单自由度模型进行比较。为此,首先引入新的、经过改善的单自由度模型,以便与两自由度模型比较。新的单自由度模型,如图 34.8b 所示,对应于特殊和受限制的两自由度情况,其中非簧载质量减为零。注意的是,如文献[57]中所述,当非簧载质量减少,优化性能改善,见下面的 34.5.2.4 小节。对于这种特殊情况的悬架优化控制问题,可以借助适当定义状态进行分析求解[57]。产生的优化折中曲线,如图 34.12 所示。对于极端情况,对应于式(34.9)的 PI,$r_1 = 10^{-4}$ 和 $r_2 = 10^{-5}$。

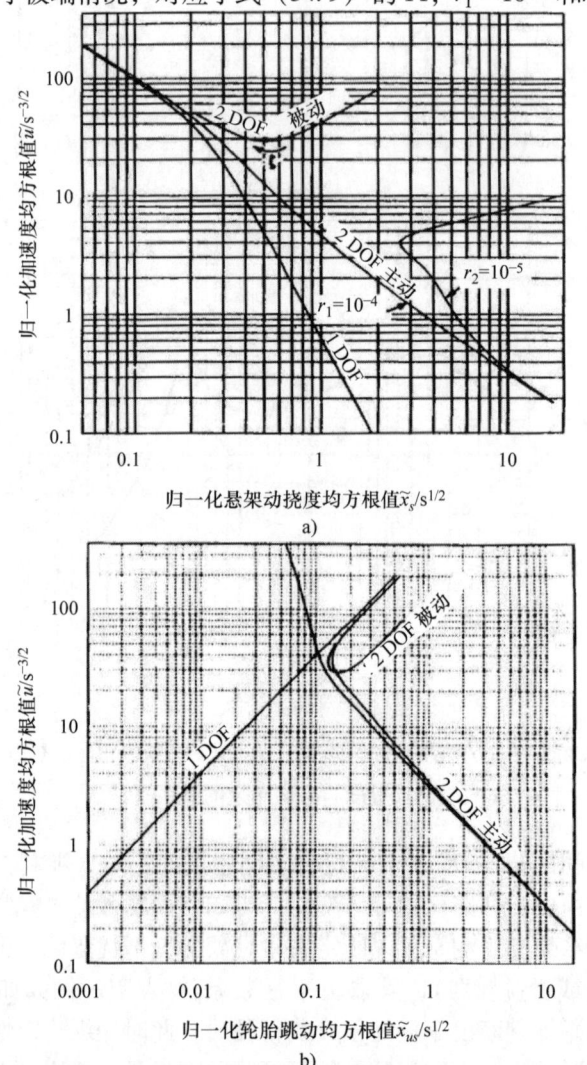

图 34.12 传统被动悬架、两自由度优化悬架与 $m_{us}=0$ 的优化极限情况之间的比较:
a)悬架动挠度;b)轮胎跳动

在图 34.2a 中，归一化悬架动挠度均方根值 $\tilde{x}_3$ 大于 0.3。这个新的单自由度模型性能类似于传统的性能。然而，对于小于 0.3 的 $\tilde{x}_3$，新的单自由度曲线朝向更小的加速度值偏离。这是由于（第二级）悬架刚度的逐步增加，越来越多的变形被（主要级的）轮胎弹簧吸收。当然，整体变形仍然要大于传统优化的单自由度模型。

典型两自由度被动悬架和优化主动悬架对应的极限性能曲线，如图 34.12 所示。由图可以看出，虽然两自由度系统的优化主动悬架的性能仍然优于被动悬架，但是其没有达到优化的单自由度性能。例如当归一化悬架动挠度均方根值为 $0.6s^{1/2}$ 时，单自由度模型的归一化加速度均方根值为 $3s^{-3/2}$，而两自由度模型的归一化加速度均方根值为 $10.9s^{-3/2}$，增加了 263%。其恶化的主要原因是图 34.8a 中对主动执行器的矛盾要求：应当同时提供小的簧载加速度（提高平顺性）和相当大的非簧载质量阻尼，以便降低轮跳（提高操纵稳定性）。对于小的非簧载质量，这个矛盾的要求是易于满足的。其给出降低非簧载质量的附加动机，例如通过使用铝制车轮和轻量化的复合材料。图 34.8a 中的单执行器的两自由度模型的最佳性能，当 $m_{us}=0$ 时，如图 34.12a 和图 34.12b 所示。

34.5.2.4 非簧载质量的影响

前面的讨论已经指出，两自由度车辆问题有利于减小非簧载质量，或者更具体地说，减少非簧载质量与簧载质量之比是有利的。这种作用的更详细的研究在文献[57]中给出，该研究的一个主要结论是，在整车质量不变的情况下，非簧载质量每减少 10%，就会使簧载质量加速度均方根值降低 6%，具有同样的轮跳水平。对于主动悬架车辆，其给出附加的动机，通过使用轻量化的材料和适当的设计变化减少非簧载质量。

34.5.2.5 附加的特征：不变点

使用前面的两自由度模型，可以引入附加自由度和相应的操纵约束（例如轮跳约束）的限制。附加的结果可以由这样的事实导出：对于某些传递路径，存在相应的传递函数是常数或不变的频率点[58]。对于轮跳的共振频率，在簧载质量加速度对路面输入速度的传递函数情况下[7]，存在这样的不变点

$$\omega_1 = \sqrt{\frac{k_{us}}{m_{us}}} \tag{34.11}$$

这可以由图 34.11c 看出，不管悬架类型（主动或被动）和参数如何，在轮跳共振频率附近，所有加速度传递函数的水平基本相同。对于悬架动挠度对路面输入速度的传递函数，在中频存在附加的不动点[58]

$$\omega_2 = \sqrt{\frac{k_{us}}{m_s + m_{us}}} \tag{34.12}$$

对应于两个质量，m_s 和 m_{us} 是通过刚度 k_{us} 与轮胎行驶时锁在一起的。不动

点可以在 Bode 图上看到,如图 34.11b 所示。应当指出的是,引入轮胎阻尼可以消除前面的不动点[24],尽管实际上轮胎阻尼通常很小,但是上述不动点的知识是有用的和有深刻信息的。

34.5.2.6 动力吸振器

前面两个部分介绍了主动悬架在标准的两自由度四分之一结构中应用的限制。首先,这种结构的主要约束之一是,同样的悬架力要解决两个矛盾要求:一方面,要足够小,以便提供舒适的行驶;而同时还应当足够大,以便提供适当的轮跳阻尼改善车辆操纵稳定性。这限制了给定结构的最大可实现性能,因此任何进一步改善只能通过基础结构或设计变化而实现。其中一种可能的解决方案,是可以动力吸振器或可调质量阻尼器形式实现[24,59],附加到非簧载质量上,如图 34.13 所示。

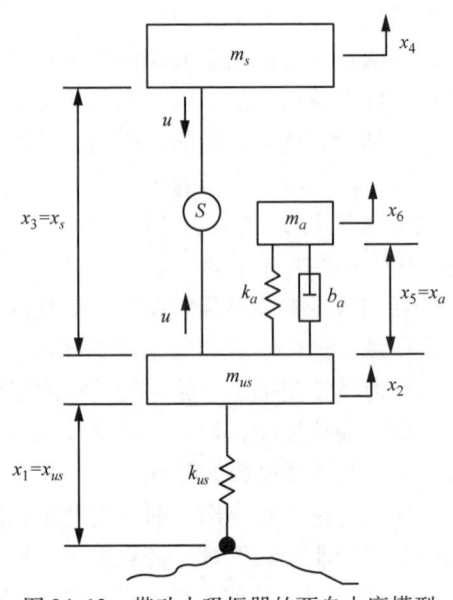

图 34.13 带动力吸振器的两自由度模型

动力吸振器(DA)通常用于包含明显的和小阻尼的振动中。典型的动力吸振器应用范围从电推剪[60]到高层建筑结构控制的可调质量阻尼器[61]。在汽车应用中,经常使用动力吸振器,有时作为事后补救方式,以降低无法预见和不希望的振动。然而,显然目前只有一种动力吸振器产品用于帮助改善平顺性。这是著名的法国雪铁龙 2CV 微型汽车的情况,于 1949 年首次推出。2CV 具有传奇色彩,其平顺性能优于同级别的其他汽车。

在主动悬架中应用动力吸振器潜在益处的全球研究,已经在文献[59]中报告。在这个研究中,考虑了被动和主动动力吸振器的概念。增加被动动力吸振器后,限制性能的折中结果,如图 34.14 所示。其中,标注 2DOF + DA 对应于带动力吸振器的优化 2 - DOF 控制器的增益,吸振器质量等于非簧载质量的 10%,固有频率 $\omega_a = \omega_{us} = 2\pi \times 10 r/s$,阻尼比 $\zeta = 0.2$。与 2DOF + DA 比较的优化 2 - DOF 和 1 - DOF 的折中结果,如图 34.14a 所示,可以看出,动力吸振器有助于性能的实质改善,尤其是 $\tilde{x}_s > 0.2 s^{1/2}$。

作为一个例子,再次考虑图 34.9 和图 34.10 中的 A 点,对应的非簧载质量阻尼比仅为 4.4%。如 34.5.2.1 小节所述,这个小阻尼是不合适的,以某种方式增加其是非常可取的。其中，建议使用适当调整的动力吸振器。增加这样的动力吸振器，产生 A' 点的性能，如图 34.14 所示。其中，加速度、动挠度和轮跳均降低，而同时轮跳阻尼比增加到 16%。对于 A'' 点的加速度结果的进一步实质减少，其与 A 比有同样的悬架动挠度要求和更低的轮跳。

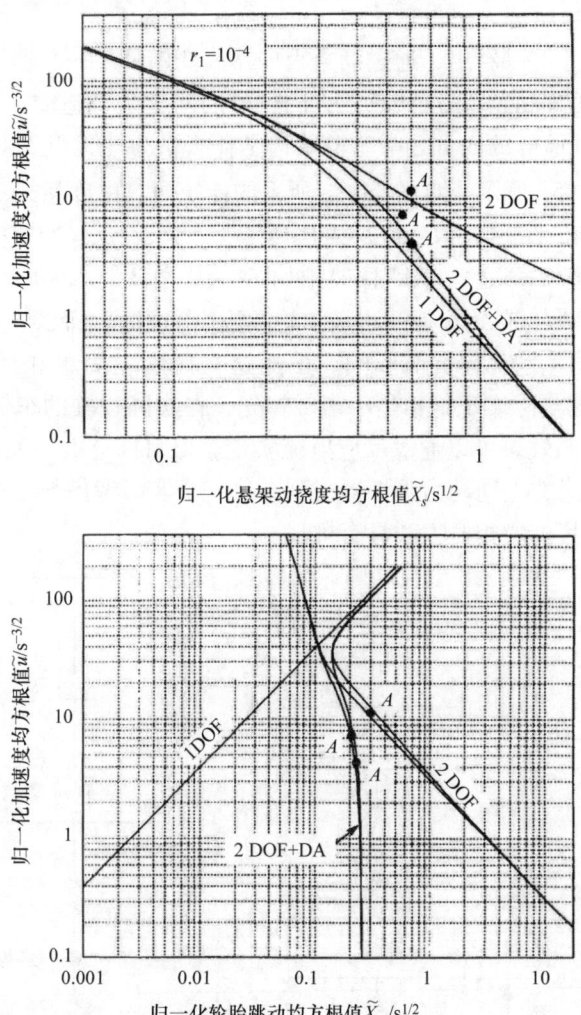

图 34.14　优化 2-DOF 悬架（$\rho=10$，$\omega_{us}=2\pi\times10\text{s}^{-1}$）、2DOF+DA 次优化悬架（$\rho_a=\rho$，$\omega_a=\omega_{us}$，$\zeta_a=0.2$）和 $m_{us}=0$，$r_1=10^{-4}$，$r_1=10^{-5}$ 的优化限制情况的比较

这清晰地说明，增加动力吸振器对主动悬架车辆平顺性和操纵稳定性的改善有明显的潜力。其主要缺点是重量的增加和封装要求提高，说明在其可能的大范围使用前，必须要解决这些实际设计和研发的挑战问题。这个方向的一步可能是

最近宣传的 Bose（博塞）主动悬架[62]，其似乎以一种适当有效的方式将动力吸振器或所谓阻尼质量[62]集成到车轮总成中[63]。需要额外的车辆客观和主观测试和评价，以充分确定这种特殊悬架的有效性。最后，借助于各种主动动力吸振器和非簧载质量执行器，进一步的性能潜力研究是可能的，见文献[59]。

34.5.2.7 优化的四分之一车辆结构

由前面的部分可以看出，通过动力吸振器改变四分之一车辆结构可以大幅改善主动悬架车辆的性能。在这一点上，问这样的问题是合适的：导致式（34.9）的 PI_3 绝对最小且最好的四分之一车辆结构是什么？为此，引入 Hrovat 的悬架配置[59]，如图 34.15a 所示。与图 34.8a 所示的传统两自由度悬架不同，这种悬架配置不受等簧载和非簧载力 U_s 和 U_{us} 的约束。这意味着这样的双控制配置非常灵活和强大，有点像四分之一车辆悬架结构的"梦之队"。例如，非簧载控制力 U_{us} 可以同时用于改变有效非簧载质量、轮胎刚度和阻尼，而对通过簧载力 U_s 控制的簧载质量加速度没有负面影响。虽然这在概念上简单和优雅，但是这种"梦之队"概念的实际实现绝不是小事。首先，在实际行驶的车辆上不可能找到惯性基础（类似的效果可以通过反应射流实现，但目前这并不实际），一个近似可以通过前面讨论的主动动力吸振器得到。另一个实际考虑与要求的非簧载力的作用带宽有关，其可能相对大和具有挑战。

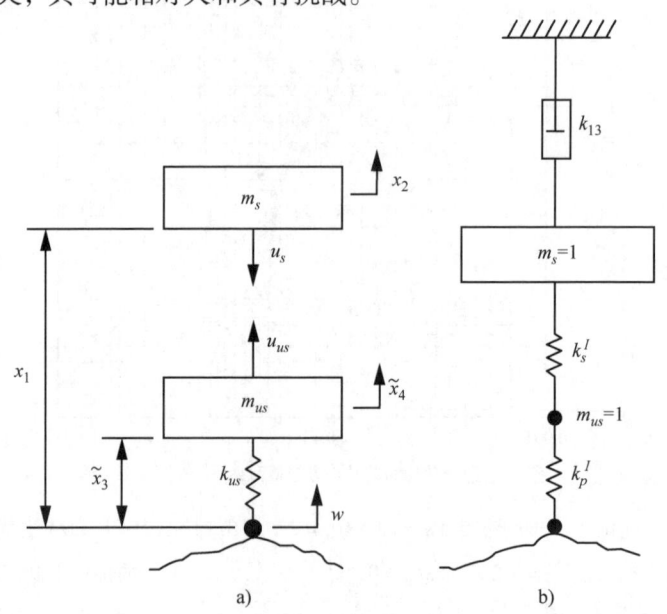

图 34.15　a）能够产生独立力 U_s 和 U_{us} 的主动悬架两自由度车辆模型；
b）奇异优化增量悬架结构

如 Hrovat 所述[59]，早期对最好可能的两自由度四分之一车辆性能的研究，导致奇异优化控制问题，其特征是对非簧载执行器力缺乏惩罚，这就是所谓"部分简易优化控制"。在这种情况下，简易的非簧载控制主要作为结构优化器：可以有效降低或消除非簧载惯性，并且根据需要增加和替代附加惯性、柔度和阻尼，以便最小化 PI_3。

通过将前述的简易优化控制转换为文献[24]的等效奇异摄动问题，文献[59]对早期的优化问题进行了求解。产生的优化后的结构，如图 34.15b 所示。由 Hroat 的后续说明[59]，这种简单的结构可以解释如下：对阻尼比为 0.7 的标准单自由度优化控制策略进行适当的修改后，簧载质量控制 U_s 可以用于包含慢车身模态。简易和快速的控制 U_s 完成两项任务。实际上，其完全消除非簧载质量与调整一级和二级增量刚度，以便对于给定的性能权 r_1 和 r_2 使非簧载运动可以立即适应最佳可能的配置。

两个独立控制力 U_s 和 U_{us} 的存在，导致图 34.15b 的新单自由度优化结构与前述 34.8b 图的单自由度结构有本质的区别，因为后者不能改变主悬架刚度。因此，新的单自由度优化结构可以作为评价由两自由度四分之一车辆模型获得的最佳可能 PI_3 性能的基准。对于文献[59]引入的演示实例，这种极端情况导致归一化簧载质量加速度均方根值只有 $1.17s^{-3/2}$，而归一化的轮胎跳动和悬架动挠度均方根值分别为 $0.23s^{1/2}$ 和 $0.6s^{1/2}$。为了充分理解这种性能，请参考图 31.14。这个实例说明应用高性能的主动、半主动非簧载质量执行器可以进一步实质提高平顺性和操纵稳定性。虽然在某些情况下，由于封装、重量以及成本的限制，这种优势可能并不实用，但是其可以作为任何实际实现比较的绝对参考。

34.5.2.8 附加考虑

目前应用的两自由度模型，是在零轮胎或轮跳模态阻尼的假设下开发的。这是标准的假设，由非簧载阻尼通常非常小的事实支持。然而，有意思的是，全面数值研究的结果表明[57]，即使轮胎阻尼比只有 2%，也会显著改善极限优化曲线的形状，其更加接近图 34.14 所示的单自由度优化曲线。即使在这种情况下也表明，动力吸振器仍然提供了实在的好处。当然，这些好处没有以前那么引人注目。实际上，轮胎阻尼可以从低速的百分之几变化到高速接近于零。因此，在评价不同的被动和主动悬架的概念时，应当考虑到前述的结果。

应当注意的是，由于慢车身模态和快轮跳模态之间的自然分离，可以使用奇异摄动理论将问题分解为等效的慢单自由度系统和与轮跳关联的快子系统[64,65]，这也产生了与单自由度连接和进一步研究的理由。

在典型的实际实现中，在主动执行器故障的情况下，已经有一些被动悬架具有最小化主动能量要求和保证续驶回家的能力。然后，主动悬架与被动悬架协同，可以提高整体系统的稳健性，因为增加的结构阻尼可以导致与力追踪系统相关得更好的阻尼零点，见 22.3.3 小节。文献[66]同时考虑了主动力和被动悬架参数的优化。类似式（34.9）的指标 PI，采用附加的正比于主动执行器力二次方的量作为相应能量要求的粗略近似，例如没有再生能力的电液压执行器的情况。相应的仿真结果表明潜在的额外的效益，尤其是能量消耗方面反映在这个扩展的 PI 指标中。

最后，可以并联单自由度情况，引入加加速度作为式（34.9）的 PI_3 中的附加平顺性项。对于两自由度四分之一车辆系统相关的应用综述，见文献[24]以及其中的文献。在单自由度系统情况中，加加速度优化 LQR 解决方案，在实际中导致了非常具有吸引力的结构，由天棚阻尼器和弹簧、以快速载荷均衡器方式对动挠度误差（偏离平衡位置）进行操作的积分器组成。类似的积分器可以是先验的，实施在相应的两自由度的情况，产生 LQ 优化解。至于更传统的两自由度情况，增加的加加速度性能通过可调动力吸振器和其他结构形式可以进一步改善，详见文献[24]以及其中的文献。

总之，与单自由度模型相比，不考虑轮胎阻尼的两自由度四分之一车辆模型的优化主动悬架导致显著的车辆性能损失。然而，由于主动悬架固有的自适应能力，这样优化的两自由度系统仍然优于传统的被动悬架，可以针对不同的路面等级和车辆行驶条件进行调节。通过减少非簧载质量和结构变化，旨在以不对簧载质量振动隔离品质产生负面影响的方式独立控制轮跳模态，进一步改善是可能的。最终的四分之一车辆悬架可以包括一个主动非簧载质量执行器，以产生最有利的结构和优越的性能。

34.6 半车模型的优化悬架

许多出版物[67,68]研究半车模型二维车辆模型平顺性优化和次优化，包括簧载质量的垂直和俯仰模态，如图 34.16 所示。过去的大部分工作基于数值分析，用于对单一（通常）的运行点进行优化主动悬架性能的评价。

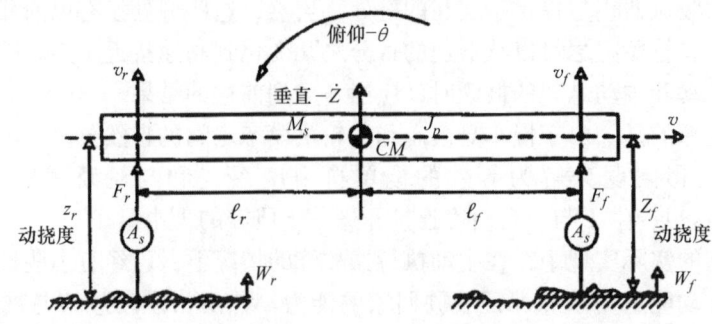

图 34.16 半车 2 自由度模型

Krtolica（克尔托理察）和 Hrovat 做了进一步研究[69]，建立了用于优化悬架控制问题的全局分析方法，最小化

$$PI_4 = E(r_1\ddot{z}^2 + r_2\ddot{\theta}^2 + r_3z_f^2 + r_4z_r^2) \tag{34.13}$$

其受到描述车辆垂直和俯仰动力学的两自由度四阶系统状态方程的约束，如图 34.16 所示。在式（34.13）中，前两项分别对过大的垂向和俯仰加速度 $\ddot{z}$ 和 $\ddot{\theta}$ 进行惩罚，后两项分别对过大的前后悬架的动挠度 z_f 和 z_r 进行惩罚。

作为分析解的副产品，可以建立许多特性表征最终的 LQ 优化悬架性能。例如，与 34.5.1 小节讨论的简单单自由度四分之一车辆情况一样，优化的半车悬架也可以通过良好的阻尼比 0.7 表征。前述 Krtolica 和 Hrovat 的文献[69]，也包括将初始的两自由度半车问题解耦成两个单自由度四分之一车辆子问题的必要和充分条件。这些条件为

$$M_s l_f l_r = J_p \tag{34.14}$$

$$r_1 l_f l_r = r_2 \tag{34.15}$$

式中，M_s 和 J_p 分别为车辆质量和绕质心的俯仰转动惯量；l_f 和 l_r 分别为前后车轴距离质心的距离，如图 34.16 所示。

第一个条件，式（34.14）取决于车辆物理参数，大部分车辆近似（20%以内）满足。第二个条件，式（34.15）可以通过适当选择加权系数 r_1 和 r_2 满足，在平顺性俯仰和垂直之间产生合理折衷。

同样的条件也适用于包含非簧载质量的四自由度半车模型，如图 34.17a 所示。解耦结果为两个解耦的两自由度四分之一车辆模型，如图 34.17b 所示。注意的是，二维半车模型引入一个定性的新方面—考虑前轮作为后轮预瞄前方路面的方便机理。这种预期的信息可以进一步改善平顺性/操纵稳定性的折中，超出图 34.9a 和图 34.9b 的优化四分之一车辆折中。

预瞄应用到简单的单自由度四分之一车辆模型的全部潜力，由 Bender（本德尔）[4] 和 Tomizuka（富冢）[70] 研究。Hrovat[71] 引入等效的延迟系统构型，以便开发将两自由度四分之一车辆离散时间模型的类似结果应用于图 34.17b 的构型。相关的全部性能，如图 34.18 所示。其中，实线表示不考虑预瞄的限制曲线，虚线表示预瞄时间 t_r 到 1s 的优化性能曲线。

由图 34.18a 可以看出，归一化悬架动挠度在 $0.6s^{1/2}$ 以下，达到 1s 的预瞄信息可以减少约 50%~70% 的加速度。类似地，图 34.18b 表明，即使相对较小的预瞄时间只有 50ms，在归一化加速度超过 $15s^{-3/2}$ 时，也可以显著降低轮跳。例如当归一化加速度为 $20s^{-3/2}$ 时，轮跳在 50ms 的预瞄时间下降约 30%。由于实际上最常用的预瞄时间可能被限制低于 0.3s，因此，可以得出结论：预瞄信息对归一化加速度约 $10s^{-3/2}$ 以上的车辆可能最有用。

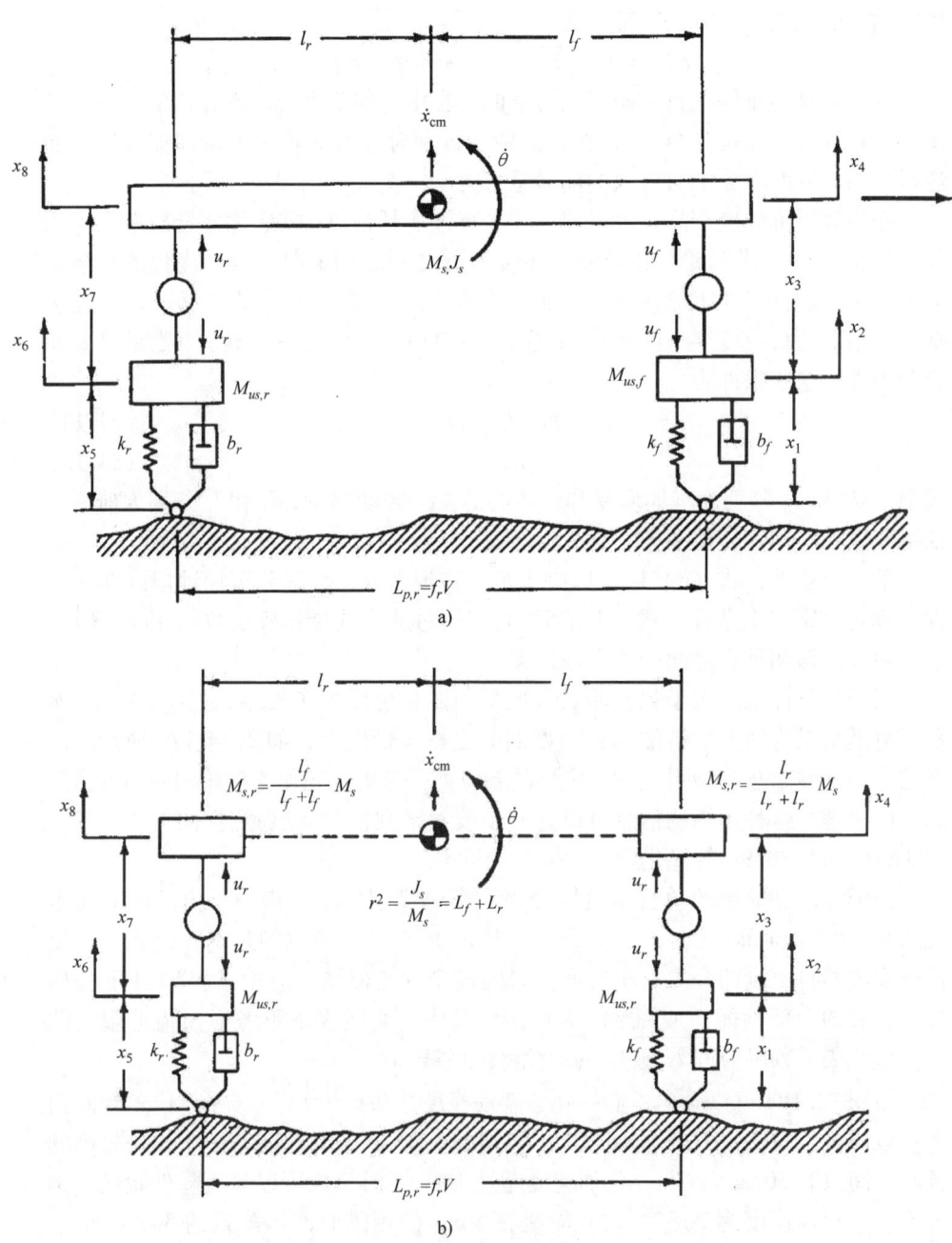

图 34.17 a) 半车四自由度车辆模型；b) 由两个两自由度四分之一车辆子系统组成的相应解耦模型

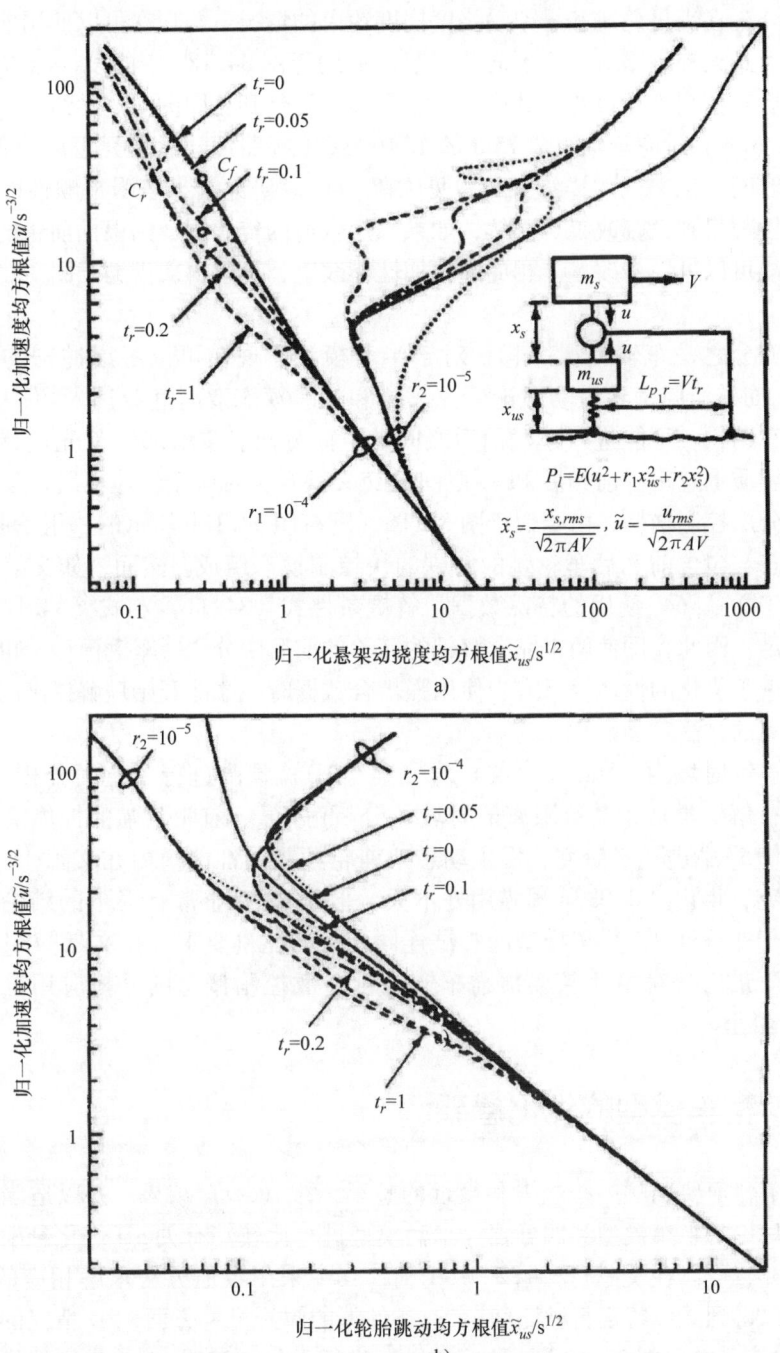

图 34.18 不同预瞄时间 t_r 和 $\rho=0$,$\omega_{us}=2\pi10\mathrm{s}^{-1}$ 的两自由度模型的优化悬架性能

此外，在满足轮跳和悬架动挠度挠度约束的情况下，现在可以使用前面的图对前、后悬架控制增益进行不同的调节。借助于图 34.18a 中的设计点 C_f 和 C_r，对前和后轮控制进行设置。其中，前后悬架单元受到相同的动挠度约束，在车速 88.5km/h 下，对应于轴距 2.75m 的车辆驶过中等路面，后单元可以获得 0.11s 的预瞄时间，该实例的详细介绍，见文献[71]。研究结果表明平顺性的垂直和俯仰特性都得到大幅改善。显然，如果采用合适的传感器，则根据前轮的路面预瞄对性能可以进一步改善。相应的附加性能改善，可以再次借助于图 34.18 进行估计。

如四分之一车辆情况一样，对于半车模型，现在可以考虑冲击的优化悬架[72]，同样使用奇异摄动理论研究车身和轮跳模态双时间分离[64,73]。此外，对于半车结构，可能进行车辆前后之间的空间分离。文献[64]首先进行了这项工作，实质上忽略了前和后 PI 项之间的交叉耦合，对应于快速轮跳力学。由此产生的分层控制结构，由类似于图 34.16（配有图 34.18b 所示的一组轮胎弹簧）的慢模态与包含前和后车轮跳的解耦的快控制模态组成。然而，如文献[65]所述，对于文献[64]使用的特殊数据，解耦条件式（34.11）和式（34.12）几乎处处满足。因此，即使两个完全解耦的简单的前后四分之一车辆模型，也是可以产生接近于优化的性能。只有当使用强耦合数据时，才能开始理解提出的空间和时间分离的方法。

在连续时域内，Hac（哈茨）对二维（2D）预瞄进行了全面分析[74]；相应的分析解，类似于其有限离散时域的分析解[71]。前轮预瞄的性能潜力已经在文献[75]中进一步研究，慢主动悬架前轮预瞄的性能潜力在文献[76,77]中进行了研究，得出 "0.033s 预瞄用处不大，但是 0.1s 非常有用" 的结论。将预瞄应用于非线性 2D 货车模型的尝试连同相应的能量要求，在文献[78]中进行了研究。最后，对主动悬架预瞄车辆进行分散控制概念的分析应用，在文献[79]中给出。

34.7 整车模型的优化悬架

本节将简要回顾一些过去和最近的整车三维（3D）结果，并以适当的角度与之前讨论的半车模型和四分之一车辆模型进行比较。有关 3D 优化悬架的一些早期研究，可以在文献[80-82]中找到，其中采用数值方法求解相应的 LQ 问题，可以得到一些特定行驶路面/车速条件下的解。另一方面，2D 情况的完整解析解[69]，可以向图 34.19 所示的 3D 结构进行类似的扩展[83]。相应的优化问题可以模仿四分之一车辆和半车的性能要求建立，式（34.9）和式（34.10），现在变成整车模型的 PI

$$PI_5 = E(q_A z_A^2 + q_B z_B^2 + q_C z_C^2 + q_D z_D^2 + r_1 \ddot{z}_{cm}^2 + r_2 \ddot{\Theta}^2 + r_3 \ddot{\Phi}^2) \quad (34.16)$$

其中，前四项分别是对图 34.19 所示四个车轮的悬架过大的稳态悬架动挠度的惩罚，后三项则分别是对车辆的垂向、俯仰和侧倾加速度的不舒适性度量。

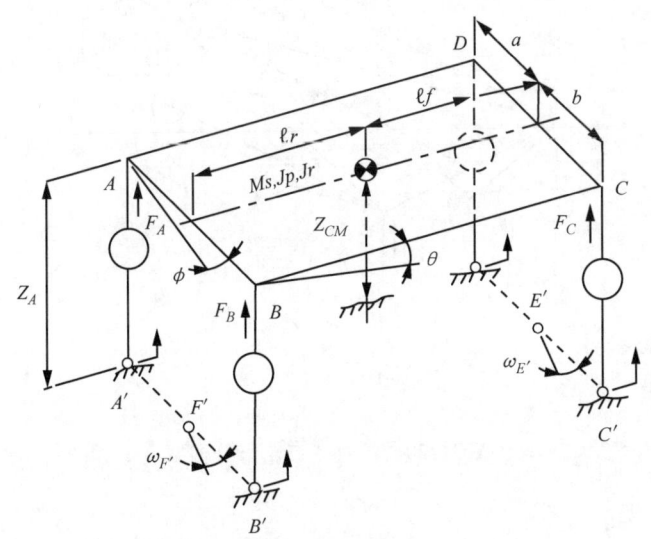

图 34.19　3D 车辆模型示意

借助于两层划分方法，得出上述七阶系统的解析解[83]。第一步，原始的七阶系统被划分成如图 34.20 所示一个六阶系统的三轮车结构和一个附加的"奇"状态。第二步，对六阶 Riccati 方程进一步划分，对应的三轮车模型转换为两个三阶子系统，其可以解析求解。然后，将六阶系统的解析解与如图 34.21 所示的附加的第七阶状态进行合并，这种附加状态反映这样的事实：四轮的接地点共面并不是必需的要求。

七阶 LQ 问题的解，通过将前述的七种状态转换为更加实际的状态组合得到：对应于垂向、俯仰、侧倾模态的三个簧载质量速度和四个悬架动挠度。一旦找到整车优化悬架问题的解，就可以确定表征优化结构的许多相关特性。例如结果表明，所有三个优化的车身模态具有非常理想的阻尼比 0.7，通过天棚阻尼实现。这适用于式（34.16）中 PI_5 的任何权组合，甚至可以拓展为更加一般的性能指标。

在如下的温和条件下，原始的 3D 问题可以解耦为更加简单的俯仰 + 垂向和侧倾子问题，如图 34.22 所示

$$a = b, \quad q_A = q_B, \quad q_C = q_D \quad (34.17)$$

式中，a 和 b 是到质心的侧向距离，如图 34.19 所示。

同时假设，路面不平度已经根据空间路面不平度描述建模[84,85]，其在文献

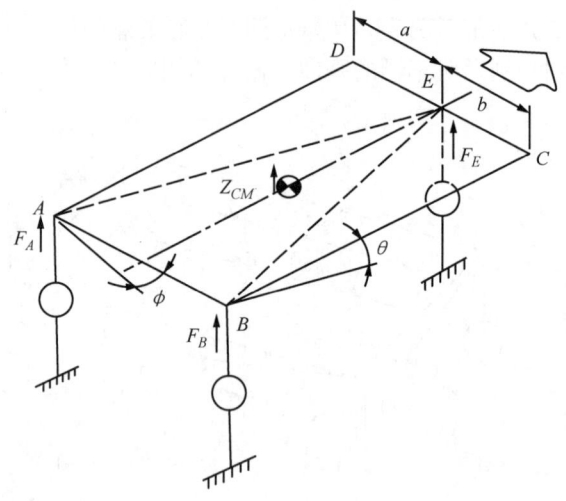

图 34.20　等效"三轮车"构型

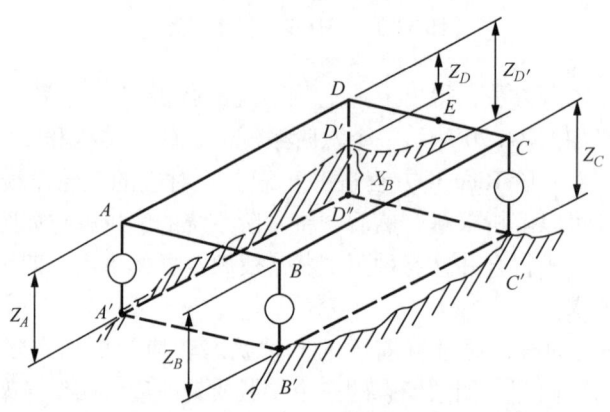

图 34.21　附加状态的引入

[39]中讨论，便于前面的解耦。而且，如果保持前面确定的式（34.11）和式（34.12）条件，则俯仰+垂向动力学可以进一步解耦为前和后四分之一车辆子模型，如图 34.22 所示。以这种方式，原始 3D 问题就转换为更加简单的四分之一车辆模型，前面讨论的大量结果就可以应用。也应当指出的是，类似于 2D 情况，现在可以考虑 3D 双时间尺度和分层控制方案、弹性模态的影响、预瞄和不同的冲击优化指标 PI 的增加。

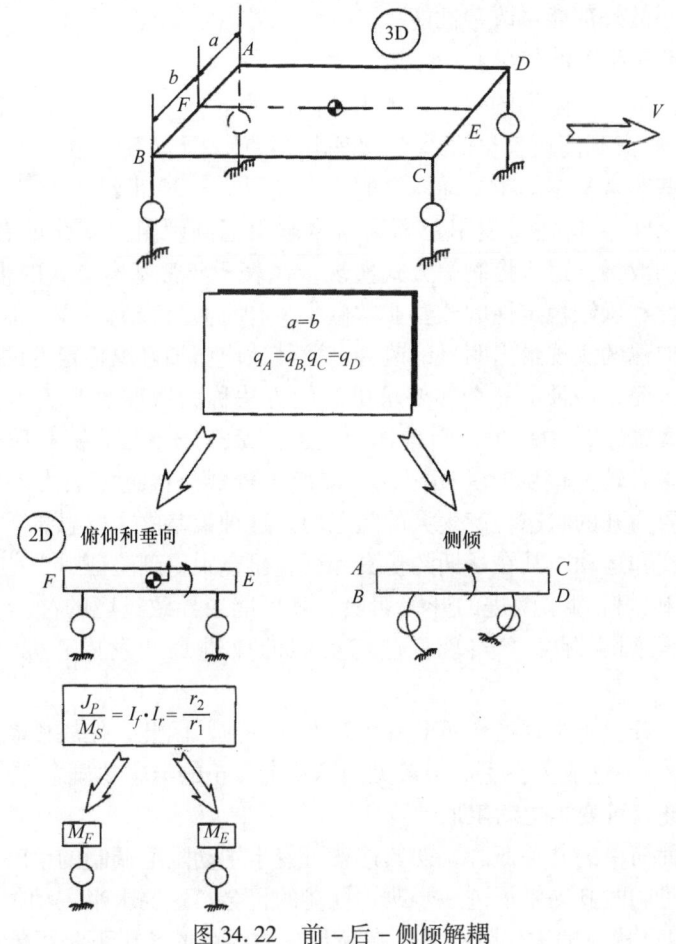

图 34.22 前-后-侧倾解耦

34.8 相关问题

前面部分以系统化的方式提出主动悬架的基本特性,这是确定关键性能潜力和不同的车辆悬架系统模型固有限制所需要的。从最简单可能但相关的模型开始,呈现结果的系统方式是高度推荐的,因为其导致获得基本的洞察力,可以不被不必要的细节和案例变化的硬件细节所左右。本节的目的是简要讨论在重要领域的发展,直接、非直接相关或自然追求的这些基本考虑。

34.8.1 半主动悬架

早在 20 世纪 70 年代,就提出半主动悬架概念[41,86,87],以可变可控阻尼的形式出现。本小节将"半主动"松散地泛指为任何本质上的被动悬架概念,其中只使用相对小的外部能量改善性能。

34.8.1.1 开关半主动阻尼

由于开关半主动阻尼的引入，半主动阻尼器被广泛应用于从火车[88]、拖拉机、越野车辆[89]到高速气垫船[90,91]和军用坦克[92]上。随着首次引入可变阻尼减振器，一些非常基本的半主动概念的生产应用始于20世纪80年代早期，见第22章的文献[24]。这些可变阻尼器通常从软阻尼到硬阻尼变化或者反之亦然，可以借助手动或慢自适应控制等方式实现，代表了非常基本形式的半主动阻尼。相应的平顺性和操纵稳定性的改善非常微小，有时甚至察觉不到，但是一些后续发展、更加成熟的实现给出明显的改善，尤其适应增加操纵稳定性的要求。

在实现方面，一种更复杂和要求更高的方法称为所谓的开关半主动阻尼策略，首次在文献[90]中提出。简单地说，每当簧载质量和非簧载质量同向移动和非簧载质量有较大速度时关闭阻尼，即产生较低或接近零的力。在其他情况下，阻尼设置为开的状态，产生大的阻尼力。这种策略的主要思想，是降低簧载质量的加速度和运动，其在早期的仿真和试验研究中得到验证[90,91,93,94]。然而，要注意防止和消除过于激进的开关切换，其可能会导致过度的冲击。从相对简单的概念阶段到实际生产实现，这与类似的改进是开发中正常和必需的一部分。

近年来，开关半主动概念不断受到行业的关注。因此，促成概念的进一步改进和细化[95,98]，这成为在生产中可见的第一个真正的半主动概念[99,100]。

34.8.1.2 连续可变半主动阻尼

相比前面简单的开关概念，初始连续可变半主动阻尼调制的策略在实现上更具挑战，但是同时其提供了进一步改善性能的机会。这要求半主动执行器连续再现单自由度LQ优化的天棚阻尼力，在满足被动约束的情况下是可能的。在不可能时，简单地关闭阻尼。其中，应当注意避免不连续力的切换可能导致过度的冲击。连续可变半主动策略随后扩展到两自由度四分之一车辆和更复杂的模型上，同时对可能的最大阻尼力进行限制，导致所谓"剪切的"半主动控制[42,89,101-103]。

尽管剪切半主动控制策略一般不是优化的[104,105]，而是基于经验和先前的结果。对于大多数具有实际意义的情况，其已经非常接近优化结果[102]。就其最基本的形式而言，半主动控制既可以应用于半主动阻尼力非线性约束下的线性状态方程中，也可以应用于控制变量不等式约束相对简单的双线性系统中[42]即半主动执行器阻尼的情况，还可以应用于模型预测控制（MPC）中表示半主动悬架设计问题即混合控制设置[105]，引入被动诱导约束作为自然的切换参数。不同的（次）优化结果的获得，取决于控制层长度和其他MPC参数。对于未来只有单步的控制范围，这种情况的优化控制与前述的剪切半主动控制相一致[105]。

第34章 主动和半主动悬架控制

半主动悬架概念的进一步改善,可以通过对硬件的调整和拓展实现[106,107]。已经提出,使用电流变(ER)和磁流变(MR)液体作为更传统可变节流孔式液力阻尼器的替代品[108,109]。从实际应用而言,磁流变概念似乎特别适用于悬架和其他隔振应用,例如发动机悬置,因为其可以利用车辆蓄电池运行,而电流变则基于高压电场。设计半主动悬架控制器,也有使用遗传算法[110]、内模控制[111]、动态规划[112]、频率选择的天棚阻尼[113]、神经网络[114]、滑模控制[115]和预瞄控制[116-120]的尝试。实际生产的硬件和/或接近于生产的硬件实现,在文献[99,100,113,121]和最近的文献[122,123]中描述。此外,关于先进悬架硬件考虑的相关细节和信息,见第22章。

34.8.1.3 半主动弹簧

递增式半主动弹簧的概念在文献[124]中引入,其通过附加的空气弹簧蓄能器的开关实现。这是对半主动阻尼有前途的实际补充,因为基于34.5.2小节讨论的结果,悬架阻尼和刚度应当随着不同路面/车速条件进行优化适应变化。这点可以由文献[125]得到的图34.23看出,其演示了自适应"被动"悬架的性能,簧载质量固有频率从 0.5~2Hz 变化,相应的阻尼比在 0~1 之间变化。显然,悬架刚度对平顺性有显著影响,类似于全主动情况,较软的悬架可以产生更好的平顺性,但是以增加悬架动挠度为代价。图34.23 也给出相应主动优化的边界,可以看出,即便是这样一个理想化的自适应"被动"悬架,也不能充分匹配主动悬架优化的性能。

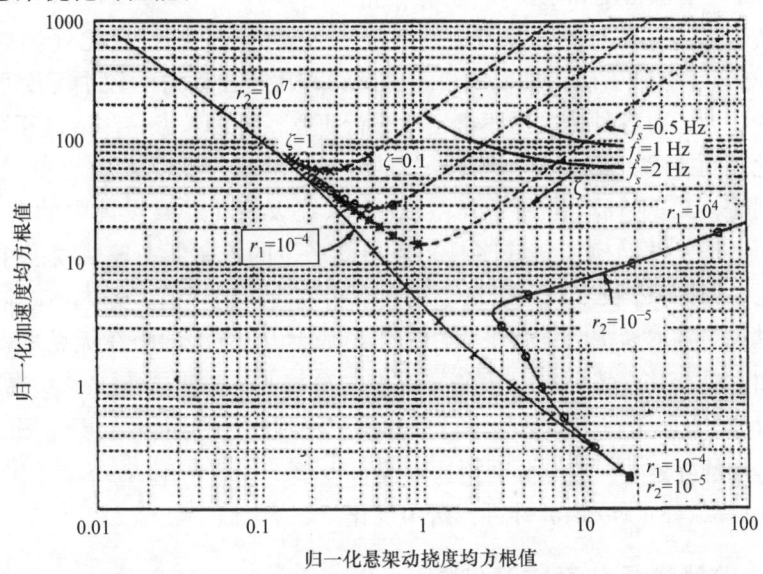

图 34.23 被动悬架 $f_s = [0.5, 1, 1.5]$ Hz, $\zeta = [0.1, 0.2, \cdots, 1]$ 和主动悬架 $r_1 = 10^{-4}$, $r_2 = 10^{-5}$ 的两自由度四分之一车辆模型对比

34.8.2 状态估计和闭环系统稳健性

前面部分的基本假设是所有的状态都是已知的，然后得到最佳的可能性能。实际上，一些状态可能不容易得到。对于简单的四分之一车辆模型，典型的测量可能包括簧载质量加速度和悬架动挠度，而轮胎变形难以测量。幸运的是，在不考虑性能损失的反馈控制中，通常可以忽略后者，尽管有些操作不能做到这一点[24]。

基于前面的测量，可以估计全状态向量。例如，可以利用 LQG 方法中的卡尔曼滤波器[126-129]。虽然这样的系统可以降低对传感器的要求，但是重要的是其通常导致性能下降。对于一些系统实例，使用如文献[127]所述的单一动挠度测量，表明这种 LQG 策略可以使 LQ 成本增加 80% 以上[129]。

此外，在建模误差的稳健性方面，带状态观测器或卡尔曼滤波器的 LQG 控制器通常不如相应的全状态控制器。对于一组典型的控制增益，基于悬架动挠度的 LQG 调节器的增益裕度可能只为 0.2dB，相位裕度为 18°[129]。相应的 LQ 增益裕度为 ∞，相位裕度为 100°。应当指出的是，对于较软的增益设置，即便是全状态 LQ 调节器也只产生 1.5dB 的小增益裕度，相位裕度为 33°。这是特殊四分之一车辆结构的结果，其包含一个并联的被动弹簧以（部分）支撑车辆。这个附加的弹簧会导致 PI 中状态和控制之间交叉项的非零权，而这项不适用于标准 LQ 保证 α 增益裕度和至少 60° 的相位裕度。

前文指出，重要的是考虑闭环系统对未测量状态、结构变化（例如引入并联支撑弹簧）、参数不确定性以及由于传感器和执行器动力学较小程度不确定性的稳健性。为了对各种形式的不确定性进行研究，可以考虑一些最近开发的计算机稳健性控制技术，其中基于频域分析的技术特别流行[130-132]。

特别是，文献[132]研究了 H_∞ 优化在系统级主动悬架设计中的潜在应用。结果表明，基于性能模拟式（34.10），由此产生的控制器在轮跳模态中引入过大的阻尼，因为 H_∞ 技术趋向于最小化频率响应曲线的峰值。如先前的讨论可以预料，过大的阻尼通常会导致平顺性恶化。基于 H_∞ 方法的潜在优点之一是稳健性分析和改进，其中特别有希望的 μ 综合与分析[133]已经应用于一些汽车领域，如文献[134]，但是在主动悬架设计中还没有得到充分利用。结合 H_2 和 H_∞ 也可能带来附加的好处[135]，充分利用这种混合设置，应当利用 H_∞ 方法同时对组合的平顺性/操纵稳定性/稳健性进行折中优化。

34.8.3 非线性悬架系统及控制

到目前为止，主要关注的是在线性车辆模型上应用优化控制方法。当然，因为实际车辆系统必然是非线性的,所有这些方法只是近似有效的。然而,对于许多情况,线性系统的近似是适当的。这也被试验验证所支持,如文献[24]中所述。然而,有些情况会放大非线性效应。一个实例由离散干扰产生,例如凸起或凹坑会造成悬架触底——一种高度的非线性现象。另一个实例是总是存在干摩擦,可能会引起悬架在非常光滑的路面上行驶时卡住。本节将简要对非线性车辆悬架系统设计问题的不同方法进行综述。

34.8.3.1 通过优化实现非线性控制设计

在文献[136]中,基于本质上类似于34.6.1小节所述的优化半主动方法[102],对悬架触底等非线性效应进行处理。如文献[102]的情况一样,文献[136]采用的方法是计算密集型的,特别是对于高阶车辆模型。然而,随着计算机处理能力的不断提高,这在未来将不再是问题。受到离散干扰响应良好结果的鼓舞,文献[136]说明了非线性对LQ自适应悬架算法的优越性。然而,也可能存在相反的论点,尤其是如果考虑到自适应策略的全部潜力[24]。

这两种方法都可以视为对整体优化悬架策略的补充成分,而不是相互竞争的替代方法。在这种情况下,LQ优化自适应或增益规划控制可以用于大多数行驶工况,并在存在过大离散事件干扰和其他特殊情况激活非线性策略。然后,自然提出将两者混合的方法。

34.8.3.2 作为LQ控制拓展的非线性控制

由前面可知,LQ设置提供了一种非常有吸引力和自然的设置,以在最高系统水平解决优化或"可能最好"的主动悬架设计问题。在这种悬架的关键限制和潜在好处方面,其也导致了基本的结果。然而,LQ方法的一个潜在弱点是实际的硬件约束,如动挠度和轮跳的约束,对应于LQ PI中的二次罚项,采用较软的悬架进行近似。这可能导致更保守的结果,当所有悬架运动局限于内部分配的约束时尤其如此。

为了缓解上面的问题,文献[137]为前面软的罚约束引入附加的二次罚项。这增加了对达到允许的空间限制短行程的惩罚,同时也减少了对接近名义值,即接近平衡位置的运动惩罚。由此产生的控制律,总结在34.A附录中。其具有希望的性能,线性项增益与著名的LQ增益相同(向下兼容性),从而恢复相对较小运动的LQ性能,这些运动是由基于典型随机路面不平度特性相对小的路面干扰引起的。同时,非线性控制项在这个例子的情况是三次项——对突然遇到的大凸起或凹坑时出现的过大运动进行控制。

文献[137]的实例说明了这种非线性悬架的优点。对于过凸起的响应,一个有效的"电子可调减振器"在改善平顺性(低加速度水平)与允许的悬架动挠度和轮跳之间的折中上提供附加的柔性。对于随机路面,基本的性能图有类似的柔性，类似于34.5节的图34.9a和图34.9b，但是现在针对非线性情况[137]。此时，路面不平度的幅值也改变这些归一化图形，因此当路面干扰增加时，随着垂向加速度水平的增加，归一化轮跳的均方根值变得更小。于是，非线性控制器就具有增益规划线性控制器的一些特性。当然，也可以将前面的非线性控制器与增益规划相结合，这将继承一些附加的期望特性。非线性部分将包含突然的大凸起，对常规路面条件的变化也可以提供一些适应性调整。然后，增益规划部分将用于调整和适应常规路面条件下大的变化。

34.8.3.3 非线性悬架控制的其他方法

对于主动和半主动悬架设计，有许多其他非线性控制方法。这包括滑模[138]、自适应控制[157]、神经网络[26]、反馈线性化[138]、MPC和混合控制[105,139]等。特别是，文献[140]使用后向反馈线性化进行次优主动悬架设计。其借鉴了前面提到的过去年基于优化方法的一些基本原理，包括考虑平顺性和动挠度的折中与对不同路面不平度特性的适应[141]。这种方法的核心由有趣但有点特别的非线性滤波器组成，其设计不如基于优化的方法直观和直接。例如，文献[140]集中于平顺性和动挠度的折中上，而与其他重要折中，如操纵稳定性（轮跳）和平顺性，如何进行组合还不清楚。同样，由于没有相应报道的试验结果，所以也不清楚这种方法对参数、系统动态不确定性和不准确性的稳健性如何。

在未来先进悬架设计中，最有发展的方法之一涉及近来以混合控制形式扩展的MPC[142-144]。MPC控制由使用合适的被控对象模型以及硬状态、输出和控制约束组成，反过来用于针对在有限时间范围内传播的适当PI（通常为二次或H_2形式）计算优化控制。一旦找到最优控制序列，实际上只执行序列的第一个成员，然后重复整个优化过程。只执行第一步，实际上是尝试包含没有预测的干扰和模型不准确性。因此，MPC是一种非常合理和直观具有吸引力的方法，在某种意义上模拟了许多生物施加的控制。同时，它也是前面LQ优化的自然扩展。

在过程工业中，MPC控制已经成功应用了许多年，其中更新速率相对较慢：秒、分或甚至小时级。因此，允许在线完成较早的优化。随着微处理器结构和MPC理论的不断进步，在其他领域考虑应用是可能的—如航空和汽车—其中控制更新率要快得多（微秒级）。在这方面，显著的促进由所谓显式MPB方法的发展而提供[145,146]，可以离线完成所有关键的优化和将结果以表的形式存储，然后基于被控对象状态和各种（测试的干扰和参考）输入进行在线查表进行实际控制。这种方法可以进一步拓展包含非线性和混合系统，其中PI现在通常是L_1的形式，各种非线性和切换逻辑由分段仿射（PWA）函数表示[144]。

近年来，MPC/混合控制在汽车工业中的应用包括怠速控制[147]、直接喷射和分层发动机控制[148]、变速器控制[149]、牵引力控制（TC）[150]、先进主动[139]和半主动悬架控制[105]，尤其是文献[139]首次在主动悬架中有效使用和实施了MPC方法。作者考虑了四分之一车辆悬架模型和路面预瞄，二次的PI类似于前面的标准式（见34.10节），附加了对控制力的软惩罚和对悬架动挠度的硬惩罚。同样，路面适应的增益规划类型有些类似于文献[141]，比较容易满足动挠度的硬约束，或多或少使用了流行的和基于期望力产生和跟踪的大部分时间优先的外-内环方法，见22.3.3小节。MPC优化是在实验室中的半车测试台上在线完成的，其中MPC（外）环以10ms速率更新。然后，产生的MPC优化力用于作为基于滑模的内环控制器的参考信号，以1ms的速率实施电液设置。试验结果表明，对于光滑路面，其好处类似于34.5.2小节中的标准LQ情况，而对于粗糙路面，MPC带来显著的附加好处，其中动挠度硬约束可以防止撞到凸起。

由此可以得出结论，由于在非线性、模型预测、混合和自适应控制领域的[144,151-155]大量理论进展，可以预期，未来在先进的悬架设计中可以看到这些内容和类似的技术的更多应用。这些方向的一些早期结果已经在前面介绍过，其他的研究可以在文献[156-159,141]和其他文献中找到。

34.8.4 实际考虑

实际实施前述基于优化控制悬架策略的最直接方法，是采用内环力控制构型。在这种情况下，外环/更高层为内环力跟踪控制提供优化的期望或要求的力。这种方法也可以应用于其他场合，当期望力可以通过其他控制方法（如经典和后退）产生时，其不必基于显式优化获得。实际上，主动执行器应当辅以更传统的弹簧和减振器或阻尼器组成，两者通常几何上与主动装置采用并联形式。当然，主动悬架的实现也有串行柔性方式。在所谓的窄带或低带宽悬架情况中，特意放入这种柔性，以便改善高频隔振和降低带宽要求，详见第22章。它们应当与主动装置协同工作，以便传递期望的力，同时最小化所需的能量消耗，见34.5.2.8小节。此外，这种方法导致更加稳健和更加容易的力跟踪实现，因为存在的附加（被动）阻尼可以更好对相关系统零点进行预处理，通常限制内环的力控制性能，见22.3.3小节。在主动执行器失效的情况下，其也提供临时回家（跛行）的行驶能力。

对于实际实现，有时希望简化优化策略，从而导致更简化软件实现，而代价只是性能稍微下降。例如，在四分之一车辆模型的情况下，全状态LQ优化调节器可以简化为三项控制器结构，由用于车身支撑和轮跳阻尼的二级悬架弹簧与阻尼、用于改善簧载质量阻尼和隔振的天棚阻尼组成。这是次优化策略，因为忽略了轮跳反馈。在许多情况下，这种近似的影响是微不足道的。

类似的,近似在四分之一车辆实验室试验中使用,采用宽带宽电液悬架产生的结果,如图 34.24 所示。其中,控制增益可以根据假设变化的路面条件进行调节[24]。与叠加的两自由度优化曲线的比较说明,尽管没有优化,试验结果也跟随期望的趋势,相当接近于最佳可能的性能,这也证实了底层优化和提出的自适应概念。

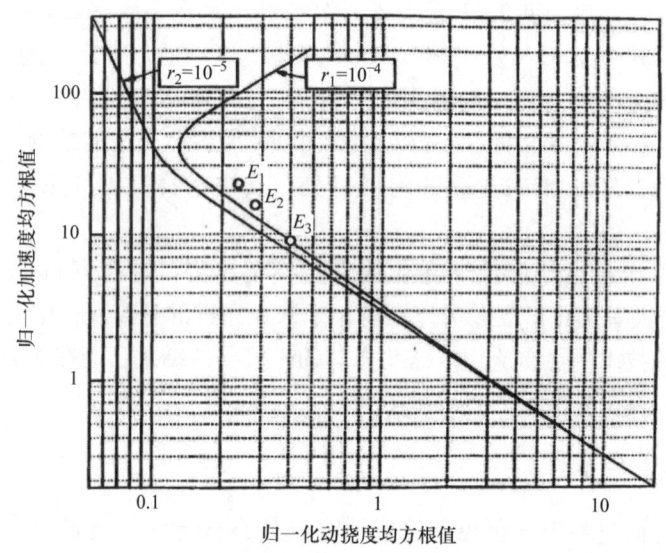

图 34.24 $r_1 = 10^{-4}$,$r_2 = 10^{-5}$ 对应的优化性能边界和 $\rho = 12.5$,$\omega_{us} = 2\pi 12 \text{s}^{-1}$ 的主动悬架四分之一车辆模型试验结果 E_1,E_2,E_3

更多关于先进悬架设计与实施的实际内容,请参考第 22 章。本章包含基于力和位移内环的不同方法的描述和比较,也讨论相应的硬件概念、执行器问题以及与不同实际应用相关的挑战,其他内容见文献[160]。

34.8.5 其他方面

传统上,主动和半主动悬架控制的主要焦点在于,应用中只局限于处理刚体动力学的模型。这包括车辆的垂向、俯仰和侧倾模态,一些弹性模态影响的考虑,见文献[68,161]。

相信前面的优化控制和稳健性结果,为容错控制设计提供了坚实的基础。在产品开发中,这通常构成下一个重要的步骤,包括生成系统诊断和故障调节策略需要的合适的动力学模型。

尽管所有这些方面都非常重要,必须在生产之前解决,但是它们已经超出本章的范畴，感兴趣的读者可以参考该动态领域最新的文献。

除了故障分析和调节外，模糊逻辑和神经网络控制应用的领域也可以受益于前面优化控制的发现。这包括合适输入变量和整体控制策略的选择，至少可以首先模仿 LQ 优化逻辑。由于实际与直观的吸引力，这些技术，尤其是模糊逻辑，可以提供有效的机理，引入更加结构化的控制方法，例如在生产车辆悬架系统、传动系统、制动系统和其他装置方面。

尽管现在的重点是应用优化控制技术到先进汽车悬架设计上，但是许多结论通常可以应用到其他交通领域。有关领域更多具体结果的概述，可以参看一些文献：商用车的应用[162,163]，轨道车辆动力学[164,166]，磁悬浮车辆[164,167,168]，越野和军用车辆[169]，赛车[170]，水面效应船只[171]和其他车辆。

应当指出的是，主动悬架可以与其他先进的车辆子系统集成更有效、整体和交互的车辆控制系统，可以显著改善许多车辆性能，尤其是车辆在紧急操纵下的稳定性。文献[172 – 176]将主动和半主动悬架与四轮转向车辆（4WS）、防抱死制动系统（ABS）、TC 和四轮驱动车辆（4WD）相结合，达到优越的性能、操纵控制、平顺性和在干燥或湿滑路面上直线行驶加速/制动以及转向时的整车安全性。

在粗糙湿滑路面上，使用半主动阻尼改善车辆操纵稳定性和控制的实例在文献[177]中给出。其中，对半主动阻尼和动态稳定控制之间的分散控制和协调控制进行了研究。研究表明，在这种情况下，协调控制在操纵稳定性和安全性方面提供了额外的好处。当前增加集成和交互的趋势将继续加速，这反过来导致未来的生产增加引入主动和半主动悬架的前景。它们的增加使用将促进高级和新的功能，会影响车辆性能、平顺性和安全性等许多方面。

致谢

感谢我在福特公司的研究同事 Jahan Asgari 博士，Mike Fodor 先生，特别感谢 H. Tric Tseng 博士。此外，Niklas Karlsson 博士提供了有关非线性次优化控制的附录。

本章附录：非线性次优化控制

考虑成本函数

$$J = \frac{1}{2}\int_0^\infty (x^T Q x + u^T R u + \varepsilon f(x))\,\mathrm{d}t \qquad (34.\text{A}.1)$$

其中，$\varepsilon f(x)$ 为状态 x 的四阶多项式，有

$$\dot{x} = Ax + Bu + \Gamma w \qquad (34.\text{A}.2)$$

式（34.A.1）和式（34.A.1）的解首先由文献[137]导出，更全面的描述以及一些重要的稳定性结果见文献[178]。

这里遵循循序渐进的方案，计算对应式（34.A.1）和式（34.A.2）的次优控制器 u_{subopt}。优化的控制器可以表示为

$$u_{opt} = -R^{-1}B^T\left(Px + \sum_{k=1}^\infty \varepsilon^k g^{(k)}(x)\right)$$

另一方面，次优化控制器定义为

$$u_{subopt} = -R^{-1}B^T(Px + \varepsilon g^{(1)}(x))$$

为了计算 u_{subopt}，首先获得矩阵 P 为如下 Riccati 方程的稳态解

$$PA + A^T P - PBR^{-1}B^T P + Q = 0$$

然后，可以看出，$g^{(1)}$ 为线性方程的解

$$\frac{\partial g^{(1)}}{\partial x}(A - BR^{-1}B^T P)x + (A^T - PBR^{-1}B^T)g^{(1)}(x) = -\frac{1}{2}\left(\frac{\partial f}{\partial x}\right)^T$$

$$(34.\text{A}.3)$$

有边界条件 $\lim_{t\to\infty} g^{(1)}(x,t) = 0$。因为 $f(x)$ 是状态 x 的四阶多项式。由式（34.A.3）可以看出，$g^{(1)}$ 是三阶的多项式向量。假设状态的维度是 4，则函数 $g^{(1)}$ 可以表达为

$$g^{(1)}(x) = \sum_{i=1}^4 \sum_{j=1}^4 \sum_{k=1}^4 \begin{bmatrix} G^1_{ijk} x_i x_j x_k \\ G^2_{ijk} x_i x_j x_k \\ G^3_{ijk} x_i x_j x_k \\ G^4_{ijk} x_i x_j x_k \end{bmatrix}$$

同理，$f(x)$ 可以表达为

$$f(x) = \sum_{i=1}^4 \sum_{j=1}^4 \sum_{k=1}^4 \sum_{l=1}^4 F_{ijkl} x_i x_j x_k x_l$$

现在，定义 $f(x)$ 和 $g^{(1)}$ 中的系数 ζ 和 η 如下

$$\xi = [G^1_{111}, G^2_{111}, G^3_{111}, G^4_{111}, G^1_{112}, \cdots, G^4_{112}, G^1_{114}, \cdots, G^1_{444}, \cdots, G^4_{444}] \in \mathcal{R}^{256}$$

和

$$\eta = 2\cdot[F_{1111}, \cdots, F_{1114}, F_{1121}, \cdots, F_{1124}, F_{1131}, \cdots, F_{4441}, \cdots, F_{4444}] \in \mathcal{R}^{256}$$

对向量 ξ 搜索，得到如下解

$$\hat{S}\xi = \eta$$

式中，$\hat{S} = S^T \oplus S^T \oplus S^T \oplus S^T \in R^{256 \times 256}$ 和 $S = A - BB^T P$。符号 $\oplus$ 为 Kronecher（克罗内克）和算子，定义为 $S^T \oplus S^T = (I_4 \otimes S^T) + (S^T \otimes I_4)$。

更通用的情况，在文献[178]中讨论。其中，也给出一定条件下次优化控制器 u_{subopt} 可以保证稳定闭环系统。

实例

例如，考虑 34.5.2 节中描述的四分之一车辆的主动控制，动力学通过矩阵描述

$$A = \begin{bmatrix} 0 & 1 & 0 & 0 \\ -(20\pi)^2 & 0 & 0 & 0 \\ 0 & 0 & -1 & 0 & 1 \\ 0 & 0 & 0 & 0 \end{bmatrix}, B = \begin{bmatrix} 0 \\ 10 \\ 0 \\ -1 \end{bmatrix}, \Gamma = \begin{bmatrix} -1 \\ 0 \\ 0 \\ 0 \end{bmatrix}$$

设成本函数为

$$J = \frac{1}{2}\int_0^\infty (x^T Q x + u^2 + \varepsilon f(x))\mathrm{d}t \quad \text{其中 } Q = \begin{bmatrix} 1100 & 0 & 0 & 0 \\ 0 & 0 & 0 & 0 \\ 0 & 0 & 100 & 0 \\ 0 & 0 & 0 & 0 \end{bmatrix}$$

$f(x) = 12375000 x_1^4 + 1125000 x_3^4$ 和 $\varepsilon = 0.25$。注意，四次项惩罚 x_1（轮跳）和 x_3（悬架动挠度）到四阶。选择 $f(x)$ 对应向量 η，其中只有非零元素 $F_{1111} = 12375000$，$F_{3333} = 1125000$。

可以获得次优化控制器为

$$u = ax_1 + bx_2 + cx_3 + dx_4 + \sum_{i=1}^{4}\sum_{j=1}^{4}\sum_{k=1}^{4} D_{ijk} x_i x_j x_k$$

其中，$a = 6.0842$，$b = -0.5478$，$c = 10.0$，$d = 4.4375$，系数 D_{ijk} 见下表。

ijk	D_{ijk}	ijk	D_{ijk}	ijk	D_{ijk}	ijk	D_{ijk}
111	$1.16 \cdot 10^4$	123	$-4.80 \cdot 10^2$	222	$-1.43 \cdot 10^{-1}$	244	-3.35
112	$-7.95 \cdot 10^2$	124	$-2.86 \cdot 10^1$	233	2.78	333	$1.41 \cdot 10^4$
113	$4.06 \cdot 10^4$	133	$3.57 \cdot 10^4$	224	$2.74 \cdot 10^{-1}$	334	$6.07 \cdot 10^3$
114	$5.70 \cdot 10^3$	134	$1.02 \cdot 10^4$	233	$-2.75 \cdot 10^2$	344	$1.19 \cdot 10^3$
122	$-3.34 \cdot 10^{-1}$	144	$9.84 \cdot 10^2$	234	$-4.53 \cdot 10^1$	444	$9.03 \cdot 10^1$

参考文献

1. Morman, Jr. K. N. and F. Giannopoulas, Recent advances in the analytical and computational aspects of modeling active and passive vehicle suspensions. In Kamal, M. M. and Wolf Jr., J. A. (eds.), *Computational Methods in Ground Transportation Vehicles*. Vol. AMD 50, ASME, New York, 1982, pp. 75–115.
2. Bender, F. K., D. C. Karnopp, and I. L. Paul, On the optimization of vehicle suspensions using random process theory. ASME Paper No. 67-Tran-12, 1967.
3. Bender, F. K., Optimum linear control of random vibrations. *Proceedings of the Joint American Control Conference*, Philadelphia, USA, June, 1967, pp. 135–143.
4. Bender, E. K., Optimization of the random vibration characteristics of vehicle suspensions using random process theory. ScD. Thesis, MIT, Cambridge, MA, 1967.
5. Karnopp. D. C. and A. K. Trikha, Comparative study of optimization techniques for shock and vibration isolation. *ASME Journal of Engineering for Industry*, 91(4), 1128–1132, 1969.
6. Williams, D. A. and P. G. Wright, Vehicle suspension system. U.S. Patent 4 625 993, 1986.
7. Thompson, A. G., Design of active suspensions. *Proceedings of the Institution of Mechanical Engineering*, 185(36), 553–563, 1970–1971.
8. Karnopp, D. C., Two contrasting versions of the optimal active vehicle suspension. *ASME Monograph*, DSC-1, 341–346, 1985.
9. Williams, R. A., Active suspensions; classical or optimal? *Proceedings of the 9th IAVSD Symposium*, Linkoping, Sweden, 1985, pp. 607–620.
10. Michelberger, P., J. Bokor, A. Keresztes, and P. Varlaki, Design of active suspension system for road vehicles; an eigenstructure assignment approach. SAE Paper No. 905146, 1990.
11. Smith, M. C., Achievable dynamic response for automotive active suspensions. *Vehicle System Dynamics*, 24, 1–33, 1995.
12. Orlandea, N. and M. A. Chace, Simulation of a vehicle suspension with the ADAMS computer program. SAE Paper No. 770053, 1977.
13. Grubel, G. and W. Kortum, Towards a coherent technology for computational vehicle system dynamics. *Proceedings of the International Symposium on Advanced Vehicle Control (AVEC)*, Yokohama, Japan, 1992, pp. 48–55.
14. Schiehlen, W., Multibody dynamics software for controlled vehicle simulation. *Proceedings of the International Symposium on Advanced Vehicle Control (AVEC)*, Yokohama, Japan, 1992, pp. 37–42.
15. Kortum, W., W. Rulka, and W. Schwartz, Analysis and design of controlled vehicles using multibody simulation models. *Proceedings of the International Symposium on Advanced Vehicle Control (AVEC)*, Tsukuba, Japan, 1994, pp. 85–92.
16. Lamps. M. F. and E. C. Ekert, Improving the suspension design process by integrating multibody system analysis and design of experiments. SAE Paper No. 930264, 1993.
17. Fritz, C., M. Hassenforder, D. Lienhardt, and G. Gissinger, A vehicle suspension study with a versatile software package called PROUESSE. *Proceedings of the International Symposium on Advanced Vehicle Control (AVEC)*, Tsukuba, Japan, 1994, pp. 93–98.
18. Foag, W. and G. Grubel, Multi-criteria control design for preview vehicle-suspension systems. *Proceedings of the 10th IFAC World Congress*, Munich, Germany, 3, pp. 190–196, 1987.
19. Zaremba, A., R. Hampo, and D. Hrovat, Control synthesis for an automotive active suspension using constrained optimization. *Proceedings of the International Symposium on Advanced Vehicle Control (AVEC)*, Tsukuba, Japan, 1994.
20. Mastinu, G., Automotive suspension design by multi-objective programming. *Proceedings of the International Symposium on Advanced Vehicle Control (AVEC)*, Tsukuba, Japan, 1994.
21. Hedrick, J. K., C. F. Billington, and D. A. Dreesbach., Analysis, design and optimization of high speed vehicle suspensions using state variable techniques. *ASME Journal of Dynamic Systems, Measurement, and Control*, 96(2), 193–203, June 1974.
22. Guenther, D. R. and C. T. Leondes, Synthesis of a high-speed tracked vehicle suspension system. Part I: Problem statement, suspension structure, and decomposition; and, Part II: Definition and solution of the

control problem. *IEEE Transactions on Automatic Control*, AC-22(2), 158–172, April 1977.
23. Lu, X. P., H. L. Li, and P. Papalambros, A design procedure for the optimization of vehicle suspensions. *International Journal of Vehicle Design*, 5(1/2), 129–142, 1984.
24. Hrovat, D., Survey of advanced suspension developments and related optimal control applications. *Automatica*, 33(10), 1781–1817, 1997.
25. Hampo, R. J. and K. A. Marko, Investigation of the application of neural networks to fault tolerant control of an automotive suspension system. *Proceedings of the American Control Conference*, Chicago, IL, 1992, pp. 11–15.
26. Feldkamp, L. A., G. V. Puskorius, L. I. Davis. Jr, and K. Yuan, Neural control systems trained by dynamic gradient methods for automotive application. *Proceedings of the International Joint Conference on Neural Networks*, Baltimore, MD, Vol. II, 1992, pp. 798–804.
27. Nagai. M. and A. Moran, Optimal rear suspension preview control of nonlinear vehicles using neural networks. *Proceedings of the 12th IFAC World Congress*, Sydney, Australia, 1993.
28. Presser, S., A. Vikas, A. Woehler, and H. P. Willumeit, Identification of fuzzy-control systems by evolution strategy. *Proceedings of the International Symposium on Advanced Vehicle Control (AVEC)*, Tsukuba, Japan, 1994, pp. 116–121.
29. Marsh, C., T. J. Gordon, and Q. H. Wu., Application of learning automata to controller design in slow-active automobile suspensions. *Vehicle System Dynamics*, 24, 597–616, 1995.
30. Kashani, R., J. E. Strelow, M. Eiler, and M. Aryakula, LQG-based fuzzy logic control of active suspension. *ASME Journal of Dynamic Systems, Measurement and Control*, 58, pp. 69–76, 1996.
31. Smith, C. C., D. Y. McGehee, and A. J. Healey, The prediction of passenger riding comfort from acceleration data. *ASME Journal of Dynamic Systems, Measurement, and Control*, 100, 34–41, March 1978.
32. Hedrick, J. K., R. K. Ravera, and J. R. Amderes, The effect of elevated guideway construction tolerances on vehicle ride quality. *ASME Journal of Dynamic Systems, Measurement, and Control*, 97(4), 408–416, December 1975.
33. Fearnsides, J. J., J. K. Hedrick, and H. Firouztash., Specification of ride quality criteria for transportation systems: The state of the art and a new approach. *High Speed Ground Transportation Journal*, 8(2), 125–132, 1974.
34. Hoberock, L. L., A survey of longitudinal acceleration comfort studies in ground transportation vehicles. *ASME Journal of Dynamic Systems, Measurement, and Control*, 99(2), 76–84, June 1977.
35. Anonymous, A guide to the evaluation of human exposure to whole body vibration. ISO/DIS 2631, International Standard Organization, New York, 1972.
36. Smith, C. C., On using the ISO standard to evaluate the ride quality of broad-band vibration spectra in transportation vehicles. *ASME Journal of Dynamic Systems, Measurement, and Control*, 98(4), 440–443, December 1976.
37. Klinger, D. L., N. K. Cooperrider, J. K. Hedrick, R. C. White, A. Cilzado, M. Sayers, and D. Wormley, Guideway vehicle cost reduction, parts I and II. National Technical Information Service Reports DOT-TST-75-95, 1976.
38. Stephens, D. G., Comparative vibration environments of transportation vehicles. In Berman, A. and Hannibal, A. J. (eds.), *Passenger Vibration in Transportation Vehicles*, ASME Publication AMD, Chicago, IL, Vol. 24, September 1977, pp. 59–72.
39. Hrovat, D., Applications of optimal control to advanced automotive suspension design. *ASME Journal of Dynamic Systems, Measurement, and Control*, (Special Issue commemorating 50 years to the DSC division), 115, 328–342, 1993.
40. Asgari, J. and Hrovat, D., Bond graph models of vehicle 2D ride and handling dynamics. In Velinsky, S. A., R. H. Fries, I. Hague, and D. Wang. (eds.), *Advanced Automotive Technologies*, ASME Publication, DE Vol. 40, December 1991, pp. 391–406.
41. Crosby, M. and Karnopp, D. C., The active damper—A new concept for shock and vibration control. In *The Shock and Vibration Bulletin,* Part H, Washington, DC, 43(6), pp. 119–133, 1973.
42. Hrovat, D., Optimal passive vehicle suspensions. PhD thesis, University of California, Davis, CA, May 1979.
43. Hrovat, D., D. L. Margolis, and M. Hubbard., Suboptimal semi-active vehicle suspensions. *Proceedings of the 1980 JACC*, San Francisco, CA, August 1980.

44. Anderson, B. D. O. and S. Vongpanitlers., *Network Analysis and Synthesis*, Prentice-Hall Inc., Englewood Cliffs, NJ, 1973.
45. Hrovat, D., A class of active LQG optimal actuators. *Automatica*, 18(1), 117–119, January 1982.
46. Sevin, E. and W. D. Pilkey, *Optimum Shock and Vibration Isolation*, The Shock and Vibration Information Center, United States Department of Defense, Washington, DC, 1971.
47. Hrovat, D. and D. L. Margolis., Realistic road-truck systems simulation using digital computers. *Proceedings of the Winter Computer Simulation Conference*, Sacramento, CA, 1975.
48. Healey, A. J., Digital processing of measured vibration data for automobile ride evaluation. In Berman, A. and Hannibal, A. J. (eds.), *Passenger Vibration in Transportation Vehicles*, ASME Publication AMD, Vol. 24, September 1977, pp. 1–17.
49. Hrovat, D. and M. Hubbard, A comparison between jerk optimal and acceleration optimal vibration isolation. *Journal of Sound and Vibration*, 12(2), 201–210, July 1987.
50. Hrovat, D., and M. Hubbard, Optimum vehicle suspension minimizing RMS rattlespace, sprung-mass acceleration and jerk. *ASME Journal of Dynamic Systems, Measurement, and Control*, 103(3), 228–236, September 1981.
51. Davison, E. J. and P. Patel, Application of the robust servo mechanism controller to systems with periodic tracking/disturbance signals. *International Journal of Control*, 47(1), 111–127, January 1988.
52. Boyd, S., L. El Ghaoui., E. Feron., and V. Balakishnan, *Linear Matrix Inequalities in System and Control Theory*, SIAM, ISBN 0–89871–334-x, Philadelphia, PA, 1994.
53. Fialho, I. and G. J. Balas, Road adaptive active suspension design using linear parameter-varying gain-scheduling. *IEEE Transactions on Control Systems Technology*, 10(1), 43–54, January 2002.
54. Chen, H. and K. Guo, An LMI approach to multiobjective RMS gain control for active suspensions. *Proceedings of the 2001 American Control Conference*, Arlington, VA, 2001, pp. 2646–2651.
55. Becker, G., A. Packard, Robust performance of linear parametrically varying systems using parametrically-dependent linear feedback. *Systems and Control Letters*, 23(3), 205–215, September 1994.
56. Tran, M. and D. Hrovat, Application of gain-scheduling to design of active suspensions. *Proceedings of the 1993 IEEE Conference on Decision and Control*, San Antonio, TX, 1993, pp. 1030–1035.
57. Hrovat, D., Influence of unsprung weight on vehicle ride quality. *Journal of Sound and Vibration*, 124, 497–516, 1988.
58. Hedrick, J. K. and T. Butsuen, Invariant properties of automotive suspensions. *Proceedings of the Institution of Mechanical Engineering*, 204(1), 21–27, 1990.
59. Hrovat, D., Optimal active suspension structures for quarter-car vehicle models. *Automatica*, 26(5), 845–860, 1990.
60. Den Hartog, J. P., *Mechanical Vibrations*. McGraw-Hill, New York, 1956.
61. Hrovat, D., P. Barak, and M. Rabins, Semi-active versus passive or active tuned mass dampers for structural control of buildings. *ASCE Journal of Engineering Mechanics*, 109(3), 691–705, 1983.
62. Moran, T., AUTOS ON MONDAY/Technology; A new suspension's magnetic appeal, New York Times, Section D, p. 10, October 11, 2004.
63. Parison, J. A. and L. D. Knox., Wheel damping. Bose Corporation, US Patent 6,364,078, April 2002.
64. Salman, M. A., A. Y. Lee, and N. M. Boustany, Reduced-order design of active suspension control. *ASME Journal of Dynamic Systems, Measurement, and Control*, 112, 604–610, 1990.
65. Krtolica, I. T., U. Ozguner, H. Chan, and D. Hrovat, Two time-scale analysis of active suspension control of 2D/4DOF half-car model. Final Report, Ohio State University, Columbus, OH, 1990.
66. Fathy, H. K., A. G. Ulsoy, P. Y. Papalambros, and D. Hrovat, Nested plant/controller optimization with application to combined passive/active automotive suspensions. *Proceedings of the 2003 American Control Conference*, Denver, CO, 4, pp. 3375–3380, June 2003.
67. Thompson, A. G., An optimal suspension for an automobile on a random road. SAE Paper No. 790478, 1979.
68. Hac, A., Stochastic optimal control of vehicles with elastic body and active suspension. *ASME Journal of Dynamic Systems, Measurement, and Control*, 108, 106–110, June 1986.
69. Krtolica, R. and D. Hrovat, Optimal active suspension control based on a half-car model: An analytical solution. *IEEE Transactions on Automatic Control*, AC-37, 528–532, 1992.
70. Tomizuka, M., Optimum linear preview control with application to vehicle suspension—Revisited. *ASME Journal of Dynamic Systems, Measurement, and Control*, 98(3), 309–315, September 1976.
71. Hrovat, D., Optimal suspension performance for 2D vehicle models. *Journal of Sound and Vibration*, 145(I), 93–110, 1991.
72. Rutledge, D. C., Models for jerk-optimal vehicle suspensions. PhD thesis, University of California, Davis, CA, 1990.

73. Ono. E., M. Yamashita, and Y. Yamauchi, Distributed hierarchy control of active suspension system. *Proceedings of the International Symposium on Advanced Vehicle Control (AVEC)*, Tsukuba, Japan, 1994, pp. 373–378.
74. Hac, A., Optimal linear preview control of active vehicle suspension. *Vehicle System Dynamics*, 21, 167–195, 1992.
75. Araki, Y., M. Oya, and H. Harada, Preview control of active suspension using disturbance of front wheel. *Proceedings of the International Symposium on Advanced Vehicle Control (AVEC)*, Tsukuba, Japan, 1994, pp. 299–304.
76. Pilbeam, C. and R. S. Sharp, Performance potential and power consumption of slow-active suspension systems with preview. *Vehicle System Dynamics*, 25, 169–183, 1996.
77. Sharp, R. S. and C. Pilbeam, On the ride comfort benefits available from road preview with slow-active car suspensions. *Vehicle System Dynamics*, 23 (*Supplement on Proceedings of the 13th IAVSD Symposium*), 437–448, 1994.
78. Huisman, R. G. M., F. E. Veldpaus, J. G. A. M. van Heck, and J. J. Kok., Application of a preview controlled active suspension to a (non)linear 2-D truck model. *Proceedings of the International Symposium on Advanced Vehicle Control (AVEC)*, Tsukuba, Japan, 1994, pp. 293–298.
79. Hac, A., Decentralized control of active vehicle suspensions with preview. *ASME Journal of Dynamic Systems, Measurement, and Control*, 117, 478–483, 1995.
80. Barak, P. and D. Hrovat, Application of the LQG approach to design of an automotive suspension for 3D vehicle models. *Proceedings of the International Conference on Advanced Suspensions, IMECHE*, London, Great Britain, 1988.
81. Barak, P., On a ride control algorithm for heave, pitch and roll motions of a motor vehicle. PhD Thesis, Department of Mechanical Engineering, Wayne State University, Detroit, MI, 1985.
82. Chalasani, R. M., Ride performance potential of active suspension systems-Part II: Comprehensive analysis based on a full-car model. *ASME Monograph*, AMD-80, DSC-1, 1986, pp. 619–626.
83. Hrovat, D., Optimal active suspensions for 3D vehicle models. *Proceedings of the 1991 American Control Conference*, Boston, MA, 1991, pp. 1534–1541.
84. Parkhilovskii, I. G., Investigations of the probability characteristics of the surfaces of distributed types of roads. *Autumn Promotion*, 8, 18–22, 1968.
85. Rill, G., The innuence of correlated random road excitation processes on vehicle vibration. *Proceedings of the 8th IAVSD Symposium on the Dynamics of Vehicles on Roads and on Railway Tracks*, Cambridge, MA, August 1983, pp. 449–459.
86. Karnopp, D. C. and M. I. Crosby, System for controlling the transmission of energy between spaced members. U.S. Patent No. 3 807 678, 1974.
87. Karnopp, D. C., M. J. Crosby, and R. A. Harwood, Vibration control using semi-active force generators. *ASME Journal of Engineering Industry*, 96(2), 1974.
88. Klinger, D. L., N. K. Cooperrider, J. K. Hedrick, R. C. White, A. Cilzado, M. Sayers, and D. Wormley, Guideway vehicle cost reduction, parts I and II. National Technical Information Service Reports DOT-TST-75-95, 1976.
89. Roley, D. G., Tractor cab suspension performance modeling. PhD Thesis, Department of Agricultural Engineering, University of California, Davis, CA, 1975.
90. Margolis, D. L., J. L. Tylee, and D. Hrovat., Heave mode dynamics of a tracked air cushion vehicle with semiactive airbag secondary suspension. *ASME Journal of Dynamic Systems, Measurement, and Control*, 97(4), 399–407, 1975.
91. Margolis, D. L. and D. Hrovat, Semi-active heave and pitch control of a high speed tracked air cushion vehicle. *Intersociety Transportation Conference*, Los Angeles, CA, 1976.
92. Miller. L. R. and C. M. Nobles, The design and development of a semi-active suspension for military tank. SAE Paper No. 881133, 1988.
93. Hrovat, D. and D. L. Margolis, An experimental comparison between semi-active and passive suspensions for air-cushion vehicles. *International Journal Vehicle Design*, 2(3), 308–321, 1981.
94. Krasnicki, E. J., The experimental performance of an ON-OFF active damper. *Shock and Vibration Bulletin*, 51, 125–131, 1981.
95. Miller, L. R., The effect of hardware limitations on an on/off semi-active suspension. *Proceedings of the International Mechanical Engineering. International Conference on Advanced Suspensions*, Paper No. C442/88, London, pp. 199–206, 1988.
96. Ivers, D. E. and L. R. Miller, Experimental comparison of passive, semi-active on/off, and semi-active continuous suspensions. SAE Paper No. 892484, 1989.

97. Crawford, I. L., Semi-active suspension system. *Proceedings of the Conference on Advanced Vehicle Systems*, Strasbourgh, France, 1988, pp. 602–619.
98. Decker, H. and W. Schramm, An optimized approach to suspension control. SAE Paper No. 900 661, 1990.
99. Emura, J., S. Kakizaki, F. Yamaoka, and M. Nakamura., Development of the semi-active suspension system based on the sky-hook damper theory. SAE Paper No. 940863, 1994.
100. Higashiyama, K., T. Hirai, S. Kakizaki, and M. Hiramoto., Development of the active damper suspension. *Proceedings of the International Symposium on Advanced Vehicle Control (AVEC)*, Tsukuba, Japan, 1994, pp. 331–336.
101. Siebenhaar, A., The semi-active regulator. PhD Thesis, University of California, Davis, CA, 1975.
102. Hrovat, D., D. L. Margolis, and M. Hubbard, An approach toward the optimal semi-active suspension. *ASME Journal Dynamic Systems, Measurement and Control*, 110(3), 288–296, 1988.
103. Butsuen, T. and J. K. Hedrick, Optimal semi-active suspensions for automotive vehicles: The 1/4 car model. *Advanced Automotive Technology*, DSC-3, 305–319, 1989.
104. Tseng, H. E. and J. Karl Hedrick, Semi-active control laws—Optimal and sub-optimal. *Vehicle System Dynamics*, 23(7), 545–569, October 1994.
105. Giorgetti, N., A. Bemporad, H. E. Tseng, and D. Hrovat, Hybrid model predictive control application towards optimal semi-active suspension. *International Symposium on Industrial Electronics* (ISIE 2005), Mini Track on Automotive Control, Dubrovnik, Croatia, June 2005.
106. Ivers, D. E. and L. R. Miller, Semi-active suspension technology: An evolutionary view. *Advanced Automotive Technologies*, presented at the Winter Annual Meeting, Atlanta, GA, DE-Vol. 40, 1991, pp. 327–346.
107. Wallentowitz, H. and D. Konik., Actively influenced suspension systems. *Proceedings of the 3rd International Conference on Vehicle Dynamics and Powertrain Engineering*, Strasbourg, France, 1991.
108. Sturk, M., X. M. Wu, and J. Y. Wong, Development and evaluation of a high voltage supply unit for electrorheological fluid dampers. *Vehicle System Dynamics*, 24, 101–121, 1995.
109. Pinkos, A., E. Shtarkman, and T. Fitzgerald, An actively damped passenger car suspension system with low voltage electro-rheological magnetic fluid. *Proceedings of the International Symposium on Advanced Vehicle Control (AVEC)*, Tsukuba, Japan, 1994, pp. 311–317.
110. Yeh, E. C., S. H. Lu, and C. C. Chen, A genetic algorithm based fuzzy system for semi-active suspension system design. *Proceedings of the International Symposium on Advanced Vehicle Control (AVEC)*, Tsukuba, Japan, 1994, pp. 189–194.
111. Park. S. and J. Koo, Design of IMC structured automotive semi-active controller. *Proceedings of the International Symposium on Advanced Vehicle Control (AVEC)*, Tsukuba, Japan, 1994, pp. 183–188.
112. Muijderman, J. H. E. A., F. E. Veldpaus, and J. J. Kok, A semi-active suspension system based on dynamic programming. *Proceedings of the International Symposium on Advanced Vehicle Control (AVEC)*, Tsukuba, Japan, 1994, pp. 177–182.
113. Konik, D., W. Bauer, K. J. Huber, B. Jordan, S. Kolbel, J. Scharf, S. Schopp, and M. Wimmer, Electronic damping control with continuously working damping valves (EDCC)—System description and functional improvements. *Proceedings of the International Symposium on Advanced Vehicle Control (AVEC)*, Aachen, Germany, 1996, pp. 87–104.
114. Moran. A., T. Hasegawa, and M. Nagai, Continuously controlled semi-active suspension using neural networks. *Proceedings of the International Symposium on Advanced Vehicle Control (AVEC)*, Tsukuba, Japan, 1994, pp. 305–310.
115. Isobe, O., T. Kawabe, Y. Watanabe, Y. Miyasato, and S. Hanba., Sliding mode controller for semi-active suspension system for commercial vehicles. *Proceedings of the International Symposium on Advanced Vehicle Control (AVEC)*, Aachen, Germany, 1996, pp. 37–46.
116. Kawagoe, K., *Semi-Active Control and Optimum Preview Control with Application to Vehicle Suspensions*. Research Publication, Iguchi Laboratory, Tokyo University, Tokyo, Japan, 1983.
117. Kawagoe, K. and M. Iguchi, Semi-active control and optimum preview control applications to vehicle suspension. *JSAE Review*, 17, 24–31, 1985.
118. Hac, A. and I. Youn, Optimal semi-active suspension with preview based on a quarter car model. *Vibration, Acoustics, Stress, and Reliability in Design*, 114(1), 84–92, January 1992.
119. Jezequel, L. and V. Roberti, Study of a nonlinear preview semi-active suspension system. *Proceedings of the International Symposium on Advanced Vehicle Control (AVEC)*, Yokohama, Japan, 1992, pp. 123–129.
120. Huisman, R. G. M., F. E. Veldpaus, J. G. A. M. van Heck, and J. J. Kok, Preview estimation and control for (semi-) active suspensions. *Proceedings of the International Symposium on Advanced Vehicle Control (AVEC)*, Yokohama, Japan, 1992.

121. Irmscher, S., E. Hees, and T. Kutsche, A controlled suspension system with continuously adjustable damping force. *Proceedings of the International Symposium on Advanced Vehicle Control (AVEC)*, Tsukuba, Japan, 1994, pp. 325–330.
122. Alexandridis, A. A. and J. P. Goldasz, *7th Conference on Active Noise and Vibration Control Methods*, Wigry, Poland, June 8–12, 2005.
123. Modie, M. O. and A. Hac, Closed-loop yaw control of vehicles using magneto-rheological dampers. *SAE SP-1537*, 2000, SAE Paper 2000–01–0137.
124. Hubbard, M. and D. Margolis, The semi-active spring, is it a viable concept? *Intersociety Conference on Transportation*, Los Angeles, CA, 1976.
125. Tseng, T. and D. Hrovat, Some additional characteristics of optimal active suspensions for quarter-car models. Ford Motor Company Research Report SR.89–95, Dearborn, MI, 1989.
126. Alexandridis, A. A. and T. R. Weber, Active vibration isolation of truck cabs. *Proceedings of the American Control Conference*, San Diego, CA, 1984, pp. 1199–1208.
127. Yue, C., T. Butsuen, and K. Hedrick, Alternative control laws for automotive active suspensions. *Proceedings of the American Control Conference*, Atlanta, USA, June 1988, pp. 2373–2376.
128. Ulsoy, A. G. and D. Hrovat, Stability robustness of LQG active suspensions. *Proceedings of the 1990 American Control Conference*, San Diego, CA, 1990, pp. 1347–1356.
129. Ulsoy, A. G., D. Hrovat, and T. Tseng, Stability robustness of LQ and LQG active suspensions. *ASME Journal of Dynamic Systems, Measurement and Control*, 116(l), 123–131, 1994.
130. Kiriczi, S. and R. Kashani, Control of active suspension with parameter uncertainty and non-white road unevenness disturbance input. SAE Paper No. 902283, 1990.
131. Yamashita, M., K. Fujimoti, C. Uhlik, R. Kawatani, and H. Kumura, Hinf control of an automotive active suspension. *Proceedings of the 29th Conference on Decision and Control*, Honolulu, HI, 1990, pp. 2244–2250.
132. DeJager, A. G., Comparison of two methods for the design of active suspension systems. *Optimal Control Application*, 12, 173–138, 1991.
133. Balas, G. J., J. C. Doyle, K. Glover, A. Packard, and R. Smith, μ—Analysis and synthesis toolbox. *Matlab User's Guide*, MathWorks Inc., 1993.
134. Hrovat, D. and B. Bodenheimer., Robust automotive idle: Speed control design based on μ-synthesis. *Proceedings of the 1993 American Control Conference*, San Francisco, CA, June 1993, pp. 1778–1783.
135. Lu, J. and M. De Poyster, Multi-objective suspension control to achieve integrated ride and handling performance. *IEEE Transactions on Control Systems Technology*, 10(6), 807–821, 2002.
136. Gordon. T. J., C. Marsh, and M. G. Milsted, A comparison of adaptive LQG and nonlinear controllers for vehicle suspension systems. *Vehicle System Dynamics*, 20, 321–340, 1991.
137. Karlsson, N., M. Ricci, D. Hrovat, and M. Dahleh, A suboptimal nonlinear active suspension. *Proceedings of the 2000 American Control Conference*, Chicago, IL, 2000, pp. 4036–4040.
138. Alleyne, A., P. D. Neuhaus, and J. K. Hedrick, Application of nonlinear control theory to electronically controlled suspensions. *Vehicle System Dynamics*, 22, 309–320, 1993.
139. Gopalasamy, S., C. Osorio, J. K. Hedrick, R. Rajamani, for active suspensions—Controller design and experimental study. *ASME Journal of Dynamic Systems, Measurement and Control*, 61, 725–733, 1997.
140. Lin, J. S. and I. Kanellakopoulos, Nonlinear design of active suspensions. *IEEE Control Systems Magazine*, 17(3), 45–59, 1997.
141. Tran, M. and D. Hrovat, Application of gain-scheduling to design of active suspensions. *Proceedings of the 1993 IEEE Conference on Decision and Control*, San Antonio, TX, 1993, pp. 1030–1035.
142. Garcia, C. E., D. M. Prett, and M. Morari, Model predictive control: Theory and practice—A survey. *Automatica*, 25(3), 335–348, 1989.
143. Bemporad, A. and M. Morari, Control of systems integrating logic, dynamics and constraints. *Automatica*, 35(3), 407–427, 1999.
144. Borrelli, F., *Constrained Optimal Control of Linear and Hybrid Systems*. Vol. 290, Lecture Notes in Control and Information Sciences, Springer, Berlin, Germany, 2003.
145. Bemporad, A., F. Borrelli, and M. Morari, Model predictive control based on linear programming —The explicit solution. *IEEE Transactions on Automatic Control*, 47(12), 1974–1985, 2002.
146. Bemporad, A., M. Morari, V. Dua, and E. N. Pistikopoulos, The explicit linear quadratic regulator for constrained systems. *Automatica*, 38(1), 3–20, 2002.
147. Hrovat, D., MPC-based idle speed control design for internal combustion engines. *Proceedings of the 26th FISITA Congress*, Prague, Czech Republic, 1996.
148. Giorgetti, N., A. Bemporad, I. V. Kolmanivsky, and D. Hrovat, Explicit hybrid optimal control of direct injection stratified charge engines. *Proceedings of the International Symposium on Industrial Electronics (ISIE 2005)*, Mini Track on Automotive Control, Dubrovnik, Croatia, June 2005, pp. 247–252.

149. Petterson, S. and B. Lennartson, Stability analysis of hybrid systems—A gearbox application. In Johansson, R. and Rantzer, A. (eds.), *Nonlinear and Hybrid Systems in Automotive Control*, Springer, London, U.K., 2003, pp. 373–387.
150. Borrelli, F., A. Bemporad, M. Fodor, and D. Hrovat, An MPC/Hybrid system approach to traction control. Accepted for *IEEE Transaction on Control Systems Technology*. 14(3), 2006, pp. 541–552.
151. Isidori, A., *Nonlinear Control Systems*, 2nd edn., Springer-Verlag, Berlin, Germany, 1989, (1st Edn., 1985).
152. Astrom, K. J. and B. Wittenmark, *Adaptive Control*. Addison-Wesley, Reading, MA, 1989.
153. Slotine, J. J. E. and W. Li, *Applied Nonlinear Control*. Prentice-Hall, Englewood Cliffs, NJ, 1991.
154. Khalil, H.K., *Nonlinear Systems*. Macmillan, New York, 1992.
155. Krstic, M., I. Kanellakopoulos, and P. Kokotovic, *Nonlinear and Adaptive Control Design*. John Wiley & Sons, New York, 1995.
156. Blankenship, G. L., R. Ghanadan, and V. Polyakov, Nonlinear adaptive control of active vehicle suspensions. *Proceedings of the 1993 American Control Conference*, San Francisco, CA, pp. 2837–2841.
157. Cheok, K. C., N. K. Loh, H. D. McGee, and T. F. Petit, Optimal model-following suspension with microcomputerized damping. *IEEE Transactions on Industrial Electronics*, IE-32, 364–371, 1985.
158. Sunwoo, M., K. C. Cheok, and N. J. Huang, Application of model reference adaptive control to active suspension systems. *Proceedings of the 1990 American Control Conference*, San Diego, CA, 1990, pp. 1340–1346.
159. Karlsson, N., D. Hrovat, and M. Dahleh, Nonlinear H_∞ control of active suspensions. *Proceedings of the 2001 American Control Conference*, Arlington, VA, 2001.
160. Jurgen, R., *Automotive Electronics Handbook*, Mc-Graw-Hill, New York, 1995.
161. Nagai, M. and Y. Sawada, Active suspension for flexible structure control of high speed ground vehicles. *Proceedings of the 10th IFAC World Congress*, Munich, Germany, 1987.
162. Gohring, E., R. Povel, E. C. von Glasner, and P. Schutzner, Practicable controlled suspension systems for commercial vehicles. *Proceedings of the International Symposium on Advanced Vehicle Control (AVEC)*, Yokohama, Japan, 1992, pp. 99–104.
163. Vohringer, K. D., O. Bode, E. C. von Glasner, H. Ch. Pflug, and R. Povel, Contribution to adaptive suspension systems for commercial vehicles. *Proceedings of the International Symposium on Advanced Vehicle Control (AVEC)*, Tsukuba, Japan, 1994, pp. 359–366.
164. Goodall, R. M., R. A. Williams, A. Lawton, and P. R. Harborough, Railway vehicle active suspensions in theory and practice. *Proceedings of the 7th IAVSD Symposium*, Cambridge, U.K., 1981, pp. 210–215.
165. Williams, R. A., Railway vehicle suspensions enter the electronic age. *IEE Conference*, London, U.K., 1981, p. 203.
166. Goodall, R. M. and W. Kortum, Active controls in ground transportation—A review of the state-of-the-art and future potential. *Vehicle System Dynamics*, 12, 225–257, 1983.
167. Gottzein, E., K. H. Brock, E. Schneider, and J. Pfefferl, Control aspects of a tracked magnetic levitation high speed test vehicle. *Automatica*, 13, 205–223, 1977.
168. Nagai, M. and S. Tanaka, Study of the dynamic stability of repulsive magnetic levitation systems (optimal control of active secondary suspension). *JSME International Journal*, Series 3, 35(1), 1992, pp. 102–108.
169. Horton. D. N. L. and D. A. Crolla, Theoretical analysis of a semi-active suspension fitted to an off-road vehicle. *Vehicle System Dynamics*, 15, 351–372, 1986.
170. Metz, D. and J. Maddock, Optimal ride height and pitch control for championship race car. *Automatica*, 22(5), 509–520, 1986.
171. Sorensen, A. J. and O. Egeland, Design of ride control system for surface effect ships using dissipative control. *Automatica*, 31(2), 183–199, 1995.
172. Yokoya, Y., R. Kizu, H. Kawaguchi, K. Ohashi, and H. Ohno, Integrated control system between active control suspension and four wheel steering for the 1989 CELICA. SAE Paper No. 901748, 1990.
173. Matsuo, Y., H. Harada, and M. Yamamoto, Development of experimental vehicle with integrated chassis control. *JSAE Review*, 11(3), 30–36, 1990.
174. Hrovat, D., Wheel slip control utilizing active suspension. US patent 5,033,573, 1991.
175. Hrovat, D., Traction control system with active suspension. US Patent 5,517,414, 1996.
176. Yonekawa, T., T. Ohnuma, V. Mon, T. Gotoh, and S. Buma, Effect of active control suspension system on vehicle dynamics. *JSAE Review*, 12(2), 40–45, 1991.
177. Fodor, M. and D. Hrovat, Vehicle suspension control. US Patent 5,852,787, 1998.
178. Karlsson, N., Constructive methods for nonlinear control of finite and infinite dimensional systems. PhD Thesis, University of California, Santa Barbara, CA, 2002.

第35章 集成控制

35.1 引言

纵向、侧向和垂向的车辆运动控制,过去分别由传动/制动、转向和悬架系统独立控制。然而,在近10~15年内,注意力集中在将这些系统集成,以便控制车辆的水平运动,尤其是车辆侧向运动,可以将最近几年称之为"集成控制时代"。在前述10~15年的早期阶段,车辆运动控制的集成或系统组合已经在文献[1]中综述。其中,讨论了底盘与TCS集成的可能性,这里集成理解为功能集成、硬件集成或功能与硬件的集成。

此外,在文献[2]中,研究了这些控制系统集成产生的协同效应,旨在改善道路车辆的动力学行为,且提出悬架、力矩和转向控制的几种组合,其背后的想法是集成控制为两个以上控制系统的组合,对车辆侧向动力学性能的提高产生协同效果。

本章对集成控制的理解,与早期文献[1]和[2]的理解几乎相同。从提高车辆侧向动力学性能的角度出发,通过多种硬件组合的控制集成,最终实现轮胎力的整体应用。换言之,集成控制可以说是通过几种硬件对轮胎力的合理使用,同时提供车辆侧向运动的性能效益。

集成控制概念如图35.1所示,查看图中哪些区域可能对各自的系统集成有益是有趣的。

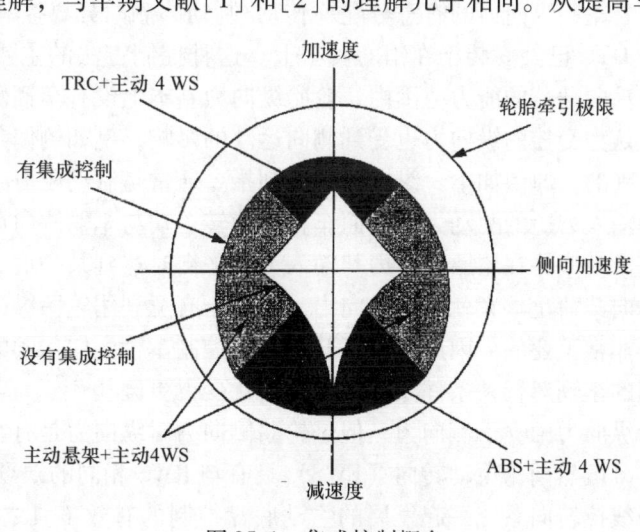

图35.1 集成控制概念

纵向加速度和侧向加速度的圆极限对应于每个轮胎的摩擦圆,因此考虑集成车辆控制为轮胎力的整体应用是合理的。

集成控制最重要的一点是集成控制方法。最近,文献[4]的作者考虑了道路车辆交互控制系统设计和研发的范畴、方法和架构,重点讨论了控制系统体系结构的作用、产生的控制信息流和控制系统设计的含义。其给出对集成车辆控制当前实践广泛的回顾作为一个参考,因此本章不考虑早期观点的任何细节。

35.2 车辆底盘控制

车辆底盘控制通常意味着控制车辆的侧向、垂向和纵向运动,以便提高操纵稳定性、安全性、行驶平顺性和传动/制动性能。这些控制基本上分别依赖转向控制、传动/制动控制和悬架控制,这里主要专注于研究和开发提高车辆操纵稳定性和主动安全性的底盘控制。

自20世纪80年代以来,提高车辆操纵稳定性的最常见的底盘控制方式之一是后轮转向(RWS)。RWS控制取决于轮胎侧向力,该侧向力与转向角成正比,这是一个控制指令,在小的侧向加速度范围内可以很容易应用二自由度线性车辆模型。然而,在较大的侧向加速度下,由于侧向力对侧偏角的饱和特性,侧向力不一定与转向角成正比,侧向力也变得更加依赖轮胎垂向载荷和纵向力。因此,控制指令对车辆运动和环境条件变得相当敏感。

在最近的10~15年内,所谓的直接横摆力矩控制(DYC)正在成为最有前途的底盘控制方式之一。在DYC中,车辆运动通过横摆力矩控制,横摆力矩由左右轮胎纵向力的有意分配(传动/制动的侧向分离控制)主动产生,一些类型的DYC已经安装于在销的实车上。这种控制方法的主要优点之一是,只要在轮胎垂向载荷的能力范围内,轮胎纵向力基本上没有车辆侧向运动的反馈。有人可能认为受控的纵向力也受到侧向运动的影响,例如侧偏角的影响。然而,这是不正确的,原因如下:纵向力的控制指令通常是制动压力或直接作用于车轮旋转运动输入力矩的驱动力矩,而车轮的旋转运动与车辆侧向运动无关。因此,轮胎纵向滑动率将在轮胎纵向力与输入力矩平衡时达到某一值。无论侧偏角如何,只要垂向载荷足够大就产生纵向力,这对于有意利用轮胎纵向力控制车辆的侧向运动是非常重要的。因此,可以开发需要控制车辆侧向运动的精确横摆力矩,具有控制的车辆对行驶条件及其环境的干扰变得更健壮[5,7]。当然,应当注意的是,尽管纵向力独立于侧向力,但是轮胎侧向力对纵向力是有影响的。

虽然前轮主动转向(FWS)具有与RWS相同的缺点,但是FWS最近也变成与线控转向系统一起发展的主动底盘控制的有效工具之一。然而,FWS和RWS的控制命令不是侧向力而是转向角。因此,FWS和RWS产生的侧向力准确度较差，并且容易受到车辆运动的影响，因为轮胎侧向力对侧偏角和垂向载荷具有非线性关系。相反，如前所述，由 DYC 产生的横摆力矩更加精准。另一方面，其不能直接控制侧向运动，因为它不利用任何侧向力直接控制[6]。

因此，通过 FWS、RWS 和 DYC 的集成或协同弥补每个控制方式的缺点，实现更有效的底盘控制是可行的。主动悬架中的侧倾力矩分配控制（RDC）也被认为是车辆运动控制的工具之一，具有差速控制的受控四轮驱动（4WD）也是底盘控制的工具之一。当然，除了 FWS、RWS、DYC、RDC 和受控 4WD 外，还有一些具有前途的底盘控制，如防抱死制动系统（ABS）和牵引力控制系统（TCS）。这些控制的目标不是直接控制车辆运动，而是作为一个部件控制轮胎的性能。它们不一定被认为是车辆运动控制集成策略的一种控制装置，而是可以通过独立使用达到其目的。然而，ABS 和 TCS 的缺点可以通过 FWS、RWS、DYC 等补偿。

由于尚未确立集成控制的一般定义，这个术语在这里用于表示两个或三个底盘控制的组合或协调（同），以便改善车辆操纵稳定性和主动安全性，其中一些有时可以称为多变量控制。无论如何，显然任何旨在提高车辆操纵稳定性的底盘控制都必须依赖于轮胎侧向力，轮胎纵向力也可以用于底盘控制，这两种力都依赖于轮胎垂向载荷并且是共生的。这种关系使得车辆动力学特性非常复杂并且呈非线性，也可以毫不夸张地说，车辆动力学的非线性特性及其稳定性的损失是由轮胎的非线性特性造成的。因此，对轮胎和车辆动力学的广泛研究和深入理解，有助于开发更有效的底盘控制策略，这作为集成控制是必需的。两个或三个底盘控制的组合或协调（同），以便补偿由于非线性轮胎和车辆的特性造成的每个独立控制的缺陷，这完全是可取的。

35.3 独立控制的特点

在详细描述集成控制之前，确认典型底盘控制的特点是有益的，尤其是可能引入和组成有前途的集成控制的 FWS、RWS 和 DYC 等。

车辆响应的传递函数采用侧偏角和横摆角速度作为变量的线性二自由度模型计算，对于 FWS、RWS 和 DYC，将分别通过轮胎纵向力产生，见表 35.1。由这一计算，理解每个控制的基本性质是可能的。

可以看出：几乎相同的横摆角速度响应可以用于 FWS、RWS 和 DYC，FWS、RWS 和 DYC 的任一个控制横摆角速度都没有问题。侧偏响应对 FWS 输入的传递函数有一个正的零点，因此难以有一个准确的模型可以跟随 FWS 的侧偏角控制。DYC 可能不适合于控制侧向运动或加速度，因为侧向加速度响应对 DYC 输入也有大的延迟；从实用的角度来看，与对转向输入的响应增益相比，对力矩输入的响应增益非常小，因此，控制可能需要一个不切实际的大输入力矩。由于对 RWS 的侧向加速度传递函数也有一个正的零点，因此难以有一个准确的加速度模型以跟随 RWS 的控制。

表 35.1 对主动底盘输入的线性二自由度车辆响应

横摆角速度对		
FWS	DYC	RWS
$\dfrac{r(s)}{\delta(s)} = G_g^r(0) \dfrac{1+T_r s}{1+2\zeta s/\omega_n + s^2/\omega_n^2}$	$\dfrac{r(s)}{M(s)} = G_M^r(0) \dfrac{1+T_{rs} s}{1+2\zeta s/\omega_n + s^2/\omega_n^2}$	$\dfrac{r(s)}{\delta_r(s)} = -G_{\delta r}^r(0) \dfrac{1+T_{rs} s}{1+2\zeta s/\omega_n + s^2/\omega_n^2}$
$G_\delta^r(0) = \dfrac{1}{1+AV^2} \dfrac{V}{l}$	$G_M^r(0) = \dfrac{V(K_f + K_r)}{2 K_f K_r l^2 (1+AV^2)}$	$G_{\delta r}^r(0) = \dfrac{1}{1+AV^2} \dfrac{V}{l}$
$T_r = \dfrac{m l_f V}{2 l K_r}$	$T_{rs} = \dfrac{mV}{2(K_f + K_r)}$	$T_{rr} = \dfrac{m l_r V}{2 l K_f}$

侧偏角加速度对		
FWS	DYC	RWS
$\dfrac{\beta(s)}{\delta(s)} = G_s^\beta(0) \dfrac{1+T_\beta s}{1+2\zeta s/\omega_n + s^2/\omega_n^2}$	$\dfrac{\beta(s)}{M(s)} = -G_M^\beta(0) \dfrac{1}{1+2\zeta s/\omega_n + s^2/\omega_n^2}$	$\dfrac{\beta(s)}{\delta_r(s)} = G_{\delta r}^\beta(0) \dfrac{1+T_{\beta\gamma} s}{1+2\zeta s/\omega_n + s^2/\omega_n^2}$
$G_s^\beta(0) = \dfrac{1-(m/2l)(l_f/l_r K_\gamma)V^2}{1+AV^2} \dfrac{l_r}{l}$	$G_M^\beta(0) = \dfrac{mV^2 + 2(l_f K_f - l_\gamma K_\gamma)}{4 K_f K_\gamma l^2 (1+AV^2)}$	$G_{\delta r}^\beta(0) = \dfrac{1+(m/2l)(l_r/l_f K_\gamma)V^2}{1+AV^2} \dfrac{l_f}{l}$
$T_\beta = \dfrac{IV}{2 l l_\gamma K_\gamma} \dfrac{1}{1-(m/2l)(l_f/l_r K_\gamma)V^2}$		$T_{\beta\gamma} = \dfrac{IV}{2 l l_\gamma K_f} \dfrac{1}{1+(m/2l)(l_r/l_f K_\gamma)V^2}$
$\dfrac{\ddot{y}(s)}{\delta(s)} = G_\delta^{\ddot{y}}(0) \dfrac{1+T_{y1} s + T_{y1} s^2}{1+2\zeta s/\omega_n + s^2/\omega_n^2}$	$\dfrac{\ddot{y}(s)}{M(s)} = \tilde{G}_M^{\ddot{y}}(0) \dfrac{1+T_y s}{1+2\zeta s/\omega_x + s^2/\omega_x^2}$	$\dfrac{\ddot{y}(s)}{\delta_r(s)} = \tilde{G}_{\delta r}^{\ddot{y}}(0) \dfrac{1+T_{yr1} s + T_{yr2} s^2}{1+2\zeta s/\omega_n + s^2/\omega_n^2}$
$G_\delta^{\ddot{y}}(0) = V G_s^r(0)$	$G_M^{\ddot{y}}(0) = V G_M^r(0)$	$G_{\delta r}^{\ddot{y}}(0) = V G_{\delta r}^r(0)$
$T_{y1} = \dfrac{l_r}{V}$	$T_y = \dfrac{(l_f K_f - l_\gamma K_\gamma)}{V(K_f + K_r)}$	$T_{yr1} = -\dfrac{l_f}{V}$
$T_{y2} = -\dfrac{1}{2 I K_r}$		$T_{yr2} = -\dfrac{1}{2 I K_f}$

注：K_f 为前侧偏刚度；K_r 为后侧偏刚度；l_f 为前轴到质心的距离；l_r 为后轴到质心的距离；l 为轴距；I 为横摆转动惯量；V 为车速；A 为稳定因子。

文献 [7-9] 对于 DYC 和 RWS 的效果进行了详细的比较。从理论上来讲，只要车辆运动以二自由度车辆平面模型形式考虑和讨论，限制于模型跟随侧偏角和横摆角速度的控制，同样的控制效果可以通过 DYC 和 RWS 实现。例如，因为侧偏角和横摆角速度对横摆力矩的传递函数以及对 RWS 的传递函数没有正零点，只要应用逆方法，引入侧偏角或横摆角速度模型的控制方式分别跟随 DYC 和 RWS 的控制是可能的。即使 RWS 和 DYC 可能给出同样的操纵响应是确定的，但是 DYC 不一定适于零侧偏角控制。如果通过轮胎纵向力产生的横摆力矩使车辆侧偏角为零，则后轮侧偏角变得更小，后轮不能再产生足够大的侧向力。在这种情况下，必须注意前轮侧向力与离心力的平衡。因此，这将引起前后轮之间作用力的不平衡，从而减少了对车辆运动的限制。

通过车辆对较严格转向输入的响应，已经证实 DYC 的优点，如湿滑路面或制动的紧急车道变换工况。在如此剧烈的工况中，装备 DYC 的车辆运动依然保持稳定，而装备 RWS 的车辆开始打滑偏离行驶路线。这大概是由于 RWS 控制律产生的转向指令不能使后轮进一步产生足够大的侧向力控制车辆的运动以防止打滑。因此，在接近极限的非线性范围内，DYC 的效果比 RWS 更明显。只要车辆运动控制只依赖于车轮侧向力，像 RWS 那样会存在一个极限，因为轮胎的饱和特性对运动控制有大的侧滑和侧向力。由此可以看出，DYC 有更大的能力，即使接近饱和区域也更有效。想象一下轮胎摩擦圆，在靠近圆的顶部或底部时，侧向力（垂向轴）几乎饱和，纵向力（水平轴）边界比侧向力边界更大。在这样的区域，使用纵向力控制车辆运动比侧向力更合理。

以上特性可以通过基于恢复横摆力矩对侧偏角关系的所谓 β 方法[10,11]证明，这是由车辆侧偏运动产生的恢复横摆力矩评价车辆动力学特性的一种方法。恢复横摆力矩随着制动而减小，其过度减小会使车辆过度转向，引起车辆滑转。该力矩随着加速度的增加而增加，过度增加会使车辆产生过大的不足转向。这种方法比较了由轮胎纵向力产生的横摆力矩所能带来的改善程度，即 DYC 和后轮胎侧向力，RWS 对加速度和减速度引起横摆力矩特性退化的影响结果是明显的，DYC 更有效并覆盖更广的侧偏角范围。同样，文献[12]的作者应用 Milliken（米利肯）提出的方法[13]说明了 DYC 的有效性，即由轮胎对侧向加速度产生的横摆力矩关系。针对装备 DYC 和 RWS 的车辆，使用平带式测试机对车辆侧向加速度产生的横摆力矩进行了测试，结果表明装备 DYC 的车辆保持其控制达到较大的侧向加速度范围。

35.4 集成控制

35.4.1 ABS/TCS 与转向控制的集成

如 35.2 节所述，不一定认为 ABS 和 TCS 是车辆运动集成控制策略的控制装置。然而，ABS 和 TCS 对车辆横摆运动的不良影响可以由 FWS、RWS 等补偿，文献[2]研究了 ABS 与横摆控制四轮转向（4WS）的协同作用。虽然 ABS 在制动时可以避免车轮抱死和保持轮胎产生侧向力的能力，但是车辆所有的轮胎不能独立控制，原因在于车辆左右轮胎纵向力之差，尤其在 μ 分离路面上制动时会影响方向稳定性。因此，非独立控制的车轮会产生更长的制动距离。文献［2］表明，横摆控制的 4WS 和独立控制的 ABS 的组合可以给出更短的制动距离以及更高的方向稳定性。

35.4.2 前后转向控制的集成

作为 RWS 的拓展，形成了前后转向控制集成的概念。通过控制的组合应用，因为有两个控制变量，显然准确的模型是跟随控制，例如侧偏/侧向加速度和横摆角速度同时控制是可能的。然而，FWS 和 RWS 有一个共同的缺点，集成的很多效果可能无法预期。

应用线性二次（LQ）方法集成 FWS 和 RWS 控制，进行了模型匹配的试验[14]。在这个控制概念中，用于引入控制的车辆模型是线性的，没有刻意考虑解决轮胎的非线性特性问题。然而，最终可以发现扩展到非线性范围的集成控制效果。这种控制概念可以理解为同时使用这两个控制（多变量控制），用于侧偏和横摆运动控制的模型匹配。

为了解决轮胎非线性特性问题，二自由度 H - 无穷控制应用于 FWS 和 RWS 集成控制器综合，虽然使用的车辆模型为二自由度线性模型[15]。控制器由前馈和反馈环节组成，设计前馈控制器主要是为了让车辆跟踪侧向加速度和横摆角速度的模型响应，设计反馈控制器是为了提高系统对车辆动力学变化的鲁棒性，假设这种变化是由于轮胎非线性特性引起的，此时可以应用 H - 无穷控制。在湿滑路面上，具有集成控制的试验车辆的频率响应，如图 35.2 所示。即使在湿滑路面上行驶，车辆响应在宽频率范围内也与参考模型一致。当然，与没有集成控制的车辆相比，通过集成控制可显著提高车辆响应特性。这可以由图 35.2 的频率响应形状识别，其非常接近参考模型的响应，即使在湿滑的条件下也远离著名的传统车辆的侧向加速度和横摆角速度的频率响应曲线。

35.4.3 后轮转向与 4WD 前/后力矩分配的集成

虽然轮胎纵向力对轮胎侧向力有间接而显著的影响，但是 4WD 差动控制的转矩分配控制不能直接产生轮胎侧向力，即使任意的横摆力矩也不能只由差动控制产生。因此，这样的控制不能用于任何响应模型的跟踪控制，也很少有与其他控制集成的例子。

即便如此，仍然有非线性鲁棒控制引入 RWS 和 4WD 转矩分配集成控制的应用[16,17]，这种控制基于二自由度控制系统。前馈环节只由 RWS 组成，通过求解线性逆问题跟踪横摆模型响应；反馈环节的目标是保证车辆在非线性范围内的稳定，因此主要基于 4WD 控制，因为 4WD 转矩分配系统控制的纵向力在非线性范围对于轮胎特性本身的影响非常显著。RWS 也用于线性范围的反馈补偿，一个

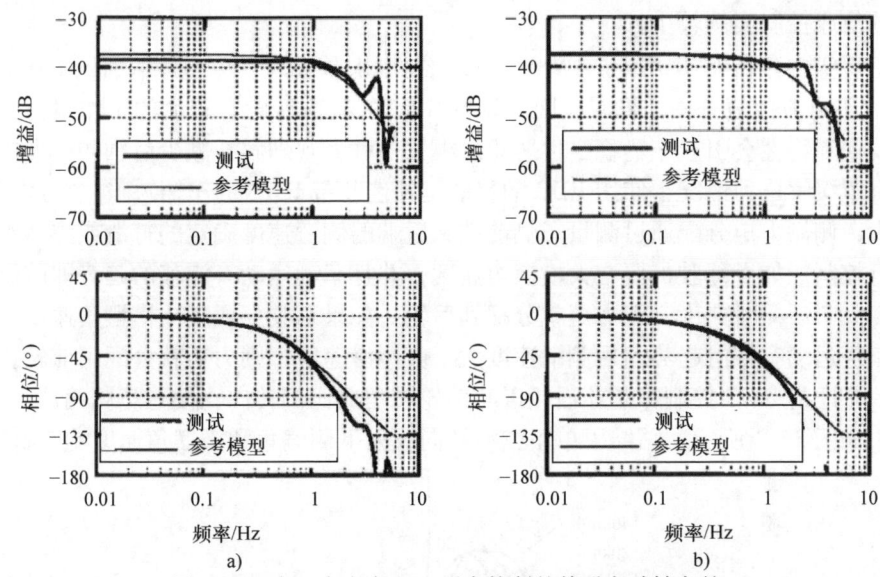

图 35.2 由二自由度/H-无穷控制的前后主动转向的
集成效果：a) 侧向加速度；b) 横摆角速度

简化的非线性轮胎模型用于引入反馈控制，其中考虑了轮胎侧向力对侧偏角的饱和特性和纵向力对轮胎侧向力减小的影响。否则，采用严格的线性化方法，由于假设车辆模型是非线性的，不能应用线性控制理论确定后轮转角和前/后轴转矩分配比。文献[16]和[17]设计的后轮转向前馈控制环节用于跟踪给定的横摆角速度，H-无穷控制[16]和 μ-协同[17]分别用于设计反馈补偿器。集成控制的效果显著，特别是在轮胎的非线性范围内。

35.5 转向控制与主动悬架 RDC 的集成

主动悬架的主要目标是提高行驶平顺性，其不能直接产生侧向力。因此，主动悬架不能单独用于有意识地控制车辆侧向运动，也不能被认为集成控制与其他控制的策略装置。然而此，存在在不平路面上直线行驶下处理主动悬架和 4WS 的协同实例。虽然只是组合应用，效果却很明显。具体内容见文献[2]，不在这里呈现任何细节。

前/后侧倾刚度的平衡对车辆的不足/过度转向性能有着重要的影响，取决于圆周转向的横向载荷转移，由于轮胎侧向力与垂直载荷的非线性关系降低了左右车轮侧向力之和。因此，主动悬架中的 RDC 或侧倾刚度分配控制，被认为是底盘控制的工具之一。然而，RDC 不能直接产生轮胎侧向力，以至于这种控制不能用于任何类型的模型跟踪控制，因为其是用于传统类型控制的 4WD，与之相关的集成控制实例较少。

现实中存在将 RDC 与 RWS 有意组合使用的实例[18]。显然，任何类型的 RWS 不可避免地有一个极限，因为装备 RWS 的车辆后轮有较大的工作载荷，后轮的饱和特性会引起车辆稳定性恶化。根据一种直观理解，减少后轴侧倾力矩分配有望缓解这种情况，使用 RDC 的目的是补偿装备 RWS 的车辆缺陷。在这一实例中，侧倾力矩分配通过测量车辆前端和后端的侧滑速度确定的打滑或漂移水平进行控制。如果驾驶员要增大横摆角速度，并且车辆运动有漂移的趋势即前侧滑速度大于后侧滑速度，则力矩就分配到后轮。如果驾驶员要减小横摆角速度，并且车辆运动有打滑趋势即后侧滑速度大于前侧滑速度，则力矩就分配到前轮。其中，考虑的 RWS 控制律是让后轮以与前轮转角成比例转向，使稳态侧偏角为零。结果如图 35.3 所示，总结了单正弦波转向输入下侧偏角和横摆角速度响应状态，

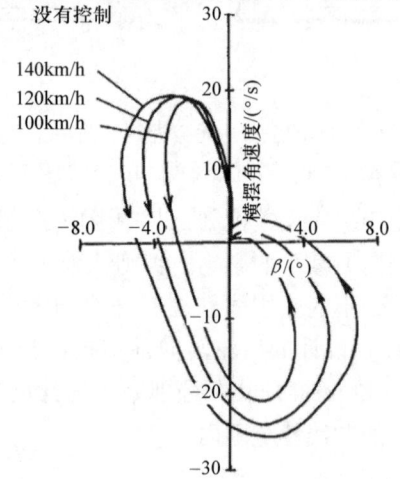

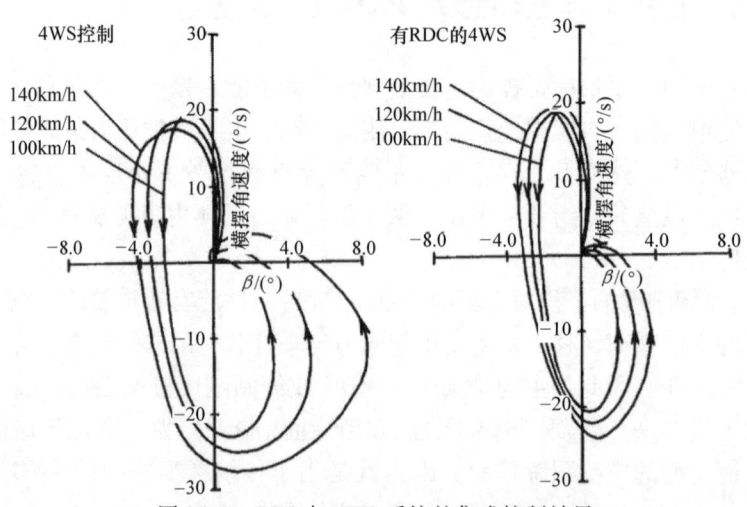

图 35.3　RDC 与 4WS 系统的集成控制效果

单独的 RWS 并不一定会使车辆运动带来较小的侧滑,或者减少具有高侧向加速度的车辆运动的打滑趋势。然而,显然,与 RDC 的组合控制可以消除大的侧偏角,减少单正弦波转向输入下后部的打滑趋势,尽管 WS 的单独使用带来车辆运动在高速下甚至比没有 4WS 的传统车辆更容易打滑。

文献[19]提出转向控制和 RDC 控制集成的更多战略和理论更复杂的实例。采用三个输入变量——前、后轮转角和侧倾力矩分配比,并且非线性车辆模型特别考虑了轮胎非线性特性。为了应用线性理论,通过三个输入变量到两个伪输入的非线性变换,车辆模型被精确线性化。其中,线性化车辆模型包括前后侧偏刚度的扰动。使用二自由度控制系统设计两个伪输入的控制律,前馈环节通过模型匹配方法设计。另一方面,反馈环节应用 μ-综合设计。侧倾力矩分配比由前后轮胎侧偏角之差的二次方和分配比与 50/50 之差最小确定。其中,两个侧偏角是预先确定的伪输入变量和侧倾力矩分配比的函数。这种集成控制效果明显,特别是在低摩擦路面上轮胎处于非线性范围时。

文献[20]是组合 RDC 与中央差速可变力矩分配主动传动应用的另一个实例,是一种受控 4WD。RDC 控制器是横摆角速度模型参考 PI 控制器,可变力矩分配控制基于侧偏角反馈 PI 控制器。在组合控制中,当侧倾力矩通过 RDC 分配时,中央差速只是以相同比例分配前后的力矩。然而,组合控制的优点以及集成策略背后的内涵并不一定清晰。

35.6 转向控制与 DYC 的集成

如 35.2 节所讨论,转向控制(FWS 和 RWS)和 DYC 都是集成控制的有前途的部件之一。因为在非线性范围内,DYC 为更有效的车辆控制,所以有许多转向控制与 DYC 集成的方法。

已有将 LQ 方法应用模型匹配控制用于集成转向控制和 DYC 的尝试[21-23],其同时使用两个或三个控制变量(多变量控制)进行模型匹配控制。这与引入转向控制集成的情况是一样(35.4.2 节中的 FWS 和 RWS)使用车辆模型引入的控制是线性的,在这种组合控制策略中,有意没有考虑处理轮胎非线性特性所带来的问题。然而,最终可以发现集成控制可以扩展到非线性范围。

为了克服轮胎非线性特性所带来的问题,非线性预测控制器设计应用于参考模型跟踪控制,引入转向控制与全 DYC 的集成[24,25]。从控制器设计开始,先假定一个名义的非线性车辆模型,连续时间非线性预测控制理论用于设计集成控制。集成的效果通过仿真研究,一个实例的仿真结果如图 35.4 所示,与有其他控制的车辆相比,显然使用集成控制车辆的横摆角速度响应以及侧偏响应更接近于参考模型的响应。

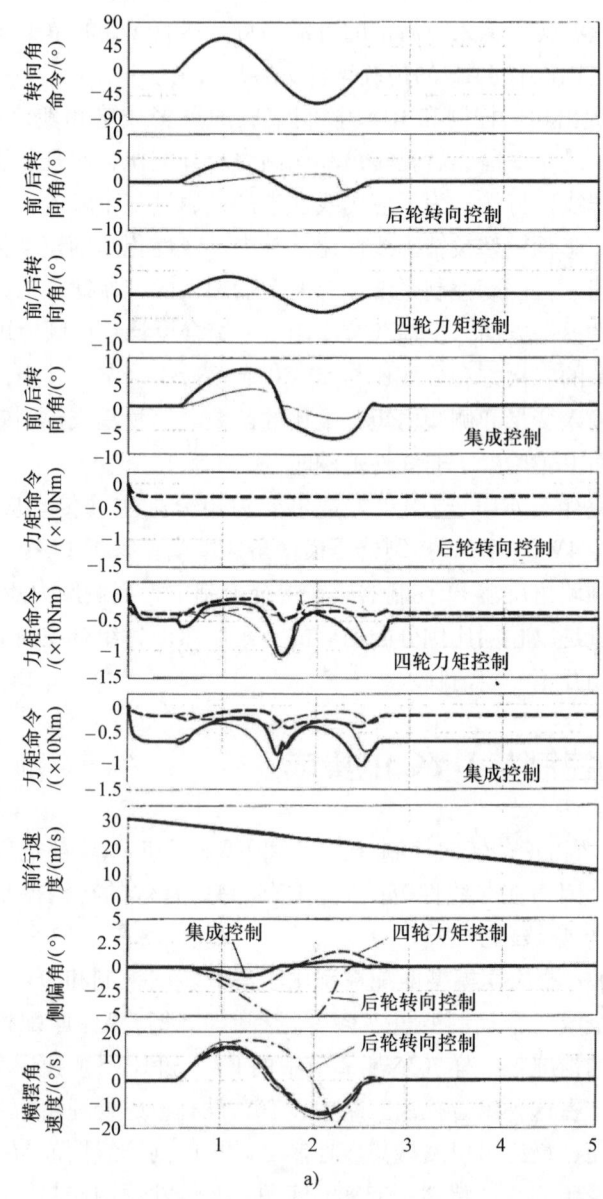

图 35.4　a) 正弦波转向输入和制动下集成控制对车辆响应的影响；
　　　　　b) 状态平面上集成控制对车辆响应的影响

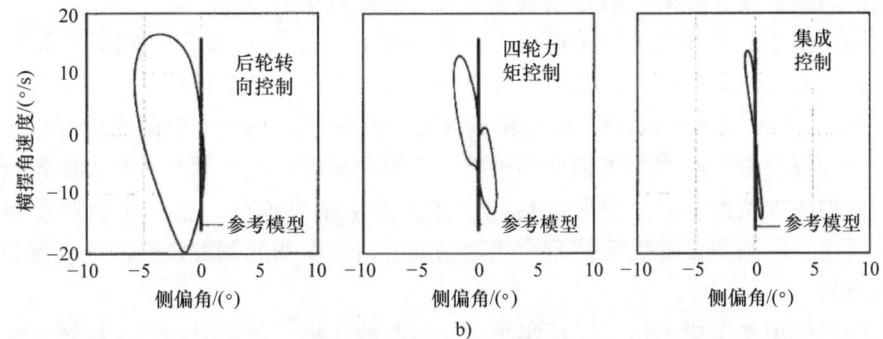

图35.4 a) 正弦波转向输入和制动下集成控制对车辆响应的影响；
b) 状态平面上集成控制对车辆响应的影响（续）

如35.2节所述，显然RWS在车辆运动的线性范围内更有效。另一方面，DYC在非线性范围内更有效。因此，有将FWS和DYC进行协同策略的一个简单而直观方法[26,27]。这种协同两个控制器的方法就是让FWS用于提高低至中等加速度时的车辆操纵稳定性，而DYC只用于接近车辆稳定性极限时。两个控制器基于独立控制器进行设计，并且开发一个基于规则的方案协同两个独立的控制系统。规则是仿真实现研究的经验性总结，用来对两个独立控制分配控制命令。尽管集成策略是合理的，但是实质性的影响目前还不清楚。

处理轮胎/车辆非线性特性问题和补偿单独使用每个主动控制缺陷的另一个集成方法，是应用非线性模型跟踪控制的滑模控制类型集成转向控制和DYC[28-30]。一个简化的非线性轮胎模型用于控制器设计，其在控制器设计中，使用了侧向力对侧偏角的饱和特性以及摩擦圆概念的纵向力对侧向力减少的影响，适当考虑了侧向力对垂向载荷的非线性依赖性。因为预期的集成控制有超过两个控制变量，例如侧偏角和横摆角速度，同时建立准确的模型跟随控制是可能的。在这个方法中，采用具有线性轮胎的两自由度车辆模型的侧偏角响应和横摆角速度响应作为参考模型响应。

然后，只要车辆运动保持在线性范围内，就预期基本上不需要主动控制。因此，集成控制的主要目标是最终使车辆响应保持在线性范围内，好像通过使用简化的非线性轮胎模型监控每个时刻车辆运动的非线性程度。侧偏角的模型跟踪误差取为滑动面，误差为零的一阶滞后取为滑动条件。在这种条件下，计算跟踪模型侧偏响应所需的总侧向力是可能的，利用的是所需侧向力为车辆质量和所需侧向加速度乘积的事实。

横摆角速度的模型跟踪误差也取为另一个滑动目标，误差为零的一阶滞后再次取为滑动条件。在这种条件下，导致跟随模型横摆角速度所需的横摆力矩，因为所需的横摆角速度的一阶导数就是所需的横摆力矩。

通过使用上述简化的轮胎模型，DYC 计算满足总侧向力的主动前/后转向角和通过轮胎纵向力产生的横摆力矩，以便通过轮胎产生的总横摆力矩等于所需的力矩。在 FWS、RWS 和 DYC 进行集成控制的情况下，有三个控制变量可用，至少两个控制变量足够跟踪侧偏角和横摆角速度的模型响应。因此，在控制器设计中，增加附加条件，以便分配前后轮之间所需轮胎总侧向力正比于轮胎垂向载荷。同时，控制器设计需要使用简化轮胎模型估计车辆的侧偏角，因为直接测量它很困难。

通过使用整车模型仿真，证实了集成控制的效果。制动时，单正弦转向输入的响应在状态平面上表示，如图 35.5 所示，DYC + FWS + RWS 集成控制和 DYC + FWS 集成控制给出几乎同样好的结果。另一方面，如果模型的侧偏角响应

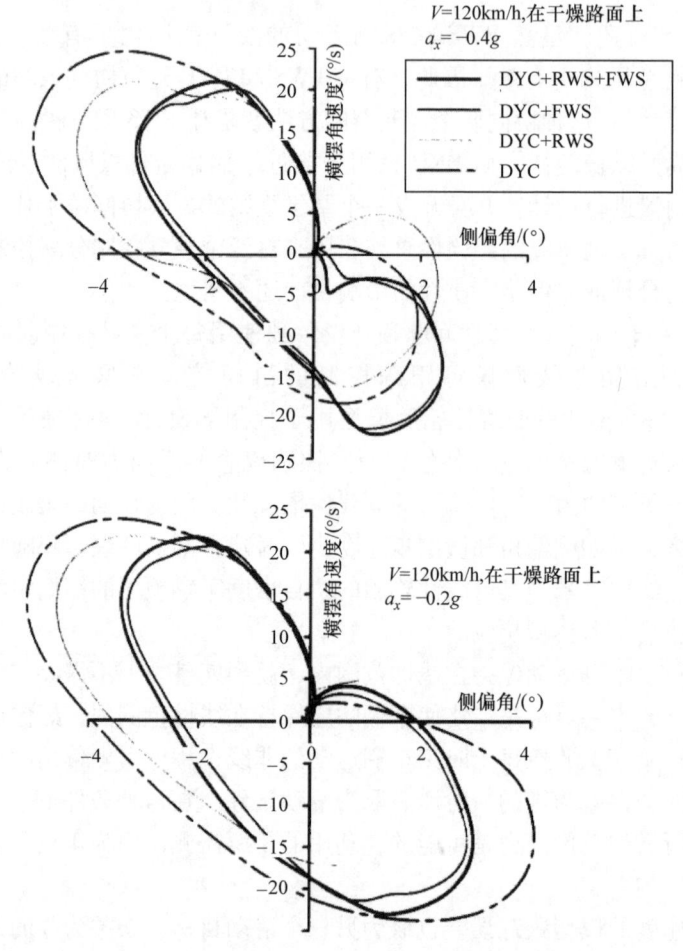

图 35.5　在状态平面上集成控制对车辆响应的影响

变化到与常规线性车辆模型由过渡期收敛至稳定状态为零的响应相同,则结果的变化如图35.6所示。结果表明,如果要求减少侧偏响应,有时等于零,则RWS对集成控制是必不可少的。再次参考表35.1,可以了解FWS、RWS和DYC各自的侧偏响应。

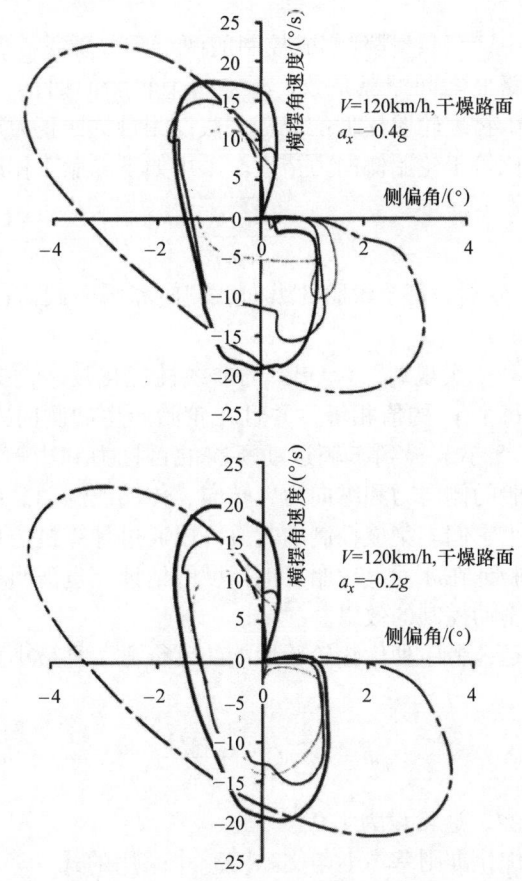

图35.6 零侧偏角模型响应的集成控制对车辆运动的影响

文献[31]是RWS和DYC(或VDC)与侧倾控制的另一种集成类型,其中提到和处理H无穷集成以及直观的集成底盘设计。

35.7 轮胎力分配优化的集成控制

集成控制有用于控制的多变量,如前所述,更易于获得目标车辆的运动或性能,例如通过任何类型可能的模型跟踪控制。因此,问题是保持车辆表现为给定的模型响应轮胎的过程需要多大的工作载荷,这样就产生在集成控制中在极限内合理分配每个轮胎力的动机,其预期导致解决轮胎非线性特性问题和补偿单独使用底盘控制的缺点。可以说，集成控制通用策略之一是分配每个轮胎的纵向力和侧向力，以便优化轮胎性能和获得所需的车辆响应。当然，上述想法建立在完全线控车辆的前提下，其中所有车轮的转向角和力矩独立控制，以便对每个轮胎分配纵向力和侧向力。

在早期的文献中[32,33]，提到集成控制的两个重要贡献。轮胎接地裕度的估计，等效于轮胎和路面之间摩擦系数，感知每个轮胎的回正力矩是文献[33]集成控制的基础。基于物理轮胎模型的分析，假设测量的回正力矩与正比于侧偏角的虚拟回正力矩之比等于轮胎侧向力裕度。采用如下轮胎工作载荷变化率定义：

$$\gamma_i = \frac{\sqrt{X_i^2 + Y_i^2}}{\mu_i Z_i} \tag{35.1}$$

式中，X_i、Y_i 和 Z_i 分别为每个轮胎的纵向、侧向和垂向载荷；μ_i 为轮胎与路面之间的摩擦系数。

一种称为"序列二次规划"（SQP）的非线性优化技术，提供了轮胎力的优化分配。通过保持每个 γ_i 的值相等，并且在轮胎产生的侧向力、纵向力和总的横摆力矩满足 35.4.5 小节提到车辆运动所需的目标力和力矩的约束下最小化。一旦确定了每个轮胎的侧向力和纵向力，转向、传动或制动命令会施加到每个轮胎的执行机构以产生它们。集成控制的效果可以通过计算机仿真进行验证，此外进行试验研究可以验证在冰面上轮胎接地裕度的估计，也证明了控制只适用于四个车轮的最佳平衡制动控制的效果。

与前述不同的是，另一种优化轮胎性能的可行方法是最小化轮胎工作载荷的平方和，表示为

$$J = \sum_{i=1}^{4} C_i \frac{X_i^2 + Y_i^2}{Z_i^2} \tag{35.2}$$

式中，C_i 为加权系数，通常设为 $1.0^{[34,35]}$。

这种轮胎性能优化准则基本上与文献[33]中采用的式（35.1）是相同的。

为了保证车辆响应跟踪模型描述的响应，例如在 35.4.5 小节中或者不管它是什么，总轮胎侧向力必须等于跟踪侧偏模型响应的目标值，由轮胎力产生的总横摆力矩必须等于跟踪横摆角速度响应的目标值。除此之外，总轮胎纵向力必须满足反映驾驶者的纵向速度控制的意图，其由制动或加速踏板压力/行程转换到纵向加速度的要求。考虑它们为轮胎性能优化变量的三个约束，而 J 为八个变量 X_i 和 Y_i （$i = 1 \sim 4$）的目标函数。因此，最终优化问题可以简化为无约束五变量优化问题。应用最小化条件，让 J 对五个变量的偏导数为零，容易得到五个变量的简单形式的线性代数方程。因为目标函数是变量的二次方程，其偏导数必为线性函数。

在每个时间步长上解这个代数方程，带来对每个轮胎分配的优化的侧向力和纵向力。这种集成控制方法的前提在于全线控驱动系统，其中所有车轮转角、车轮力矩都是独立控制的。一旦确定了 X_i 和 Y_i，每个车轮的力矩由 $T_i = R_i X_i$ 给出，R_i

为轮胎半径。每个车轮的转向角应用35.4.5小节的简化非线性轮胎模型确定。

避险车道变化的计算机仿真验证了集成控制的显著效果。将仿真结果与35.4.5小节提到的DYC + FWS + RWS集成控制进行比较，如图35.7和图35.8所示。提出的集成控制的效果在严峻的操作条件下更加突出。然而，在μ-分离路面上，控制的效果低于文献[33]中引入的集成控制的效果，因为没有考虑摩擦系数（轮胎接地裕度）的估计[36]。同时，也应当指出的是，在目标函数中可以考虑Z_i ($i = 1 \sim 4$)作为变量，以便在一些约束条件下通过RDC控制，尽管问题会变成一个强非线性优化问题。

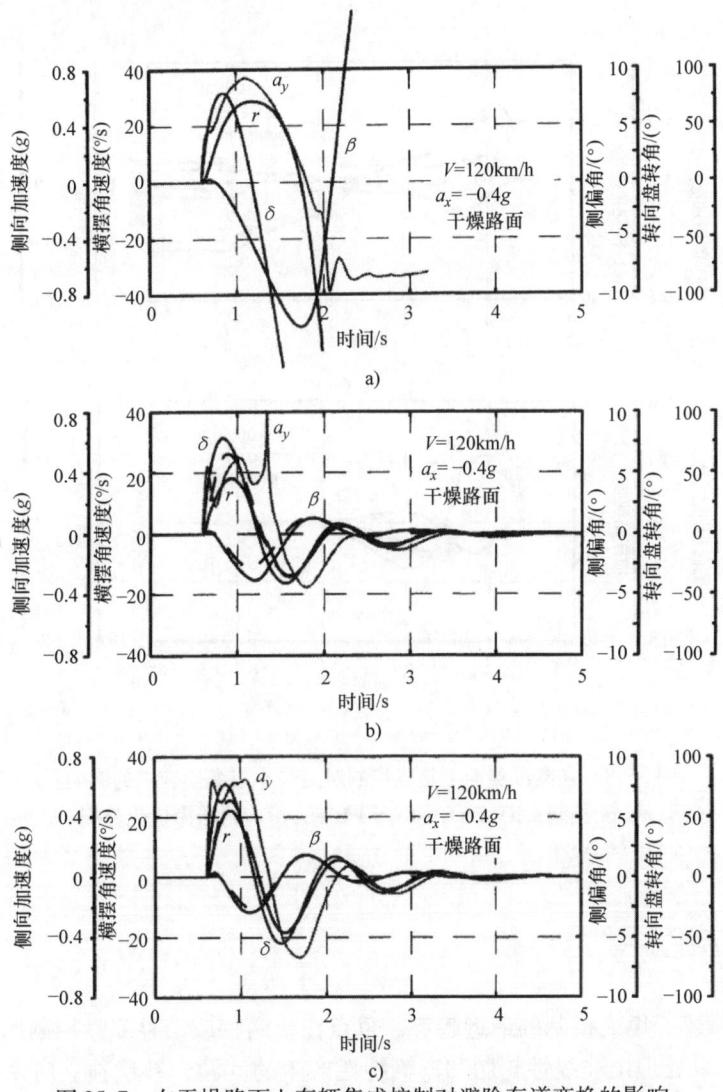

图35.7 在干燥路面上车辆集成控制对避险车道变换的影响：
a) 无控制；b) DYC + FWS + RWS；c) 轮胎力优化分配

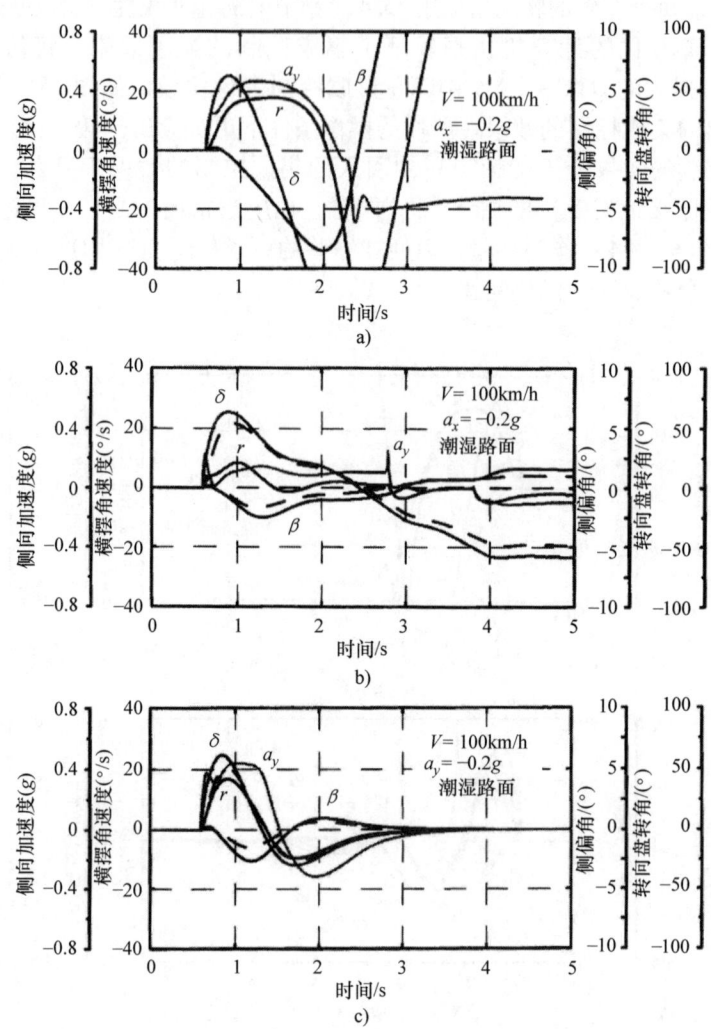

图 35.8 在潮湿路面上集成控制对避险车道变换变道的影响：
a) 无控制；b) DYC + FWS + RWS；c) 轮胎力优化分配

35.8 结论

本章综述了集成控制的最近趋势，重点在于两种或三种底盘控制的组合或协调（同），以处理由非线性轮胎和车辆特性产生的问题，补偿独立应用每个底盘控制的缺陷。以此为中心，提出一些典型集成控制的细节。可以说全线控驱动系统的未来目标最终是集成的车辆运动控制系统；为了得到所需的车辆运动，轮胎的优化使用是集成控制的首要任务。在三个方向使用轮胎任意控制车辆的纵向、侧向和垂向运动，取决于驾驶员三个操纵命令——行驶、转向和停止。进一步的研究和发展集中于这个方向，尤其推荐从实用观点进行研究。

致谢

作者对下列参考文献的所有作者表示感谢。

参 考 文 献

1. H. Wallentowitz, Integration of chassis and traction control systems: What is possible—What makes sense—What is under development, In *Proceedings of the International Symposium on Advanced Vehicle Control (AVEC92)*, pp. 1–7, Yokohama, Japan, 1992.
2. G. Mastinu, E. Babbel, P. Lugner, D. Margolis, D. Mittermayr, and B. Richiter, Integrated controls of lateral vehicle dynamics, *Vehicle System Dynamics*, 23, 58–377, 1994.
3. S. Sato, H. Inoue, M. Tabata, and S. Inagaki, Integrated chassis control system for improved vehicle dynamics, In *Proceedings of the International Symposium on Advanced Vehicle Control (AVEC92)*, pp. 413–418, Yokohama, Japan, 1992.
4. T. Gordon, M. Howell, and F. Brandao, Integrated control methodologies for road vehicles, *Vehicle System Dynamics*, 40, 157–187, 2003.
5. Y. Furukawa and M. Abe, Advanced chassis control systems for vehicle handling and active safety, *Vehicle System Dynamics*, 28, 59–86, 1997.
6. M. Abe, Vehicle dynamics and control for improving handling and active safety: From four-wheel steering to direct yaw moment control, *Proceeding of Institution of Mechanical Engineering, Part K: Journal of Multi-body Dynamics*, 213, 87–101, 1999.
7. M. Abe et al., Comparison of 4WS and direct yaw moment control (DYC) for improving of vehicle handling performance, In *Proceeding of the International Symposium on Advanced Vehicle Control*, pp. 159–164, Tsukuba, Japan, 1994.
8. M. Abe et al., A direct yaw moment control for improving limit performance of vehicle handling-comparison and cooperation with 4WS, *Vehicle System Dynamics*, 25, 3–23, 1996.
9. M. Abe et al., An experimental validation of side-slip control to compensate vehicle lateral dynamics for loss of stability due to nonlinear tire characteristics, In *Proceeding of the International Symposium on Advanced Vehicle Control*, pp. 179–186, Ann Arbor, MI, 2000.
10. Y. Shibahata et al., The improvement of vehicle maneuverability by direct yaw moment control, In *Proceeding of the International Symposium on Advanced Vehicle Control*, pp. 452–457, Yokohama, Japan, 1992.
11. K. Shimada et al., Comparison of three active chassis control methods for stabilizing yaw moments, SAE 940870, pp. 1178–1187, 1994.
12. S. Motoyama et al., Study on quantitative evaluation method for yawing control potential, *Journal of Society of Automotive Engineering of Japan*, 50(11), 52–57, 1996.
13. W. F. Milliken Jr. et al., The static directional stability and control, SAE Paper 760713, 1976.
14. M. Nagai, Active four-wheel-steering system by model following control, *Vehicle System Dynamics*, 18, 428–439, 1989.
15. S. Horiuchi et al., Two degree of freedom/H-infinity controller synthesis for active four wheel steering vehicles, *Vehicle System Dynamics*, 25, 275–292, 1996.
16. Y. Hirano et al., Integrated control system of 4WS and 4WD by H control, In *Proceeding of the International Symposium on Advanced Vehicle Control*, pp. 419–423, Yokohama, Japan, 1992.

17. Y. Hirano and O. Eiichi, Non-linear robust control for an integrated system of 4WS and 4WD, In *Proceeding of the International Symposium on Advanced Vehicle Control*, pp. 147–152, Tsukuba, Japan, 1994.
18. M. Abe, A study on effects of roll moment distribution control in active suspension on improvement of limit performance of vehicle handling, *Journal of Society of Automotive Engineering Review*, 12(3), 42–47, 1991.
19. E. Ono, Y. Hayashi, S. Doi, and K. Takanami, Coordination of vehicle steering and suspension systems by integrated control strategy, In *Proceedings of the International Symposium on Advanced Vehicle Control (AVEC92)*, pp. 384–389, Yokohama, Japan, 1992.
20. N. Cooper et al., Study of the integration of roll control and torque distribution, In *Proceeding of the International Symposium on Advanced Vehicle Control*, pp. 513–518, Arnhem, the Netherlands, 2004.
21. M. Nagai et al., Integrated control law of active rear wheel steering and direct yaw moment control, *Vehicle System Dynamics*, 27, 357–370, 1997.
22. M. Nagai et al., Study on integrated control of active front steer angle and direct yaw moment, *Journal of Society of Automotive Engineering Review*, 23(3), 309–315, 2002.
23. M. Shino et al., Vehicle handling and stability control by integrated control of direct yaw moment and active steering, In *Proceeding of the International Symposium on Advanced Vehicle Control*, pp. 25–31, Hiroshima, Japan, 2002.
24. S. Horiuchi et al., Integrated control of four wheel steering and wheel torques using nonlinear predictive controller, In *Proceeding of the International Symposium on Advanced Vehicle Control*, pp. 111–116, Nagoya, Japan, 1998.
25. S. Horiuchi et al., Effects of integrated control of active four wheel steering and individual wheel torque on vehicle handling and stability—A comparison of alternative control strategies, *Vehicle System Dynamics*, 33, 680–691, 1999.
26. M. Selby et al., A coordination approach for DYC and active front steering, SAE2001–01–1275.
27. J. He et al., Integrated chassis control through coordination of active front steering and intelligent torque distribution, In *Proceeding of the International Symposium on Advanced Vehicle Control*, pp. 333–339, Arnhem, the Netherlands, 2004.
28. Y. Furukawa and M. Abe, On-board-tire-model reference control for cooperation of 4WS and direct yaw moment control for improving active safety of vehicle handling, In *Proceeding of the International Symposium on Advanced Vehicle Control*, pp. 507–527, Aachen, Germany, 1996.
29. O. Mokhiamar and M. Abe, Combined lateral force and yaw moment control to maximize stability as well as vehicle responsiveness during evasive maneuvering for active vehicle handling safety, *Vehicle System Dynamics*, 37, 246–256, 2002.
30. O. Mokhiamar and M. Abe, Active wheel steering and yaw moment control combination to maximize stability as well as vehicle responsiveness during quick lane change for active vehicle handling safety, *Proceedings of the Institution of Mechanical Engineering, Part D: Journal of Automobile Engineering*, 216, 115–123, 2002.
31. K. Kitajima et al., H infinity control for integrated side-slip, roll and yaw controls for ground vehicles, In *Proceeding of the International Symposium on Advanced Vehicle Control*, Ann Arbor, MI, 187–194, 2000.
32. Y. Hattori et al., Force and moment control with nonlinear optimum distribution for vehicle dynamics, In *Proceeding of the International Symposium on Advanced Vehicle Control*, pp. 595–600, Hiroshima, Japan, 2002.
33. E. Ono et al., Vehicle dynamics control based on tire grip margin, In *Proceeding of the International Symposium on Advanced Vehicle Control*, pp. 531–536, Arnhem, the Netherlands, 2004.
34. O. Mokhiamar and M. Abe, Simultaneous optimal distribution of lateral and longitudinal tire forces for the model following control, *Transactions of the American Society of Mechanical Engineering, Journal of Dynamic Systems, Measurement and Control*, 126, 753–763, December 2004.
35. O. Mokhiamar and M. Abe, Experimental verification using a driving simulator of the effect of simultaneous optimal distribution of tire forces for active vehicle handling control, *Proceedings of the Institution of Mechanical Engineering, Part D: Journal of Automobile Engineering*, 219, 135–149, 2005.
36. E. Ono, Theoretical understanding vehicle spin and stabilizing control, In *Proceedings of the Advanced Seminar on Vehicle Dynamics and Control*, JSME & JSAE No.06–16, pp. 45–66, 2006 (In Japanese).

第36章 车辆舒适性

36.1 舒适性

车辆舒适性作为客户的需求之一，日益受到重视，也是一个强有力的销售因素。在过去几十年里，几个因素已经改变：汽车基本功能不再是区别不同品牌的标志。顾客希望更高水平的驾驶质量，即使较小型轿车、运动型车或越野车辆也是如此。普通客户在车里的时间更长，较高的交通密度和速度增加了驾驶员的工作负荷。驾驶人口的平均年龄正在增加，至少欧洲[28]和美国是这样。此外，许多车辆被用作工作场所。上述所有事实都是提高汽车舒适性的理由。

36.1.1 定义和理论

何谓舒适性？在词典与文献中找到下列定义：

Merriam - Webster（梅里安 - 韦伯斯特）词典[17]：发音：[ˈkəm(p) - fərt]功能：及物动词的词源：中世纪英语，来自于古法语 conforter，晚期拉丁语 confort are to strengthen greatly，拉丁语 com - + fort is strong。

Wikipedia（维基百科）（译文）[37]："舒适性可以描述为没有不舒适性。不舒适性意味着明显的不愉快感觉，基本的假设是实际感觉与过往经验之间不断的比较。只要特定情境下感觉与期望不存在差异，当前的情况就不会被认为是不愉快的。差异将会被注意到，这就意味着舒适性取决于观察者的期望……Zhang（张）等提出二维尺度[40]。喜欢的积极方面与舒适性有关，痛苦的消极方面与不舒适性有关，舒适性与不舒适性可以同时存在。Bubb（巴布）[4]也促进了二维尺度的发展，此外建议了不舒适性方面的一般序列。

"没有不舒适性"不能真正为创造舒适的车辆设计提供指南。二维尺度可以解释为什么顾客愿意接受一定程度的不舒适性和为什么喜欢这辆车，但是将舒适性与其他积极因素分开是非常重要的，后者如质量印象[11]和性能感觉。使用正面定义的尝试可能是：舒适性是正确的人机工程设计和附加的方便性的结果。正确的人机工程学设计可以避免不舒适性，并且方便性可以产生与舒适性有关的积极情绪。尽管有上述简短的定义,舒适性将保持多维度和非常主观。

Wikipedia 的舒适性定义包括"阈值理论",该理论已经被广泛观察到。如果不愉快的感觉超过某一限度,则这种感觉就会变成不舒适性。舒适性的不同方面同时存在,乘客会将其个人感觉组合成为一个分数,该分数主要由最差的舒适性规则所决定。这就是"坏牙定理",如果一个牙齿疼痛,典型的患者就不会有心情去考虑 27 颗好牙和提出一个平均的疼痛评分。欧洲最近的健康调查表明,腰背痛的发病率在增加[3],这极有可能将这种健康问题优先转向顾客的舒适性。

回到车辆,这导致了 3 个后果:
1) 必须同时考虑所有的舒适性方面。
2) 在每一个舒适性规则中,一辆舒适的车辆都有良好的表现。
3) 舒适性的设计需要深入了解的人体生理学。

36.1.2 舒适性方面

舒适性方面主要针对 3 个功能——支持、保护和愉悦。

基于人体工程学的经典定义,车辆设计应当支持用户,并使驾驶尽可能简单。这包括所有条件下适当的座位和姿态的支持、足够的运动范围、平衡的压力分布、逻辑上聚集和易读的仪表、容易触及的转向盘和踏板、合理范围的操纵力和足够大的门开口。然而,乘客的期望与驾驶员的期望有很大的不同。当驾驶员为了完成驾驶任务需要与车辆"连接"时,大多数乘客往往更加关注的是行驶的平稳性。但是在这两种情况下,坐在车里只是一个可能的情况。一辆舒适的车辆支持正常范围内的所有操作,例如装载/卸载、喝咖啡或看地图。

驾驶一辆车辆意味着会遇到各种风险,通过轮胎、风和其他交通情况在发动机舱中产生噪声。振动出现在频率的宽波段范围内,突然的冲击会在人体产生惯性力。需要保护乘客免受天气、泥土和污染等影响。一辆舒适的车辆本质上是一个舒适的生存空间和车轮上的家。

像任何其他家庭一样,好的氛围和娱乐是无害的。这绝对符合拉丁语的"舒适性"一词,因为这些都是"给人体充电"的措施。从生理学的观点而言,"充电"与"喜悦"相比可能是更好的词汇,"喜悦"功能可以用于加强品牌的形象。然而,不符合适当人机工程学功能的集合体不能带来一辆舒适的汽车。"喜悦"功能的缺失也不一定会产生不舒适性,但是可能会使驾驶员更早注意到。

36.1.3 人机工程学的规则和规律

驾驶员不得不注意交通情况,找到其道路,按照街道行驶,控制速度,变换档位,采取制动,操作控制,有时甚至并行执行额外的任务,以保持作为信息社会的一部分。这是真正的工作，将车辆视为一个工作场所，一些规则和评价标准可用于传统意义上的人机工程学[24]。人体最初并不是用于驾驶车辆的，早期的技术限制迫使驾驶员去适应转向盘后面的非自然条件。现在，可以设计车辆适应人。好的工作场所设计总是考虑能力与需求的平衡[20]。在这种情况下，能力是指人承受一定量的体力和脑力的工作的能力，需求是指完成特定任务所需的工作量。将车辆考虑为一个工作场所，可以解释为什么相同的车辆在不同客户之间主观舒适性感觉是如此的不同。

舒适性需要一个积极和稳定的身体和精神状态，只有需求低于能力时才可以获得。在驾驶情况中，需求变化比较显著，取决于车辆设计、天气条件、交通、速度、路面条件或附加任务。个人的能力会随着年龄、力量、尺寸、体重、智力和教育等有显著差异，个人的能力也会有显著变化，还取决于健康状态、睡眠、情绪、压力、时间或饮食等因素。有时候一辆不舒适的车辆被认为是舒适的，因为其只是在能力高和要求低的情况下评估。想象拥有一辆漂亮的旧跑车，只在周日驾驶、天气很好、道路畅通，你有充足的睡眠、吃了很好的早餐和选择了一条优美路线的情况。经历一个短暂的夜晚，在时间压力的交通拥堵下，在黑暗和雾蒙蒙的周一早晨，同样一辆车可能感觉就是糟糕的。

许多工作场所的设计规则可以直接应用于车辆设计，一些人机工程学的著作在文献中列出[13,22,24]。车辆与标准工作场所的最大差异，是人体不可避免地振动。因此，在车辆开发期间，应当特别考虑振动暴露。

欧盟的 2002/44/EC 指导性文件，定义了工作场所最低的安全和健康要求。如果车辆用作工作场所，该文件也同样适用于车辆。人体作为整体振动依据 ISO 2631 标准（1997）测试，手臂振动依据 ISO 5349 标准（2001）测试。虽然手臂振动暴露在车辆中不算问题，然而在某些情况下可能与全身振动变得相关。不幸的是，振动暴露取决于很多因素，而且并不是所有这些因素都属于车辆设计。路面条件、驾驶行为、人体质量、个人的座椅位置或肌肉紧张，不能由研发工程师指定。观察车辆，振动阻尼不能归属于单个组件或子系统。这是整车性能的要求，涉及轮胎、车轮尺寸、悬架、车辆质量、车身刚度、地毯、座椅和转向柱。然而主要因素是座椅和悬架。

ISO 2631 的评价指标为给定时间跨度下加权加速度的均方根值（RMS）或者振动剂量值（VDV），其他的评价指标在 34.2.1 小节中已经给出，越野车辆的舒适性已在第 12 章与第 19 章中处理：

$$VDV = \left[\int_{t=0}^{T} a_w^4(t)\,dt\right]^{0.25}, \quad a_w(t) = c(f)a(t)$$

并且

$$c(f) = \begin{cases} 0.4 & 0.5 < f \leq 2\text{Hz} \\ f/5 & 2 < f < 5\text{Hz} \\ 1 & 5 \leq f \leq 16\text{Hz} \\ 16/f & 16 < f < 80\text{Hz} \end{cases}$$

如果 RMS 或 VDV 超过其暴露极限值（ELV），对于日常暴露：$\text{RMS}_{\text{ELV}} = 1.15\text{m/s}^2$，$\text{VDV}_{\text{ELV}} = 21\text{m/s}^{1.75}$，则要禁止进一步振动暴露。

变量符号如下：

a——加速度；

a_w——加权加速度；

$c(f)$——与频率相关的加权因子；

f——频率。

36.2 人体

显然，详细解释人体解剖学和生理学将远远超出本章的范围。然而，车辆舒适性涉及车辆和人，因此工程师和设计师应当知道人体的一些基本事实[20,23,25,32]。

36.2.1 人体尺寸

第一个与舒适性相关的开发任务，是车辆内部空间布局，即所谓"人员包"。使用一辆不适于用户身体尺寸的汽车是非常困难的。潜在的问题可能是视觉障碍、到达踏板或控制的问题、不舒服的关节角度和与内部部件的碰撞，如转向柱罩或转向柱头，尤其是座椅设计对车身尺寸非常敏感。

在人机工程学中，采用百分位数是常见的做法，例如5%、50%和95%。5%是小的；50%代表着中位数。在5%的女性和95%的男性之间整个范围的设计，在实际使用中可能不会产生问题。不幸的是，人体尺寸有显著的地理变化，如图36.1所示。

此外，每隔十年人体尺寸会有约1厘米的增加浮动[9]。百分位数的参考尺寸需要更新，并且反映到车辆的计划生产周期中。

36.2.2 共振频率

为什么共振频率如此重要？人体共振可以引起各种不舒适性[10]，见表36.1。在许多情况下，顾客不会被激怒或者甚至不会感受到振动，但是承受内部器官的共振，一个非常关键的范围是3~6Hz。

由于人有不同的比例和体重，不同的人体部位通常会有共振频率范围。显

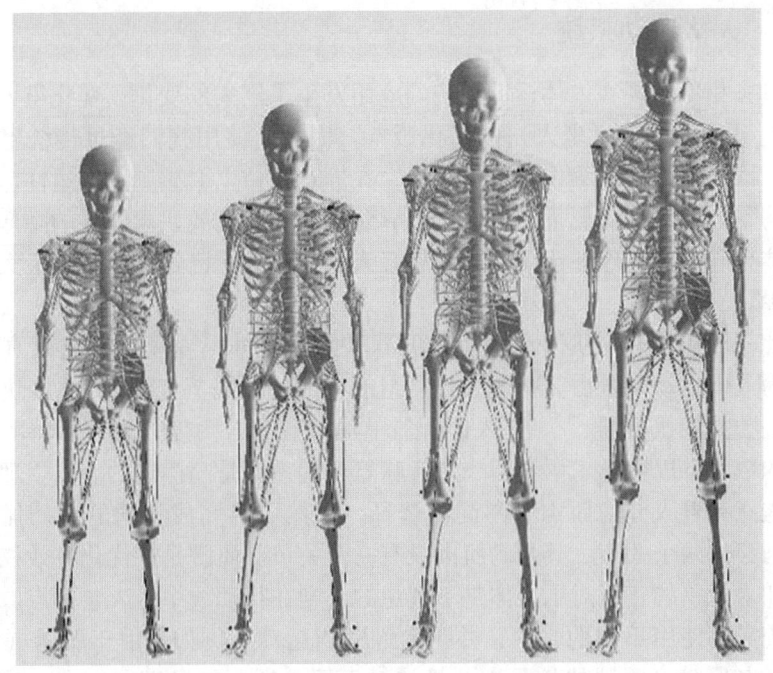

图 36.1 人体比例模型（5%的女性、50%的女性、50%的男性、95%的男性）

然，不是所有同样尺寸的人具有相同的体重。同样，车辆座椅的阻尼特性也取决于乘员的体重与身体比例。

表 36.1 人体共振

激励频率/Hz	人体响应
3~4	颈椎强共振
3~6	胃共振
4	腰椎峰值共振
4~5	手的共振（很难使目标运动）
4~6	心脏共振
5	肩带非常强的共振
5~20	喉部共振（声音的变化）
5~30	头部共振
10~18	膀胱共振（产生尿意）
20~70	眼球共振（难以看到）
100~200	下颌共振

36.2.3 人体运动系统

与过去相比，现在人体运动系统的应用发生了巨大的变化，变化得太快以致无法跟上 Home seden（坐人）的优化版本。因此，使用我们经过传统生活优化的身体，即以体力活动为主的传统生活，在静态座位上会感到不舒适性，肌张力分布不均匀。在许多情况下，这甚至会导致显著的疼痛或肌肉性能的降低。体育教师和体育管理者已经注意到，目前年轻人的生活方式已经导致平均最大肌肉力量的减少。

因此，分析所有与肌肉活动相关的驾驶任务是非常重要的。这是真正的挑战，因为人体运动系统由 200 多块骨骼组成，由各种关节连接，600 多块的肌肉被认为是独立的执行器[25]。在人体骨骼中加上所有自由度，总数量将明显小于骨骼肌的数量。以数学术语说明，这意味着方程系统是超静定的。以生理学术语说明，这意味着人体对肌肉有不同的选择，仍然可以完成相同的运动任务[20]。许多肌肉穿过两个关节，其余的肌肉只有一个关节。肌腱是在优化有效杠杆臂的位置，如果简单的直线对于人体是不理想的，则在行动线中引入包裹点。复杂的韧带系统需要使用不同的骨头，并且允许适当运动。例如，由于股骨（上腿的长骨）的与胫骨（下腿的长骨）的骨接触面不一致，如果没有韧带，膝关节几乎就会散架。

与运动系统有关的典型驾驶舒适性问题为：

1）座椅上缺少姿势的支持。肌肉在一定时间后过载，并且不能再使身体稳定，这导致被动运动系统的疲劳和高负荷。软骨（如脊椎盘）和韧带的问题将造成长期后果。

2）肌肉力量太高以致无法完成任务。例如，这可以应用于提式车门和机械手闸。同时，这对于老年人更是一个问题，因为其经常同时有关节运动范围的限制。

3）肌肉力量太高以致无法在规定时间内完成任务。这适用于所有的控制任务，如转向和踏板操作。在 1h 后，最大的肌肉力量下降到短期最大力量的 10%。因此，即使低的激活水平也会成为关键。

4）为了完成控制任务，激活水平太低或有错误特性。由于目标不是简单减少力量，这些问题有点复杂。至少在自动驾驶成为车辆标准之前，驾驶员是人机控制系统的一部分。使用当前车辆的布置，整个控制通信（转向、换档、制动、加速）依赖于人体运动系统的输入。控制通信是双向的：驾驶员通过机械力和力矩提交命令，车辆通过同样的控制元件提供反馈，Mitschke（米奇克）给出数学描述[18]。不幸的是，驾驶员在驾驶中的动作（可能是使用这辆汽车的最初原因）产生动态载荷，使用相同的四肢进行操纵控制。

第 36 章 车辆舒适性

人体运动系统完全配备了肌肉生物应变仪、关节位置传感器、加速度计、皮肤力传感器和一种跟踪头部旋转的巧妙陀螺[23]。没有这些机构，行走或执行其他运动任务将是完全不可能的。机器人的最新发展已经暴露出行走的困难，花了几十年直到机器人可以平衡自己的双腿和以受控的方式向前移动。驾驶汽车利用了人体所提供的复杂的控制特性，某种意义上，我们成为共生人机系统的一部分，如图 36.2 所示。

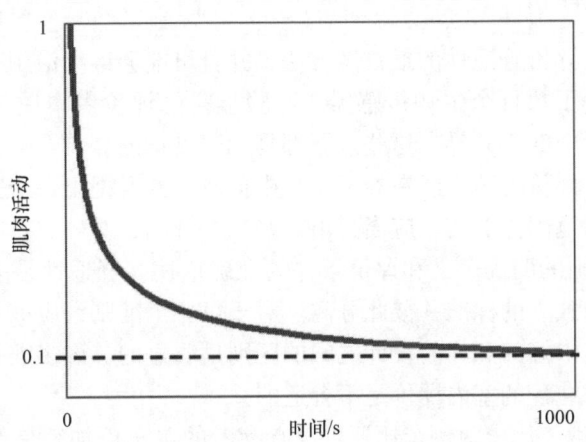

图 36.2　肌肉疲劳（50% 的慢肌纤维）：由于代谢的限制，最大力量只能在一个很短的时间内形成，慢肌纤维优化用于耐久性；快肌纤维优化用于峰值力[15]

36.2.4　热平衡

人体需要将核心温度保持在一个非常严格的耐受范围内。一个复杂的温度调节系统自动完成这一任务，通过增加新陈代谢升温，通过出汗或呼吸降温，或者结合血管直径与心率的变化集中或扩散体内的血流量。最佳的温度范围受到湿度影响，每个人是不同的，并且依赖于穿着的衣服。与湿润空气相比，干燥空气的温度范围更大，并且女性通常比男性喜欢更高的温度。在温度超过一定水平之前，调节过程不明显，之后不仅明显，而且由于需要大量的体力可能最终导致疲劳。除了不舒适外，车辆内的温度稳定性差甚至可以引起疾病或增加驾驶员的反应时间。

车辆内的热平衡受到许多外部因素的影响，如环境温度、太阳辐射、湿度和风速。与室内调节温度相比，车内的调节任务更难。因为驾驶员比乘客产生更多的热量，驾驶室容积小，车内热容量低，汽车本身热量的产生是变化的，并且个人的身体部位暴露于不同的传热情况。不幸的是，人体对不同温度难以局部反应。例如，流汗不能由身体躯干的前部和后部单独控制。对于汽车设计师，两种独立的策略是可用的：①保持车内完美的气候；②支持人体的自然温度调节，例如，座椅覆盖人体重要的换热区域，而且应当具有足够的水蒸气渗透性。

36.3 舒适性评价

36.3.1 主观评价

主观评价是评价舒适性的最古老方法，并且可能会继续沿用一段时间。如前所述，人体配备了数百个生物传感器。经验丰富的评价者本质上使用这些传感器，以检测设计中的小差异，这些差异都是无法测量的。

许多不同的评价方案已经在参考文献中提及，并且提出一个完整的综述或指南已超出本章的范围。然而，应当提出一些基本规则：

1）评价准则的明确定义和评价条件的准确描述。舒适性是多维的，这意味着需要定义几个独立的标准并彼此分离。对于每一个准则，应该有一个关键任务或边界条件，其中好的和坏的设计之间的区别是明显的。许多准则要求在试验场进行实际行驶，纯粹的室内评价是不合适的。

2）参考车辆。比较两辆车比评价没有参考的单车更加容易，参考车辆使用时需要处于受控状态。

3）描述性的评定量表。评定量表应该明确规定，不用太精细。重要的是，所有评价者对于特定的评价等级有着相同的理解。

4）以顾客为定位的权重。对于每个车辆，多维的舒适性等级需要组合成一个总得分。只有所有重要的舒适性方面被捕获和根据客户对特定车型的偏好进行加权，才能得到有代表性的结果。

5）经过训练的评价者。主观评价车辆时，评价者需要有丰富的经验，专注于特定方面的能力，区分边界条件所引起的差异和性能差异的能力。

6）充分的评价。即使是受过训练的评价者并不总是得出相同的结论。然而，与普通客户相比，需要少量的观测者。对于一个适当的舒适性评价，有必要覆盖一定范围的人口和一些选定的评价者。因为在某些舒适性方面，例如振动阻尼、姿势或侧向支撑，舒适性能取决于成员的多少。

对于设计优化，使用双模尺度比使用一维尺度是有帮助的。例如，一个座位可以太宽或太窄。只是从 1 到 10 对座位宽度进行评级，不会给出如何提高设计的指导。

36.3.2 试验方法

试验方法通常集中于特定的舒适性方面，例如振动阻尼或座椅压力分布。完整的舒适性评价需要大量的试验程序。主观评价试验的优势是定义良好的输出，在许多情况下可以直接用于检测设计的弱点。然而，大多数与舒适性相关的试验涉及人体试验对象，其在重复性和再现性方面是一个真正的缺点。

36.3.2.1 人体运动

在生物力学中，运动分析有着悠久的历史。最初用于临床应用，如步态分析，同样的方法已经开始应用于车辆的开发中。运动分析有助于研究人们如何执行操作任务，如乘员进出[12]。根据车辆设计参数，如车门开启高度或台阶高度，许多人完全改变其运动模式。运动分析也为进一步应用计算机辅助工程（CAE）模型进行生物力学分析奠定了基础。运动分析通常采用简化的刚体模型，并且试图以关节角或关节中心运动复制运动学。

记录运动最简单的办法是录像或一系列数码相片。标记应当用于识别突出点，如果可能的话，这些突出点是关节位置或骨性标志[38]，皮肤运动和宽松的服装是关键。1个三维重建至少需要2个独立的通畅视图，难以在车内获得。一个完整的运动跟踪工作要求一组4个或更多个同步摄像机，才能确保在任何时候至少有2个视图可用，冗余还减少光学失真带来的误差。在过去，许多竞争系统都在市场上，大部分是光学，还有一些基于超声波，采用主动或被动的标记工作。基于视频的系统和基于红外线的系统，采用被动标记似乎是首选。

对于单关节，用贴在身体上的测角仪总是一个不错的选择。测角仪直接提供关节角度，工作相当可靠。对全身使用这种技术，需要一套特殊的服装。所有身体尺寸都要研究，如图36.3所示。

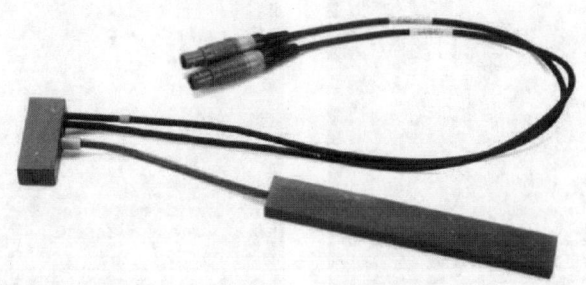

图36.3 测量关节角的应变计测角仪

人体脊椎的微小动作可以通过姿态监测器进行无创记录，利用超声波检测贴在皮肤上的八个传感器的微小距离变化。

36.3.2.2 座椅振动

座椅可以有效抑制车体振动，使用常规加速度计测量座椅轨道振动非常容易[1,10]。然而，座椅坐垫振动不仅取决于座椅，也取决于乘员。一种简单集成加速度计的橡胶垫，可以放置在座椅坐垫上以记录座椅坐垫的加速度。橡胶垫可增加接触面积，而且足够灵活地适应座椅形状。水压脉冲试验也非常有助于座椅研发，在这种情况下，座椅安装在一个装备上，根据道路试验测试的座椅轨道加速度进行加速。在这两种情况下，人体试验对象或多或少用到被动的假人，只是为了装载座位。为了克服这一不足，目前已经提出几种振动假人，但还没有通用的汽车标准。

参考文献报道中的大部分研究，聚焦于座椅坐垫的垂直振动，并且与主观振动舒适性的感受相关已经成为共识。然而，座椅靠背和其他方向的振动对总振动的构成达到何种程度是有争议的。超过30Hz，座椅不作为一个整体系统振动，但是有明显的局部效应，由共振或模态振动引起的。

这种舒适性评价主要关注如下数值结果：①以 RMS（均方根值）或 VDV（振动剂量值）表示的绝对振动；②座椅坐垫加速度与座椅轨道加速度的比值。显然，振动的大小取决于道路条件。因此，使用众所周知的道路是重要的，例如试车跑道。

36.3.2.3 座椅压力分布

既然人体配备了大量的压力传感器，乘客对接触压力非常敏感。例如，压力热点、高压梯度或小的接触区域，都会造成不舒适性[16,33]。身体支持和压力均匀分布之间，总是有折中。没有了一定的压力，就没有办法将所需的支持力传递给身体，特别是在动态条件下，如图 36.4 所示。

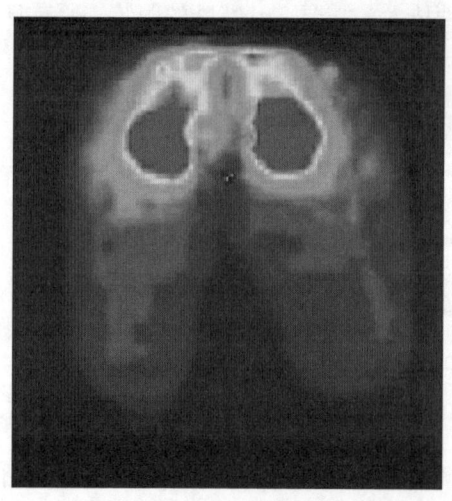
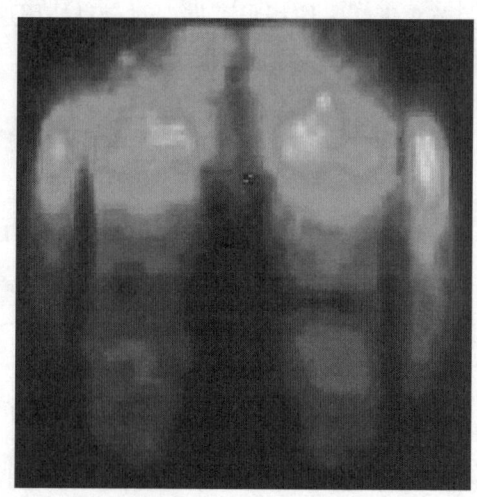

图 36.4　使用相同测试对象的餐厅座椅（左）与车辆座椅（右）的压力分布，餐厅座椅是专为短期使用而设计的

因此，许多座椅的设计缺陷可以通过测试座椅的压力分布检测出来。但是，同样座椅的压力分布可能看起来完全不同，这取决于乘员的不同。因此，座椅评

价要求使用各种各样的人进行测试。具有特殊"自然形状"坐垫的座椅硬度计压头正在研发中，但是目前还没有标准。

在生物力学中，压力分布测量已经存在几十年[30]。早期的应用是采用定制鞋对糖尿病患者的脚进行处理，以优化压力分布[2]。现代压力测绘系统在每个垫上使用几百个压力传感器，可以同时对两个垫进行工作，每秒记录超过10帧。例如，高采样频率有助于在试车跑道上的动态测试，以便检查侧向支撑或颠簸道路的触底。

36.3.2.4 肌电图学

肌肉力不能直接测量，但对于许多肌肉，可以记录其电活动。在肌肉的皮肤之上放置电极，与更加远离肌肉的区域相比，可以检测电势的微小变化[6]，这叫表面肌电图学（EMG）。通过直接放置在肌肉中的针电极，可以获得更精确的测量。然而，这会导致不舒适性，因此也对评价舒适性没有帮助。表面肌电图学在临床和体育应用上有很长的历史，因为这是获得肌肉活动相关试验数据的唯一的非侵害性方法。对于应用生物力学模型生成CAE进一步研究的验证数据，肌电图学是必不可少的工具，如图36.5所示。

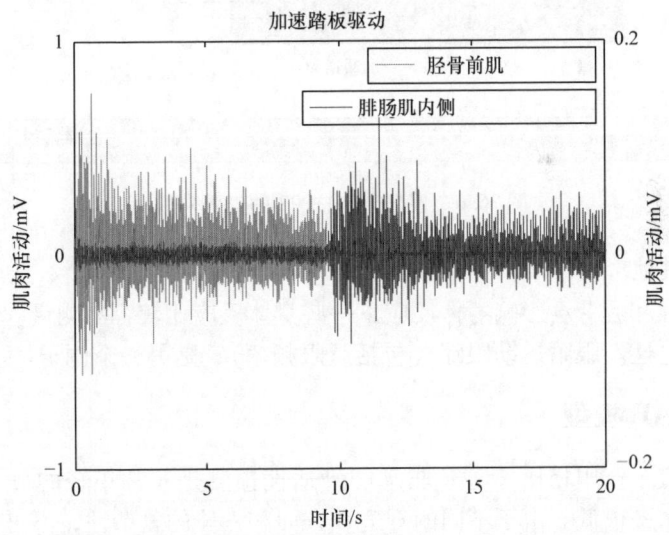

图36.5 加速踏板驱动的肌电原始信号，10s后对抗肌介入

信号后处理取决于研究的目标。对于单一运动，如驻车制动，信号将被整流和滤波以便估计肌肉力。对于长期重复动作或静态活动的评价，有趣的是关注功率谱，了解疲劳导致高频信号减少的成分。现代肌电信号装置采用8个或更多个通道工作，但测试工程师应当牢记，通道太多会影响测试对象的运动。

36.3.2.5 气候

传统的测试技术用于记录温度、湿度、辐射和空气速度。气候假人在指定区域采用温度控制段测试传热。不幸的是，没有统一的行业标准，并且气候假人在热条件下还不能很好地工作。

座椅的热舒适性主要取决于水蒸气渗透性，因为汗水蒸发是人体的主要冷却机制[34]。部件测试根据 ISO 11092 或 DIN EN 31092 进行，可以用于优化座椅罩，并且可以减少与试验对象一起进行的气候室试验的次数。部件测试使用所谓的皮肤模型，产生受控的水蒸发，然后引导水蒸气通过测试样本。高渗透性与高蒸发率相关，高蒸发率可以由蒸发装置的功率消耗简单衡量，如图 36.6 所示。

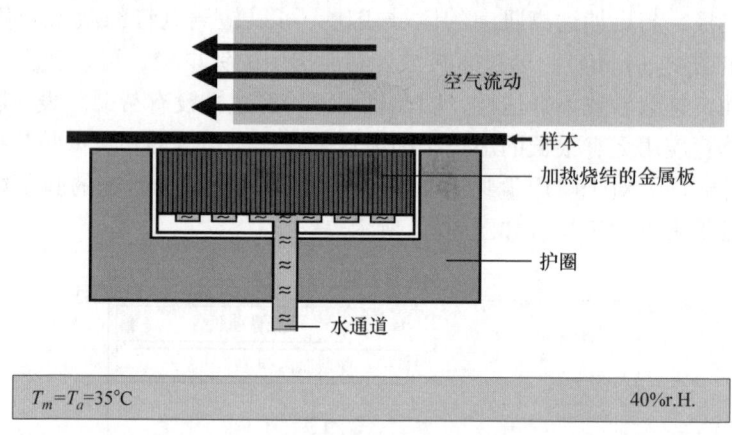

图 36.6　根据 ISO 11092 的皮肤模型

36.3.2.6 其他

不舒适性和疲劳会影响身体反应，一些身体反应比较容易测量。例如，心率或皮肤的导电性。眼睛运动跟踪（包括眨眼频率），是另一个例子。

36.3.3　CAE 模型

与其他汽车应用相比，CAE 驱动的舒适性预测是非常年轻的分支，整个行业的标准化水平很低。由于不同的舒适性方面和人体的复杂性，不可能在单一模型中包含全部的舒适性预测。总是会有专门的模型用于姿态分析、振动分析或肌肉负荷分析等。提出的所有建模策略的完整文档至少可以写成一本书，下面列出一些例子，但并不是完整的概述。

36.3.3.1 运动学模型

运动学模型，如 Ramses[26] 使用分段刚体表示，并且对于给定姿势确定关节角度。基于试验数据，可以由关节角导出一个舒适性指数。这种情况的设计优化等同于这个舒适性指数的优化，该方法可以用于静态座椅位置和运动序列。例如，乘员进出或踏板操作[36]。

36.3.3.2 没有肌肉的逆动力学模型

刚体模型使用逆动力学，提供完成预定义运动任务所需的关节力矩和力，可以考虑所有外载荷[39]。关节反应没有直接的生理意义，因为人体不像机器人一样工作，但是肌肉力和节点力矩之间明显有很强的相关性。对于比较和趋势预测，这些模型是有价值的。逆动力学方法的缺点是需要大量的输入参数，这些参数有时难以获得。

36.3.3.3 包括肌肉的逆动力学模型

在逆动力学模型中增加肌肉，意味着建模工作增加了约一个量级。对于一个完整的人体模拟，需要考虑几百块肌肉，其中每一个要有指定的作用线和强度属性[21]。优化准则也需要定义，因为未知数的数目超过了方程的数目[29]。这种充分研发模型的主要优点是高生物逼真度，意味着计算结果有真正的生理意义。与没有肌肉的模型相比，所需的测试数据是相同的，假设分段的刚体方法，如图36.7 所示。

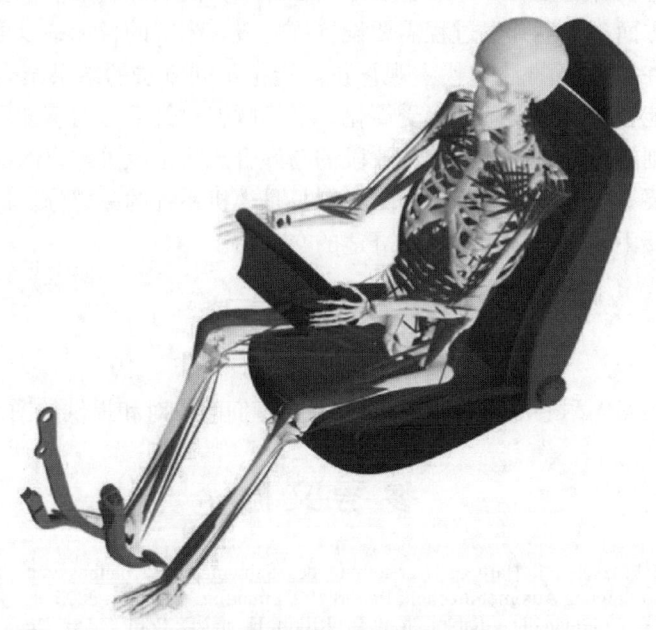

图 36.7　AnyBody 的汽车驾驶员模型

36.3.3.4 模拟人体阻抗的正向动力学模型

这些模型或多或少是虚拟振动假人，可以用于座椅开发[5]。人体对于振动阻抗好的表现，可以预测座椅的振动传递率。显然，座椅也需要建模，通常以非线性弹簧和阻尼器的功能描述。正向动力学意味着运动是所有作用力计算的结果，这些模型的主要缺点是座椅和乘员之间机械耦合的描述，模型通常只集中于垂直振动。

36.3.3.5 模拟人体振动的正向动力学模型

这些模型用于计算座椅振动到人体不同部位的传递[7,35]，这对于进一步定义关键振动剂量或研究人们在振动暴露下如何操作车辆是非常重要的。其主要优点是对人体动态行为进行真实分析，提供比纯测试数据更多的信息。然而，这些模型非常复杂，要求对可变形的人体部位进行先进建模以及对肌肉张力进行表示，包括所有的解剖特性。

36.3.3.6 座椅压力分布的有限元预测

这些模型集中于静态载荷下座椅的压力分布，主要任务是包含泡沫和变形人体组织的座椅乘员耦合的适当表示[14,19]。

36.4 结论

在处理车辆舒适性时，非常容易迷失在探索支离破碎的细节中。为了覆盖舒适性的所有方面，车辆开发过程需要设置优先级。未来的目标是以可靠的测试方法或无需硬件的 CAE 方法取代主观评价。当把不同方法的结果结合起来时，有限的资源可能会迫使开发团队接受简化。了解顾客对舒适性的感知不亚于许多独立的性能准则的总分，好的概述和片段的巧妙合成将是至关重要的。对于工程师来说，这需要一个开放的头脑，因为机器只是人机系统的一部分。即使心理发挥作用，也需要不同感官认知到愉快舒适的交响曲。

致谢

我要感谢家人耐心的支持以及 FFA 的同事们的校对和提供的图形。

参 考 文 献

1. Bitter, T., F. Fritzsche, J. Hartung: Darstellung des Schwingungsverhaltens von Fahrzeuginsassen. Forschungsvereinigung Automobiltechnik Report 189, Frankfurt, Germany, 2005.
2. Brand, P., W.C. Coleman: The diabetic foot. In: Rifkin, H. and D. Porte (eds.): *Diabetes Mellitus*. 4th edn., New York: Elsevier, 1990.
3. British Department of Health: The prevalence of back pain in Great Britain in 1998. Statistical Bulletin 1999/18, London, U.K., 1999.
4. Bubb, H.: Ergonomie und Sitzgestaltung. In: Wilke, H.J. (ed.): *Ergomechanics*. Shaker Publ., Aachen, Germany, 2004.
5. Liang, C.Y. et al.: A biodynamic model for the assessment of human operator performance under vibration environment. SAE paper No. 2005-01-2742, Warrendale, PA, 2005.
6. De Luca, C.J.: The use of surface electromyography in biomechanics, *Journal of Applied Biomechanics*, 13(2), 135–163, 1997.

7. De Rochefort, E. et al.: Detailed modelling of the lumbar spine for investigation of low back pain. SAE paper No. 2005-01-2716, Warrendale, PA, 2005.
8. European Communities: Directive 2002/44/EC. *Official Journal of the European Communities*, L177/13, 2002.
9. Flügel, B. et al.: *Anthropologischer Atlas, Grundlagen und Daten*. Frankfurt, Germany: Edition Wötzel, 1986.
10. Griffin, M.: *Handbook of Human Vibration*. London, U.K.: Academic Press, 1990.
11. Grunwald, M., L. Beyer: *Der bewegte Sinn – Grundlagen und Anwendungen zur haptischen Wahrnehmung*. Basel, Switzerland: Birkhäuser-Verlag, 2001.
12. Kawachi, K. et al.: Visualization and classification of strategy for entering car. SAE paper No. 2005-01-2683, Warrendale, PA, 2005.
13. Kroemer, K., E. Grandjean: *Fitting the Task to the Human*. Philadelphia, PA: Taylor & Francis 1997.
14. Marx, B. et al.: Virtual assessment of seating comfort with human models. SAE paper No. 2005-01-2678, Warrendale, PA, 2005.
15. McMahon, T.: *Muscles, Reflexes, and Locomotion*. Princeton, NJ: Princeton University Press 1984.
16. Mergl, C. et al.: Predicting long term riding comfort in cars by contact forces between human and seat. SAE paper No. 2005-01-2690, Warrendale, PA, 2005.
17. *Merriam-Webster*: Comfort. http://www.merriam-webster.com/dictionary/comfort, online dictionary, 2005.
18. Mitschke, M.: *Dynamik der Kraftfahrzeuge*. 2nd edn., Berlin, Germany: Springer-Verlag, 1990.
19. Montmayeur, N. et al.: Experimental and numerical analyses of seating pressure distribution patterns. SAE paper No 2005-01-2703, Warrendale, PA, 2005.
20. Pauwels, F.: *Gesammelte Abhandlungen zur funktionellen Anatomie des Bewegungsapparates*. Berlin, Germany: Springer-Verlag, 1965.
21. Rasmussen, J., S. Christensen: Musculoskeletal modeling of egress with the anybody modeling system. SAE paper No. 2005-01-2721, Warrendale, PA, 2005.
22. Salvendy, G.: *Handbook of Human Factors and Ergonomics*. New York: John Wiley & Sons, 1997.
23. Schmidt, R.F., H.G. Schaible: *Neuro- und Sinnesphysiologie*. Berlin, Germany: Springer-Verlag, 2005.
24. Schmidtke, H.: *Handbuch der Ergonomie*. Bundesamt f. Wehrtechnik und Beschaffung, Koblenz, Germany, 1989.
25. Schünke, M., E. Schulte, U. Schumacher: PROMETHEUS, Lernatlas der Anatomie. Allgemeine Anatomie und Bewegungssystem. Thieme-Verlag, Stuttgart, Germany, 2004.
26. Seidl, A.: The man model RAMSIS: Analysis, synthesis and simulation of 3-dimensional human body postures, Dissertation, Technische Universität München, München, Germany, 1994.
27. Seitz, T. et al.: FOCOPP – An approach for a human posture prediction model using internal/external forces and discomfort. SAE paper 2005-01-2694, Warrendale, PA, 2005.
28. Shell: *Shell Pkw-Szenarien bis 2030, Flexibilität bestimmt Motorisierung*. Hamburg, Germany: Shell Deutschland Oil, 2004.
29. Siebertz, K.: *Biomechanische Belastungsanalysen unter Berücksichtigung der Leichtbauweise des Bewegungsapparates*. Göttingen, Germany: Cuvillier-Verlag, 1994.
30. Siebertz, K., B. Krabbe: Die Druckverteilungsmessung und ihre klinische Anwendung. Verdonk, A., M. Wieg (Hrsg.): *Biomechanische Vervahren und ihre praktische Anwendung in Diagnostik und Therapie*, Luedenscheid 1994, S. 121–131.
31. Siebertz, K., T. Moerke, D. DeVogel: The strain gauge goniometer, a new sensor to measure dummy joint angles under crash conditions. *SAE World Congress 2000*. In: *Safety Test Methodologies*. SAE 2000 Special Publications, Warrendale, PA, 2000.
32. Silbernagl, S., A. Despopoulos: *Taschenatlas der Physiologie*. Stuttgart, Germany: Thieme-Verlag, 2003.
33. Stubbs, J. et al.: Quantitative method for determining cushion comfort. SAE paper No. 2005-01-1005, Warrendale, PA, 2005.
34. Temming, J.: Fahrzeugklimatisierung und Verkehrssicherheit. Forschungsvereinigung Automobiltechnik Report 177, Frankfurt, Germany, 2003.
35. Verver, M.: Numerical tools for comfort analyses of automotive seating. PhD thesis, TU Delft, Delft, the Netherlands, 2004.
36. Wang, X. et al.: Validation of a model-based motion reconstruction method developed in the REALMAN project. SAE paper No 2005-01-2743, Warrendale, PA, 2005.
37. Wikipedia: Komfort. http://de.wikipedia.org/wiki/Komfort, online dictionary, 2005.
38. Zatsiorsky, V.: *Kinematics of Human Motion*. Champaign, IL: Human Kinetics, 1998.
39. Zatsiorsky, V.: *Kinetics of Human Motion*. Champaign, IL: Human Kinetics, 2002.
40. Zhang, Y., Helander, M.G., Drury, C.G.: Identifying factors of comfort and discomfort in sitting. *Human Factors* 38(3), 377–389, 1996.

第37章 汽车操纵稳定性和平顺性的主客观评价

37.1 引言

理想车辆性能的概念目标可以是：①驾驶时的愉悦；②转向时的清晰感；③易于控制；④操作时的安全感。这些概念目标实质是基于舒适性、敏捷性、精确性和安全性。作为车辆动力学的一个范畴，这些性能通过操纵稳定性和平顺性表示。目前，通过大量的试验，它们只能由专业驾驶员进行最后的评价，但是测试和评价方法会因汽车或轮胎厂商的不同而变化。即使是同一个公司，每个工程师的方法也会有所不同。

传统上，主观评价由经过特殊训练的工程师或技术人员完成，而不是由车辆动力学专家完成。通常，由于他们没有广泛的车辆动力学知识，还没有完全建立起主观评价的车辆动力学基础概念。为了成功表征这些性能，应当从根本上理解这一概念。应该注意的是，没有主观评价的个人经验，任何人都很难理解其他人的主观评价。

测试工程师应具有自身的主观测试和评价技术，通过与专家、资深人员和自身的各种实践建立起来。实际上，大多数测试工程师只知道如何对性能进行主观评价。然而，他们不能通过科学的语言表达其感受和感觉，这就是车辆动力学发展中总要面临的一个无形障碍的原因。在过去的半个世纪中，车辆动力学的发展已经在操纵稳定性和平顺性方面发挥了更好的作用[1-10]。然而，与其他技术相比，车辆动力学的贡献还是不多。

对于评价操纵稳定性和平顺性的主观试验，任何实际的文档很少在公共场合中找到。幸运的是，ISO提供了各种操纵稳定性客观试验的标准化程序[11-17]。然而，对于实际的平顺性客观试验，ISO或任何其他的文档在公共场合中还没有公开。但是，ISO 2631-1提出了周期、随机和瞬态全身振动影响健康、舒适和运动病的测试方法。

第37章 汽车操纵稳定性和平顺性的主客观评价

一些研究提供了大量的客观测试和整体操纵稳定性感觉之间的相关方法[19-21]。Crolla（克罗拉）等运用主客观相结合的方法进行了操纵稳定性评价的综合研究[22]，Norman（诺曼）和Farrer（法雷尔）分别研究了中心区操纵稳定性客观评价的实际方法[23,24]，Salaani（撒兰）等研究了中心区和非中心区驾驶的转向感觉的试验评价方法[25]，其他一些研究试图将瞬态转向特性的客观测试和主观评价方法联系起来[26-28]。

大量的研究运用人体不舒适感觉客观评价平顺性[29-35]。Ushijima（乌希吉玛）等实际研究了冲击不平顺性的客观测试和主观评价之间的关系[36]，其他一些工作也进行了只运用振动效应对冲击不平顺性进行客观评价的研究[37,38]，Amman（安曼）等考虑了声音和振动对于冲击不平顺性的人感觉的贡献[39]。

讨论操纵稳定性时，可以交替使用一些词汇，如直线、转向、转弯和稳定性[40-43]。操纵稳定性可以认为是车辆和驾驶员相结合的特性。实际上，主观评价通常受到驾驶员评价能力和偏好的影响，而将操纵稳定性评价受到驾驶员的影响降到最小是非常重要的。

本章给出的主观评价和主观试验是非常实用的，通常被全世界的许多汽车和轮胎公司广泛应用于车辆或轮胎的认证过程。这里，尝试基于物理概念对主观评价和主观试验进行标准化。作为进行主观评价的工具，对主观试验进行描述。对于每种主观试验，说明其基本概念、试验程序和行驶条件。即使主观试验的概念与其他试验方法相同，但是其程序和条件可能会不同。

为了更好地组织主观评价，主要将操纵稳定性和平顺性分为五种功能，每种功能分为相应的特性。与主观评价相似，主要将主观测试分为五类，每类都由具有专门设计程序的一些试验组成。

作为主观试验的补充方法，提出客观试验，以便获得客观测试数据，最终用于车辆动力学分析。运用由测试数据提取的车辆动力学变量，进行车辆动力学分析讨论，解释主观评价。为此，这里定义主观评价变量、客观测试变量和物理感知变量。

为了主观评价操纵稳定性和平顺性的每个特性，主观评价变量是感知评价。运用客观评价变量客观描述车辆运动表现的特性。物理感知变量是测试工程师实际感觉到的物理变量。最终，这些变量可以依据客观测试变量表示。

37.2 主观评价

SAE J1441解释了用于车辆操纵稳定性的十分主观评价量表[44]，但是其没有给出如何进行主观评价。在实际中，大部分汽车制造商和轮胎公司使用这个量表。

如图37.1所示，本章将操纵稳定性和平顺性分为五种功能，即直线性、转向性、可控性、稳定性和舒适性。每种功能具体分为多种特性。图37.1给出的特性术语习惯上用来表示其感知概念，但不是其科学的定义[40-43]。术语的名称在工程意义上可能不合适，对于使用者也会略有不同。一般认为所有特性是彼此独立的，但是其受到各自原因交叉影响，即使不同的特性也可能有相同的原因。

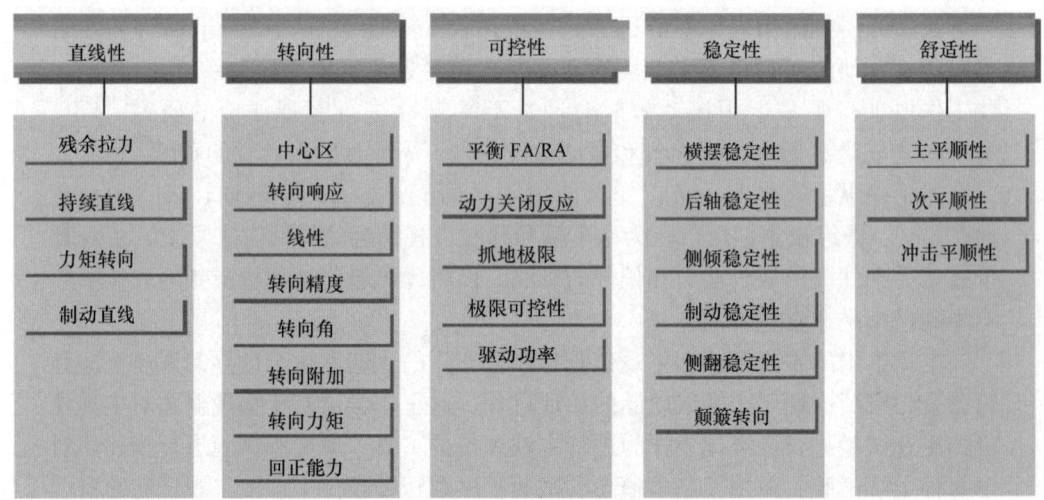

图37.1 操纵稳定性和平顺性的主观评价

直线性是一种直线行驶能力，不管是自由或固定转向没有任何明显的偏离直线路径的侧向偏移。转向性是一种能力，实现预期转向反应与具有最佳的力和更好的转向舒适性。在任何的车辆操作中，易于控制车辆沿着预期路径行驶是可控制性。稳定性是车辆行为的收敛特性，即使超过抓地极限亦是如此。舒适性是在不舒适、不平或者不规则的路面上车辆行驶时的乘坐舒适特性。

无论是自由转向还是固定转向，前轮胎受到外部扰动而产生的反应是直线性的主要影响。前轮胎对一系列转向应用的响应和后轮胎对前轮胎行为的跟随能力，决定转向性、可控性和稳定性。簧载质量的侧倾和俯仰运动也是影响稳定性以及可控性的关键因素。

转弯时，侧倾阻力产生从内侧轮胎到外侧轮胎的载荷转移，然后减少了每根轴的总转向力，如图37.2所示。这种转向力的减小不仅引起抓地减小，而且改变前轴和后轴之间的抓地平衡。这种平衡主要决定车辆的转向特性，如瞬态不足转向和过度转向。如果引起太多的不足转向和过度转向，因为可控性差，甚至稳定性差，就会使得操纵稳定性恶化。

直线加速前行时，如图37.3a所示。由于前轮向后轮的载荷转移，前轴失去

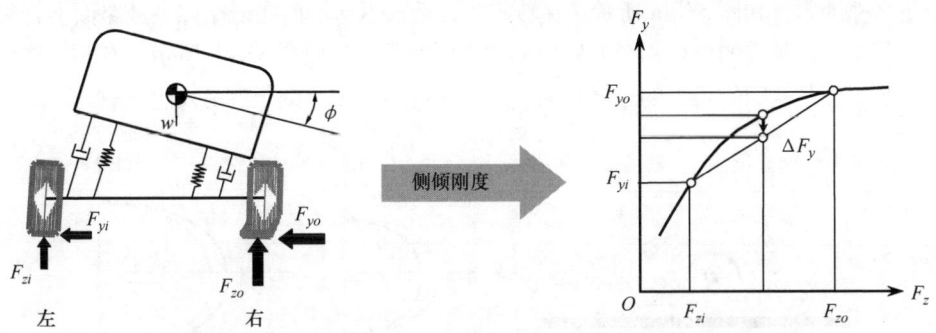

图 37.2　由内侧轮胎到外侧轮胎的侧向载荷转移

一些抓地力。另一方面，后轴获得了更多的抓地力。前轮驱动车辆在低摩擦系数路面上行驶时，基于所谓摩擦椭圆的概念，加速操作会使前轮抓地力更加恶化。转弯加速的情况下，如图 37.3b 所示，车辆表现更多的不足转向，这会使得驾驶员更难以控制车辆并按照预期的路线行驶。

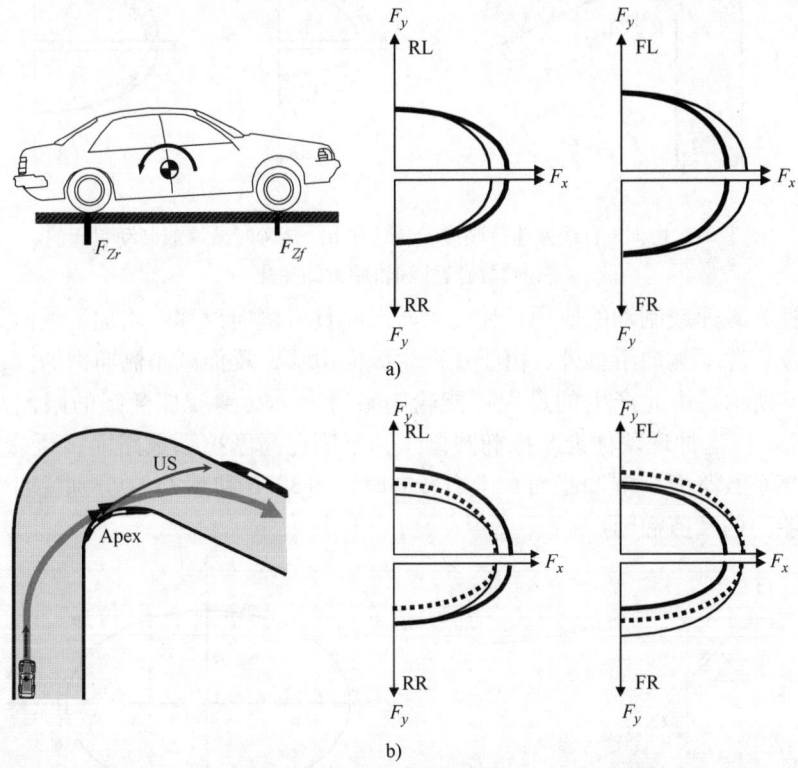

图 37.3　由 a) 直线加速行驶和 b) 转弯加速引起的纵向载荷转移和轮胎力的变化

直线减速或制动时，后轮向前轮载荷的转移减小了后轴的抓地力，而前轴获得了更多抓地力，如图 37.4a 所示。在转向时，后轮驱动车辆在低摩擦系数路面上行驶时，基于摩擦椭圆的概念，会使后轮抓地力更加恶化，如图 37.4b 所示。有时，这会产生超出控制范围的很大的过度转向，如果是普通驾驶员则很容易发生事故。

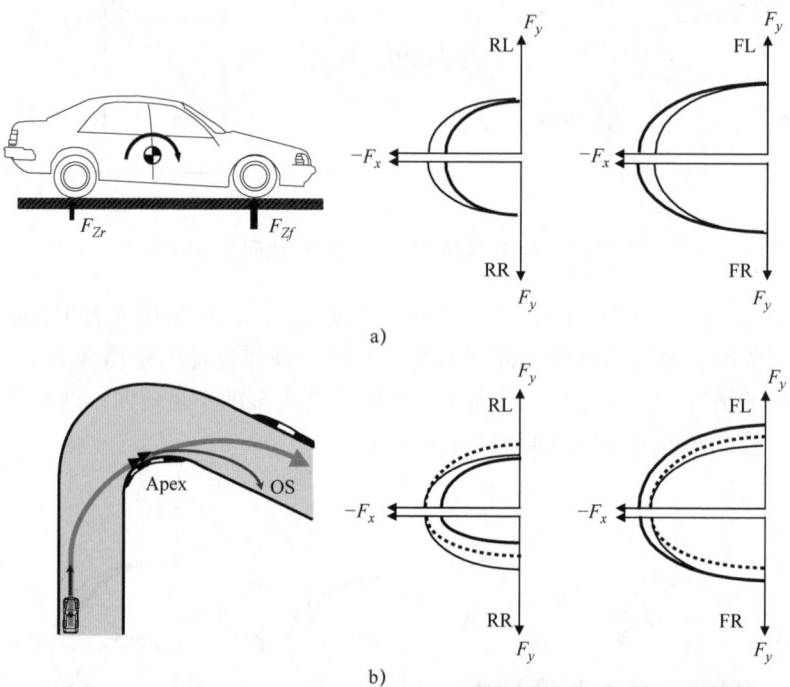

图 37.4 由 a) 直线减速行驶或者制动和 b) 转弯时减速或制动引起的纵向载荷转移和轮胎力的变化

加速、减速或制动的应用，使轮胎转向时具有侧向滑移，增加了纵向力的大小。相反，除了侧向滑移外，由于还产生纵向滑移，反而减小侧向力的大小，如图 37.5a 所示。由此产生的最大可能轮胎附着力，受到摩擦椭圆的限制，如图 37.5b 所示。这种现象称为摩擦椭圆概念，车辆在高摩擦系数路面（干燥路面）和低摩擦系数路面（湿润路面）上右转向时，图 37.6 和图 37.7 分别说明了车辆所有轮胎力的摩擦椭圆。

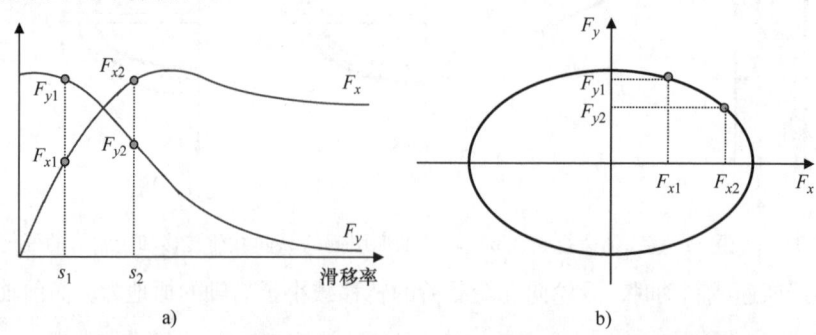

图 37.5 摩擦椭圆概念：a) 侧向力和纵向力；b) 摩擦椭圆

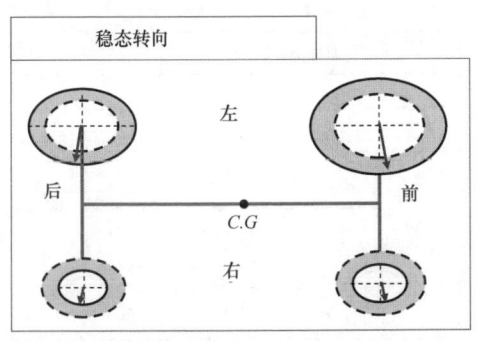
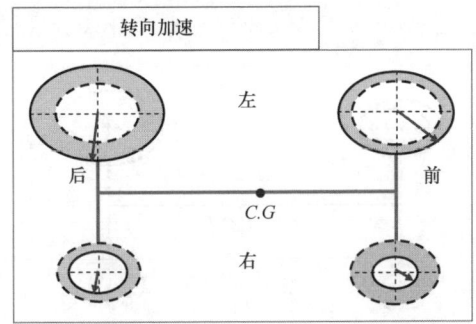
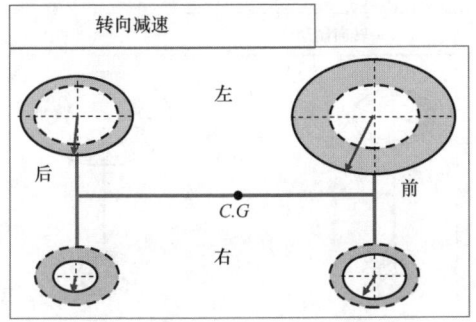
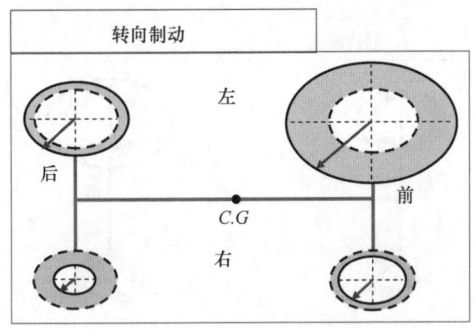

a)

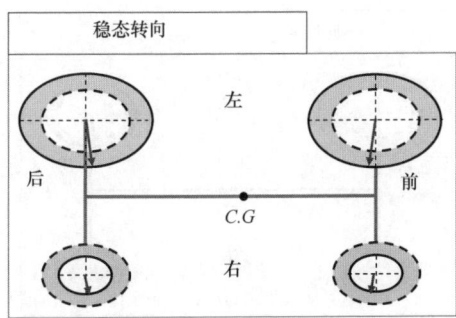
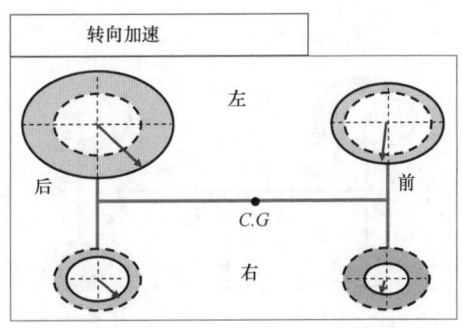
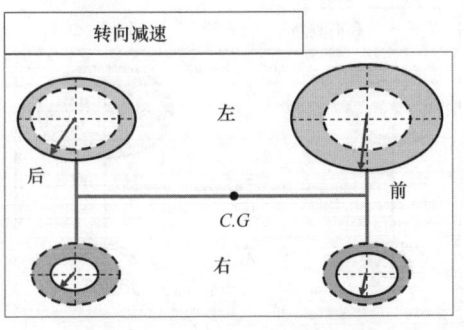
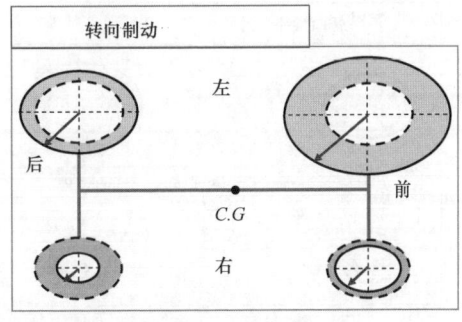

b)

图 37.6 在高摩擦系数路面（干燥路面）上右转向时车辆所有轮胎力的
摩擦椭圆：a）前轮驱动；b）后轮驱动

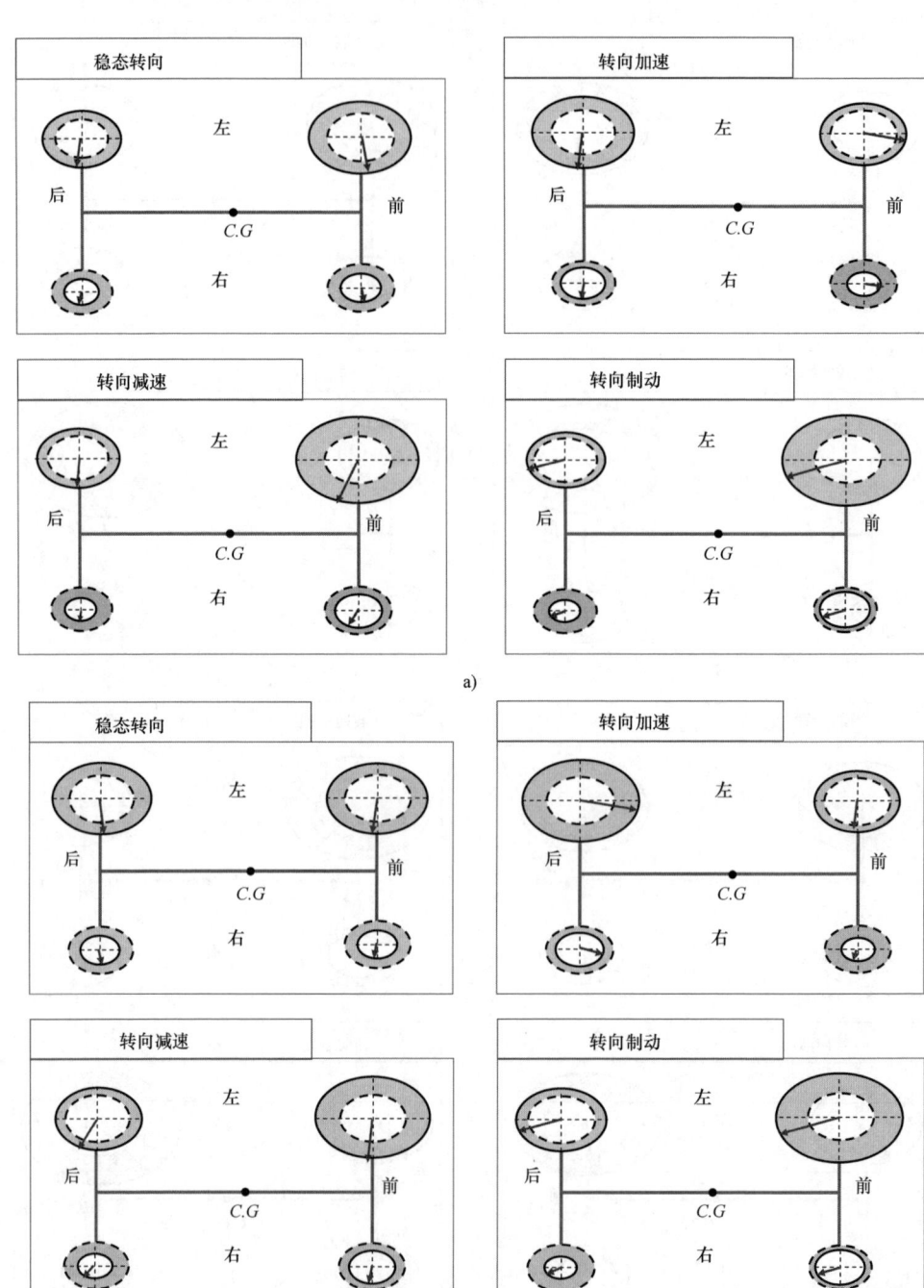

图 37.7 在低摩擦系数路面（湿润路面）上右转向时车辆所有轮胎力的摩擦椭圆：a）前轮驱动；b）后轮驱动

当进行主观评价时，测试工程师运用主观评价变量作出判断。通过特殊的训练、自身训练和测试经历，测试工程师只是以感知形式而不是以物质形式学习这些变量。在各种主观试验中，测试工程师认为所有这些变量在战术性、视觉上和听觉上是可以感知的。然而，他们并不能直接感知这些变量。相反，在实际中，他们确实通过感知测量物理感知变量，后面将对此进行详细讨论。

作为转向性能的主观评价变量，转向盘转角是视觉测量的，转向盘力矩是战术上感知的。转向盘转角所需的量用于作为转向增益的指导，相同的转向盘转角用于评价不同车辆的转向响应。反应的转向盘力矩的强度，用于评价转向力矩。

作为车辆转向或车道变换行为的主要主观评价变量，除了车速外，车辆路径通过直线行驶、转向、车道变换或紧急车道变换进行主观评价。除此之外，车辆姿态也需要主观评价。本章的车辆姿态是根据车辆运动方向定义的。因此，车辆姿态代表某一时刻车头相对于路径的姿态。

对于侧倾稳定性和侧翻稳定性，车身运动通过驾驶员身体感觉和视觉观察感知。为了主观评价舒适性，簧载质量和非簧载质量的振动是战术上感知的。此外，轮胎冲击是战术上和听觉上感知的。

37.2.1 直线性

忽略行驶条件的任何干扰，使得车辆直线前行的直线性，通常叫作直线稳定性。这种术语只是在传统上使用的感知术语，而不是其物理定义。直线性通常表示舒适性，但是在最坏的情况下，与安全性有关，其通过残余拉力、直线行驶、力矩转向和制动距离四种特性进行感知评价，如图37.1所示。

37.2.1.1 残余拉力

残余拉力是由于残余转向力矩引起的车辆侧向漂移特性。通过车辆在直线路径上匀速（通常是100km/h）行驶自由转向约100m时的侧向漂移大小，对其进行主观或客观评价，如图37.8所示。其确定了转向系统设计的合理性，悬架设置和轮胎的匹配，以及制造的一致性。长时间行驶时，残余拉力问题使得驾驶员由于残余转向力矩而疲惫。此外，自由转向时，在最坏的情况下可能引起交通事故。

图37.8 残余拉力

37.2.1.2 持续直行

持续直行是一种直线行驶的能力,没有任何漂移、游荡,或者以匀速固定转向时没有凌乱,如图37.9所示。其说明了转向和悬架系统应对路面不平度或侧风的设计灵敏度。由于不断进行转向修正,长时间驾驶也会使得驾驶员感觉疲惫。

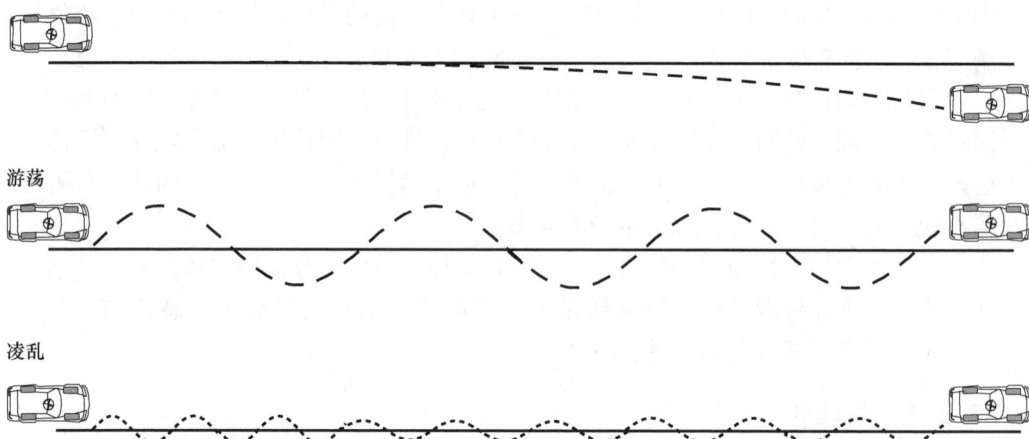

图37.9 持续直行

37.2.1.3 力矩转向

力矩转向是车辆的侧向漂移特性,当直线加速前行具有固定转向时,其由左右驱动轮之间不均衡牵引力矩产生。通过全力转向相邻车道,然后不再施加动力返回原车道的车辆侧向漂移运动,对力矩转向进行主观评价,如图37.10所示。更好的力矩转向,希望更小的侧向漂移。

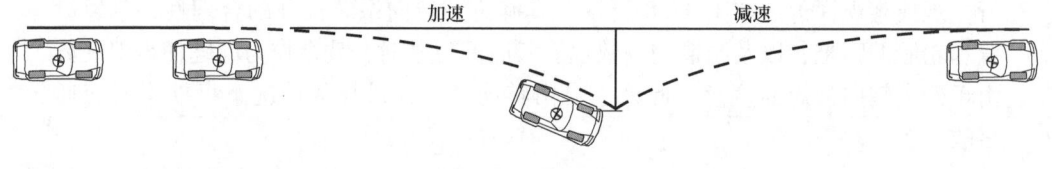

图37.10 力矩转向

37.2.1.4 制动直行

当车辆立即完全停止时,制动直行是车辆姿态或路径不受任何干扰的直行制动能力。通过完全制动和手动转向过程中车辆姿态或路径的偏差,对其进行主观评价。良好的制动直行,追求车辆姿态或路径无偏差。

37.2.2 转向性

转向行为要实现的主要目标，是舒适性、敏捷性和精确性。转向行为通过转向性表示，主要分为八个特性：中心区感觉、转向响应、线性、转向精度、转向角、转向附加、转向力矩和回正能力，如图37.1所示。以转向盘转角作为输入，转向盘力矩和车辆路径作为响应输出，对转向性进行主观评价。根据转向输入的区域确定转向性，如图37.11所示。

中心区感觉、线性和转向增益是轻微的瞬态转向特性。另一方面，所有其他特性是瞬态特性。

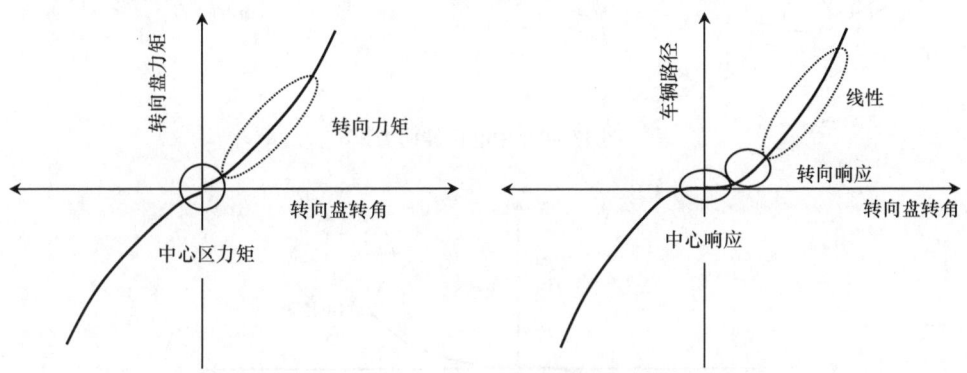

图37.11　转向盘力矩和车辆路径说明转向能力

37.2.2.1　中心区感觉

中心区感觉是在和绕转向盘中心非常慢的转向输入时对转向力矩和车辆路径变化的一种综合感觉。图37.12显示中心区转向力矩通过摩擦、中空区、柔度和转向反馈表示，车辆路径变化（或者转向）通过转向盘转角感知，以便评价死区和转向增益，如图37.13所示。中心区感觉必须准确和清晰，否则驾驶员感觉紧张。由于理想中心区转向力矩的理想大小取决于驾驶员，这就成为确定车辆概念的重要因素之一。

转向摩擦是转向中心的初始转向力矩。在理论上，转向摩擦越小越好，然而其实并不容易实现。转向摩擦的改善，可能会引起转向灵敏度的其他缺点。大的转向摩擦，会严重损害转向行为。

对转向盘中心作用一点转向，由于除摩擦力外无转向盘力矩产生，转向松动间隙带作为中空区。通常，应避免出现中空带，否则有中空带时，会感觉绕转向盘中心转向力矩松脱。在中空带明显增大的情况下，将会导致转向响应时间延迟过大，引起路径突然变化。

柔度通过对转向盘中心施加连续平滑转向进行渐进转向运动的感知进行评

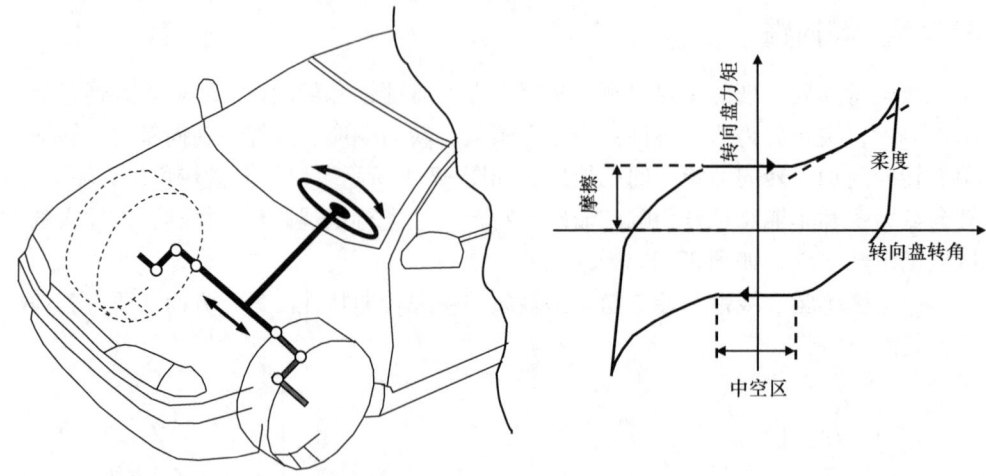

图 37.12 中心区转向力矩

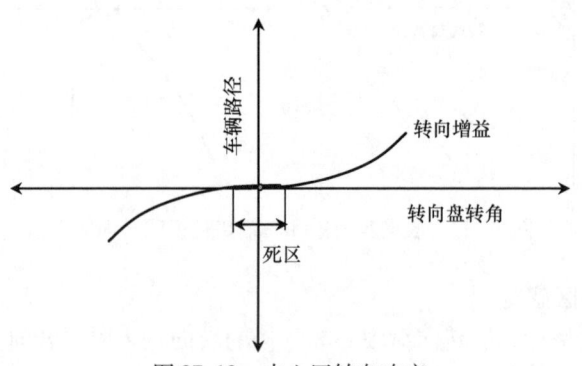

图 37.13 中心区转向响应

价。这种感知的理想目标,如同弹簧压缩的感受。用于这个性质的适当的力学性能术语,应当是"刚度"。然而,"柔度"传统上用于表示对压缩的感觉。

针对从转向盘中心的微小转向,死区是没有产生车辆路径反应的区域。当不存在死区时,相对路面不平度和风的变化,总是需要修正转向,驾驶员在每个瞬间都要这样做,不胜其烦。另一方面,大死区引起转向响应的时间延迟过大。因此,这会产生快速的车辆路径变化,让驾驶员神经紧张。

转向增益表示输出-输入比的感觉,其评价取决于从转向盘中心产生的车辆初始路径变化有多大。其要求车辆路径变化(或车辆转向)的适当程度的敏锐,取决于驾驶员的偏好。

转向反馈是从轮胎通过转向系统传递到转向盘的反馈信息。在具有良好反馈特性的情况下,驾驶员可以感觉到轮胎和路面之间的相互作用。然后,有助于驾驶员预测即将到来的路面条件。实际上,实现大水平的转向反馈特性是不容易的。

37.2.2.2 转向响应

转向响应是对瞬间转向输入引起依赖时间的车辆路径变化的一种整体主观度量。图 37.14 给出车辆路径和转向盘角的关系，包含时间延迟和转向增益。时间延迟和转向增益表示随时间变化的车辆路径变化敏捷性的主观质量。当非中心区转向的直线行驶或转向时，可对转向响应进行评价。

时间延迟只是车辆路径方向首次改变的时间滞后。通常，时间延迟越小，感觉越好。转向增益表示对转向响应的一种主观度量，其反映了转向响应产生后初始方向变化运动的发展速度。

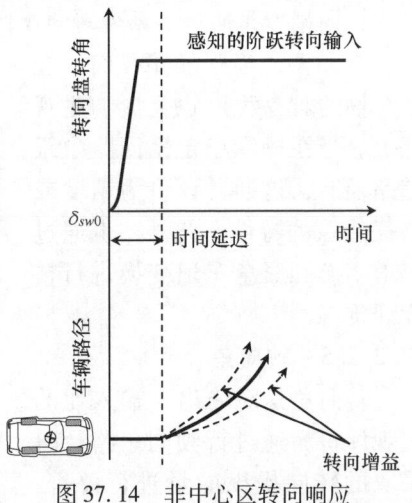

图 37.14 非中心区转向响应

37.2.2.3 线性

线性是对逐渐增加的转向输入下车辆路径轨迹线性特性的感知印象。图 37.15 给出车辆路径轮廓描述转向增益的线性趋势，车辆姿态的任何改变都是额外感知的。

良好的线性特性要求车辆路径随着转向输入逐渐增加而线性变化。此外，自然要求车辆保持恒定姿态。换言之，当车辆路径或姿态存在任何干扰时，对线性的评价就不准确。

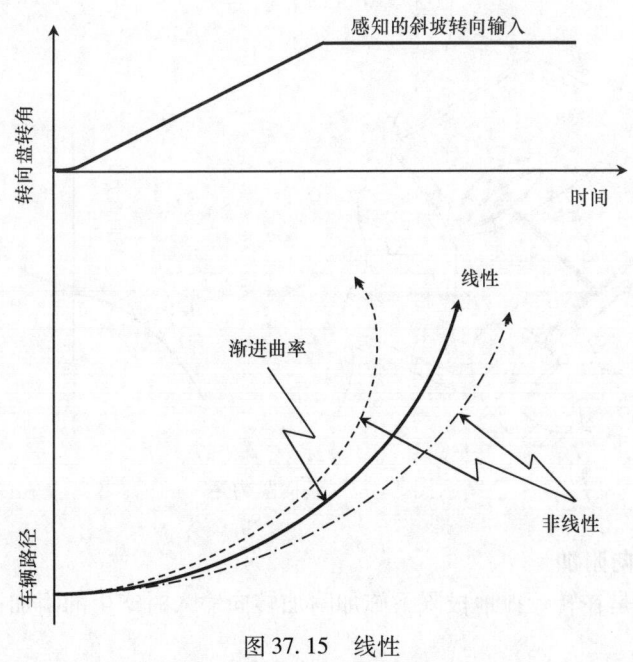

图 37.15 线性

37.2.2.4 转向精度

转向精度是通过一系列转向操作使车辆跟随预期路径精确行驶程度的一种总体主观印象。当跟随路径时,控制车辆的难易程度也会影响主观评价。当在操纵稳定性回路中跟随路径时,这通常评价为精度或路径追踪的特性。此外,也通过车道变换和紧急车道变换进行精度评价。

37.2.2.5 转向角

转向角是对输出-输入比的主观评价,通过行驶同一路径时采取的转向操纵的量进行评价。通常,转向角越小越好。例如,图37.16给出安装两组不同轮胎的同一辆车的转向增益。轮胎A比轮胎B具有更快的转向响应,但是为了实现相同的路径变化需要更大的转向角。当非中心区转向处于直线前行和转向时,进行转向角评价。

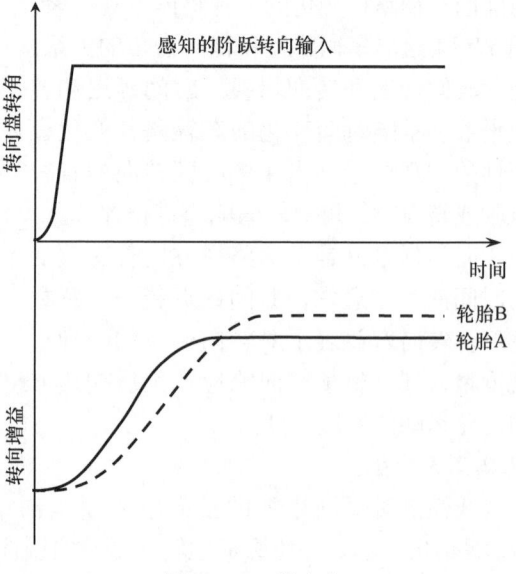

图 37.16 转向角

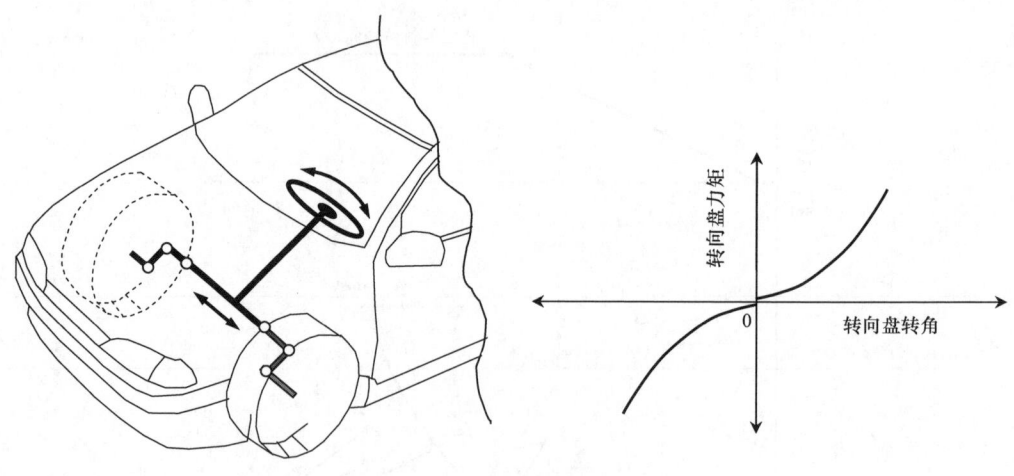

图 37.17 转向盘力矩

37.2.2.6 转向附加

转向附加是在转弯抓地极限下施加附加转向输入时产生的附加抓地的感知指

标。在这种情况下,对某些路径变化要进行主观评价。表现不足转向的车辆通常需要更好的转向附加特性以实现预期的路径转向。通常,转向附加越大越好。

37.2.2.7 转向力矩

转向力矩是对改变车辆路径方向所需的转向盘力矩进行的一种主观度量。如图 37.17 所示,其不应当过大或过小,最好接近最好的舒适性。转向力矩通过直线行驶和转弯时非中心区转向进行评价。

37.2.2.8 回正性

回正性是对转向盘运动回到其中间位置的快速性和精度的感知评价,主要通过快速轻打转向盘和迅速松开后实现,如图 37.18 所示。其表示快速轻打转向以及退出转向后轮胎使转向盘直接和顺利回到转向中心的能力,转向盘的轻微振动和运动平稳是期望的目标。

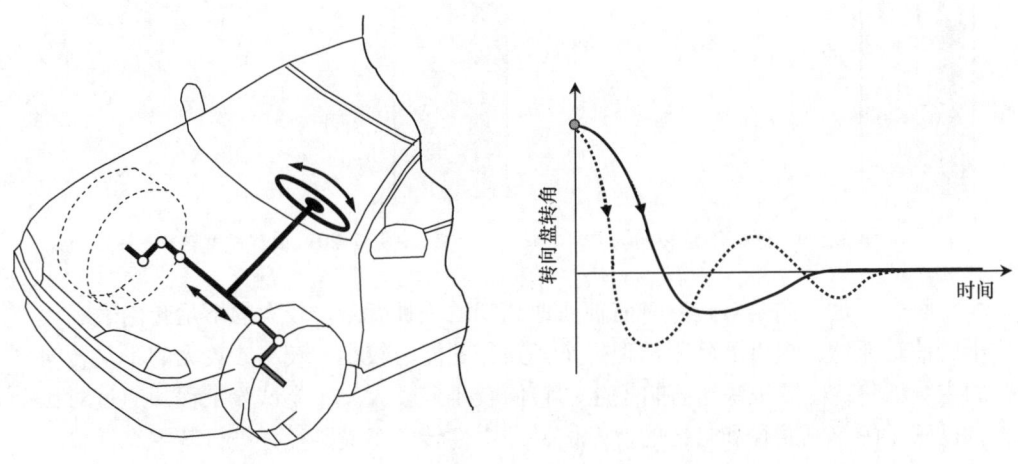

图 37.18　回正性

37.2.3　可控性

可控性是在操纵稳定性回路中跟随预期路径或变道时对车辆控制难易程度的心理评价。可控性基本上取决于前轴和后轴的抓地能力以及两者之间的抓地平衡,由五个特性组成:平衡 FA/RA、动力关闭/停车反应、抓地极限、极限时的控制性和驱动功率。

37.2.3.1　平衡 FA/RA

平衡 FA/RA 是前轴抓地和后轴抓地平衡的缩写。实际上,它表示瞬态不足转向和瞬态过多转向的平衡[40-43,45-47]。通过各种操纵性试验,可以对最差的(或最大的)不足转向和过度转向的水平进行感知评价。然后,基于对这些水平的总体印象对平衡 FA/RA 进行评价。

如图 37.19 和图 37.20 所示，在转弯时对瞬态不足转向和瞬态过度转向进行主观评价。两者的理想目标是稳态的中性转向，以便准确跟随理想的车辆路径，并且期望的车辆姿态在转弯时车辆路径相对一致。换言之，较少的不足转向和过度转向，接近于中性转向越好。车辆路径和姿态完全取决于前轴抓地与后轴抓地及其彼此相对的水平。

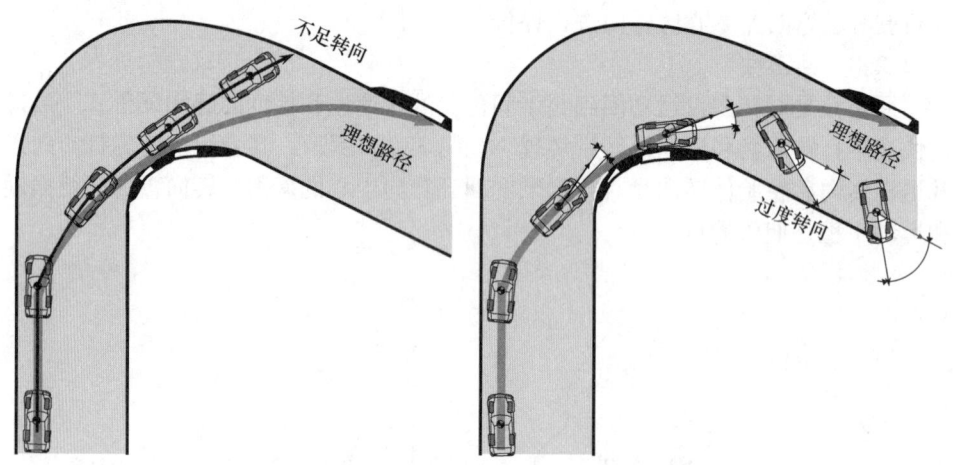

图 37.19　瞬态不足转向　　　　　图 37.20　瞬态过度转向

瞬态不足转向是对转弯时前轴抓地感知的一种度量。较大的不足转向表示较小的前轴抓地，提供准确跟随理想车辆路径的能力较小。较小或较大的不足转向的主观评价，主要取决于各自产生的转向较小或较大。每个试验工程师通过对比自己感觉的车辆路径和自己的参考值，即中性转向车辆路径，进行其主观评价。

与瞬态不足转向类似，瞬态过度转向是对转弯时后轴抓地感知的一种度量。较大的过度转向表示较小的后轴抓地，而这会使后轴产生更多的滑移。然后，产生向外的趋势，在转弯时偏离车辆运动方向会产生较大的车辆姿态。通过估计驾驶员感知的车辆前部姿态与表示中性转向的其参考值，对较大过度转向进行主观评价。通常不希望较大的过度转向，因为普通驾驶员较难控制具有较大过度转向趋势的车辆。

例如，图 37.21 给出赛车转向时的瞬态转向特性[45]。在入口和出口的区域，分别具有瞬态不足转向和瞬态过度转向的特征。在中间的转弯区域，通常可以达到稳态条件，存在从不足转向到过度转向的过度。由于赛车发动机后置和后轮驱动，当赛车在出口区域全力加速时，后轴会失去一部分转向力。这就是赛车在转弯驶出时表现瞬态过度转向的原因，尤其在低摩擦路面上。

37.2.3.2　动力关闭反应

在转弯有固定转向情况下，全力加速后立即关闭动力时，动力关闭反应是由

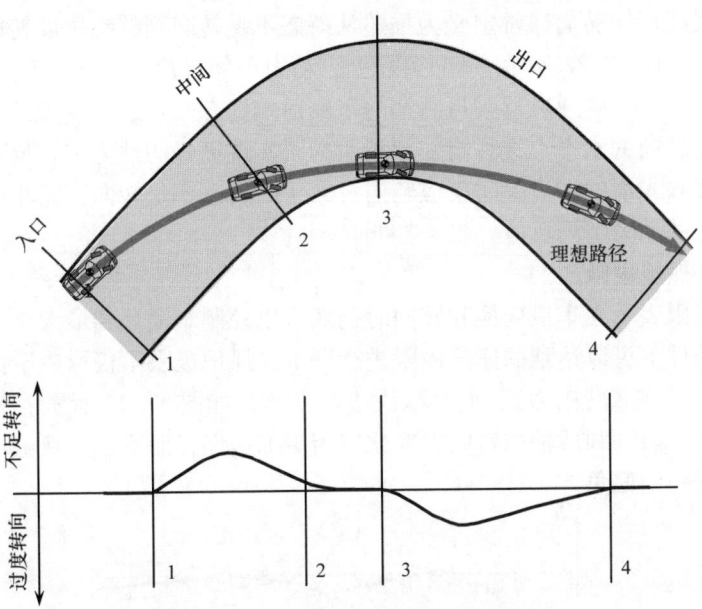

图 37.21 瞬态的不足转向和过度转向

后轴向前轴的瞬时载荷转移引起的后轴抓地损失的一种指标,如图 37.22 所示。这种突然的载荷转移会产生转向脉冲增加,同时分别减小在前轴和后轴的转弯力,转弯力变化的确会迅速增加偏摆力矩,瞬间产生更大的车辆前端姿态。

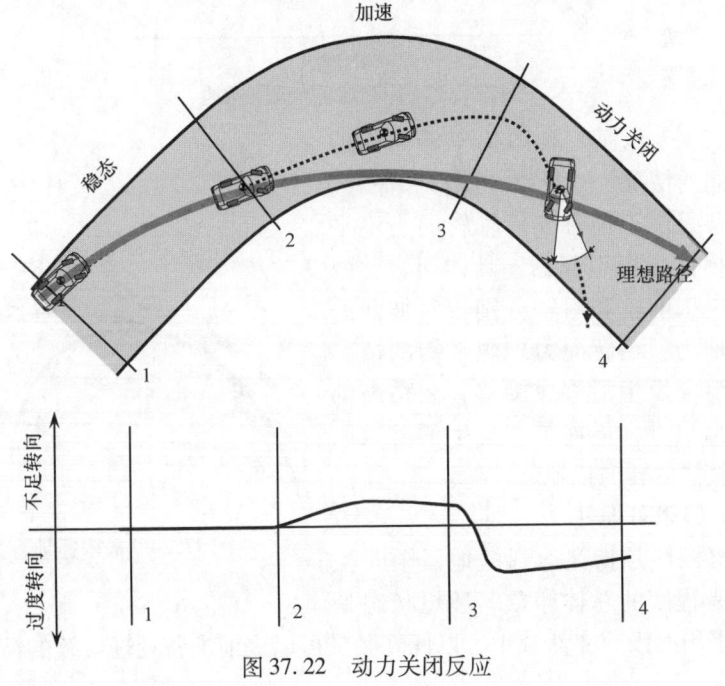

图 37.22 动力关闭反应

动力关闭反应转向通常定义为描述从瞬态不足转向到瞬态过度转向的转向变化快速性,如图 37.22 所示[45]。实际上,动力关闭反应转向由车辆全力加速到立即关闭的时间间隔通过驾驶员感知的车辆前端姿态变化进行主观评价。对不足转向和过度转向的水平也进行附加评价。为了实现更好的动力关闭反应,希望实现:①缓慢和光滑的动力关闭反应转向;②小的瞬态不足转向;③小的瞬态过度转向,较好的动力关闭反应,易于控制车辆。

37.2.3.3 抓地极限

抓地极限表示在车道变换和转向时仍然可以控制车辆达到最大车速,通过在最差行驶条件下可以达到的速度极限进行评价。抓地极限不仅取决于前轴和后轴的抓地能力(或者转向力),而且取决于其平衡,如图 37.23 所示。为了实现更好的预测性,前轴和后轴的转向力变化应当更加缓慢,而不是突然减小到超过引起抓地极限的侧偏角。

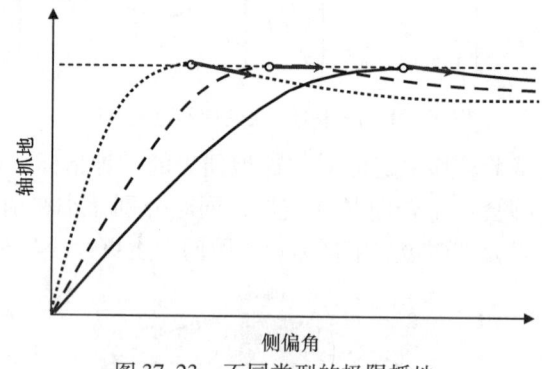

图 37.23 不同类型的极限抓地

图 37.24 表示了三种取决于转向抓地极限的不同的情况——滑移、旋移和漂移。滑移或旋移是由于前轴和后轴转向力不平衡产生的横摆力矩引起的,具体而言,两者完全取决于前轴和后轴分别相对彼此的较小的抓地力。在转向力理想平衡的情况下,车辆不会发生滑移或旋移。在稍高的抓地极限情况下,最终是否发生漂移,取决于车辆整体的转向抓地。

37.2.3.4 极限可控性

极限可控性是指在达到抓地极限时控制车辆难易程度的总体印象。理想状态是抓地极限平坦而没有突然减小,以便驾驶员可以提前准备处理后续的情况,如图

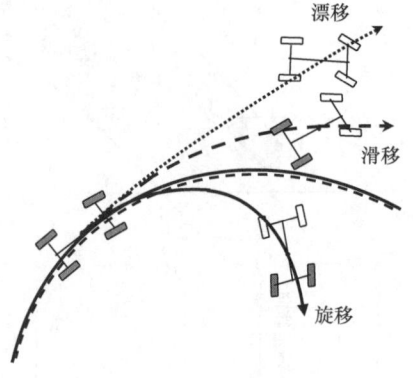

图 37.24 极限抓地行为

37.23 所示。实际上，当侧偏角增加时，极限抓地力减小。在处于抓地极限时，一些轮胎表现轻微的过度转向，受过特殊训练的驾驶员利用它可以很容易地控制车辆。

37.2.3.5 驱动功率

驱动功率只是车辆在转弯出口区域加速的牵引能力。具有良好的驱动功率，车辆可以在操纵回路中有节奏地跟随理想路径行驶，提供了感知敏捷性以及运动感觉的乐趣。

37.2.4 稳定性

当严重操纵行为超过抓地极限时，车辆可以进入一种不稳定的状态。在这种情况下，如果驾驶员控制得当，一些车辆会恢复（或收敛）到稳定行驶状态，而一些车辆没有恢复将导致各种事故。稳定性是使车辆恢复稳定转弯或车道变换的一种能力，由六个特性表示：横摆稳定性、后轴稳定性、侧倾稳定性、制动稳定性、侧翻稳定性和颠簸转向。

37.2.4.1 横摆稳定性

横摆稳定性是抑制车辆横摆振动的一种能力，横摆振动主要由前轴和后轴侧向柔度不平衡引起。在前轴和后轴侧倾柔度与其侧向柔度不平衡的情况下，也可能产生横摆振动。例如，如果车身侧倾运动与车辆路径变化存在一些相位滞后，也会发生横摆不稳定性。

根据横摆阻尼，确定横摆振动的周期数，周期数越少越好。实际上，横摆稳定性主要通过对车辆路径振动的感觉进行评价，如图 37.25 所示。

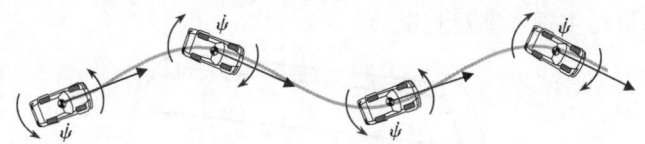

图 37.25 横摆稳定性

37.2.4.2 后轴稳定性

后轴稳定性是限制车辆侧滑振动的一种能力，这种振动后轴抓地力相对于前轴抓地力缺乏而产生。良好的后轴稳定性，侧滑振动的大小应当足够小。此外，其应当易于恢复。后轴稳定性主要通过对车辆姿态振动的感觉进行评价，如图 37.26 所示。

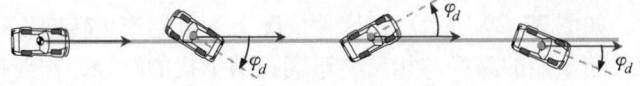

图 37.26 后轴稳定性

37.2.4.3 侧倾稳定性

侧倾稳定性是限制车辆侧倾振动的一种能力，过大的侧倾振动主要是由于车辆侧倾柔度平衡不当引起的。侧倾振动和侧倾阻尼的大小对侧倾稳定性是重要的，如图 37.27 所示。实际上，驾驶员对侧倾稳定性的主观评价还受到车辆俯仰振动的影响。没有客观测试，驾驶员只通过知觉不能完全区分车辆侧倾和车辆俯仰。侧倾稳定性通过对车身振动的感觉进行评价。

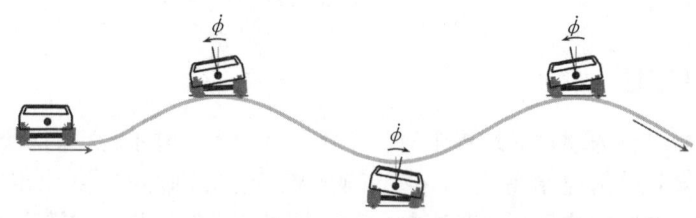

图 37.27 侧倾稳定性

37.2.4.4 制动稳定性

制动稳定性是车辆转弯完全制动时不影响车辆姿态和路径并且能够使车辆停止的一种能力。如果制动稳定性不佳，停车会使车辆偏离预期路径的行驶方向。制动稳定性通过对车辆姿态和路径扰动的感觉进行评价。

37.2.4.5 侧翻稳定性

侧翻稳定性是抑制车辆发生侧翻运动的一种能力，如图 37.28 所示。通常，侧翻会引起重大事故。因此，侧翻稳定性成为车辆以及轮胎制造商当今的研究热点。为了评价侧翻稳定性，进行一系列特殊设计的侧翻试验，对轮胎由边缘切割和由路面分离进行主观或客观测试。

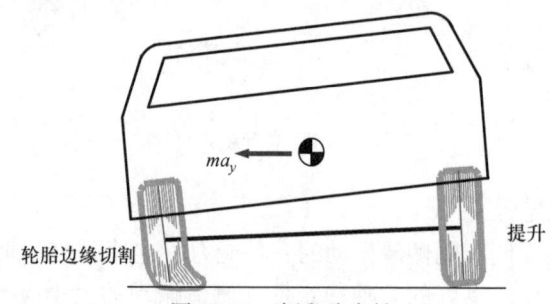

图 37.28 侧翻稳定性

37.2.4.6 颠簸转向

当车辆驶过颠簸路面时，每个前悬架的弹起和回弹使得轮胎与路面的接触点不断发生变化，如图 37.29 所示。在这种情况下，可能产生转向不稳定性，车辆在转弯时不能跟随预期的路径。相反，车辆跟随干扰的路径，需要持续的转向修正才能回到预期的路径上，这种转向不平稳性称为颠簸转向。

37.2.5 舒适性

舒适性既属于车辆动力学，也属于噪声、振动和不平顺性（NVH）。车辆动力学只研究簧载质量和非簧载质量的振动，另一方面，NVH 表示柔性的振动。本章的舒适性只限于车辆动力学范畴内表示的平顺性，由主平顺性、次平顺性和冲击平顺性组成。

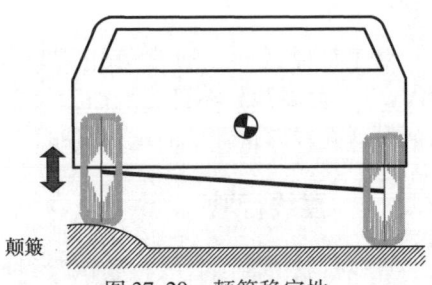

图 37.29 颠簸稳定性

37.2.5.1 主平顺性

主平顺性是车辆在波浪路面上行驶时，与轮胎主刚度相关的簧载质量的振动特性。其频率范围可以达到 5Hz，包含一些诱发运动病的频率带，具体范围完全取决于车辆的大小。通常，主平顺性主要通过车身跳动表示，但是其可以具体分为频率范围的几个区域。

37.2.5.2 次平顺性

与主平顺性类似，次平顺性是车辆在不平路面上行驶时，由轮胎主刚度支撑产生的非簧载质量的振动特性。其频率范围大约是 5~25Hz，具体范围也取决于车辆的大小。与主平顺性类似，次平顺性通常由车轮跳动表示，然而，也可以具体分为频率范围的几个区域。

37.2.5.3 冲击平顺性

冲击平顺性是车辆驶过各种冲击物时完全由轮胎包容特性确定的冲击振动。通常，其称为冲击不平顺性，其频率范围一般在 25~60Hz，最高到 100Hz。冲击平顺性不包括轮胎部件的局部振动特性，轮胎部件产生的较高频率振动属于 NVH 范畴。实际上，驾驶员对冲击平顺性的主观评价，除了心理低频外，也受到其听到的高频的影响。

冲击平顺性通常表征为冲击量级、冲击剧烈程度和冲击后阻尼。冲击量级只是冲击振动的大小；冲击剧烈程度是冲击振动锐度（或剧烈）的水平，其从圆润到剧烈变化；冲击后阻尼是冲击以后轮胎自身减弱振动的阻尼。冲击量级越低，冲击剧烈程度越低，或者阻尼越大，则越好。

37.3 主观试验

干燥路面的操纵性和平顺性通过五种操作进行评价：直线行驶、转向、车道变换、转弯和乘坐，如图 37.30 所示[40-43]。每种操作由几个试验组成。然而，为了评价湿滑路面的操纵性，通常只选择一些试验，由每个公司决定。在表

37.1中，主观评价和主观试验之间的交互功能关系，应用交互功能的能力和操作矩阵表示。在表37.2～表37.6中，将这些矩阵详细表示为特性对试验的交互函数。

对于每种试验，通常使用驾驶员（或空载）的整备质量和车辆总重量（GVW）（或满载）条件。然而，这完全取决于车辆制造商或轮胎公司。每种试验的条件和程序将在下面单独说明。

37.3.1 直线行驶

直线行驶由四项直线行驶试验组成：自由转向、固定转向、动力启动/关闭和制动，这些试验都是为了评价直线行驶能力。

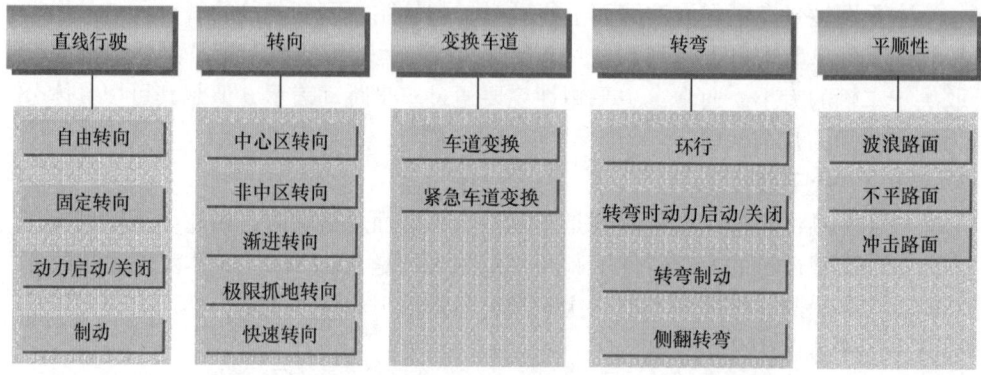

图37.30 干燥路面操纵稳定性和平顺性评价的主观试验

表37.1 能力和操作之间的交互功能矩阵

能力 \ 操作	直线行驶	转向	车道变换	转弯	乘坐
直线性	√				
转向性		√		√	
可控性			√	√	
稳定性		√	√		
舒适性					√

表37.2 特性和直线行驶试验之间的交互功能矩阵

性能	操作	直线行驶			
		自由转向	固定转向	启动或关闭动力	制动
直线性	残余拉力	√			
	持续直行		√		
	力矩转向			√	
	制动直行				√

第37章 汽车操纵稳定性和平顺性的主客观评价

表37.3 特性和转向试验之间的交互功能矩阵

性能	操作	转向				
		中心区转向	非中心区转向	渐进转向	极限抓地转向	快速转向
转向性	中心区	√				
	转向响应		√			
	线性			√		
	转向精度					
	转向角					
	转向附加				√	
	转向力矩		√			
	回正性					√
稳定性	横摆稳定性					√
	后轴稳定性					
	侧倾稳定性					√
	制动稳定性					
	侧翻稳定性					
	颠簸转向					

表37.4 特性和车道变换试验之间的交互功能矩阵

性能	操作	车道变换	
		车道变换	紧急车道变换
可控性	平衡FA/RA	√	√
	动力关闭反应		
	抓地极限	√	√
	极限可控性	√	√
	驱动功率		
稳定性	横摆稳定性	√	√
	后轴稳定性		√
	侧倾稳定性	√	√
	制动稳定性		
	侧翻稳定性		
	颠簸转向		

表 37.5 特性和转弯试验之间的交互功能矩阵

性能	操作	环行	转弯动力启动/关闭	转弯制动	侧翻转弯
转向能力	中心区				
	转向响应				
	线性				
	转向精度	√			
	转向角	√			
	转向附加				
	转向力矩	√			
	回正性	√			
可控性	平衡 FA/RA	√	√		
	动力关闭反应		√		
	抓地极限	√			
	极限可控性	√	√		
	驱动功率	√	√		
稳定性	横摆稳定性				
	后轴稳定性		√		
	侧倾稳定性				
	制动稳定性			√	
	侧翻稳定性				√
	颠簸转向	√			

表 37.6 特性和平顺性试验之间的交互功能矩阵

性能	操作	平顺性		
		波浪路面	不平路面	冲击路面
舒适性	主平顺性	√		
	次平顺性		√	
	冲击平顺性			√

37.3.1.1 直线行驶自由转向

直线行驶自由转向试验的目标是检测车辆在匀速直线行驶时是否可以自由转向。其目的是检测悬架系统、转向系统和轮胎的残余拉力特性，如图 37.8 所示。试验条件和程序如下：

行驶速度：常速，通常在高档下 100km/h。

转向输入：在中间转向位置的自由转向。

程序：在消除静摩擦的效果后，从准确的中间转向点开始自由转向。

37.3.1.2 直线行驶固定转向

直线行驶固定转向试验是为了找到车辆以匀速直线行驶时不发生任何漂移、游荡或凌乱的持续直线特性，如图37.9所示。这种侧向偏离是由于悬架对路面不平度或风向改变的灵敏性引起的。对于这种试验，采用固定转向：

行驶速度：达到极限的常速。

转向输入：在中间转向位置的固定转向。

程序：在消除静摩擦的效果后，从准确的中间转向点开始固定转向。

37.3.1.3 直线行驶动力启动/关闭

直线行驶动力启动/关闭试验是为了评价车辆的力矩转向特性。力矩转向由固定转向车辆漂移的程度主观确定，如图37.10所示。通常，车辆采用全部动力变换到邻近车道，返回到原来的车道瞬间关闭动力。

为了发现动力传动系统的缺陷，采用二档。另一方面，使用更高档检测轮胎的缺陷：

行驶速度：40km/h 二档，80km/h 更高档。

转向输入：在中间转向位置的固定转向。

程序：全速直线行驶，然后突然松抬加速踏板。

37.3.1.4 直线行驶制动

通过直线行驶制动试验和手动转向，车辆的制动直线特性在完全停止时主观评价。制动直线通常通过车辆姿态偏离的程度表示。应该施加柔和的手动转向，以便在制动过程结束时检测转向扰动：

行驶速度：100km/h 或正常的行驶速度。

转向输入：在中间转向位置的柔和手动转向。

程序：在直线行驶时全力制动直到完全停车和 VDC（也称为 ESP 或 ESC）关闭。

37.3.2 转向操作

为了评价车辆的转向行为，需要特殊设计转向操作试验。通常，由五种转向试验组成：中心区转向、非中心区转向、渐进转向、极限抓地转向和快速转向。对于这些试验，基本上施加顺时针和逆时针两个方向的转向输入。重复这些过程多次，直到完成主观评价。

本章采用"感知"描述斜坡、阶跃、脉冲或正弦转向输入，以区分感知和机械。例如，感知的斜坡转向输入不一定是真正的斜坡转向输入，但只是感知为像斜坡转向输入。

37.3.2.1　中心区转向

通过中心区转向试验,在转向中心和绕转向中心的中心区感觉被主观评价,如图 37.12 和图 37.13 所示。由于中心区感觉是一种微观性质,在整个试验过程中保持车辆匀速是非常重要的。此外,为了感觉车辆中心区行为,施加的中心区转向输入必须非常柔和与准确。

对于这一试验,在直线行驶时,从转向中心向一个方向施加微幅缓慢感知的斜坡输入;然后松开转向盘,以便再次回到直线行驶状态。从转向中心向另一个方向采取相同的操作。在这些步骤重复几个周期的情况下,转向输入看起来像波动转向输入,最终产生转向力矩的包络:

行驶速度:达到极限的常速。
转向输入:微小缓慢感知的斜坡转向。
程序:在直线行驶时在转向中心施加转向输入。

37.3.2.2　非中心区转向

非中心区转向试验的目的是为了评价转向响应以及直行和转弯时的转向盘力矩,如图 37.14 和图 37.17 所示。这项试验包含两种不同的试验方法:一种方法要求直线行驶时小的感知的阶跃转向输入;另一种方法在转弯时应用转向输入。重要的是,这种试验在刚施加感知的阶跃转向输入后,就要求立即停止转向输入,以便测试转向输入后车辆转向反应的时间延迟:

行驶速度:达到极限的常速。
转向输入:小的感知的阶跃转向输入。
程序:在直线行驶和转弯时施加转向。

37.3.2.3　渐进转向

当慢慢通过双车道或三车道(越宽越好)时,进行渐进转向试验。其目的是为了评价车辆路径反应对渐进增加的转向输入的线性特性,如图 37.15 所示。这种试验需要直线行驶时进行大或者中等感知的斜坡转向输入:

行驶速度:达到极限的常速。
转向输入:大或者中等感知的斜坡转向。
程序:在直线行驶时施加转向。

37.3.2.4　极限抓地转向

极限抓地转向的目的是为了评价转向附加,以便判断轮胎在操纵路径中是否可以在极限抓地转向时产生附加的转向力。有时,驾驶员在转弯过程中想要一些更大的转向,以便使不足转向车辆回到预期的路径或者克服行驶条件的任何不确定性。对于这种试验,在转弯中的抓地极限时,额外施加小感知的斜坡转向输入,其后观察车辆路径变化:

行驶速度:达到极限的常速。

操作：小感知的斜坡转向输入。

程序：在转弯抓地极限时施加转向。

37.3.2.5 快速转向

当车辆直线行驶时，快速转向是将转向盘从转向中心转动 90°，然后立即释放转向盘，车辆被迫处于横摆振动的不稳定状态。如果横摆逐渐减少，车辆可以恢复到稳定行驶状态，否则横摆振动可能会放大，最后车辆旋出，如图 37.24 所示。这种恢复特性取决于自回正力矩、前后侧向柔性平衡、侧倾柔度和包含相应车辆子系统的后轴轮胎的抓地。

通过快速转向试验，恢复特性依据回正性、横摆稳定性和侧倾稳定性进行主观评价，如图 37.18、图 37.25 和图 37.27 所示。在后轴抓地特别差的情况下，还需要补充后轴稳定性评价，如图 37.26 所示。特别地，设计这个试验主要是针对后轴稳定性评价横摆稳定性。对于这一试验，施加感知的脉冲（或快速）转向，以便在车辆直线行驶时尽可能快从转向中心转动转向盘 90°，然后立即松开转向盘。其后，观察转向盘的回正运动以及车辆的反应：

行驶速度：达到极限的常速。

操作：90°的感知的脉冲转向。

程序：在直线行驶时，从转向中心施加转向输入，然后立即松开转向盘。

37.3.3 车道变换操作

实际上，车道变换是高速公路和城市道路上最经常进行的操作。根据车道变换的程度，车道变换产生可控性和稳定性模式。通常由两项试验组成：车道变换和紧急车道变换。

37.3.3.1 车道变换

通常，车道变换试验的目的是在高速公路以及城市道路上超过一辆前面行驶的车辆，如图 37.31 所示。在车道变换时，通过检测瞬态的不足转向和过度转向趋势和稳定性特性，主要对可控性和稳定性进行评价。通过这项试验，对平衡 FA/RA、抓地极限、极限可控性、横摆稳定性、后轴稳定性和侧倾稳定性进行评价，如图 37.19、图 37.20、图 37.23～图 37.27 所示。

车道变换试验基本上包括两个连续相反方向的转向，以便穿过一个车道。例如，车辆先左转然后右转，以便在左侧车道上直线行驶，如图 37.32 所示。通常，车辆前后两次转向表现为不足转向。在车道变化结束时，对瞬态过多转向进行主观评价。为了达到两个连续的转向，需要对转向盘进行三个阶段的操作：向左转向、从左边转向到右边、向左转向到转向中心。

对于这种试验，转向盘角度在 ±45°范围。除了这种约束的转向输入外，还存在试验工程师应当保持车辆侧向行驶在下一个车道内的约束。根据车辆路径变

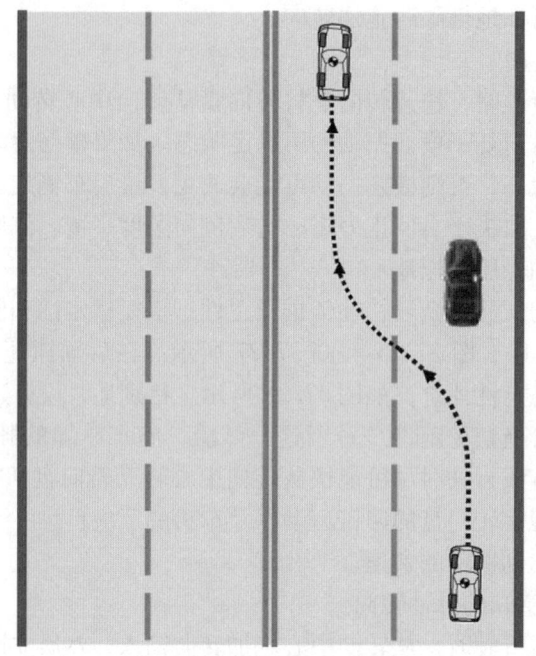

图 37.31　车道变换

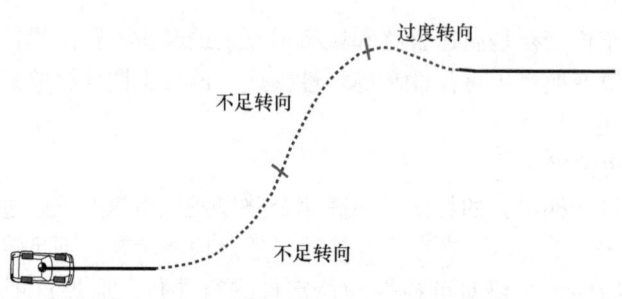

图 37.32　在车道变换过程中的转向特性

化对每种转向操纵的反应，应当适当调整下一个转向的速度。如果车辆有不好的车道变换行为，就需要采取附加转向输入，以便使车辆回到路径上：

行驶速度：达到极限的常速。

转向输入：45°感知的正弦转向。

程序：在加速踏板位置不变施加三次连续转向，理想情况为

$$中心 \xrightarrow{\pm 45°} \frac{R45°}{L45°} \xrightarrow{\mp 90°} \frac{L45°}{R45°} \xrightarrow{\pm 45°} 中心$$

37.3.3.2 紧急车道变换

为了避免车辆行驶不会撞击前面的物体，例如在前面突然出现的儿童或球，需要紧急车道变换，如图 37.33 所示。在这种紧急情况下，驾驶员通常趋向于立即松抬加速踏板。当每个方向只有一条车道时，一旦车辆行驶到对面车道上，应当立即回到原来的车道。由于车辆一共经过两个车道，紧急车道变换经常称为双车道变换。

通过紧急车道变换试验，主要对平衡 FA/RA、抓地极限、极限可控性、后轴稳定性和侧倾稳定性进行评价，如图 37.19、图 37.20、图 37.23、图 37.24、图 37.26 和图 37.27 所示。如果前后侧向柔度或侧倾柔度平衡非常差，则附加横摆稳定性评价，如图 37.25 所示。尤其是后轴稳定性通过这种试验明确评价，而横摆稳定性通过快速转向试验评价。

紧急车道变换试验基本上由三次连续转向组成。例如，假设车辆向左转，然后回到原车道，如图 37.34 所示。紧急车道变换过程通过如下步骤完成：①第一次转向，大约转到左边车道的一半；②第二次转向，转到左边车道，然后连续转回原来的车道；③最后一次转向，在原车道上直线行驶。车辆在每一次转向开始时通常表现为瞬态不足转向，但是在第一次转向时因为在 80km/h 行驶时突然关闭动力而可能表现为瞬态过度转向。通常，在第二次和第三次转向结束时对过多转向进行主观评价。

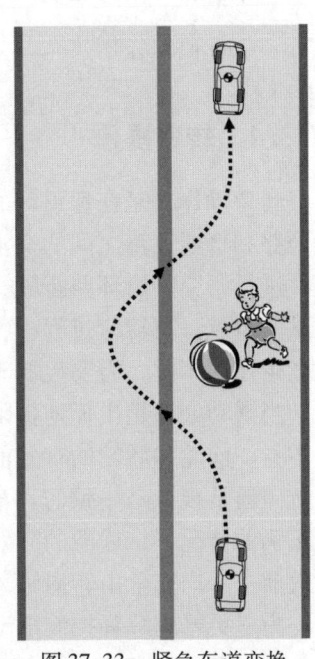

图 37.33　紧急车道变换

为了达到三次转向，需要对转向盘进行五个阶段的操作：①初始向左转向；②从左向右转向；③固定转向盘角约 90°以实现稳态的转向；④向左转向使车辆路径回到直线；⑤向右转向使转向盘回到转向中心。此外，根据车辆性能，可能需要一些更多的转向修正，转向盘转角范围限定在约 ±90°。

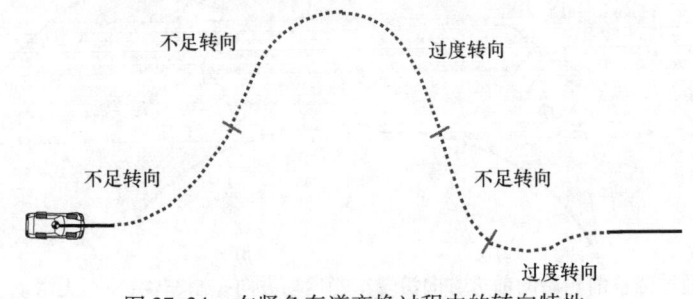

图 37.34　在紧急车道变换过程中的转向特性

与车道变换相似,存在转向盘转角和车辆侧向运动的两个约束,车辆只能限制在临近的两个车道内。每个转向施加的速度和固定转向的持续时间,都由车辆路径对先前的转向操作的响应适当确定:

行驶速度:80km/h。

转向输入:90°的感知的正弦转向。

程序:施加四次连续的转向输入,开始时瞬间关闭动力,理想状态为:

$$中心 \xrightarrow{\pm 90° \; R90°}{L90°} \xrightarrow{\mp 180° \; L90°}{R90°} \xrightarrow{\pm (90° + \Delta\delta_{sw})} \xrightarrow{R\Delta\delta_{sw}}{L\Delta\delta_{sw}} \xrightarrow{\pm \Delta\delta_{sw}} 中心$$

37.3.4 转弯操作

转弯操作只是在弯道时的正常的操作,例如高速公路的进口和出口,或者高速公路和普通道路之间的交汇处。通过这项试验通常可以对转向性、可控性和稳定性进行研究,由环路行驶、转弯时动力起动/关闭、转弯时制动和转弯侧翻四种试验组成。在转弯过程中,有时车辆会滑移、旋移或漂移出行驶路径,为了避免发生任何事故,需要控制车辆回到行驶路径上。

当滑动或者超出抓地极限时,为了控制车辆,至少必须要在任何时刻感知车辆本身、前轮和后轮的有效前进方向和运动方向。在转弯瞬间,每个部件的这两个方向通常很少是一致的。车辆、前轮和后轮的运动方向,彼此影响。在前轮转向车辆的情况下,后轮的有效前进方向大约沿着车辆的前进方向。然而,前轮的有效前进方向完全由转向输入控制。

为了更好地解释控制滑动车辆的机理,这里讨论两种情况:

1. 达到抓地极限时的滑动

达到抓地极限时,车辆发生的滑移、旋移或漂移,如图 37.35 所示。转动转向盘,调整前轮胎的前进方向沿着车辆的运动方向,以便前轮胎的滑移角接近于 0°。为此,连续调整转向盘,使得前轴的回正力矩接近于 0°。一旦控制了滑动的车辆,适当转动转向盘会使车辆跟随预期的路径行驶。

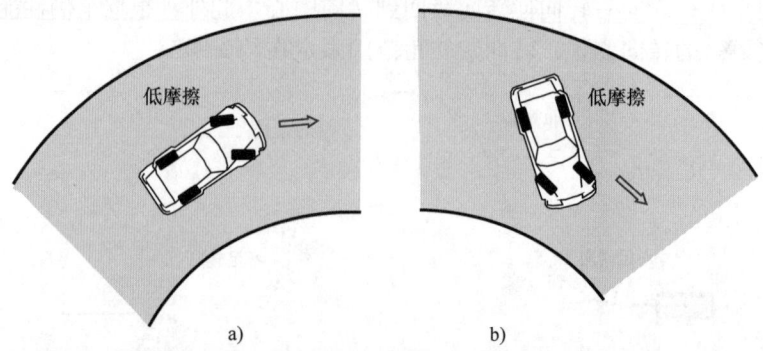

图 37.35 通过调整前轮胎的前进方向沿着车辆运动方向控制车辆:a) 无滑动;b) 旋移

2. 由低摩擦路面行驶到高摩擦路面

在低摩擦系数路面，完全按照之前的情况操作，如图37.35所示。当前轮由低摩擦路面到高摩擦路面时，如由湿滑路面驶向干燥路面，如图37.36a所示，握住转向盘，保持前轮前进方向沿着车辆运动方向。一旦前轮进入高摩擦路面上时，如图37.36b所示，立即调整转向盘，使前轮前进方向沿着车辆的前进方向，以便实现转弯。

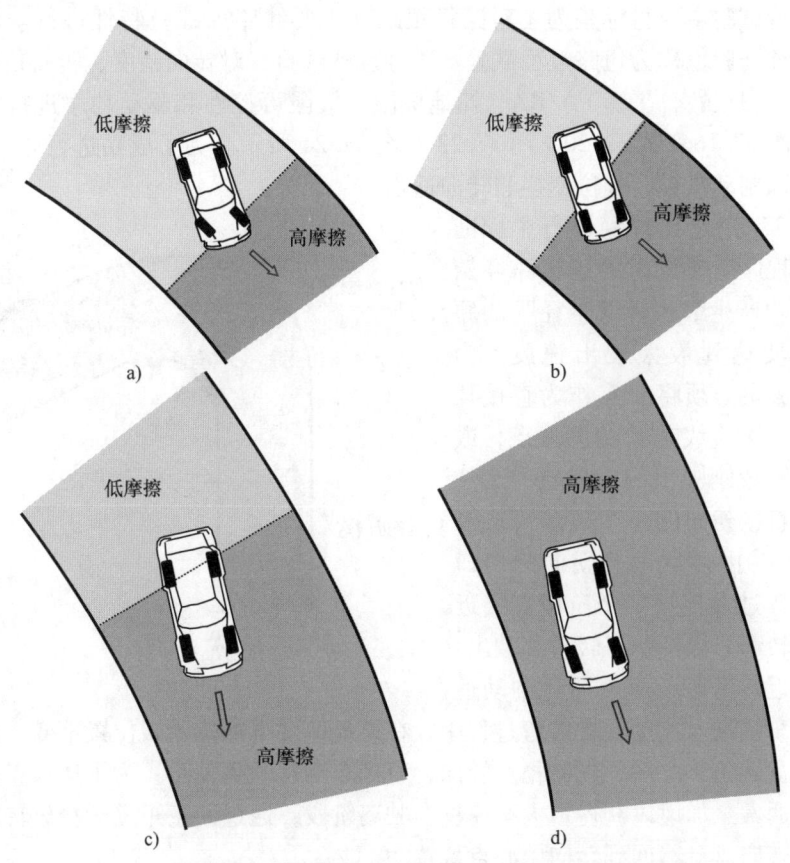

图37.36 当由低摩擦路面行驶到高摩擦路面时，通过调整前轮胎对车辆进行控制：
a）前轮驶向高摩擦路面；b）前轮刚驶入高摩擦路面
c）后轮驶向高摩擦路面；d）沿着预期路径行驶

因此，不断调整使车辆运动方向尽可能沿着车辆前进方向。换言之，车辆运动方向与后轮的有效前进方向更接近，以便后轮的滑移角变得尽可能小。当后轮由低摩擦路面到高摩擦路面时，只需要保持转向盘角度不变，以便后轮的滑移角接近于零，如图37.36c所示。在后轮进入高摩擦路面后，立即通过正常转向操纵车辆沿着预期的路径行驶，如图37.36d所示。

值得注意的是，在低摩擦路面上，由于在转弯中动力启动/关闭或者制动使载荷转移不大，很少发生纵向载荷转移。因此，载荷转移不会引起转向抓地的损失，如图37.3b和图37.4b所示。相反，摩擦椭圆概念对转向抓地损失的影响更加重要，如图37.5所示。然而，在高摩擦路面上，载荷转移对转向抓地损失的影响远大于摩擦椭圆概念的影响。

37.3.4.1 环行

环行试验主要目标是为了对路径跟踪（也叫线路追踪）特性进行全面的评价，这种试验也称为道路过程试验。通过这种试验，对转向精度、转向角、转向盘力矩、回正性、平衡FA/RA、抓地极限、极限可控性和驱动功率进行主观评价，如图37.16~图37.20、图37.23和图37.24所示。为了成功进行环行试验，必须保证制动操纵、档位变换和转向适当。

图37.37给出操稳环行中标准的转弯程序。转弯时的理想路径始终遵循"产生最大转弯半径"的原理，以便达到最大驶出速度。为此，驾驶员必须将三点作为直接驾驶目标：①直线前行的进入点，或者先前转弯刚驶出的出口点；②从进入点直接朝向的一个顶点（或者切点）；③由顶点直接朝向的出口点。转弯过程包括四个阶段：接近转弯、转弯、保持稳态转弯和驶出。

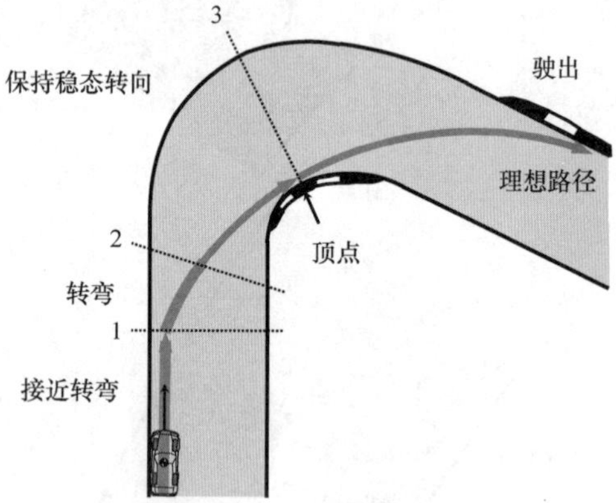

接近转弯时，应当通过制动适当调整车辆进入速度；在转弯过程中，在抓地速度下加速踏板位置不变，逐渐增加转向盘转角；之后，进行稳态转向，直到车辆行驶到顶点；为了从顶点驶到出口点，通常全加速以获得最大车速；在驶离阶段，通过回正矩逐渐释放转向盘转角，使转向盘自然回到转向中心点位置。

图37.37 环行

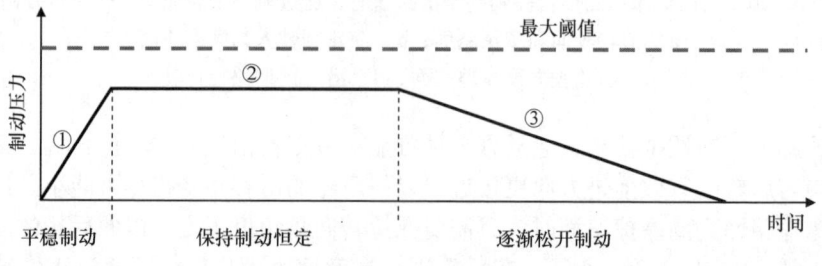

图37.38 制动过程

开始转弯前，首先进行适当制动，以便降低车辆速度，如图37.38所示。这个过程包括三个步骤：①平稳制动；②保持制动恒定，直到达到想要的速度；③逐渐释放制动压力，达到最后期望的速度。操稳环行中，进入所有弯道前，目标是同一水平的恒定制动压力，转弯前施加制动只是为了避免前方出现任何冲击目标。

在制动时，完成换低速档。从较高速档降到低速档时，有必要提高发动机转速，以便不对传动系统造成冲击。专业的降档方法称为跟趾动作（脚跟与脚尖双脚旋转），如图37.39所示。为此，驾驶员右脚同时踩着制动踏板和加速踏板，而左脚踩着离合器踏板。具体而言，当右脚的脚尖还在制动踏板上时，脚跟转向加速踏板。然后，轻踩加速踏板，以便提高发动机转速，同时通过脚尖保持制动。之后，实现平稳降档，而不会产生任何冲击。

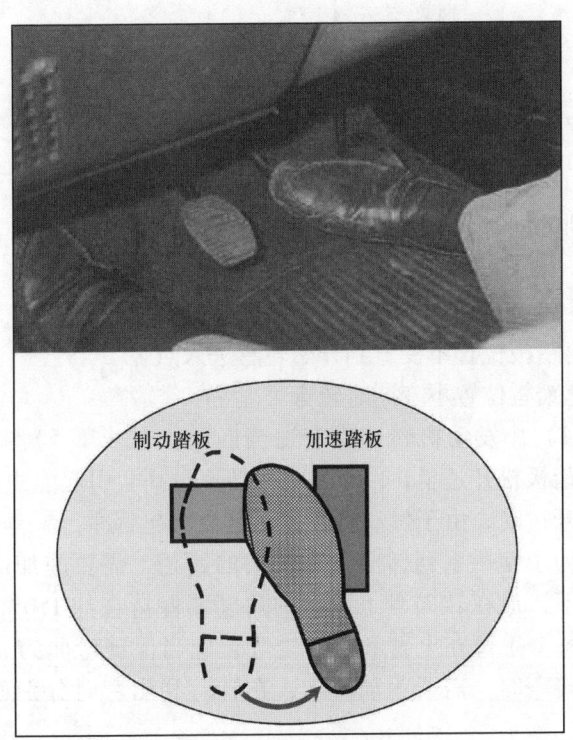

图37.39 跟趾动作

如图37.40所示，对转弯前的降档过程总结如下：
1) 接近转弯。
2) 开始制动。
3) 踩下离合器踏板，同时在保持制动下降档。

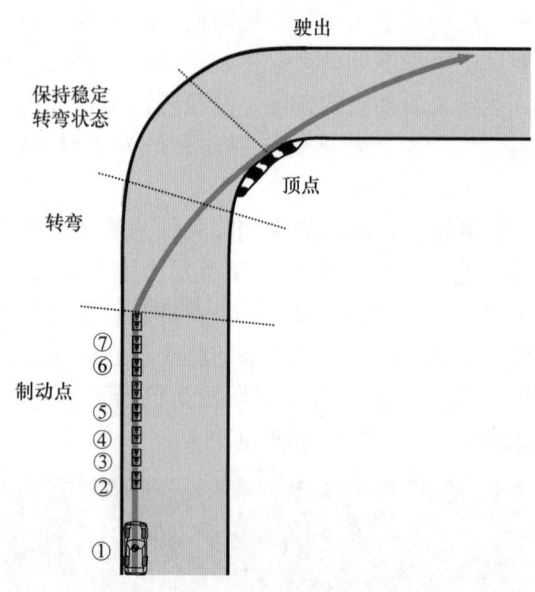

图 37.40　环行的降档和其他过程

4）保持制动的同时，轻点加速踏板以匹配发动机转速，或者保持油门直到转速调整完。

5）立即松开离合器踏板。

6）保持加速踏板位置不变直到开始转弯进入点。

7）保持加速踏板位置不变同时转弯。

如果在步骤4）中发动机转速没有适当匹配，在步骤5）中车辆会发生抖动。如果离合器踏板松开过早，由于发动机转速过高会引起前冲。另一方面，如果离合器踏板松开过晚，由于发动机转速不足会引起后冲。

在环行中，为了使一系列转向跟随预期的路径，需要施加适当的转向盘操作。在任何情况下，放在转向盘上双手的角度要保持在约150°，如图37.41和图37.42所示。每个手臂在上臂和下臂之际，应当保证弯曲约120°。值得注意的是，在每一次转弯时，需要手动转向，在转弯和出弯时分别逐渐增加和缓慢释放。

右转向的情况如图37.41所示。左手和右手分别从阶段1中的a和b位置转到阶段2中的c和d位置，然后，左手重新定位于阶段3中的e位置，右手换到阶段4中的f位置。左转向过程类似于右转向过程，如图37.42所示。右手从阶段1中的b位置到阶段2中的d位置，然后到阶段3中的e位置，左手从阶段1的a位置移到阶段2中的c位置，最后到阶段4的f位置。

第 37 章　汽车操纵稳定性和平顺性的主客观评价

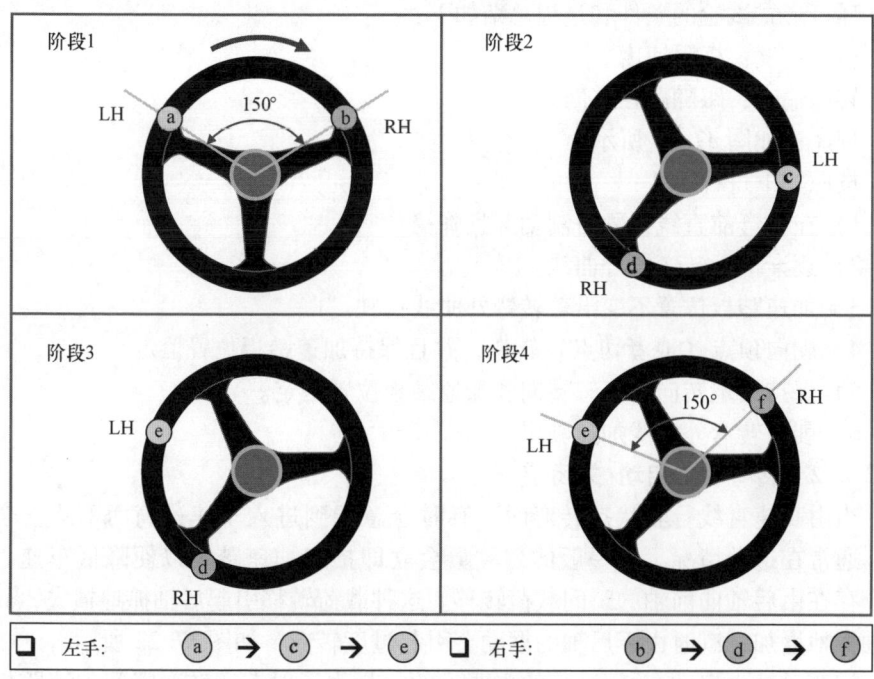

图 37.41　右转向

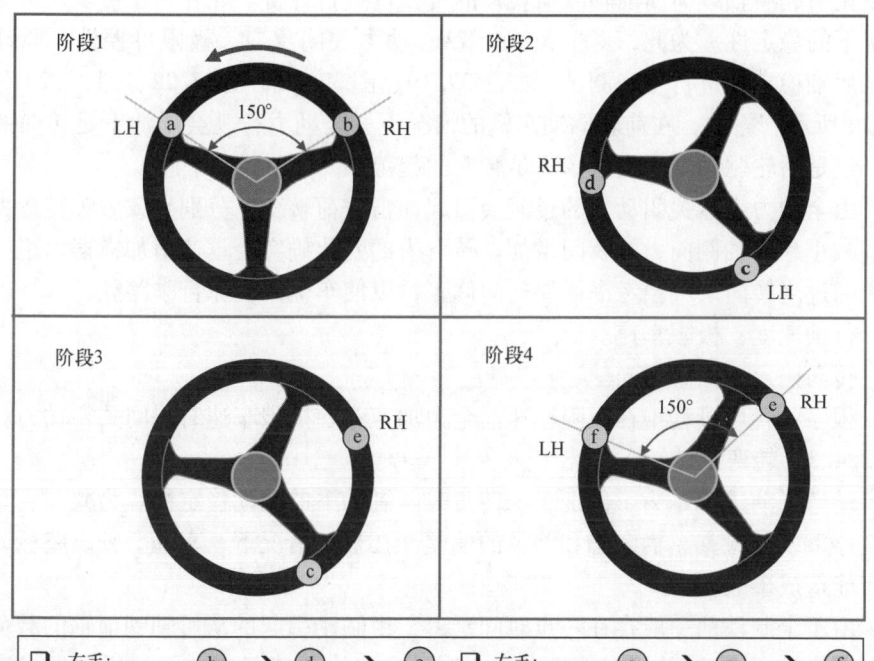

图 37.42　左转向

环行形式试验的条件和过程总结如下：

行驶速度：极限速度。

转向输入：跟随路径转向。

程序：如图 37.40 所示。

按照如下过程转弯：

1）在转弯前直线行驶时制动并且降档。
2）逐渐接近转弯的外曲线。
3）加速踏板位置不变沿着转弯外曲线行驶。
4）朝向顶点（或者切点）转弯，并且保持加速踏板位置恒定。
5）保持固定转向的稳态转向和加速踏板位置恒定。
6）朝向转弯外曲线加速驶出。

37.3.4.2 转弯动力启动/关闭

当由高速直线行驶状态转弯时，有时会意识到进入车速过高而不能安全转弯。通常在这种情况下，一般的驾驶员会立即抬起加速踏板以便降低车速。然后，存在由后轴向前轴的瞬间载荷转移。这种载荷转移引起后轴抓地损失，而使前轴抓地增加，有时由于后轴的摆动会引起过度转向，如图 37.22 所示。

转弯时动力启动/关闭试验的主要目的，是为了对车辆转弯瞬间加速踏板位置变化引起后轴载荷向前轴载荷转移的可控性进行评价。此外，还可以评价最坏情况下的稳定性。为此，对平衡 FA/RA、动力关闭反应、极限可控性、驱动功率和后轴稳定性进行主观测试，如图 37.19、图 37.20、图 37.22、图 37.24 和图 37.26 所示。通常，在前轮驱动车辆的情况下，全动力行驶会增加不足转向的趋势，但是后轮驱动车辆会减少不足转向的趋势。

由全动力突然关闭动力的过渡会引起冲击载荷转变，分别导致后轴转弯力的瞬间减小和前轴侧向力的瞬间增加。转弯力的变化确实会迅速增加横摆力矩，产生大的过度转向。应当考虑需要转向修正，以使车辆回到原行驶路径：

行驶速度：极限车速。

转向输入：固定转向。

程序：转弯过程中在极限车速前全力加速，在极限车速时瞬间关闭动力。

37.3.4.3 转弯制动

转弯制动试验是为了保证车辆转弯时全制动下的制动稳定性。为此，在车辆完全停下以后检查车辆姿态和路径的偏差。在最坏情况下，车辆会驶出路径，结果可能造成事故。

由于全制动前一般存在一点时间延迟，由制动引起的从后轴到前轴的载荷转移不会像动力启动/关闭时那么严重。制动本身也会降低车速，然后降低过度转向的趋势。此外，由于制动改变了转向特性，前后轮胎转弯力的减少是不等的。

应当考虑需要转向修正，以使车辆回到原行驶路径：

行驶速度：极限车速。

转向输入：固定转向。

程序：在转弯过程中全力制动，直到完全停止工作或者 VDC 关闭。

37.3.4.4 侧翻转弯

当车辆处于紧急情况时，通常，一般的驾驶员会无意识进行快速和大转向输入，以避免事故。其后，会在反方向施加快速和大转向。不适当的转向输入会使车辆迅速转弯，引起全部载荷从内侧轮胎转移到外侧轮胎。根据车辆的侧翻稳定特性，侧倾振动可能衰减或放大到侧翻情况。

侧翻（转弯）试验通过特殊设计的试验方法评价车辆的侧翻稳定性。为此，目前在实际中使用了一些试验方法。本章只引入美国国家公路交通安全管理局（NHTSA）侧翻试验方法，因为其他试验方法只为一些公司内部使用。应当说明的是，这项试验只是通过转向机器（人）完成的客观试验，以便克服其过程实施的困难。作为 NHTSA 的 NCAP 侧翻评级系统[48]，这种方法由两个过程组成：①为主试验找到所需的转向输入的预试验；②评价车辆侧翻稳定性的主试验。

使用转向机器（人），车辆以 50m/h 匀速行驶进行预试验，以 13.5°/s 逐渐增加转向盘转角到 270°，如图 37.43 所示。保持这种最大转向状态 2s，然后完全释放转向盘。找到引起 0.3g 侧向加速度的转向盘转角的具体数值。然后，主试验转向盘输入的幅值由 0.3g 对应角度的倍数确定，一般是 6.5 倍。6.5 是一个基础倍数，可以适当再调整，取决于测试结果，如通过或失败。

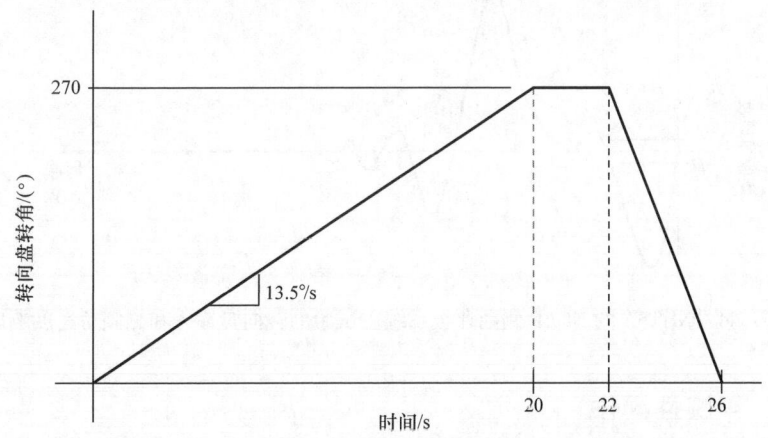

图 37.43　NHTSA 的 NCAP 侧翻评级系统预试验的转向盘输入

对于主测试，车辆以稍高于期望的入口速度直线行驶。驾驶员松开加速踏板，同时使用转向机器（人）启动如图 37.44 所示的转向盘命令。入口速度由

35mile/h 以 5mile/h 为增量加速到 45mile/h，由 45mile/h 以 2.5mile/h 为增量加速到 50mile/h，直到达到终止条件。终止基于两轮提升试验或者通过最大车速没有两轮提升试验完成，两轮提升定义为至少提升 2in，同时是内轮胎离开路面。

对于主试验，如图 37.44 所示。第一阶段转向盘输入以斜率 270°/s 增加，达到预试验确定的幅值，保持最大转向角直到车辆侧倾角速度达到其波段的 ±1.5°/s；然后，第二阶段向另一个方向以斜率 270°/s 增加，达到预试验确定的幅值，保持最大转向输入 3s；最后，松开转向盘使其回到转向中心。

应当考虑需要转向修正，以使车辆回到原行驶路径。总结试验如下：

行驶速度：分别以 5mile/h 和 2.5mile/h 的增量由 35mile/h 增加到 45mile/h，由 45mile/h 增加到 50mile/h。

转向输入：系列的斜坡转向。

程序：松开加速踏板，同时使用转向机器（人）启动转向盘命令。

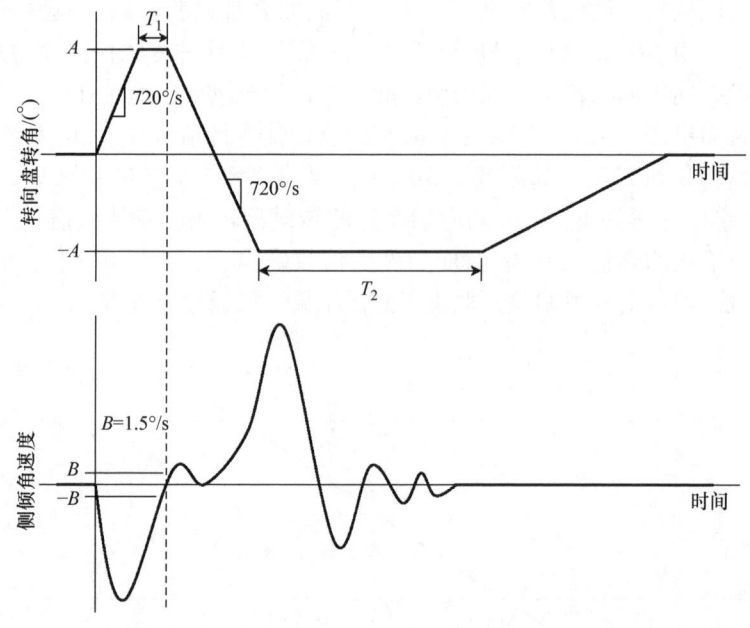

图 37.44　NHTSA 的 NCAP 侧翻评级系统主试验的转向盘输入和侧倾角速度响应

37.3.5　平顺性操作

为了评价平顺性，通常在各种公共道路或高速公路上行驶完成平顺性操作。为了便于评价，大部分汽车和轮胎制造商也使用特殊设计的平顺性路面。平顺性路面只是平顺性评价的一些路段的集合[40]。有时，其包含一些人工路段。

在本章中，引入波浪路面、不平路面和冲击物体的行驶试验。每种试验的速度只是车辆在公共道路或高速公路上行驶的正常速度。

37.3.5.1 波浪路面行驶

车辆行驶在波浪路面上，使簧载质量产生很低的振动频率。波浪路面行驶试验的目的是评价主平顺性（或者车身起伏）作为簧载质量的振动特性，其频率范围最高达约5Hz。

37.3.5.2 不平路面行驶

车辆行驶在不平路面上，使非簧载质量产生低频振动。不平路面试验通常用于评价次平顺性（或者车轮的跳动）作为非簧载质量的振动特性，其频率范围约为 5~25Hz。

37.3.5.3 冲击物体行驶

冲击物体行驶试验的目的是评价驶过各种冲击物体的冲击平顺性（或冲击不平顺性）作为车辆的冲击特性，其频率一般为约 25~60Hz（最大 100Hz）。冲击物体由破坏的路缘、路面连接处、沟渠盖和猫眼组成。

37.4 客观试验

对于各种操纵性客观试验，ISO 国际标准定义了车辆动力学和抓地能力的术语[11]。此外，将稳态循环行驶行为、针对阶跃转向输入、正弦转向输入、随机转向输入的侧向瞬态响应特性、转弯制动的开环试验程序标准化[12-16]。对于紧急车道变换操作，提供了双车道变换试验的标准程序[17]。

ISO 2631-1 国际标准定义了周期、随机和瞬态人体全身振动的试验方法[18]，提供了不同振动方向影响健康、舒适性和运动病的与频率相关的灵敏性权重，为评价平顺性起到了基本的指导作用。Jiang（蒋）和 Griffin（格里芬）研究了相位、频率、幅值和姿态对与座椅和脚的垂向振动相关的不舒适性的影响[49]。

由于对车辆的操稳性和平顺性的最终评价只通过各种主观试验实现，因此客观试验的程序和条件应当与特定的主观试验相同。任何具有不同程序和条件的其他客观试验可以提供一些其他有用的信息，但是其几乎不表示用于主观评价完成的主观试验。

本章推荐同时进行主观试验和客观试验，否则至少保证客观试验与主观试验具有相同的程序和条件。对于操稳性和平顺性的客观试验，使用不同的传感器。

37.4.1 操稳性试验

操稳性试验，通常测试（转向盘）转角、（转向盘）转向力矩、车辆纵向和侧向的速度、纵向和侧向的加速度、横摆角速度、俯仰角速度、侧倾角速度[50]。为此,使用转向盘传感器、速度传感器、加速度传感器和陀螺仪。此外,还可以使用定位车辆路径的 GPS(全球定位系统)。

例如,采用车道变换试验说明客观测试的变量,如图 37.32 所示。所有测试信号都使用 100Hz 的采样频率获得,为了对采样数据进行滤波,采用无相位(零相位)数字滤波器,通频带为 0~5Hz,这个滤波器在 ISO 国际标准中有详细说明[12,13,16]。

37.4.1.1 转向盘传感器

为了测试转向盘转角、速度和力矩,在转向盘上安装转向盘传感器系统,如图 37.45 所示。根据不同的分辨率要求,应当合理选择合适的转向盘传感器。对于中心转向试验,需要高精度的传感器系统,如图 37.45a 所示。否则,使用范围较宽的标准精度传感器系统,如图 37.45b 所示。车道变换过程测试的转向盘转角、速度和力矩,如图 37.46 所示。

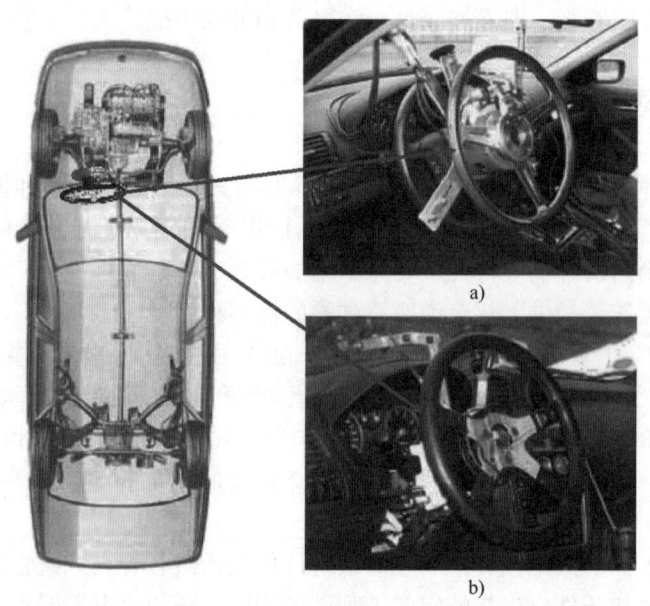

图 37.45 转向盘传感器:a)高精度传感器,b)标准传感器

37.4.1.2 速度传感器

在车辆后部位置安装一个 2 轴向速度传感器,用于测试车辆纵向和侧向的速度,如图 37.47 所示。使用速度传感器,可以测试相对于车身坐标系定义的车辆速度分量。车道变换过程纵向和侧向速度,如图 37.48 所示。当纵向速度几乎保持匀速时,侧向速度因车辆速度的方向变化而变化。

第37章 汽车操纵稳定性和平顺性的主客观评价

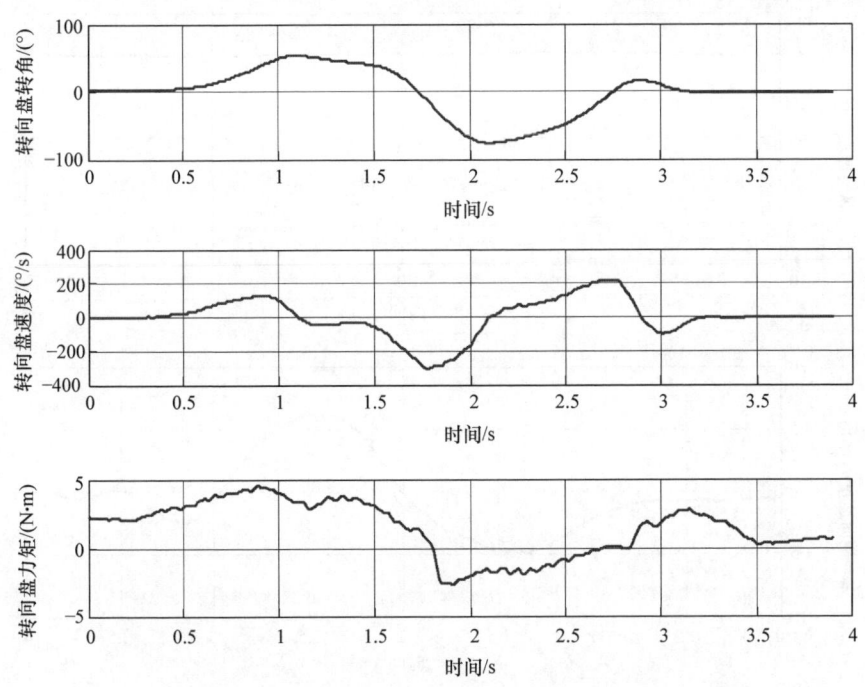

图37.46 车道变换过程转向系统测试的转向盘转角、速度和力矩

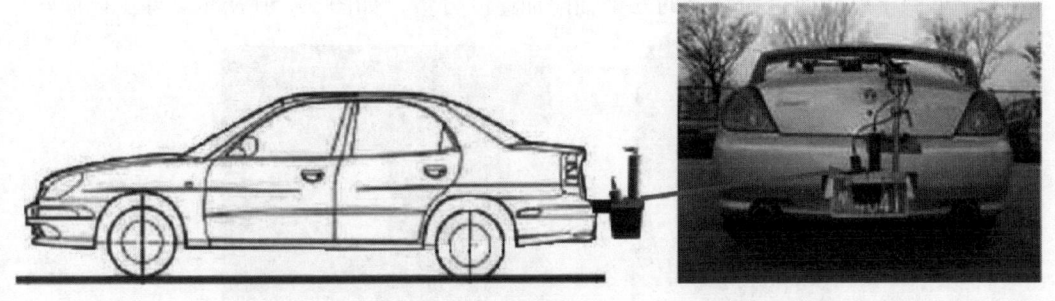

图37.47 速度传感器

通过测试数据,可以提取得到速度、侧滑角和其他的车辆运动变量。在开始这个过程前,应当将测试数据由车身坐标系变换为相对于地面平行的坐标系,以便补偿侧倾和俯仰的影响。现今,与陀螺仪和其他传感器组装的速度传感器可以放置于车辆内部,如图37.49所示。使用这样的系统,可以自动获得车身坐标系和地面坐标系的所有分量。

37.4.1.3 加速度传感器

安装在车辆内部靠近驾驶员座椅后部的三轴向加速度传感器,如图37.49所

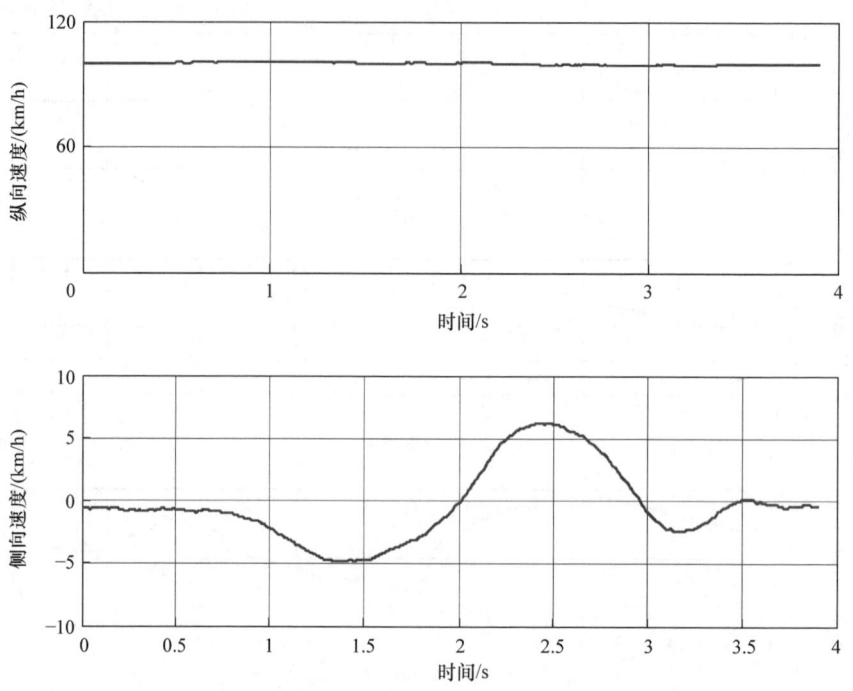

图 37.48　车道变换过程在车辆后部位置测试的纵向和侧向速度

示。车辆车道变换过程测试的三个轴向加速度分量，如图 37.50 所示。除了侧向

图 37.49　加速度传感器和陀螺仪

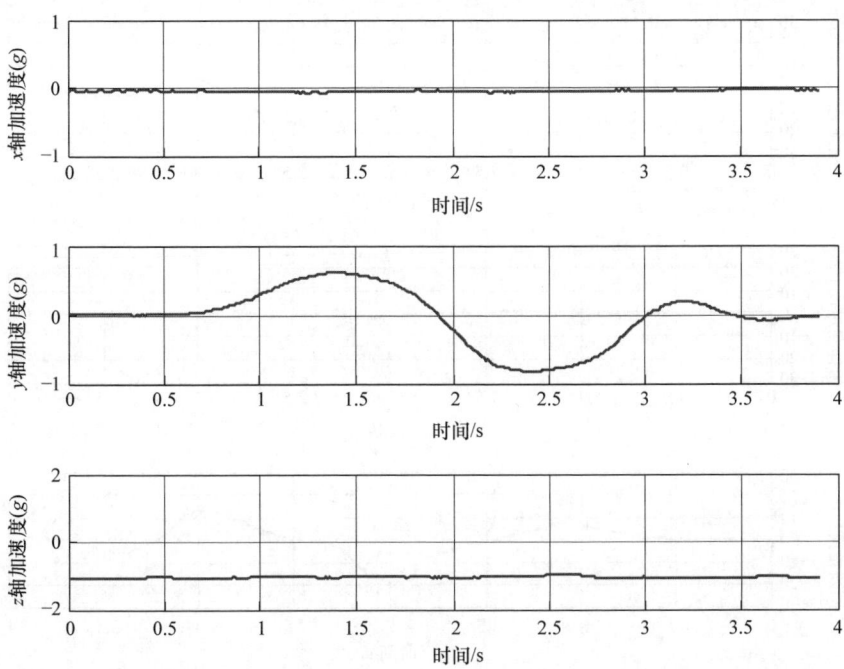

图 37.50 车道变换过程靠近驾驶员座椅后部位置测试的纵向、侧向和垂向的加速度分量

加速度,其他加速度几乎保持不变。为了分析与操稳性有关的测试值,通常主要使用侧向加速度。此外,纵向加速度只用于分析动力启动/关闭或者制动。

在使用测试数据进行动力学分析前,应当将测试数据由车身坐标系变换为相对于平行的地面坐标系,以便消除侧倾和俯仰的影响。由于加速度传感器一般与陀螺仪一起组装,因此可以自动获得车身坐标系和地面坐标系的所有分量。

37.4.1.4 陀螺仪

3 轴向陀螺仪与加速度传感器组装在一起,如图 37.49 所示。车道变换过程测试的三个角速度分量,如图 37.51 所示。在这种情况下,只有横摆角速度和侧倾角速度是重要的。但是,通常会使用所有数据。

37.4.1.5 GPS

有时,附加采用 GPS 测试车辆路径。现今,GPS 通常与其他传感器组装一起使用,如图 37.49 所示。车辆路径纵向和侧向的坐标,如图 37.52 所示。第一个图和第二个图是坐标与时间的关系,第三个图直接描述了车辆路径,即其侧向坐标与纵向坐标的关系。

37.4.2 平顺性试验

为了分析平顺性,需要六个加速度传感器,安装在前轮、后轮、车辆地板、

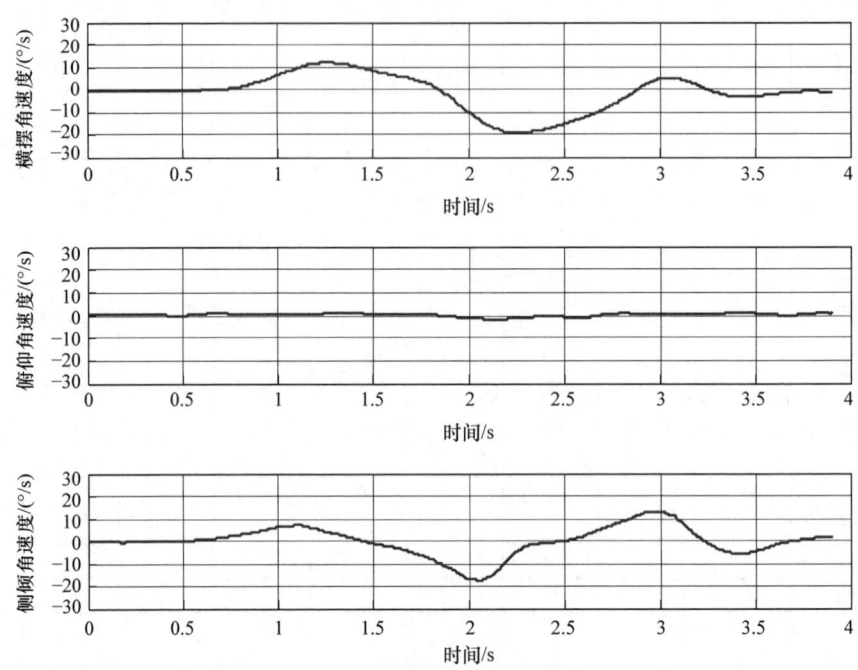

图 37.51 车道变化过程靠近驾驶员座椅后部测试的横摆角速度、俯仰角速度率和侧倾角速度

座椅轨道、座椅垫和座椅靠背,如图 37.53 所示[18]。一般不在座椅靠背测试,因为其再现性不好。通常在每个位置安装一个三轴向加速度传感器,用于测试三个振动加速度分量。一般使用纵向和垂向的加速度分量,频率变化范围为由 0.5~100Hz。

例如,选择混凝土路面上的矩形凸块进行冲击物体行驶试验,如图 37.54 所示。凸块的高和宽为 20mm,长度满足左轮和右轮同时通过凸块。整个测试过程中,即使在前后轮通过凸块时,试验速度保持在 50km/h。测试六个位置的所有加速度,以便给出各位置的振动情况。测测信号以 1000Hz 的采样频率采样,应用 100Hz 的低通滤波器滤波。

37.4.2.1 前轮

为了说明前轮的振动情况,车辆通过矩形凸块时测试前转向节位置纵向和垂向的加速度分量,如图 37.55 所示,垂向分量的峰值大于纵向分量的峰值,垂向分量振幅的衰减早于纵向分量。

37.4.2.2 后轮

为了说明后轮的振动情况,测试后转向节位置纵向和垂向的加速度分量,如图 37.56 所示。与前轮的振动情况相反,纵向分量的峰值稍大于垂向分量的峰值,纵向分量振幅的衰减早于垂向分量。

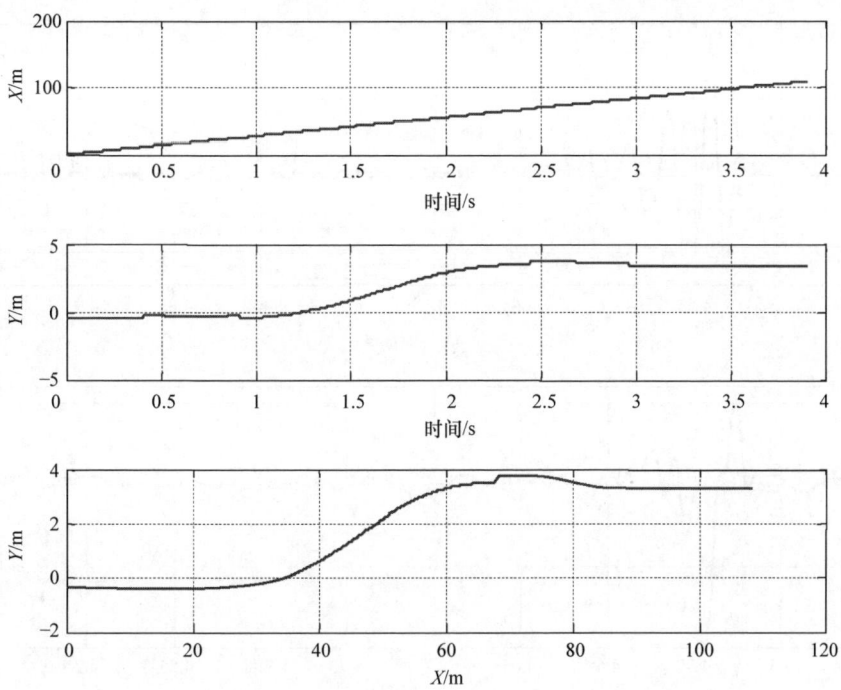

图37.52 车道变过程靠近驾驶员座椅后部测试的车辆路径纵向和侧向的坐标

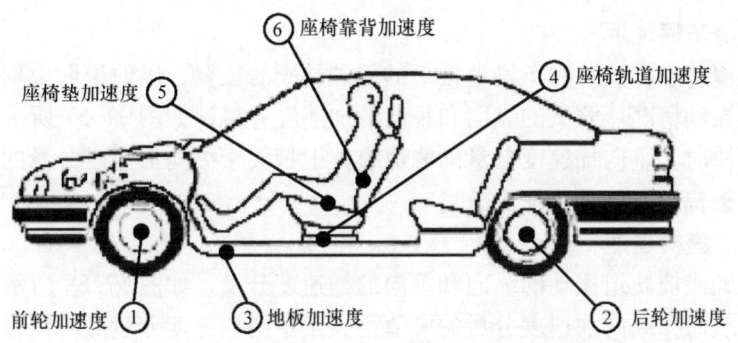

图37.53 平顺性试验六个位置的加速度传感器

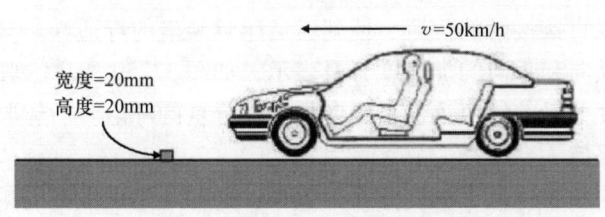

图37.54 以50km/h匀速通过矩形凸块

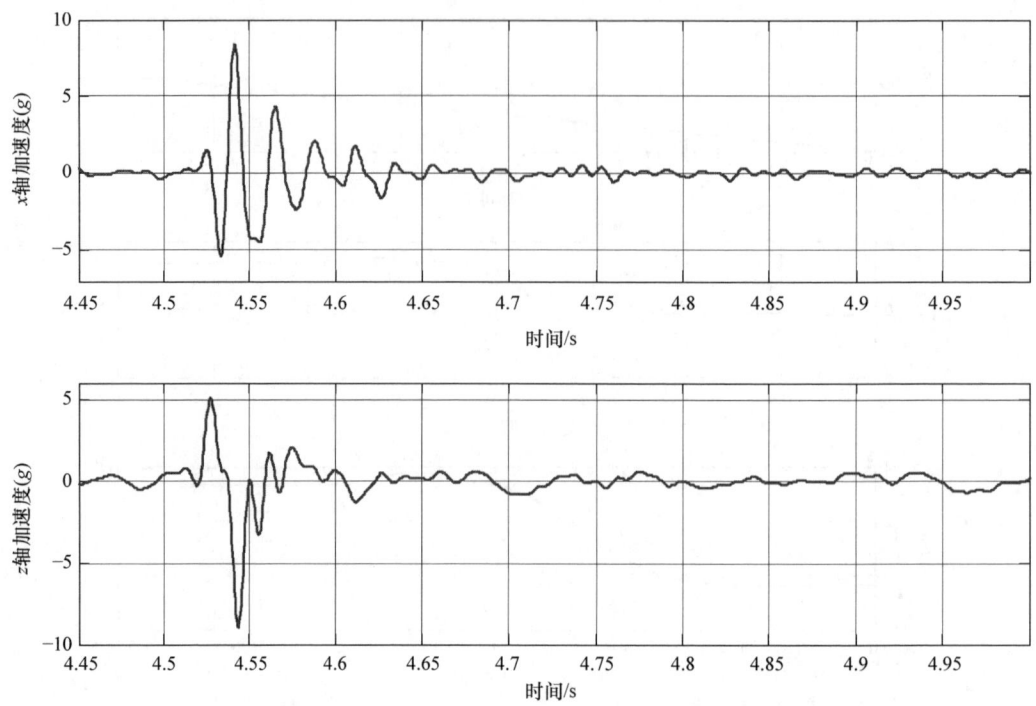

图 37.55 通过矩形凸块时测试的前转向节处纵向和垂向的加速度分量

37.4.2.3 车辆地板

加速度传感器安装在车辆地板上的驾驶员脚的位置,以便说明由驾驶员脚感觉的地板振动情况。测试的纵向和垂向的加速度分量,如图 37.57 所示。当前轮胎驶过凸块时,垂向加速度分量的峰值整体上稍大于纵向加速度分量的峰值,垂向分量的振幅衰减稍早于纵向分量。

37.4.2.4 座椅轨道

测试的座椅轨道振动的纵向和垂向的加速度分量,如图 37.58 所示。当后轮胎驶过凸块时,纵向加速度分量的峰值稍大于垂向加速度分量的峰值。后轮胎经过冲击以后,垂向分量没有很快衰减。

37.4.2.5 坐垫

坐垫是可以直接接触的位置,使驾驶员感觉乘坐的舒适性。其振动通过在坐垫位置测试的纵向和垂向的加速度分量表示,如图 37.59 所示。驶过凸块的过程中,垂向加速度分量的峰值远低于纵向加速度分量的峰值。后轮驶过凸块后,两个振动分量还保持一会振动。

垂向分量的频率远低于纵向分量的频率,这种现象因坐垫的柔软度产生。

第37章 汽车操纵稳定性和平顺性的主客观评价

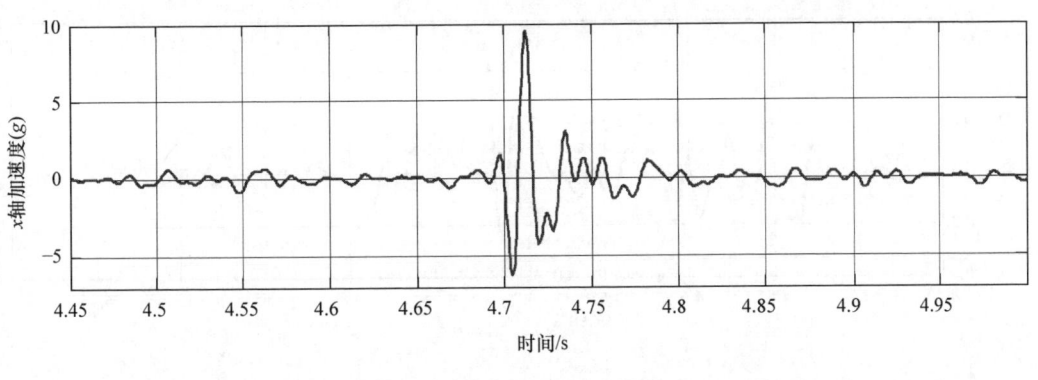

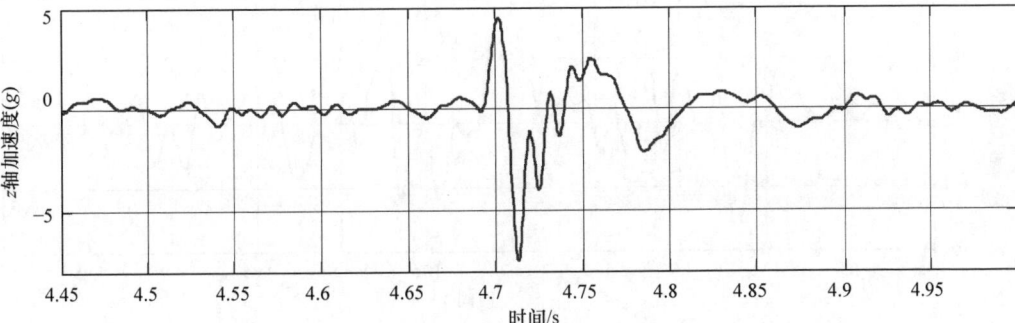

图 37.56 通过矩形凸块时测试的后转向节处的纵向和垂向的加速度分量

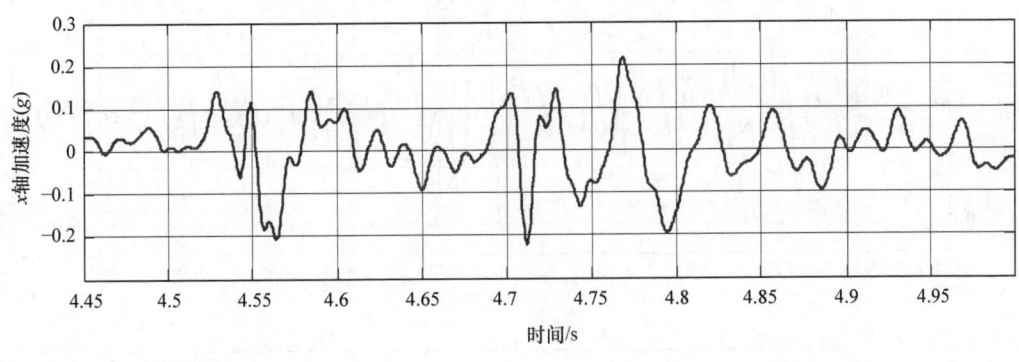

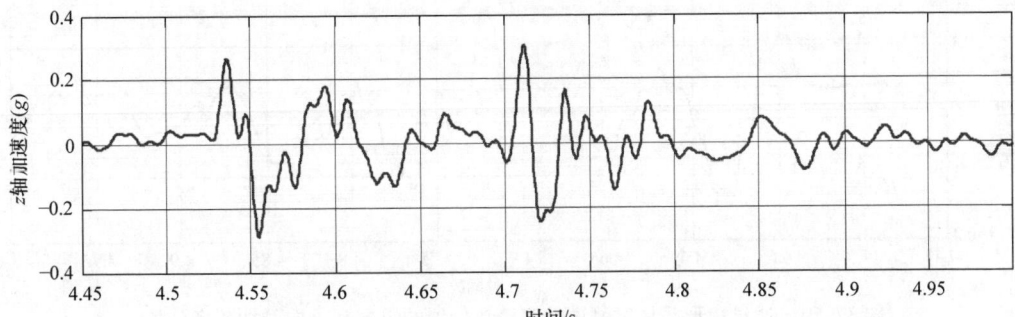

图 37.57 通过矩形凸块时测试的驾驶员脚位置地板的纵向和垂向的加速度分量

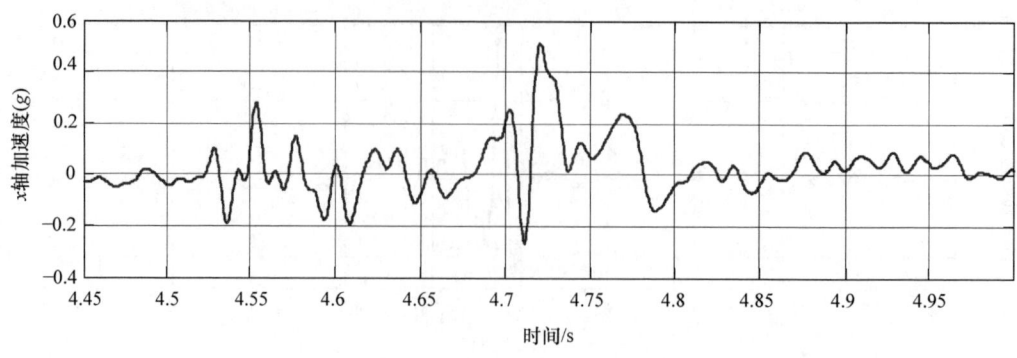

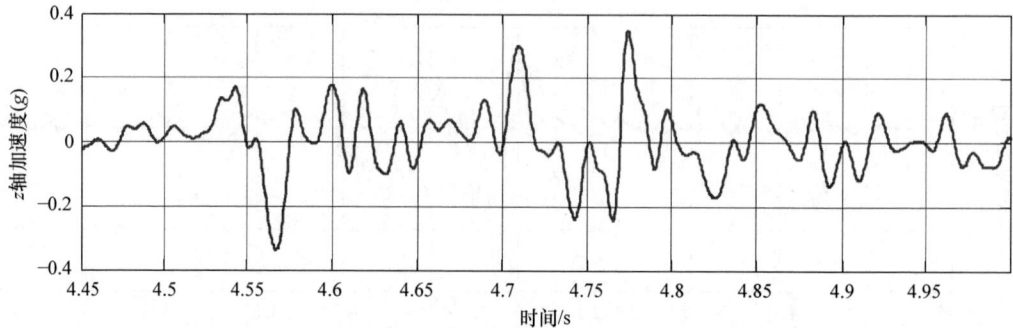

图 37.58 通过矩形凸块时测试的座椅轨道的纵向和垂向的加速度分量

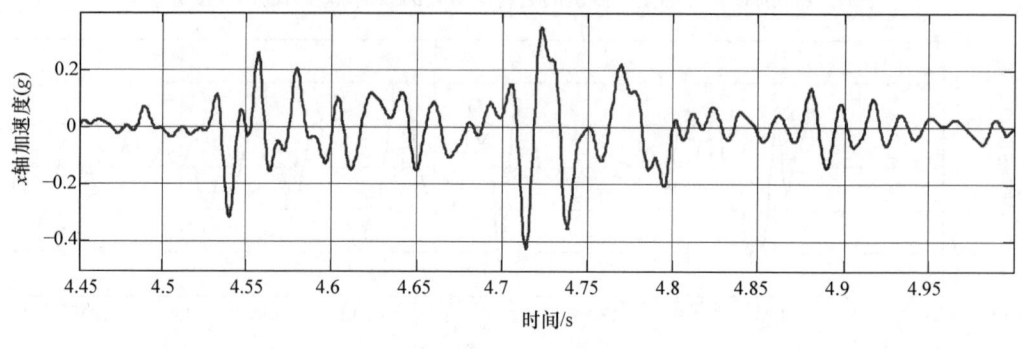

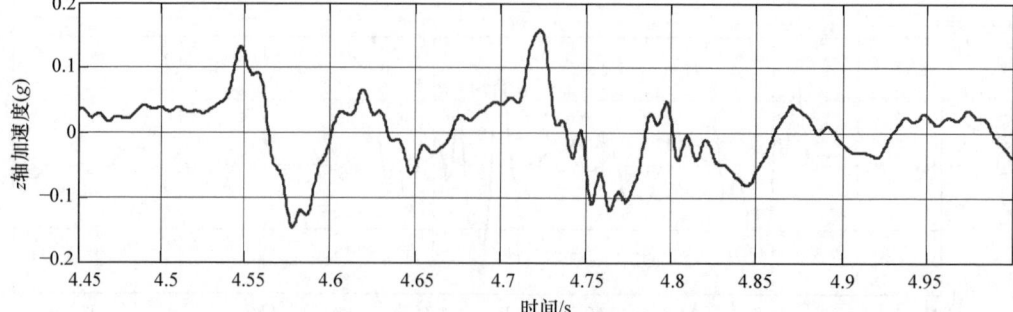

图 37.59 通过矩形凸块时测试的座椅垫位置的纵向和垂向的加速度分量

37.4.2.6 座椅靠背

座椅靠背也是驾驶员身体可以直接接触的位置。在座椅靠背位置测试的纵向和垂向的加速度分量,如图 37.60 所示。座椅垫垂向加速度分量的值远大于纵向加速度,与座椅垫形成对比。这可以通过座椅垫和座椅靠背的设计解释,座椅垫和座椅靠背主要用于分别吸收垂向和纵向的振动。

座椅靠背振动的垂向分量大于座椅轨道振动的垂向分量,如图 37.58 ~ 图 37.60 所示。这种反常的现象假设是由于座椅靠背位置的传感器移动造成的,座椅靠背位置的传感器通常由细绳固定,传感器很自然随着驾驶员沿垂向移动。因此,测试的座椅靠背的垂向振动分量,取决于驾驶员靠在座椅靠背上的载荷大小。通常,测试得到具有好的再现性的垂向分量是非常难的。

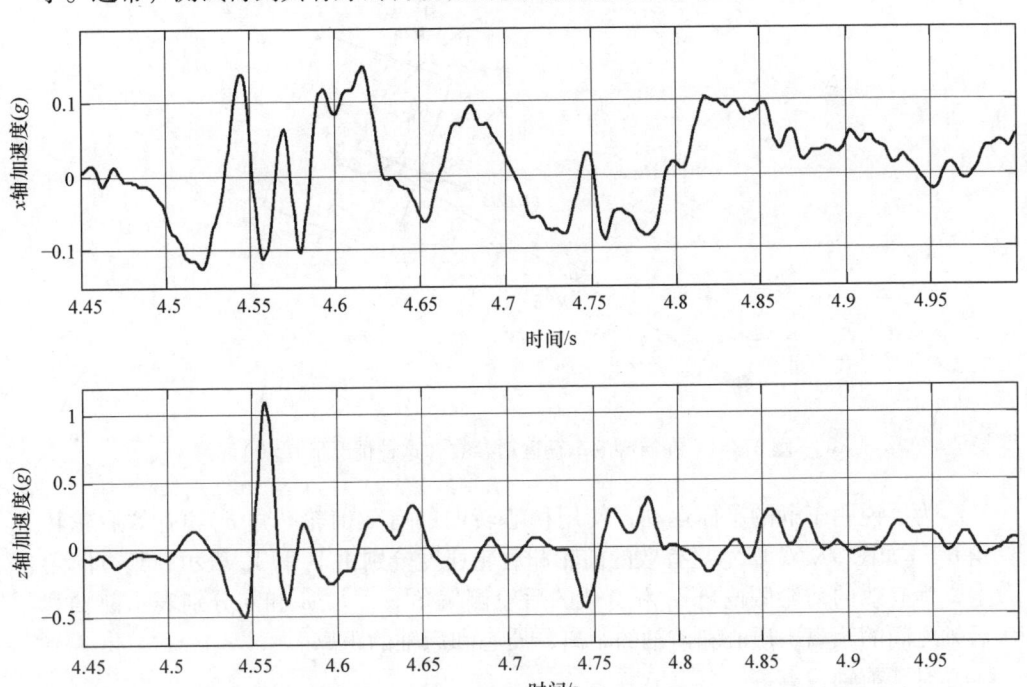

图 37.60 通过矩形凸块时测试的座椅靠背位置的纵向和垂向的加速度分量

37.5 车辆动力学变量

在各种主观试验中,驾驶员使用自己的主观评价变量进行主观评价。在某个时刻,车辆运动由车辆运动变量描述。在试验过程中,测试客观试验变量说明车辆运动变量。为了以数学形式表示主观评价变量,由车辆运动变量派生出物理感知变量。最后,将它们提取为客观试验变量的函数。在本章中,只列举车辆平面运动作为实例。

37.5.1 车辆运动变量

为了描述车辆的平面运动,分别考虑质心、有效的前轴位置、有效的后轴位置。车辆的主要运动变量在质心定义,采用车辆速度 V、转向速度 ω、横摆角速度 $\dot{\psi}$ 和侧向加速度 a_y,如图 37.61 所示。至于车辆行驶方向角,定义侧偏角 β 和侧偏角随时间的变化率 $\dot{\beta}$。

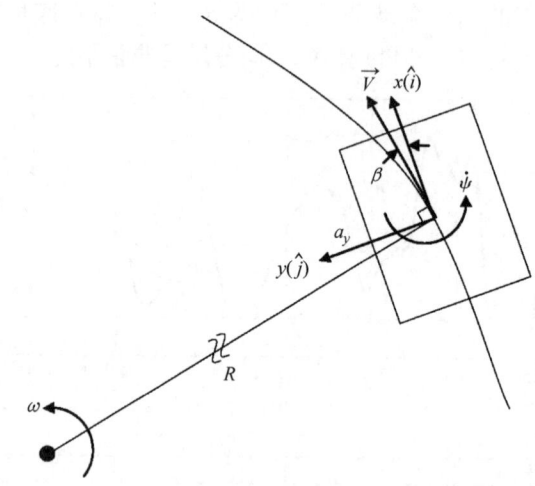

图 37.61 在质心的车辆运动参数(这种情况下 $\beta>0$)

为了说明车辆的平面运动,使用稳态转向的有效前轮转角 δ_{sf} 和有效后轮转角 δ_{sr},如图 37.62 所示。有效的前轮和后轮速度分别由 V_f 和 V_r 表示,其方向角定义为有效的前轮侧偏角 α_f 和有效的后轮侧偏角 α_r,l、a 和 b 分别表示前轴和后轴之间的距离、质心和前轴的距离、质心和后轴的距离。

对于前轴,有
$$V_f\sin(\delta_{sf}+\alpha_f) = V\sin\beta + a\dot{\psi}$$
在高速时,通常 $V_f \cong V$,所以
$$\sin(\delta_{sf}+\alpha_f) \cong \sin\beta + \frac{a}{V}\dot{\psi} \tag{37.1}$$

类似于前轴,对于后轴,也有
$$V_r\sin(\delta_{sr}+\alpha_r) = V\sin\beta - b\dot{\psi}$$
在高速时,通常 $V_r \cong V$,所以
$$\sin(\delta_{sr}+\alpha_r) \cong \sin\beta - \frac{b}{V}\dot{\psi} \tag{37.2}$$

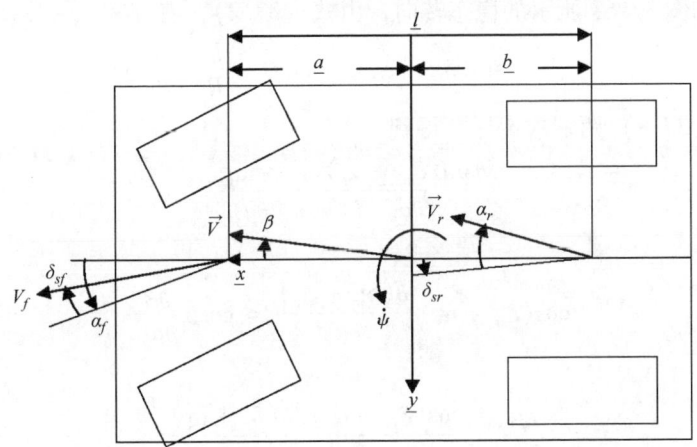

图 37.62 稳定转向时的有效转向角和侧偏角：$\delta_{sf}>0$，$\delta_{sr}>0$，$\beta<0$，$\alpha_f<0$，$\alpha_r<0$

由式（37.1）和式（37.2），得到

$$\sin(\delta_{sf}+\alpha_f)-\sin(\delta_{sr}+\alpha_r)=\frac{1}{V}\dot{\psi} \tag{37.3}$$

设 R 为转弯半径，对于稳定转向，有

$$V=R\dot{\psi} \tag{37.4}$$

将式（37.4）代入式（37.3），得到

$$\sin(\delta_{sf}+\alpha_f)-\sin(\delta_{sr}+\alpha_r)=\frac{l}{R} \tag{37.5}$$

所以

$$\delta_{sf}=\arcsin\left[\frac{l}{R}+\sin(\delta_{sr}+\alpha_r)\right]-\alpha_f \tag{37.6}$$

对式（37.5）两端求偏导，得到

$$\frac{\partial\sin(\delta_{sf}+\alpha_f)}{\partial a_y}=\frac{\partial\sin(\delta_{sr}+\alpha_r)}{\partial a_y}$$

和

$$\cos(\delta_{sf}+\alpha_f)\frac{\partial(\delta_{sf}+\alpha_f)}{\partial a_y}=\cos(\delta_{sr}+\alpha_r)\frac{\partial(\delta_{sr}+\alpha_r)}{\partial a_y}$$

因此

$$\frac{\partial\delta_{sf}}{\partial a_y}=\frac{\cos(\delta_{sr}+\alpha_r)}{\cos(\delta_{sf}+\alpha_f)}\frac{\partial(\delta_{sr}+\alpha_r)}{\partial a_y}-\frac{\partial\alpha_f}{\partial a_y}$$

对于小的转向 $\delta_{sr}\approx 0$，得到

$$\frac{\partial\delta_{sf}}{\partial a_y}\approx\frac{\partial(-\alpha_f+\alpha_r)}{\partial a_y} \tag{37.7}$$

对于如图 37.63 所示的稳态转向，由式（37.2），有

$$\sin(\delta_{sr} + \alpha_r) = \sin\beta - \frac{b}{R} \tag{37.8}$$

对式（37.8）两端求偏导，得到

$$\frac{\partial \sin(\delta_{sr} + \alpha_r)}{\partial a_y} = \frac{\partial \sin\beta}{\partial a_y}$$

和

$$\cos(\delta_{sr} + \alpha_r) \frac{\partial (\delta_{sr} + \alpha_r)}{\partial a_y} = \cos\beta \frac{\partial \beta}{\partial a_y}$$

因此

$$\frac{\partial \beta}{\partial a_y} = \frac{\cos(\delta_{sr} + \alpha_r)}{\cos\beta} \frac{\partial (\delta_r + \alpha_r)}{\partial a_y} \tag{37.9}$$

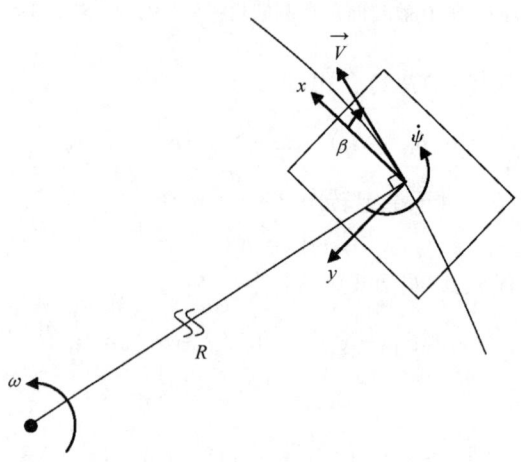

图 37.63 稳态转向（这种情况下，$\beta < 0$）

对于小的转向 $\delta_{sr} \cong 0$，有

$$\frac{\partial \beta}{\partial a_y} = \frac{\partial \alpha_r}{\partial a_y} \tag{37.10}$$

车辆质心的速度可以表示为

$$\vec{V} = V_x \hat{i} + V_y \hat{j} \tag{37.11}$$

式中，$\hat{i}$ 和 $\hat{j}$ 分别为固定在车辆质心纵向和侧向的速度方向，如图 37.61 所示；V_x 和 V_y 分别为速度 V 沿 $\hat{i}$ 和 $\hat{j}$ 方向的速度分量。

作为车辆运动的方向角，侧偏角定义为

$$\beta = \arctan \frac{V_y}{V_x} \tag{37.12}$$

然后，得到

$$V_x = V\cos\beta \tag{37.13a}$$

和

$$V_y = V\sin\beta \tag{37.13b}$$

对式（37.11）两端求微分，得到

$$\frac{\mathrm{d}\vec{V}}{\mathrm{d}t} = \frac{\mathrm{d}V_x}{\mathrm{d}t}\hat{i} + V_x\frac{\mathrm{d}\hat{i}}{\mathrm{d}t} + \frac{\mathrm{d}V_y}{\mathrm{d}t}\hat{j} + V_y\frac{\mathrm{d}\hat{j}}{\mathrm{d}t} \tag{37.14}$$

对式（37.13a）和式（37.13b）求微分，得到

$$\frac{\mathrm{d}V_x}{\mathrm{d}t} = \dot{V}\cos\beta - V\dot{\beta}\sin\beta \tag{37.15a}$$

和

$$\frac{\mathrm{d}V_y}{\mathrm{d}t} = \dot{V}\sin\beta + V\dot{\beta}\cos\beta \tag{37.15b}$$

如果 $\hat{k}$ 表示垂直于 $\hat{i}$ 和 $\hat{j}$ 方向的矢量，得到

$$\frac{\mathrm{d}\hat{i}}{\mathrm{d}t} = \dot{\psi}\hat{k} \times \hat{i} = \dot{\psi}\hat{j} \tag{37.16a}$$

和

$$\frac{\mathrm{d}\hat{j}}{\mathrm{d}t} = \dot{\psi}\hat{k} \times \hat{j} = -\dot{\psi}\hat{i} \tag{37.16b}$$

将式（37.15a）和式（37.15b）代入式（37.14），得到

$$\frac{\mathrm{d}\vec{V}}{\mathrm{d}t} = (\dot{V}\cos\beta - V\dot{\beta}\sin\beta)\hat{i} + V\dot{\psi}\cos\beta\hat{j} + (\dot{V}\sin\beta - V\dot{\beta}\cos\beta)\hat{j} - V\dot{\psi}\sin\beta\hat{i}$$

即

$$\frac{\mathrm{d}\vec{V}}{\mathrm{d}t} = [\dot{V}\cos\beta - V(\dot{\psi} + \dot{\beta})\sin\beta]\hat{i} + [\dot{V}\sin\beta - V(\dot{\psi} + \dot{\beta})\cos\beta]\hat{j} \tag{37.17}$$

定义 $\dot{V}_x$ 和 $\dot{V}_y$ 为

$$\dot{V}_x \equiv \dot{V}\cos\beta \tag{37.18a}$$

和

$$\dot{V}_y \equiv \dot{V}\sin\beta \tag{37.18b}$$

根据式（37.13a）、式（37.13b）、式（37.18a）和式（37.18b），式 37.17 可以表示为

$$\frac{\mathrm{d}\vec{V}}{\mathrm{d}t} = [\dot{V}_x - V_y(\dot{\psi} + \dot{\beta})]\hat{i} + [\dot{V}_y + V_x(\dot{\psi} + \dot{\beta})]\hat{j} \tag{37.19}$$

如果 a_x 和 a_y 分别表示 $\hat{i}$ 和 $\hat{j}$ 方向的加速度分量，得到

$$a_x = \dot{V}_x - V_y(\dot{\psi} + \dot{\beta}) \tag{37.20a}$$

和

$$a_y = \dot{V}_y + V_x(\dot{\psi} + \dot{\beta}) \tag{37.20b}$$

则转向速度可以表示为

$$\omega = \dot{\psi} + \dot{\beta} \tag{37.21}$$

稳态转向，如图 37.63 所示，存在向外侧滑，所以 β 成为负值，即在式（37.1）~式(37.21) 中，$\beta < 0$。

37.5.2 物理感知变量

专业的试验工程师会使用其物理感知变量进行主观评价。例如，本章只列出车辆平面运动的物理感知变量。首先，转向盘转角 δ_{sw} 和转向盘力矩 T_{sw} 通过转向盘感知。驾驶员也通过车辆路径反应、座椅姿态感知车辆速度 V_{xd}、转向曲率 κ_d、转向速度 ω_d、前端角 φ_d、前端角速度 $\dot{\varphi}_d$ [28,43]。

如图 37.64 所示，在驾驶员座椅测试的车辆速度由 $\vec{V}_d$ 表示，由质心指向驾驶员座椅方向的距离矢量由 $\vec{d}$ 表示，如果 $\vec{V}_d$ 和 $\vec{d}$ 的纵向和垂向分量分别沿 $\hat{i}$ 和 $\hat{j}$ 表示，则它们可以分别表示为 V_{xd}、V_{yd}、d_x 和 d_y，有

$$\vec{V}_d = V_x\hat{i} + V_y\hat{j} + \dot{\psi}\hat{k} \times (d_x\hat{i} + d_y\hat{j})$$

下标 d 表示"在驾驶员座椅位置测试"或"相对于驾驶员座椅位置"。然后，得到

$$\vec{V}_d = (V_x - d_y\dot{\psi})\hat{i} + (V_y + d_x\dot{\psi})\hat{j} \tag{37.22}$$

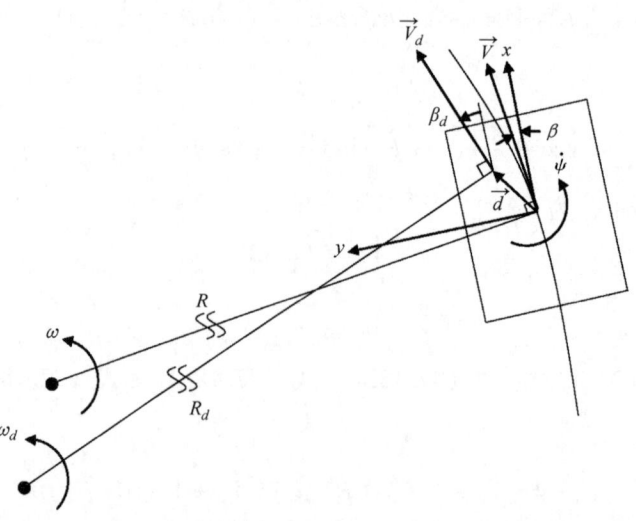

图 37.64 驾驶员感知参数（在这种情况下 $\beta > 0$ 且 $\beta_d > 0$）

其也可以简化为

$$\vec{V}_d = V_{xd}\hat{i} + V_{yd}\hat{j} \quad (37.23)$$

由式（37.22）和式（37.23），得到

$$V_{xd} = V_x - d_y\dot{\psi} \quad (37.24a)$$

和

$$V_{yd} = V_y + d_x\dot{\psi} \quad (37.24b)$$

将式（37.13a）和式（37.13b）代入式（37.22），得到

$$\vec{V}_d = (V\cos\beta - d_y\dot{\psi})\hat{i} + (V\sin\beta - d_x\dot{\psi})\hat{j}$$

对其微分，得到

$$\frac{d\vec{V}_d}{dt} = (\dot{V}\cos\beta - V\dot{\beta}\sin\beta - d_y\ddot{\psi})\hat{i} + (V\cos\beta - d_y\dot{\psi})\frac{d\hat{i}}{dt}$$
$$+ (\dot{V}\sin\beta - V\dot{\beta}\cos\beta - d_x\ddot{\psi})\hat{j} + (V\sin\beta - d_x\dot{\psi})\frac{d\hat{j}}{dt}$$

使用式（37.16a）和式（37.16b），得到

$$\frac{d\vec{V}_d}{dt} = (\dot{V}\cos\beta - V\dot{\beta}\sin\beta - d_y\ddot{\psi})\hat{i} + (V\cos\beta - d_y\dot{\psi})\dot{\psi}\hat{j}$$
$$+ (\dot{V}\sin\beta - V\dot{\beta}\cos\beta - d_x\ddot{\psi})\hat{j} + (V\sin\beta - d_x\dot{\psi})\dot{\psi}\hat{i}$$

因此

$$\frac{d\vec{V}_d}{dt} = [\dot{V}\cos\beta - V(\dot{\psi} + \dot{\beta})\sin\beta - d_x\dot{\psi}^2 - d_y\ddot{\psi}]\hat{i}$$
$$+ [\dot{V}\sin\beta + V(\dot{\psi} + \dot{\beta})\cos\beta - d_y\dot{\psi}^2 + d_x\ddot{\psi}]\hat{j} \quad (37.25)$$

将式（37.13a）、式（37.13b）、式（37.18a）和式（37.18b）代入式（37.25），得到

$$\frac{d\vec{V}_d}{dt} = [\dot{V}_x - V_y(\dot{\psi} + \dot{\beta}) - d_x\dot{\psi}^2 - d_y\ddot{\psi}]\hat{i} + [\dot{V}_y + V_x(\dot{\psi} + \dot{\beta}) - d_y\dot{\psi}^2 + d_x\ddot{\psi}]\hat{j}$$
$$(37.26)$$

如果 a_{xd} 和 a_{yd} 分别表示加速度沿 $\hat{i}$ 和 $\hat{j}$ 方向的加速度纵向和侧向分量，则由式（37.26），得到

$$a_{xd} = \dot{V}_x - V_y(\dot{\psi} + \dot{\beta}) - d_x\dot{\psi}^2 - d_y\ddot{\psi}$$

和

$$a_{yd} = \dot{V}_y - V_x(\dot{\psi} + \dot{\beta}) - d_y\dot{\psi}^2 - d_x\ddot{\psi}$$

使用式（37.20a）和式（37.20b），得到

$$a_{xd} = a_x - d_x\dot{\psi}^2 - d_y\ddot{\psi} \quad (37.27a)$$

和

$$a_{yd} = a_y - d_y\dot{\psi}^2 + d_x\ddot{\psi} \qquad (37.27b)$$

使用已知的 V_{xd} 和 V_{yd}，得到在驾驶员座椅位置感知的速度为

$$V_d = \sqrt{V_{xd}^2 + V_{yd}^2} \qquad (37.28)$$

如果 β_d 定义为驾驶员座椅位置测试的车辆行驶方位角，则

$$\beta_d \equiv \arctan\frac{V_{yd}}{V_{xd}} \qquad (37.29)$$

又有

$$V_{xd} = V_d\cos\beta_d \qquad (37.30a)$$

和

$$V_{yd} = V_d\sin\beta_d \qquad (37.30b)$$

由式（37.23）得到

$$\frac{d\vec{V}_d}{dt} = \frac{dV_{xd}}{dt}\hat{i} + V_{xd}\frac{d\hat{i}}{dt} + \frac{dV_{yd}}{dt}\hat{j} + V_{yd}\frac{d\hat{j}}{dt} \qquad (37.31)$$

由式（37.30a）和式（37.30b），得到

$$\frac{dV_{yd}}{dt} = \dot{V}_d\cos\beta_d + V_d\dot{\beta}_d\sin\beta_d \qquad (37.32a)$$

和

$$\frac{dV_{xd}}{dt} = \dot{V}_d\sin\beta_d + V_d\dot{\beta}_d\cos\beta_d \qquad (37.32b)$$

将式（37.16a）、式（37.16b）、式（37.32a）和式（37.32b）代入式（37.31），得到

$$\frac{d\vec{V}_d}{dt} = (\dot{V}_d\cos\beta_d - V_d\dot{\beta}_d\cos\beta_d)\hat{i} + V_d\dot{\psi}\cos\beta_d\hat{j}$$
$$+ (\dot{V}_d\sin\beta_d + V_d\dot{\beta}_d\cos\beta_d)\hat{j} - V_d\dot{\psi}\sin\beta_d\hat{i}$$

所以

$$\frac{d\vec{V}_d}{dt} = [\dot{V}_d\cos\beta_d - V_d(\dot{\psi} + \dot{\beta}_d)\sin\beta_d]\hat{i} + [\dot{V}_d\sin\beta_d + V_d(\dot{\psi} + \dot{\beta}_d)\cos\beta_d]\hat{j} \qquad (37.33)$$

定义 $\dot{V}_{xd}$ 和 $\dot{V}_{yd}$ 为

$$\dot{V}_{xd} \equiv \dot{V}_d\cos\beta_d \qquad (37.34a)$$

和

$$\dot{V}_{yd} \equiv \dot{V}_d\sin\beta_d \qquad (37.34b)$$

将式（37.30a）、式（37.30b）、式（37.34a）和式（37.34b）代入式（37.33），得到

$$\frac{\mathrm{d}\vec{V}_d}{\mathrm{d}t} = [\dot{V}_{xd} - V_{yd}(\dot{\psi} + \dot{\beta}_d)]\hat{i} + [\dot{V}_{yd} - V_{xd}(\dot{\psi} + \dot{\beta}_d)]\hat{j} \qquad (37.35)$$

由式（37.35），得到

$$a_{xd} = \dot{V}_{xd} - V_{yd}(\dot{\psi} + \dot{\beta}_d) \qquad (37.36a)$$

和

$$a_{yd} = \dot{V}_{yd} - V_{xd}(\dot{\psi} + \dot{\beta}_d) \qquad (37.36b)$$

如果将驾驶员在座椅感知到的转向速度表示为 ω_d，则式（37.36b）可以表示为

$$a_{yd} = \dot{V}_{yd} + V_{xd}\omega_d \qquad (37.37)$$

已知 a_{yd}，计算 ω_d 为

$$\omega_d = \frac{a_{yd} - \dot{V}_{yd}}{V_{xd}} \qquad (37.38)$$

式（37.36b）和式（37.37）也给出

$$\omega_d = \dot{\psi} + \dot{\beta}_d \qquad (37.39)$$

这时，确定驾驶员在座椅感知的转向曲率为

$$k_d = \frac{\omega_d}{V_{xd}} \qquad (37.40)$$

式中，R_d 为驾驶员座椅处测试的转向半径，且 $k_d = 1/R_d$。

为了描述驾驶员在座椅感知的车辆姿态，在驾驶员座椅测试的前端角用 φ_d 表示，然后，得到

$$\varphi_d = -\beta_d \qquad (37.41)$$

由式（37.41）和式（37.29），得到

$$\varphi_d = -\arctan\frac{V_{yd}}{V_{xd}} \qquad (37.42)$$

由于前端角随时间的变化率 $\dot{\varphi}_d = \dot{\beta}_d$，因此由式（37.39），得到

$$\dot{\varphi}_d = \dot{\psi} - \omega_d \qquad (37.43)$$

值得注意的是，k_d 和 ω_d 表示车辆转向驾驶员感知的车辆路径。此外，φ_d 和 $\dot{\varphi}_d$ 表示驾驶员感知的车辆姿态。

37.5.3 客观测试变量

在转向系统中安装转向盘传感器时，通常在远离驾驶员座椅的位置安装速度传感器、陀螺仪和加速度传感器，如图37.45、图37.47和图37.49所示。通过转向盘传感器，测试转向盘角度 δ_{sw} 和转向盘力矩 T_{sw}，如图37.65所示。速度传感器测试纵向速度 V_{xm} 和垂向速度 V_{ym}。通过陀螺仪和加速度传感器，可以分别

测试横摆角速度 $\dot{\psi}_m$ 和侧向加速度 a_{ym}。

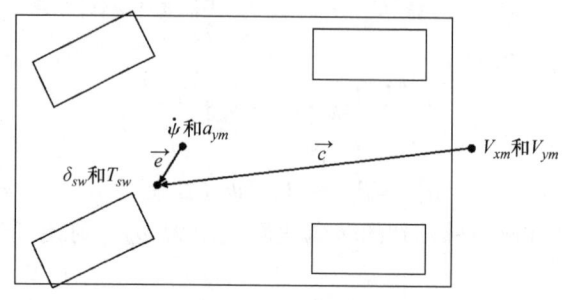

图 37.65 客观测试参数

速度传感器和陀螺仪相对于驾驶员座椅的距离向量分别表示为 $\vec{c}$ 和 $\vec{e}$。如果把沿 $\hat{i}$ 和 $\hat{j}$ 方向的纵向和横向的分量分别用符号 c_x、c_y、e_x 和 e_y 表示，则

$$\text{对于速度传感器} \quad \vec{c} = c_x \hat{i} + c_y \hat{j} \quad (37.44a)$$

和

$$\text{对于陀螺仪和加速度传感器} \quad \vec{e} = e_x \hat{i} + e_y \hat{j} \quad (37.44b)$$

$\vec{V}_m$ 表示测试的速度向量，其沿着 $\hat{i}$ 和 $\hat{j}$ 方向的纵向和垂向的分量分别为 V_{xm} 和 V_{ym}。则 $\vec{V}_m$ 可以表示为

$$\vec{V}_m = V_{xm} \hat{i} + V_{ym} \hat{j} \quad (37.45)$$

根据式（37.24a）和式（37.24b），驾驶员感知的车辆速度可以由下式计算

$$V_{xd} = V_{xm} - c_y \dot{\psi}_m \quad (37.46a)$$

和

$$V_{yd} = V_{ym} - C_x \dot{\psi}_m \quad (37.46b)$$

根据车辆底盘对于低频转向输入几乎表现刚性的假设，有

$$\dot{\psi} = \dot{\psi}_m \quad (37.47)$$

如果 a_{ym} 表示测试的侧向加速度，根据式（37.27b），得到

$$a_{yd} = a_{ym} - e_y \dot{\psi}_m^2 + e_x \ddot{\psi}_m \quad (37.48)$$

式中，$\ddot{\psi}_m$ 是由 $\dot{\psi}_m$ 计算的微分。

作为物理感知变量，转向盘角度 δ_{sw} 和转向盘力矩 T_{sw} 可以直接得到。根据式（37.29）、式（37.34b）、式（37.38）、式（37.40）、式（37.42）和式（37.43），其他客观测试变量可以转换为附加的物理感知变量，如转向曲率 k_d、转向速度 ω_d、前端角 φ_d、前端角速度 $\dot{\varphi}_d$。

37.6 车辆动力学分析

根据前面的叙述，对车辆操稳性的主观评价有二十多个特性组成，如

图 37.1、表 37.3~表 37.5 所示。在这些特性中，目前只有稳态转向特性可以根据传统车辆动力学的自行车模型进行数学描述[1-7]。而传统的车辆动力学不能解释瞬态转向特性[26-28]，这就是其他特性还不能通过数学描述的原因。对于瞬态转向特性，本章引入车辆动力学的一种新分析方法[28]。

为了评价转向特性，目前对于稳态转向、瞬态不足转向、瞬态过多转向和转向动力关闭反应进行主观评价。稳态转向表示稳态转向过程前轴和后轴抓地的平衡[6-8]，通过干燥和湿滑的（路面）操稳性试验进行了长时间的评价。然而，如今已经不采用干燥的操稳性试验，还在采用湿滑的操稳性试验。瞬态不足转向、瞬态过度转向和转向时动力关闭反应，主要通过干燥的操稳性试验进行评价[40-43]。

为了分别评价瞬态转向时前轴或者后轴相对于车辆保持行驶路线和姿态所需的抓地能力，对不足转向或过度转向进行感知定义。在固定转向全力加速后立即关闭动力，由于后轴向前轴的载荷瞬间转移引起的后轴低于前轴的抓地，主观测试转向动力关闭反应。所有的转向特性都是通过各种主观试验进行评价的，如车道变换、紧急车道变换、环行和转向动力启动/关闭。

37.6.1 表示

为了更好描述驾驶员对转向特性的感知，通常采用物理感知变量。同时，转向特性通过转向梯度（SG）、不足转向系数（US）、过度转向系数（OS）和动力关闭反应转向系数进行客观描述。

37.6.1.1 转向梯度

匀速固定转向的转向盘试验，用于评价车辆的传统稳态转向特性[6-8]，如图 37.66 所示。其中，（稳态）中性转向只表示固定转向半径和固定转向的稳态转向特性。一旦车辆速度非常缓慢增加，车辆离心力增加使得车辆不再保持固定转向半径，即不再保持中性转向。在这种情况下，前轴和后轴之间抓地不再保持平衡，一根轴相对另一根轴抓地的不足使得轴产生更大的滑移，使得转向半径发生变化。

为了保持相同的车辆路径，转向盘应当进行适当调整。当车辆需要更大的转向角时，定义车辆表现为稳态不足转向；另一方面，如果需要较小的转向角，则定义车辆表现为过度转向。作为评价稳态转向特性的一个客观指标，SG 被定义为转向盘角度 δ_{sw} 对侧向加速度 a_y 的梯度，在 SAE J670 中表示为[51]

$$SG \equiv \frac{\partial \delta_{sw}}{\partial a_y} \begin{cases} > 0 & \text{稳态不足转向} \\ = 0 & \text{稳态中性转向} \\ < 0 & \text{稳态过度转向} \end{cases} \tag{37.49}$$

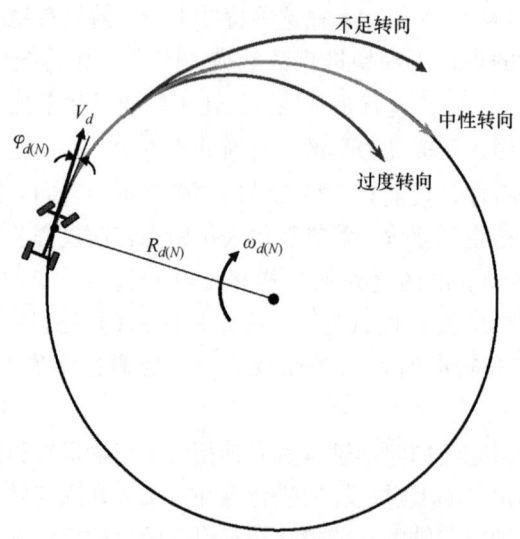

图 37.66 转向盘稳态转向过程的稳态中性转向

37.6.1.2 不足转向系数

瞬态不足转向特性通过对车辆路径的观察进行主观评价[28,43]。为了将车辆路径表示为物理感知变量的函数,在驾驶员座椅处定义转向曲率 k_d 和转向速度 ω_d,它们分别定量描述了驾驶员感知的转向曲率和转向快速性,如图 37.67 所示。在驾驶员座椅测试的转向半径用 R_d 表示,转向曲率定义为转向半径的函数,即 $k_d = 1/R_d$。

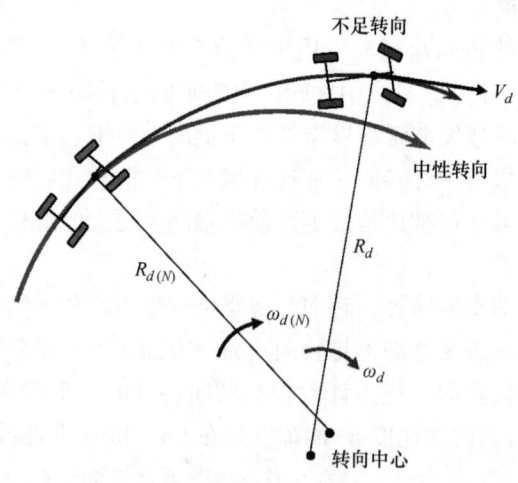

图 37.67 表示瞬态不足转向的转向半径和转向速度

通过在驾驶员座椅测试的侧向加速度 a_{yd} 和纵向速度 V_{xd}，通过式（37.50）可以计算 ω_d

$$\omega_d = \frac{a_{yd} - \dot{V}_{yd}}{V_{xd}} \tag{37.50}$$

由式（37.51），得到

$$k_d = \frac{\omega_d}{V_{xd}} \tag{37.51}$$

如果 $k_{d(N)}$ 和 $\omega_{d(N)}$ 被定义表示稳态中性转向的 k_d 和 ω_d，如图 37.66 所示，瞬态不足转向可以表示为

$$\Delta \kappa_d = \text{sign}(\Delta t_k) |k_{d(N)} - k_d| > 0 \quad \text{对于瞬态不足转向} \tag{37.52}$$

和

$$\Delta \omega_d = \text{sign}(\Delta t_\omega) |\omega_{d(N)} - \omega_d| > 0 \quad \text{对于瞬态不足转向} \tag{37.53}$$

式中，Δt_k 和 Δt_ω 分别为 k_d 和 ω_d 相对 $k_{d(N)}$ 和 $\omega_{d(N)}$ 的时间延迟。

在 k_d 和 ω_d 分别沿着 $k_{d(N)}$ 和 $\omega_{d(N)}$ 之后，则 Δt_k 和 Δt_ω 是正值。因此 Δt_k 和 Δt_ω 的符号只表示时间延迟，其幅值表示瞬态不足转向的大小。由于瞬态不足转向也受到驾驶员感知的转向盘角度影响，式（37.52）中的 k_d 和 $k_{d(N)}$ 应当在同一转向盘角度下测量，式（37.53）也遵循同样的原则。

为了通过一个公式描述瞬态不足转向，定义 US 为

$$US \equiv \omega_{us1} \Delta \kappa_d + \omega_{us2} \Delta \omega_d > 0 \tag{37.54}$$

式中，ω_{us1} 和 ω_{us2} 为不足转向的权因子，根据驾驶员、车辆和试验条件确定。

37.6.1.3 过度转向系数

与瞬态不足转向相反，通过观察车辆姿态主观确定瞬态过度转向特性[28,43]。为了表示车辆的姿态，在驾驶员座椅处定义前端角 φ_d 及其随时间的变化率 $\dot{\varphi}_d$，如图 37.68 所示。它们量化了驾驶员感知的表示姿态的车辆前端角和其表示变化快速性的变化率，表示为

$$\varphi_d = -\arctan \frac{V_{yd}}{V_{xd}} \begin{cases} > 0 & \text{前端向内} \\ = 0 & \text{前端中性} \\ < 0 & \text{前端向外} \end{cases} \tag{37.55}$$

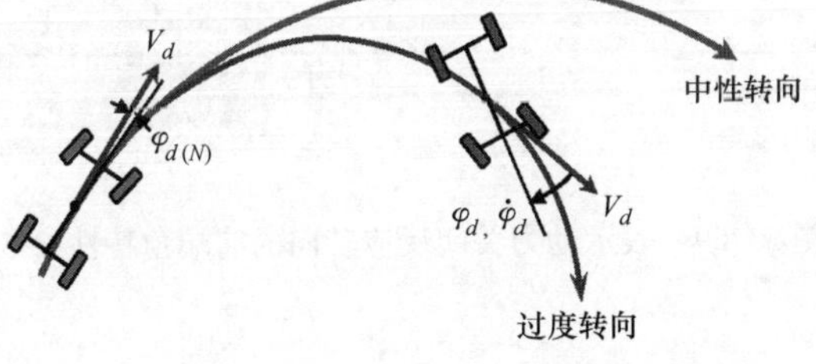

图 37.68　表示瞬态过多转向的前端角度和前端角速度

式中，V_{xd} 和 V_{yd} 为速度 V_d 的纵向和侧向的分量。

对于前端向内变化的快速性，φ_d 随时间的变化率可以由式（37.56）得到

$$\dot{\varphi}_d = \dot{\psi} - \omega_d \tag{37.56}$$

与瞬态不足转向类似，瞬态过度转向定义为

$$\Delta\varphi_d = sign(\dot{\varphi}_d)(\varphi_d - \varphi_{d(N)}) > 0 \quad 对于瞬态过度转向 \tag{37.57}$$

式中，$\varphi_{d(N)}$ 为稳态中性转向的 φ_d，如图 37.66 所示。

由于 $\dot{\varphi}_d$ 表示中性转向时，认为其为零，因此

$$\Delta\dot{\varphi}_d = sign(\dot{\varphi}_d)\dot{\varphi}_d > 0 \quad 对于瞬态过度转向 \tag{37.58}$$

为了通过公式表示瞬态过度转向，定义 OS

$$OS \equiv \omega_{os1}\Delta\omega_d + \omega_{os2}\Delta\dot{\varphi}_d > 0 \tag{37.59}$$

式中，ω_{os1} 和 ω_{os2} 为过度转向的权重因子，根据驾驶员、车辆和试验条件确定。

37.6.1.4 动力关闭反应转向系数

在固定转向全速后立即关闭动力，车辆反应主要影响车辆姿态的脉冲变化[28,43]。驾驶员根据其对瞬态前端角的变化的感知对动力关闭反应转向特性进行主观评价。在动力关闭过程中，如果 φ_{d_0} 和 φ_{d_max} 分别是 φ_d 的起始值和最大值，如图 37.69 所示。φ_d 的峰-峰值为

$$\varphi_{d-pp} = sign(\varphi_{d-max})(\varphi_{d-max} - \varphi_{d-0}) \tag{37.60}$$

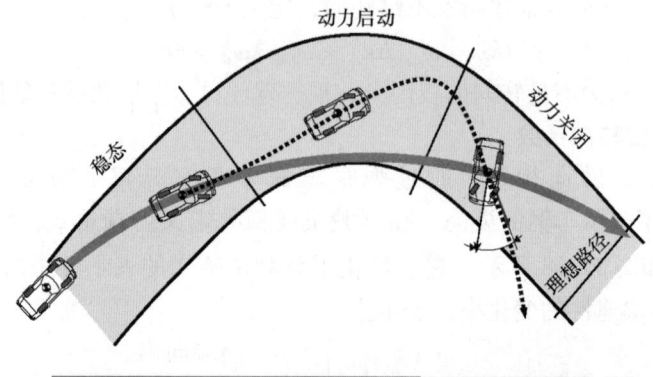

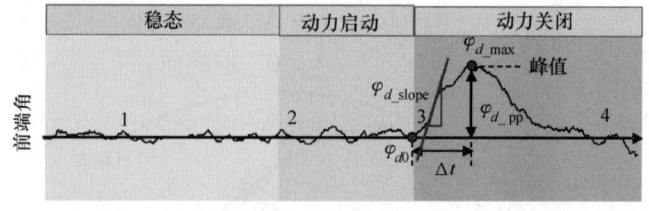

图 37.69 表示动力关闭反应转向的前端角特性参数

第 37 章 汽车操纵稳定性和平顺性的主客观评价

φ_{d_slope} 是 φ_d 的增量斜率，由下式确定

$$\varphi_{d\_slope} = sign(\varphi_{d\_max}) \frac{\Delta\varphi_d}{\Delta t} \qquad (37.61)$$

式中，$\Delta\varphi_d/\Delta t$ 为 φ_d 存在 φ_{d_0} 和 φ_{d_max} 之间的最大斜率。

为了通过一个公式表示降档响应转向，定义动力关闭反应转向系数 PS

$$PS \equiv \omega_{ps1}\varphi_{d\_slope} + \omega_{ps2}\frac{\varphi_{d\_pp}}{\Delta t_\varphi} + \omega_{ps3}\varphi_{d\_pp} > 0 \qquad (37.62)$$

式中，ω_{ps1}、ω_{ps2} 和 ω_{ps3} 为动力关闭反应转向系数的权因子，根据驾驶员、车辆和试验条件确定；Δt_φ 为 φ_{d_0} 和 φ_{d_max} 之间的时间间隔。

37.6.2 分析

例如，选择一辆最受欢迎的装有 215/55R16V 轮胎的欧洲乘用车，给出应用客观公式表示主观评价的过程。载荷满足 GVW（车全重）条件，前轮标准充气胎压为 2.4bar，后轮充气不足胎压为 1.4bar，特意使用这样的胎压放大试验结果。进行四种不同的操稳性试验，如图 37.32、图 37.34、图 37.37 和 37.22 所示，同时进行主观评价和客观测试。

对于每个试验，瞬态不足转向、瞬态过多转向和动力关闭反应转向的总体主观评分由十进制数字确定，如表 37.7 所示。较大的值意味着更好的性能和较小的水平。此外，测试 δ_{sw}、V_x、V_y、$\dot{\Psi}$、a_y、x 和 y。然后，根据式（37.40）、式（37.38）、式（37.42）和式（37.43）计算 k_d、w_d、φ_d 和 $\dot{\varphi}_d$。为了分别获得式（37.50）、式（37.51）和式（37.53）中的 $k_{d(N)}$、$\omega_{d(N)}$、$\varphi_{d(N)}$，简化进行了准稳态客观试验而不是稳态试验。

表 37.7 车道变换、紧急车道变换、环行和转向时动力启动/关闭的试验过程的主观评分

瞬态不足转向	瞬态过度转向	降档响应转向
6.8	6.5	6.5

为了量化瞬态不足转向，每次转向选择式（37.50）和式（37.51）中 Δk_d 和 $\Delta \omega_d$ 的最大值。$k_{d(N)}$、k_d、Δk_d、$\omega_{d(N)}$、ω_d 和 $\Delta \omega_d$ 的计算结果，见表 37.8。为了客观化瞬态过度转向，不使用转向盘角度而使用 φ_d、$\varphi_{d(N)}$ 和 $\dot{\varphi}_d$ 的最大值，计算式（37.53）和式（37.54）。$\varphi_{d(N)}$、φ_d、$\dot{\varphi}_d$、$\Delta \varphi_d$ 和 $\Delta \dot{\varphi}_d$ 的每个峰值，见表 37.9 所示。对于动力关闭反应转向，φ_{d_0}、φ_{d_max}、φ_{d_slope}、$\varphi_{d\_pp}/\Delta t_\varphi$ 和 φ_{d_pp} 的计算结果，见表 37.10。

表 37.8 瞬态不足转向参数

试验		$k_{d(N)}$ /(1/mm)	k_d /(1/mm)	Δk_d /(1/mm)	$\omega_{d(N)}$ /(°/s)	ω_d /(°/s)	$\Delta \omega_d$ /(°/s)
车道变换	第一次转向	5.50	3.00	2.50	11.94	6.81	5.13
	第二次转向	-3.15	2.50	5.65	-6.56	5.57	12.13
紧急车道变换	第一次转向	-17.55	-10.60	6.95	-22.17	-13.74	8.43
	第二次转向	10.92	-2.80	13.72	13.21	-3.57	16.78
	第三次转向	-32.62	10.30	42.92	-36.11	11.84	47.95
环行		41.12	25.50	15.62	40.13	26.30	13.83
转向时动力启动/关闭		20.67	19.30	1.37	22.16	20.62	1.54

表 37.9 瞬态过度转向参数

试验		$\varphi_{d(N)}$ /(°)	φ_d /(°)	$\Delta \varphi_d$ /(°)	$\dot{\varphi}_d$ /(°/s)	$\Delta \dot{\varphi}_d$ /(°/s)
车道变换	第一个峰值	1.16	2.22	1.06	18.17	18.17
紧急车道变换	第一个峰值	-1.14	-10.13	8.99	-40.10	40.10
	第二个峰值	0.55	2.61	2.06	32.74	32.74
环行		0.36	3.96	3.60	2.77	2.77
转向时动力启动/关闭		1.99	2.34	0.34	2.07	2.07

表 37.10 动力关闭反应转向参数

试验	t_0 /s	t_{max} /s	φ_{d_0} /(°)	φ_{d_max} /(°)	Δt_φ /s	φ_{d_slope} /(°/s)	$\varphi_{d\_pp}/\Delta t_\varphi$ /(°/s)	φ_{d_pp} /(°/s)
转向时动力启动/关闭	1.84	2.23	1.87	2.34	0.39	1.84	1.20	0.47

主观评价和客观测试之间进一步的相关研究,请参考文献[28]。相关研究仍然存在一些需要解决的问题,这也是公认的。

37.6.2.1 准稳态

为了用准稳态试验代替稳态试验,在六种不同车速下以非常小的扫描速度完成迂回(穿梭)试验。对于这些试验,保持其他测试条件与四个主要试验保持一致。对于每个车速 V_x,转向曲率 $k_{d(N)}$、转向速度 $\omega_{d(N)}$、前端角 $\varphi_{d(N)}$ 和前端角随时间的变化率 $\dot{\varphi}_{d(N)}$ 作为转向盘角 δ_{sw} 的函数测试获得,如图 37.70 所示。由于使用的试验场的宽度有限,采用较小转向盘角获得较高车速。

图 37.70 说明,转向曲率和前段角取决于车速。然而,转向速度几乎与车速无关。在转向盘角度约 90°内,车辆以 40km/h 行驶时,它们基本上是线性的。

车速越高，转向盘角可以达到的线性范围更窄。

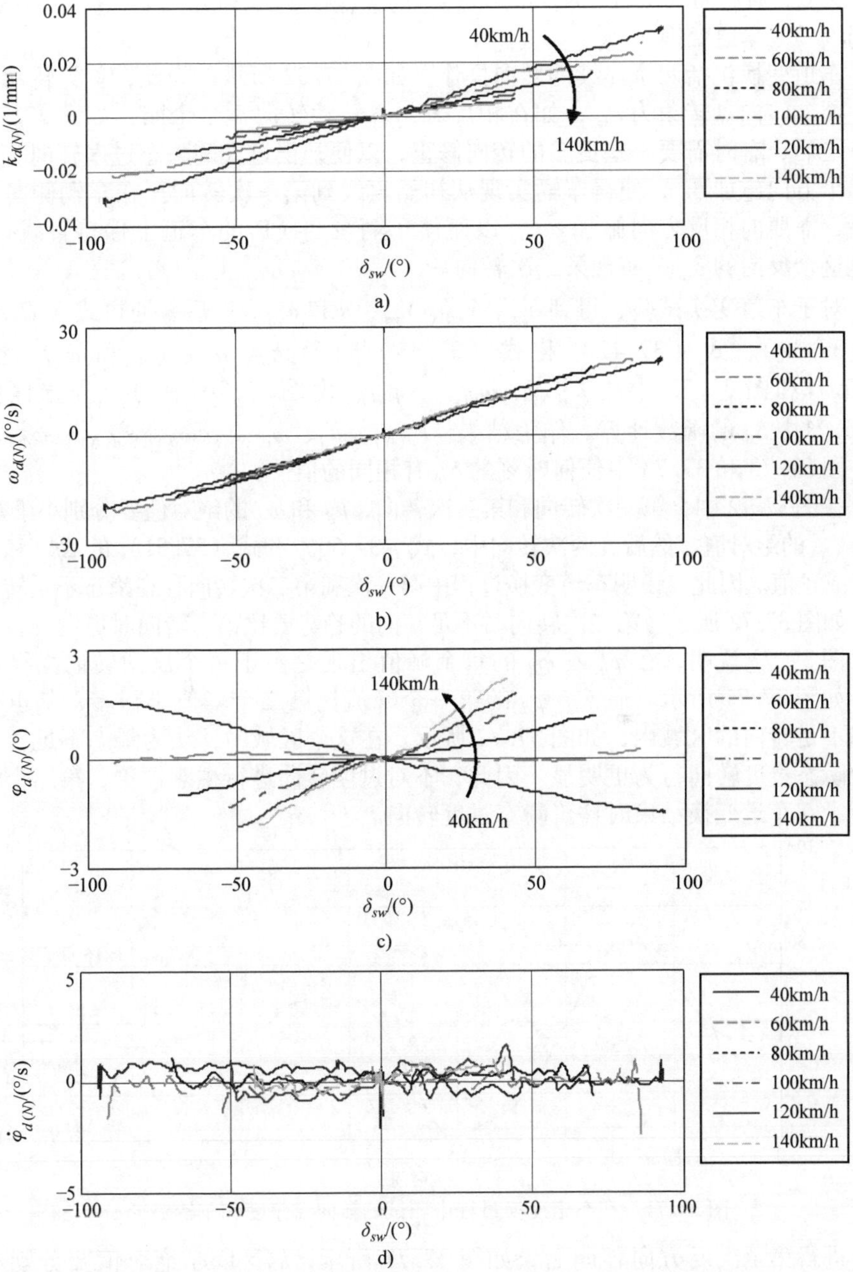

图 37.70 各车速下表示稳态中性转向的准稳态转向数据：a）转向曲率；b）转向速度；c）前端角；d）前端角随时间的变化率

如图 37.70 所示，前端角随时间的变化率对所有车速都没有重要的值，相反几乎为 0。通过曲线拟合，$K_{d(N)}$、$\omega_{d(N)}$、$\varphi_{d(N)}$ 和 $\dot{\varphi}_{d(N)}$ 确定为 δ_{sw} 和 V_x 的函数。

37.6.2.2　车道变换

车道变换包括两个连续的转向操作，如图 37.32 所示。为此，首先转动转向盘一圈，转向盘转角为 δ_{sw}，如在相反方向各转动转向盘半个圈，如图 37.71 所示。之后，有时需要一些更多的转向修正，以便补偿过大的瞬态过多转向。通过在一个方向施加 δ_{sw}，使得车辆实现从初始直线到第一次转向。在车辆侧向移动以后，需要向相反方向施加 δ_{sw}，以便使车辆在变换后的车道上保持直线行驶。通过这个反向的 δ_{sw}，实现第二次转向。

对于车道变换试验，得到 δ_{sw}、V_{xd}、V_{yd}、$\dot{\Psi}$ 和 a_{yd}。然后，通过式（37.40）、式（37.38）、式（37.42）和式（37.43）计算 k_d、ω_d、φ_d 和 $\dot{\varphi}_d$。此外，图 37.72 和图 37.73 中的 $k_{d(N)}$、$\omega_{d(N)}$、$\varphi_{d(N)}$ 由图 37.70 中的拟合方程作为图 37.71 中 δ_{sw} 的函数计算。作为结果，$k_{d(N)}$、k_d、$\omega_{d(N)}$、ω_d、$\varphi_{d(N)}$、φ_d 和 $\dot{\varphi}_d$ 与在图 37.72 和 37.73 中任何时刻的 δ_{sw} 有相同的值。

在图 37.72 中，第一次转向和第二次转向，k_d 和 ω_d 的绝对值要分别小于 $k_{d(N)}$ 和 $\omega_{d(N)}$ 的绝对值。然后，两次转向中，式（37.50）和式（37.51）的 Δk_d 和 $\Delta \omega_d$ 都变成正值。因此，说明车道变换过程中第一次和第二次转向存在瞬态不足转向行为，如图 37.72 所示。第二次转向时不足转向的趋势要比第一转向时更大。

图 37.73 说明，在 φ_d 或 $\dot{\varphi}_d$ 的每个峰值出现是由于每个反向转向操纵产生的，如图 37.71 所示。通常，φ_d 的第一个峰值比第二个峰值小得多，其也处于瞬态不足转向的区域内，如图 37.72 所示。在这个区域中，认为瞬态不足转向行为比瞬态过度转向行为更明显。因此，不对过度转向进行主观评价，第二个峰值解释了在车道变换结束时评价瞬态过度转向。

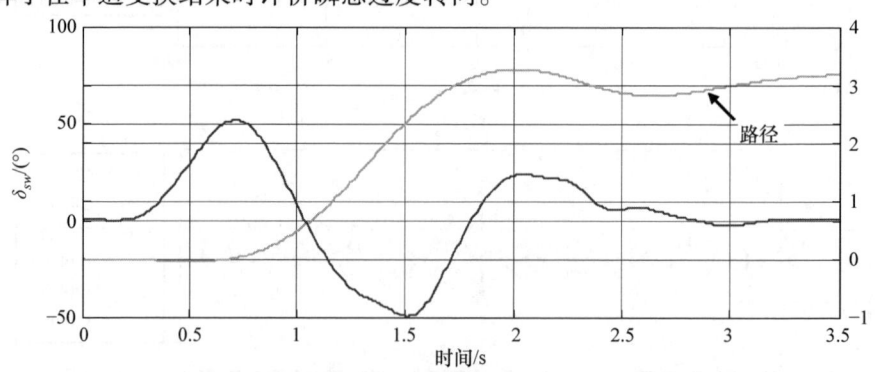

图 37.71　在车道变换过程中测试的转向盘角度和车辆路径

进行第二次反方向转向后，如图 37.71 所示，k_d 和 ω_d 绝对值要分别小于 $k_{d(N)}$ 和 $\omega_{d(N)}$ 的绝对值，如图 37.72 所示。即使这样，在这个区域中，不对不足转向进行主观评价，如图 37.32 所示。在这个区域中，认为过度转向更重要。因此，只对过度转向进行主观评价，如图 37.32 和图 37.73 所示。

第37章 汽车操纵稳定性和平顺性的主客观评价

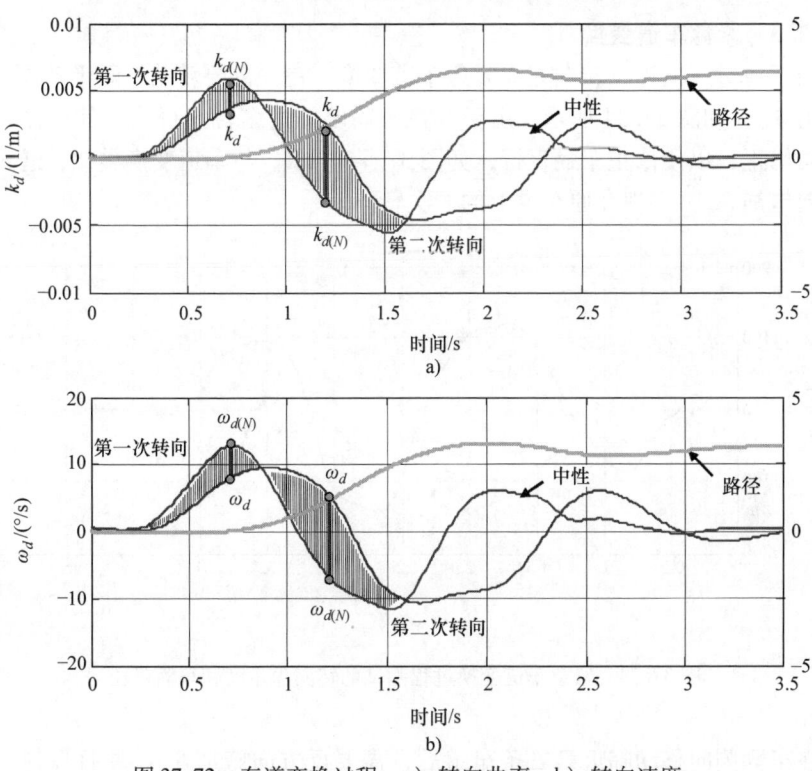

图 37.72 车道变换过程：a）转向曲率；b）转向速度

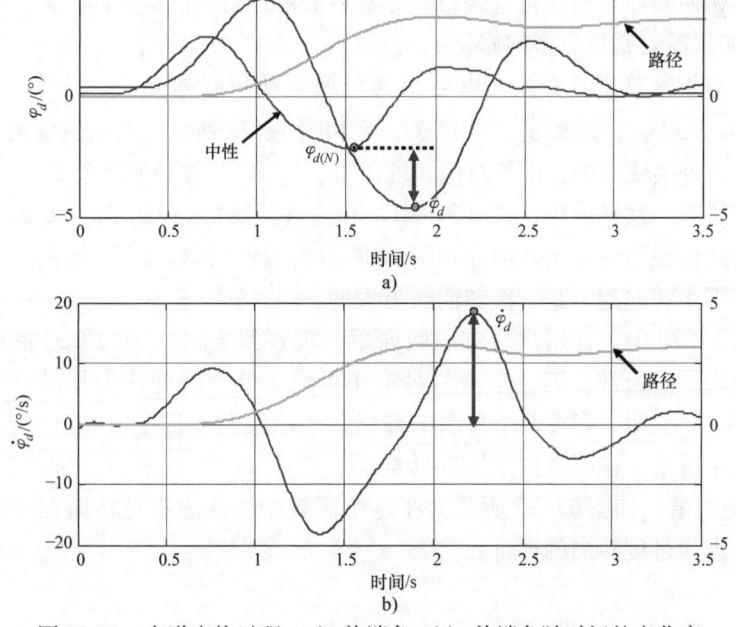

图 37.73 车道变换过程：a）前端角；b）前端角随时间的变化率

37.6.2.3 紧急车道变换

为了通过三次连续转向完成紧急车道变换，首先需要转动一圈半转向盘，转向角为 δ_{sw}，如图 37.34 所示。由于存在不需要的过多转向行为，其后需要额外的转向修正，以便修正车辆直行，如图 37.74 所示。与车道变换类似，通过向一个方向施加 δ_{sw}，实现在原车道上的一次转向。

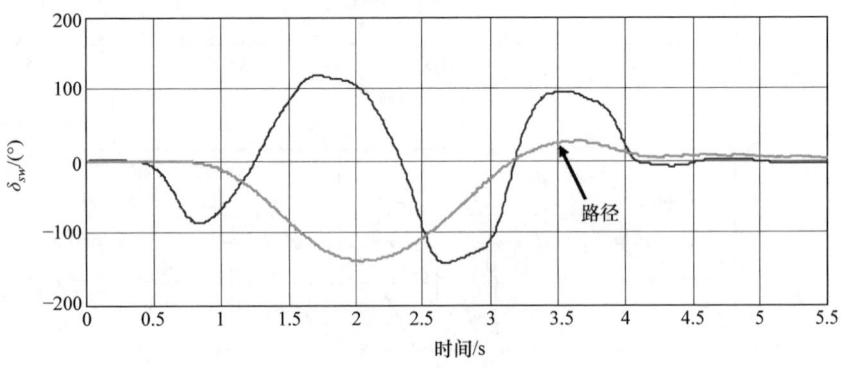

图 37.74　紧急车道变换过程测试的转向盘角度和车辆路径

在车辆侧向移动临近第二条车道后，需要反方向施加 δ_{sw}，并且保持一段时间，以便车辆再次回到原来的车道上。通过反方向施加 δ_{sw}，实现第二次转向。为了使车辆回到原车道保持直线行驶，其后需要进行第三次转向，向相反方向施加 δ_{sw}，如果需要就近更多的修正。

即使对于紧急车道变换，也运用与车道变换相同的方法，计算 $k_{d(N)}$、k_d、$\omega_{d(N)}$、ω_d、$\varphi_{d(N)}$、$\dot\varphi_d$ 和 $\dot\varphi_d$，如图 37.75 和图 37.76 所示。与车道变换类似，在图 37.75 的每次转向中，由绝对值角度而言，k_d 和 ω_d 要分别小于 $k_{d(N)}$ 和 $\omega_{d(N)}$。然后，在所有三次转向中，式 (37.50) 和式 (37.51) 中的 Δk_d 和 $\Delta \omega_d$ 都变成正值。由此也说明，三次转向存在瞬态不足转向行为，如图 37.34 所示，第三次转向时的不足转向趋势是三次转向时最大的。

在图 37.76 中，在每次反方向转向后，观察到 $\varphi_{d(N)}$、φ_d 或 $\dot\varphi_d$ 的峰值，如图 37.74 所示。通常，第一个峰值足够小可以忽略，因此认为其没有意义。而且，图 37.76 说明，存在两个显著的峰值，表示紧急车道变换时过多转向行为，如图 37.34 所示。在第三次反方向转向后，k_d 和 ω_d 的绝对值分别小于 $k_{d(N)}$ 和 $\omega_{d(N)}$ 的绝对值，如图 37.75 所示。在这个区域中，认为不足转向在感知上不令人关注，因为过度转向的评价更重要。

第37章 汽车操纵稳定性和平顺性的主客观评价

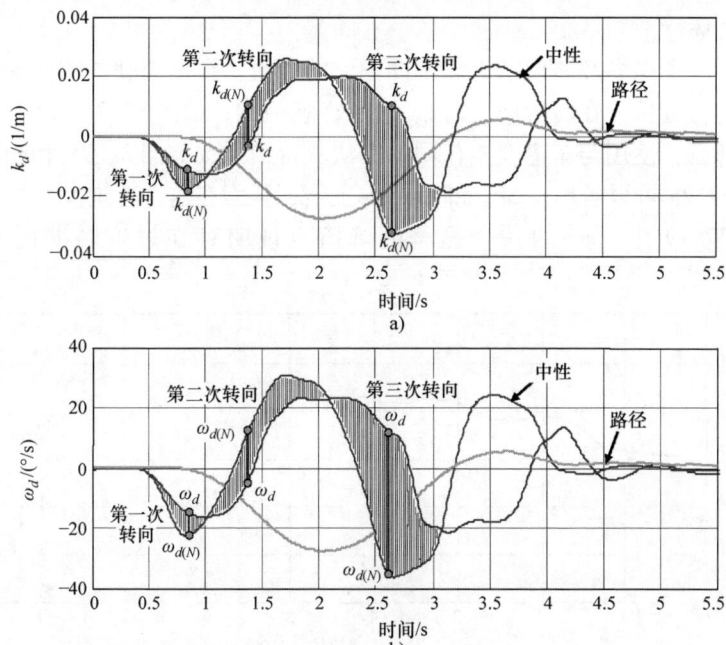

图 37.75 紧急车道变换过程：a）转向曲率；b）转向速度

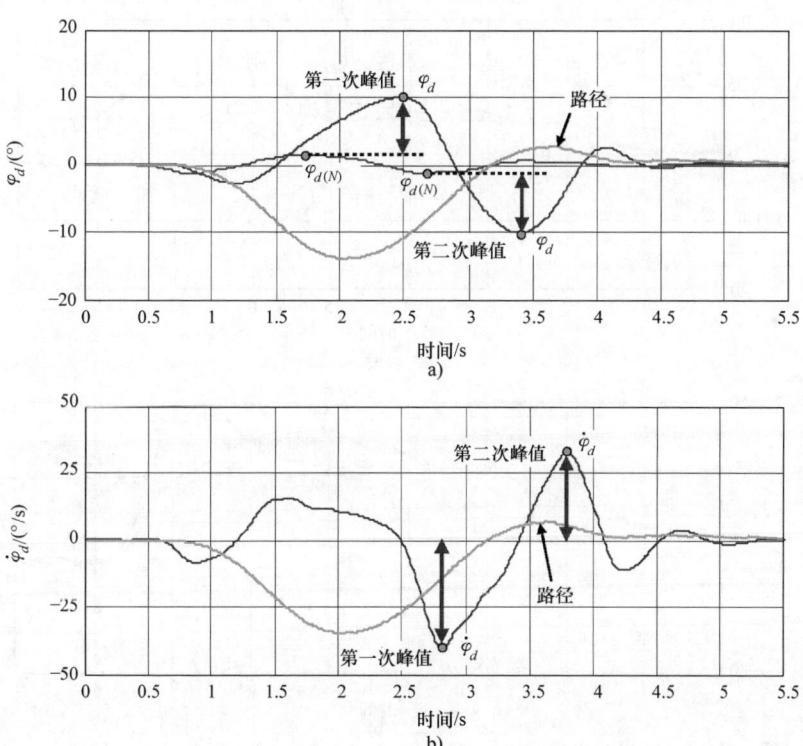

图 37.76 紧急车道变换过程：a）前端角；b）前端角随时间的变化率

37.6.2.4 环行

通常,一个操纵环路包括许多不同曲率的弯道。根据驾驶员的评论,选择最大的弯道进行分析。在转弯中,对 δ_{sw} 进行客观测试,如图 37.77 所示。

对于环行,使用与车道变换相同的方法获得结果,如图 37.78 和图 37.79 所示。由图 37.78 可以看出,Δk_d 和 $\Delta \omega_d$ 为正值,认为在这个弯道发生瞬态不足转向。在图 37.79 中,φ_d 的一个显著的峰值也说明存在过度转向的趋势,如图 37.21 所示。

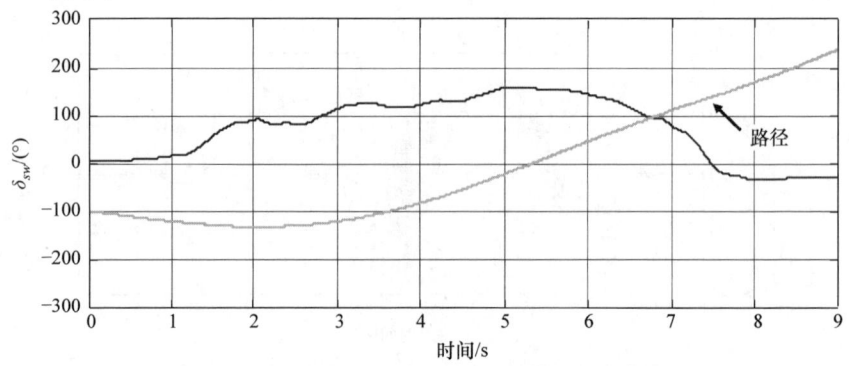

图 37.77 环行过程测试的转向盘角度和车辆路径

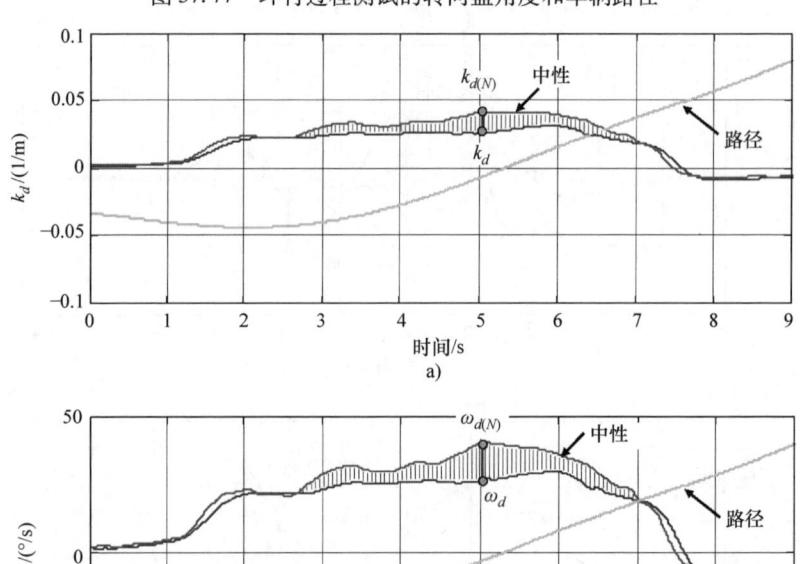

图 37.78 环行过程:a) 转向曲率;b) 转向速度

37.6.2.5 转弯时动力启动/关闭

图 37.80 给出转弯过程动力启动/关闭时客观测试的转向盘角度和车速，如图 37.22 所示。在试验过程中，转向盘角度 δ_{sw} 几乎保持常数。试验采用与车道变换相同的方法，确定的转弯动力启动/关闭的试验结果，如图 37.81 和图 37.82 所示。

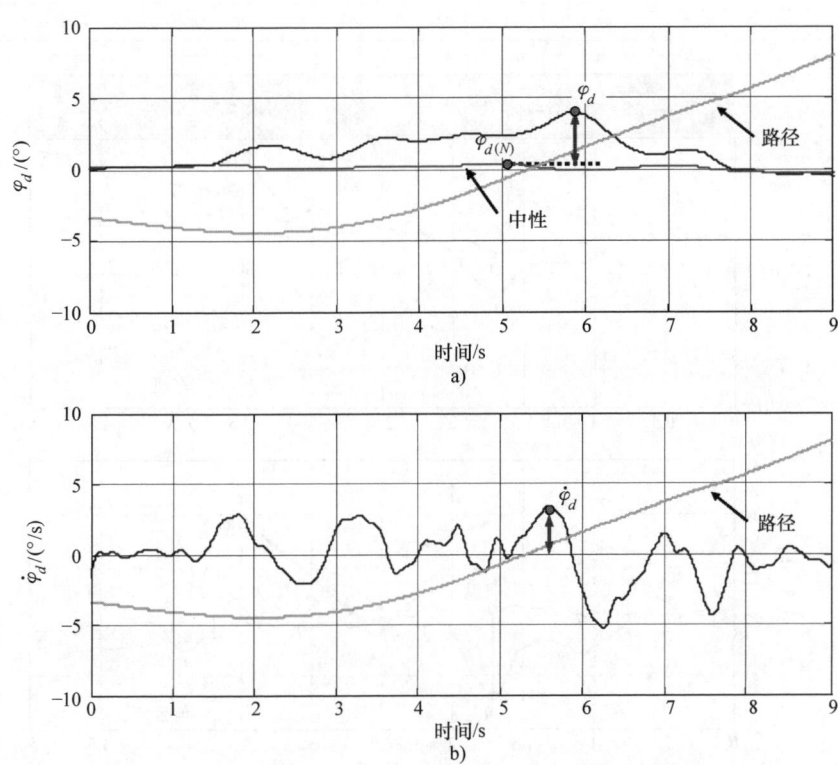

图 37.79 环行过程：a) 前端角，b) 前端角随时间的变化率

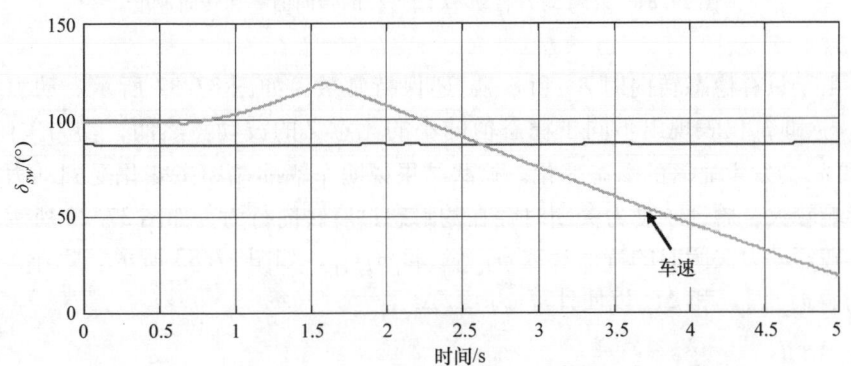

图 37.80 转弯动力启动/关闭过程测试的转向盘角度和车辆路径

在试验过程中，即使 δ_{sw} 保持常数，只有稳态转向时 $k_{d(N)}$ 才变成常数。这是由于车速变化，如图 37.70 所示。然而，起动时 k_d 和 ω_d 会减小，如图 37.81 所示。这就意味着车辆不再处于稳态路径下，实际上说明动力启动时存在瞬态不足转向。动力关闭时与动力启动时形成对比，k_d 和 ω_d 分别相对于 $k_{d(N)}$ 和 $\omega_{d(N)}$ 没有任何变化。

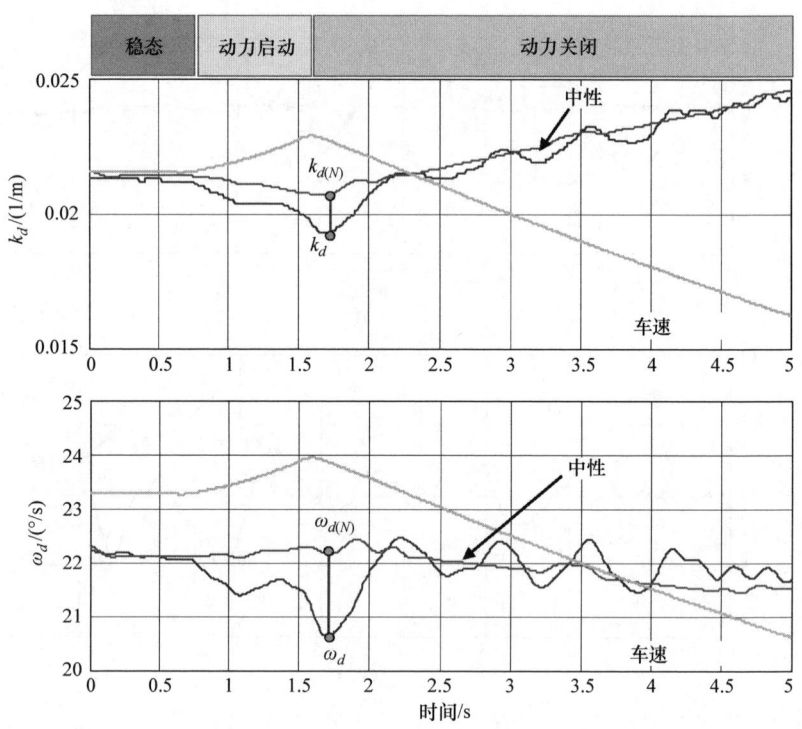

图 37.81　转弯动力启动/关闭过程的转向曲率和转向速度

由于只有稳态转向时 δ_{sw} 和 $\varphi_{d(N)}$ 还保持常数，如图 37.82 所示。动力启动时，φ_d 和 $\dot{\varphi}_d$ 仅表现出不同于稳态值的小的无意义的波动。然而，动力关闭时，φ_d 和 $\dot{\varphi}_d$ 会发生显著的瞬态变化。这些结果说明车辆前端姿态变化受到动力关闭的影响较大，验证了动力关闭时存在的瞬态过度转向行为，如图 37.22 所示。

转弯动力关闭时的特征参数 φ_{d_slope} 和 φ_{d_pp}，如图 37.83 所示。此外，给出 φ_{d_0}、φ_{d_max}、和 Δt_φ 以便计算 $\varphi_{d\_pp}/\Delta t_\varphi$。

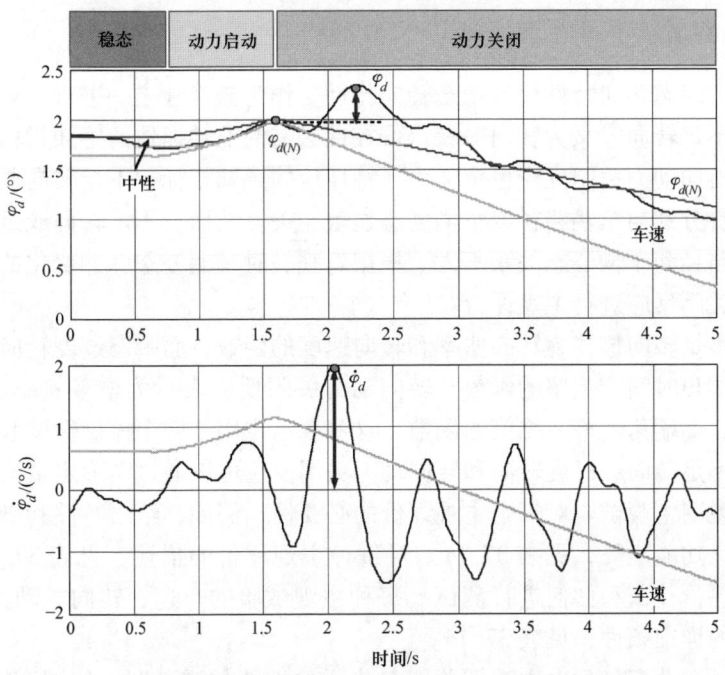

图 37.82 转弯动力启动/关闭过程的前端角和前端角的时间变化率

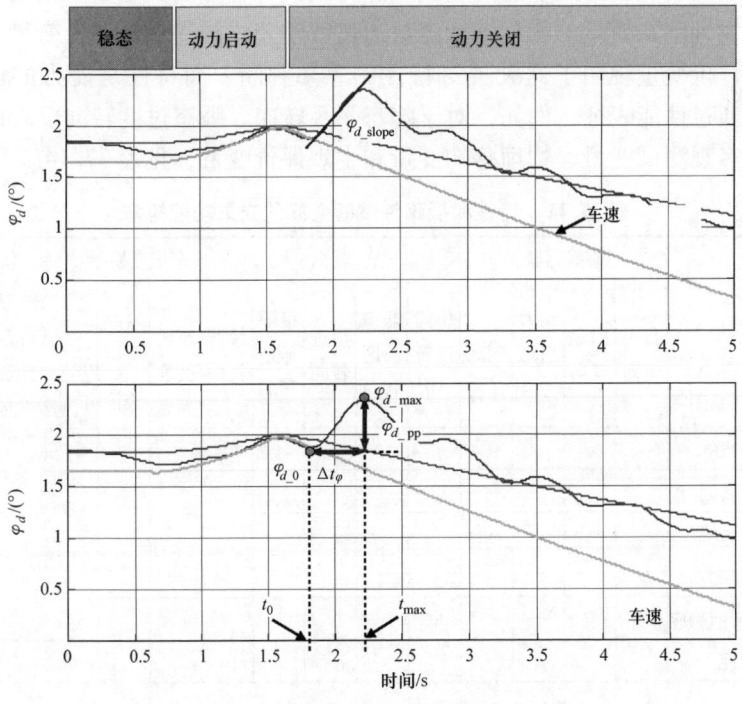

图 37.83 转弯动力关闭反应的特征参数

37.6.3 结论

目前，瞬态转向特性代替稳态转向特性，作为操稳性之一进行主观评价。为此，瞬态不足转向定义为转向时获得可控性必需的前轴抓地的感知指标，瞬态过度转向和转向动力关闭反应也定义为后轴抓地的感知指标。不足转向或过度转向的主观评价分别与车辆路径或车辆姿态显著相关。然而，不足转向或过度转向分别与车辆路径和车辆姿态关系不大。根据驾驶员对车辆姿态脉冲变化的感知，对转向动力关闭反应进行主观评价。

瞬态不足转向描述为转向曲率和转向速度的函数，而瞬态过度转向表示为前端角和前端角时间变化率的函数，转向动力关闭反应表示为增量斜率、（有效）持续变化、前端角的峰–峰值的函数。这些表示应用于四个操稳性试验。试验结果表明，不足转向、过度转向和转向动力关闭反应可以通过图形定量描述。

为了说明主观试验对每个主观评价的必要性，例如，给出特性和操稳性试验之间的交叉功能矩阵，见表 37.11。对每种主观评价的描述，见表 37.12，也简要说明了评价什么和如何进行测试。每种主观试验的车速、转向、动力启动/关闭和制动的详细条件，见表 37.13。

从车辆运动变量到由主观评价变量表示的性能的谱系图，如图 37.84 所示。一些车辆运动变量通过众多的主观试验进行测试，客观测试变量产生由驾驶员观点定义的物理感知变量，物理感知变量通过数学公式描述主观评价变量。

主观评价变量说明了驾驶员对特性的感知判断，而特性是能力的子组。最后，能力通过性能表征。例如，对于瞬态不足转向、瞬态过度转向、转向动力关闭反应的客观测试变量、物理感知变量和主观评价变量，见表 37.14。

表 37.11 特性和操稳性试验之间的交叉功能矩阵

性能	项目	直线行驶			转向				车道变换		转弯		
		自由转向	固定转向	动力启动/关闭	制动	中间区转向	非中心区转向	渐进转向	极限抓地转向	快速转向	车道变换	紧急车道变换	环行	转弯动力启动/关闭	转弯制动	转弯侧翻
直线性	持续直线		√													
	力矩转向			√												
	制动直线				√											
	剩余拉力	√														
转向性	中心区转向响应					√										
	线性						√									

（续）

性能	项目	直线行驶				转向					车道变换		转弯			
		自由转向	固定转向	动力启动/关闭	制动	中间区转向	非中心区转向	渐进转向	极限抓地转向	快速转向	车道变换	紧急车道变换	环行	转弯动力启动/关闭	转弯制动	转弯侧翻
转向性	转向精度							√					√			
	转向角												√			
	转向附加								√							
	转向盘力矩						√						√			
	回正能力									√			√			
可控性	平衡 FA/RA										√	√	√			
	动力关闭反响应												√			
	抓地极限										√	√	√			
	极限可控性										√	√	√			
	驱动功率															
稳定性	横摆稳定性										√	√				
	后轴稳定性										√	√				
	侧倾稳定性										√	√				
	制动稳定性														√	
	侧翻稳定性															√
	颠簸转向												√			

表 37.12 对操稳性主观评价的总结

性能		描述	评价内容	如何试验
直线性	残余拉力	匀速时自由转向，由残余转向力矩引起的车辆侧向漂移的特性	侧向偏差	直线行驶自由转向
	持续直线	匀速时固定转向，车辆没有任何漂移、游荡或凌乱，保持直线行驶的能力	漂移、游荡和凌乱	直线行驶时固定转向
	力矩转向	由直线行驶动力启动固定转向的侧向漂移特性	侧向偏差	直线行驶时动力启动/关闭
	制动直线	当车辆突然完全制动时，车辆姿态或路径没有任何扰动的直线制动能力	姿态或者路径偏差	直线行驶时制动

(续)

	性能	描述	评价内容	如何试验
转向性	中心区	绕转向盘中心施加缓慢的转向输入,转向盘力矩和车辆路径变化的响应	转向力矩	中心区转向
	转向响应	对瞬态转向输入与时间相关的车辆路径变化	车辆路径变化	非中心区转向
	线性	对逐渐增加的转向输入的车辆路径轨迹的线性特性	车辆路径轮廓	渐进转向
	转向精度	通过系列转向车辆沿着期望路径行驶的准总体印象	路径跟随的易于控制	环行
	转向角	在获得同样路径的转向输入的输出-输入比率	转向盘角	环行
	转向附加	在转弯抓地极限时通过额外转向输入产生的附加抓地	车辆路径变化	极限抓地转向
	转向力矩	改变车辆路径方向时所需的转向盘力矩	转向盘力矩	非中心区转向,环行
	回正能力	转向盘运动回到中间位置的快速性和精度	转向盘角的振荡	快速转向,环行
可控制性	平衡 FA/RA	平衡 FA/RA	相对于中性转向车辆的车辆路径 相对于中性转向车辆的车辆姿态	车道变换,紧急车道变换,环行,转弯时动力启动/关闭
	动力关闭反应	转弯时固定转向动力关闭,载荷由后轴向前轴瞬间转换的转向特性	相对于中性转向车辆的车辆路径 相对于中性转向车辆的姿态脉冲变换的车辆姿态	转弯时动力启动/关闭
	抓地极限	车道变换或者转弯仍能控制车辆达到的最大车速	车速极限,车辆路径,车辆姿态	车道变换,紧急车道变换,环行
	极限可控制性	抓地极限时易于控制车辆的总体印象	车辆路径,车辆姿态	车道变换,紧急车道变换,环行,转弯时动力启动/关闭
	驱动功率	在转弯驶出区域动力启动加速的牵引能力	车速增量	环行,转弯时动力启动/关闭

第 37 章 汽车操纵稳定性和平顺性的主客观评价

(续)

	性能	描述	评价内容	如何试验
稳定性	横摆稳定性	保持车辆较低的横摆振荡的能力	车辆路径的振荡	快速转向，车道变换，紧急车道变换
	后轴稳定性	限制车辆侧滑振荡的能力	车辆姿态的振荡	快速转向，车道变换，紧急车道变换，转弯时动力启动/关闭
	侧倾稳定性	抑制车辆侧倾振荡的能力	车身运动的振荡	快速转向，车道变化，紧急车道变换
	制动稳定性	转弯全制动时，无任何车辆姿态或者路径干扰的停车能力	车辆姿态或者路径的干扰	转弯时制动
	侧翻稳定性	抑制车辆侧翻运动的能力	胎缘切割，轮胎剥离	侧翻转弯
	颠簸转向	每个前悬架由跳动和回弹引起的转向不稳定性	车辆路径变化	环行

表 37.13 操稳性主观试验条件

	试验	速度/(km/h)	转向	动力	制动
直线行驶	自由转向	100（高档）	自由	常量	无
	固定转向	最高	固定	常量	无
	动力启动/关闭	40（低档） 80（高档）	固定	最大后关闭	无
	制动	正常行驶	保持	无	全制动
转向	中心区转向	最高	慢速感觉斜坡	常量	无
	非中心区转向	最高	$\pm(\delta_{sw0}+\Delta\delta_{sw})$ 感觉阶跃	常量	无
	渐进转向	最高	中高速 感觉斜坡	常量	无
	极限抓地转向	最高	$\pm(\delta_{sw0}+\Delta\delta_{sw})$ 感觉斜坡	常量	无
	快速转向	最高	±90°感觉脉冲	常量	无
车道变换	车道变换	最高	±45°感觉正弦	常量	无
	紧急车道变换	80	±90°感觉正弦	关闭	无
转弯	环行	最高	瞬态	最大	最大制动
	转弯时动力启动/关闭	最高	固定	最大后关闭	无
	转弯制动	最高	固定	无	全制动
	转弯侧翻	最高	取决于测试程序	无	无

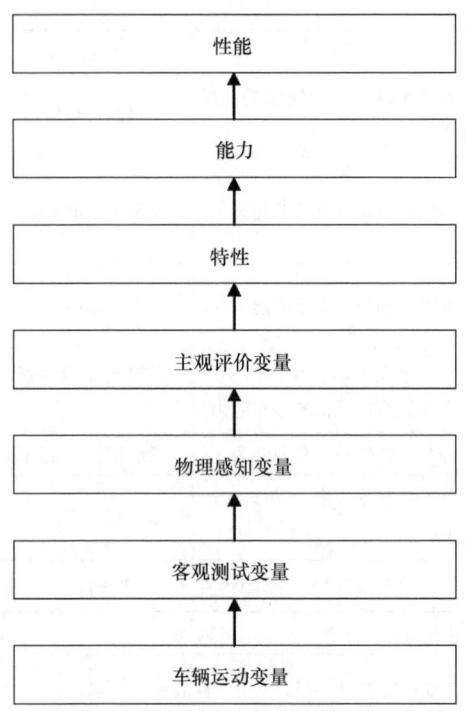

图 37.84 通过主观评价变量表示由车辆运动变量到性能的谱系图

表 37.14 有关不足转向、过度转向、动力关闭转向反应的客观测试变量、物理感知变量和主观评价变量

性能	操稳性		
能力	可控性		
特性	瞬态不足转向	瞬态过多转向	动力关闭转向反应
主观评价变量	车速	车速	车速
	转向盘角度	转向盘角度	车辆姿态冲击变化
	车辆路径	车辆姿态	
物理感知变量	车速	车速	车速
	转向盘角度	转向盘角度	前端角增量斜率
	转向曲率	前端角	前端角持续变换
	转向速度	前端角随时间变化率	前端角峰–峰值
客观测试变量		纵向速度	
		侧向速度	
		转向盘角度	
		横摆速度	
		侧向加速度	

致谢

特别感谢 Hankook（韩泰）轮胎的前首席技术官 Hwi Joong Kim 博士从一开

始到持续支持的鼓励；感谢与 Lotus（莲花）的 Rogrt G. Becker 先生的开放式讨论；感谢 MIRA（米拉）的 John P. Whitehead 特殊设计的培训计划；感谢 Ford（福特）的 Franz–Jurgen Dressen 先生清晰的演示和讨论，也特别感谢 Jung–Sik Kim 的持续帮助直到本项工作的完成。

参 考 文 献

1. Segel, L., *Theoretical Prediction and Experimental Substantiation of the Response of the Automobile to Steering Control*, Automobile Division, the Institution of Mechanical Engineers, London, 1956.
2. Whitcomb, D.W. and Milliken, W.F., *Design Implications of a General Theory of Automobile Stability and Control*, Automobile Division, the Institution of Mechanical Engineers, London, 1956.
3. Pacejka, H.B., Simplified analysis of steady-state turning behaviour of motor vehicles. Part 1. Handling diagrams of simple systems, *Vehicle System Dynamics* 2, 161–172, 1973.
4. Pacejka, H.B., Simplified analysis of steady-state turning behaviour of motor vehicles. Part 2. Stability of the steady-state turn, *Vehicle System Dynamics* 2, 173–183, 1973.
5. Pacejka, H.B., Simplified analysis of steady-state turning behaviour of motor vehicles. Part 3. More elaborate systems, *Vehicle System Dynamics* 3, 185–204, 1973.
6. Wong, J.Y., *Theory of Ground Vehicles*, 3rd edn., John Wiley & Sons, Inc., New York, 2001.
7. Milliken, W.F. and Milliken, D.L., *Race Car Vehicle Dynamics*, SAE International, Pennsylvania, Inc., 1995.
8. Gillespie, T.D., *Fundamentals of Vehicle Dynamics*, SAE International, Pennsylvania, Inc., 1992.
9. Dixon, J.C., *Tires, Suspension and Handling*, SAE International, Pennsylvania, Inc., 1996.
10. Griffin, M.J., *Handbook of Human Vibration*, Academic Press, London, U.K., 1990.
11. ISO, Road vehicles—Vehicle dynamics and road-holding ability—Vocabulary, International Standard, ISO 8855:1991(E/F), 1991.
12. ISO, Passenger cars—Steady-state circular driving behavior—Open-loop test procedure, International Standard, ISO 4138:1996(E), 1996.
13. ISO, Road vehicles—Lateral transient response test methods—Open-loop test methods, International Standard, ISO 7401:2003(E), 2003.
14. ISO, Road vehicles—Transient open-loop response test method with one period of sinusoidal input, International Standard, ISO/TR 8725:1998(E), 1998.
15. ISO, Road vehicles—Transient open-loop response test method with pseudo-random steering input, International Standard, ISO/TR 8726, 1988.
16. ISO, Passenger cars—Braking in a turn—Open-loop test procedure, International Standard, ISO 7975:1996(E), 1996.
17. ISO, Passenger cars—Test track for a severe lane-change manoeuvre—Part 1: Double lane-change, International Standard, ISO 3888–1, 1999.
18. ISO, Mechanical vibration and shock: Evaluation of human exposure to whole-body vibration, International Standard, ISO 2631-1:1997, 1997.
19. Kruger, H.P., Neukum, A., and Schuller, J., A workload approach to the evaluation of vehicle handling characteristics, Society of Automotive Engineers, No. 2000-01-0170, 2000.
20. Stephens, P. and Kohn, H.J., Influence of the tyre on subjective handling at the limit, In *Vehicle Performance—Understanding Human Monitoring and Assessment*, pp. 177–195, 1999.
21. Godthelp, A.P., de Vos, J., and Käppler, W.D., Subjective and objective assessment of manual, supported, and automated vehicle control, In *Vehicle Performance—Understanding Human Monitoring and Assessment*, pp. 97–120, 1999.
22. Crolla, D.A. and Chen, D.C., Vehicle handling assessment using a combined subjective-objective approach, Society of Automotive Engineers, No. 980226, 1998.
23. Norman, K., Objective evaluation of on-center handling performance, Society of Automotive Engineers, No. 840069, 1984.
24. Farrer, D.G., An objective measurement techniques for the quantification of on-centre handling quality, Society of Automotive Engineers, No. 930827, 1993.
25. Salaani, M.K., Experimental steering feel performance measures, Society of Automotive Engineers, No. 2004-01-1074, 2004.

26. Walter, S.L., Quantitative measurement of handling characteristics of tires and/or vehicle/tire combinations, U. S. Patent No. 4969212, 1990.
27. Gauthier, P.N. and Ludlow, W., System and method for testing deflated tire handling, U. S. Patent No. 6580980B1, 2003.
28. Gim, G. and Kim, J., Objectification of subjective assessment on transient steer characteristic, FISITA, No. F2004F071, 2004.
29. Wood, J.J. and Leatherwood, J.D., A new ride quality meter, Society of Automotive Engineers, No. 850981, 1985.
30. Park, W.H. and Wambold, J.C., Objective ride quality measurement, Society of Automotive Engineers, No. 760360, 1976.
31. Mehta, N.C., Subjective and objective ride evaluations of commercial vehicles, Society of Automotive Engineers, No. 810046, 1981.
32. Norsworthy, T.H., The correlation of objective ride measures to subjective jury evaluations of class 8 COE vehicles, Society of Automotive Engineers, No. 850985, 1985.
33. Kudritzki, D.K., Analysis of ride comfort considering driver assessment, In *Vehicle Performance*, J.P. Pauwelussen (ed.), pp. 196–217, 1999.
34. Hassan, R. and McManus, K., Heavy vehicle ride and driver comfort, Society of Automotive Engineers, No. 2001-01-0386, 2001.
35. Strong, J.R., Statistical methods for evaluating truck ride quality measures, Society of Automotive Engineers, No. 850986, 1985.
36. Ushijima, T. and Kumakawa, S., Objective harshness evaluation, Society of Automotive Engineers, No. 951374, 1995.
37. Lee, S.K. and White, P.R., Application of wavelet analysis to the impact harshness of a vehicle, *Proceedings of the Institution of Mechanical Engineers* 214(11), 1331–1338, 2000.
38. Kennedy, D.C., Patten, W.N., and Ratliff, R.T., *Impact Harshness of Small Interstate Bumps: Objective and Subjective Testing*, DSC-Vol. 52, Advanced Automotive Technologies, ASME, New York, 1993.
39. Amman, S., Gu, P., Mouch, T., Meier, R., and Greenburg, J., Sound and vibration contribution to the perception of impact harshness, Society of Automotive Engineers, No. 2005-01-1499, 2005.
40. Gim, G. and Kim, J., Vehicle dynamics of MIRA, Hankook tire, Technical Report No. VD-R98-2, 1998.
41. Gim, G. and Kim, J., Subjective assessment of TÜV for dry handling/stability, Hankook tire, Technical Report No. VD-R98-3, 1998.
42. Gim, G., Subjective assessment of Ford SVC for dry handling/stability, Hankook tire, Technical Report No. VD-R98-6, 1998.
43. Gim, G., Kim, J., Oh, S., and Kim, J., Modern vehicle dynamics: Subjective test of handling, Hankook tire, Technical Report No. VD-R01-01, 2004.
44. SAE, *Subjective Rating Scale for Vehicle Handling, J1441*, Society of Automotive Engineers, Pennsylvania, 1998.
45. Smith, C., *Tune to Win: The Art and Science of Race Car Development and Tuning*, Aero Publishers, Inc., Fallbrook, CA, 1978.
46. Bentley, R., *Speed Secrets: Professional Race Driving Techniques*, MBI Publishing Company, Osceola, WI, 1998.
47. Lopez, C., *Going Faster: Mastering the Art of Race Driving*, Robert Bentley, Inc., Cambridge, MA, 1997.
48. Forkenbrock, G.J., O'Harra, B.C., and Elsasser, D., A demonstration of the dynamic tests developed for NHTSA's NCAP rollover rating system: Phase VIII of NHTSA's light vehicle rollover research program, NHTSA DOT HS 809 705, 2004.
49. Jang, H.K. and Griffin, M.J., Effect of phase, frequency, magnitude and posture on discomfort associated with differential vertical vibration at the seat and feet, *Journal of Sound and Vibration* 229(2), 273–286, 2000.
50. Fey, B., *DATA POWER: Using Racecar Data Acquisition*, Towery Publishing, Inc., Memphis, TN, 1993.
51. SAE, *Vehicle Dynamics Terminology, SAE J670e*, Society of Automotive Engineers, Warrendale, Publishing, 1976.

第38章 汽车动力学应用中的驾驶员模型

38.1 引言

20世纪40年代初,开始对汽车动力学进行系统的研究[1]。实际汽车被映射成一个数学模型,通过微分方程表示,并且获得了对车辆系统动力学(VSD)的基本理解。直到20世纪50年代中期,汽车驾驶员被纳入了视野[2],如20世纪60年代[3-7]。尽管那时就已经有人指出,汽车和驾驶员形成一个紧密耦合的人机系统,因此必须作为一个整体对待[8],但是大量的出版物关注的主要问题和焦点仍然是汽车,没有驾驶员。而且,关注的依然是汽车的成功研发,似乎没有人看到其中的缺陷。随着控制汽车动力学与稳定性系统、驾驶员辅助系统和接管驾驶员某些控制的其他系统的引入,所有这些问题都需要由好的驾驶员模型解决,在这方面可以参考许多出版物。

自那以后,通过工程师与其他学科,如心理学和生理学相接触[9-11],在理解人类驾驶行为方面取得了进一步的发展,解决了许多旨在模仿汽车驾驶员模型的要求。下面简要列出映射驾驶员模型的一些关键要求:

1)一般的人类驾驶员的技能和特性(如视觉、前庭、触觉和听觉),信息接收、感知和处理,有阈值神经肌肉动力学,时间延迟和限制,预瞄,预测/预期,自适应/学习,规划能力(路径和速度调节)。

2)有关经验、年龄、承担和接受风险的意愿等特殊类型的驾驶员。

3)描绘集中、疲劳、压力和情绪的特性。

一个模型是否可以称为人类驾驶员模型,是否以充分的方式反映人类的驾驶行为,这里将不做进行论述。但是,前述的一些要求至少必须反映在一个模型中,以便区分于"自动驾驶控制器",这样的控制不包含在本章中。尽管存在这种限制,但是依然有大量关于驾驶员模型的文章发表。到1997年,出版的人类驾驶员模型非常广泛而深入,细节由Jürgensohn(朱根逊)在文献[12]中给出。到 2003 年，更多最近的论文、理解和建立人类驾驶员模型的有价值的观点都包括在 MacAdam（麦克亚当）有关这一问题的进展的文章中[13]。

很多发表的驾驶员模型都有共同的基本思路，它们的区别通常在于前面列出的要求在数学上实现的不同。但是，也有更多的主要差别，这些差别通常是由强调需求依赖于应用所造成的。应用的系统方法可以用于将驾驶员模型进行分类，例如：

1）数学方法，应用控制理论（频域传递函数，最优控制，自适应控制，预测控制）。识别理论，模糊逻辑控制（FLC），神经网络，随机方法，混合方法，通常产生（非）线性代数或微分方程。

2）描述性方法，产生的分类，方案，描述等。

另一种对驾驶员模型分类的方法是看其应用。实际上，这是非常明显的，其贡献要证明没有唯一的驾驶员模型，但是只有特殊的驾驶员模型才能满足每种应用的特定需求[14]。虽然通过应用分类驾驶员模型似乎是合理的，但是这样的意图似乎并不像看起来那么简单。一方面，单个驾驶员模型可以用于几种不同的应用；另一方面，应用本身必须分类，而且不能总是与其他应用清楚地分开。为了克服这个问题，作者们选择了应用的综合分类，其在每个部分的开始进行细化。在一个分类内，模型被组成方法包。

虽然汽车和驾驶员形成一对，研究的目的和原因通常集中于车辆或驾驶员上，但是仍然还有两者不能分开的应用。在确定驾驶任务和环境状况后，其可能包括其他有驾驶员（交通）的汽车，分析的主要关注点可能为：

1）在车辆方面：车辆部件和整车的设计和调校；车辆动力学；与车载系统相关的主动安全问题。

2）在驾驶员方面：理解驾驶员和（个人）的一般驾驶行为，路径和速度规划功能，优化驾驶员行为，主观行驶感知。

3）在整体（组合）系统方面：事故重现，事故分析/预防，学习任务，驾驶性和操稳性的评价，驾驶员支持系统，主动安全。

4）在环境/交通方面：在模拟器或者交通中对其他驾驶员的影响，交通流，对"系统"交通的一般理解。

以这种方式，也安排了如下的各节。因为综合的文献调查已经可能[12,13,15,16]，这里选择了经常引用的论文，给出对"典型"驾驶员模型的基本理解，考虑到不同应用和数学方法的多样性。

38.2 聚焦于车辆的应用

38.2.1 总论

许多车辆动力学的应用是由工程师完成的，而且其将自己的焦点和兴趣集中在车辆本身。驾驶员模型主要用于解决给定的驾驶任务，该驾驶任务为闭环试验和仿真手段。人们可以将这种驾驶员称为"虚拟试验驾驶员"[17]，因为这种对驾驶员模型应用的主要要求是在车辆的虚拟样机中，能够以给定或自己施加的速度跟随预定的路径。驾驶员模型的输出量是转向盘转角/扭矩，加速踏板或制动踏板的位置以及档位。

典型的研究兴趣为：

1）车辆部件设计。

2）车辆动力学分析，如闭环操稳行为。

3）整车稳定性分析。

4）影响车辆动力学和稳定性的车载控制的设计。

对于车辆部件设计，需要载荷谱，尤其是疲劳寿命估计。当测试不可能时，仿真就是量化它们的一种工具。当任务只是保持给定速度跟随路径时，这时的驾驶员模型通常更像是一个"驾驶员机器人"而不是"试验驾驶员"。但是，要记住的是，来自技术驾驶员和人类驾驶员的输入可能是相当不同的，即使这由于车辆集成行为在车辆运动中并不明显[17]。

"试验驾驶员"模型需要足够的复杂性，以便表示共同的学习模式，这在汽车行驶和修正因素上极为重要。驾驶员模型包括某种程度的预期、预测或内部模型[13]，并且某些程度的补偿能力可能很适于这个目的。

与车辆部件设计密切相关的是仿真和优化（闭环）操稳行为，这是车辆动力学分析的典型任务，尤其是分析如悬架系统、转向系统或轮胎具体设计参数对于操纵稳定性的影响。然而，当涉及驾驶性和操稳性的（主观）评价时，人类试验驾驶员仍然很难被代替，见38.4节[12]。

长期以来，在没有驾驶员（在开环试验中）的情况下，车辆稳定性一直得到研究，尽管驾驶员可能是系统的一个不稳定的部分。控制系统引入，影响车辆动力学，也附加影响驾驶员。因此，模拟闭环稳定性分析包含驾驶员模型。对于这种控制器的设计，无论是在室外还是在模拟器试验和仿真中必须考虑驾驶员，以便说明两种"控制器"可能的干扰和协调。

某些类型的虚拟试验驾驶员模型在所有这类应用中得到广泛的使用，大部分具有控制（理论）策略，但是也可以注意到其他方法。往往忽略驾驶员的个人特性；然而，表示（有关经验、年龄、技能等）特殊类型的驾驶员模型是受欢迎的。

汽车模型趋于比驾驶员模型更加复杂和更好验证，现在通常在多体系统（MBS）或VSD软件（ADAMS，CarSim，LMS，SIMPACK，veDYNA及其他）中组装。这可能是驾驶员模型也由一些MBS软件包提供的原因，闭环仿真从用户角度而言将变得相当容易。这些驾驶员模型的三种基本思想将在本章综述，其他见文献[18]。

这些类别的一些典型代表将在38.2.2小节给出,并且考虑不同的数学方法。

38.2.2 虚拟试验驾驶员模型

有人可能会将"驾驶汽车"直观地考虑为控制任务,而且自引入第一个驾驶员模型以来,这可能是基于控制理论的驾驶员模型成功的原因。大多数这些模型是为了控制侧向车辆动力学而开发的,以前的论述见文献[12,13,15,19]。纵向动力学经常简单地保持跟随一个给定的或优化的速度范围,而独立于驾驶员的转向任务,更多考虑车辆的能力而不是驾驶员的能力。

回溯到1953年,Kondo(近藤)在日本开始研究驾驶员模型[2,20],可能有助于说明直到现在许多后续的驾驶员模型还受到(虽然非直接)文献[21]的影响。基于直线上的两轮车辆模型,以恒定的速度运行,并且受到侧风干扰,Kondo的驾驶员模型以沿着车辆中心线前方一定距离的一个点的方式转向,该点与视点一致,位于参考路径前面的预瞄距离 L,如图38.1所示。

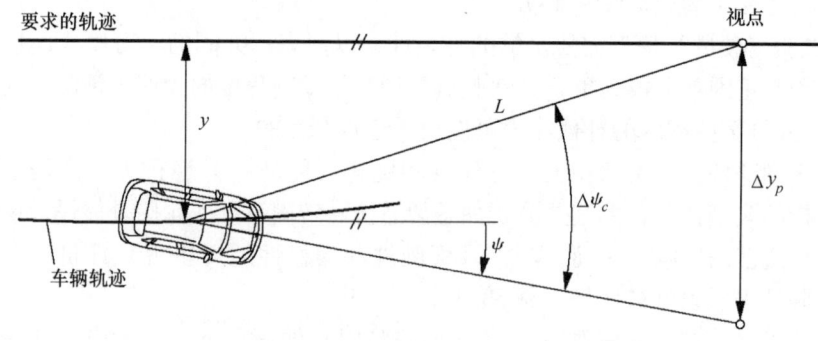

图38.1 Kondo 的驾驶员模型

从控制理论的角度而言,转向策略可以理解为驾驶员试图减少车辆距离前方 L 的 Δy_p。根据传递函数,这可以由图38.2的控制回路以更一般的形式加以说明。其中,$P(s)$表示对于所需路径 y_d 与路径输入 y_0 的驾驶员预瞄策略,$H(s)$为驾驶员的控制特性,$G(s)$为车辆的传递函数,$B(s)$为反馈函数,其是车辆运动的预测函数。根据图38.1,Δy_p 可以被视为

$$\Delta y_p(t) \approx y(t) + L\psi(t) = y(t) + T_p v\psi(t) \approx y(t + T_p) \quad (38.1)$$

预瞄时间 $T_p = L/v$ 由 Kondo 在文献[20]中建议,车速为 v,横摆角为 $\psi(t)$,偏移量为 $y(t)$。因此,Δy_p 确实可以解释为预测的侧向偏移 $y(t + T_p)$。在图38.2中,确定预测函数 $B(s) = e^{T_p s}$ 和 $\Delta y_p = y_p$。让 $P(s) = e^{T_p s}$ 和 $H(s) = K$,就生成一个简单的比例控制。对于图38.1中Kondo的驾驶员模型,希望 $y_0 = 0$,转向

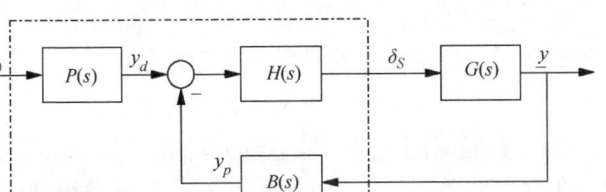

图 38.2 预瞄跟随模型的基本控制回路

角 $\delta_s(s) = Ke^{T_p s} y(s)$。

在小 $\psi(t)$ 和低频 $(s \to 0)$ 的情况下,式 (38.1) 中的项 $u\psi(t)$ 由 $\dot{y}(t)$ 代替。因此,$B(s) = 1 + T_p s$,见文献[22-24]。更经常通过对 $y(t+T_p)$ 施加 Taylor(泰勒)级数展开,使用二阶预测函数[19,25-28]

$$B(s) = 1 + T_p s + \frac{1}{2} T_p^2 s^2 \tag{38.2}$$

由于对人类跟踪和飞行员/飞机控制的兴趣,1959—1980 年之间许多研究成果来自于 McRuer(麦克鲁尔)、Krendel(克伦德尔)、Weir(威尔)和其他人[29-33],到目前还强烈影响人类驾驶员的建模。在文献[29]中,有

$$H(s) = \frac{K(T_L s + 1)}{(T_1 s + 1)(T_N s + 1)} e^{-\tau_r s} \tag{38.3}$$

其针对人体跟踪行为提出,没有图 38.2 中的 $B(s)$ 和 $P(s)$。而反应时间 τ_r 和 T_N(神经肌肉延迟时间)被认为是独立于任务的人的属性,K、T_L 和 T_I 都与控制系统相关联。后来,这种方法被进一步修改为"精度模型"[32] 并被采用,如文献[16,26],见式 (38.7)。

在文献[2]中,Kondo 引入第二个驾驶员模型,其表示横摆角、航向角和侧向位置的偏差的线性反馈,下面许多模型可以作为这种基本思路的修改和增强。

例如,在文献[33,34]中,提出一种驾驶员模型,简言之,其是侧向位置 Δy 的偏差相对于参考位置和横摆角误差 $\Delta \psi$ 的补偿反馈

$$\delta_s = Y_y Y_\psi \Delta y + Y_\psi \Delta \psi + \frac{K_c}{K_\psi} Y_\psi r_C + n \tag{38.4}$$

而且也利用了局部的道路曲率 ρ_r^*(在汽车的重心位置)和车辆前进速度 u, $r_C = \rho_r^* u$。n 通常为滤波噪声,表示驾驶员的余量。在式 (38.4) 中,驾驶员的传递函数指定为

$$Y_\psi = K_\psi (T_L s + 1) e^{-\tau_r s}, Y_y = K_y \tag{38.5}$$

在文献[16]中,这种模型通常称为"STI 追赶驾驶员模型"或者"STI 补偿驾驶员模型"。当路面是直的或轻微弯曲时,在式 (38.4) 中不考虑曲率 ρ_r^*,

此时 $\Delta\psi = \psi$。

Reid（里德）等通过集成预瞄对驾驶员模型进行细化[16,35]，控制律为

$$\delta_C = K_C\rho^* + K_\psi\Delta\psi_e + K_y\Delta y_e \tag{38.6}$$

式中，ρ^* 为车辆前方预瞄时间 T_p 后到达点的道路曲率；$\Delta\psi_e$ 为一个点的车辆航向角和道路航向角之间的差，该点为由驾驶员视点以直角绘制的线与车道中心线的交点；Δy_e 为由车辆中心线靠近驾驶员视点的点到其上与车道中心线相交点的距离。

对车辆跟随施加转向角 δ_s，然后由一阶超前 - 滞后单元的时间滞后 τ_r，$\delta_s = H(s)\delta_c(s)$，有（这里 $K_M = 1$）

$$H(s) = K_M \frac{T_L s + 1}{T_1 s + 1} e^{-\tau_r s} \tag{38.7}$$

即"精度模型"的简化形式[30,31]。

同样地，Allen（艾伦）等[36]考虑了车辆纵轴和目标（或视）点之间更直观的视角，对应于图 38.1 中的 $\Delta\psi_c$ 角。$\Delta\psi_c$ 和视角 ψ_v 之间的差 ψ_f，即车辆纵轴和预测车辆路径上（沿当前曲率 ρ_v^*）接近目标点的点之间的角度

$$\psi_f = \Delta\psi_c - \psi_v, \psi_v \approx \frac{L}{2}\rho_v^* \tag{38.8}$$

然后，$\rho_e^* = 2\psi_e/L$ 由驾驶员消除。每当车辆没有正确地侧向定位在车道时，附加反馈被包含在积累的侧向偏移误差 Δy_e 中。这种视觉反馈的概念意味着建立驾驶员的转向控制律，并不意味着驾驶员视觉集中在驾驶场景中任何特定的点上，而是主动扫描整个场景。最后，横摆速度反馈的目的是作为运动反馈的线索，提供驾驶员可以使用补偿车辆滞后的高频导向。

这种模型的最新改进和应用，见文献 [37 - 39]。

著名的交叉模型[30,31,33,40]为人类调节控制任务的描述提供一种非常有效的方法，因此经常用于人类驾驶员模型的参数化。开环传递函数 $H(s)G(s)$，表示驾驶员 $H(s)$ 和车辆 $G(s)$ 的组合系统，通过与试验观察到的闭环行为进行描述

$$H(s) = G(s) = \frac{\omega_c}{s} e^{-\tau_r s} \tag{38.9}$$

由于死时间元素（≤90°）在交叉频率 ω_c 的附近，这意味着具有积分行为（-20dB/10 倍频）和自适应相位移，参数 τ_r 为有效的系统死时间。

人类驾驶员的适应能力是基于不变的整体系统行为达到的。因此，尽管车辆特性改变，驾驶员仍然能够补偿跟踪误差。虽然模型看起来非常普遍适用，但是其面临着限制和参数可能取决于输入信号的类型。尤其文献 [13] 指出，基于驾驶员 - 车辆测试[41]，一个增加的增益（朝向 -60dB/10 倍频）和低频率的相位移需要考虑这种建模方法。在中频范围，"交叉模型"的行为只在交叉频率的

附近是合适的。对于最近的（模拟器）试验，不同驾驶操作的交叉频率的值和相位裕度，见文献 [27]。

许多模型都有上述 STI 理想驾驶员模型的想法；它们也可以表现出一些改善[23,42]或导致更适合自己的模型[43]；其他的都是上述想法的简化[44]；然而，到目前为止，这些类型的模型经常被用作为驾驶员的替代品。

被其他模型效仿的一个驾驶员模型[26,27,45-48]，是 Donges（登赫斯）的两级模型[49]。在图 38.3 中，可以识别两级（或层），一个预期的开环和一个补偿的闭环控制。

开环控制表示转向活动的引导级，模拟所需路径曲率确定性运行的预期响应。通过使用所需路径曲率和驾驶员转向盘角的测试与二次优化准则，估计这个级所需的参数；因此，预期控制以一个 n 阶标量差分方程的离散形式表示，离散时间点为 t_k ($k = 1, 2, \cdots$)

$$\delta_a(t_k) + a_n \delta_a(t_{k-1}) + \cdots + a_1 \delta_a(t_{k-n}) = b_n \kappa_r(t_{k-1} + T_A) + \cdots + b_1 \kappa_r(t_{k-n} + T_A) \quad (38.10)$$

式中，T_A 为预期时间；κ_r 为所需路径曲率；a_i，b_i ($i = 1, \cdots, n$) 为时间不变常数。

由于 n 阶的差是小的，建议采用具有两个参数的一阶近似，而在文献 [26, 50] 中提出确定开环转向角

$$T_{2s}^2 \dddot{\delta}_a(t) + T_{1s} \ddot{\delta}_a(t) + \delta_a(t) = V_a \kappa(t + T_a) \quad (38.11)$$

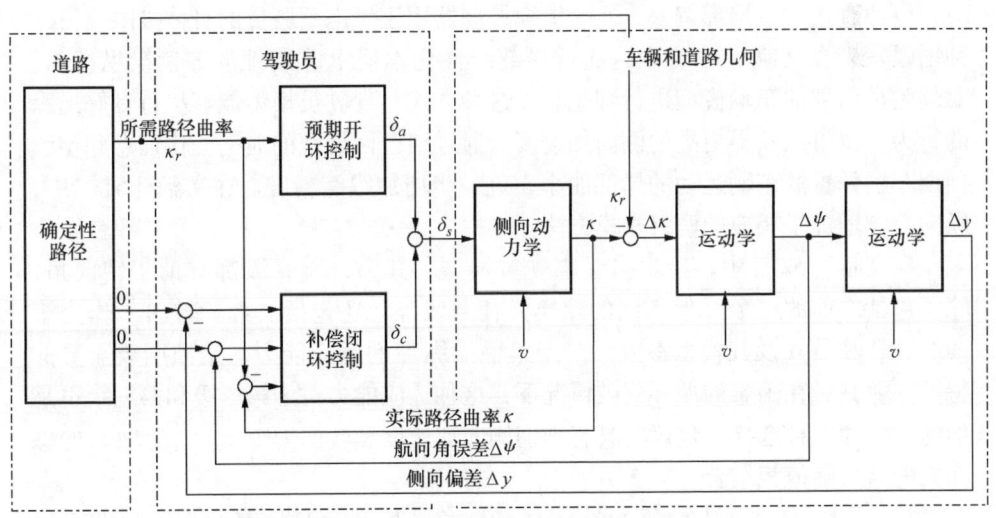

图 38.3 Donges 两级模型

通过确定完全跟随给定轨迹的两轮车辆模型所需的转向角，用于设置参数

V_a，T_{1s}，T_{2s}，然后只是根据车辆参数和车辆速度进行设置。因此，假定转向角的主要贡献来自于驾驶员对车辆的转向行为的经验，转向盘转角在前方单点跟随给定预瞄路径的曲率。

前馈级的成功必须要控制在驾驶员转向活动的稳定水平（补偿闭环控制）上。在文献［49］中，Donges 的驾驶员模型比较实际和期望的路径曲率，即路径的曲率误差 $\Delta\kappa$，并且观察航向角误差 $\Delta\psi$ 和侧向偏差 Δy。这种补偿闭环控制的数学表示是

$$\delta_C(t) = -[h_\kappa \Delta\kappa(t-\tau_r) + h_\psi \Delta\psi(t-\tau_r) + h_y \Delta y(t-\tau_r)] \quad (38.12)$$

式中，τ_r 为人的时间延迟；h_κ，h_ψ，h_y 为增益因子，其再次由测试值和前馈贡献之差和最小二乘法计算。

也可以选择它们满足交叉模型的特性，这是 Mitschke（米切克）模型的情况[26,27]。在补偿控制中，预测偏离 $y(t+T_p)$ 只是反馈量，其应用式 (38.2) 中的传递函数 $B(s)$ 到 $y(s)$ 进行估计，建议将简化的精度驾驶员模型式 (38.7) 作为驾驶员的传递函数。

因为两个控制级不会完全再现驾驶员的转向盘转角，所以残余量是驾驶员模型的第三个组成部分。剩下部分包括驾驶员诱导信号，其与转向任务以及模型的特殊结构和特征的缺点不相关[49]。

在文献［46］中，Mitschke 之后的两级驾驶员模型被扩展到考虑局部偏差的第三级。在其他两级失败的危机情况时，启动局部控制在短期内替换失败的两级，以便直接减少局部偏差。一个滑模控制器用于考虑驾驶员的身体极限。另一种增强发表在文献［47］中，通过局部线性化本质上非线性的车辆操纵行为，对驾驶员内部的车辆模型进行细化。以这种方式，驾驶员模型能够执行良好追踪的行为，也可以获得更高的侧向加速度。通过结合回旋线的曲率变化信息和预测预期车辆位置的车辆运动的局部曲率，进一步增加跟踪精度。在文献［51］中，纵向控制增加了相应的两级建模方法。

在文献［52］中，给出多级驾驶员模型。其中，所有级都有助于转向角，除了包括之前的三个（但不同的建模）任务级外，还包括"经验转向"作为第四级。驾驶员（及其模型参数）对于车辆操纵性的适应能力，是预期级需要的特征，尤其是在困难的循环驾驶情况下，这种适应能力对于第二级和第三级也是如此。作为一种选择，建议将具有预期侧向加速度和转向力矩 $a_y(t)$，$M_s(t)$ 的感知失配与实际值相结合

$$\delta_e(t) = k_1[k_y v^2 \delta_s(t) - a_y(t)] + k_2[k_M v^2 \delta_s(t) - M_s(t)] \quad (38.13)$$

具有适当的（车辆）常数 k_y，k_M 和（驾驶员）的增益 k_1，k_2。

当驾驶员看到前方未来路径的有限区间时，对于驾驶员模型的主要类别，假定驾驶员的目标是在此区间内最小化跟踪误差。跟踪误差可以由不同类型的变量

组成，如侧向偏差和航向角，通常由预瞄路径、期望路径和预测的车辆运动之间的差异产生。

一个经常被引用的预瞄/预测驾驶员模型，基于最优控制理论，由 MacAdam 提出[53]；其是 CarSim/ TruckSim 软件包的基础。线性车辆模型在状态空间描述为

$$\dot{x} = Ax + b\delta_s \quad (38.14)$$

$$y = c^T x \quad (38.15)$$

式中，$x = [y, v_y, \psi, \dot{\psi}]^T$ 为状态向量；$\delta_s(t)$ 为输入转向角，$y(t)$ 为输出车辆质心的侧向位移。

在预瞄时间区间 $[t, t+T_p]$，假设输入为恒定的 $\delta_s(t+\tau)$，$\forall \in [0, T_p]$，式（38.14）和式（3.15）的系统输出 $y(t+\tau)$ 由零输入和零状态响应组成：

$$y(t+\tau) = c^T e^{A\tau} x(t) + c^T \left(\int_0^\tau e^{A\eta} d\eta \right) b\delta_s(t) \equiv f^T(\tau) x(t) + g(\tau)\delta_s(t) \quad (38.16)$$

最优控制 $\delta_{s,opt}$，由最小化性能函数获得

$$J = \frac{1}{T_p} \int_t^{t+T_p} [y_d(\eta) - y(\eta)]^2 \delta(T_p) d\eta \quad (38.17)$$

式中，$y_d(t)$ 为期望的侧向位移；$y(t)$ 为实际的侧向位移；$\delta(T_p)$ 为区间 $[0, T_p]$ 的 Dirac（狄拉克）函数。

利用单点预瞄，将式（38.16）代入式（38.17），设置 J 对 δ_s 的偏导数为零，得到

$$\delta_{s,opt}(t) = \frac{y_d(t+T_P) - f^T(T_p) x(t)}{g(T_p)} \quad (38.18)$$

对于非优化 $\delta_s(t)$，相应的误差为 $\varepsilon(t+T_p) = y_d(t+T_p) - y(t+T_p)$ 遵循式（38.16），有

$$\varepsilon(t+T_p) = y_d(t+T_p) - f^T(T_p) x(t) - g(T_p) \delta_s(t) \quad (38.19)$$

将式（38.18）代入式（38.19）中，可以得到优化转向角的另一种表现形式

$$\delta_{s,opt}(t) = \delta_s(t) + \frac{\varepsilon(t+T_p)}{g(T_p)} \quad (38.20)$$

通过引入 $\delta_{s,opt}$ 与实际输入 δ_s 之间的传递函数 $H(s)$，用于考虑人类驾驶员的延迟限制。对于 $H(s) = e^{-\tau_r s}$，有效运输滞后 τ_r，向量传递函数 $G(s) = [Is - A]^{-1} b$ 用于受控单元，产生的驾驶员模型，如图 38.4 所示。参数 T_p 和 τ_r 可以用于适应测试和/或交叉模型行为。

先前模型的最新扩展在文献 [54,55] 中提出。最小化最优转向角的性能

函数转化为

$$J = \int_{t}^{t+T_p} [s(\eta)]^2 d\eta \qquad (38.21)$$

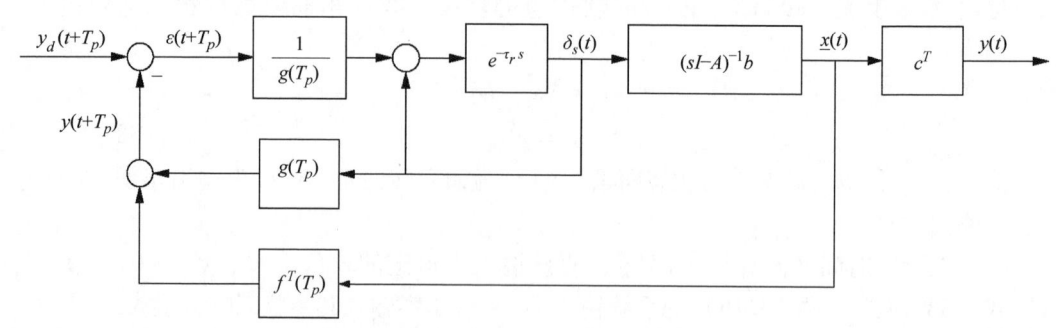

图38.4 最佳的（单点）预瞄控制模型

其中，$s(\eta)$ 由下式定义

$$s(\eta) = \left(kw_{\dot{y}}(\eta)\frac{d}{dt} + w_y(\eta)\right)^{n-1} \Delta y(\eta), \Delta y(\eta) = y(\eta) - y_d(\eta) \qquad (38.22)$$

加权参数 k，$0 \leq w_{\dot{y}} \leq 1$，$0 \leq w_y \leq 1$。在式（38.22）中，对于 $n = 2$，$\Delta \dot{y}(t) = \dot{y}(t) - \dot{y}_d(t)$ 被认为和可以解释为

$$\Delta \dot{y}(t) = \dot{y}(t) - \dot{y}_d(t) = v_y + v_x(\psi - \theta_d) \qquad (38.23)$$

式中，v_y 为侧向速度；v_x 为纵向速度；$(\psi - \theta_d)$ 为车辆横摆角误差。

在式（38.22）中，增益 k 用于惩罚 $\Delta \dot{y}(t)$；这意味着具有高增益的驾驶员更加注意车辆的横摆运动。

在文献[53]中，期望轨迹在惯性坐标系中指定，但是这里要变换到局部（车身）坐标系中，以便反映驾驶员的视点，类似于稍后的图38.5所示。导出的转向角可以在预瞄时间的一半时变化一次；没有这种功能和 $k = 0$，模型简化为 MacAdam 驾驶员模型。

另一种改善是车辆运动的预测。驾驶员通过学习"车辆逆模型"逐渐学习适应车辆[54]。学习过程近似为四阶自回归综合移动平均的最小二乘优化，是有外部输入的（ARIMAX）模型

$$A(q^{-1})y(k) = B(q^{-1})q^{-d}u(k-1) + \frac{e(k)}{1-q^{-1}} \qquad (38.24)$$

有 $d = 0$，z 域算子 q。$A(q^{-1})$ 和 $B(q^{-1})$ 由非线性车辆模型丰富的转向激励 $u(k)$ 和最小化残余误差 $e(k)$ 的二次方和产生的侧向位移响应 $y(k)$ 进行递归识别。

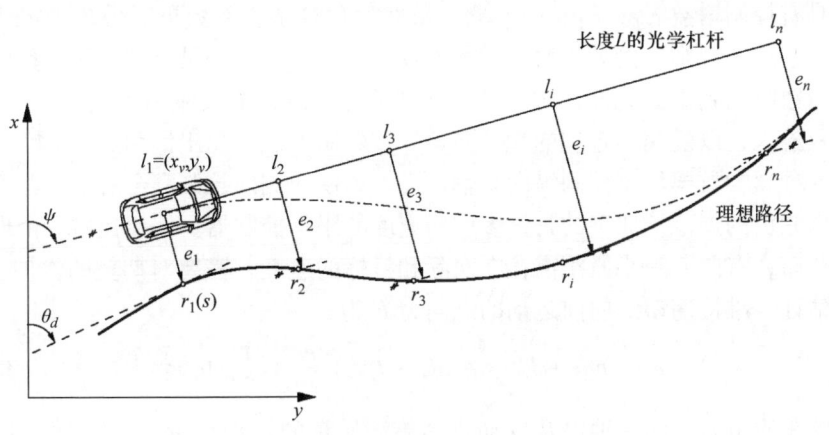

图 38.5 预瞄模式

在文献［19］中，假定驾驶员从准静态行驶中获得基本的经验。其中，车辆的侧向加速度（分别为车辆行驶轨迹的曲率）约正比于转向角输入。这也是类似于式（38.17）的性能准则相对于侧向加速度最小化的原因，其然后根据式（38.7)的传递函数进一步处理，推导出驾驶员的转向角。应用单点预瞄，使用式（38.2）预测车辆的侧向运动，建议由描述驾驶员的预瞄能力预瞄传递函数 $P(s)$ 和反映驾驶员的跟随过程的跟随传递函数 $F(s)$ 构成驾驶员/车辆闭环传递函数。对于低频控制设计规则，作者提出 $y(s)/y_d(s) = P(s)F(s) \approx 1$，侧向位置为 y 和期望的侧向位置为 y_d。在文献［56］中，增加了纵向控制。在文献［57］中，该方法进一步推广用于侧向控制；在文献［58］中，也扩展用于纵向控制。

Sharp（夏普）等明确提出多点预瞄的概念[59]，如图 38.5 所示。类似的想法在文献［60］中引入。

在沿轨迹位置 s 处，驾驶员在光学杠杆的一组 n 个点 l_1，l_2，…，l_n 和期望路径对应点 r_1，r_2，…，r_n 之间经历了直角偏离 e_i。光学杠杆的长度为 $L = T_p v_x$，v_x 为纵向速度；点可以是等距或更加集中于车辆的重心，在文献［59］中实现了 8 个点。距离 $\overline{l_i l_{i+1}}$ 与距离 $\overline{r_i r_{i+1}}$ 相等，因此 r_1，r_2，…，r_n 点并不精确垂直通过取决于轨迹几何复杂性的 l_1，l_2，…，l_n 点的光学杠杆方向。这些误差对驾驶员的鲁棒性似乎没有任何显著影响。第一点 l_1 与车辆重心相一致，e_1 表示车辆当前路径上预期位置的侧向偏移。除了状态反馈 e_1 外，在 r_1 的车辆横摆角和预期路径的切线角之间差（$\psi - \theta_d$），是用于驾驶员转向控制另一个状态反馈。转向角是控制输入的线性组合

$$\delta_s = K_\psi(\psi - \theta_d) + K_1 e_1 + \sum_{i=2}^{n} K_i e_i \qquad (38.25)$$

具有控制增益 K_ψ, K_1, $\cdots$, K_n。虽然没有对这些参数进行系统确定,但是给出一些通用规则。例如,对于远程的预瞄样本点,驾驶员模型预瞄增益序列应当是指数收敛到零。此外,对于极端驾驶条件,饱和函数应用于式(38.25)中的加权输入,以说明不合理的大转向角导致轮胎力远远超出饱和。

这种驾驶员模型还控制纵向车辆运动,即使与侧向控制完全解耦,并不包括人类驾驶员的规范,典型的是许多应用速度的跟踪控制器。需要提供一个理想的速度分布,有前方一小段距离存在实际和目标的速度,需要对期望的常加速度 a 进行估计。维持期望的向前运动的纵向力 F 为

$$F = ma + I_f \frac{a}{r_f^2} + (I_r + I_e i_g^2)\frac{a}{r_r^2} + \frac{1}{2}\rho A c_x v_x^2 \qquad (38.26)$$

整车质量 m,前后轴以及发动机的旋转质量的转动惯量 I_f, I_r, I_e。这取决于齿轮传动比 i_g 和气动阻力(空气阻力系数 c_x,纵向速度 v_x);忽略转向轮转向时的气动阻力。当 F 为正时,驱动力矩 $T = Fr_r$, r_r 为后轮半径;否则,施加发动机制动力矩,残余制动力矩根据固定的制动比进一步分配到前后轴。

通过引入线性二次调节器(LQR)方法确定预瞄控制参数,Sharp 等进一步发展了(侧向)模型[61,62]。两轮车辆模型的状态空间表示式(38.14)和式(38.15)转换成时间离散公式,即式(38.27)的第一行

$$\underline{z}(k+1) = \begin{bmatrix} \underline{x}(k+1) \\ \underline{y}_r(k+1) \end{bmatrix} = \begin{bmatrix} A_v & 0 \\ 0 & D \end{bmatrix}\begin{bmatrix} \underline{x}(k) \\ \underline{y}_r(k) \end{bmatrix} + \begin{bmatrix} 0 \\ \underline{e} \end{bmatrix} y_{ri}(k) + \begin{bmatrix} \underline{b}_y \\ 0 \end{bmatrix}\delta_s(k) \qquad (38.27)$$

$$\underline{z}(k+1) = A_c \underline{z}(k) + \underline{e}_c y_{ri}(k) + \underline{b}_c \delta_s(k) \qquad (38.28)$$

预瞄道路由 $y_r(k) = [y_{r0}, y_{r1}, \cdots, y_{rn}]^T$ 中的绝对侧向位移描述;因此,式(38.27)的第二行是一个变化的过程,该过程包含 D、$\underline{e}$ 和路面输入 y_{ri},下一步变成 y_{rn}。预瞄水平再次是 n 和 $\underline{z} = [y, \dot{y}, \psi, \dot{\psi}, y_{r0}, y_{r1}, \cdots, y_{rn}]^T$。

时不变的 LQR 控制被发现是白噪声激励下最小化二次成本函数

$$J = \lim_{j \to \infty}\sum_{k=0}^{j}\left[\underline{z}^T(k)R_1\underline{z}(k) + \delta_s(k)r_2\delta_s(k)\right] \qquad (38.29)$$

$R_1 = C^T Q C$ 中的权重 Q 和 r_2,采样时间 T,采样距离 vT 和 C 定义为

$$C = \begin{bmatrix} 1 & 0 & 0 & 0 & -1 & 0 & 0 & 0 & \cdots & 0 \\ 0 & 0 & 1 & 0 & 1/(vT) & -1/(vT) & 0 & 0 & \cdots & 0 \end{bmatrix} \qquad (38.30)$$

不仅汽车预测参考点的 y 坐标与道路侧向位移相应值 y_{rj} 之间差的二次方要最小,而且横摆角之差 $\{\psi(k) - [y_{r1}(k) - y_{r0}(k)]/(vT)\}$ 的二次方也要最小。求解代数 Riccati(黎卡提)方程后

$$P_\infty = A_c^T P_\infty A_c - A_c^T P_\infty \underline{b}_c(\underline{b}_c^T P_\infty \underline{b}_c + r_2)^{-1}\underline{b}_c^T P_\infty A_c + C^T Q C \qquad (38.31)$$

第38章 汽车动力学应用中的驾驶员模型

最佳转向角结果为

$$\delta_{s,opt}(k) = -\boldsymbol{K}_\infty \underline{z}(k), \text{其中} \boldsymbol{K}_\infty = (\underline{b}_c^T \boldsymbol{P}_\infty \underline{b}_c + r_2)^{-1} \underline{b}_c \boldsymbol{P}_\infty \boldsymbol{A}_c \quad (38.32)$$

这种预瞄控制基于一个固定参考系,作为文献[53]中的 MacAdams 预瞄驾驶员模型。而在现实中,所有的路径观测都是依据驾驶员的移动位置进行的。因此,文献[61]将增益变换到相对系,类似于图38.5。

虽然文献[53,54]和文献[61,62]的三个驾驶员模型非常相似,都依赖于最优控制理论(预测控制和LQR),但是它们在一些方面是不同的:应用的性能准则、使用的绝对和相对侧向路径和横摆角信息、预瞄水平和在预瞄水平内转向角可以变化多长。前述三种方法的差别的全面比较和分析,在文献[63]中完成。

商业化 MBS 软件 Adams/Car 中的驾驶员模型,基于文献[64]以三个层级组织。任务规划者设置控制器的目标;输出是基于数学代码给定任务准则的最佳轨迹。策略规划者更详细地进行解释,也见文献[65]。这一层基于车辆相对于理想轨迹的当前状态计算最优轨迹,轨迹在道路区间 $[t, t+T_C]$ 中达到某种意义上的最佳拟合。其中 T_C 称为控制水平,相当于图38.5中的 L,其中展示了最佳轨迹(点画线);虽然这里通过点 $(l_1, l_2, \cdots, l_n)$ 准确垂直于纵向车辆轴的方向,但是理想的轨迹也要在前方的 n 个距离进行测试。

对于每个时间步长 t,期望路径由车身坐标系的函数 $y = p(x) = \sum_{j=0}^{r} a_j x^j$ 描述。多项式的阶,要满足初始条件 $p(0)=0$,$dp/dx=0$,建议 $r=4$。然后,系数通过对预瞄距离 l_i 考虑权重的最小二乘法计算,其可能依赖于速度 v 和曲率 κ 约束(有界转向角)。应用轴距 $l_a + l_b$ 的"运动学模型",有

$$\dot{x} = v\cos\psi, \dot{y} = v\sin\psi, \dot{\psi} = \frac{\tan\delta_s}{l_a + l_b} v = \kappa v \quad (38.33)$$

在这个水平中,不考虑动力学和滑移。由(38.33),有 $\dot{\psi} = \kappa v$,因而期望的横摆速度为

$$\dot{\psi}_d = \left.\frac{d^2 p(x)}{dx^2}\right|_{x=0} v = 2a_2 v \quad (38.34)$$

其在第三水平中设置。运动控制器作用于加速踏板、制动器和离合器,以便追踪给定的速度分布以及转向盘。通过应用两轮车辆模型(具有转动惯量 I_z),假设前侧向轮胎力 F_{yf} 可以直接控制,设置

$$\ddot{\psi} = \frac{1}{I_z}(l_a F_{yf}\cos\delta_s - l_b F_{yr}) \equiv \widetilde{u} \quad (38.35)$$

其中,后侧向轮胎力 F_{yr} 在运动学上确定,通过简单设计被控对象是积分的传递函数的跟踪控制器,推导控制 $\widetilde{u}$ 实现 $\dot{\psi} = \dot{\psi}_d$。已知 $F_{yf} = F_{yf}(\alpha_f)$,转向角最后由估计得前侧偏角 α_f 得到。

使用非线性控制表示驾驶员的例子是文献 [66-68]，而背后的想法是应用到商业化软件 veDYNA[69] 的驾驶员模型。引导水平设置期望的轨迹和速度分布，特别是"目标点"的位置和速度，也见文献 [68, 70] 的 3.2 节。在稳定水平，位置控制器尝试将"目标瞄准点"与当前"目标点"相匹配；"目标瞄准点"固定在车辆纵向轴线前指定的预瞄距离，尽管车辆重心位置 (x, y) 按照文献 [66, 67] 选择和跟随。位置控制器的输出是合适的转向盘角度和制动/加速踏板的位置，以便最小化目标路径和给定或计算的速度曲线的偏差。

基于非线性扩展的两轮车辆模型，其状态空间表示为

$$\dot{\underline{x}} = \underline{a}(\underline{x}) + \boldsymbol{B}\,\underline{u} \tag{38.36}$$

$$\underline{y} = \underline{c}(\underline{x}) \tag{38.37}$$

$$\underline{x} = [\beta, \psi, \dot{\psi}, v, x, y]^T, \quad \underline{y} = [x, y]^T, \quad \underline{u} = [F_{yf}, F_x]^T \tag{38.38}$$

通过推导合适的前侧向轮胎力 F_{yf} 和纵向轮胎力 F_x，控制 x，y 的位置。以这种方式，实现考虑驾驶员的纵向动力学和侧向动力学的联合控制，而不是单独分离控制。$\underline{a}(\underline{x})$ 中的非线性主要是由于 $\dot{x}$，$\dot{y}$，其非线性依赖于车辆的速度 v，横摆角 ψ 和侧偏角 β，详见文献 [66, 67]。采用非线性解耦方法，式 (38.37) 中的输出方程必须进行微分，至少显式出现一个输入。在现在的情况下要微分两次，输出向量的二阶导数 $\underline{y}^*(t) = [\ddot{y}_1(t), \ddot{y}_2(t)]^T$ 现在可以表示为

$$\underline{y}^*(t) = \underline{c}^*[\underline{x}(t)] + \boldsymbol{D}^*[\underline{x}(t)]\,\underline{u}(t) \tag{38.39}$$

各矩阵 $\underline{c}^*$，$\boldsymbol{D}^*$ 易于由式 (38.36) 至式 (38.38) 导出。考虑到式 (38.39) 和假定 $\boldsymbol{D}^{*-1}[X(t)]$ 存在，控制律为

$$\underline{u}(t) = \boldsymbol{D}^{*-1}[\underline{x}(t)]\{-\underline{c}^*\underline{x}(t) + \Lambda\,\underline{w}(t) - \underline{q}^*[\underline{y}(t)]\} \tag{38.40}$$

其中，$\Lambda = \mathrm{diag}(\lambda_i)$ 是期望位置在 $\underline{w}(t)$（目标点）的加权矩阵。选择

$$q_i^*[\underline{y}(t)] = \alpha_{1i}y_i(t) + \alpha_{2i}\dot{y}_i(t), \quad i = 1, 2 \tag{38.41}$$

将式 (38.40) 代入式 (38.39)，系统的动力学为

$$\ddot{y}_1(t) + \alpha_{21}\dot{y}_1(t) + \alpha_{11}y_1(t) = \lambda_1 w_1(t) \tag{38.42}$$

$$\ddot{y}_2(t) + \alpha_{22}\dot{y}_2(t) + \alpha_{12}y_2(t) = \lambda_2 w_2(t) \tag{38.43}$$

可以用常量 λ_i 和 α_{1i}，$\alpha_{2i}(i=1, 2)$ 进行调整，以便保证 $\underline{y}(t) \to \underline{w}(t)$ 的二阶线性特性。使用所得 $\underline{u}(t)$ 和前侧向轮胎力 $F_{yf} = F_{yf}(\alpha_f)$，由此确定侧偏角 α_f 和转向角；控制力 F_x 被变换到制动/加速踏板的适当位置。

另一种用于表示驾驶员的非线性控制器是模糊逻辑控制（FLC）。模糊逻辑接口被认为类似于人类的思维和作出决定的妥协过程[71]，尤其在数学模型非常复杂时非常有用。FLC 提供了开发规则的能力，这些规则具有直观的意义，可以用语言术语表达[72]。然而，与前面经典控制理论方法相比，具有 FLC 的驾驶员模型更少在文献中能找到，至少在考虑虚拟驾驶员模型时是如此。这里呈现两种

驾驶员模型作为详细代表[72-73]，其他则在后面或随后部分列出。

在文献[72]中，反馈控制的方块图，如图38.6所示。假设可以提供参考轨迹每个弯曲部分的位置、方向和曲率半径等预瞄信息，该控制器以反馈、预瞄和增益调度规则进行模块化。

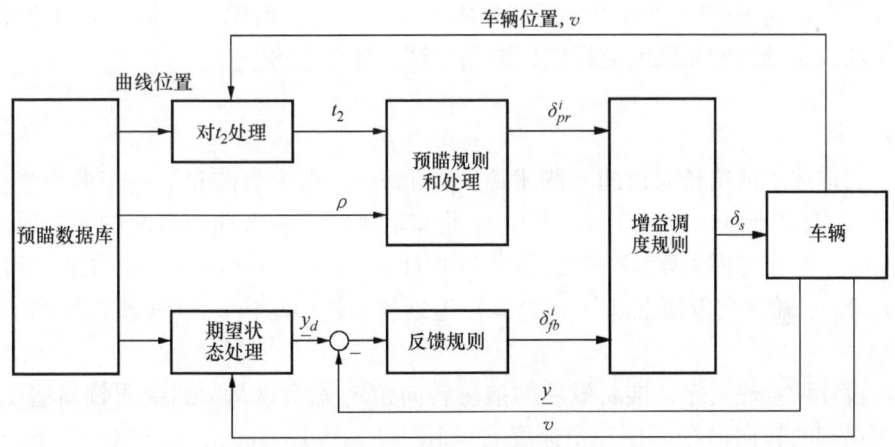

图38.6 具有FLC的驾驶员模型

反馈规则的输入向量是 $\underline{y} = [y, \dot{y}(\dot{\psi} - \dot{\psi}_d)]^T$。其中，$y$ 表示相对于道路中心线的侧向误差，$(\dot{\psi} - \dot{\psi}_d)$ 表示航向角误差率，如图38.7a所示。对于语言变量 LE（对 y 更正），CLE（对 $\dot{y}$ 更正），YWR（对 $\dot{\psi} - \dot{\psi}_d$ 更正）和 DFB（对 δ_{fb} 更正），干预规则为

IF LE 是 A_{LE} 和 CLE 是 A_{CLE} 和 YWR 是 A_{YWR} THEN DFB 是 A_{DFB}

(38.44)

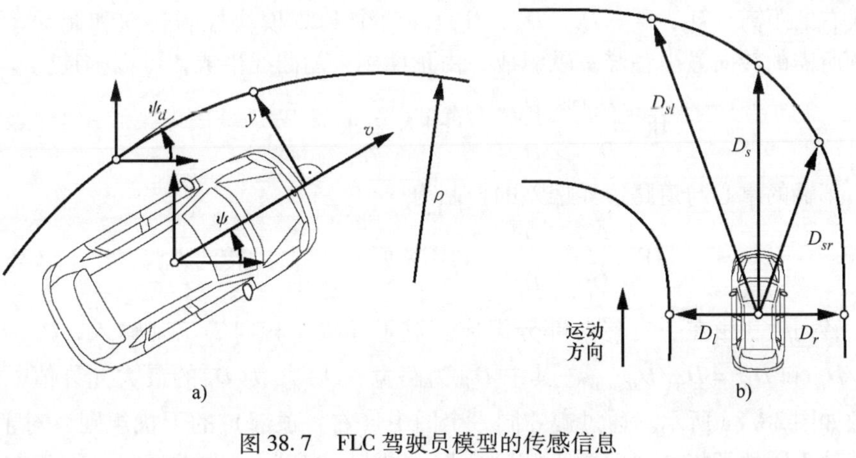

图38.7 FLC驾驶员模型的传感信息

5种不同的子集:"负大","负小","零","正小","正大",每个对应 A_{LE}, A_{CLE} 和 A_{YER};应用典型的三角形的隶属函数[72],应用常见的极小极大方法。因此,为了去模糊化,引入单个子集(现在有 9 个不同的子集,"负巨大"⋯"零"⋯"正巨大",对应于 A_{DFB}),并且获得产生新转向角 δ_{fb}。

转向角 δ_{pr} 跟随车辆前方预瞄的道路几何。对于"前视"控制,正确的转向动作取决于预测的车辆响应特性。因此,对于参数 p_c 和 p_n

$$\delta_{pr} = \frac{p_c}{\rho_c} + \frac{p_n}{\rho_n} \qquad (38.45)$$

其描述了前轮转向角的预瞄术语;ρ_c 和 ρ_n 分别为当前和下一个曲率半径。p_c 和 p_n 取决于 $\min(t_2, t_w)$,其中 t_2 是车辆到达下一个曲线过渡的预计时间,$t_w = 1$s。使用预瞄数据库和速度 v,可以估计 t_2。选择26个模糊子集描述 t_2 和52个 p_c 和 p_n 的序列以便准确(和光滑)逼近预瞄转向动作 δ_{pr}(每步改变曲率半径)。

设计增益规则库,推断最后的前轮转向角 δ_s 命令,从 v 到说明较高速度时的更温和的转向命令。在三个速度 $v_1 = 5$m/s, $v_2 = 12.5$m/s, $v_3 = 20$m/s 下,设计反馈和预瞄的规则库。因此,规则为

$$\text{IF} \quad V \text{ 是 } A_V \quad \text{THEN} \quad \delta_s = \delta_{fb}^i + \delta_{pr}^i, A_V \in \{\text{小},\text{中},\text{高}\} \qquad (38.46)$$

在速度 v_i ($i=1, 2, 3$) 下调度参数化之间的增益,相应的 δ_{pr}^i, δ_{fb}^i 用于当前速度 v。对于隶属函数,见文献 [72]。

在文献 [73] 中,FLC 驾驶员模型不仅执行转向输入,还提供制动事件,这个模型被训练用于曲线跟随和避免碰撞。

与文献 [72] 相比,文献 [73] 使用不同的输入信息,如图 38.7a 和图 38.7b 所示,特别是从车辆重心到道路边界之间左、右、直线前进、直线左和直线右的距离 (D_l, D_r, D_s, D_{sl}, D_{sr})。两个 FLC 模块控制转向和制动,引导车辆所需的转向量由预瞄贡献组成,由预期到来的曲线生成,可以描述为

$$\text{IF} \quad \begin{matrix} D_{sl} > D_{sr} \\ D_{sr} > D_{sl} \end{matrix}, \quad \text{THEN 要求} \quad \begin{matrix} \text{左} \\ \text{右} \end{matrix} \quad \text{转向} \qquad (38.47)$$

车辆的重心与道路边界偏差的控制为

$$\text{IF} \quad \begin{matrix} D_l > D_r \\ D_r > D_l \end{matrix}, \quad \text{THEN 要求} \quad \begin{matrix} \text{左} \\ \text{右} \end{matrix} \quad \text{转向} \qquad (38.48)$$

转向模块由左、右转向部分组成。对于导致左转向的正则输入,$D_r^* = 1 - 2D_r/D_w$ 和 $D_{sr}^* = D_{sr}/D_{sr,\max}$,其中 D_w 为路宽,$D_{sr,\max}$ 为 D_{sr} 的最大允许值,隶属函数如图 38.8a 所示。通过遵守同一个图中(右,顶部)的干扰规则,对于 D_l^* 有五种不同的子集("非常小","小","中","高","非常高"),用于左转向

部分的值 δ_l 可以通过应用隶属函数（右，底部）分配，$D_l^* = \delta_l/\delta_{max}$，其中 δ_{max} 是最大允许转向角。

右转向部分进行类似处理。对于在道路中心线直线前进的车辆，两个部分的转向角彼此相等。应当说明的是，没有转向输出以这种方式可以与 D_r^* 较低的值相关联，并且应当容忍驾驶员模型对道路中心线小的移动行为。

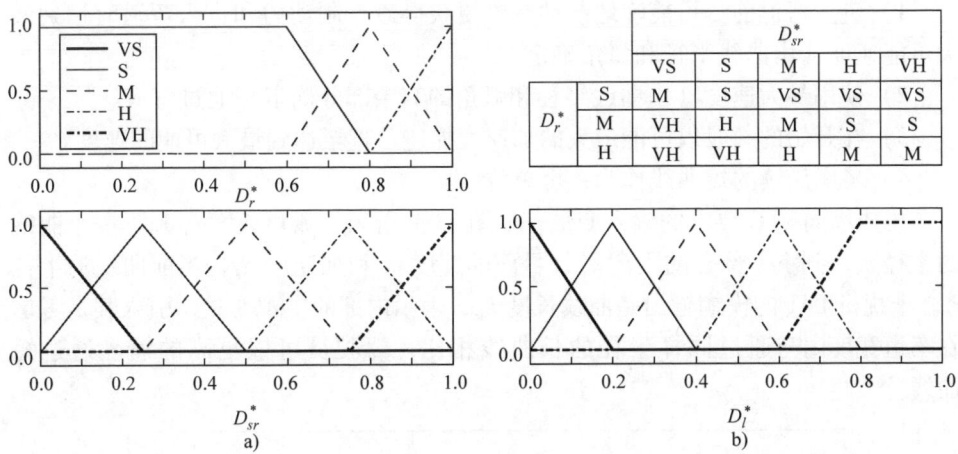

图 38.8 a）隶属函数和 b）用于 FLC 驾驶员的左转向模块的模糊干扰规则

为了简化起见，制动模块只使用一个传感变量，即正则化 $D_s^* = D_s/D_{st}$。D_{sr} 为制动距离，是以初始速度 v_0 开始施加制动到最大制动完全停止时的距离，近似为 $D_{st} = v_0^2/(2a_{dec})$，假设恒定的最大减速度设为 $a_{dec} = 0.8g$。相应的隶属函数用于 D_s^* 有 5 个不同的子集，简单干扰规则，5 个隶属函数用于输出，正则化的制动命令，在这里均被省略[73]。制动模型的 FLC 以某种方式进行参数化，制动系统只对 D_s 值小于或等于在当前车辆速度 v_0 三倍的预期制动距离的情况起作用。

为了得到精确的模糊推理规则，提出自组织方法用于 FLC 驾驶员模型[74]。用于模糊控制器的输入变量，是横摆速度和相对于所需操作的单车道和双车道的车辆侧向位置。考虑正态分布形状用于隶属函数，其通过模糊统计方法（通过采访许多驾驶员）确定。每个模糊变量由 7 个语言模糊变量表示，总共需要 49 个规则。然后，其通过自组织方法重新细化。因此，7 个语言值用于 3 个模糊变量，C 用于转向角，Y 用于侧向位移，R 用于横摆速度，分别由 -3，-2 和 -1 与 0，1，2，3 表示。为了调整 49 个规则，引入修正系数 α 到规则中

$$C = -\langle \alpha Y + (1-\alpha)R \rangle, \quad 0 \leq \alpha \leq 1 \tag{38.49}$$

其中，$\langle x \rangle$ 表示最小的正整数，其绝对值大于或等于 x，符号与 x 相同。计算与 49 个模糊规则相关的一组合适的 α，提供理想的模糊推理规则库。

当使用的输入变量相同时，文献 [12] 的 FLC 驾驶员模型的侧向分量类似于文献 [74] 的侧向分量。这个驾驶员模型也包括纵向 FLC，将在这里详细说明，作为更加类人的纵向运动控制的例子，与常用的简单速度控制器进行对比。驾驶员的任务定义为尽可能快地通过给定的路程，其由直线和圆弧近似。策略是进一步模糊规则的基础，在语言规则中描述：

1）进入弯道前尽可能晚地制动，以便获得最大制动力和进入弯道时达到最大可能速度（由曲线半径和弧角确定）。

2）使用最大速度（由曲线半径和弧角的其余部分确定）通过弯道。

3）在开始的一段以可能最大的加速度加速，直至达到最大可能的速度。

4）考虑后续的短曲线作为一个单位。

构成纵向 FLC 要求的输入变量，如图 38.9 所示：弧角长度 l_n 和下一个曲线的半径 r_n，到下一部分的距离 d_n，目前的速度 v_c 和加速度 a_c，当前曲线的半径 r_c。干扰机 IM1 的模糊输出是曲线长度 L_c，表示内部的主观变量，引入其是考虑在车道宽度内与通过同样半径的长曲线相比，驾驶员可以更高的速度通过短曲线。

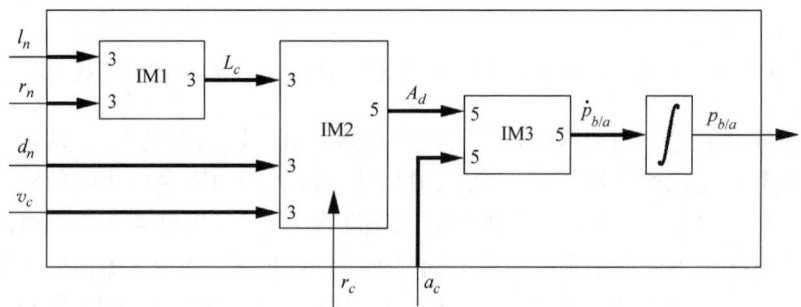

图 38.9 纵向 FLC 驾驶员模型：细线表示明确的变量，粗线表示语言变量。数字表示 Mamdani（曼达尼）干扰机 IM 的输入/输出（包括梯形隶属函数）对应于模糊子集的数

因为制动或加速踏板的驱动直接影响车辆的加速度，需要考虑在心理上和生理动机上引入内部期望的加速度 A_d。然后，当前的加速度 a_c 通过 IM3 处理以便跟随内部期望的加速度 A_d。纵向加速度可以（触觉）被驾驶员快速感知和控制。因此，内部控制量是相对于时间的踏板位置变化 $\dot{p}_{b/a}$。因此，IM3 不会产生绝对的位置而是变化的位置，当驾驶员想改变速度时，驾驶员就是这样做的，去模糊化和积分产生 $p_{b/a}$。

使用 FLC 和纵向与侧向控制的另一个驾驶员模型是文献 [75]，但是其在"路径决策过程"模块中参考了 38.3.2 小节。进一步的 FLC 驾驶员模型，如文献 [76，77] 所示。

在文献 [78] 中,纵向虚拟试验驾驶员模型基于人工神经网络(NN)表示人类的驾驶行为。跟随一个给定的速度分布,是这个模型的任务,在这种情况下使用标准化行驶循环。传统的反馈控制器负责适当的制动命令,而节气门命令则是两个神经网络控制器的输出,如图 38.10 所示。

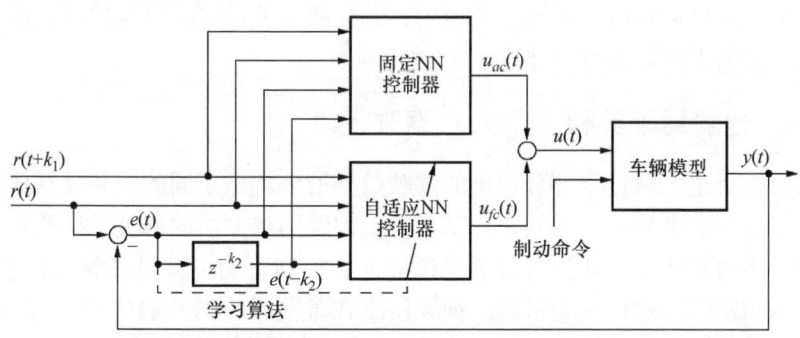

图 38.10　纵向虚拟试验驾驶员模型

固定(参数)前向神经网络的目标,是建立遵循参考速度 $r(t)$ 的人类驾驶员的模型。在包括人类驾驶员测试过程中,通过收集输入/目标数据训练神经网络达到此效果。考虑到误差 $e(t) = r(t) - y(t)$,其中 $y(t)$ 是车辆的速度,选择神经网络的四个输入:$e(t)$,$r(t)$,预瞄 $r(t+k_1)$ 和延时 $e(t-k_2)$,其中 $k_1 = 1.1s$,$k_2 = 0.4s$。训练过程考虑加速和制动踏板不应同时使用,结合自适应神经网络控制器是为了使驾驶员模型可以适应车辆和道路条件的变化。该控制器不断更新,以补偿速度误差 $e(t)$。因此,在成本函数中应用 $e(t)$ 优化神经网络的权重和误差,以适应标准的反向传播训练。神经网络架构,使用双曲正切激活函数 F_1 和线性函数 F_2,如图 38.12 所示。其中,更多关于使用神经网络的驾驶员模型,可以在文献中找到。

除了"传递函数"、(优化)状态空间、FLC 和 NN 建模用于设置虚拟驾驶员外,还有更多方法可以选择,例如识别方法。

具有外部输入的自回归移动平均(ARMAX)模型的参数,结合结构不确定性以便说明由于不同驾驶员导致的驾驶员模型不确定性,使用驾驶模拟器的试验数据进行识别[79,80];对于同样的任务,但是应用模型参考自适应控制(MRAC),见文献 [81];ARMAX 模型参数的在线估计,见文献 [82]。后续部分将考虑混合模型。

相当自主的方法用于驾驶员模型,例如文献 [83] 或基于流程图的驾驶员模型[84]。

上述大部分驾驶员模型适用于各种各样的应用,经常在文献中引用,而且具有示范性的作用。作为总结,在文献 [38,39,85 - 90] 中,给出与前面所述的应用领域相关的实现例子或类似的虚拟试验驾驶员模型。

38.3 聚焦于驾驶员的应用

本节主要讨论驾驶员模型及其应用,其兴趣和关注点主要与典型的驾驶员任务相关,有助于更好理解(个人)驾驶行为。

38.3.1 理解驾驶员和(个人)驾驶行为

如前面所述,对特定部分提出的驾驶员模型分类是不同的,并且其他部分的模型也可以在这里分配。尤其是,基于人工神经网络方法的驾驶员模型在这里是合格的,因为其通常被认为代表了自适应人类控制行为,并且使特定的驾驶员/车辆控制相互作用建模成为可能。神经网络在车辆系统的一般应用在文献 [71] 中综述。虽然自主(类人)引导车辆不在这里讨论,但是协同效应也是有趣的,例如文献 [91-99] 或文献 [100-102] 有 FLC。

自 1990 年以来,有人研究了神经网络模拟人类驾驶行为的能力[103]。方向控制以及路径规划策略分别由单层功能连接神经网络(为了改善训练时间和误差)和两层前馈神经网络进行建模。在文献 [104] 中,提出支持超车的驾驶辅助系统。系统的输入参数是左右车道的碰撞距离、车辆侧向位置和车辆速度,驾驶员和支持系统决定合适的加速/制动踏板位置和转向盘转角。当驾驶员接管控制时,显示决策比较(驾驶员辅助)。该信号可以用来指导神经网络支持系统评价驾驶员的性能,指导初学者作为培训者,甚至可以完全替代驾驶员(自动驾驶仪)。功能连接和反向传播网络的组合,在快速学习和准确决策特性之间是首选,以实现良好的折中。

在文献 [105] 中,基于神经网络驾驶员的模型,由映射转向角作为时间延迟的侧向偏差和航向角的简单驾驶员模型和模拟器环境的驾驶员进行训练。神经网络的输入是偏离期望路径的侧向偏差,由车辆前方 20m、40m、60m、80m 四个点的简化视图导出。在每个时间步,记录四个视图,产生 16 个数据点作为完整的输入点,分析了神经网络训练需要的策略,比较了神经网络的精度。

文献 [106] 的目标,是基于神经网络识别驾驶员转向行为。车辆车身纵向轴的前向投影和道路边界之间的相关侧向位移 $s_i(i=1,2,3)$,表示在时刻 t 的预瞄传感器输入,如图 38.11a 所示。一个传感器放在非常靠近车辆的前端,其余的两个样本位于车辆前方的两个点。通过这种传感器位置和测试的特定选择,有关车辆相对于道路的运动和定位信息被提供给神经网络。为了在相同的基本传感器测试中提取更多的时间导数信息,使用这些信号的时间延迟数据。因此,网络输入的增广集合,包括 $\{s_1(t), s_2(t), s_3(t)\}$ 和两组相应的时间延迟响应集合

$\{s_1(t-\tau_1), s_2(t-\tau_1), s_3(t-\tau_1)\}$，$\{s_1(t-\tau_2), s_2(t-\tau_2), s_3(t-\tau_2)\}$，其中 $0.1 \leq \tau_1 \leq \tau_2 \leq 0.6$，还包含所需的"经典"驾驶员模型用于路径调节要求的关键反馈信号。

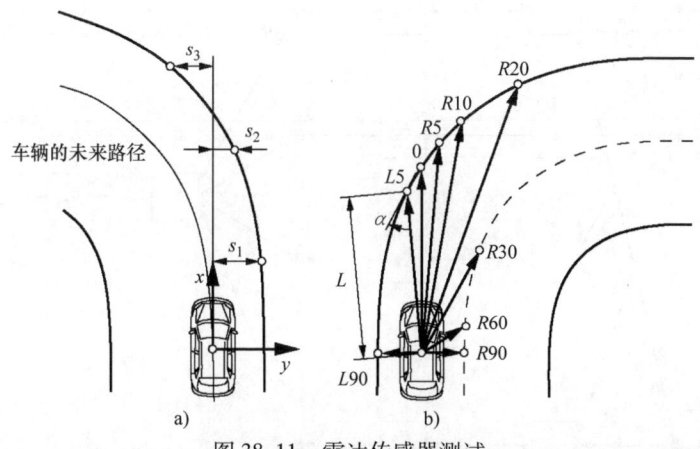

图 38.11　雷达传感器测试

表示单输出的非线性系统行为的基本方法，是两层神经网络，如图 38.12 所示。M 个输入信号 s_k 通过权值 $w_{kj}^1 (k=1, \cdots, M, j=1, \cdots, N)$ 和非线性函数 F_1 处理得到 y_j，其进一步通过权值 w_{j1}^2 和线性函数 F_2 处理得到最终的网络输出 z；c_j^1、c_1^2 表示恒定的偏置。在文献 [106] 中，输入信号 $M=9$，进一步选择 $N=3$，而在式 (38.50) 中的 S 形函数 $f(u)$ 表示 F_1 的非线性贡献。该网络采用反向传播方法进行训练，其训练数据由驾驶员/车辆数值仿真得到，源于一个基本的（桌面）驾驶模拟器和道路测试。

类似的目标研究在文献 [107] 中遵循，尽管具有不同的操纵（各种车道变换、障碍和正弦操纵）。因此，将离散时间输入向量应用于神经网络，输入向量由横摆角速度、侧倾角、侧倾角速度、侧向位移、速度、加速度和预瞄侧向偏移组成；输出包括转向角和转向角速度。比较了不同的神经网络结构，相对于训练时间和精度，据说（高斯）径向基函数网络（RBFN）的性能为最佳。

在保持车头时距任务的过程[108]，通过表示驾驶员手动控制的节气门位置，如图 38.12 所示的神经网络结构也用于识别驾驶员纵向控制。其中，主车和头车之间的距离及其时间导数（和它们时间延迟的对应量）组合进神经网络输出节气门位置。作为一种自适应控制建模技术，神经网络可以在预警/控制数据包的范围内使用，要求驾驶员的行为具有不断更新的特性。

在同样的论文中[108]，分析了一种类似的驾驶员神经网络表示，以便基于不同层次的进取性，分别由通过、跟随或被其他车辆通过的意愿，对公路纵向控制行为进行特殊分类。因此，某些神经网络结构的模式识别能力被用于自动识别和将观测的模式分类为适当定义的驾驶循环类别。

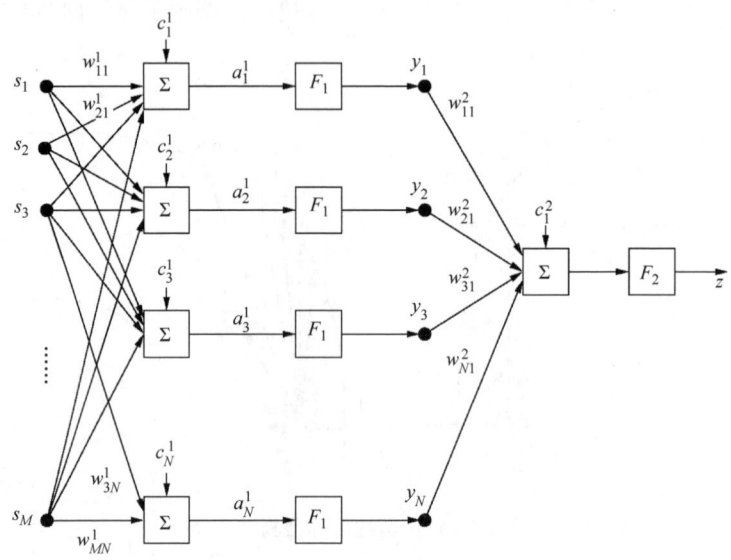

图 38.12　两层神经网络结构（用于单输出）

通过应用基于神经网络的驾驶员模型，人的因素和事故原因之间的关系在文献［109］中进行了研究。具体的曲线，其中许多事故的报告，通过环境识别获取和路径的实现水平进行了分析。应用的神经网络结构，包含 30 个神经元的一个隐含层，类似于图 38.12 但是有三个输出，分别是转向力矩、节流阀开度和制动力。用于识别路径的信息，应用雷达景象描述从环境到车辆位置的相关位置获得，如图 38.11b 所示。车辆位置由 13 个车道边缘测定长度 L 和 13 对应角度 α 进行映射，以便预测前方道路形状。除了神经网络的这 26 个输入外，还要处理进一步映射车辆行为的 68 个输入。这些是 17 个当前状态变量（用于横摆、侧倾、俯仰和转向的角度、角速度和角加速度；用于纵向和侧向的速度和加速度；车辆的侧偏角），同样变量以 0.2s、0.4s 和 0.6s 进行延迟。

神经网络的学习数据由道路试验，包括对事故进行分析的曲线获得。考虑单神经元具有内部状态 u 的输入 x_i 和输出 y 的非线性关系为

$$u = \sum_i w_i x_i,\ y = f(u),\ f(u) = \frac{1}{1+e^{-u}} \tag{38.50}$$

各输入对总输出的贡献可以提取出来。所有神经元进行类似处理，输入量的数量和变化，如雷达点的（长度和角度）信息，对于一个特定的输出，如转向力矩相对于时间可以进行评估，例如相对于其在环境识别过程的重要性。

在文献［110］中，对前面描述的方法进行扩展，以便表征驾驶员经验和年

龄对其驾驶行为的影响。此外,提出心理负载模型用于评估驾驶员支持系统。

文献［111,112］的作者引入一个基于增强学习方法确定的驾驶员模型,其转向角作为控制变量,来自于对奖励函数的评价。对于未来的时间步,状态基于由 3 层神经网络表示的内部车辆模型进行估计,奖励取决于车辆的重心与道路边界的（估计）距离。

一类声称特别适合于模仿人类驾驶行为的驾驶员模型,是混合模型（或集成模型）。虽然这没有一个共同的定义,但是它由多种建模方法组成的模型,这些模型在心理和生理的基础上考虑了人类行为的复杂性和多层性[12]。

早期的方法见文献［113 - 115］,后者类似于"STI 补偿驾驶员模型"[34],但是考虑了阈值以说明驾驶员的容错行为,见文献［16］的总结。文献［116］也可以被认为是早期的一种尝试,以便描述和建立不同的驾驶员策略。

在文献［12］的混合驾驶员模型中,车辆前方的预瞄曲率通过神经网络预处理,将曲率分解为概念类（直线,曲线,S 曲线）[117],其通过 FLC 组合成驾驶员的行为。

文献［118］提出的分层驾驶员模型,应用于双车道的公路交通仿真中,并且将驾驶行为分为四层方式进行混合,分别是"决策""任务计划""机动"和"行动"。例如,"任务计划"用于超车,通常是基于规则（IF-THEN）的。而"行动"是基于控制器,例如,用于"间隙控制"或"速度跟踪"的预瞄控制器。为了避免任何突发的危险,如碰撞,设置了一个危险观测器。然后,将中断"机动"的执行和"决策"层通知,例如,选择"回避"任务。这些安全判断模型借助于 FLC 构造。

人类驾驶员在高速公路上跟随和超车行为的类似任务分析,在文献[119]中完成。混合模型由"战略""战术"和"行动"水平组成,遵循 Michon（米雄）[9]的驾驶行为描述。"感知"模块提供了关于前车（LV）范围和范围率的信息,允许模拟驾驶员在一组可能行为中选择一种行为,如"跟随"或"超车"。"战术"模块部分,是"驾驶行为数据库",允许进行与行驶状况相关知识的快速检索。在"分类"过程中,将当前的行驶情况与知识库中适当的行驶模式相匹配;上述模块的评价,产生决策映射,将危险、临界和舒适的区域定义为范围、范围率和速度的函数。在"行动"模块中,反馈误差,如相对于前车所期望的时间间隔,由滑模控制器产生,随后转换为车辆的控制输入。

这样的驾驶员模型表示,称为认知模型。它们体现了人类操作者的能力和约束,例如能力:如记忆存储和回忆,学习,感知和运动动作,约束;如记忆衰退,对外围视觉编码的中心凹视,有限的运动性能[120]。基于自身模型的认知模型的结构,在文献［120］中详细描述。这里,兴趣在于其上下文提到的类控制器的"虚拟试验驾驶员"模型,提及了一种特定的特性。驾驶员模型的控制组件管理较低级别的视觉线索的感知,并且操纵车辆(纵向和侧向)的控制。侧向转向控制基于两个视点的感知:"近点"表示车辆当前车道的位置,用于判断车辆与车道中心线的接近程度,"远点"表示即将到来车道的曲率,用于对近点位置的预测及其补偿[121]。

文献[122]中的混合和认知驾驶员模型,是基于信息处理理论[123,124]发展的。信息处理——视觉和前庭,由两个队列系统描述。与交通相关固定点的视觉信息源,在驾驶员注视一个固定点时,只在队列中生成一个到达事件。采用一个适用于不同道路固定点的假设关系,驾驶员注视道路固定点的事件率,一般在2~6Hz。车辆内的固定点的事件被建模为干扰,每个事件通过优先级(紧急)和服务时间(眼睛长时间注视固定点没有干扰)表征。由于队列,事件按优先级顺序依次提供;短期记忆将以策略进行建模,留在队列中超过特定时间的所有事件将被删除。纵向和侧向的控制器由短期记忆的数据(例如,速度和侧向位移)计算其输出(例如,转向盘转速),不管它们是否实际或没有刷新。前庭感知队列的信息,分为纵向和侧向加速度,横摆角速度和加速度。基于感知的驾驶状况,由驾驶员知识库(长期记忆)选择合适的控制动作。在此基础上,对于纵向和侧向的控制,导出依赖于道路布局和个体驾驶员的参考值。例如,纵向控制器的参考值(期望速度),由有限状态机(米利自动机)确定,如图38.13所示。每一种状态代表一个不同的驾驶动作。在状态"0"初始化后,如果车辆沿弯道行驶(曲率$\kappa \neq 0$),状态可能切换到"5";否则,切换到状态"1",直线行驶。按照自身的驾驶经验,详见文献[122],由图38.13可以看出,从"5"到"6",认为驾驶员可能在离开曲线之前加速。最后,设计两个离散时间的一般预测控制器(GPC)用于纵向速度控制和侧向控制,以便使距参考车道的车辆侧向位移最小。根据实际驾驶状态的信息,通过信息获取和选择、未来过程路径信息以及参考值,控制器计算合适的控制变量,即加速踏板位置、制动踏板力和转向角。驾驶员模型的更多细节,见文献[125]。

基于状态机的方法的进一步应用,见文献[126]和38.3.2小节。

驾驶策略的变化也可以通过自适应识别方法表示,一个例子是文献[127]中驾驶员的停车行为研究。

文献[128]的作者提出,驾驶员转向技能的水平定义为驾驶员对非线性车辆动力学理解的程度。一个内部模型被认为是中枢神经系统中的车辆动力学表示,在预瞄范围内由驾驶员用于预测车辆未来的运动;内部模型的概念可以不同的(主要是线性)方式与38.2节中许多驾驶员模型结合。在文献[128]中,假设驾驶员通过线性化动态增量操作点学习和存储对非线性车辆动力学的理解,然后操作点的数目对应于驾驶员使用内部模型的技能和数目。对于每个线性化内部模型,设计一个预测控制器,如果适用,由驾驶员选择和改变最相关的模型。

第 38 章 汽车动力学应用中的驾驶员模型

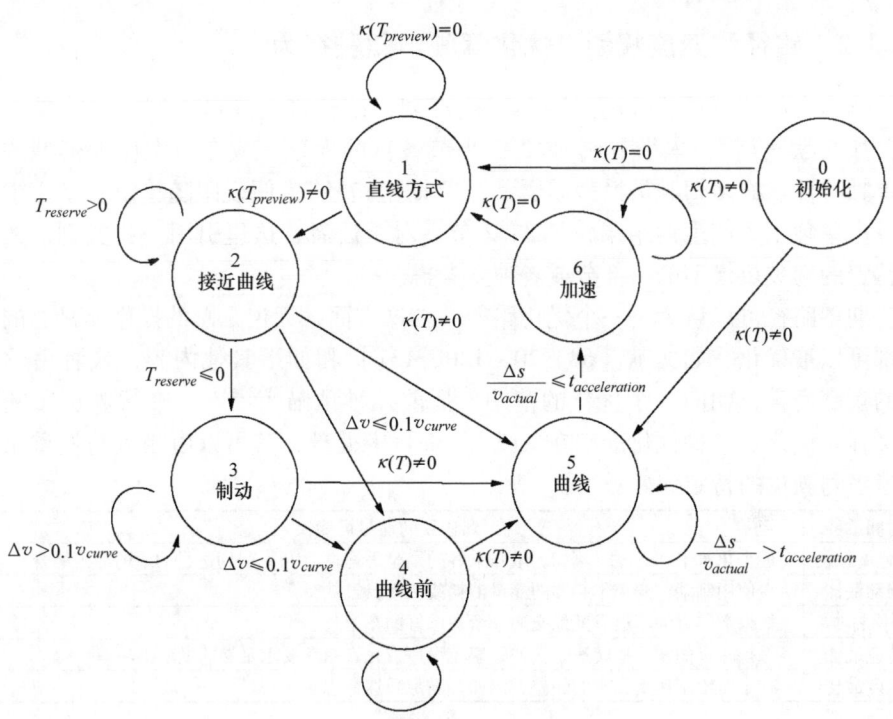

图 38.13 速度控制器状态图

驾驶员的行为,尤其是在紧急情况下,如在行驶过程中突然遇到障碍物,文献[129]对此进行了分析,以便更好地了解发生交通事故的原因。驾驶员在数学由拉普拉斯符号表示的基本预瞄模型描述

$$\frac{\delta_s(s)}{\Delta y(s)} = G_h(1+T_L s)\frac{1}{1+T_I s}, \Delta y(s) = y_d(s) - [y(s) + vT_{pr}\psi(s)]$$
(38.51)

y 和 y_d 分别为当前和期望的侧向位移,而 T_L 和 T_I 应当是恒定的参数。在紧急情况下,转向增益 G_h 和预瞄时间 T_{pr} 是可变的,它们的变化寻优获得基于收益函数:

$$J = \int [a(y_d - y)^2 + b\delta_s^2 + c\dot\delta_s^2 + d\dot G_h^2 + e\dot T_{pr}^2]\mathrm{d}t$$
(38.52)

加权因子 a, b, c, d, e 通过应用遗传算法(GA)获得。为了只通过转向避免障碍,一个基因由车辆和障碍物之间的距离、车辆纵向轴线之间的夹角、车辆和障碍物之间的连接线、转向增益 G_h 和预瞄时间 h_{pr} 构成;对于转向和制动的情况,对该基因进行扩展。

38.3.2 路径和速度规划，优化驾驶员驾驶行为

作为内部驾驶员任务的路径和速度规划，结合进驾驶员模型中可能是先验的，如文献［75］，本小节或 38.3.1 小节各自的模型，或者考虑作为模型的一个单独特性。许多驾驶员模型需要一个"期望路径"，假设跟随给定、车道中心线或由单独工具产生的结果，见 38.2 节。对于后者，这里引用一些实例，无论是特定的驾驶员模型的一部分或者独立考虑。

期望路径可以认为是一个优化路径。在这方面，无论是总的操作还是总的路线都可以被优化，如文献［68，70，130，131］和如下其他内容；或者由驾驶员的角度而言，朝向一个优化的范围，提前几秒预瞄[132,133]，在驾驶员跟随之后又开始优化。各种优化准则在文献［132］中处理，其可以由相应的权重组合以考虑驾驶员的特定偏好：

时间最佳	到达目的地尽可能快
加速度最佳	最小化水平加速度，例如，增强乘客的乘坐舒适性（与先前到目的地的准则结合）
制动最佳	少使用制动，避免不必要的能量消耗或制动盘过热
保持右/左	如果在邻近的车道有其他交通，留在选好的车道
转速最佳	保持一定的发动机转速，例如，避免噪声或允许超车要求足够的发动机功率
速度最佳	减小对给定速度分布的偏差，例如，满足限速标志

这种优化是在考虑车辆纵向和侧向的动力学和轮胎行为的基本预测模型基础上完成的。文献［134］提出一个非常类似的方法，包含文献［133］中控制器对优化轨迹跟踪的考虑。

文献［135］提出路径规划算法，在极坐标曲线下操作，在不同速度的条件下应用于线—弧—线的过渡。参考轨迹对应于驾驶员行为得出，其目的是假设在曲线过渡过程中避免侧向加速度变化；随后，保证连续曲率的行为约束。相对于数据库的信息（半径和曲线的转动角度）和适应驾驶试验中观察的不同类型的驾驶风格（新手，经验丰富的驾驶员）的特殊约束，参考轨迹的多项式参数是（基于 Mamdani）模糊确定的。路径规划功能是导航辅助驾驶员辅助系统的一部分，其利用差分全球定位系统（DGPS）定位车辆在道路的位置，如果检测到车辆速度和轨迹角度存在不适当的驾驶条件，可以提醒驾驶员，或者可以校正这些情况。

驾驶员轨迹模型的精度和通用性，通过文献［136］对试验数据应用优化算法，识别模糊干扰系统的隶属函数（现在基于 Sugeno）得到改善。

通过考虑容忍的侧向加速度（取决于驾驶员和车辆）和跟随轨迹的瞬时曲率，确定曲线的参考速度，因而在曲线中不是常数。当通过曲线时，假设驾驶员完成制动序列达到曲线通过的参考速度，这时几乎具有恒定速度地通过序列，离开曲线的加速度序列取决于前方路面情况。认知机制使用状态机实现，类似于图 38.13，详见文献［126］。

在曲线速度选择的背景下,各种建议的回顾也是有趣的[137],其他建议见文献[138]。

在文献[75]中,结合驾驶员的路径决策过程,构成驾驶员模型。假定路径决策所需的主要信息,是驾驶员前视的风险感。风险水平无法测量,但与驾驶员的心率高度相关是预先假定的。由试验测试可以得出结论,驾驶员选择具有最小风险水平的路径。因而采用前视的风险水平,并且由到左或右道路边界的距离、障碍和曲线的前视四部分组成,如图38.14所示。这些风险水平由指数函数描述,其参数取决于速度、边界条件、道路宽度和道路条件等,基于模糊推理获得。

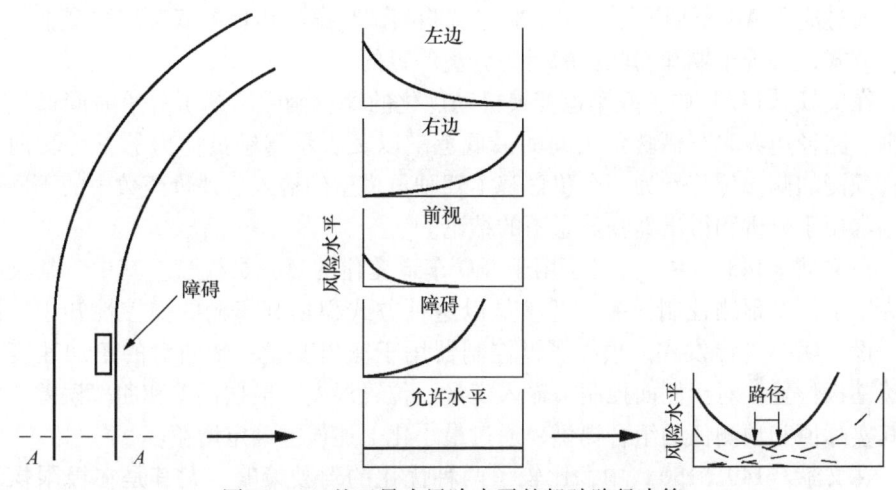

图38.14 基于最小风险水平的驾驶路径决策

然后,驾驶员的转向角速度由风险水平及其在前方某一视点应用FLC获得;车辆侧向控制的转向力矩由实际转向角和期望转向角速度导出。对于车辆纵向控制,再次分别考虑速度,应在视点的最小风险水平。

为了以同样的最大速度模拟有经验的人类驾驶员能够完成的闭环ISO-车道改变,对于驾驶员模型而言,不仅是大的也可能是迄今为止不可能完成的挑战。寻找驾驶员(模型)要遵循(具有时间滞后)的时间优化轨迹,在某种程度上是一个解决方案,但是在极端情况下可能会失败。原因是高度非线性的车辆行为和驾驶员内部预测模型不充分表示之间的不匹配,事实是在确定最优轨道时通常忽略驾驶员的行为,如时间延迟和限制。针对后一种方式的任务,提出用于不同驾驶员控制时间最优机动或车道轨迹的不同解决方法。

在文献[139,140]中,应用了求解最优控制问题的并行打靶方法。在文献[141]中,通过自适应模拟退火(ASA)方法计算优化转向角行为,用于人类试验驾驶员在最高速度完成 ISO - 车道变化；在文献［142］中，通过应用迭代变形输入的轨迹变形方法，对相同的任务进行研究。在文献［143］的用户联盟（CU）的短程机动中，应用了遗传算法。在文献［144］中，性能函数用于优化避障机动转向和制动策略，除了路径约束之外，由转向力矩（转向角速度）和轮胎工作载荷（结合摩擦系数）组成；提出优化的直接打靶方法。

在文献［145］中，转向角和角速度、横摆角速度、侧倾角速度和道路中心线偏差等各种性能指标均采用时变加权系数，通过反复试验，将仿真结果与双车道变换时测试的驾驶员控制动作进行匹配。然后，将改进的性能指标作为量化指标，以便解释驾驶员各自的驾驶策略。

在文献［146］中，车辆和驾驶员模型的参数，基于侧向位移和横摆角的观察，通过应用 AR 模型识别，用于对应试验测试数据的闭环单双车道的变换，以这种方式，实现车辆和驾驶员的行为分离的目的。

在文献［147］中，双车道变换机动优化的评价函数考虑了最小时间通过的准则、路径边界和车辆转角之间的最低范围以及表示驾驶员体力的平均转向盘率；预测的侧向位移作为一个包含基本驾驶员模型的输入。评价函数中的不同权重因素用于分析和得出驾驶员意图的结论。

在文献［148］中，开发了用于 ISO 车道变化的驾驶员模型。其中，驾驶被视为一个模型预测控制任务，驾驶员以这种方式积累其车辆的操控性知识。因此，设计两个（启发式）模糊逻辑控制器用于输出变量：转向盘的角加速度和加速踏板位置。对于侧向控制，输入变量、位置误差、横摆误差和曲率误差，作为其实际值和预测值的组合提供，通过最小化上述误差确定增益。

在文献［149,150］中，比较了两种优化的驾驶策略，尤其是在极限操纵下通过转向和加速度的组合表征，在最大化速度和保持稳定的同时实现避障。首先，称为一般优化控制（GOC）技术，同时处理车辆状态和路面或障碍几何限制，提供转向、制动和加速踏板动作的最佳顺序，以便提供最好的避障效果。采用非线性 4 自由度操稳车辆模型，但是没有内部的驾驶员表示。其次，称为对偶模型（DM）技术，与闭环机动通用的驾驶员模型相结合，旨在提供接近最优的驾驶员控制输入，对于驾驶员模型的假设是不敏感的，可能对闭环性能评价产生影响。因此，针对只有质心加速度约束的简单车辆非线性质点模型，初步确定一组最优控制。对于耦合通用驾驶员模型和车辆操稳模型的更现实的仿真，这些结果提供了一个参考输入。

$$\dot{u}_1 = \frac{(a_0 - \dot{u})}{\tau_1}, \dot{u}_2 = k_1(\omega_0 - r) + k_2\sigma(\beta\dot{\beta})\dot{\beta}$$

$$\sigma(\beta\dot{\beta}) = \begin{cases} 1 & \text{如果}\beta\dot{\beta} > 0 \\ 0 & \text{如果}\beta\dot{\beta} \leq 0 \end{cases} \qquad (38.53)$$

$u_1(t)$ 为加速度命令信号，其被转换为驱动力或制动力矩；$u_2(t)$ 为转向角；u，r，β 分别为纵向速度，横摆角速度和车辆侧偏角；τ_1，k_1，k_2 为控制参数，对于要求的加速度 $a_0(t)$ 和角速度 $\omega_0(t)$ 基于质点模型参考导出。由质点和驾驶员 - 车辆仿真之间的偏差，估计有效的摩擦极限，其提供一组修改的条件以便重新进行参考优化，直至观察到控制无显著变化，得到一个近似的最优输入。

38.4 聚焦于车辆、驾驶员组合的应用

本节主要关注的是，组合的车辆/驾驶员耦合的应用特性，同样的任务也可以在其他节中找到。例如，某些驾驶员支持系统控制器的设计，38.2 节可能主要关注的是包括虚拟试验驾驶员模型到仿真环境中，而如果这些系统对驾驶员行为的反应或者从驾驶员的角度而言的设计准则等应用，则要呈现在本节中。

38.4.1 与驾驶员有关的车辆操纵动力学

在文献 [151] 中，对于典型的车道变换，分析了道路 - 车辆 - 驾驶员闭环系统。驾驶员的能力，作为预瞄位置误差的一个基本控制器，由最大可获得的转向盘转动参数限制。如果违反这些限制，则模型继续在开环模式中，其中转向盘转动由最大可能的转动参数决定。直到驾驶员再次在闭环模式转向或碰撞，生成紧急轨迹。对于提出的策略，评价标准针对性能和驾驶员两方面进行设定。

精神努力：

1）基于车辆运动的突然性，如车辆的最大横摆角、横摆速度和侧偏角。

2）基于依赖任务的驾驶员预见：转向盘转动和个体车辆反应之间的相位角差，如 $\dot{\psi}/\delta_s$，$\dot{\psi}/a_y$，β/a_y 的滞后回路的宽度，积分相位滞后准则计算的差异积分，该差异是归一化转向角和归一化车辆重心轨迹曲率之间的差异。

身体努力：

如转向盘的最大速度、加速度和转向盘力矩，转向盘的总角度变化，转向盘平均速度，转向盘最大功率，正转向盘平均功率。

在文献 [152] 中，提出预测主动控制车辆操纵品质主观评价的分析方法和用于评价 2/4 轮转向车辆的试验测试。其中，操纵品质被理解为影响执行指定驾驶任务的易用性和准确性的车辆质量，特别是任务性能和驾驶员的工作负荷。基于传递函数的驾驶员模型为

$$\delta(s) = K_\psi (T_{L\psi}s + 1)\left[K_y(T_{Ly}s + 1)y_e(s) - \psi(s)\right]\frac{e^{-\tau_r s}}{(T_I s + 1)} \quad (38.54)$$

y_e 为侧向位置误差和 ψ 为横摆角，包括增益 K_y，K_ψ 和前导时间常数 T_{Ly}，$T_{L\psi}$，以便考虑驾驶员对车辆特性和指定任务的适应性，而假定时间延时 τ，T_I

不受驾驶员意图任何变化的影响。驾驶员的主观评价通过具有适当的权重 q_1, q_2, q_3 的目标函数 J 表示：

$$J = q_1 \int_0^{t_f} y_e^2 dt + q_2 \int_0^{t_f} \delta^2 dt + q_3 (T_{Ly} + T_{L\psi}) \quad (38.55)$$

考虑到任务的性能（精度）和驾驶员的身体（转向力矩）和心理工作负荷（需要前导时间常数）。最小化 J 值的参数 K_y, K_ψ, T_{Ly}, $T_{L\psi}$ 由数值优化确定，$J_{\min}$ 用作为与试验测试一致的主观评分的预测值。然后，影响车辆操纵行为的特定设计参数，相对于其对评级 $J_{\min}$ 的影响及其构成要素进行评价。

在文献［153］中，通过分析驾驶员模型和车辆行为，提出用于线控转向（SBW）系统的设计策略，以便提高车辆稳定性，同时在给定常速下车道变换过程中保持操控性能。因此，驾驶员模型，引入其中结合转向盘转角 δ_s 和转向力矩 M_d

$$\frac{\delta_s}{K_\delta} + \frac{M_d}{K_M} = \Delta y_{pr} e^{-\tau_r s} \text{ 和 } \Delta y_{pr} = y_d - (y + L\psi) \quad (38.56)$$

式中，Δy_{pr} 为未来的侧向位置偏差；y_d 为期望的侧向位置；τ_r 为驾驶员的延迟时间；L 为预瞄距离；y 为当前侧向位置；ψ 为横摆角。

对于 $K_M = \infty$，驾驶员只使用转向角控制车辆；对于 $K_s = \infty$，只使用转向力矩控制车辆。对于 $0 < (K_\delta, K_M) < \infty$，使用两者的组合控制车辆。进一步假设 $e^{-\tau_r s} \approx 1/(1 + \tau_r s)$，转向系统的转动惯量和黏性摩擦小和可以忽略；因此，$M_d = -M$，其中，M 是来自于车辆的转向力矩。改进由优化转向角增益 K（其性能函数基于侧向位置误差和车辆的侧向加速度）和系统延迟时间的补偿导出，由车辆和驾驶员延迟组成。为了实现这一目标，选择 SBW 系统的自由设计参数实现引导转向，$\delta_f(s) = k(1 + \tau_{rs})\delta_s(s)$，有前轮转向角 δ_f 和驾驶员转向力矩导数的反馈，包括增益 K_δ，K_M 和式（38.56）中驾驶员模型的时间延迟 τ_r。

在文献［154］中，描述驾驶员 - 铰接式车辆模型，以便研究和适应不同驾驶员技能的车辆设计。图 38.15 显示了提出的驾驶员/车辆系统的多环结构，其中路径输入可以是侧向位移或路径方位。

内部控制回路信号由引导单元的侧向加速度、组合的铰接率和牵引单元簧载质量的侧倾角所组成，以便利用驾驶员对牵引车和挂车的灵敏度。驾驶员补偿函数的分量分别是 $H_L(s) = K_L e^{-\tau_{LS}}$ 和 $H_H(s) = K_H e^{-\tau_{HS}}$；预瞄方块 $P(s) = e^{T_p s}$ 代表单点预瞄策略的预瞄函数。驾驶员对侧向位移的预测函数 $B(s)$，见式（38.2），表示驾驶员对于车辆运动的预测能力。内循环中的预测函数由 $F_i(s) = K_{pi} e^{\tau_{pi} s}$（$i = 1, 2, 3$）定义，是为了表示驾驶员对于车辆运动的直接或间接感知：对于车辆运动的直接感知，源于对于车辆响应的经验或潜意识感知，假设 τ_{pi} 为正值；

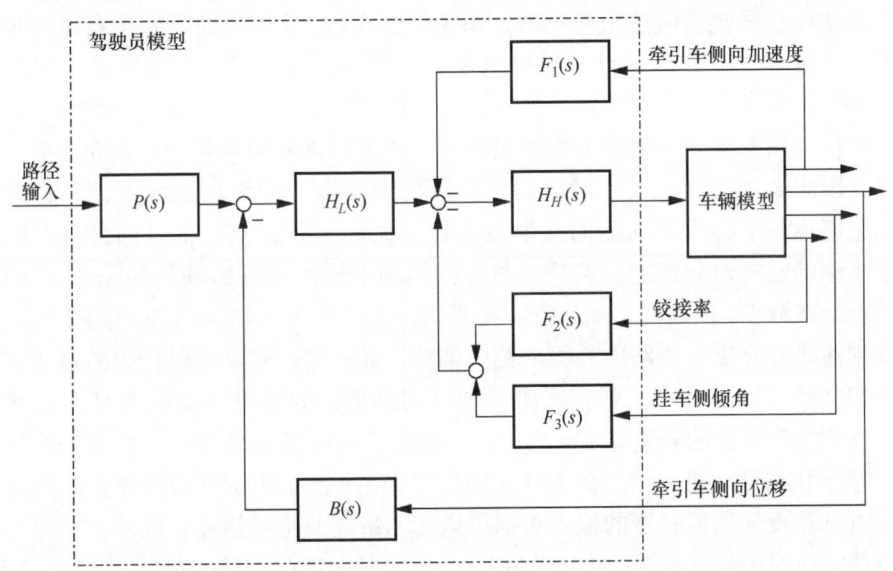

图 38.15 铰接车辆的驾驶员模型

对于车辆运动的间接感知,通过监测车辆状态实现,产生负值的 τ_{pi},由于延迟与测试相关,信号处理、显示和检测比驾驶员的预测时间长。进一步假设,驾驶员在反应时间、预瞄距离、补偿增益和转向输入的控制限制随着个人技能、测试条件和环境因素变化很大。

基于车辆路径跟踪、方向响应特性和驾驶员转向力矩的一个性能指标,是以公式表示和最小化,以便推导出适应不同技能驾驶员的车辆参数的期望范围。铰接车辆驾驶员模型的详细描述,在文献 [155] 中给出。

38.4.2 避免事故、主动安全与驾驶员支持系统

与之前在文献 [153] 中提到的任务类似,SBW 参数对(特别是)老年驾驶员转向特性的适应情况在文献 [156] 中进行了研究。为此,驾驶员模型的参数,根据式 (38.51),但是 $\Delta y(s) = y_d(s) - y(s)$,通过最小化由车道变换测试和计算的数据之间的偏差组成的成本函数确定;考虑目标路径 y_d 为阶跃输入。然后,进行进一步优化,最小化实际和期望的侧向距离之间的偏差,找到 SBW 系统的前馈参数,用于跟随理想车辆轨迹的闭环系统。对于车道变换,选择纯正弦加速度的双重积分作为一个理想的路径,其大小对应于车道宽度,频率对应于车道变换的距离和速度。

在文献 [157] 中,应用了基于车辆动力学的多逆模型的驾驶员模型,用于驾驶员支持系统的设计,以便协助驾驶员躲避障碍。在文献 [158] 中,讨论了"集成驾驶员模型"的一般描述,用于驾驶员安全辅助系统。

当使用自适应巡航控制（ACC）系统时，文献［159］的研究重点是驾驶行为的适应过程。ACC能够自动维持恒定的车辆间距和速度，由驾驶员选择和设定。考虑驾驶员个人不同程度的技能，基于神经网络和两个反馈比例控制器，引入一种反馈误差学习方案作为驾驶员模型。神经网络的输入包括：路面曲率、前方的预瞄距离；车辆速度；对于前导车辆期望和实际的距离之间的差异；转向角；距离道路中心线（前面的三个距离）的侧向偏移；ACC的开断信号；输出量是车辆的转向角和速度。然后，仿真模型用于预测熟练驾驶员使用ACC的控制性能。在分别使用ACC和手动驾驶期间，连续车道变换的行车间隔时间，转向角的傅里叶分析，道路中心线的侧向偏差，被认为是对驾驶员行为的描述。

在文献［160－162］中，提出驾驶员辅助系统的研发结果作为高速公路上驾驶员监测和预警的辅助。文献［161］给出系统的基本轮廓。"参考驾驶员模块"基于状态自动机[161]，在文献［162］的petri网中表示平均驾驶员的统计行为，由机器视觉和传感器的输入数据提取实际情况的符号描述。此外，其计算和输出特定情况的行动界限。"差异解释模块"根据这些界限判断驾驶员的行为，从而也考虑"实际驾驶员模型"的具体情况输出。在出现实际危险情况时，触发"警告装置"并发出适当的警告，其通过触觉显示给驾驶员。"实际驾驶员模型"考虑了对单独驾驶员的适应性，其中，实际驾驶员正常的驾驶风格由学习期间对其行为的观察获取。因此，在文献［160, 161］中，比较了统计方法和神经网络方法，神经网络方法基于模糊自适应共振理论（ART）架构在文献［162］中引入。

在文献［163］中，使用"隐马尔可夫动态模型"（由马尔可夫链排列在一起的一组动力学模型）由传感数据识别人类的驾驶行为和预测3s以上最可能的驾驶员行为；人被认为是具有大量内部心理状态的装置，每一个都有自己独特的控制行为和内部状态转移概率。通过观察驾驶员控制动作行为的时间模式，并与行动模型比较，可以确定驾驶员的启动动作，并且用于避撞系统[164-166]。在文献［167］中，概述了ACC应用概率网络预测动作识别的进一步方法。基于模糊联想记忆的驾驶员意图识别模型，在文献［168］中描述。

提出一种混合驾驶员模型[129,169]，在前方车辆突然停车的情况下模拟和理解驾驶员的策略。基于车辆的距离、距离变化率和侧向位移的传感信息，一组线性多项式用于描述转向量。这些多项式的系数以及参数，相对于车辆之间的距离定义"模式"之间的切换条件，通过应用驾驶模拟器环境的数据和观察到的停车策略识别，比较新和老驾驶员的驾驶特性。

在碰撞情况下，使用转向控制作为驾驶员的辅助功能，在文献［170］中解决。为此，施加一个基本的预瞄转向控制，以便稳定碰撞发生后的车辆轨迹。

在文献［171］中，分析了自动变速器（AT）的档位选择问题，提出一种学习算法,以便改善车辆行为和驾驶员满意感。为了在局部和全局时间范围内优化具有多个矛盾准则的车辆性能,基于驾驶员满意感的评价,考虑了参数判别函数和所谓的驾驶员风格的状态函数,作为对系统的奖励,应用强化学习算法,由 Q - 学习方法导出。当驾驶员在手动模式下选择 AT 的传动比时,直接向驾驶员进行监督学习;当在自动模式恢复 AT 时(基于反向传播神经网络),允许嵌入式控制器定制存储策略。每个驾驶员可以具有个人的驾驶风格,也可以通过不同的物理状态表征,通过无监督学习的一个类创建/选择机理表示。

38.5 聚焦于环境/交通的应用

最后一节关注的是,考虑车辆–驾驶员组合环境的驾驶员模型应用,尤其是与一个或多个其他车辆的相互作用。在这方面,会出现诸如理解系统"交通",交通流和车辆跟驶等主题。在所有微观仿真模型以及现代交通流理论中,车辆跟驶本身构成主要过程之一,试图在更宏观尺度上理解个体驾驶员水平现象和整体行为之间的相互作用。像 ACC 和自动公路系统(AHS)的应用,涉及一系列丰富的文献,只要主要关注驾驶员而不是自动驾驶(或只考虑人类驾驶员的部分的"智能巡航控制");下面是一些早期以及最近的一些文献。这里给出一些主要建模方法和典型应用的概述,而不是深入分析;相关的模型和主题也前面已经讨论过。

早在 1950 年,车辆的交通线或队列的纵向行为由 Reuschel(鲁契尔)在运动学基础上进行研究[173]。在给定的规则下,前导车辆(LV)激发跟随车辆(FV)的纵向状态,车辆间距为

$$\Delta s(t) = \Delta s_0 + qv(t) \tag{38.57}$$

Δs_0 为静止状态 LV 和 FV 之间预定义的间距;$v(t)$ 为 FV 的速度;q 固定为 3.6,是 km/h 到 m 的转换系数。

也要处理突然减速到静止的情况和跟随队列的效果。此后,随着交通流的增长,该话题引起越来越多的兴趣,已经开发更复杂的模型用于模拟交通流。

模拟交通线的纵向驾驶员模型包含在文献[174]中。考虑纵向车辆动力学和驾驶行为的传递函数为

$$\frac{s\alpha(s)}{\Delta v(s)} = \frac{k_M}{s} \frac{(1+T_{L,1}s)(1+T_{L,2}s)}{1+T_N s} \tag{38.58}$$

$\alpha(s)$ 为加速踏板位置;$\Delta v(s)$ 为距离变化率;k_M,$T_{L,1}$,$T_{L,2}$,T_N 为驾驶员参数,对交通线的稳定性方面进行分析。

"精密模型"的简化版本在文献[175]中提出,见式 (38.7)[30],用于对非临界车辆跟随情况下驾驶员的行为进行建模,给出驾驶员参数的识别,并且利

用试验数据进行评价。

在车辆跟随的情况下，两个连续车辆之间的距离/间隙的确定，作为驾驶员的一种规则或要求特性（和通常被称为纵向"驾驶员模型"），在理论上和试验上已经通过许多出版物反映。在1953年，通过指定车辆（$k+1$）加速度 $\dot{v}_{k+1}$ 与前方车辆 k 的相对速度 $v_k - v_{k+1}$ 成比例，文献［177］提出线性传递行为。在文献［177］中，通过时间滞后 τ_r（驾驶员的反应时间）扩展了这一想法。因此，基本的前导－跟随模型为

$$\dot{v}_{k+1}(k) = \lambda \left[v_k(t - \tau_r) - v_{k+1}(t - \tau_r) \right] \quad (38.59)$$

常数 λ 称为驾驶员的灵敏度因子。该模型的众多应用中的一个例子是文献［178］，当具有自动车辆跟随能力的半自动化车辆与手动操纵的车辆一起运行时，其对交通流特性（串稳定性）和环境（燃油消耗）的影响进行了分析。

这种模型的非线性类型是众所周知的，在文献中通常作为 GM 模型或Gazis - Herman - Rothery（盖奇斯 - 赫尔曼 - 罗瑟里，GHR）模型[179]

$$\dot{v}_{k+1}(t) = C v_{k+1}^m \frac{v_k(t - \tau_r) - v_{k+1}(t - \tau_r)}{\left[x_k(t - \tau_r) - x_{k+1}(t - \tau_r) \right]^l} \quad (38.60)$$

有关参数 C, l, m 的选择建议，包含在发表的许多修改模型的一些参考文献中，见文献［172］或更近的文献［180］。

另一种改善，称为（简化的）Helly（赫利）模型[181]

$$\dot{v}_{k+1}(t) = C_1 \left[v_k(t - \tau_r) - v_{k+1}(t - \tau_r) \right]$$
$$+ C_2 \left[(x_k(t - \tau_r) - x_{k+1}(t - \tau_r)) - D(t) \right] \quad (38.61)$$

$$D(t) = \alpha + \beta v_{k+1}(t - \tau_r) + \gamma \dot{v}_{k+1}(t - \tau_r) \quad (38.62)$$

$D(t)$ 为期望跟随距离，$C_1, C_2, \alpha, \beta, \gamma$ 为指定交通流特性的参数，目前还在使用，例如，甚至应用于文献［182］的中性神经模糊框架。

在文献［183］中，选择状态空间表示推导最优控制理论常数反馈增益，其修改跟随车辆的动力学，使得到的系统响应接近给定的模型（前导者）。针对飞机动力学给出实例，在文献［184］中该方法转换到跟随车辆的问题。二次型性能准则函数保证一些期望间距 $\Delta s_d = k v_f$ 和相对速度 Δv 的偏差最小化以及要求的最小能量；然后，最优控制成为（包含跟随速度 v_f）

$$u(t) = C_s \left[\Delta s(t) - C_c v_f(t) \right] - C_v \Delta v(t) \quad (38.63)$$

在包括驾驶员的反应时间 τ_r 和车辆非线性（其未作任何进一步指定）后，参数 C_s, C_c, C_v, τ_r 由高速公路数据识别。使用切换方法，可以考虑更多前面的车辆。

在1981年，Gippd（吉普斯）提出模拟真实交通的另一种经常引用的跟随模型[185]。当假定驾驶员以车辆许可的安全和限制尽可能快行驶时，在位置 x_n 的车辆 n 的速度 v_n 在给定的时间 $(t + \tau_r)$ 为

第38章 汽车动力学应用中的驾驶员模型

$$v_n(t+\tau_r) = \min \begin{cases} v_n(t) + 2.5 a_n \tau_r \left(1 - \frac{v_n(t)}{v_{n,0}}\right) \sqrt{0.025 + \frac{v_n(t)}{v_{n,0}}} \\ b_n \tau_r + \sqrt{b_n^2 \tau_r^2 - b_n \left[2(x_{n-1}(t) - s_{n-1} - x_n(t)) - v_n(t)\tau_r - \frac{v_{n-1}(t)^2}{\hat{b}}\right]} \end{cases}$$
(38.64)

模型所需的参数,见表38.1。

表38.1 Gipps车辆跟随模型的参数

参数	意义
a_n	车辆n驾驶员希望承担的最大加速度
b_n	车辆n驾驶员希望承担的最大减速度
$\hat{b}$	b_{n-1}的估计值
$v_{n,0}$	车辆n驾驶员希望行驶的速度
s_n	对$n-1$车辆的保持距离
τ_n	反应时间

在式(38.64)中对车辆n的第一个约束,是其不可以超过驾驶员的期望速度,并且当发动机力矩增加时加速度应当首先随着速度增加而增加,然后当车辆接近期望的自由流动速度$v_{n,0}$时又减少至零。

第二个约束考虑了跟随车辆驾驶员选择其速度,以便保证前方车辆突然停止时,使跟随车辆停在一个安全的位置上。这就是这种类型模型称为安全距离或避免碰撞的模型方式;这种类型的早期贡献是文献[186]。

以这种方式,模型结合两种竞争目标,即与前面车辆保持安全距离和收敛到驾驶员期望的自由流动速度。

在文献[187]中,方法基于式(38.59)($\tau_r = 0$)。其中,v_k由最佳速度函数$v_{opt}(\Delta x)$代替

$$v_{opt}(\Delta x) = v_0 [\tanh m(\Delta x - b_f) - \tanh m(b_c - b_f)] \qquad (38.65)$$

间距$\Delta x = x_{k+1} - x_k$和参数v_0,m,b_f,b_c,由车辆n的个体行为的观测数据进行确定。

上述模型[177,179,184,185,187]以及在交通流车辆跟随模型[188]的验证,基于两个数据库由现场测试的车辆跟随数据[189]完成。报告说明Gipps模型能够适合最多的机动次数;然而,文献[55]提出Gipps模型的改进版本。尤其是在交通密度高的时候,车辆行为由式(38.64)的第二个约束主导,Gipps模型被修正,没有高估交通流。然后,更新的模型用于评估ACC车辆对交通流的影响,也见文献[190]。

如前面概述提到的类似于车辆跟随模型组,其相对于稳定性问题在文

献［191］中讨论。作者对模型中缺失的人为因素进行了批评，参见文献［192］。其中车辆跟随由生理/心理角度描述；文献［193］提出一个模型；文献［192］是对于文献［172］的评论，给出从1999年开始的车辆跟随模型的历史回顾。作为回应，文献［194］是对文献［192］的回复，并且重点是满足的含义，假定受到工程灵感启发的车辆跟随模型是确定的，感知和认知性能的个体差异作用以及动机，必须在未来的交通行为予以考虑，如车辆跟随行为。

其他比较研究包括以前或类似交通流模型或ACC，例如文献［195，196］或文献［197］。

交通仿真模型作出与驾驶员安全行为相关的假设。文献［198］的作者认为，这些假设可能或不可能复制一些驾驶员的实际行为，他们采取看似不安全行为，例如过于紧跟前车的跟随。因此，该文探讨了关于文献中各种仿真模型与安全相关参数的选择问题。

高速公路瓶颈处的自由交通流到同步流的过渡，文献［199］使用两个经验微观交通流模型进行研究。

在文献［200］中，给出相对于其他或者更特殊的应用。其中，考虑重型车辆驾驶员跟随另一个车辆。基于测试数据，建立了一个基本前馈和反馈模型。类似于文献［110］中的转向驾驶员模型，应用多元线性回归方法设置输入变量（关于前车、跟随车辆和相对于彼此的信息）和输出变量（加速踏板位置）之间的线性关系；然后，导出系数用于对每个驾驶员信息的重要性进行分析。

在文献［201］中，对非货车驾驶员的行为以其与交通流中货车的相互作用进行建模。因此，扩展了微观公路交通流模型的车辆跟随和车道变换逻辑。基于调查数据，乘用车和货车的相互作用通过模糊逻辑模型进行描述，与货车附近非货车驾驶员的"不舒适水平"相关联。

在文献［203］中，对夜间驾驶行为进行了研究。在车辆跟随模型中，最优速度 v_{opt} 为

$$\dot{v}_{k+1} = C_a[v_{opt}(\Delta x) - v_{k+1}] + C_b[v_k - v_{k+1}] \tag{38.66}$$

参数 C_a，C_b 如式（38.65）给出的同样方法进行选择，但是采用阈值调节。在此基础上，对交通集群的稳定性进行分析。

文献［204］的概念性论文，给出驾驶员模型的另一种应用。驾驶模拟器和宏观交通模拟器实时链接在一起，进一步与微观交通模拟器相互作用。其中，包含的驾驶员模型分别与其他车辆产生交通环境的响应，干扰驾驶模拟器中的真正驾驶员。

纵向车辆跟随驾驶员模型也已经在驾驶员预警系统中引入，用于车辆避撞，如文献［205］，类似于38.4.2小节中侧向情况的目标。

车辆跟随问题的另一种不同建模方法是应用神经网络[108]，其已经在

38.3.1小节中进行概述。最近，文献［206］研究和比较了用于车辆跟随行为建模的反向传播神经网络和径向基函数（RBF）神经网络的效率。模糊逻辑控制（FLC）也用于研发基于知识的交通行为模型，例如文献［201，207］。

在文献［208］中，提出多车道混合交通流的随机建模。对于饱和流，在"停停走走"的模式中，其考虑很多车辆可以变换到另一条车道，讨论了稳定性方面的问题，提出估计能源消耗和伴随污染物排放强度的方法。

在基本的车辆跟随模型的本构方程中，例如式（38.60），其预设跟随车辆的驾驶员反应。一方面，相对速度任意小的变化，另一方面，相对非常大的间距[209]。因此，在这些方程中，假定只要速度差消失就没有反应，这在文献［209］中被认为是不现实的，因而提出"心理"模型：驾驶员对刺激反应受到一定的限制。例如，在大空间范围内，跟随车辆的驾驶员不会受到速度差的影响。只有达到这些感知阈值时，驾驶员将能够感知到前导车辆表观尺寸的变化，并且对运动变量的变化作出反应；文献［210］呈现的成果是基于这样的想法，同样文献［211］也是一样的。靠近时，速度差可能低于阈值，基于间距的阈值就变成相关的（"行动点"模型）。

基于（如果－则）规则的认知模型，在文献［212］中实现，给出用于描述建模方法的例子。

考虑到驾驶员主要依赖于视觉信息，检测前导车辆开始制动和跟随车辆监督和追踪前导车辆方法的视觉系统能力，在文献［213］中进行研究和量化；在这方面，早期的贡献是文献［214］；也见文献［215］和文献［213］。

视觉线索包括：

1）在车辆跟随驾驶员的视野（隐约可见）中，前导车辆图像的单目扩展。

2）纹理扩张：当前导车辆接近跟随车辆时，其表面特征的精细程度变得更加清晰。

3）双目线索。

4）前导车辆制动灯工作。

在文献［213］中，只聚焦于隐约可见的线索，以角度 θ 变化率表示，如图38.16中的右图定义。

前导车辆制动场景的人类驾驶员模型，如图38.16所示。视觉系统的感官输入，单目图像的扩展，由添加噪声的 $\dot{\theta}$ 表示。纯时间延迟也与视觉系统相关联，由 $e^{-s\tau}$ 提供。然后，信号通过滤波器。跟随车辆的驾驶员感知 $\dot{\theta}$，$\dot{\theta}_p$ 发送到"认知过程"块，随着"准则检测器"判断前导车辆是否制动。如果 $\dot{\theta}_p$ 超过 C，则"准则检测器"判断前导车辆制动已启动，开始制动策略。否则，使用其他一些策略，如车辆跟随。评估 $\dot{\theta}_p$ 使用的准则值是决策结果的预期成本和收益的函数，通常取决于特定的驾驶条件、观测的噪声和检测的最小扩展率。人腿和脚运动的神经肌肉模型与认知和如图 38.16 所示的神经肌肉块相结合完成人类驾驶员模型的任务。

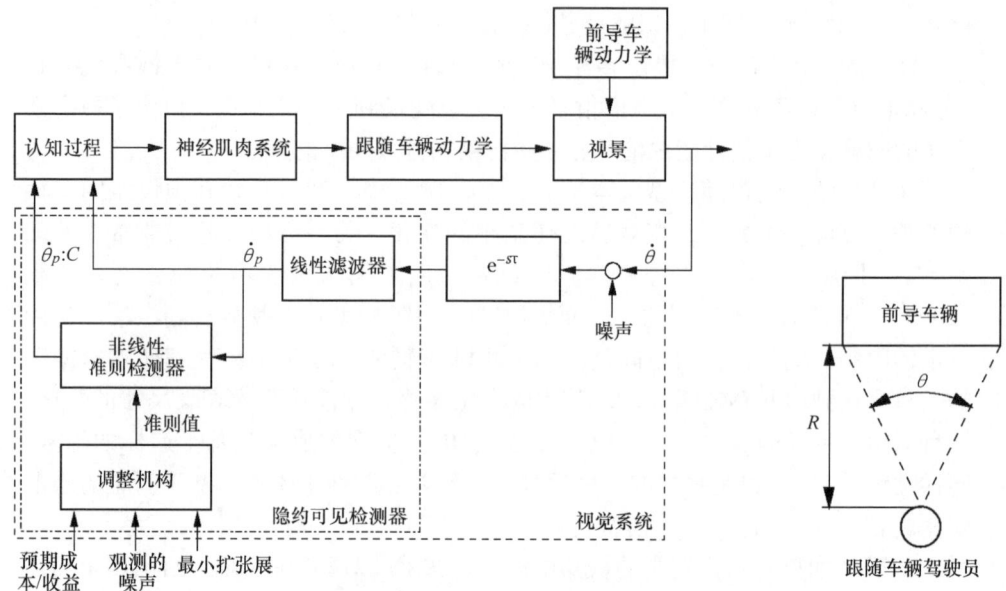

图 38.16　前导车辆制动场景的人类驾驶员模型和视角 θ 的定义

38.6　结论

综述性文章揭示了一个非常广泛的数学方法应用于建立驾驶员模型，一边理解和改善汽车动力学与研究人类的驾驶行为。技术问题在应用中占有主导地位，可以注意到，在车辆-驾驶员耦合系统中，人的因素不总是受到足够的重视。从某种意义而言，对汽车的技术理解仍然远远超出对人类驾驶员的表示。然而，生理和心理方面的考虑在一定程度上决定了许多驾驶员模型，并且可以注意到很多努力是将人文科学结合起来，以便弥补数学理论和更好在技术上理解驾驶。虽然实验验证在一定程度上滞后于先进的数学方法，但是驾驶员模型在 VSD 中变得相当重要。

用于确定驾驶员行为的各种各样的数学方法，可能不仅源于科学家个人研究的特殊喜好，而且也源于遵循不同应用领域的广泛性，如在本章中可以观察的那样。从一个应用到结论性的数学方法可能得不出结论，虽然一些特定的建模方法相对于一些数量上的应用和出版物似乎比其他方法更加有效，但是某一类应用的驾驶员模型并不像 VSD 中其他模型的那样明显。有充分的理由说明，驾驶是一个复杂的生理和心理的个性过程，在模仿和理解人类（驾驶）行为方面将继续让科学家保持兴趣和创造性。

参 考 文 献

1. Riekert, P. and Schunk, T., 1940, Zur Fahrmechanik des gummibereiften Kraftfahrzeugs. *Ingenieur-Archiv*, **11**(3), 210–224, (in German).
2. Kondo, M., 1953, Directional stability (when steering is added). *Journal of the Society of Automotive Engineers of Japan (JSAE)*, **7**(5/6), pp. 104–106, 109, 123, 136–140 (in Japanese).
3. Iguchi, M. et al., 1960, A fundamental study on characteristics of driver control action with a model automobile. *Journal of the Society of Automotive Engineers of Japan (JSAE)*, **7**, (in Japanese).
4. Sheridan, T.B., 1963, Vehicle handling: Mathematical characteristics of the driver. *Society of Automotive Engineers (SAE)*, **630068**, 1–6.
5. Enke, K., 1966, Überlegungen zum Zusammenwirken von Fahrzeuglenker und Automobil. *Automobil-Industrie*, **1**, 37–44, (in German).
6. Fiala, E., 1966, Lenken von Kraftfahrzeugen als kybernetische Aufgaben. *Automobiltechnische Zeitschrift (ATZ)*, **68**(5), 156–162, (in German).
7. Wierwille, W.W., Gagné, G.A., and Knight, J.R., 1967, An experimental study of human operator models and closed-loop analysis methods for high-speed automobile driving. *IEEE Transactions on Human Factors in Electronics*, **HFE-8**(3), 187–201.
8. Rashevsky, N., 1966, *Neglected Factors in Highway Safety*. University of Michigan Mental Health Research Institute, Ann Arbor, MI, Grant GM-12032–01.
9. Michon, J.A., 1985, A critical review of driver behavior models: What do we know, what should we do? In: R. Schwing and L. A. Evans (Eds.), *Human Behavior and Traffic Safety* (pp. 487–525) (New York: Plenum Press).
10. Miall, R.C. and Wolpert, D.M., 1996, Forward models for physiological motor control. *Neural Networks*, **9**(8), 1265–1279.
11. Rix, J.J. and Cole, D.J., 2002, Models of human learning applicable to the vehicle steering task. *Proceedings of the International Symposium on Advanced Vehicle Control (AVEC) 2002*, Hiroshima, Japan, pp. 683–688.
12. Jürgensohn, T., 1997, Hybride Fahrermodelle. (Berlin, Germany: Pro Universitate Verlag), (ISBN 3-932490-22-3), (in German).
13. MacAdam, C.C., 2003, Understanding and modeling the human driver. *Vehicle System Dynamics*, **40**(1–3), 101–134.
14. Willumeit, H.-P. and Jürgensohn, T., 1999, Fahrermodelle—ein kritischer Überblick, Teil 1 und 2. *Automobiltechnische Zeitschrift (ATZ)*, **99**(7/8, 9), 424–428, 552–560, (in German).
15. Hoffmann, E.R., 1975/1976, Human control of road vehicles. *Vehicle System Dynamics*, **5**, 105–126.
16. Reid, L.D., 1983, A survey of recent driver steering behavior models suited to accident studies. *Accident Analysis and Prevention*, **15**(1), 23–40.
17. Irmscher, M., Jürgensohn, T., and Willumeit, H.-P., 1999, Driver models in vehicle development. *Vehicle System Dynamics Supplement*, **33**, 83–93.
18. Riedel, A., 1990, IPG-Driver—Ein Modell des realen Fahrers für den Einsatz in Fahrdynamik-Simulationsmodellen. *Automobilindustrie*, **6**, 655–662, (in German).
19. Guo, K. and Guan, H., 1993, Modelling of driver/vehicle directional control system. *Vehicle System Dynamics*, **22**, 141–184.
20. Kondo, M. and Ajimine, A., 1968, *Driver's Sight Point and Dynamics of the Driver-Vehicle-System Related to It*. Society of Automotive Engineers (SAE), New York, 680104.
21. Jürgensohn, T., 2006, Control theory models of driver behaviour. *Proceedings of the Workshop Modelling Driver Behaviour in Automotive Environments*, May 2005, Ispra, Italy, pp. 25–27.
22. Chatelet, P. and Anhtuan, P., 1973, Dynamique du système conducteur-véhicule. *Ingenieurs de l'automobile*, 757–812, (in French).
23. Leglouis, T., Laneville, P., Bourassa, P., and Payre, G., 1986, Characterization of dynamic vehicle stability using two models of the human pilot behaviour. *Vehicle System Dynamics*, **15**, 1–18.
24. Leglouis, T., Laneville, P., Bourassa, P., and Payre, G., 1987, Vehicle/Pilot system analysis: A new approach using optimal control with delay. *Vehicle System Dynamics*, **16**, 279–295.

25. Yoshimoto, K., 1968, Simulation of driver/vehicle system including preview control. *Journal of Mechanics Society Japan*, **71**, (in Japanese).
26. Mitschke, M., 1993, Driver-vehicle-lateraldynamics under regular driving conditions. *Vehicle System Dynamics*, **22**, 483–492.
27. Appel, A. and Mitschke, M., 1997, Adjusting vehicle characteristics by means of driver models. *International Journal of Vehicle Design*, **18**(5), 583–596.
28. Reichelt, W., 1990, Ein adaptives Fahrermodell zur Bewertung der Fahrdynamik von Pkw in kritischen Situationen. PhD thesis, Braunschweig University of Technology, Braunschweig, Germany, (in German).
29. McRuer, D.T. and Krendel, E.S., 1959, The human operator as a servo system element. *Journal of the Franklin Institute*, **267**(5/6), 381–403, 511–536.
30. McRuer, D.T., Graham, D., Krendel, E.S., and Reisener, W., 1965, Human pilot dynamics in compensatory systems: Theory, models and experiments with controlled-element and forcing function variations. Wright-Patterson Air Force Base (OH): Technical Report AFFDL-TR-65–15.
31. Weir, D.H. and McRuer, D.T., 1970, Dynamics of driver vehicle steering control. *Automatica*, **6**, 87–98.
32. McRuer, D.T. and Krendel, E.S., 1974, Mathematical Models of Human Pilot Behavior. Systems Technology, Inc., Hawthorne, CA, AGARD AG 188, STI-P-146.
33. McRuer, D.T., Allen, R.W., Weir, D.H., and Klein, R.H., 1977, New results in driver steering control models. *Human Factors*, **19**(4), 381–397.
34. McRuer, D.T., Weir, D.H., Jex, H.R., Magdaleno, R.E., and Allen, R.W., 1975, Measurement of driver-vehicle multiloop response properties with a single disturbance input. *IEEE Transactions on Systems, Man, and Cybernetics*, **SMC-5**(5), 490–497.
35. Reid, L.D., Graf, W.O., and Billing, A.M., 1980, The validation of a linear driver model. University of Toronto Institute for Aerospace Studies (UTIAS) Rept. No. 245.
36. Allen, R.W., Szostak, H.T., and Rosenthal, Th.J., 1987, Analysis and computer simulation of driver/vehicle interaction. *Society of Automotive Engineers (SAE)*, 871086.
37. Lin, M., Popov, A.A., and McWilliam, S., 2002, Handling studies of driver-vehicle systems. *Proceedings of the International Symposium on Advanced Vehicle Control (AVEC) 2002*, Hiroshima, Japan, pp. 261–266.
38. Lin, M., Popov, A.A., and McWilliam, S., 2004, Stability and performance studies of driver-vehicle systems with electronic chassis control. *Vehicle System Dynamics Supplement*, **41**, 477–486.
39. Lin, M., Popov, A.A., and McWilliam, S., 2003, Sensitivity analysis of driver characteristics in driver-vehicle handling studies, In: L. Dorn (Ed.) *Driver Behaviour and Training* (Aldershot, Hampshire, London, U.K.: Ashgate Publishing Ltd.), (ISBN 0754638359).
40. Johannsen, G., 1993, *Mensch-Maschine-Systeme* (Berlin, Germany: Springer Verlag), (ISBN 3-540-56152-8), (in German).
41. Weir, D.H., DiMarco, R.J., and McRuer, D.T., 1977, *Evaluation and Correlation of Driver/Vehicle Data. Vol. I. Summary Report* (Washington, DC: National Highway Traffic Safety Administration), (DOT-HS-803-246).
42. Hess, R.A. and Modjtahedzadeh, A., 1990, A control theoretic model of driver steering behavior. *IEEE Control Systems Magazine*, **10**(5), 3–8.
43. Garrott, W.R., Wilson, D.L., and Scott, R.A., 1982, Closed loop automobile maneuvers using describing function models. *Society of Automotive Engineers (SAE)*, 820306.
44. Festa, P., Mangialardi, L., and Mantriota, G., 2003, Dynamic behaviour of a closed loop driver-car-caravan system. *International Journal of Vehicle Design*, **31**(4), 408–426.
45. Mitschke, M. and Ahring, E., 1994, Control loop for driver-vehicle with four wheel steering. *Proceedings of the International Symposium on Advanced Vehicle Control (AVEC) 1994*, Tsukuba-shi, Japan.
46. Plöchl, M. and Lugner, P., 1999, A 3-level driver model and its application to driving simulation. *Vehicle System Dynamics Supplement*, **33**, 71–82.
47. Edelmann, J., Plöchl, M., Reinalter, W., and Tieber, W., 2007, A passenger car driver model for higher lateral accelerations. *Vehicle System Dynamics*, **45**(12), 1117–1129.
48. Savkoor, A.R. and Ausejo, S., 1999, Analysis of driver's steering and speed control strategies in curve negotiation. *Vehicle System Dynamics Supplement*, **33**, 94–109.
49. Donges, E., 1978, A two-level model of driver steering behaviour. *Human Factors*, **20**(6), 691–707.
50. Mitschke, M., 1989, Anticipatory steering in a driver-vehicle control loop. *Vehicle System Dynamics Supplement*, **18**, 405–413.

51. Edelmann, J., Plöchl, M., and Lugner, P., 2007, A driver model for vehicle system dynamics simulation. *Proceedings of the European Automotive Congress "Automobile for the Future" 2007*, Budapest, Hungary.
52. Bösch, P., 1991, Der Fahrer als Regler. PhD thesis, Vienna University of Technology, Vienna, Austria, (in German).
53. MacAdam, C.C., 1981, Application of an optimal preview control for simulation of closed-loop automobile driving. *IEEE Transactions on Systems, Man, and Cybernetics*, **SMC-11**(6), 393–399.
54. Ungoren, A.Y. and Peng, H., 2005, An adaptive lateral preview driver model. *Vehicle System Dynamics*, **43**(4), 245–259.
55. Peng, H., 2002, Evaluation of driver assistance systems—A human centered approach. *Proceedings of the International Symposium on Advanced Vehicle Control (AVEC) 2002*, Hiroshima, Japan.
56. Guo, K., Ding, H., Zhang, J., Lu, J., and Wang, R., 2004, Development of a longitudinal and lateral driver model for autonomous vehicle control. *International Journal of Vehicle Design*, **36**(1), 50–65.
57. Guo, K., Cheng, Y., and Ding, H., 2004, Analytical method for modeling driver in vehicle directional control. *Vehicle System Dynamics Supplement*, **41**, 401–410.
58. Guo, K., Ding, H., Wan, F., Lv, J., and Cao, J., 2006, A unified analytical method for lateral and longitudinal combined driver model. *Proceedings of the International Symposium on Advanced Vehicle Control (AVEC) 2006*, Taipei, Taiwan.
59. Sharp, R.S., Casanova, D., and Symonds, P., 2000, A mathematical model for driver steering control, with design, tuning and performance results. *Vehicle System Dynamics*, **33**, 289–326.
60. Kroll, C.V., 1971, Preview-predictor model of driver behavior in emergency situations. *Driving Simulation* (Washington, DC: Highway Research Board), vol. 364, pp. 16–26, (ISBN 0309019796).
61. Sharp, R.S. and Valtetsiotis, V., 2001, Optimal preview car steering control. *Vehicle System Dynamics Supplement*, **35**, 101–117.
62. Sharp, R.S., 2005, Driver steering control and a new perspective on car handling qualities. *Proceedings of IMechE, Part C: Journal of Mechanical Engineering Science*, **219**, 1041–1051.
63. Cole, D.J., Pick, A.J., and Odhams, A.M.C., 2006, Predictive and linear quadratic methods for potential application to modelling driver steering control. *Vehicle System Dynamics*, **44**(3), 259–284.
64. Frezza, R., Saccon, A., and Bachet, D., 2003, SmartDriver: A sensor based model of a car driver for virtual product development. *Proceedings of the 2003 IEEE/ASME International Conference on Advanced Intelligent Mechatronics*, **1**, 366–370.
65. Frezza, R. and Minen, D., 2005, A new model based driver program for virtual cars in closed loop simulation. *Presented at IAVSD-Symposium 2005*, Milano, Italy.
66. Mayr, R. and Freund, E., 1992, On the Design of nonlinear path control in automated vehicle guidance. *Proceedings of the 1992 IEEE/RSJ International Conference on Intelligent Robots and Systems*, **1**, 613–620.
67. Vögel, M., 1997, Fahrbahnmodellierung und Kursregelung für ein echtzeitfähiges Fahrdynamikprogramm. Diploma-thesis, Munich University of Technology, Munich, Germany, (in German).
68. Vögel, M., von Stryk, O., Bulirsch, R., Wolter, T.-M., and Chucholowski, C., 2003, An optimal control approach to real-time vehicle guidance, In: W. Jäger and H.-J. Krebs (Eds.), *Mathematics—Key Technology for the Future* (pp. 84–102) (Berlin, Germany: Springer Verlag).
69. Irmscher, M. and Ehmann, M., 2004, Driver classification using ve-Dyna advanced driver. *Society of Automotive Engineers (SAE)*, **1877**, 129–134, 2004–01–0451.
70. Butz, T. and von Stryk, O., 2005, Optimal control based modeling of vehicle driver properties. *Society of Automotive Engineers (SAE)*, pp. 7, 2005-01-0420.
71. Zadeh, G.A., Fahim, A., and El-Gindy, M., 1997, Neural network and fuzzy logic applications to vehicle systems: Literature survey. *International Journal of Vehicle Design*, **18**(2), 132–193.
72. Hessburg, T. and Tomizuka, M., 1994, Fuzzy logic control for lateral vehicle guidance. *Control Systems Magazine*, **14**, 55–63.
73. Zeyada, Y., El-Beheiry, E., El-Arabi, M., and Karnopp, D., 2000, Driver modeling using fuzzy logic controls for human-in-the-loop vehicle simulations, In: Hassan, M.F., Megahed, S.M. (Eds.), *Current Advances in Mechanical Design and Production VII* (Oxford, U.K.: Elsevier Science Ltd.).
74. Xi, G. and Qun, Y., 1994, Driver-vehicle-environment closed-loop simulation of handling and stability using fuzzy control theory. *Vehicle System Dynamics Supplement*, **23**, 172–183.
75. Kageyama, I. and Pacejka, H.B., 1991, On a new driver model with fuzzy control. *Vehicle System*

Dynamics Supplement, **20**, 314–324.
76. Kramer, U. and Rohr, G., 1982, A fuzzy model of driver behaviour: Computer simulation and experimental results. *Proceedings of IFAC Symposium on Analysis, Design, and Evaluation of Man-Machine Systems*, Baden-Baden, Wurttemberg, Germany, pp. 31–35.
77. Di Puccio, F., Forte, P., Guiggiani, M., and Rotti, D., 2003, Modelling and simulation of driver's control on 4-wheeled vehicle dynamics. *CD-Proceedings of 4th International Conference on Control and Diagnostics in Automotive Applications*, Sestri Levante, Italy.
78. James, D.J.G., Böhringer, F., Burnham, K.J., and Copp, D., 2002, Adaptive driver model using neural network. *Proceedings of the Artificial Life and Robotics*, (ISSN 1433–5298), **7**, 170–176.
79. Chen, L.K. and Ulsoy, A.G., 2001, Identification of a driver steering model, and model uncertainty, from driving simulator data. *ASME Journal of Dynamic Systems, Measurement, and Control*, **123**, 623–629.
80. Chen, L.K. and Ulsoy, A.G., 2000, Identification of a nonlinear driver model via NARMAX modeling. *Proceedings of the American Control Conference*, Chicago, IL, pp. 2533–2537.
81. Chen, L.K. and Hu, D.J., 2006, Adaptive control with respect to driver model uncertainty. *Proceedings of the International Symposium on Advanced Vehicle Control (AVEC) 2006*, Taipei, Taiwan.
82. Chen, L.K. and Lin, H.T., 2006, On-line driver steering model estimations. *Proceedings of the International Symposium on Advanced Vehicle Control (AVEC) 2006*, Taipei, Taiwan.
83. Neculau, M., Jürgensohn, T., and Willumeit, H.-P., 1990, Model of the driver lateral control behaviour and scanning pattern. *Proceedings of the 9th European Annual Conference on Human Decision Making and Manual Control*, Ispra, Italy, pp. 275–282.
84. Reddy, R.N. and Ellis, J.R., 1981, Contribution to the simulation of driver-vehicle-road system. *Society of Automotive Engineers (SAE)*, pp. 24, 810513.
85. Wenzel, T.A., Burnham, K.J., Williams, R.A., and Blundell, M.V., 2005, Closed-loop driver/vehicle model for automotive control. *Proceedings of the 18th International Conference on Systems Engineering*, Washington, DC.
86. Riepl, A., Reinalter, W., and Fruhmann, G., 2004, Rough road simulation with tire model RMOD-K and FTire. *Vehicle System Dynamics Supplement*, **41**, 734–743.
87. Lugner, P. and Plöchl, M., 1995, Additional 4WS and driver interaction. *Vehicle System Dynamics*, **24**, 639–658.
88. Plöchl, M. and Lugner, P., 1999, Passenger car and passenger car-trailer—Different tasks for the driver. *JSAE Review*, **20**, 543–548.
89. Stribersky, A., Fancher, P.S., MacAdam, Ch.C., and Sayers, M.W., 1989, On nonlinear oscillations in road trains at high forward speeds. *Vehicle System Dynamics Supplement*, **18**, 552–565.
90. Harada, H. and Iwasaki, T., 1994, Stability criteria and objective evaluation of a driver-vehicle system for driving in lane change and against crosswind. *Vehicle System Dynamics Supplement*, **23**, 197–208.
91. Kehtarnavaz, N. and Sohn, W., 1991, Steering control of autonomous vehicles by neural networks. *Proceedings of the American Control Conference*, IEEE cat 91CH2939-7, Boston, MA, pp. 3096–3101.
92. Pomerleau, D., 1991, Efficient training of artificial neural networks for autonomous navigation. *Neural Computation*, **3**(1), 88–97.
93. Pomerleau, D., 1993, Knowledge-based training of artificial neural networks for autonomous robot driving, In: Connell, J., Mahadevan, S. (Eds.), *Robot Learning* (Boston, MA: Kluwer Academic Publishing).
94. Lubin, J.M., Huber, E.C., Gilbert, S.A., and Kornhauser, A.L., 1992, Analysis of a neural network lateral controller for an autonomous road vehicle. *Society of Automotive Engineers (SAE)*, pp. 21, 921561.
95. Neusser, S., Hoefflinger, B., and Nijhuis, J., 1991, A case study in car control by neural networks. *Proceedings of the ISATA International Symposium*, Florence, Italy, 1991, pp. 607–614.
96. Neusser, S., Nijhuis, J., Spaanenburg, L., Höfflinger, B., Franke, U., and Fritz, H., 1993, Neurocontrol for lateral vehicle guidance. *IEEE Micro*, **13**(1), 57–66.
97. Rivals, I., Canas, D., Personnaz, L., and Dreyfus, G., 1994, Modeling and control of mobile robots and intelligent vehicles by neural networks. *Proceedings of the Intelligent Vehicles Symposium*, Paris, France, pp. 137–142.
98. Fritz, H., 1996, Model-based neural distance control for autonomous road vehicles. *Proceedings of the Intelligent Vehicles Symposium*, Tokyo, Japan, pp. 29–34.
99. Kehtarnavaz, N., Griswold, N., Miller, K., and Lescoe, P., 1998, A transportable neural-network approach to autonomous vehicle following. *IEEE Transactions on Vehicular Technology*, **47**(2), 694–702.
100. Kamada, H. and Yoshida, M., 1992, A visual control system using image processing and fuzzy theory.

Vision-Based Vehicle Guidance (New York: Springer Verlag), (ISBN O-387–97553–5).
101. Hessburg, T. and Tomizuka, M., 1995, Fuzzy logic control for lane change maneuvers in lateral vehicle guidance, In: *California Partners for Advanced Transit and Highways (PATH). Working Papers:* Paper UCB-ITS-PWP-95–13.
102. Pasquier, M., Quek, C., Tung, W.L., Chen, D., and Yep, T.M., 2002, Fuzzylot II: A novel soft computing approach to the realisation of autonomous driving manoeuvres for intelligent vehicles. *Proceedings of International Conference on Control, Automation, Robotics and Vision*, **2**, 746–751.
103. Kraiss, K.F. and Küttelwesch, H., 1990, Teaching neural networks to guide a vehicle through an obstacle course by emulating a human teacher. *Proceedings of International Joint Conference on Neural Networks*, San Diego, CA, 333–337.
104. Kraiss, K.F. and Küttelwesch, H., 1992, Identification and application of neural operator models in a car driving situation. *Proceedings of the 5th IFAC/IFIP/IFORS/IEA Symposium on Analysis, Design and Evaluation of Man-Machine Systems*, The Hague, The Netherlands 121–126.
105. Fujioka, T., Nomura, K., Takubo, N., and Chung, D.H., 1991, Driver model using neural network system. *Proceedings of 6th International Pacific Conference on Automotive Engineering*, Seoul, South Korea, Vol. 2, pp. 931–938.
106. MacAdam, Ch.C. and Johnson, G.E., 1996, Application of elementary neural networks and preview sensors for representing driver steering control behavior. *Vehicle System Dynamics*, **25**, 3–30.
107. Lin, Y., Tang, P., Zhang, W.J., and Yu, Q., 2005, Artificial neural network modelling of driver handling behaviour in a driver-vehicle-environment system. *International Journal of Vehicle Design*, **37**(1), 24–45.
108. MacAdam, Ch.C., Bareket, Z., Fancher, P., and Ervin, R., 1998, Using neural networks to identify driving style and headway control behavior of drivers. *Vehicle System Dynamics Supplement*, **28**, 143–160.
109. Kageyama, I., Arai, A., and Nomura, T., 1999, An analysis of driver's control algorithm using neural network modeling. *Vehicle System Dynamics Supplement*, **33**, 122–130.
110. Kuriyagawa, Y., Im, H.-E., Kageyama, I., and Onishi, S., 2002, A research on analytical method of driver-vehicle-environment system for construction of intelligent driver support system. *Vehicle System Dynamics*, **37**(5), 339–358.
111. Koike, Y. and Doya, K., 1999, Multiple state estimation reinforcement learning for driving model—Driver model of automobile. *Proceedings of the IEEE Conference on Systems, Man, and Cybernetics*, **5**, 504–509.
112. Koike, Y. and Doya, K., 2003, Driver model based on reinforced learning with multiple-step state estimation. *Electronics and Communications in Japan, Part 3*, **86**(10), 85–95.
113. Wolf, J.D. and Barrett, M.F. (1978), Driver-vehicle effectiveness model, Vol. I: final report, Vol. II: appendices. (Report No. DOT/HS 804337/804338) (Washington, DC: National Highway Traffic Safety Administration).
114. Hayhoe, G.F., 1979, A driver model based on the cerebellar model articulation controller. *Vehicle System Dynamics*, **8**, 49–72.
115. Carson, J.M. and Wierwille, W.W., 1978, Development of a strategy model of the driver in lane keeping. *Vehicle System Dynamics*, **7**, 233–253.
116. Crossman, E.R.F.W. and Szostak, H., 1968, Man-machine models for car steering. *Proceedings of the 4th Annual Conference on Manual Control*, NASA Technical Report SP-192, Berkeley, CA, pp. 171–195.
117. Jürgensohn, T. and Willumeit, H.-P., 1997, Modellierung von Mikro-Steuerstrategien mit Hilfe künstlicher neuronaler Netze. *Automobiltechnische Zeitschrift (ATZ)*, **99**(6), 348–352, (in German).
118. Cheng, B. and Fujioka, T., 1997, A hierarchical driver model. *Proceedings of IEEE Conference on Intelligent Transportation Systems*, Boston, MA, pp. 960–965.
119. Song, B., Delorme, D., and VanderWerf, J., 2000, Cognitive and hybrid model of human driver. *Proceedings of the Intelligent Vehicles Symposium*, Dearborn, MI, pp. 1–6.
120. Salvucci, D.D., 2006, Modeling driver behavior in a cognitive architecture. *Human Factors*, **48**, 362–380.
121. Salvucci, D.D. and Gray, R., 2004, A two-point visual control model of steering. *Perception*, **33**(10), 1233–1248.
122. Kiencke, U., Majjad, R., and Kramer, S., 1999, Modeling and performance analysis of a hybrid driver model. *Control Engineering Practice*, **7**, 985–991.
123. Wickens, C.D., 1984, *Engineering Psychology and Human Performance* (London, U.K.: C.E. Merrill Publishing Company).
124. Liu, Y., 1994, A queueing network model of human performance of concurrent spatial and verbal tasks.

Proceedings of the IEEE International Conference on Systems, Man, and Cybernetics, **3**, 2761–2766.
125. Kiencke, U. and Nielsen, L., 2005, *Automotive Control Systems* (Berlin, Germany: Springer Verlag), (ISBN 3–540–23139–0).
126. Lauffenburger, J.-Ph., Basset, M., and Gissinger, G.L., 2005, Design of a coupled longitudinal-lateral trajectographic driver model. *Proceedings of the 16th IFAC World Congress 2005*, Prague, Czech Republic.
127. Kim, J.-H., Kim, Y.W., and Hwang, D.H., 2005, Modeling of human driving behavior based on piecewise linear model. *Automatika*, **46**(1–2), 29–37.
128. Keen, S.D. and Cole, D.J., 2006, Steering control using model predictive control and multiple internal models. *Proceedings of the International Symposium on Advanced Vehicle Control (AVEC) 2006*, Taipei, Taiwan.
129. Nagai, M., Onda, M., and Katagiri, T., 1997, Application of genetic algorithm to analysis of driver's behavior in collision avoidance. *International Journal of Vehicle Design*, **18**(3), 626–638.
130. Li, L. and Wang, F.-Y., 2002, Vehicle trajectory generation for optimal driving guidance. *Proceedings of the IEEE International Conference on Intelligent Transportation Systems*, Singapore 231–235.
131. Li, L. and Wang, F.-Y., 2003, An integrated design framework for driver/passenger-oriented trajectory planning. *Proceedings of the IEEE International Conference on Intelligent Transportation Systems*, **2**, 1764–1769.
132. Prokop, G., 2001, Modeling human vehicle driving by model predictive online optimization. *Vehicle System Dynamics*, **35**(1), 19–53.
133. Preusse, Ch., 2001, A driver model for online control of virtual cars. *Proceedings of the IEEE International Conference on Control Applications*, 1174–1178.
134. Preuße, Ch., Keller, H., and Hunt, K.J., 2001, Fahrzeugführung durch ein Fahrermodell. *Automatisierungstechnik*, **49**, 540–546, (in German).
135. Lauffenburger, J.-Ph., Basset, M., Coffin, F., and Gissinger, G.L., 2003, Driver-aid system using path-planning for lateral vehicle control. *Control Engineering Practice*, **11**, 217–231.
136. Hoang, H.T., Lauffenburger, J.-Ph., Basset, M., and Thanh, V.D., 2005, An improvement of the driver trajectory model for path-planning. *Proceedings of the International Symposium on Electrical & Electronics Engineering 2005*, HCM City, Vietnam.
137. Odhams, A.M.C. and Cole, D.J., 2004, Models of driver speed choice in curves. *Proceedings of the International Symposium on Advanced Vehicle Control (AVEC) 2004*, Arnhems, the Netherlands, pp. 439–444.
138. Sentouh, C., Glaser, S., and Mammar, S., 2006, Advanced vehicle-infrastructure-driver speed profile for road departure accident prevention. *Vehicle System Dynamics Supplement*, **44**, 612–623.
139. Casanova, D., Sharp, R.S., and Symonds, P., 2000, Minimum time manoeuvring: The significance of yaw inertia. *Vehicle System Dynamics*, **34**(2), 77–115.
140. Casanova, D., Sharp, R.S., and Symonds, P., 2001, Sensitivity to mass variations of the fastest possible lap of a formula one car. *Vehicle System Dynamics Supplement*, **35**, 119–134.
141. Magerl, F., 2003, Ein Fahrermodell für die Simulation des ISO-Spurwechsels, PhD-thesis, Vienna University of Technology, Vienna, Austria, (in German).
142. Boyer, F. and Lamiraux, F., 2006, Trajectory deformation applied to kinodynamic motion planning for a realistic car model. *Proceedings of IEEE Conference on Robotics and Automation*, Orlando, FL, pp. 487–492.
143. Bernard, J., Gruening, J., and Hoffmeister, K., 1998, Evaluation of vehicle/driver performance using genetic algorithms. *Society of Automotive Engineers (SAE)*, pp. 13, 980227.
144. Horiuchi, S., Okada, K., and Nohtomi, S., 2004, Optimum steering and braking control strategies in obstacle avoidance maneuvers. *Proceedings of the International Symposium on Advanced Vehicle Control (AVEC), 2004*, Arnhems, the Netherlands, pp. 619–624.
145. Fujioka, T., Kouge, Y., Fukuba, H., Adachi, T., and Yoshioka, T., 2004, Analysis of driving behavior on expert driver in double lane change through optimization. *Proceedings of the International Symposium on Advanced Vehicle Control (AVEC), 2004*, Arnhems, the Netherlands, pp. 421–426.
146. Soma, H. and Hiramatsu, K., 1994, Application of AR-method to dynamic identification of driver-vehicle system in lane change. *Proceedings of the International Symposium on Advanced Vehicle Control (AVEC) 1994*, Tsukuba-shi, Japan, pp. 22–27.
147. Sonada, T. and Makita, M., 2006, Analysis of driver maneuver with optimizing driver model for double lane change. *Proceedings of the International Symposium on Advanced Vehicle Control (AVEC) 2006*, Taipei, Taiwan.

148. El Hajjaji, A. and Ouladsine, M., 2001, Modeling human vehicle driving by fuzzy logic for standardized ISO double lane change maneuver. *Proceedings of the IEEE International Workshop on Robot and Human Interactive Communication*, Bordeaux and Paris, France 499–503.
149. Gordon, T.J. and Best, M.C., 2006, On the synthesis of driver inputs for the simulation of closed-loop handling manoeuvres. *International Journal of Vehicle Design*, **40**(1/2/3), 52–76.
150. Gordon, T.J. and Best, M.C., 2004, Comparison of optimal driving policies for limit handling manoeuvres. *Proceedings of the International Symposium on Advanced Vehicle Control (AVEC) 2004*, Arnhems, the Netherlands, pp. 399–404.
151. Apetaur, M. and Opicka, F., 1991, Assessment of the driver's effort in typical driving manoeuvres for different vehicle configurations and managements. *Vehicle System Dynamics Supplement*, **20**, 42–56.
152. Horiuchi, S. and Yuhara, N., 2000, An analytical approach to the prediction of handling qualities of vehicles with advanced steering control system using multi-input driver model. *Dynamic Systems, Measurement, and Control*, **122**(3), 490–497.
153. Limpibunterng, T. and Fujioka, T., 2004, Bilateral driver model for steer-by-wire controller design. *Vehicle System Dynamics Supplement*, **41**, 381–390.
154. Yang, X., Rakheja, S., and Stiharu, I., 2001, Adapting an articulated vehicle to its drivers. *Journal of Mechanical Design*, **123**(1), 132–140.
155. Yang, X., Rakheja, S., and Stiharu, I., 2002, Structure of driver model for articulated vehicles. *International Journal of Vehicle Design, Heavy Vehicle Systems*, **9**(1), 27–51.
156. Chai, Y.W., Abe, Y., Kano, Y., and Abe, M., 2006, A study on adaptation of SBW parameters to individual driver's steer characteristics for improved driver-vehicle system performance. *Vehicle System Dynamics Supplement*, **44**, 874–882.
157. Fujiwara, Y., Fujihira, T., Ishiwa, S., and Adachi, S., 2004, Control design of driver support system using multiple driver models. *Proceedings of the SICE 2004 Annual Conference*, **3**, 2443–2448.
158. Furukawa, Y., Takeda, H., Yuhara, N., Chikamori, S., Abe, M., and Sawada, T., 2004, Development of predicting evaluation platform of advanced driver safety assist systems using integrated virtual traffic environments. *Proceedings of the IEEE International Conference on Systems, Man, and Cybernetics*, **4**, 4041–4046.
159. Ohno, H., 2000, Analysis and modeling of human driving behaviors using adaptive cruise control. *Proceedings of the 26th Annual Conference of the IEEE Industrial Electronics Society*, **4**, 2803–2808.
160. Feraric, J.P., Kopf, M., and Onken, R., 1992, Statistical versus neural-net approach for driver behaviour description and adaptive warning. *Proceedings of 11th European Annual Conference on Human Decision Making and Manual Control*, 15p.
161. Onken, R., 1994, DAISY, an adaptive knowledge-based driver monitoring and warning system. *Proceedings of the Conference on Vehicle Navigation and Information Systems*, Berkeley, CA, pp. 3–10.
162. Onken, R. and Feraric, J.P., 1997, Adaptation to the driver as part of a driver monitoring and warning system. *Accident Analysis and Prevention*, **29**(4), 507–513.
163. Liu, A. and Pentland, A., 1997, Towards real-time recognition of driver intentions. *Proceedings of the IEEE Conference on Intelligent Transportation System*, Cambridge, MA, pp. 236–241.
164. Miyazaki, T., Kodama, T., Furuhashi, T., and Ohno, H., 2001, Modeling of human behaviors in real driving situations. *Proceedings of the IEEE Conference on Intelligent Transportation System*, Oakland, CA, 643–646.
165. Torkkola, K., Gardner, M., Wood, C., Schreiner, C., Massey, N., Leivian, B., Summers, J., and Venkatesan, S., 2005, Toward modeling and classification of naturalistic driving. *Proceedings of the Intelligent Vehicles Symposium*, Tempe, AZ, pp. 638–643.
166. Bouslimi, W., Kassaagi, M., Lourdeaux, D., and Fuchs, P., 2005, Augmented naive Bayesian network for driver behavior modeling. *Proceedings of the Intelligent Vehicles Symposium*, Berlin, Germany, pp. 236–242.
167. Dagli, I., Brost, M., and Breuel, G., 2002, Action recognition and prediction for driver assistance systems using dynamic belief networks. *Proceedings of Conference on Agent Technologies, Infrastructures, Tools, and Applications for E-Services*, 179–194.
168. Ohashi, L., Yamaguchi, T., and Tamai, I., 2004, Humane automotive system using driver intention recognition. *Proceedings of the SICE 2004 Annual Conference*, **2**, 1164–1167.
169. Kim, J.-H., Hayakawa, S., Suzuki, T., Hayashi, K., Okuma, S., Tsuchida, N., Shimizu, M., and Kido, S., 2005, Modeling of driver's collision avoidance maneuver based on controller switching model. *IEEE*

Transactions on Systems, Man, and Cybernetics, **SMC-35**(6), 1131–1143.
170. Chan, Ch.-Y. and Tan, H.-S., 2001, Feasibility analysis of steering control as a driver-assistance function in collision situations. *IEEE Transactions on Intelligent Transportation Systems*, **2**(1), 1–9.
171. Fournier, L., 1994, Learning capabilities for improving automatic transmission control. *Proceedings of the Intelligent Vehicles Symposium*, Paris, France, pp. 455–460.
172. Brackstone, M. and McDonald, M., 1999, Car-following: A historical review. *Transportation Research Part F: Traffic Psychology and Behaviour*, **2**(4), 181–196.
173. Reuschel, A., 1950, Fahrzeugbewegungen in der Kolonne. *(Austrian) Ingenieur-Archiv*, **IV**(3–4), pp. 193–215, (in German).
174. Dreyer, W. and Mitschke, M., 1984, Regelkreis Fahrer/Kraftfahrzeug und Kolonnenfahrt. *Automobil Industrie*, **1/84**, pp. 95–101, (in German).
175. Mulder, M., Muldner, M., van Paassen, M.M.R., and Abbink, D.A., 2005, Identification of driver car-following behaviour. *Proceedings of the IEEE Conference on Systems, Man, and Cybernetics*, **3**, 2905–2910.
176. Pipes, L.A., 1953, An operational analysis of traffic dynamics. *Journal of Applied Physics*, **24**(3), 274–281.
177. Chandler, R.E., Herman, R., and Montroll, E.W., 1958, Traffic dynamics: Studies in car following. *Operations Research*, **6**(2), 165–184.
178. Bose, A. and Ioannou, P., 1999, Analysis of traffic flow with mixed manual and semi-automated vehicles. *Proceedings of the American Control Conference*, San Diego, CA, pp. 2173–2177.
179. Denos, C., Gazis, R.H., and Rothery, R.W., 1961, Nonlinear follow-the-leader models of traffic flow. *Operations Research*, **9**(4), 545–567.
180. Chung, S.B., Song, K.H., Hong, S.Y., and Kho, S.Y., 2005, Development of sensitivity term in car-following model considering practical driving behavior of preventing rear end collision. *Journal of Eastern Asia Society for Transportation Studies*, **6**, 1354–1367.
181. Helly, W., 1959, Simulation of bottlenecks in single-lane traffic flow. *Proceedings of the Symposium on Theory of Traffic Flow*, Research Laboratories, General Motors, Amsterdam, the Netherlands, pp. 207–238.
182. Ma, X., 2006, A neural fuzzy framework for modeling car-following behavior. *Proceedings of the IEEE International Conference on System, Man and Cybernetics*, Tainan, China, 6p.
183. Tyler, J.S., Jr., 1964, The characteristics of model-following systems as synthesized by optimal control. *IEEE Transactions on Automatic Control*, **AC-9**(4), 485–498.
184. Burnham, G.O., Seo, J., and Bekey, G.A., 1944, Identification of human driver models in car following. *IEEE Transactions on Automatic Control*, **AC-19**(6), 911–915.
185. Gipps, P.G, 1981, A behavioural car-following model for computer simulation. *Transportation Research B*, **15B**, 105–111.
186. Kometani, E. and Sasaki, T., 1959, Dynamic behaviour of traffic with a non-linear spacing-speed relationship. *Proceedings of the Symposium on Theory of Traffic Flow*, Amsterdam, the Netherlands, pp. 105–119.
187. Bando, M., Hasebe, K., Nakanishi, K., Nakayama, A., Shibata, A., and Sugiyama, Y., 1995, Phenomenological study of dynamical model of traffic flow. *Journal de Physique I France*, **5**, 1389–1399.
188. Newell, G.F., 1961, Nonlinear effects in the dynamics of car following. *Operations Research*, **9**(2), 209–229.
189. Lee, K. and Peng, H., 2004, Identification and verification of a longitudinal human driving model for collision warning and avoidance systems. *International Journal of Vehicle Autonomous Systems*, **2**(1–2), 3–17.
190. Bareket, Z., Fancher, P.S., Peng, H., and Lee, K., 2003, Methodology for assessing adaptive cruise control behavior. *IEEE Transactions on Intelligent Transportation Systems*, **4**(3), 123–131.
191. Weng, Y. and Wu, T., 2002, Car-following models of vehicular traffic. *Journal of Zhejiang University Science*, **3**(4), 412–417.
192. Boer, E.R., 1999, Car following from the driver's perspective. *Transportation Research Part F: Traffic Psychology and Behaviour*, **2**(4), 201–206.
193. Goodrich, M.A., Boer, E.R., and Inoue, H., 1998, Brake initiation and braking dynamics: A human-centered study of desired ACC characteristics. Technical Report TR 98-5. Cambridge Basic Research, Nissan Research and Development.
194. Brackstone, M. and McDonald, M., 1999, What is the answer? And come to that, what are the questions? *Transportation Research Part F: Traffic Psychology and Behaviour*, **2**(4), 221–224.

195. Suzuki, H., Ranjitkar, P., Nakatsuji, T., and Takeichi, Y., 2005, An extended car-following model combined with a driver model. *Journal of Eastern Asia Society for Transportation Studies*, **6**, 1545–1556.
196. Ranjitkar, P., Nakatsuji, T., and Kawamura, A., 2005, Experimental analysis of car-following dynamics and traffic stability, *Traffic Flow Theory 2005* (pp. 22–32) (Washington, DC: Transportation Research Board), (ISBN 0309094089).
197. Panwai, S. and Hussein, D., 2005, Comparative evaluation of microscopic car-following behavior. *IEEE Transactions on Intelligent Transportation Systems*, **6**(3), 314–325.
198. Bonsall, P.W., Liu, R., and Young, W., 2005, Modelling safety-related driving behavior—The impact of parameter values. *Transportation Research Part A: Policy and Practice*, **39**, 425–444.
199. Kerner, B.S. and Klenov, S.L., 2006, Deterministic microscopic three-phase traffic flow models. *Journal of Physics A: Mathematical and General*, **39**(8), 1775–1809.
200. Iwaki, R., Kaneko, T., and Kageyama, I., 2006, Study on the longitudinal control analysis of a driver of a heavy-duty vehicle following another vehicle. *Vehicle System Dynamics Supplement*, **44**, 216–229.
201. Peeta, S., Zhou, W., and Zhang, P., 2004, Modeling and mitigation of car-truck interactions on freeways. *Transportation Research Record No. 1899*, 117–126.
202. Halati, A., Torres, J.F., and Cohen, S.L., 1991, FRESIM-Freeway simulation model. *70th Transportation Research Board Annual Meeting*, Paper No. 9102202.
203. Jiang, R. and Wu, Q.-S., 2007, The night driving behavior in a car-following model. *Physica A*, **375**(1), 297–306.
204. Suda, Y., Takahashi, Y., Kuwahara, M., Tanaka, S., Ikeuchi, K., Kagesawa, M., Shraishi, T., Onuki, M., Honda, K., and Kano, M., 2005, Development of universal driving simulator with interactive traffic environment. *Proceedings of the Intelligent Vehicles Symposium*, Las Vegas, NV, 743–746.
205. An, P.E. and Harris, C.J., 1996, An intelligent driver warning system for vehicle collision avoidance. *IEEE Transactions on Systems, Man, and Cybernetics – Part A: Systems and Humans*, **26**(2), 254–261.
206. Wang, L., Liu, X., and Zhong, X., 2006, A car-following model based on artificial neural networks in urban expressway sections. *85th Transportation Research Board Annual Meeting*, Compendium of Papers CD-ROM, 26p.
207. Das, S., Bowles, B.A., Houghland, Ch.R., Hunn, S.J., and Zhang, Y.L., 1999, A knowledge based model of traffic behavior in freeways. *Proceedings of the 1999 ACM Symposium on Applied Computing*, New York, pp. 14–18.
208. Lukanin, V.N., Buslaev, A.P., Novikov, A.V., and Yashina, M.V., 2003, Traffic flows modelling and the evaluation of energy-ecological parameters. Part I and II. *International Journal of Vehicle Design*, **33**(4), 381–399 and 400–421.
209. Leutzbach, W., 1988, *Introduction to the Theory of Traffic Flow* (Berlin, Germany: Springer Verlag).
210. Leutzbach, W. and Wiedemann, R., (1986) Development and applications of traffic simulation models at the Karlsruhe Institut für Verkehrswesen. *Traffic Engineering and Control*, **27**(5), 270–278.
211. Ludmann, J. and Neunzig, D., 1996, The effectivity of new traffic technologies in suburban areas—An analysis with the microscopic traffic simulator PELOPS. *Proceedings of the International Symposium on Advanced Vehicle Control (AVEC) 1996*, Aachen, Germany, pp. 1401–1432.
212. Kumamoto, H., Nishi, K., Tenmoku, K., and Shimoura, H., 1995, Rule based cognitive animation simulator for current lane and lane change drivers. *Proceedings of the 2nd World Congress on ATT*, Yokohama, Japan, pp. 1746–1752.
213. Barton, J.E., Cohn, T.E., and Tomizuka, M., 2006, Towards a complete human driver model: The effect of vision on driving performance. *Proceedings of the American Control Conference*, Minneapolis, MN, pp. 2591–2598.
214. Michaels, R.M., 1963, Perceptual factors in car following. *Proceedings of the 2nd International Symposium on the Theory of Road Traffic Flow*, Paris, France, pp. 44–59.
215. Sauer, C.W., Andersen, G.J., and Saidpour, A., 2003, Car following by optical parameters. *Proceedings of the 2nd International Driving Symposium on Human Factors in Driver Assessment, Training and Vehicle Design*, Park City, UT, pp. 158–162.

第 39 章 车辆侧向自动控制

39.1 引言

本章的主要目的，是对在道路上行驶与操稳性相关的车辆动力学和控制问题进行综述。本手册人为地将"智能车辆系统"分为侧向和纵向两章，即第 39 章和第 40 章，其实车辆侧向和纵向的动力学存在非常紧密的联系。同时，协调侧向/横摆和纵向运动的车辆控制显然是有益的，甚至是必需的，如自动化的高速公路系统中的合并辅助。此外，本章与第 30 章～第 38 章的车辆动力学和主动控制部分的一些章节不可避免地存在一些重叠。本章主要包含描述车道位置的一些基本材料，而车辆运动水平控制所包括的重要功能，如防止旋移或滑移的侧向稳定性控制等，很好地包含在车辆动力学和主动控制部分。本章假设要检测车道位置和用于车辆运动调节。如果不是这种情况，相关问题将就不包括在内。本章将尝试针对智能车辆领域与车辆操稳性和车道保持功能的最新进展提供独立的介绍，还将在适当时候强调与车辆和道路基础设施之间相关的协调问题。

在 20 世纪 80 年代末，"智能车辆和公路系统"术语首先在美国出现，包含一系列与先进信息、电子学和控制技术相关的应用，以便提高公路车辆的效率和安全性。这一总括性术语涵盖范围广泛的技术，与本章材料密切相关的子领域称为"先进车辆控制系统"（AVCS）。2000 年后，在美国运输部（USDOT）智能车辆计划（IVI）的支持下，更多的努力聚焦于此。与本章研究相关的挑战包括：①车道保持功能；②精确机动，如公共汽车的停靠和在狭窄空间的停车；③车道偏离预警和预防。这三个方面涵盖了智能车辆侧向研究的最新进展，这三个功能区域的状态将在本章其余部分进行讨论。

39.2 车道保持

39.2.1 背景和文献综述

车道保持系统需要传感和控制系统相结合，以便被控车辆自动跟随探测的路面标志，这些标志通常用于描绘道路的车道。本章不过多讨论车道变换功能，主要有两个原因：①车道变换主要是考虑交通流和相邻车道车辆相对纵向运动的决策问题，换言之，即使最终的控制为转向操作，关键的挑战在于纵向而不是侧向；②一旦进行车道变换的决策，侧向控制可以被视为车道保持的特殊情况，即有计划的车道位置。因此，一旦解决了车道保持的基本传感和动态控制问题，车道变换问题就是同样问题的简单扩展。虽然最近发表了相当多的车道变换领域的论文[1-3]，本章并没有涉及这些内容。

早在20世纪50年代末，就对车道自动保持问题进行了研究。Gardels（加德尔）利用电子传感器解决了通用汽车的自动转向控制问题[4]。Cardew（卡迪尤）完成了自动转向试验，并且在直道上实现了±2cm精度的位置控制[5]。这些早期研究演示了自动车道保持的可行性，并且鼓励了在这方面继续进行研究。Fenton（芬顿）及其同事在20世纪70年代作出了巨大努力[6,7]。他们首先使用经典的控制方法设计了控制算法[6]，并且通过试验验证了他们的设计。采用了经典设计方法，是由于数字控制技术还不成熟。然而，他们在弯道上采用0.2～0.3g的温和侧向加速度能够演示自动驾驶。在20世纪80年代后期，Fenton等研究了线性二次（LQ）方法[7]，使用实验室中的模拟计算机对车辆动力学进行了仿真，对结果进行了评估。在文献[6]和[7]中，利用反馈控制器实现车道跟随任务，其被处理为一类调节的控制问题，依靠反馈控制器的扰动抑制能力跟踪曲线道路。

在智能车辆和公路系统研究的背景下，车道自动保持备受关注，开始于1980年代，在20世纪90年代末达到高潮。重要的研究包括美国的PATH计划[8-11]，日本的ASV/AHS[12,13]，欧洲的PROMETHEUS/Drive/CARTS计划[14,15]，这些研究计划受到智能车辆和交通系统领域研究基金的驱使。PATH计划主要由加利福尼亚交通部（Caltrans）支持，较小程度得到联邦和工业基金支持。这个研究计划开始于1987年，现在规模较小但仍然非常重要。日本的ASV计划开始于1991年，在运输省（MOT）的领导下开展。ASV计划的前两个阶段分别为1991—1995年和1996—2000年。在交通省的协调和引导下，参与计划的日本汽车公司开发了很多种先进技术，提高了安全性。日本的AHS计划由建筑省牵头，通过公私合作伙伴关系"AHSRA"与汽车公司联合开展。1995年，在公共工程研究所（PWRI）进行了一次AHS展示；1996年，在一段公共高速公路上进行了演示。需要指出的是，日本AHS计划的全称现在是"先进巡航辅助公路系统"，似乎以温和的方式承认重点不再是完全的自动公路系统。这明显背离了在美国使用AHS的意义。PROMETHEUS是被批准为EUREKA项目的研究计划，由欧洲汽车行业于1986年发起。然后，这个项目组继续进行了一系列的后续项目。相比于美国、日本的项目，自动转向的概念在欧洲的项目中似乎关注较少。处理自动转向功能的系统，如文献［14，15］描述的那样，规模相对较小。

相比于20世纪80年代早期的成就，这个时代的一个显著成就包括更易对现有道路进行改造的传感系统、通过先进控制方法达到的更可靠和更平滑的转向控制以及对不同车辆类型和操作的扩展。这些领域的关键改进，将在以下部分进行解释。

39.2.2 传感系统

为了实现精确和平滑的车道保持，两种类型的信息至关重要：瞬时的车辆侧向位置和方位、未来道路的几何形式。在这些变量中，由于车辆观测性的要求，必须测量侧向位置。换言之，后两个变量可以根据侧向位移进行估计（以时间延迟为代价），但是反过来不成立。大多数20世纪80年代之前的研究原型系统，依赖于不前视的传感系统，例子包括磁线[6,7]和侧视雷达。换言之，这些传感系统重点在于获取车辆的侧向位置，用于推测车辆的方位信息。然而，这不能导出未来的道路几何（曲率），甚至有人对测量的侧向位移信号求取两次导数，是不切实际的方法，得到的是瞬时曲率误差，它对未来道路曲率的估计较差。这一事实严重限制了早期的下视、侧视传感和车道保持系统的实际性能，因为在行驶过程中根本就不前视！驾驶时注视前方道路，即"预瞄"都包括在1990年后几乎所有研究项目的新设计中[8-13]。通过前视，前方道路曲率信息用于确定适当的转向功能，同时使整个转向更平稳。通过使用如视觉[16-19]、磁标记[20,21]、差分GPS和地图[22,23]等传感系统，使预瞄成为可能。这些传感系统的功能原理和技术挑战，在相关文献中进行了充分讨论，超出了本章的范围。然而，总结这些传感系统总体性能、关键挑战和进一步提升潜力是重要的。不同的比较，见表39.1。

表39.1 车辆侧向位置（和横摆）传感系统的比较

	侧向位置精度/cm	横摆角精度/(°)	预瞄距离和质量	可靠性	关键挑战
视觉	2~7	1~3	120m，差	差	计算，环境照明，雪，车道描绘
磁标记	0.5~4.0	0.2~1.5	非常长（预编码），好	极好	安装费用高
DGPS地图	3~10	非直接测量	非常长（数据库），好	好（城市峡谷可能导致问题）	精度，城市峡谷，DGPS站

日本AHS-i项目对侧向定位和传感系统进行了全面真实的测试和评价[24]，1999—2001年选择两种有前途的方法——磁标记和被动放大无线电波标记并进行了详细评价。2001年，增加三种新方法进行评价：伪卫星、到达方向（DOA）和专用短程通信（DSRC）。在变化的道路条件、天气、道路建设和交通环境下，发现车道的离散磁标记系统可以提供准确的车道位置信息（4cm）。定位精度取

决于道路施工测量和磁标记的安装精度与强度。文献[24]报告的精度（4cm）以 $170\mu T$ 的标记强度和传感头放置在路面上 30cm 为基础，这个精度比加利福尼亚的 PATH 计划报道的精度（0.5cm）低[20]。然而，其为短距离测量得到的结果。文献[20]中的标记放置于特殊设计的盒子中，偏离中心安装。然后，通过绕盒子中心旋转标记准确对齐标记，达到很高的侧向精度。对于大规模安装，预计会产生更多的安装误差。对于磁（和其他种类）标记的大规模实现，高昂的测量和安装成本仍然是一个问题。

伪卫星技术是为了增强 GPS 而设计的。战略性选择基站接受和传送 GPS 信号，以便覆盖 GPS 卫星被屏蔽的阴影区域，如高层建筑产生的城市峡谷。这项技术可能无法提供超过现有的 GPS 和 DGPS 技术的精度。其他两种方法（DOA 和 DSRC）提供的精度似乎不足以达到侧向控制的目的（侧向位置精度 $>1.5m$），在此不作讨论。

重要的是，之前讨论的技术主要集中于非视觉的系统；基于 CCD 相机的视觉系统仍然是自动导航车辆的热门选择。最新的基于视觉的车道追踪系统的例子包括在文献[25-28]中，这只是该领域内大量文献的一小部分。它们不具备处理冰雪的能力和相邻车辆挡住视线的问题，严重限制了其日常安全接收度和实用性，对于车辆控制任务尤其是如此。然而，由于视觉传感器包含用于其他目的的大量信息，作为冗余的传感系统仍然保持较大的竞争力。

39.2.3 先进控制概念

选择可以前视的传感系统的重要性非常直观，可以通过分析基本的控制结构进行解释。2（1/2）自由度的车辆在道路上跟随的场景，如图 39.1 所示。2 自由度为车辆侧向和横摆的运动，1/2 自由度为车辆前进速度，假设其为定值（缓慢变化），因而在整个模型中作为一个参数而不是动态的状态变量。车辆侧向-横摆-侧倾动力学耦合是已知的，因而这个 2（1/2）自由度模型的假设意味着车辆侧倾运动小和被忽略。在图 39.1 中，u、v 和 r 分别表示车辆的纵向速度、侧向速度和横摆角速度，y 是车辆质心的侧向位移，沿着固定在车辆上的坐标系 y 轴方向进行测量。积分车辆横摆角速度，得到在大地坐标系中的车辆横摆角（定位角）。如果车辆横摆角表示为 $\psi(t)$，则可以定义"理想车辆横摆角"为 $\psi_d(t)$，其定义为瞬时道路轨迹的切向方向。

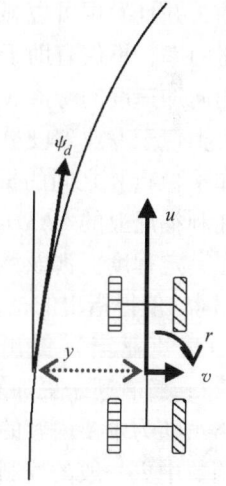

图 39.1 由自行车模型描述的车辆道路跟随

$\psi_d(t)$ 与实际道路几何变量，即道路曲线曲率半径 $R(t)$ 的关系为 $\dot{\psi}_d(t) = r_d(t) = u(t)/R(t)$，2(1/2) 自由度模型可以用状态方程表示为

$$\frac{d}{dt}\begin{bmatrix} y \\ v \\ \psi - \psi_d \\ r \end{bmatrix} = \begin{bmatrix} 0 & 1 & u & 0 \\ 0 & -\dfrac{C_{\alpha f} + C_{\alpha r}}{mu} & 0 & \dfrac{bC_{\alpha r} - aC_{\alpha f}}{mu} - u \\ 0 & 0 & 0 & 1 \\ 0 & \dfrac{bC_{\alpha r} - aC_{\alpha f}}{I_z u} & 0 & -\dfrac{a^2 C_{\alpha f} + b^2 C_{\alpha r}}{I_z u} \end{bmatrix} \begin{bmatrix} y \\ v \\ \psi - \psi_d \\ r \end{bmatrix} + \begin{bmatrix} 0 \\ \dfrac{C_{\alpha f}}{m} \\ 0 \\ \dfrac{aC_{\alpha f}}{I_z} \end{bmatrix} \delta + \begin{bmatrix} 0 \\ 0 \\ -1 \\ 0 \end{bmatrix} r_d$$

(39.1)

式中，m 为车辆质量；I_z 为横摆转动惯量；$C_{\alpha f}$ 和 $C_{\alpha r}$ 分别为前轴和后轴的侧偏刚度；δ 为前轮转角；a 和 b 分别为前轴和后轴至车辆质心的距离。

由此可以看出，道路曲率（或曲率半径）作为扰动输入进入这个道路跟随动态系统中。此外，通过检查与 δ 和 r_d 有关的输入矩阵，显然转向输入对车辆动力学的影响与道路曲率输入的影响途径不同。因此，通过转向输入不可能完全消除道路曲率的影响，即完全的控制（实现零跟踪误差）是不可能的，即使控制系统可用带宽是无限的。这种道路跟随动力学与其他车辆控制应用的区别在于，道路曲率是固定的，可以提前知道。因此，使用预瞄类型的控制算法是完全合理的，并且发现可以显著提高侧向跟踪性能[8,20,21]。实际上，以预瞄形式使用道路曲率，不仅有助于实现更精确的侧向跟踪，而且有助于更平稳的行驶，即减小侧向加速度的峰值。基于线性二次控制理论的优化预瞄控制律，会发现可以表现出类似于专业驾驶员"出 - 入 - 进"的一种车辆漂移行为，以便达到准确跟踪和平稳行驶之间的折中。从 20 世纪 80 年代末期到 21 世纪初，预瞄控制概念为加利福尼亚的 PATH 侧向控制架构奠定了坚实的基础[8,22]。预瞄控制算法的解在一定程度上涉及数学，因此不在本章讨论，感兴趣的读者可以参考文献[8]。同样值得指出的是，文献[8] 中给出的预瞄控制方程基于变分，与 MacAdam（麦克亚当）提出的与 CarSim 软件相结合的著名预瞄驾驶员模型相比[29,30]，解看起来更加复杂。MacAdam 方程中更简单的预瞄应用更好，可以用于道路跟随为主要内容的问题。然而，文献[8] 中的方程更加灵活，可以包括成本函数中更一般的控制目标，例如平顺性。

39.2.4 车道保持辅助

当设计转向控制系统是为了实现"车道保持辅助"（LKA）而不是"自动驾驶"时，控制的概念、架构和算法变得截然不同，即使这两个系统具有类似目标（车道保持）。在 LKA 的情况下，人类驾驶员不仅在环中，其还拥有最终的权利和责任。因此，需要设计系统架构以便使自动系统和驾驶员两者的控制动作可

以连贯和鲁棒的形式加入。在非常基本的层面上，可以认为协调整合驾驶员和控制动作最好的方法，在正常情况下是使用低增益的控制动作，当驾驶员似乎放弃驾驶任务并且车辆无意间偏离车道时采用较大增益的控制动作。在文献［31］中，认为来自驾驶员/机器的转向力矩可以比转向盘转角命令更容易加在一起。然而，由于转向力矩作用于（明显非线性的）转向系统的上层，系统动力学通常包括一个积分器，因此设计保证鲁棒性的控制系统并非易事。在文献［25］中，基于转向力矩控制与 CCD 相机测量相结合开发了车道保持的支持系统。试验结果表明，该方法显著提高了车道保持性能，大大降低了稳态侧向位移，而通过上臂肌肉的肌电图频率分布测量表明驾驶员的工作负荷约减少一半。

尽管结合驾驶员与自动控制系统的转向力矩可以产生积极的结果，但仍然不清楚处理转向力矩相对于转向角是否更有优势。根据车辆动力学方程，处理转向角不仅更加容易，而且结合驾驶员/控制系统的转向角也非常直接和简单。例如，线性驱动器相对于车辆底盘移动齿条位置是一个简单的方法，只要将附加转向角叠加到驾驶员转向角上就可以。

在日本，LKA 概念已经与自适应巡航系统（ACC）相结合形成半自动的驾驶系统[32]。考虑到市场定位，相比于权威性更小的车辆偏离警告系统，这个概念更加积极。然而，类似于 ACC 与碰撞警告（CW）系统设计之间的比较，在许多方面 CW 设计是比 ACC 设计更为困难的工程问题。这是由于 LKA 类型的系统产生低水平但持续的作用，以便保证车辆以安全的方式运行，而不是在最后一刻发出警告信号。因此，如果可以识别简单且便宜的驱动机理，相对于车道偏离警告系统，LKA 的概念可能更易于被广泛接受。

由于人类驾驶员与自动控制系统共存，因此必须设计和评价 LKA，以便保证系统仍然以人类为中心。驾驶应当是一项有趣的任务，驾驶员应该积极参与到驾驶任务中，而不是容易入睡。这些微妙而半主观的要求，使得评价 LKA 系统的性能更加困难。

39.2.5　车辆状态估计

式（39.1）给出的自行车模型，尽管非常简单，但是非常好地体现了涉及车道保持功能的车辆操纵动力学基础。通过对状态空间方程的简单观察分析，显然车辆侧向位移无法从其他测量观测得到。换言之，需要对侧向位移进行测量，而不是进行估计。一旦侧向位移信号可用，就可以估计其他三个状态变量。通常，也会测量车辆横摆角速度，这对于如电子稳定程序（ESP）的其他目的是有用的。虽然车辆侧向速度可以直接通过仪器传感器进行测量，如光学传感器和 GPS 传感器等。但是由于存在实际问题，如成本、精度和可靠性等会限制了目前和不久的将来生产的车辆对这些传感器的应用。因此，基于其他车辆输入/输出信号对车辆侧向速度进行估计是很重要的问题,并且已经在相关文献中得到广泛讨论。如果不测量其他两个变量——横摆角速度和横摆角误差),估计它们的挑战性就会小得多。例如,Mouri(穆里)等通过使用 CCD 相机得到的侧向位移[33],对横摆角速度进行了很好的估计。

侧向速度的估计问题等价于侧偏角的估计问题,由于其在 ESP 或四轮转向中的应用而在文献中得到广泛研究。Senger(森杰)和 Kortum(科图姆)开发了一个车辆操稳性模型和轮胎模型估计侧向速度[34],他们的方法假设轮胎运行在线性区域和已知侧偏刚度。Kaminaga(卡米纳加)和 Natio(奈托)应用一种标准的基于 Lyapunov(李雅普诺夫)的自适应观测器技术进行侧滑估计[35],相当于估计车辆侧向速度。结果表明,这个算法为平坦道路上侧偏刚度的变化提供了令人满意的鲁棒性。他们论文给出的试验结果说明,侧偏角估计误差小于 3°。Liu(刘)和 Peng(彭)提出一种状态和参数同时估计的识别方案[36],克服了车辆参数未知引起的问题。然而,观测器的稳定性只在定值的侧偏刚度和路面条件下得到证明。进一步观察他们的论文发现,在侧偏刚度不变的情况下,在估计收敛到令人满意的性能前,提出的方法需要一两个车辆机动周期。

Farrelly(法雷利)和 Wellstead(韦尔斯特德)提出物理建模方法和运动学建模方法[37]。在物理建模方法中,即使在某些参数变化的情况下,也可以微调观测器实现好的性能。例如,在前轴或后轴的侧偏刚度变化情况下,也可以设计具有鲁棒性。然而,当前轴和后轴的侧偏刚度未知或有变化时,观测器工作不可靠。对于运动学方法,当车辆横摆角速度非零时,观测器可以提供令人满意的性能。Fukada(福田康夫)建议了一种组合观测器/直接积分的方法[38],这个方法追求平衡由直接积分产生的建模误差的鲁棒性和由轮胎模型反馈产生的信号偏差的鲁棒性,也提供了对路面倾斜的估计。在这种对偶的方法中,侧向速度估计取决于路面侧斜估计,反之,路面侧斜估计取决于侧向速度估计。平坦道路上的试验结果表明,双移线车道变换机动的性能很好,但是 J-turn 机动存在显著误差,约小于实际的 40%。在雪地上的 J-turn 机动对于这种方法而言是固有的困难,因为信噪比小(车辆侧移缓慢),并且轮胎工作在非线性区域。这种方法随后被改进和集成在车辆稳定控制系统中[39],报告的结果表明,执行的估计算法性能良好。

Hac(哈茨)和 Simpson(辛普森)[40]开发了一种利用车轮速度和车辆侧向加速度测量的算法,并且摩擦系数估计方案提高了非线性车辆模型,同时估计横摆角速度和侧向速度的能力。尤其是冰雪路面的试验结果令人印象深刻。然而,另一个重要因素——道路侧斜角的影响没有得到充分解决。

由上述文献综述可以看出,过去几十年间对侧向速度(或侧偏角)估计问题进行了积极的研究。一个关键发现是,为了获取好的侧向速度估计,重要的是首先要获得瞬时道路倾斜角的良好测量值或估计值。道路倾斜角可以通过结合使用 DGPS 和包含道路几何信息的查询表获得，或者通过估计获得。

在下面，将回顾侧向速度估计的三种不同方法的基本思想。这些方法包括传递函数方法，Liu 和 Peng 的状态方程方法[36]，Farrelly 和 Wellstead 的运动学方法[37]。此外，也回顾动态道路倾斜角估计方法[41]。

39.2.5.1 Kalman（卡尔曼）滤波方法

这种估计方法的概念，再次基于式（39.1）给出的自行车车辆模型。然而，包括了一个重要干扰的输入——道路倾斜角，加入到动力学方程中后，其修改为

$$\frac{d}{dt}\begin{bmatrix} y \\ v \\ \psi-\psi_d \\ r \end{bmatrix} = \begin{bmatrix} 0 & 1 & u & 0 \\ 0 & -\frac{C_{\alpha f}+C_{\alpha r}}{mu} & 0 & \frac{bC_{\alpha r}-aC_{\alpha f}}{mu}-u \\ 0 & 0 & 0 & 1 \\ 0 & \frac{bC_{\alpha r}-aC_{\alpha f}}{I_z u} & 0 & -\frac{a^2 C_{\alpha f}+b^2 C_{\alpha r}}{I_z u} \end{bmatrix}\begin{bmatrix} y \\ v \\ \psi-\psi_d \\ r \end{bmatrix} + \begin{bmatrix} 0 \\ \frac{C_{\alpha f}}{m} \\ 0 \\ \frac{aC_{\alpha f}}{I_z} \end{bmatrix}\delta + \begin{bmatrix} 0 \\ 0 \\ -1 \\ 0 \end{bmatrix}r_d + \begin{bmatrix} 0 \\ g \\ 0 \\ 0 \end{bmatrix}\gamma$$

(39.2)

式中，γ 为弧度表示的道路倾斜角。

再次采用小角度假设，以便方程保持线性。通过假设车辆与道路的切线方向大致一致，重力通过小的道路倾斜角作用，直接影响车辆侧向运动而不影响横摆运动。标准的卡尔曼滤波技术可以运用于式（39.2）获得侧向速度的估计值。在这个问题的描述中，假设转向角和道路曲率是已知的输入。另一方面，假设道路倾斜角是高斯白噪声扰动。通常，使用两个车辆运动传感器提供侧向速度估计的关键测量——车辆侧向位移 y 和横摆角速度 r。然而，这种标准技术是对式（39.2）直接使用，被发现产生的结果并不令人满意。存在两个主要原因：首先，如前所述，道路倾斜角直接影响车辆侧向运动，因此没有对这个重要变量的精确表示，非常难以获取对车辆侧向速度的估计；其次，车辆横摆角速度测量可能包含对准和车辆的电势波动等产生的未知偏移。通过对初始的自行车模型增加两个额外的状态变量，可以解决这两个问题[42]，即

$$\frac{d}{dt}\begin{bmatrix} y \\ v \\ \psi-\psi_d \\ r \\ r_{bias} \\ \gamma \end{bmatrix} = \begin{bmatrix} 0 & 1 & u & 0 & 0 & 0 \\ 0 & -\frac{C_{\alpha f}+C_{\alpha r}}{mu} & 0 & \frac{bC_{\alpha r}-aC_{\alpha f}}{mu}-u & 0 & g \\ 0 & 0 & 0 & 1 & 0 & 0 \\ 0 & \frac{bC_{\alpha r}-aC_{\alpha f}}{I_z u} & 0 & -\frac{a^2 C_{\alpha f}+b^2 C_{\alpha r}}{I_z u} & 0 & 0 \\ 0 & 0 & 0 & 0 & 0 & 0 \\ 0 & 0 & 0 & 0 & 0 & 0 \end{bmatrix}\begin{bmatrix} y \\ v \\ \psi-\psi_d \\ r \\ r_{bias} \\ \gamma \end{bmatrix} + \begin{bmatrix} 0 & 0 \\ \frac{C_{\alpha f}}{m} & 0 \\ 0 & -1 \\ \frac{aC_{\alpha f}}{I_z} & 0 \\ 0 & 0 \\ 0 & 0 \end{bmatrix}\begin{bmatrix} \delta \\ r_d \end{bmatrix}$$

$$+\begin{bmatrix} 0 & 0 & 0 \\ \dfrac{C_{\alpha f}}{m} & 0 & 0 \\ 0 & 0 & 0 \\ \dfrac{aC_{\alpha f}}{I_z} & 0 & 0 \\ 0 & 0 & 1 \\ 0 & 1 & 0 \end{bmatrix}\begin{bmatrix} \delta_{dist} \\ \dot{\gamma} \\ \dot{r}_{bias} \end{bmatrix} \quad (39.3)$$

在式（39.3）中，测量的转向角 δ 和道路曲率归类作为已知的输入向量。假设存在三个未知的扰动输入：未知的转向项、道路倾斜角速度和横摆角速度偏差率。研究发现，增广的系统可以提供改善的估计，主要是由于正两个增广状态变量的表示更加精确[42]。

39.2.5.2 传递函数方法

在不使用四状态自行车模型的情况下，可以估计车辆侧向速度。相反，可以使用更传统的两状态系统。当然，两状态系统意味着没有意识到（或不关心）车辆的道路跟随性能。此外，如果忽略道路倾斜角（一个大的假设），两状态自行车模型可以表示为

$$\begin{bmatrix} \dot{v} \\ \dot{r} \end{bmatrix} = \begin{bmatrix} -\dfrac{C_{\alpha f}+C_{\alpha r}}{mu} & \dfrac{bC_{\alpha r}-aC_{\alpha f}}{mu}-u \\ \dfrac{bC_{\alpha r}-aC_{\alpha f}}{I_z u} & -\dfrac{a^2 C_{\alpha f}+b^2 C_{\alpha r}}{I_z u} \end{bmatrix}\begin{bmatrix} v \\ r \end{bmatrix} + \begin{bmatrix} \dfrac{C_f}{m} \\ \dfrac{aC_f}{I_z} \end{bmatrix}\delta \quad (39.4)$$

如果将式（39.4）表示为更简单的形式，则有

$$\begin{bmatrix} \dot{v} \\ \dot{r} \end{bmatrix} = \begin{bmatrix} a_1 & a_3 \\ a_2 & a_4 \end{bmatrix}\begin{bmatrix} v \\ r \end{bmatrix} + \begin{bmatrix} b_1 \\ b_2 \end{bmatrix}\delta \quad (39.5)$$

然后，直接将转向角 δ 对于两状态的传递函数表示为

$$H_{\delta \to v} = \dfrac{sb_1 - a_4 b_1 + a_3 b_2}{s^2 - s(a_1 + a_4) + a_1 a_4 - a_2 a_3} \quad (39.6)$$

和

$$H_{\delta \to r} = \dfrac{sb_2 + a_2 b_1 - a_1 b_2}{s^2 - s(a_1 + a_4) + a_1 a_4 - a_2 a_3} \quad (39.7)$$

传递函数方法的基本思想如下：首先，通过可用的测量（转向角和横摆角速度）实时获取式（39.7）表示的传递函数最小二次拟合。这个最佳的 ARMA 模型，见第 6 章，以式（39.7）的离散时间形式最好地描述了车辆横摆运动。然后，转化为连续时间表示，其中可以获得横摆角速度输出传递函数的最佳推测参数。由于参数 b_2 在式（39.7）的分子多项式中是 s 项的系数，与前轮侧偏刚

度以简单的形式表示 $b_2 = aC_f/I_z$，见式（39.4）和式（39.5），可以直接计算最佳推测前轴侧偏刚度 C_f，其值用于计算 $b_1 = C_f/m$。然后，这些值可以被放入式（39.7）分子多项式中的常数项 $a_2b_1 - a_1b_2$，以便计算后轴的侧偏刚度 C_r。最后，利用计算的轴侧偏刚度值，可以计算式（39.6）的侧向速度传递函数的分子多项式。两个传递函数具有相同的分母，因此式（39.6）的传递函数是完全已知的，基于它可以估计车辆侧向速度。

由于离散时间的 ARMA 识别过程只要求过去三步的测量变量，轮胎-路面特性变化的适应非常快。重要的是要指出，这种方法的基本思想是简单的。在实际中，发现识别的最小二乘模型可能变得不稳定或者阻尼很小，特别是对应于快速转向输入，响应的车辆横摆角速度上升很快。在这些情况下，通常采用的方式是放弃这些不稳定的模型，继续使用没有更新（但是稳定和阻尼良好）的模型。这种修正是必要的，以便保持估计的轮胎侧偏刚度为正，并且保证模型预测保持在合理的区域。阈值的选择，被发现对于最后的估计结果有重要的影响[43]。

39.2.5.3 状态空间方法

基于车辆侧向速度可以估计，39.2.5.2 小节给出的想法可以扩展到获得状态空间方法的最佳估计。然而，这种两步方法严重依赖于传递函数的结构，对于不确定性经常很敏感，例如其他车辆参数的变化（m 和 I_z 等）。下面，将说明文献 [36] 开发的自适应算法。对于取决于未知参数仿射的非线性时不变系统，这种状态空间算法被开发用于同时估计状态和未知参数。侧向速度估计问题的具有要求的结构，因为两轴的轮胎侧偏刚度通常是未知的，这也是模型不确定性的主要原因。因此，可以同时估计车辆侧向速度和仿射路面摩擦参数。式（39.4）可以改成线性参数化的形式

$$\dot{x} = Ax + u_c\theta$$
$$y = r \tag{39.8}$$

其中

$$x = \begin{bmatrix} v \\ r \end{bmatrix}$$

$$A \equiv \begin{bmatrix} a_1 & a_3 \\ a_2 & a_4 \end{bmatrix}$$

u_c 为前轴转向角

$$\theta = \begin{bmatrix} \dfrac{2C_f}{m} & \dfrac{2aC_f}{I_z} \end{bmatrix}^T$$

自适应观测器为

$$\dot{\hat{x}} = (A_n + \Delta\hat{A}_x)\hat{x} + \Delta\hat{A}_y r + \begin{bmatrix} -u \\ 0 \end{bmatrix} r + u_c\hat{\theta} + K(y - \hat{y}) \tag{39.9}$$

其中

$$\hat{x} = \begin{bmatrix} \hat{v} & \hat{r} \end{bmatrix}^T$$

$$\hat{y} = \hat{r}$$

$$A_n = \begin{bmatrix} -\left(\dfrac{2C_{fn}+2C_{rn}}{um_n}\right) & \left(\dfrac{-2a_n C_{fn}+2b_n C_{rn}}{um_n}\right) \\ \left(\dfrac{-2a_n C_{fn}+2b_n C_{rn}}{uI_{zn}}\right) & \left(\dfrac{-2a_n^2 C_{fn}-2b_n^2 C_{rn}}{uI_{zn}}\right) \end{bmatrix}$$

$$\Delta\hat{A}_x = \begin{bmatrix} \Delta\hat{a}_1 & 0 \\ \Delta\hat{a}_2 & 0 \end{bmatrix}$$

$$\Delta\hat{A}_y = \begin{bmatrix} \Delta\hat{a}_3 & \Delta\hat{a}_4 \end{bmatrix}^T$$

下标 n 用于表示名义参数。例如 C_{fn} 是 C_f 的名义参数。未知变量 $\Delta\hat{a}_i$ 表示 a_i 对其名义值（A_n 的量）的偏差，是要估计的值。如果观测器增益选为 $K = [k_1, k_2]^T/u$，则

$$A_n - KC = \dfrac{1}{u}\begin{bmatrix} -\left(\dfrac{2C_{fn}+2C_{rn}}{m_n}\right) & \left(\dfrac{-2a_n C_{fn}+2b_n C_{rn}}{m_n}\right)-k_1 \\ \left(\dfrac{-2a_n C_{fn}+2b_n C_{rn}}{I_{zn}}\right) & \left(\dfrac{-2a_n^2 C_{fn}-2b_n^2 C_{rn}}{I_{zn}}\right)-k_2 \end{bmatrix} \quad (39.10)$$

其中，$C = [0 \quad 1]$。然后，根据名义的车辆参数，当选择适当的 k_1 和 k_2 时，闭环状态矩阵是稳定的。当 ΔA_x、ΔA_y 和 θ 是常数（缓慢变化）时，这些未知参数以及状态变量，通过使用标准状态观测器和参数更新规则进行估计，前者使用其模型的估计参数，后者基于增广状态计算改变增益。由于方程太多，不在这里全部引用，感兴趣的读者可以参考 Liu 和 Peng 的原文。这个估计器，像大多数其他自适应算法一样，要求持续的激励条件才能实现较小的估计误差。换言之，当车辆直线行驶时，车辆参数不能准确更新。同样，如果在道路的直线部分发生从高摩擦表面到低摩擦表面的过渡，这个算法需要一些时间更新其估计。因此，可能会出现短暂缓慢的收敛。研究发现，这个估计器最重要的设计参数是观测器增益 k_1 和 k_2，它需要根据噪声抑制和收敛速度的折中进行适当调节。还发现需要限制估计的参数值，以便确保它们保持在由物理参数控制的合理范围内。

39.2.5.4 运动学方法

由 Farrelly 和 Wellstead[37] 提出的运动学方法是有前途的，因为非零横摆角速度下的观测器稳定性/估计误差收敛性已经得到证明。下面将这种方法与基于物理模型的观测器集成，以便在零横摆角速度附近避免不可观测性和漂移问题[37]。取决于横摆角速度，实现的观测器特性在基于运动学模型的观测器和基于动力学模型的观测器之间折中——仅当车辆横摆角速度足够大时，才使用动力

学模型。模型描述为

如果 $|r| > r_c$，则

$$\begin{bmatrix} \dot{\hat{u}} \\ \dot{\hat{v}} \end{bmatrix} = \begin{bmatrix} 0 & r \\ -r & 0 \end{bmatrix} \begin{bmatrix} \hat{u} \\ \hat{v} \end{bmatrix} + \begin{bmatrix} a_x \\ a_y \end{bmatrix} + \begin{bmatrix} k_1 \\ k_2 \end{bmatrix} (\hat{u} - u) \tag{39.11}$$

其中

$$k_1 = 2|\alpha|r, k_2 = (\alpha^2 - 1)r$$

否则

$$\dot{\hat{v}} = -ur + \hat{a}_y, \quad \hat{u} = u$$

其中

$$\hat{a}_y = \frac{2C_f \{\arctan[(\hat{v} + ar)/u] - \delta\} + 2C_r \arctan[(\hat{v} - br)/u]}{m}$$

r_c 和 α 为设计参数，δ、u、r、a_x 为测试变量。由于当前车辆稳定控制器的传感器测量值通常包括 δ、u、r 和 a_y，但不包括 a_x。进一步改变这个方法适应现有的传感器平台，通过车辆的速度信息近似 a_x，即 $a_x = \mathrm{d}u/\mathrm{d}t$。虽然这个近似增加了纵向加速度信号 a_x 中传感器的测量噪声/误差，但是 a_x 用于观测器。由于车轮滑移、传感器漂移、车辆运动和路面噪声产生的交互干扰，在车辆速度、纵向和侧向加速度测量中也存在其他实际的传感器噪声。下面，分析改进的 F&W 方法（今后称为运动学方法）在这些传感器噪声下的估计性能，即 u、a_x 和 a_y。式（39.11）可以被重新写为如下形式

$$\begin{bmatrix} \dot{\tilde{u}} \\ \dot{\tilde{v}} \end{bmatrix} = \begin{bmatrix} -2\alpha|r| & r \\ -\alpha r & 0 \end{bmatrix} \begin{bmatrix} \tilde{u} \\ \tilde{v} \end{bmatrix} + \begin{bmatrix} a_{xn} \\ a_{yn} \end{bmatrix} + \begin{bmatrix} -2\alpha|r| \\ -\alpha r \end{bmatrix} u_n \tag{39.12}$$

其中，含有"~"的变量表示估计误差，如果使用 Lyapunov 函数 $V = (\alpha^2 \tilde{u}^2 + \tilde{v}^2)/2$，可以看出

$$\dot{V} = -2\alpha^3 |r| \tilde{u}^2 + \alpha^2 \tilde{u} a_{xn} + \tilde{v} a_{yn} + [2\alpha^3 |r| \tilde{u} + (\alpha^2 - 1) r \tilde{v}] u_n$$

不同于文献 [37] 最初的分析，当传感器存在不确定性时，$\mathrm{d}V/\mathrm{d}t$ 不再是负定的，设计参数 α 影响传感器测量噪声的重要性。由式（39.12），有 $G_{a_{xn} \to \tilde{v}} = -\alpha^2 r/(s + \alpha |r| s)$，$G_{a_{yn} \to \tilde{v}} = s + 2\alpha |r|/(s + \alpha |r|)^2$ 和 $G_{v_{xn} \to \tilde{v}} = (\alpha^2 - 1) rs - 2\alpha r |r|/(s + \alpha |r|)^2$。由这些公式，显然设计参数 α 影响纵向加速度噪声的误差传递速度、侧向加速度噪声的灵敏度和车辆速度噪声的灵敏度。进一步可以看出，来自于纵向加速度信号近似的稳态误差是 $-v$，因为引入的近似误差是 vr，稳态增益是 $1/r$。换言之，如果利用车辆速度的导数代替纵向加速度，估计的侧向速度最终变为零。另一方面，如果保持观测器增益 α 较小，可以忽略瞬态情况下（这对于实际车辆稳定性控制是最关键的）的估计误差。

由于存在实际的环境噪声，对观测器增益 α 需要作出折中，因为增加观测器增益，也增加 a_y 和 u 的测量噪声的鲁棒性，但是降低 a_x 的测量噪声（瞬态情况估计）的鲁棒性。

39.2.5.5 道路倾斜角估计

如前所述，道路倾斜角估计问题与侧向速度估计问题相关。它们使用相同（类似）的车辆侧向动力学方程，并且准确的道路倾斜角信息对侧向速度估计将有极大的帮助，这适于基于四状态的自行车模型[42]和两状态的自行车模型[43]的估计问题。这里有"鸡生蛋还是蛋生鸡"的问题：通常通过假设一定的侧向速度节件（如 $\dot{v}\approx 0$）解决道道路倾斜角估计问题，然后估计的道路倾斜角用于估计侧向速度，以便验证假设是否正确。或者，道路倾斜角也可以根据类似于39.2.5.2 中描述的传递函数方法的概念进行估计。这种概念限制较少，但对于测量噪声和瞬时响应更加敏感——传递函数本质上是稳态响应方法，因此它的瞬态性能得不到保证。结合动力学方程（假设 $\dot{v}\approx 0$）和传递函数方法的方式在下面描述，其不过是文献 [41] 工作的摘录。

扩展式（39.4）以便包括道路倾斜角度影响，有

$$\begin{bmatrix}\dot{v}\\ \dot{r}\end{bmatrix}=\begin{bmatrix}-\dfrac{C_{\alpha f}+C_{\alpha r}}{mu} & \dfrac{bC_{\alpha r}-aC_{\alpha f}}{mu}-u\\ \dfrac{bC_{\alpha r}-aC_{\alpha f}}{I_z u} & -\dfrac{a^2C_{\alpha f}+b^2C_{\alpha r}}{I_z u}\end{bmatrix}\begin{bmatrix}v\\ r\end{bmatrix}+\begin{bmatrix}\dfrac{C_f}{m}\\ \dfrac{aC_f}{I_z}\end{bmatrix}\delta+\begin{bmatrix}g\\ 0\end{bmatrix}\sin\varphi$$

$$\equiv\begin{bmatrix}a_1 & a_2\\ a_3 & a_4\end{bmatrix}\begin{bmatrix}v\\ r\end{bmatrix}+\begin{bmatrix}b_1\\ b_2\end{bmatrix}\delta+\begin{bmatrix}g\\ 0\end{bmatrix}\sin\varphi \quad (39.13)$$

根据上述方程，可以得到转向角和道路倾斜激励（$\sin\varphi$）对于车辆横摆角速度和侧向加速度的传递函数

$$G_{\delta\to r}=\dfrac{b_2(s-a_1)+a_3 b_1}{s^2-(a_1+a_4)s+a_1 a_4-a_2 a_3} \quad (39.14)$$

$$G_{\delta\to a_y}=\dfrac{s[b_1(s-a_4)+a_2 b_2]+u[b_2(s-a_1)+a_3 b_1]}{s^2-(a_1+a_4)s+a_1 a_4-a_2 a_3} \quad (39.15)$$

$$G_{\sin(\phi)\to r}=\dfrac{a_3 g}{s^2-(a_1+a_4)s+a_1 a_4-a_2 a_3} \quad (39.16)$$

$$G_{\sin(\phi)\to a_y}=\dfrac{sg(s-a_4)+ua_3 g}{s^2-(a_1+a_4)s+a_1 a_4-a_2 a_3} \quad (39.17)$$

其中，u 为车辆前进速度，使用了 $a_y=\dot{v}+ur$ 关系。给定这些传递函数，测量的车辆横摆角速度和侧向加速度信号可以写成

$$r_{measured}=r_{actual}+r_{noise}\approx G_{\delta\to r}\delta+G_{\sin\varphi\to r}\sin\varphi+r_{noise} \quad (39.18)$$

$$a_{ymeasured} = a_{yactual} + a_{ynoise} \approx G_{\delta \to a_y}\delta + G_{\sin\varphi \to a_y} \cdot \sin\varphi + a_{ynoise} \quad (39.19)$$

注意在式（39.18）和式（39.19）中，使用了"≈"，因为传递函数不能捕获瞬态响应，并且实际的车辆响应可能是非线性的。基于式（39.18）和式（39.19），并且假设传感器噪声是高斯白噪声，因而不容易处理，可以得到两个道路倾斜估计

$$\sin\hat{\varphi}_r = G_{\sin\varphi \to r}^{-1}(r_{measured} - G_{\delta \to r}\delta) \quad (39.20)$$

$$\sin\hat{\varphi}_a = G_{\sin\varphi \to a_y}^{-1}(a_{ymeasured} - G_{\delta \to a_y}\delta) \quad (39.21)$$

应当指出的是，传递函数的逆 $G_{\sin\varphi \to r}^{-1}$ 和 $G_{\sin\varphi \to a_y}^{-1}$ 是非关联的。实际上，这些非关联的连续时间传递函数可以通过关联的离散时间算子或稳态增益近似。文献［41］提出第三种道路倾斜角估计，基于假设 $\dot{v} \approx 0$，有

$$\sin\hat{\varphi}_v = \frac{ur_{measured} - a_{ymeasured}}{g} \quad (39.22)$$

由于所有三个估计都基于一定的简化假设，它们只有在一定的操作条件下才是准确的。通过指出当前的情况，可以选择或组合这三个估计获得最好的估计值。

39.3 精确的侧向操纵

由于传动系统、轮胎和制动系统的非线性，虽然低速行驶对于纵向控制构成挑战，但是低的汽车前进速度对侧向控制带来非常不同的挑战。更高速度时，转向角成为影响车辆侧向运动一个更加有效的输入。为车辆高速前进速度行驶设计的侧向控制算法，需要建立准确的轮胎力和车辆刚体动力学模型。由于侧向加速度水平较大，不能忽略车辆侧倾运动和侧向/横摆运动之间的耦合。

一些研究人员认为，本章广泛使用的自行车模型无法捕捉车辆侧向加速度在 $1 \sim 2Hz$ 的频率响应[44]，特别是车辆悬架软、重心高或两者兼有之时，如客车。实现精确跟踪性能或稳健操纵的侧向控制器，可能需要基于 3 自由度（侧向、横摆和侧倾）的模型设计，而不是自行车模型[44,45]。由于这一观点得到试验数据支持，似乎难以反驳。然而，作者在下面提出一个可供选择的观点。

如果车辆模型的主要目的，是相对于道路（车道自动跟随情况）描述车辆的侧向运动，则通过安装在簧载质量上的加速度计测试侧向速度是不好的。这是因为测试的信号会受到簧载质量的侧倾运动影响，不能反映真正关心的侧向运动。在文献［44］中，提供了横摆角速度和侧向加速度的试验比较。如果集中于横摆角速度的比较，可以看出 2 自由度（自行车）模型和 3 自由度模型几乎相同，频率最高达到2Hz。更高频率时，线性 3 自由度模型可能不可靠，因为其没有捕捉轴荷转移和相关的非线性轮胎动力学。因此，使用 3 自由度模型设计侧向控制算法的价值是有限的，其真正的价值或许在于其他的应用。例如，对于没

有底部车架的现代汽车，其非常坚硬，在非簧载质量上安装加速度计即使有可能，也非常困难。3自由度模型可以用于信号处理目的，提供非簧载质量的侧向加速度等。

低速前进时，出现一个非常不同的问题即随着车辆前进速度的降低，车辆侧向动力学迅速变得不可控制。这可以理解为极端情况，当前进速度为零时，转向角失去产生侧向力的有效性，从而失去了操纵车辆侧向运动的能力。因此，低速前进时，需要使用较大的转向角，这引入一个新问题即由转向和悬架系统、轮胎力学和摩擦引起非线性。当前进速度变为零时，车辆也变得不可观测且不直观。对此有两种理解：首先，经常依赖车辆侧向位移即式（39.1）的第一个状态量观测侧向速度和横摆角误差即式（39.1）的第二个和第三个状态量，当车辆速度为零时，即汽车停驶，因而同样的侧向位移对应于无限多的横摆角误差值；其次，因为车辆前进速度出现在状态矩阵的分母项，零前进速度对应于一些矩阵元素的奇异性。第二种看待车辆可观测性的方法更加依赖数学且更加严格。

低速前进时，车辆变得较不可控和较不可观测。因此，控制和状态估计变得更加具有挑战性。当前进速度非常低时，一个好的想法是：停止使用现代的全状态反馈算法，回复到简单的输出（侧向位移）反馈控制算法。

较低速前进时，由于动态力减小，车辆侧向控制问题从动力学问题变为运动学问题，从这个方面而言成为一个更简单的问题。因此，为什么单独用一部分介绍"精确操纵"，而不是将这个部分放到有更多文献的其他部分，例如车道变换[1-3]，原因是这是有其自身技术挑战的领域。车道变换，如前所讨论，主要涉及一些车辆在多车道情况下的决策问题。这个决策主要取决于车辆的纵向位置，而不是侧向运动。如果不考虑车辆纵向运动的协调，例如假设其他系统遵循这个决策，车道改变就只是车道跟随技术的简单扩展，涉及平稳操纵的轨迹规划或解决传感问题的特殊方法。因此，不必再讨论车道变换建模和控制的部分。

两种低速应用近期可能在城市公交自动化和自动泊车系统中采用，这两个概念在下面的部分进行描述。

39.3.1 自动化公交汽车

自动化公交汽车是一个与现有的选择例如轻轨和人控公交汽车竞争的概念。通过自动化，公交汽车可以模仿轻轨的操作，实现非常精准的操作。当使用较便宜和干预较少的无保护的构型时，精确跟踪性能非常重要，即不安装栅栏/路障将公交汽车与其他车辆/行人隔离开。当（保护或无保护）车道仪器化和致力于被自动化公交汽车使用或某些情况下与手动驾驶公交汽车共存时，可靠性和容量接近于轻轨的快速公交（BRT）系统成为可能。这种新型的交通概念承诺大幅减少投资，增加路线和路线再选择的灵活性，并且运行维护成本更低。

基于磁标记的自动公交汽车工作可以实现精度低于 1cm 的对接精度。这样水平的精度比人类驾驶员操作的更高，并且在无保护的环境下提供更好的安全性。精度在低速时获得，车辆的可控性和可观测性较低。

39.3.2 辅助停车和自动泊车

两个相近的概念在本小节讨论。辅助停车解决了新手最头疼的问题。平行停车，涉及后和前的操作，有时在非常狭窄的空间内，需要对车辆位置的良好感觉和对大角度逆转操作时间的精准把握。有时可用的停车位置只比车辆宽或长一点，因此需要规划多个后和前的操作，并且按顺序执行。

最早的辅助停车系统概念之一，由 Aisin Seiki（爱信精机）提出[46,47]，2003 年 9 月在日本版的丰田普锐斯上应用。这个系统使用了电子助力转向系统和后视引导监控技术，可用于平行或车库停车。这个系统的硬件由后视摄像头、转向角传感器、车速传感器、显示器、传声器、横摆角速度传感器和电子控制单元组成。

在正常模式（车库停车）和平行停车模式下，后视摄像头计算和计划车辆运动，覆盖重要特征（如后保险杠、停车架）或指示曲线到显示器上。基本思想是规划驾驶员可以使用的车辆轨迹，通过控制转向移动到规划的车辆轨迹进入停车位置。在平行停车的情况下，操作相对更加复杂，因为需要反向的转向操作。这里省略细节，有兴趣的读者可以参考文献［46］。

自动泊车系统的基本概念还没有商业化，其与停车辅助系统有很大不同。停车控制，大多数是在低速情况下进行。自动泊车是停车辅助的自然扩展，但预计将局限于小众市场。为了取代人类驾驶员，需要确保操作处于下列两种条件之一：①系统包括足够的智能和稳健性，通过准确的障碍/环境检测、分类和控制；②当不能达到需要的智能和稳健性时，保证停车设施和车辆高度结构化和高度仪器化。选项①更具有挑战，但与此同时在短期内具有更大的潜力。选项②已经以某种原始形式存在，如自动引导机器人。定制的基础设施和高度仪器的车辆的需求，严重限制了其应用。

自动泊车系统的一个可能的设计概念，取决于集中式传感系统，以便减少昂贵的车载设备的需求。例如，安装顶置摄像头观测停车空间，可以提供车辆位置信息和环境信息，包括可用空间、车辆在盲点移动和迎面而来的交叉路口。当线控变成广泛可用时，集中式传感加上分布控制架构将使自动泊车系统成为现实。

39.4 车道偏离预警和预防

车道偏离是重要的车辆操纵问题，因为其经常导致严重的事故，包括冲出道路外的事故、与对面车辆碰撞和与高速公路分离护栏或标杆碰撞。道路偏离事故是美国高速公路出现人员死亡的主要原因之一，美国运输部（USDOT）定义"冲出道路外事故"为偏离道路事故中的第一有害事故。2000年，美国610万警方报告的涉及轻型车辆的碰撞，造成约41000人死亡[48]。在这些事故中，US-DOT估计约112万与单个车辆由于忽视侧滑或失去控制引起的车道偏离有关，约占所有死亡人数的41%。因此，车道偏离事故不仅形成所有警方报告事故中重要的部分，还涉及比其他事故更多的死亡人数。

车道偏离通常由于驾驶员注意力不集中，放弃转向（由于生理原因，如瞌睡、服药或饮酒），或由于道路状况不良、车速高或突然躲避操作失去方向控制。因此，有效的车道偏离预警和预防系统，需要扮演干涉驾驶员的角色，经常关注车辆操纵运动，当确定车道偏离即将发生时，进行警告或干预。

车道偏离预警/预防系统的基本功能是规划车辆轨迹并与感知的道路几何（通过视觉系统获得）比较计算性能指标。确定即将发生道路偏离的经典指标，是车道偏离时间（TLC），可以理解为在一定条件下车辆重心穿过道路边缘的时间[49]。对于大多数驾驶条件，以最真实感觉定义的这种TLC将导致相当大的TLC值。这是因为车辆由人类驾驶员控制，大多数时间工作得很好。如果驾驶员放弃转向，车辆在开环情况下行驶（这在开放式的公路上易于试验），由于各种干扰（路拱、车轮定位等），TLC通常为8~12s。如果这种（不安全的）试验过程有乘员，当TLC接近3~4s时其会说出来。基于这些观察，可以设计以人为中心的车道偏离预警/预防系统，以便跟踪TLC，其值达到4~5s，预警/干涉阈值设置为1~2s。通过跟踪典型人类驾驶员的TLC直方图，可以获得TLC的统计分布，可以在文献[50]中找到这样一个直方图。TLC的计算，在下面进行讨论。

为了准确规划车辆未来行驶轨迹，以便可以计算TLC，需要更新车辆参数（速度、侧偏刚度等）和估计主要的外部干扰（道路超高）。然而，外部干扰的估计也取决于车辆参数。因此，道路/轮胎特性和道路超高的在线估计，对于TLC计算和整个车道偏离预警系统是至关重要的。因为道路超高（也称为倾斜角）估计已经在39.2.5.5种进行讨论，39.4.1将仅聚焦于轮胎－路面摩擦或侧偏刚度的估计。

39.4.1 车道偏离时间计算

本部分假设的问题是给定所有车辆/道路参数（质量、惯性、重心位置、前进速度、侧偏刚度、道路倾斜角和前方道路曲率）和车载测量信号（转向角、侧向位移、横摆角速度和侧向加速度），然后准确计算TLC。

如前所述，定义TLC为车辆重心投影穿过道路边缘的时间。有两种方法可以计算TLC。文献[42]介绍了一种简单计算TLC的方法。

$$\dot{y} = u(\psi - \psi_d) + v$$

$$\text{TCL} \equiv \frac{y'}{\dot{y}} \quad \dot{y} \neq 0 \tag{39.23}$$

式中,$\dot{y}$ 为车辆与道路中心的侧向距离;u 为车辆前进速度;$\psi - \psi_d$ 为相对航向角;v 为车辆侧向速度。

y' 定义为 $y \pm$ 车道宽度的一半,并且取决于 $\dot{y}$ 的符号,只有当其值减小到 0 时用于计算。这种计算基于线性外推法,即假设侧向位移的变化率 $\dot{y}$ 在可预见的未来保持不变。当车辆在直道上缓慢偏移时,这个假设是合理的,但是当道路曲率较大或涉及转向时是不准确的。显然,为了实现式(39.23),需要估计两个车辆状态变量:$\psi - \psi_d$ 和 v。这些估计值可以根据 39.2.5 讨论的车辆状态估计算法获得,这里不再重复。

第二种计算 TLC 常用的方法,是使用车辆模型和保持对模型积分进入未来状态[51]。例如,根据式(39.3),可以建立没有未知干扰的模型

$$\frac{d}{dt}\begin{bmatrix} y \\ v \\ \psi - \psi_d \\ r \\ r_{bias} \\ \gamma \end{bmatrix} = \begin{bmatrix} 0 & 1 & u & 0 & 0 & 0 \\ 0 & -\frac{C_{\alpha f} + C_{\alpha r}}{mu} & 0 & \frac{bC_{\alpha r} - aC_{\alpha f}}{mu} - u & 0 & g \\ 0 & 0 & 0 & 1 & 0 & 0 \\ 0 & \frac{bC_{\alpha r} - aC_{\alpha f}}{I_z u} & 0 & -\frac{a^2 C_{\alpha f} + b^2 C_{\alpha r}}{I_z u} & 0 & 0 \\ 0 & 0 & 0 & 0 & 0 & 0 \\ 0 & 0 & 0 & 0 & 0 & 0 \end{bmatrix} \begin{bmatrix} y \\ v \\ \psi - \psi_d \\ r \\ r_{bias} \\ \gamma \end{bmatrix} + \begin{bmatrix} 0 & 0 \\ \frac{C_{\alpha f}}{m} & 0 \\ 0 & -1 \\ \frac{aC_{\alpha f}}{I_z} & 0 \\ 0 & 0 \\ 0 & 0 \end{bmatrix} \begin{bmatrix} \delta \\ r_d \end{bmatrix}$$

(39.24)

如果前方道路曲率已知(通过前视传感器),并且假设转向角一定,两个输入信号(δ 和 r_d)已知。因此,式(39.24)可以对未来积分,直到侧向位移穿过车道的边缘。穿过车道的时间就是 TLC。正常情况下,TLC 可能非常大。因此,这种前向仿真可以在 4~5s 时停止。超过这个值时,情况是安全的,没有必要确定 TLC 的实际值。

实施车道偏离预警/预防系统时,需要在控制的采样时间内计算 TLC,例如 0.1s 内。因此,在嵌入式汽车的 ECU 上直接积分式(39.24)不太可能。通过离线计算线性动态系统的状态传递矩阵,可以大大减小计算负担。名义上,对于线性系统,有

$$\dot{x} = Ax + Bu$$
$$y = Cx \tag{39.25}$$

如果系统的初始条件是 x_0,在范围 $[0, t]$ 常数输入应用于系统,则 $x(t) = e^{At}x_0 + \int_0^t e^{A\eta} Bu d\eta$ 和 $y(t) = Cx = Ce^{At}x_0 + C[\int_0^t e^{A\eta} d\eta] Bu$。通过定义

$F(t) = Ce^{At}$ 和 $g(t) = C[\int_0^t e^{A\eta}d\eta]B$，这些矩阵可以在预先设定的时间间隔内离线计算，例如每 0.1s；然后，输出变量 $y(t)$ 可以根据 $y(t) = F(t)x_0 + g(t)u$ 通过简单的乘法和加法快速求得。这个过程可以对 $t = [0.1, 0.2, \cdots, t_f]$ 重复进行，其中 t_f 是 TLC 计算的上限值。

39.4.2 轮胎侧偏刚度估计

在前面的部分，通过假设已知线性系统的状态矩阵和输入矩阵计算 TLC。在实际中，一些车辆参数可能变化，其中轮胎侧偏刚度或许是最难估计的。侧偏刚度是一个集总参数，会受到轮胎正常负载（路面不平度和车辆载荷）、胎压、路面材料、道路条件和温度等影响。假设 2 自由度自行车模型是车辆操纵动力学的良好近似，基于其的估计方法在 39.2.5.2 中进行过介绍。这种方法使用车辆侧向/操纵响应用于侧偏刚度估计，从而提供较慢的估计。最近的研究使用 DGPS 和侧向动力学用于估计侧偏刚度，在约 5~10s 收敛[52]。对于车道偏离应用，这样水平的响应速度可能不够快。

在文献中，大多数轮胎-路面摩擦估计方案使用轮胎特性（例如车轮速度、车轮加速度、回正力矩和轮胎噪声）作为估计的基础。例如，Eichhorn（艾希霍恩）和 Roth（罗特）[53]在轮胎前端使用光学和噪声传感器，在胎面内使用应力和应变传感器，研究基于参数和基于效果的道路摩擦估计方法。Ito（埃特）[54]等应用牵引力，根据驱动轮和非驱动轮的速度差估计路面条件。Pal（帕）等[55]使用神经网络识别技术，基于稳态车辆响应信号预测路面摩擦系数。Pasterkamp（巴斯特坎普）和 Pacejka（帕采卡）[56]开发了基于侧向力和自回正力矩测量的在线估计方法。Gustafsson（古斯塔夫松）[57]开发了基于模型的方法，使用驱动轮和非驱动轮间的差别检测轮胎-路面摩擦。Liu 和 Peng[58]应用刷子模型的特殊结构，使用车轮速度信号估计路面摩擦系数和侧偏刚度。

Umeno（乌梅诺）等[59,60]基于非常不同的概念，观察到车轮速度测量实际包含约 40Hz 的振动成分，由轮毂的扭转柔度产生。当车轮在干燥沥青路面上行驶，画出车轮速度测量的功率谱密度图形时，40Hz 左右的峰值非常明显。当路面为冰时，这种共振的振幅明显减小。因此，通过检测 40Hz 附近共振的强度，可以检测到道路摩擦。这个方法非常重要的好处在于车辆可以非常低的滑移率行驶，但是扭转振动及其共振仍然存在。因此，这种检测算法不需要大的纵向激励。这种方法的缺点是需要大量的计算需求。同样的振动现象成功用于检测胎压的变化[61]，另一个重要现象影响轮胎侧偏刚度。

计算轮胎-路面摩擦系数后，可以更新侧偏刚度，可以更准确计算 TLC。

39.4.3 预警和控制算法

TLC 作为常用的预警/控制指标的原因，是其以测量时间[62]清楚指出威胁等级的事实。此外，危险发生前检测威胁。路侧振动带对当前的实践是一个大的进步，车道偏离发生后，其是警告。最近，提出未来偏距（FOD）预警算法[63]，可以理解为构建了一个虚拟的车道边界作为预警的基础。当车辆穿过虚拟车道边界时，触发预警。这可以理解为虚拟（或变化的）振动带（VRS）概念[64]。

当选择威胁指标后，预警的更合适的阈值等级是什么？需要选择阈值，以便避免经常烦人的预警，同时还留有足够时间给驾驶员反应。阈值取决于具体系统，包括车辆、驾驶员和道路特性。例如，为了减少烦人的预警，驾驶员曲折行驶是需要考虑的重要因素。通过一些试验研究[65]，发现人类驾驶员车道位置方差约在 $0.24 \sim 0.61 \mathrm{ft}^2$。为了减少车道位置自发偏移带来的无用预警的负面影响，需要智能算法。文献［66］的结果显示，1s 的 TLC 能够预防 92% 的乘用车和 60% 的重型车的碰撞，同时每小时少于 1 次的无用警告。更高的阈值会提高碰撞预防率，但是以增加错报和无用的预警率为代价。阈值远低于 1s，留个驾驶员的反应时间太短，因而可能是不明智的。

选择预警机制时，没有明确的结论。在文献［67］中，通过戴姆勒-奔驰驾驶模拟器的广泛模拟器试验和道路试验发现，最理想的预警机制是通过使用模拟路侧振动带的声音。在文献［50］中，测试和比较了三种预警概念：轻微摆动转向盘的触觉预警；具有附加力矩将车辆引导到车道中间的纠正触觉预警；声音预警，路侧振动带的声音。18 名专业的货车驾驶员在 30min 驾驶测试后，认为声音预警是更好的机制。在文献［68］中，要求 28 名驾驶员驾驶有触觉反馈和声音反馈机制的车辆进行测试，发现声音反馈是烦人的。Sato（佐藤）等[69]发现脉冲式的转向力矩是有效的预警方法，并且显著减少车辆的侧向偏差。Suzuki（铃木）和 Jansson（杨松）[70]认为，应当同时考虑预警的有效性和（预警）易于识别性。通过使用驾驶模拟器，他们发现转向盘振动是最好的机制，通过测试转向反应时间和最大转向角实现。当然，这些发现主要取决具体设计、单独算法的精度和关键阈值的选择（预警的时间和量值）。需要许多研究，直到可以组装一个实际系统。

39.5 结论

本章主要对车辆侧向控制系统的最新进展和当前最先进的方法进行综述，可能会遗漏这个非常庞大和活跃领域的一些非常重要的工作。本章描述的许多想法的实现，很大程度上取决于底层实现技术，例如传感系统、系统架构中的新概念和主要系统不确定性的考虑。此外，相关的经济（成本/效益）和法律问题是需要继续考虑的重要因素。最后，不可忽略日益紧迫识别可持续的未来地面运输的方法。如果当个人交通模式发生大的改变，侧向/操纵问题也可能变得完全不同。任何情况下，地面车辆的侧向控制是一个令人兴奋和活跃的领域。

致谢

本文包含以前学生、同事和合作者共同合著的一些论文的节选和观点：Eric Tseng，Yigit Ungoren，Dave Leblanc，Chia – Shang Liu 和 Nikhil Mudaliar。

参 考 文 献

1. Chee, W., Tomizuka, M., Patwardhan, S., and Zhang, W.-B. Experimental study of lane change maneuver for AHS applications, in *Proceedings of the American Control Conference*, Seattle, WA, pp.139–143, 1995.
2. Tan, H.S., Guldner, J., Chen, C., Patwardhan, S., and Bougler, B. Lane changing with look-down reference systems on automated highways, *IFAC Journal, Control Engineering Practice*, 8(9), 1033–1043, September 2000.
3. Hatipoglu, C., Özgüner, U., and Redmill, K.A. Automated lane change controller design, *IEEE Transactions on Intelligent Transportation Systems*, 4(1), 13–22, March 2003.
4. Gardels, K. *Automatic Car Controls for Electronic Highways*, GMR, General Motors Corporation, Warren, MI, Report GMR-276, June 1960.
5. Cardew, K.H.F. *The Automatic Steering of Vehicles—An Experimental System Fitted to a DS 19 Citroen Car*, Road Research Lab, Crowthorne, Berkshire, U.K., 1970.
6. Fenton, R.E., Melocik, G.C., Olson, K.W. On the steering of automated vehicles: Theory and experiment, *IEEE Transactions on Automatic Control*, AC-21(3), 306–315, June 1976.
7. Fenton, R.E., Selim, I. On the optimal design of an automotive lateral controller, *IEEE Transactions on Vehicular Technology*, 37(2), 108–113, May 1988.
8. Peng, H. and Tomizuka, M. Preview control for vehicle lateral guidance in highway automation, *ASME Journal of Dynamic Systems, Measurement and Control*, 115(4), 679–686, December 1993.
9. Peng, H., Zhang, W., Tomizuka, M., and Shladover, S. A reusability study of vehicle lateral control system, *Vehicle System Dynamics*, 23(4), 259–278, May 1994.
10. Guldner, J., Tan, H., and Patwardhan, S. Analysis of automatic steering control for highway vehicles with look-down lateral reference systems, *Vehicle System Dynamics*, 26, 243–269, 1996.
11. Chen, C. and Tomizuka, M. Lateral control of commercial heavy vehicles, *Vehicle System Dynamics*, 33, 391–420, 2000.
12. http://www.ahsra.or.jp/
13. Hiramatsu, K. et al. *Design Principles of the Advanced Safety Vehicle*, 7th edn., World Congress on ITS, 2000.
14. Broggi, A., Bertozzi, M., Fascioli, A., and Conte, G. *Automatic Vehicle Guidance—The Experience of the ARGO Autonomous Vehicle*, World Scientific, Singapore, ISBN 981–02-3720–0.
15. http://www.phileas.nl/
16. Thorpe, C., Hebert, M., Kanade, T., and Shafer, S. Vision and navigation for the Carnegie-Mellon Navlab, *IEEE Transactions on PAMI*, 10(3), 401–412, 1988.
17. Dickmanns, E.D. An advanced vision system for ground vehicles, *The 1st International Workshop on In-Vehicle Cognitive Computer Vision Systems*, Austria, April 2003.
18. Jaehne, B., Haubenecker, H., and Geibler, P. (eds.) *Handbook of Computer Vision and Applications*, Vol. 3, Academic Press, San Diego, CA, 1999.
19. Kato, S. and Tsugawa, S. Cooperative driving of autonomous vehicles based on localization, inter-vehicle communications and vision systems, *JSAE Review* 22, 503–509, 2001
20. Peng, H., Zhang, W., Tomizuka, M., and Arai, A. Magnetic-marker based lane keeping: A robustness experimental study, in *Automotive Display Systems and IVHS*, Society of Automotive Engineers, Warrendale, PA, 1993. Also in the *SAE Transactions—Journal of Passenger Cars*, 102–106, 1993.
21. Tan, H.-S., Bougler, B., and Zhang, W.-B. Automatic steering based on roadway markers—From high-

way driving to precision docking, *Vehicle System Dynamics*, 37(5), 315–339, March, 2002.
22. Farrell, J., Tan, H.-S., and Yang, Y. Carrier phase GPS-aided INS based vehicle lateral control, *ASME Journal of Dynamics Systems, Measurement, and Control*, 125(3), 339–353, September 2003.
23. Alexander, L. and Donath, M. Differential GPS based control of a heavy vehicle, in *Proceedings of the IEEE/IEEJ/JSAI International Conference on Intelligent Transportation Systems*, Tokyo, Japan, pp. 662–667, October 1999.
24. http://www.ahsra.or.jp/eng/c04e/7th/08pos_e/11pos3_e.htm\
25. Kawazoe, H. et al. Development of a lane-keeping support system, SAE World Congress and Exhibition, SAE#2001–01–0797.
26. Mineta, K., Unoura, K., and Ikeda, T. Development of a lane mark recognition system for a lane keeping assist system, SAE World Congress and Exhibition, SAE# 2003–01–0281.
27. Redmill, K.A. et al. A lane tracking system for intelligent vehicle applications, *IEEE Intelligent Transportation Systems Conference*, Oakland, CA, pp.273–279, August 2001.
28. Chapuis, R., Aufrere, R., and Chausse, F. Accurate road following and reconstruction by computer vision, *IEEE Transactions on Intelligent Transportation Systems*, 3(4), 261–270, December 2002.
29. MacAdam, C.C. An optimal preview control for linear systems, *Journal of Dynamic Systems, Measurement and Control*, 102, 188–190, September, 1980.
30. MacAdam, C.C. Application of an optimal preview control for simulation of closed-loop automobile driving, in *Proceedings of the IEEE Transactions on Systems, Man, and Cybernetics*, SMC-11, pp. 393–399, June 1981.
31. Shimakage, M. et al. *Design of Lane-Keeping Control with Steering Torque Input for a Lane-Keeping Support System*, SAE World Congress and Exhibition, SAE#2001–01–0480.
32. Iihoshi, A., *Driver Assistance System (Lane Keep Assist System)*, WP-29 ITS Round Table, Geneva, Switzerland, February 2004.
33. Mouri, H., Satoh, S., Furusho, H., and Nagai, M., Investigation of automatic path tracking using an extended Kalman filter, *JSAE Review* 23, 61–67, 2002.
34. Senger, K.H and Kortum, W. Investigations on state observers for the lateral dynamics of four wheel steered vehicles, *The Dynamics of Vehicles on Roads and Tracks, Supplement to Vehicle System Dynamics*, 18, 515–527, 1989.
35. Kaminaga, M. and Naito, G. Vehicle body slip angle estimation using an adaptive observer, in *Proceedings of the 4th International Symposium on Advanced Vehicle Control (AVEC)*, Nagoya, Japan, pp. 207–212, September 14–18, 1998.
36. Liu, C. and Peng, H. A state and parameter identification scheme for linearly parameterized systems, *ASME Journal of Dynamic Systems, Measurement and Control*, 120(4), 524–528, December 1998.
37. Farrelly, J. and Wellstead, P. Estimation of vehicle lateral velocity, in *Proceeding of the 1996 IEEE International Conference on Control Applications*, Dearborn, MI, pp.552–557, September 15–18, 1996.
38. Fukada, Y. Estimation of vehicle side-slip with combination method of model observer and direct integration, in *Proceedings of the 4th International Symposium on Advanced Vehicle Control (AVEC)*, pp. 201–206, Nagoya, Japan, September 14–18, 1998.
39. Nishio A. et al. *Development of Vehicle Stability Control System Based on Vehicle Sideslip Angle Estimation*, 2001 SAE World Congress, SAE paper 2001–01–0137.
40. Hac, A. and Simpson, M.D. Estimation of vehicle side slip angle and yaw rate, 2000 SAE World Congress, SAE paper 2000–01–0696.
41. Tseng, H.E. Dynamic estimation of road bank angle, in *Proceedings of the 5th International Symposium on Advanced Vehicle Control (AVEC)*, Ann Arbor, MI, pp. 421–428, August 22–24, 2000.
42. Mudaliar, N., LeBlanc, D., and Peng, H. Linear estimator for road departure warning systems, in *Proceeding of the 2004 American Control Conference*, Boston, MA, June 2004.
43. Ungoren, A.Y., Peng, H., and Tseng, H. A study on lateral speed estimation methods, *International Journal of Vehicle Autonomous Systems*, 2(1/2), 126–144, 2004.
44. Feng, K.-T., Tan, H.-S., and Tomizuka, M. Automatic steering control and validation of vehicle lateral motion with the effect of roll dynamics, in *Proceedings of American Control Conference*, Philadelphia, PA, pp. 2248–2252, June 1998.
45. Tan, H.S. Develop precision docking function for bus operation, *California PATH Research Report*, UCB-ITS-PRR-2003–11, March 2003.

46. Hiramatsu, S. et al. Rearview Camera Based Parking Assist System with Voice Guidance, 2002 SAE World Congress, SAE paper 2002–01–0759.
47. Katsuno, T. et al. Development of a parking assist system with voice guidance, *2002 JSAE Annual Congress*, JSAE Technical Paper No. 20025067 (also known as SAE paper 2002–08–0047).
48. Najm G et al. Analysis of light vehicle crashes and pre-crash scenarios based on the 2000 general estimates system, Department of Transportation Report HS 809 573, Washington, DC.
49. LeBlanc et al. CAPC: An implementation of a road-departure warning system, in *Proceedings of the 5th IEEE International Conference on Control Applications*, Dearborn, MI, September 1996.
50. Bishel, R. et al. Lane departure warning for CVO in the USA, SAE Publications SP-1401 Electronics for Trucks and Buses, SAE paper#982779.
51. Lin, C.-F., Ulsoy, A.G., and Leblanc, D.J. Vehicle dynamics and external disturbance estimation for vehicle path prediction, *IEEE Transactions on Control System Technology*, 8(3), 508–518, May 2000.
52. Hahn, J.O., Rajamani, R., and Alexander, L. GPS-based real-time identification of tire–road friction coefficient, *IEEE Transactions on Control System Technology*, 10(3), 331, May 2002.
53. Eichhorn, U. and Roth, J. Prediction and monitoring of tyre/road friction, in *Proceedings of FISITA*, London, U.K., June 1992.
54. Ito, M., Yoshioka, K., and Saji, T. Estimation of road surface conditions using wheel speed behavior, SAE paper no. 9438286.
55. Pal, C., Hagiwara, I., Morishita, S., and Inoue, H. Application of neural networks in real time identification of dynamic structural response and prediction of road-friction coefficient from steady state automobile response, SAE paper no. 9438817.
56. Pasterkamp, W.R. *The Tyre as Sensor to Estimate Friction*, Delft University Press, Delft, the Netherlands, 1997.
57. Gustafsson, F. Monitoring tire–road friction using the wheel slip, *IEEE Control Systems Magazine*, 18, 42–49, August 1998.
58. Liu, C. and Peng, H. Road friction coefficient estimation for vehicle path prediction, *Vehicle System Dynamics*, 25(Suppl.), 413–425, 1996.
59. Umeno, T. et al. Estimation of tire-road friction using wheel speed vibration, in *Proceedings of the 2002 AVEC Conference*, Hiroshima, Japan.
60. Umeno, T. et al. Estimation of tire-road friction by tire rotational vibration model, *R&D Review of Toyota CRDL*, 37(3), 53–38, http://www.tytlabs.co.jp/office/elibrary/ereview/rev373epdf/e373_053umeno.pdf
61. Umeno et al. Observer based estimation of parameter variations and its application to tyre pressure diagnosis, *Control Engineering Practice* 9, 639–645, 2001.
62. Godthelp, H., Milgram, P., and Blaauw, G.J. The development of a time-related measure to describe driver strategy, *Human Factors*, 26(3), 257–268, 1984.
63. Batavia, P.H. *Driver-Adaptive Lane Departure Warning Systems*, Ph.D. Dissertation, The Robotics Institute, Carnegie Mellon University, Pittsburgh, PA, 1999.
64. Pilluti, T. and Ulsoy, A.G. Fuzzy-logic-based virtual rumble strip for road departure warning systems, *IEEE Transactions on Intelligent Transportation Systems*, 4(1), 1–12, March 2003.
65. Pape, D.B. et al. Performance considerations for run-off-road countermeasure systems for cars and trucks, SAE paper#1999–01–0820.
66. Pomerleau, D. SafeTRAC: Research to deployment, http://www.ivsource.net/public/ppt/RORAssistWare_Natl_IVI_Mtg2000.ppt
67. Ziegler, Walter et al. Computer vision on the road: A lane departure and drowsy driver warning system, SAE Paper#952256 E6.
68. Pohl, J. and Ekmark, J. Development of a haptic intervention system for unintended lane departure, SAE paper# 2003–01–0282.
69. Sato, et al. A study on a lane departure warning system using a steering torque as a warning signal, *Proceedings of the 1998 AVEC Conference, Paper #9837111*, Nagoya, Japan, 1998.
70. Suzuki, K. and Jansson, H. An analysis of driver's steering behaviour during auditory or haptic warnings for the designing of lane departure warning system, *JSAE Review*, 24, 65–70, 2003.

第40章 纵向控制

40.1 引言

本章提供对道路车辆纵向控制（LC）的基本见解，与控制系统特性的基本物理概念相联系，包括所需的距离/间隙、速度控制和加速/减速性能。所讨论的系统将车辆动力学经典概念扩展车辆动力学系统，一方面涉及增加驾驶员舒适性和方便性，另一方面涉及提高车辆效率、稳定性和主动安全性。通过使用遥感技术和收集车辆本身外的驾驶环境信息，这些系统为驾驶员提供辅助和扩展车辆控制应用的领域。然而，纵向控制一直是驾驶员的活动，当前的驾驶员辅助系统至少涉及驾驶员决策和监督。在一定程度上，我们知道人们如何控制车辆，将使用这些知识评价驾驶员辅助系统的性能。

本章的目的在于通过提供对纵向控制系统基本见解，有助于新系统的设计与创造或者对现有系统进行评价，为本书其他章节提供补充。为了与这一目标保持一致，使用简化的分析和模型处理真实系统的复杂性及其硬件和软件的特性。在呈现和讨论一些基本概念之后，本章也给出附有注释的文献作为结束，这些文献都是与纵向控制的先进处理相关的问题。

40.2 纵向控制系统的基本结构

图40.1是包含LC系统基本功能单元的通用框图，这些单元是交通-道路子系统、命令和控制单元（基于驾驶员或车辆的）、车辆及其执行器。这三个子系统构成LC系统的单元，利用遥感感知驾驶状况。这种形式的框图已经应用于手动驾驶，驾驶员完成传感、感知、决策和控制（命令），如图40.1所示。此外，这种形式的框图也可以应用于侧向控制系统。但是这里所示的变量，与LC单元的输入和输出有关。

具体而言，相关变量如下：

V——车速，是被控（装备LC）目标车辆的车速。

V_p——目标车辆前方车辆运动的速度时间历程。

R——间距,是车辆之间的距离,如图 40.2 所示。这一间距是前方车辆的纵向位置 X_p 与被控车辆的纵向位置 X 之间的相对位置的差值($R = X_p - X$)。

R_{dot}——间距变化率,即 dR/dt,R 的时间变化率和两个车辆对的相对速度,如图 40.2 所示,$R_{dot} = V_p - V$,R 等于 R_{dot} 的积分。

U——控制命令,是控制输入,用来控制车辆速度和加速度。

V——V_{dot} 的积分。

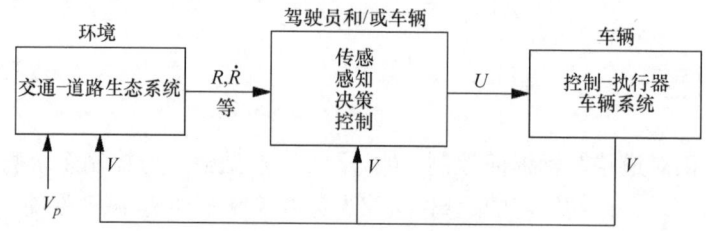

图 40.1　LC 系统的基本框图

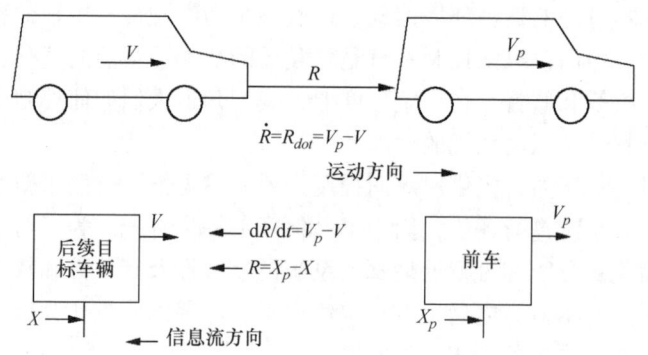

图 40.2　变量实例

图 40.2 说明了目标(LC)车辆与前方车辆之间的几何和运动学关系。对于许多 LC 应用,描述目标车辆与前方车辆的相对速度的简单运动学关系,是了解驾驶情况的关键因素,即

$$R_{dot} = V_p - V \qquad (40.1)$$

如果 V_p 大于 V,则 R_{dot} 为正值,间距会不断增大。在这种情况下,两辆车辆将分离。如果 V 大于 V_p,则 R_{dot} 为负值,间距会不断减小。在这种情况下,后方的 LC 车辆将靠近前方车辆。为了保持所需的间距,R_{dot} 必须为零。如果 R_{dot} 保持接近于零和在一段时间内平均近似为零,这种情况称为跟随。分离、靠近和跟随,是纵向行驶中考虑的基本的道路情况。

LC 系统中使用的硬件，包括传感器、命令和控制单元、执行器和车辆本身。通常，传感器用于测量车辆间距 R、变化率 R_{dot} 和车速 V。同样也经常对加速度 V_{dot}（或记为 A）进行测量，因为加速度用于特定的控制定律中，以制定出加速指令。命令和控制单元使用传感器单元的输出，生成控制命令，常用 U 表示，如图 40.1 所示。与 LC 相关的执行器位于车辆制动系统和发动机/传动系统中，这些机构为了车辆减速或加速提供轮胎力。将采用一个简化模型表示车辆及其制动和加速能力，其他部分将对上述问题进行详细讨论。

40.3　系统设计和评价的研究

本章使用的涉及系统设计和系统评价的思想，有助于组织材料和建立支持讨论的整体背景。图 40.3 给出系统设计与评价的过程[1]，说明从功能目的和概念想法到真实系统的抽象层次。实现各种各样的最终系统构型和能力是可能的，取决于对图 40.3 给出的任何抽象层次的选择。在开发适当组装的统一设计过程中，关键是统一功能和形式、形式和功能的创造性过程。通过以简单方式讨论开发 LC 系统使用的部件特征，将说明如何实现统一。

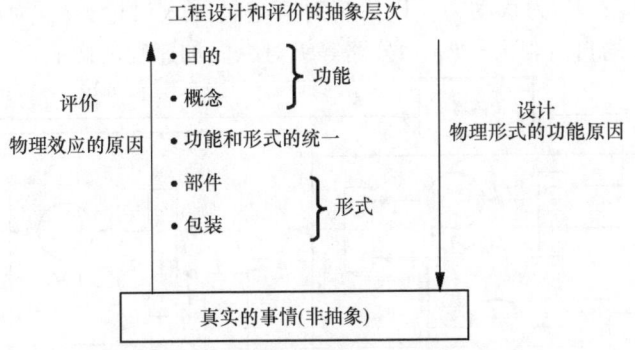

图 40.3　从抽象功能概念到真实系统的创造

显然，商业化系统通常是设计时考虑到特定的车辆，传感器可能预先选择。在这种情况下，部件特征表示创建系统时对设计选择可用性的约束。在实际中，图 40.3 所示抽象层次的顺序并不意味着研发或评价系统事件的时间顺序。例如，测量间距和间距变化率的新型传感器的存在，可能是开始特定自适应巡航控制（ACC）系统设计过程的第一步。通常，在开发纵向控制系统时，设计师可能从一个抽象层次跳跃到另一个抽象层次，因为设计过程需要不断迭代。

虽然传统巡航控制（CCC）被考虑为引入新类型驾驶员辅助系统之前开发的系统，但是这里考虑它是希望说明在讨论 LC 时如何采用更高的抽象层次。此外，通过这样的实例，可以很好地说明一些基本想法。毕竟，传统巡航控制、发动机控制系统和防抱死制动系统是今天智能车辆系统中使用的电子控制系统的先驱,这些特定的系统在第 39 章已经详细讨论过。

通常,讨论是自上而下的,在实例中将强调更高层次的抽象。CCC 系统的功能是维持驾驶员设定的行驶速度,这称为 CCC 系统设定的速度"V_{set}",驾驶员负责打开和关闭系统。如果驾驶路径前方有缓慢移动的车辆或其他障碍物,驾驶员将进行制动,这将关闭 CCC 系统的功能以及驾驶情况的控制。

功能概念、信息流图和系统方框图,提供表达基本思想的简便方法。CCC 系统底层的基本思想,如图 40.4 所示。

输入为 V_{set},与实际速度 V 相比形成控制系统的误差信号,这意味着需要传感器测量 V。在这个抽象层次上,假设传感器是准确的,忽略涉及任何传感器的动态变化和误差,这些内容需要在部件工程中重视。如果为车辆及其制动和加速执行器选择简单模型,控制系统的概念如图 40.4 所示。与图 40.4 有关的方程表示如下。

对于车辆和执行器,有

$$M_e V_{dot} = F_c + F_R + F_G \tag{40.2}$$

式中 M_e 为车辆、传动系统、发动机或制动部件和轮胎的有效质量;V_{dot} 为车辆加速度/减速度;F_c 为致动力,以后将对其进行深入讨论;F_R 为由滚动阻力和空气阻力产生的自身阻力;F_G 为公路等级对纵向加速度的影响。

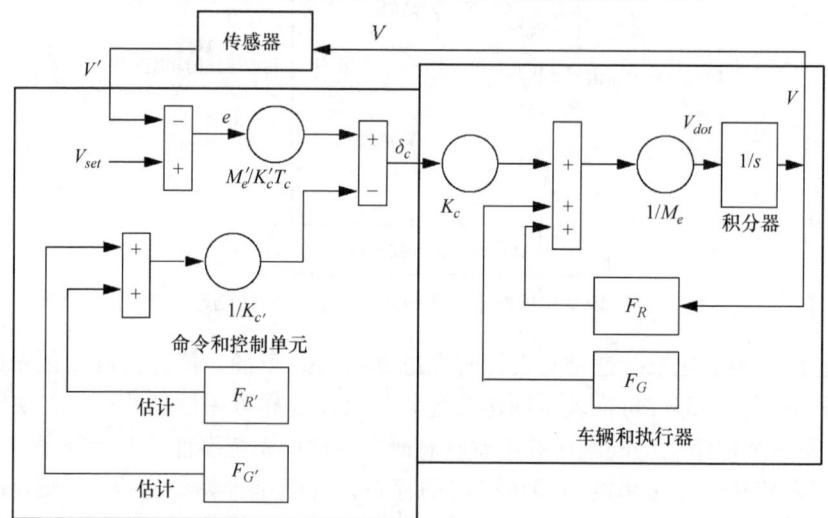

图 40.4 传统巡航控制系统概念图

在图 40.4 中,致动力可以由下述简化方程表示

$$F_c = K_c \delta_c \tag{40.3}$$

式中,K_c 为增益因子;δ_c 为控制输入信号。

式（40.3）是在概念层次使用的抽象，对真实情况进行了简化。

用于这些抽象方程的简化表明，在建立一个真实的运行系统之前，需要考虑相关细节。例如，致动力 F_c 实际是由制动系统、发动机和传动系统产生的轮胎纵向力的组合。这些系统有其自身的增益、非线性和动态特性。存在其他有趣的抽象，与有效质量及其与车速、自然缺陷和等级影响相关的关系，在实现 CCC 系统的功能目的之前，需要对这些关系进行特殊处理。

图 40.4 中的控制和命令单元，由以下方程表示

$$e = V_{set} - V \tag{40.4}$$

一旦驾驶员选择 V_{set}，将认为其是恒定的。因此，$de/dt = -V_{dot}$，并且下述方程可用于规划速度调节器

$$T_c \frac{de}{dt} + e = -T_c V_{dot} + (V_{set} - V) = 0 \tag{40.5}$$

式（40.4）和式（40.5）是简单的比例控制系统的形式。然而，如果了解车辆及其执行器如何工作，就可以统一功能和形式的设计。可以利用车辆和执行器部件的知识确定执行器的输入 δ_c，即结合式（40.5）、式（40.2）和式（40.3），得

$$\delta_c = \left(\frac{M'_e}{K'_c T_c}\right)e - \frac{(F'_R + F'_G)}{K'_c} \tag{40.6}$$

式（40.6）引入的量，表示与实际车辆情况相关的参数、自身缺陷和等级的估计。至少在概念上，式（40.6）表示用于车辆工作方式补偿的思想，以便让车辆做想要其做的任务。这个想法是为了安排 CCC 系统，以便下述微分方程为系统性能提供合理的近似

$$T_c V_{dot} + V = V_{set} \tag{40.7}$$

图 40.4 表明，如果计划消除 M_e、K_c、F'_R 和 F'_G 的影响，这个计划可能不会简单完成。实际上，有效质量 M_e 可能以复杂的方式依赖于车速 V，自然缺陷将取决于车辆装载质量、风速、环境条件以及车辆速度。在部件设计中，存在考虑成本和复杂性问题，即测量风速和当前质量是否值得的问题。公路等级不断变化，取决于当地地形。系统是否或如何对等级进行调整，是设计的选择。

在命令和控制单元的设计中，有许多实际的设计选择需要解决。例如，简单的比例控制可以增加一些积分控制，以便修正长时间持续的等级、恒定的头风或尾风带来的影响。控制系统可能涉及参数识别特性，以便为 M_e、K_c、F_R 和 F_G 或者为更完整车辆模型及其执行器的参数找到好的近似值。可以使用自适应控制方法，滑模控制可能与节流阀、制动阀一起应用，用于近似增益和使用符号 sign (e) 类型的快速需求。对这些问题的深入研究超出本章讨论的范畴，见控制系统的参考文献，如文献［2］给出可能的方法理论说明。对于讨论 CCC 系统的文

献，见文献［3］的实例。

通过幅值误差、动态效果和延迟，传感器部件可能引入系统缺陷。在 CCC 实例中，纵向速度是系统基本概念中需要测量的主要变量。由于车速的测量和显示已经应用在传统公路车辆上，因此在 CCC 应用中有很好的速度信息可用。现代动力传动控制器、防抱死制动系统和现代车辆的其他特性，可以采用复杂的电子方式估计车辆的纵向速度。

一个现代动力传动控制器可能提供发动机和传动控制系统。传动控制通过测量节气门开度和车速确定换档点和锁止操作点，发动机控制系统提供许多功能，并且使用传感器信号测量各种量，包括车速、纵向滑移和车辆加速度。防抱死制动系统使用测量的车轮速度调节制动压力，帮助防止车轮抱死，同时保持良好的制动性能。对这些系统的进一步说明，参见文献［3］或其他相关书籍。

这些类型的系统操作使用数字通信。例如，速度数据可能每 0.1s 更新一次，分辨率约为 0.2m/s。这意味着车速值单位分辨率变化一次，零阶保持器的输出将变化为 0.2m/s。当考虑采样周期时，这会转换为约 $2m/s^2$ 的加速度，即 $0.2g$。对于 CCC 应用，如果 T_c 足够大的话，这将是可以接受的。但是，对于 ACC 和更严格的速度控制情况，这种加速度命令的跳跃可能引起驾驶员惊慌和不舒适。这些虚拟加速度脉冲的水平减少到 $0.04g$，将会更好。虽然这可能会引起一些设计上的困难，速度的 0.04m/s 分辨率确实有助于改善情况。

同样，由于在车辆中引入电子通信和相应的车辆总线，通常使用信息流图说明部件之间的连接关系。除了给出特定系统中部件概述外，信息流图提供观察其他已经存在的系统（或最近提出的系统）与现在设计考虑中的特定系统之间协同连接的基础。之前图 40.4 所示的 CCC 设计的信息流图，如图 40.5 所示。

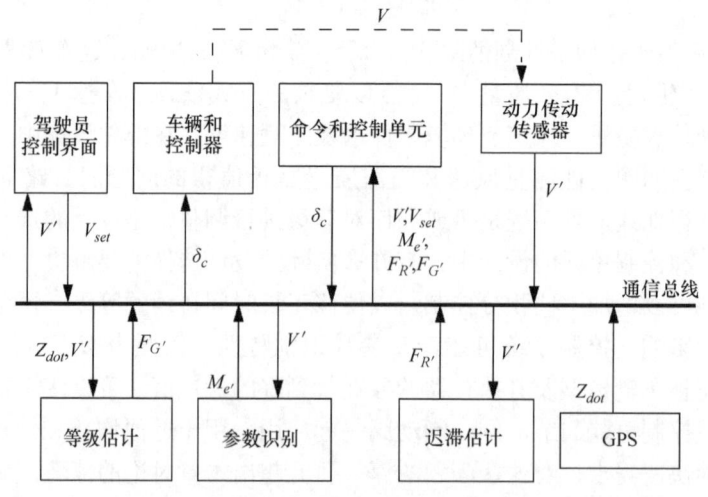

图 40.5　CCC 系统的信息流图

在图 40.5 中，通信总线，又称为车辆总线，显然起着中心的作用。对于这个术语意义的解释，可以参考网上关于"车辆总线"的定义，尤其是背景部分。为了说明与其他系统可能的协同作用，添加了全球定位系统（GPS），其位于信息流图的右下角。另外，部件及其相互连接遵循之前的讨论。作为这种情况的一个实例，应用 GPS 的信息估计路面等级。由 GPS 测量确定的垂直速度，结合测量的纵向速度估计路面等级。或许使用 GPS 测量水平速度一样容易，但不是这里选择的方案。这似乎是估计路面等级牵强附会的方法，一个更简单的解决方案是忽略路面等级的影响，让驾驶员绕过其工作。然而，如果车辆已经具有 GPS，可以将所需的信息传输到通信总线，则利用其进行路面等级估计将不会增加过多的成本。

由机械动力学的角度而言，电子通信（车辆总线）的引入，开辟了许多应用传感器、执行器和控制单元的机会，不再需要连接装置、机械电缆以及液压和气动管路，而且在可以提供数字控制器的控制特性类型方面具有更大的灵活性。

40.4 自适应巡航控制

40.4.1 采用 CCC 系统单元的自适应巡航控制

最近的 ISO[4] 和 SAE[5] 的 ACC 系统标准，将 ACC 描述为 CCC 的扩展。ACC 系统的功能目的，是保持配备 ACC 的车辆与其前方车辆之间的所需间距，该间距保持预设值。如果在合理的范围内没有前方车辆，该系统作为 CCC 系统使用。

在下面的实例中，在 ACC 的概念设计中，从 CCC 到 ACC 的扩展采用现有 CCC 系统的特性。出于务实和实用的目的，CCC 系统将作为 ACC 系统的一个部件。图 40.6 的右下角，给出 CCC 单元。

除了有 ACC 和 CCC 的单独命令和控制单元的方块图以及测量驾驶场景相关特性的传感器不同外（记为 R' 和 R'_{dot}），图 40.6 类似于图 40.5。假定场景传感器可以准确运行，因此近似有 $R' = R$、$R'_{dot} = R_{dot}$ 和 $dR'/dt = R'_{dot}$。CCC 单元的控制输入来自于 ACC 单元，称为 V_c，而这个命令可能要求小于驾驶员设定车速 V_{set} 的车速。在这个系统中，V_{set} 是 ACC 控制设定的最大速度。ACC 控制器可能要求小于 V_{set} 的命令，以便满足 ACC 系统的车辆间距要求。

CCC 系统图（图 40.5）中涉及的许多方块图在图 40.6 中进行了省略，因为假定 CCC 系统由式（40.7）很好近似，由 V_{set} 取代 V_c，其为 ACC 控制器的输出，即

$$T_c V_{dot} + V = V_c \tag{40.8}$$

图 40.6 巧妙展示的一点，是具有内（从）控制回路和外（主）控制回路，

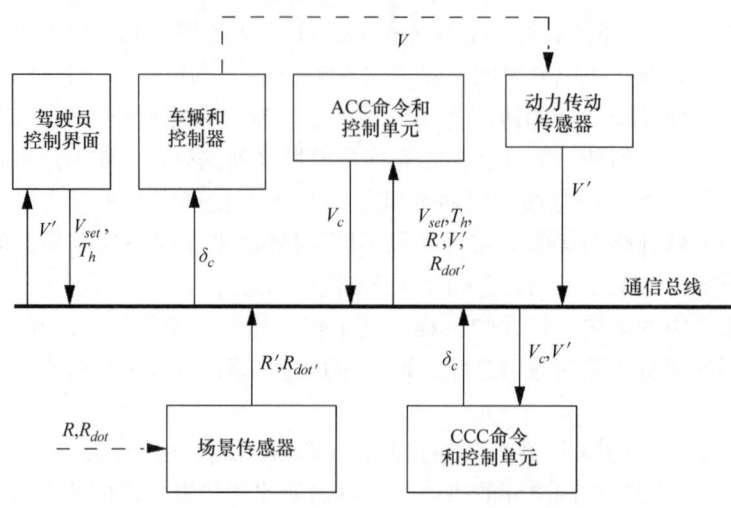

图 40.6 直接使用 CCC 的 ACC 信息流程图

对应于 CCC 控制器和 ACC 控制器的功能。

图 40.7 所示的 ACC 系统图使这些回路更加明显,提供了深入了解特定 ACC 控制器设计背后的概念。内从回路由 CCC 单元中的速度反馈装置识别,外主回路通过交通运动学产生的速度反馈路径识别,然后通过遥感模块进入 ACC 命令和控制单元。有关交通运动学的信息和概念,如图 40.7 中的交通运动学模块所示。

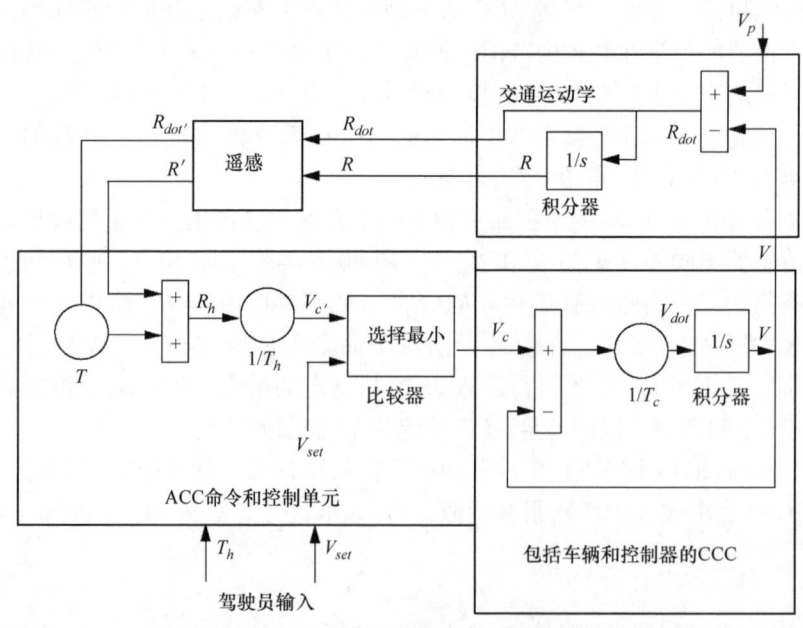

图 40.7 使用 CCC 的 ACC 的概念图

描述 ACC 系统性质的方程,如图 40.7 所示。

式(40.8)描述了 CCC 单元的功能,即 $T_c V_{dot} + V = V_c$。

如式(40.1)所示,交通运动学相关方程描述为 $R_{dot} = V_p - V$。

ACC 命令和控制单元的功能可以采用下式表示

$$R_h = R + TR_{dot} \tag{40.9}$$

R_h 为稳定跟踪前车理想的间距,并且

$$V_c' = \frac{(R + TR_{dot})}{T_h} \tag{40.10}$$

式中,T_h 为驾驶员设定的理想时间间隙。

驾驶员同样选择 V_{set} 的值,V_{set} 为驾驶员在当前在道路上行驶选择的最大速度。采用比较 - 限制器,以便 V_c 总是小于等于 V_{set}。

V_{set} 和 T_h 的值是否适合于在 ACC 中应用,存在一些顾虑。尤其是,V_{set} 的最大值和 T_h 的最小值是当前考虑的问题。例如,美国 V_{set} 的最大值可能为 38m/s。同样,V_{set} 的最小值可能约为 13m/s,由于 ACC 和 CCC 系统可能设计为低于最小速度时停止运行功能。因此,在低速条件下,需要驾驶员进行手动操作。时间间隙参数可能有 1.0 ~ 2.0s 的限制范围,尽管许多驾驶员在高速公路上手动驾驶时以小于 1.0s 跟随。对于给出 V_{set} 和 T_h 这些限制的原因,是要考虑到公路安全性,但该问题本身十分微妙且不容易被合理地折中。

传感器测量空间(R' 和 R'_{dot})可以显示在距离与距离变化率的相平面图中。对于解释式(40.9)和式(40.10)使用 ACC 控制器的原因是这种类型图是有用的。在图 40.8 中,垂直轴为间距 R,水平轴为间距变化率 R_{dot}。在任何时间,R 和 R_{dot} 的测量值可以落在 $R - R_{dot}$ 空间中的任何地方,取决于特定时间内的相对位置和相对速度。

如图 40.8 所示,对角直线表示式(40.9)。相平面中的这条线表示线性一阶微分方程,线上的箭头表示沿这条线的运动方向起始于线上任何一点。在 $R = R_h$ 和 $R_{dot} = 0$ 处的点,是一个稳定的平衡点,因为 $R > R_h$ 时 R_{dot} 为负,$R < R_h$ 时 R_{dot} 为正。

这条线的斜率为 $-T$,而 T 为图 40.8 描述的一阶微分方程的时间常数。如果 R 和 R_{dot} 的当前值位于这条线上,随后的轨迹将沿着线 $TR_{dot} + R = R_h$ 滑动(在 R

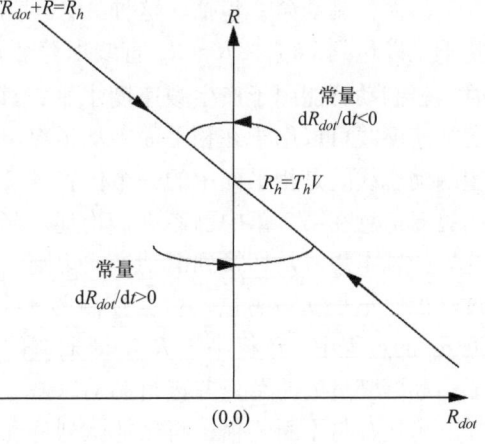

图 40.8 R 和 R_{dot} 的相平面图

和 R_{dot} 二维平面上的滑动面）。

$R = R_h$ 和 $R_{dot} = 0$ 的点表示给定速度所需的间距，即为理想的 $T_h V = R_h$。式 (40.10) 简单说明，V'_c 是符合常数时间间隔规定的理想速度，而 T_h 为理想的时间间隔。换言之，图 40.8 所示的 R_h 值随速度变化。因此，当速度变化时，直线 $TR_{dot} + R = R_h$ 改变其 $R-$ 截距。在这种情况下，可以说控制理念是要求导致想要的速度 V_c。显然，这需要了解希望的功能。直线 $TR_{dot} + R = R_h$ 表示获得 R_h 的计划，这是稳定跟随希望达到的行驶状态。

图 40.8 中的两条曲线表示常量 dR_{dot}/dt 线，它们是常量相对加速度线。对于近似 $V_{pdot} = 0$ 的情况，近似有 $dR_{dot}/dt = -V_{dot}$，并且 $dR_{dot}/dt > 0$ 表示制动。如图 40.8 所示，当前车以几乎恒定的速度行驶时，制动将导致接近的间距减少，之后一旦 V 低于 V_p，将导致分离发生。对于恒减速的情况，曲线形状为抛物线。图 40.8 也给出 $dR_{dot}/dt < 0$ 的抛物线，当前方车辆以近似恒定车速行驶时，其用于 ACC 车辆加速的情况。

上述讨论隐含一个想法，在任何接近 ACC 系统控制权限时，当靠近前方车辆制动时，驾驶员将控制系统。根据设计特性，ACC 系统可能使用约为 $0.1g$ ~ $0.3g$ 的最大减速度权限。现有商业化可用的系统，在设定系统减速度限制时，倾向于采用较高的控制权限的水平，以便扩大 ACC 系统的使用范围[6,7]。基于期望的加速/减速命令结构，后面将结合 ACC 系统讨论加速/减速因素。

然而，制动命令包括在这种 ACC 使用 CCC 的情况中。一旦加速踏板位置调整不足以达到 $TR_{dot} + R = R_h$ 直线所隐含的所需动态的点条件（R 和 R_{dot} 条件）时，轻制动可能用于产生减速度水平，其将从底部与期望的动态线相交[8]。恒定加速度线可以用于在相平面中从顶部与期望的动态线相交。在这种意义上，期望的动态线既是相平面中的一个位置，又是一个动力学模型，关于相平面动力学的更多信息在第 5 章中已经进行论述。当 R 和 R_{dot} 的条件足够接近于滑动面时，这里的基本想法是切换到滑动模式规则，滑模控制的更多信息在第 6 章已经说明过。虽然不是立即明显，这类控制的一个方面是恒减速的情况意味着，在 R 接近 R_h 的过程中，R 将小于 R_h，即期望的跟随情况。这些间距的"未达标"，可能引起驾驶员的注意，并进行制动以避免间距过小。在车辆队列中，车辆之间增加的未达标将不断传播，将破坏队列特性的完整性，以至于队列最后一辆车的驾驶员需要主要通过制动防止与前车后部发生碰撞。然而，这种类型的系统已经在场地操作测试中进行了研究，在自然条件正常驾驶时，外行驾驶员操作给出良好的主观评价[9]。

高速公路上行驶的车辆队列动力学，在第 39 章中进行了呈现，文献 [10] 利用数学上的严谨性讨论了渐进队列稳定性的相关问题。其内容涉及公路自动化，目标是不管车速是多少，自动保持车辆之间的短间距。下面的内容针对可能由 ACC 系统动力学引起的安全性考虑和交通流中断。

从分析的观点而言，检查图 40.7 中系统的传递函数是有趣的。对于 $V_c < V_{set}$，R_{dot} 和 V 之间的开环传递函数 Y_o 如下：

$$Y_o = \frac{V(s)}{R_{dot}(s)} = \frac{T + (1/s)}{T_h(T_c s + 1)} = \frac{Ts + 1}{T_h s(T_c s + 1)} \tag{40.11}$$

式中，s 为拉普拉斯变换的自变量，用于微分方程的线性分析。

观察式（40.11），发现 $T = T_c$ 是一种特殊的情况，即

$$Y_o = \frac{1}{T_h s} \tag{40.12}$$

$T = T_c$ 意味着零/极取消，将使较为复杂的开环传递函数转变成一个简单的增益和积分器。当 T_c 是由 CCC 系统确定的一种设计约束和在 ACC 系统中选择使用时，这种情况对于理解 T 的各种选择起到重要的作用。

基于式（40.11），主回路的闭环传递函数如下：

$$\frac{V(s)}{V_p(s)} = Y_c = \frac{Y_o}{1 + Y_o} = \frac{Ts + 1}{Ts + 1 + T_h s(T_c s + 1)} \tag{40.13}$$

如果

$$T = T_c, Y_c = \frac{1}{T_h s + 1} \tag{40.14}$$

式（40.14）意味着如果 T 提供足够的前导可以消除 T_c 产生的延迟影响，然后系统作为一个简单的一阶系统。在对应 V_p（前车速度）的突然变化，不会产生超调和欠调。

对于式（40.13）的一般情况，确保干扰幅值不会沿着车辆队列增加的条件是，对于所用的 s，$|V(s)/V_p(s)|^2 \leq 1.0$[11]。对于式（40.13），采用 $j\omega$ 取代 s 和执行代数运算，该条件简化为如下等价不等式

$$1 + T^2 \omega^2 \leq (1 - T_c T_h \omega^2)^2 + (T + T_h)^2 \omega^2 \tag{40.15}$$

简化式（40.15）后，发现当 $\omega = 0$ 时，对参数的限制将变得十分严格，结果变为

$$T > \frac{T_c - T_h}{2} \tag{40.16}$$

车队平稳的关键是，需要足够的 T 抵消与 CCC 执行器相关的滞后 T_c。在讨论交通管理和减轻交通拥堵问题时，车队行为问题至关重要。

40.4.2 采用加速度控制的 ACC

这种情况不同于前面的情况，采用接受加速度命令的执行器取代 CCC 的速度执行器。这种类型执行器的基本方程为

$$\tau A_{dot} + A = A_c \tag{40.17}$$

采用式 (40.17) 的 ACC 系统的方框图, 如图 40.9 所示。

由图 40.9 看出, 涉及车辆、执行器、ACC 命令和控制单元的模块, 与图 40.7 所示的模块不同, 后者属于 ACC 系统使用速度命令结构。显然, 交通运动学模块仍然一致。设计师无法控制它。图 40.9 明确指出速度 V 和加速度 A 的内部传感器需要在该系统的控制概念中使用, 其中 $A = V_{dot}$。在这种控制算法设计中, 使用 A 是一项重要的因素, 这将允许以有利的形式统一系统部件。

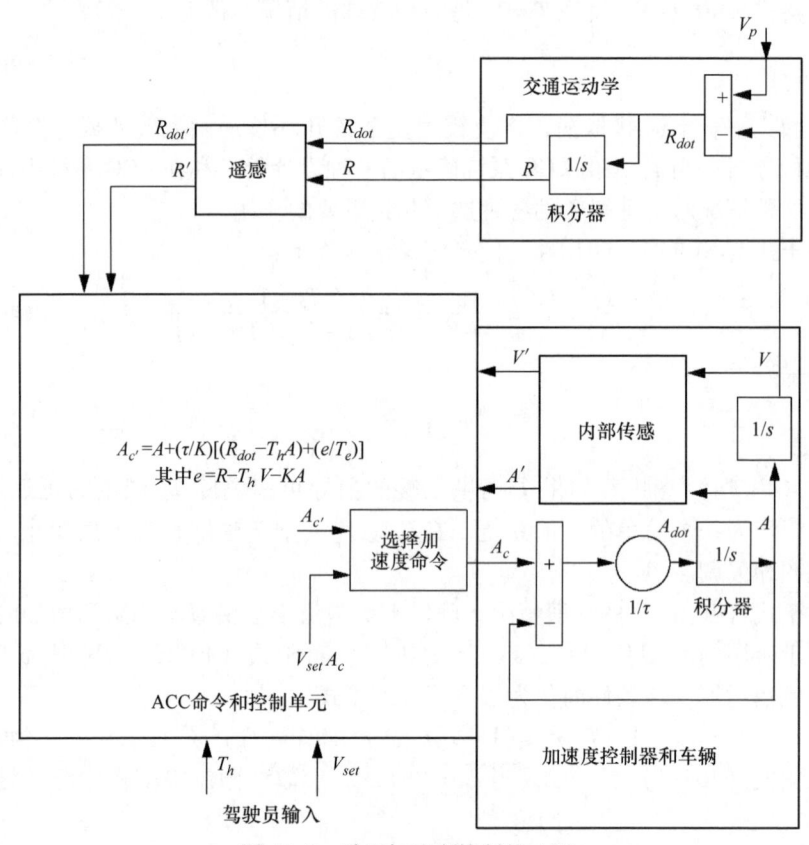

图 40.9 采用加速度控制的 ACC

这种统一通过加速度命令的方程 A'_c 实施, 如图 40.9 的 ACC 命令和控制单元模块所示。控制规则 (算法) 背后的概念推理如下。

步骤 1: 创建特殊的误差函数。该函数的形式包含期望的行车时间间距和加速度项, 需要加速度项是因为基于式 (40.17) 选择的执行器为加速度。如果设计要将执行器的特性统一到整体系统设计中, 则误差函数需要包含对执行器的连接。满足这些概念的误差函数为

$$e = R - T_h V - KA \qquad (40.18)$$

步骤 2: 下面的方程可以用来定义一个假设的滑动表面, 采用指数方法, 其

将收敛到 $e=0$，即

$$T_e \frac{\mathrm{d}e}{\mathrm{d}t} + e = 0 \tag{40.19}$$

观察点是 $\mathrm{d}e/\mathrm{d}t$ 包含 $\mathrm{d}A/\mathrm{d}t$，在式（40.17）中是 A_{dot}。这意味着可以求解式（40.17），同时通过式（40.19）可以确定期望的加速度命令 A_c'。通过这些，消除 T 和 T_e 对 R_{dot} 和 V 之间开环传递函数的影响。

步骤 3：虽然正在讨论微分方程，但是步骤 2 给出的运算是纯代数的。这主要是因为计划使用交通运动学中已经存在的积分器、车辆执行器和动力学模块设计一个完成期望的 ACC 功能的系统。这种方法避免了添加积分器，从而保持概念设计更为简单和统一设计。在这种情况下，状态变量（由积分器产生）为 R、V 和 A。在一段时间内，当误差 e 近似于零，R 近似等于期望的 $T_h V$，并且 R_{dot} 近似于零。通过这种方式设计 ACC 命令和控制单元，利用系统的一部分，以便应用下式所示的关系。

$$A_c' = A + \left(\frac{\tau}{K}\right)\left[R_{dot} - T_h A + \left(\frac{e}{T_e}\right)\right] \tag{40.20}$$

开环传递函数为

$$Y_o = \frac{V(s)}{R_{dot}(s)} = \frac{T_e s + 1}{T_e K s^3 + (T_e T_h + K)s^2 + T_h s} = \frac{1}{K s^2 + T_h s} \tag{40.21}$$

步骤 4：由于 A_c' 方程的形式，参数 τ 并没有出现在开环传递函数中。在式（40.21）中，存在一个极点/零点对消，这是由于式（40.19）特有的误差动力学形式产生的结果。这种对消的结果，是 T_e 不会出现在开环传递函数的最终表达式中。针对 Y_o 采用这种表达式，V_p 和 V 之间的闭环传递函数为

$$Y_c = \frac{V(s)}{V_p(s)} = \frac{1}{K s^2 + T_h s + 1} \tag{40.22}$$

对于给定的 T_h，阻尼比大于等于 1 的条件为

$$K \leq \left(\frac{T_h}{2}\right)^2 \tag{40.23}$$

通过这样的设计过程，从理论上准备了一个 ACC 系统，其满足设定的目标以及不存在超调现象。此外，参数 T_e 用于满足其他设计的挑战，如涉及加速/减速调整的驾驶员乘坐舒适性问题[12]。

传递函数式（40.22）的幅值小于等于 1，队列稳定性条件为 $K \leq T_h^2/2$，与式（40.23）规定的条件相比，这是一个不太严格的限制，而式（40.23）是基于时域中超调消除的目的得到的结果。

40.4.3 应用于具有速度执行器的 ACC 的统一方法

这种情况类似于使用 CCC（见图 40.7）的 ACC 情况。前面讨论过的统一方

法的步骤 1 ~ 步骤 4，在当前情况下进行概述。

步骤 1：状态变量为 R 和 V。这种 ACC 系统的功能目的是使 $R = T_h V$。因此，令 $e = R - T_h V$，当 $e = 0$ 时即满足上述要求，也包含所有的状态变量。

步骤 2：然后，考虑 $T_e \mathrm{d}e/\mathrm{d}t + e = 0$ 作为滑动面期望的方法。这意味着，要求 $V_{dot} = (1/T_h)[R_{dot} + (e/T_e)]$。对于执行器和车辆动力学近似为 $\tau V_{dot} + V = V_c$，要求 $V_c = V + (\tau/T_h)[R_{dot} + (e/T_e)]$。

步骤 3：基于前面 V_c 的表达式，开环传递函数为 $Y_c = (1/T_h s)$，这是前面使用 CCC 的 ACC 讨论的特殊情况。

步骤 4：闭环传递函数为 $V_p(s)/V(s) = Y_c = 1/(T_h s + 1)$。显然，该一阶系统不会超调，并且具有稳定性。

总之，已经补偿执行器和车辆动力学，同时选择获得恒定的时间间距作为功能目的。有趣的是，参数 T_e 的值可以用于系统调校，以便具有与驾驶员偏好兼容的特性和装备 ACC 车辆具有平滑的平顺性。然而，设计取决于对 τ 取值有很好的理解和借助于极点/零点从开环和闭环传递函数中消除 T_e。同样，在完成系统的总体设计过程中，需要考虑对最大的加速度和减速度性能的限制。

40.4.4 具有加速度控制器和无可用加速度传感器的 ACC 系统

尽管在概念上期望测量所有的状态变量，但是在传感器可用性或使用上可能存在实际约束，如 ACC 设计师不可使用主车辆加速度。在这种情况下，类似于图 40.9 所示的系统，除了不能测量 A 外，需要对 ACC 命令和控制单元中的算法进行修改。例如，令 $e = R - T_h V$ 表示距离期望滑动面的偏差，当系统处于滑动面上时，$e = 0$。利用 $T_e \mathrm{d}e/\mathrm{d}t + e = 0$ 求解加速度命令 A_c 期望的值。通常设定 V_{dot} 等于 A_c，结果如下：

$$A_c = \left(\frac{1}{T_h}\right)\left[R_{dot} + \left(\frac{R}{T_e}\right)\right]\left(\frac{-V}{T_e}\right) \tag{40.24}$$

采用控制器方程 $\tau \mathrm{d}A/\mathrm{d}t + A = A_c$，确定开环传递函数为

$$\frac{V(s)}{R_{dot}(s)} = \frac{T_e s + 1}{T_e T_h \tau s^3 + T_e T_h s^2 + T_h s} \tag{40.25}$$

闭环传递函数为

$$\frac{V(s)}{V_p(s)} = \frac{T_e s + 1}{T_e T_h \tau s^3 + T_e T_h s^2 + (T_h + T_e) s + 1} \tag{40.26}$$

考虑队列的性能，条件 $|V(s)/V_p(s)|^2 \leq 1$ 导致如下关系：

$$[-T_e T_h \tau \omega^3 + (T_h + T_e)\omega]^2 + [1 - T_e T_h \omega^2]^2 - [(T_e \omega)^2 + 1] \geq 0 \tag{40.27}$$

文献［13］提出，如果 $T_h \geq 2\tau$，则可以达到队列稳定性。从设计观点而言，这一结果具有有趣的影响。其意味着，如果 ACC 设计师和控制器设计师不能协

同工作，可能队列稳定性的问题不能得到解决，正如当前的一些 ACC 系统现在存在的这种情况。问题是 $T_h \geq 2\tau$ 的限制，涉及考虑队列其他相关的性能已经设置的量。假定 T_h 可能小于等于 1s 以便满足驾驶员偏好，由于存在冲突使得 $\tau \leq 0.5s$ 可能难以实现或不可能实现。或许，可以修改控制动器设计，以便为通信总线提供测量加速度 A 的值，允许 A 用于 ACC 设计，从而避免使 τ 值过小的考虑。

40.4.5 ACC 相关设计总结

文献 [13] 包含一组 ACC 系统设计案例的分析工作，这些案例涵盖基于滑动表面的命令和控制概念（如本文已经提出的）、比例控制和一些依赖于车辆之间通信获取前车加速度 V_{pdot}（也可以记为 A_p）信息的非自治系统。为了总结很多类似设计的可能性，引入如下广义传递函数：

$$Y = \frac{N}{D} \text{ 其中 } N = n_2 s^2 + n_1 s + 1 \text{ 和 } D = k_3 s^3 + k_2 s^2 + k_1 s + 1 \quad (40.28)$$

对于式（40.28）所示的系统，队列的稳定性条件 $|Y|^2 \leq 1$，该条件等效于 $|D|^2 - |N|^2 \geq 0$，可以简化为下式形式

$$\omega^2(a + b\omega^2 + c\omega^4) \geq 0 \quad (40.29)$$

其中

$$a = k_1^2 - 2k_2 + 2n_2 - n_1^2 \quad (40.30)$$

$$b = k_2^2 - k_1 k_3 - n_2^2 \quad (40.31)$$

$$c = k_3^2 \quad (40.32)$$

由式（40.29）发现，保持队列稳定性的一个充分条件是：

$$a \geq 0 \text{ 和 } b \geq 0 \quad (40.33)$$

表 40.1 给出四项，特殊变量的传感或通信、控制器概念、控制命令规则、控制超调情况下队列稳定性的充分条件。对于所有这些 ACC 系统，变量 V、R 和 R_{dot}（即 dR/dt）需要通过传感器测得，但是没有将它们作为特殊变量列在表 40.1 中。

表 40.1 的最后一行表示一个非自治的 ACC 系统，其中特殊变量 A_p 是前车的加速度。在这种情况下，假设从前车到装备 ACC 的车辆对 A_p 进行通信。这里给出的表达式表示一个高层次抽象，这意味着低层次抽象的部件设计和开发可能涉及相当大的技术挑战，由延迟、噪声和 A_p 的不精确测量和传输引起。

表 40.1 最后一行给出的控制命令规则，基于一阶滑动面的组合，其为传递函数提供了二阶分子，即令 $e_1 = R - T_h V$，$e = T_1 de_1/dt + e_1$ 和 $T_2 de/dt + e = 0$。基于这些选择，组合结果为

$$T_1 T_2 \left(\frac{d^2 e_1}{dt^2} \right) + (T_1 + T_2) \frac{de}{dt} + e_1 = 0 \tag{40.34}$$

表40.1 最后一行 A_c 的表示，是采用控制器方程、$e_1 = R - T_h V$ 和式（40.34）对 A_c 进行代数求解得到的结果。其中，包括 τ_d，以防止不能精确已知 τ 值的情况。对于 $\tau/\tau_d = 1$，分子、分母约分，开环传递函数 Y_o 成为

$$Y_o = \frac{1}{T_h s} \text{ 和 } Y = \frac{1}{T_h s + 1} \tag{40.35}$$

表40.1 最后一行给出的队列稳定性条件 $\tau/\tau_d \leqslant 1$ 是充分的。对这种类型的 ACC 系统的进一步处理，在文献 [13, 14] 中给出。显然，除了这里讨论之外，参数 T_1 和 T_2 可用于设计目标、不确定性和其他相关约束的调整。这种类型的系统被提出作为与 ACC 系统合作的候选补和朝向自动公路系统（AHS）迈进的一步[13,14]。

表 40.1　相关 ACC 设计的总结

特殊变量	控制器概念	控制命令规则	对于超调控制
无	$T_c V_{dot} + V = V_c$	$V_c = (1/T_h)(R + T R_{dot})$	$T > T_c - T_h/2$
A	$\tau A_{dot} + A = A_c$	$A_c = (\tau_d/K)(e_{dot} + e/T_e) + A$ 其中，$e_{dot} = de/dt$ 和 $e = R - T_h V - A$	$\tau/\tau_d \leqslant 1$ $K \leqslant T_h^2/2$
A, A_p	$\tau A_{dot} + A = A_c$	$A_c = [(\tau_d/T_1 T_2 T_h)(T_2 T_1 d^2 R/dt^2)$ $+ (T_1 + T_2)(R_{dot} - T_h A) + R - T_h V)] + A$	$\tau/\tau_d \leqslant 1$

注：R、R_{dot} 和 V 在车辆上在线测量，$d^2 R/dt^2 = A_p - A$ 也是一样

40.4.6　ACC 系统评价

如图 40.3 所示，设计中使用相同的抽象层次可以应用于现有系统的评价中。通常，当评价是解决问题的活动或与采购相关时。开始处于较低的抽象层次，保证系统具有良好的封装，即安装正常，并且任何部件没有可观察到的缺陷。可以指定具有针对性的测试，以便保证部件具有设计要求的功能，并且与可接受的性能指标一致。国际标准和技术协会标准通常包含有关部件性能的标准，例如文献 [4, 5] 给出有关传感器、命令和控制单元特性的规定。

在更高抽象层次上，只有有限的学术成果可用于评价 ACC 系统是否满足其功能目的和系统涉及的概念本质。对于功能目的，类似于图 40.10 的图在文献 [8, 9] 中使用，以便比较驾驶员控制的跟随和 ACC 控制的跟随。图 40.10 是基于采用 CCC 的 ACC 系统所得到的结果，如图 40.6 所示并通过式（40.8）至式（40.10）描述。

结果表明，ACC 系统达到了其追求的目标，并且当驾驶员在正常驾驶情况

下运行系统时,系统频繁保持 $R_{dot}=0$ 和 $R_{dot}=T_hV$。在这种情况下,系统在面对个人特性的正常交通情况时显示出鲁棒性。在同样道路类型和驾驶条件下,与驾驶员驾驶相比,ACC 系统更具有可预测性,如图 40.10 所示。

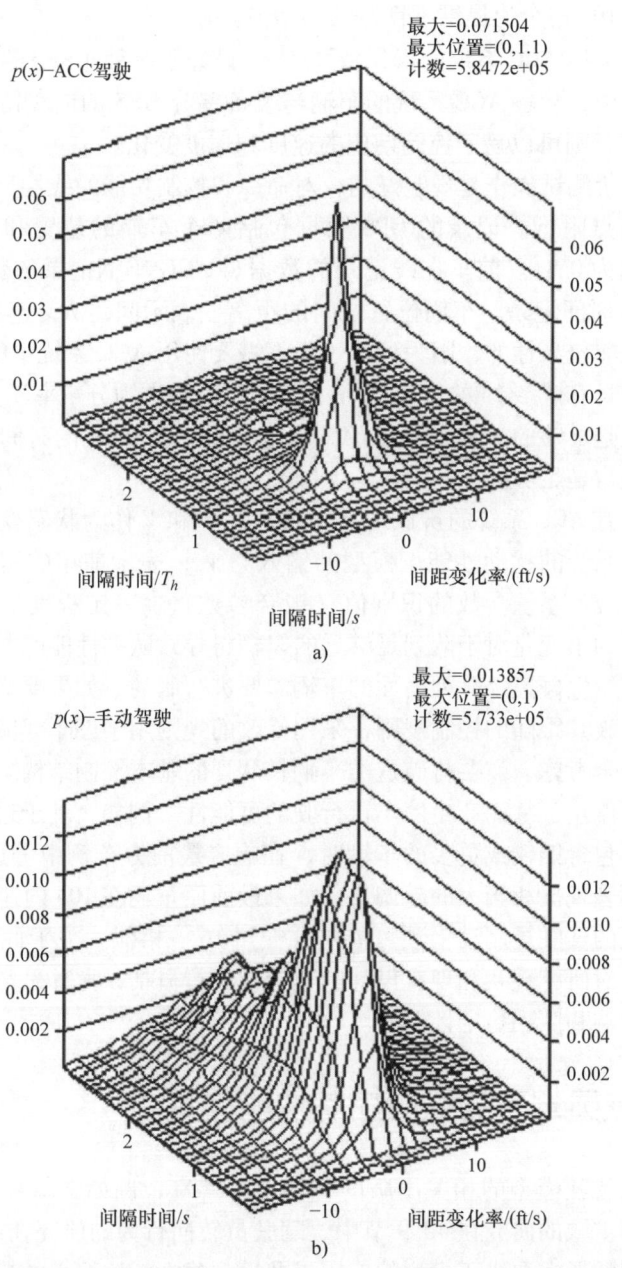

图 40.10 ACC 功能评价:a) ACC 驾驶直方图;b) 手动驾驶直方图

为了确定以驾驶员为中心的 ACC 参数,使其与驾驶员性能相匹配,对用于构建图 40.10 的数据进行处理表明,表 40.1 和式(40.9)使用的 T 值应当选择近似等于 10s。对于表 40.1、式(40.19)和式(40.34)中的参数 T_e 和 $(T_1 + T_2)$ 的调整,10s 这个值提供了良好的初始值。

为了评价通用 ACC 系统的操作特性[15],设计了一种非侵入性的系统辨识过程。在此过程中,装备 ACC 系统的车辆与装备差分 GPS 的前车协同工作。如果前车配备 CCC,则可以易于控制期望的速度和速度变化。

一系列评价测试操作是规定好的,对命令和控制功能的线性近似确定在各种稳定速度平衡点附近。记录的 GPS 数据包括两个车辆的位置和速度,测试中 GPS 更新时间为 0.1s。前车在线记录的数据与 ACC 车辆记录的数据是同步的,两者使用 GPS 时间记录。车辆位置之间的距离差表示间距 R,速度差表示 R_{dot}。该测量系统是非侵入性的,因为评价过程不需要使用 ACC 系统中的信号。

对于当前具有 $T_h \geq 1s$ 的 ACC 系统,R 的精度要求为分辨率不大于 1m,对于概念评价,这是足够的。采用现有 GPS 装备获得一个 0.1s 的时间分辨率是可以实现的,并且也是足够的。

对三个现有 ACC 系统的辨识结果表明,将 R 和 V 作为状态变量的二阶线性系统足以表示系统的扰动性能。模型的输入为 V_p,表示前车的速度。对于这种类型的队列系统,系统参数的识别值(拟合参数)在一定程度上似乎比较不稳定,前车速度的小变化对于队列足够远的车辆将导致队列性能的非线性中断。为了避免与前车发生碰撞,队列后面的车辆需要进行制动。如果要避免碰撞,这样的车辆需要打破其跟随的控制规则,采用修改的规则用于停车或减速。在这种意义上,由于安全考虑,需要打破这类车辆长队列的基本控制结构。停止车辆后方的车辆也需要停止,从而产生停车再行驶的可能性。例如,基于运动模型的预测表明,当一行包含四辆或更多的车辆时,在响应最前方车辆中等速度的变化时,最后一辆车辆表现出相当大的超调量。如果最前面车辆在 10s 内速度降低到 4m/s 时,最后车辆的驾驶员制动干预可能与文献[16]相似。关于此类型的更多定量评价,需要对研究现状和现有设计的充分性进行概括,尤其是与设计概念相关的交通流量影响和队列稳定性问题。

40.5 驾驶员驾驶的纵向控制性能仿真

关于手动驾驶模型的相关出版的材料十分丰富,例如文献[17-19]和本章以驾驶员为主题的研究在 40.9 节中,驾驶员转向行为的研究在第 38 章进行讨论,这些模型的形式取决于模型的应用以及模型建立者所熟悉的概念和理论。最近的操作测试过程收集的数据包括手动驾驶的测量数据,用于作为有和无驾驶员

第40章 纵向控制

辅助系统对比的基础[8,9]，这类研究似乎还处于探索阶段，然而在可用于预测驾驶员行为的信息质量上存在分歧。这里不对驾驶员模型进行分类，分类见文献[17]。相反，将对最近的研究工作进行讨论，旨在提供用于交通流量微观模拟的驾驶员模型，包括手动驱动车辆和装备 ACC 的车辆。

这里给出的模型基于 Gipps（吉普斯）[18]的建模思路，结合使用如图 40.11 所示的速度时间图和与包含手动驾驶[8,9]的场地测试结果相匹配的参数值。Gipps 的想法包含一个前提，即驾驶员决定一个稳定的跟随距离是基于一个允许的时间或距离间隔，这取决于与安全相关的"前车将会做什么"的估计。创建图 40.11 有助于将这类建模思想可视化，便于查看和分析。

图 40.11 显示一个假设的情况，其中前车减速度为 B_p，经过时间 T_p 后，其速度将减为零。图 40.11 背后的概念思想是，驾驶员根据现在可能发生的情况判断其未来可能发生的驾驶行为的可能性。驾驶员需要做什么维持当前的速度 V 达到 T_m，之后维持以 B 减速，这使得车辆的停止时间为 $T_m + T_f$。由此产生的距离变化率 R_{dot} 是如图 40.11 所示的 V 和 V_p 之差。图中 V 曲线和 V_p 曲线之间的区域面积是 R_{dot} 的积分，其为距离 R 的变化量，需要符合驾驶员心中想象的情况。

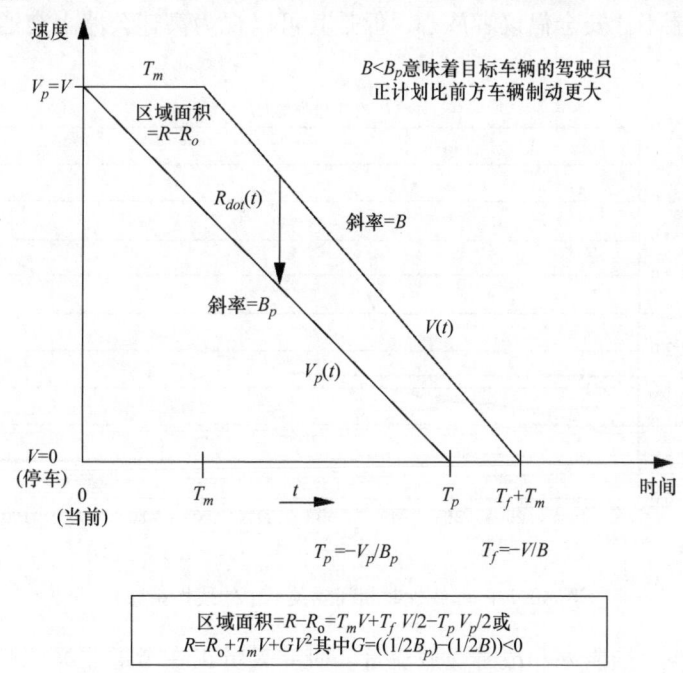

图 40.11　在速度-时间图中说明的驾驶员建模概念

图 40.11 中方程给出的量 R_o，表示当两个车辆都停下来时驾驶员选择的停车间距。方程中的其他项源于将运动学关系应用到车辆匀减速直至停止的运动

中，关键是驾驶员稳定跟随的目标如下（见图40.11）。

$$R = R_o + T_m V + G V^2 \tag{40.36}$$

图 40.11 是为 $V_p = V$ 构建的，但是类似的图也可以为 $V_p \neq V$ 构建。这将表示一种瞬态情况，如关闭或分离的瞬间。当使用式（40.36）时，这种建模方法的研究没有产生证据表明驾驶员如何选择稳定跟随的方法。然而，有信息表明与固定时间间隔模型[19]相比，式（40.36）是交通中驾驶员行为更好的近似。各种 V 和 R 组合的频率图（二维直方图）表明，存在一个定义明确的凸起，大致符合式（40.36）。尝试使用一些当前流行的交通流微观模型表明，Gipps 类型的模型比其他人尝试的模型[19]更好。

对场地操作试验的驾驶行为进行检测表明，驾驶员对于 T_m 的取值差异较大。例如，如图 40.12 所示。

此外，对于不同的驾驶员，参数 G 变化较大。但是，G 的值与 T_m 可以通过如下方程近似

$$G = -0.025 T_m + 0.013 \tag{40.37}$$

式（40.36）和式（40.37）的含义是，车辆之间的时间间隔随速度增加而变小。这可能不让安全倡议者放心，但是其可以视为高速公路上交通流的积极因素。

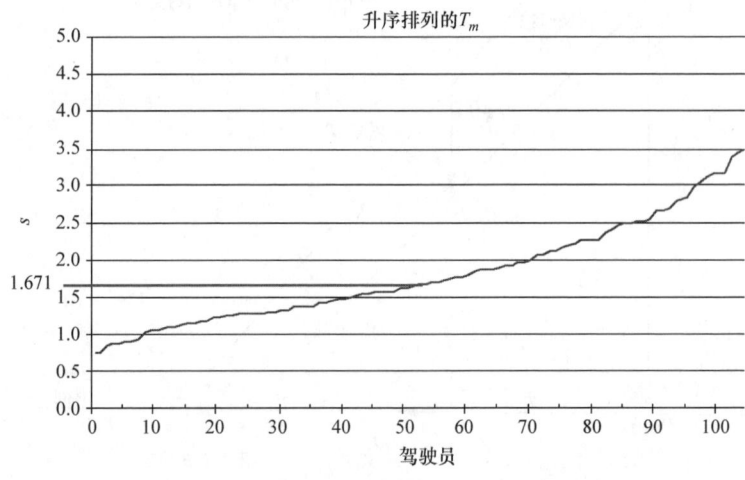

图40.12　非线性时间间隔关系中的线性系数

为了减少交通阻塞和改善交通流量，研究人员正在考虑非线性时间间隔规则，如用于驾驶员辅助系统的式（40.36）和式（40.37）。这些可以视为以人为中心的稳定跟随，但是由于人类行为的瞬态特性还没有得到很好的理解，似乎还没有很好掌握驾驶员特性与队列稳定性的关系，采用微观驾驶员模型模拟车辆停止和起动的能力仍然处于发展中。经验适合于相对较少观测，已经用于获取模

型，采用流体流动类比法进行描述，在选择的环境下进行宏观验证。

然而，探讨选择式（40.36）作为 ACC 系统基础的意义是十分有趣的，此时 ACC 系统的功能目的是以人为中心进行操作，通过式（40.36）描述。虽然式（40.36）是非线性的，但是设计线性系统使用的概念和步骤均可以使用。应用 CCC 的 ACC 的实例结果，可以将 $e = R - (R_o + T_m V + GV^2)$ 作为初始点进行开发。对于这种情况，令 $T_e e_{dot} + e = 0$ 和 $T_c V_{dot} + V = V_c$。进一步，在开发如以前的系统方程之后，在 $R = R_e$ 和 $V = V_e$ 的平衡解上得到系统方程的线性近似，开环传递函数为

$$Y_o = \frac{\Delta V}{\Delta R_{dot}} = \frac{T_e s + 1}{ps(T_e s + 1)} = \frac{1}{ps}, \text{其中 } p = T_m + 2GV_e \quad (40.38)$$

闭环传递函数为

$$Y_c = \frac{1}{ps + 1} \quad (40.39)$$

在速度为 V_e 时，只要 $p = T_m + 2GV_e \geq 0$，该系统在平衡点附近将具有队列稳定性。为了减少 V_e 增加时的时间间隔，需要 G 为负值。但是，当速度增加，p 也变成负值时，这将导致队列结构的不稳定。$p = 0$ 的条件为 $V_e = T_m/(-2G)$。例如，根据前面部分讨论的数据，当 $T_m = 1.6s$ 时，$G = -0.027$ 和 $V_e = 29.6 \text{m/s}$。这个实例的重点在于，队列结构的不稳定性可能起始于中等的公路行驶速度，除非小心选择 T 和 G 的值。T 和 G 的合适值对于装备 ACC 车辆的驾驶员是舒适的，但是目前还没有确定。偏离以人为中心的值对于增强交通流量似乎是可以接受的。

同样的发现适用于采用基于加速度执行器的 ACC。或许，作为速度的函数，特殊形式的时间间隔非线性表达式即将采用。或许可以采用交换规则满足与安全相关考虑和交通流量要求的特殊需求。

针对 ACC 非线性方法的另一个实例，源自于考虑称为 "间隔时间阈值 H_{tm}" 的量，其中 $H_{tm} = R/V$。顾名思义，H_{tm} 提供瞬时的时间阈值指示，可用于驾驶员或控制器调整速度，以便获得通常驾驶条件下期望的范围。初始的线性表达式采用 $e = R - T_h V$，可以用 H_{tm} 表述为：

$$e = \left(\frac{R}{V}\right) - T_h, \text{其中 } H_{tm} = \frac{R}{V} \quad (40.40)$$

虽然式（40.40）意味着如 $e = R - T_h V$ 相同的间隔时间关系，但是当采用 $T_e de/dt + e = 0$ 表示 ACC 系统制定控制命令时，其表示一种达到稳定跟随的不同算法形式。结果如下：

$$V_{dot} = \frac{V}{R}\left(R_{dot} + \frac{R - T_h V}{T_e}\right) \quad (40.41)$$

对于速度执行器 $\tau V_{dot} + V = V_c$，式（40.41）将被代入执行器方程，得到用于评价 V_c 的命令控制规则。然后，式（40.41）是描述系统动态特性的微分方程。该描述类似于应用于线性版本的描述，除了采用 $H_{tm} = R/V$ 代替 T_h。这意味着在 H_{tm} 近似等于 T_h 的情况下，非线性 ACC 系统性能的执行可能更类似于表40.1第一行所示的线性系统。当 H_{tm}（即 R/V）小于 T_h 时，系统将作出积极响应。相反，当 H_{tm}（即 R/V）大于 T_h 时，系统将缺少积极响应。当情况更为关键时，由于 H_{tm} 很小，在保证期望的时间间隔上，该想法是非线性系统更具有积极性。

40.6 前方碰撞预警

尽管 ACC 已经商业化发展多年，但是前方碰撞预警（FCW）系统正在成为普通大众的消费品，基本问题包括这些预警的可靠性以及可能产生虚假预警的数量。为了实现 FCW 系统，已经提出各种各样的概念。一定程度上，这些基本概念的差异涉及何时和如何对驾驶员发出预警。下面将给出三种类型预警系统的概念实例，这些系统在功能上有轻微不同的功能目的。

第一个实例是以人为中心的一个系统，其旨在车辆将与前方车辆或障碍物发生碰撞可能时提供一个可能的预警，此时驾驶员进入一种情况，驾驶员当前没有制动，但是预计会进行制动。该系统基于"时间影响，T_{ti}"的想法，其中 $T_{ti} = -(R/R_{dot})$，$R_{dot} < 0$。对驾驶员产生预警的决策是基于 T_{ti} 是否小于驾驶员设定的阈值，该阈值由驾驶员以满足个人舒适性要求选择。这个阈值的典型值约为 10s，但是驾驶员的偏好对其取值具有很大的影响。如果车辆已经装配 ACC 系统，并且具有测量 R 和 R_{dot} 的传感器，则实现这样的系统是简单的。系统可能频繁发出警报[8]，但是驾驶员预计将选择一个阈值，使其满足驾驶员的舒适性和接受的容忍程度。在有限的试验中，已经发现这类系统具有较好的应用前景。但是目前的水平是研究人员没有对此系统的有效性评价进行广泛的报告。

第二个实例是基于使用预期减速度需要的预警。在这种情况下，ACC 命令控制器中产生的减速度水平的阈值可以用来命令一个传输预警信号给驾驶员。由于许多 ACC 系统对将控制权分配给 ACC 功能具有限制，预警阈值的设定可能接近于 ACC 系统的控制极限。例如，式（40.41）可以使用的阈值为 $-0.4g$。相同制动情况的分析表明，在 $T_{ti} = 10s$ 时这种减速度方案产生的预警约为系统受到影响的 $1/3$[8]。

第三个实例是基于与碰撞前所需停止距离相比较确定可用的间距。这类系统的想法当前正在通过现场试验进行研究。预警算法采用一个计算的脱靶距离决定是否发出预警[21]。

图 40.13 用于构建和说明与期望的间距阈值计算相关的想法,其类似于图 40.11,只是 V_p 不等于 V。如图 40.13 所示,$R_{dot} = V_p - V$ 为负值,这可能表示一种关键的情况。最苛刻要求的情况是 $V_p(0) = 0$,即前方为一辆停止的车辆。

图 40.13 所示的情况,可以为碰撞预警的一些功能概念提供基础。例如,当前方车辆处于紧急情况时,考虑设计基于被警告的驾驶员将以与前车相同的减速度制动的想法,即 $B = B_w = B_p$,除非 B_p 等于 0。如果

$$R \leq R_m + R_o \tag{40.42}$$

则发出预警。其中,R_o 为 $V = 0$ 时期望的间距,且有

$$R_m = T_w V + \frac{V_p^2 - V^2}{2B_w} \tag{40.43}$$

当 $B_p = 0$ 时,如果实际的减速度 V_{dot} 不小于在 $R_m = R - R_o$ 中车辆停止需要的 B 值,即 $B = -V^2/2(R - R_o - T_w V)$,将发出预警信号。

T_w 和 B_w 的值是进行设计的选择。T_w 对应于向驾驶员提供的允许时间,B_w 对应于细心的驾驶员预期已经开始制动的减速度阈值。设计师用于确定 T_w 的一个合适初始值可能为 1.5s,其近似为图 40.12 中所示 T_m 值的中位数。约 $-0.5g$ 可能是设计师通过分析、仿真和试验迭代找到合适的 B_w 初始值。

当前的问题包括找到 T_w 和 B_w 的值,以便提供一个安全阈值,尽可能降低虚假预警的产生。文献 [22] 的试验工作提供的数据表明,在需要紧急制动的情况下,驾驶员倾向于使用典型的减速度水平。

图 40.13 描述的另一个一般主题的变化涉及微分 R_{dot} 获得 V_{pdot},即

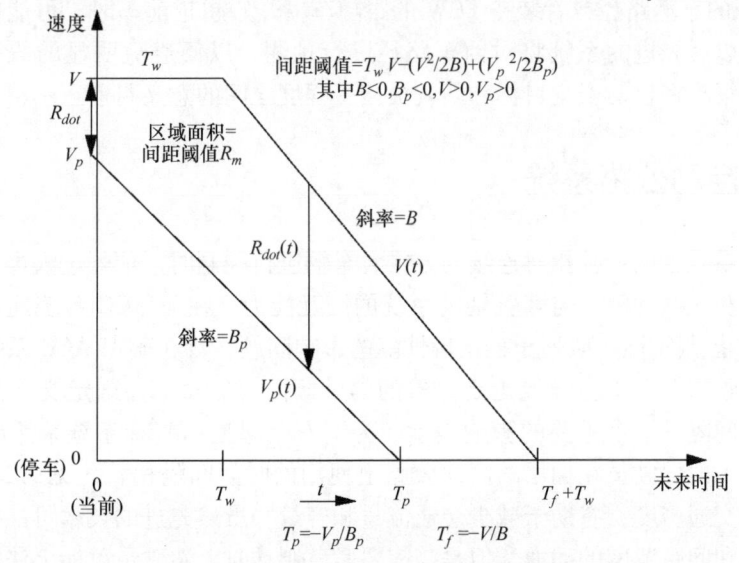

图 40.13 FCW 中使用的间距阈值

$$V_{pdot} = V_{dot} + \frac{dR_{dot}}{dt} = B_p \quad (40.44)$$

此前，引入一个非自治的 ACC 系统，其中 V_{pdot} 通过从队列首辆车辆到跟随车辆通信。然而，如果 R_{dot} 可以实际微分和具有足够精度，则不需要车对车的通信功能，并且 ACC 系统可以自治。采用式（40.44）的 ACC 系统很少引起公众的关注，但在 FCW 的情况下，对采用式（40.44）估计 B_p 正在进行评价[21]。这些可能性为统一新系统的设计方法开辟了新道路，这些新系统组合了 ACC 和 FCW 的功能。

基于已知的 B_p，可以对图 40.13 作出不同的解释。当前的减速度 V_{dot} 将于计算的减速度 B_n 进行对比，在 $V=0$ 时需要使 R 等于 R_o，即通过研究图 40.13 和定义一个变量 ΔR

$$B_n = \frac{-V^2}{2\Delta R} \quad (40.45)$$

其中

$$R - R_o - T_w V - \left(\frac{V_p^2}{2B_p}\right) = \Delta R \quad (40.46)$$

如果 B_n 小于预警的阈值，则给出警报。例如，阈值可以选择为 $-0.5g$。重点是如果前方车辆的加速度是已知的或者可以足够准确估计，则碰撞预警系统可能比人类驾驶员具有优势，驾驶员使用制动感应前车减速度的变化。

然而，对于警报的主要关注在于可能出现假警报。当前车开始偏离装备 FCW 系统的车辆路径或者装备 FCW 的跟随车辆开始超越前车时，可能发出假警报。或许以后先进的系统将对前车路径进行预测，以便避免明显的假警报。但是，这些策略在权衡安全目标和驾驶员接受程度之间的意义目前还不清楚。

40.7 自动公路系统

前述系统在以一种相对连续的方式对车辆进行控制时，依赖于人类驾驶员的监督能力和人类驾驶员与驾驶辅助系统的交互能力。在与 ACC 系统连接中，要讨论 ACC 控制特性对队列车辆结构性能的影响问题，旨在确保 ACC 系统设计在拥堵的驾驶情况下不会导致走走停停的驾驶倾向。然而，在确定交通流的能力时，时间间隔是一个重要的影响因素。为了安全起见，ACC 系统采用的时间间隔可能比一般驾驶员在拥堵的高速公路上使用的时间间隔稍长，见第 39 章。这可能降低交通密度，有助于减少交通流量和容量。虽然先进的技术可能提供缩短时间间隔和间距范围的动力，但是当需要紧急制动时，驾驶员可能无法安全控制车辆。驾驶员响应的延迟和控制带宽排除使用较短间距的可能，这是高容量交通流的本质，如预期的 AHS 一样。装备 ACC 车辆的行为可能有助于了解理想 AHS 的特性，随着 ACC 系统制动权限的增加，ACC 系统可能演化为采用类似自动驾驶特性的系统，而不是持续的驾驶员监督。

Shladover（什拉多夫）[23] 的一篇文献综述引用和描述了许多 AHS 结构早期概念产生的想法，使用空间上紧密排列相互作用的车辆是一个共同的主题。队列之间的间距被设计得足够长，以便跟随队列的头车能够在与前方队列的最后一辆车辆碰撞前停下来。通过缩小每个队列的车辆间距，目标是增加交通流量。从车辆动力学的观点而言，关键的技术挑战是，在较小的车辆间距下，开发允许控制车辆安全和有效行驶的控制系统。

此外，还有基础设施要求、社会与环境等问题。然而，交通拥堵在世界各地都非常普遍，对其研究已经得到政府运输部门的大力支持。

图 40.14 为车辆稳态交通流提供了一个简化的微观概述，车辆速度 V_{set} 和稳态时间间隔 T_h 是自动控制的。在这个实例中，对于 V_{set} 和 T_h，所有车辆都有相同的控制设置。在驾驶员控制车辆的实际交通流中，不同的驾驶员具有不同的特性，可以在交通流微观模型中通过 V_{set} 和 T_h 的分布表示。这些分布导致冲突，涉及快速行驶的驾驶员要超过慢速行驶的驾驶员和一个小的或大的间距是否可用于变道。显然，驾驶员控制流的研究[24] 比这里要涵盖提出的关于 ACC 和 AHS 降低交通拥堵的基本思路要复杂得多。

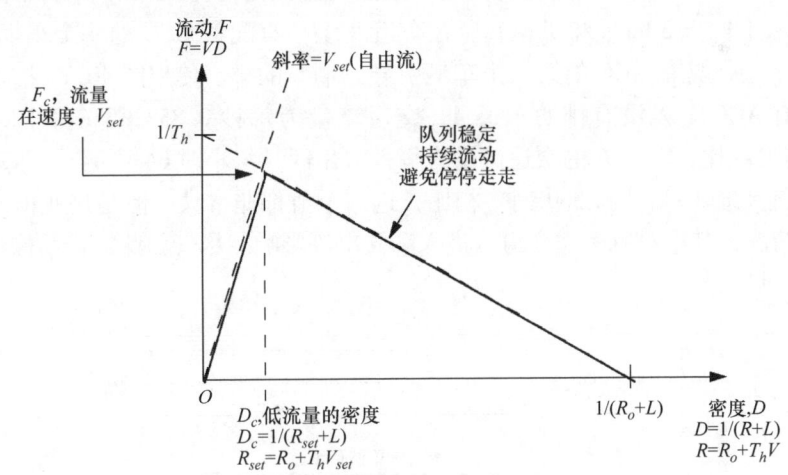

图 40.14　具有特定 V_{set} 和 T_h 值的稳态交通流

图 40.14 中的另一个要点，在于其为一个稳态状态图，这意味着未显示出瞬态干扰。对于队列稳定 ACC 系统和 AHS 设计，流动密度曲线的高密度端（超过 D_c 和在最大流动 F_c 之后）表示队列稳定，这样干扰可能会呈指数趋势衰减。然而，人类驾驶员在该区域内不能保持队列稳定，除非短暂的同步流因干扰而中

断，通常导致走走停停的行驶[25]。

图 40.14 实质上表示装备相同队列稳定 ACC 系统的同一类型车辆的稳态行为。因为 ACC 系统强制执行一个由 $R = R_o + T_h V$ 确定的理想时间间隔，使得交通流量降低。量 L 表示每个车辆的长度，需要考虑每米的车辆密度和每秒的车辆流动。虽然流动可能是一个动态的概念，但是流动密度图将有助于交通工程师进行道路规划，以便满足运输需求。出于这样的考虑，流量 F_c 是一个设计目标，L 对结果有重要影响。

引入图 40.15 说明排概念的重要性。出于讨论的目的，认为排由一些具有严格配置要求的车辆组成，在概念上是有用的。在某种意义上，每个排如同将 n 辆车进行封装。如果在排中使用的控制系统可以在较短间距上控制这些车辆，排的长度将缩减，该值采用长度与车辆数量的比值表示。排长度（L_p）的适用方程如下：

$$L_p = nL + (n-1)R_g \tag{40.47}$$

式中，R_g 为车辆间距。

图 40.15 表示每排三辆车，但是数量可以增加。当前研究和设计问题之一，涉及设定每排合适的车辆数量。然而，通过采用每排三辆车，可以容易演示这种方法在交通流方面的解决能力。例如，考虑 $L = 5m$、$n = 3$、$R_g = 2.5m$、$V_{set} = 30m/s$、$R_o = 0$ 和 $T_h = 1s$ 的数值实例。这里的想法是每排的第一辆车配备 ACC 系统，并且 $V_{set} = 30m/s$ 和 $T_h = 1s$。在车道 A 上，有配备 ACC 的一个车辆队列；在车道 B 上，具有 ACC 的第一个车辆引导三辆车的排。使用图 40.14 描述的想法，具有 ACC 车辆没有排的车道 A，交通流量为每秒 0.857 辆（每小时 3085 辆）。与之相比，车道 B 的交通流量为每秒 1.8 辆（每小时 6480 辆）。与现今的公路交通流量（每小时 2500 辆）相比，这两个值都非常大。但是这些值对应的是理想情况，其中没有考虑变道、进入和驶出等影响。尽管如此，排结构的优势是显而易见的。

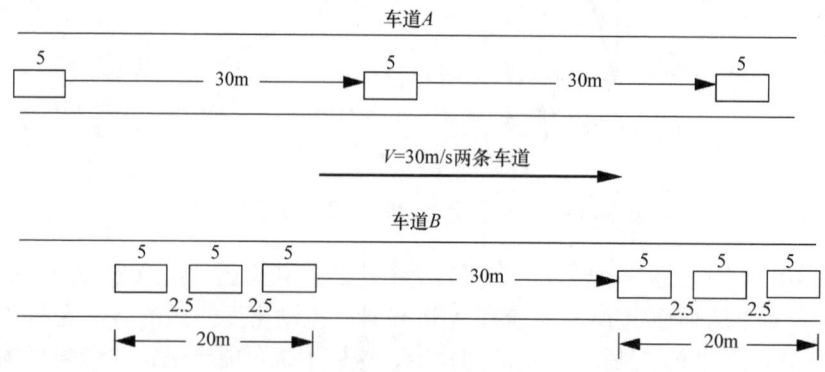

图 40.15 在车道 B 上每排三辆车的实例

如果还不明显，排结构流动优势的原因可以通过考虑封装来理解。每个封装作为单独的实体移动，封装的长度取决于封装中的车辆数量。对于前面的实例，车道 B 上每米封装数为 $1/(20+30)=0.02$，并且封装的流量为 $30\times0.02=0.6$ 封装/s。然而，由于每个封装包含三辆车，车辆流为每秒 1.8 辆。重点是封装结构有效提高流动的密度，而不需要消耗额外的空间。

在当前公路以超过其通行能力运行的情况下，考虑这种密度是重要的，超负荷运行是由于在公路上更多车辆超过其提供的容量密度的需求造成的。在极端情况下，如果排产生的额外容量不能满足需求，则 ACC 的第一辆车可能以较低的速度 V_{set} 行驶，以便适应密度增加的需求。这将减少流动，但是会增加公路上的车辆数量，在拥堵高峰时期应远离拥堵区域。

同样的推理可以应用于所用 ACC 车辆的情况，即前面提到的车道 A。在 ACC 的情况下，流动需求更可能超过满足密度需求所需的流量，即在道路上行驶车辆的需求。在需求高峰时期，为了满足车辆上路需求，可能需要大幅降低 V_{set}。然而，问题是如果 ACC 系统在结构上是队列稳定的，在这些高密度条件下，稳定流动可能会超出手动驾驶所能达到的水平。在实际中，需要通过试验研究证明这一点。

到目前为止，在这个讨论中，还没有解决排的动力学问题。假设排中的车辆可以控制维持彼此间较小的间距，排的队列稳定性问题已经成为有关 AHS 研究的问题。当前，经常引用 Swaroop（斯瓦鲁普）和 Hedrick（赫德里克）[26]的工作。其论文包含一系列优雅呈现的数学定理和方法，说明控制器设计的充分条件，控制器通过维持车辆间距达到队列稳定。实施这种方法的一个实际意义，是有必要测试和通信第一辆车与后方跟随车辆的加速度和速度。例如，排中的第三个车辆将接收到排中第一辆车的速度和加速度信息。

虽然，部件和基础设施设计存在巨大挑战。但是，现有的这些理论成果已经为这些系统原型的研究与开发奠定了基础。甚至每排最少两辆车的预测表明，排的使用将显著增加交通流和减少交通拥堵。例如，除了 $n=2$ 外，采用前面车道 B 所示的参数，预测最大交通流为 1.41 辆/s（5080 辆/h），密度约为 0.047 辆/m（47 辆/km）。如果要求行驶的车辆密度为 60 辆/km，V_{set} 需要减小至 20.8m/s，最大交通流将变为 1.25 辆/s（4500 辆/h）。

40.8 基本概念的最后概述

在从技术上描述先进的 LC 系统的功能特性和性能可能性时，概述使用了一种面向设计的方法。在功能概念水平和基本思想上，讨论强调了 ACC、FCW 和 AHS 系统。本章的大部分内容提到部件设计，但是没有进行广泛的讨论。相反，将部件属性处理为 LC 系统设计可能的约束。

这些类型的系统能否作为消费者产品获得成功还不清楚，但是这些系统已经开始出现在市场上。毫无疑问，随着这些系统的开发和引进，将会出现众多意想不到的问题需要理解和解决。其中，一些问题可能没有技术解决方案，改变驾驶过程的基本性质必然会对社会、法律和制度产生影响。

本文下面的部分，将对有关 LC 系统动力学问题的深度处理提供参考。

40.9 先进主题

本节确定了一系列有关 LC 广泛领域复杂的先进主题，读者可以参考指定的文献，对每一个特定的主题进行更加详细和深入的研究。总体而言，绝大多数的文献是最近 15 年的研究成果。选择经典的文献，有助于解决一些更为传统的 LC 主题。近年来，大多数列举主题的研究兴趣正在逐年削弱，或者在很大程度上早期已经进行了充分的研究。

40.9.1 有限条件下驾驶员闭环制动性能

在紧急制动或急制车情况下，驾驶员闭环制动性能的实例，由 Rompe（龙佩）[27,28]、McLean（麦克林）[29]、Newcomb（纽克姆）[30] 和最近的 Fambro（法布罗）[31] 等人的研究提供。Rompe 和 Fambro 提供了乘用车和轻型货车驾驶员的试验测试数据；McLean 和 Newcomb 不仅提供了乘用车和商用车驾驶员在紧急制动下的类似试验数据，还提供了这种制动条件下驾驶员相当全面和有效的模型；Hisaoka（远冈）[32] 提供了转弯制动条件下驾驶员行为的测试和建模的最新研究；MacAdam（麦克亚当）[17] 讨论了一系列操作条件下的建模，以理解人类各个方面的基本控制行为。

40.9.2 驾驶员间隔时间控制行为

在多数更常规或要求较不苛刻的纵向条件下，研究和表征驾驶员 LC 行为是艰巨的任务，如间隔时间控制也在一些其他工作中进行了检验。在许多这样的情况下，由于竞争性干扰或控制任务对驾驶员低的注意力要求，使得驾驶员 LC 往往是断断续续的。这样的实例包括 Fancher（范彻）[33,34]、Eyre（艾尔）[35]、Gerdes（格迪斯）[36]、Girault（吉罗）[37]、Lee（李）[38]、Lu（卢）[39]、Mayr（麦尔）[40]、Peng（彭）[24]、Stankovic（斯坦科维奇）[41] 和 MacAdam[42] 的研究工作，多数这些工作都包含对驾驶员行为的测试以及建模的努力。在某些情况下，驾驶员与驾驶员辅助系统的交互作用也是研究的主要组成部分，如 Bengtsson（本格森）[43] 和 Fancher[33] 的研究。

40.9.3 滑模控制

在这类实例研究中，采用滑模控制技术表示纵向控制器或驾驶员辅助，如 Gerdes[44]、Hedrick[45]、Lee[38,46]、Lim（利姆）[47]、Lu[39] 和 No（诺）[48] 的相关工作。

40.9.4 进入弯道时驾驶员的纵向控制行为

当接近或进入曲线时，驾驶员的制动行为在一些实例中进行了研究。Levison（利维森）[49,50]、Savkoor[51] 和 Yoshimoto（吉本）[52] 对这种行为进行了测试和建模。

40.9.5 非线性控制

非线性 LC 应用的实例包括 Fritz（弗里茨）[53]、Gerdes[44]、Hedrick[45]、Kalkkuhl（卡库赫）[54]、Lee[46]、Lim[47]、Omae（奥马）[55]、Schiehlen（席勒恩）[56]、Seshagiri（塞沙基里）[57]、Warnick（华尼克）[58] 和 Yanakiev（亚纳基辅）[59]。

40.9.6 控制滞后和饱和

与控制滞后和饱和非线性相关的主题，由 Gerdes[44]、Girault[37] 和 Warnick[58] 进行了研究。

40.9.7 控制延迟

交通延迟对 LC 系统性能的重要性，由 Huang（黄）[60,61]、Liu[62]、Wang（王）[63] 和 Yanakiev[59] 的工作给出。

40.9.8 排和队列的稳定性

有关排或纵向队列稳定性的研究，可以在 Eyre[35]、Girault[37]、Hedrick[10]、Huang[61]、Lee[38,46]、Liu[62]、Lu[64]、No[48]、Nobe（诺贝）[65]、Omae[55]、Rajamani（拉贾马尼）[66]、Schiehlen[56]、Seshagiri[57]、Stankovic[41]、Swaroop[67]、Tsugawa（津川）[68]、Wang[69]、Warnick[58] 和 Yanakiev[59] 等人的工作中发现。

40.9.9 用于纵向控制的人工智能方法

用于分析和建模驾驶员和先进车辆控制系统 LC 行为的神经网络和模糊逻辑方法，可以参考 Kalkkuhl[54]、Lee[38,46]、MacAdam[42,70]、Nobe[65]、Wang[63]

等人的工作。

参 考 文 献

1. Rasmussen, J., Skills, rules, and knowledge; signals, signs, and symbols, and other distinctions in human performance models. *IEEE Transactions on Systems, Man and Cybernetics*, 13(3), 257–266, 1983.
2. Slotine, J. and Li, W., *Applied Nonlinear Control*. Englewood Cliffs, NJ: Prentice Hall, 1991.
3. Ulsoy, A. G., *Vehicle Control Systems*. Ann Arbor, MI: College of Engineering and the Transportation Research Institute (UMTRI), University of Michigan, 1992.
4. Transport Information and Control Systems—Adaptive Cruise Control Systems—Performance Requirements and Test Procedures, ISO Standard No. 15622: 2010, ISO, 2010.
5. Adaptive Cruise Control (ACC) Human Factors: Operating Characteristics and User Interface—Standard, Safety and Human Factors Standards Committee, Standard J2399, SAE, Dec. 15, 2003.
6. Riley, B., Kuo, G.,Schwartz, B., Zumberge, J., and Shipp, K., Development of a controlled braking strategy for vehicle Adaptive Cruise Control, *Brake Technology ABS/TCS Systems, NVH, and Foundation Brakes*, SAE SP-1537, 2000.
7. Winner, H. and Olbrich, H., Major design parameters of Adaptive Cruise Control, *Proceedings of the International Symposium on Advanced Vehicle Control (AVEC)*, Nagoya, Japan, 1998.
8. Fancher, P. et al., Fostering the development, evaluation, and deployment of forward crash-avoidance systems (Focas), UMTRI, Tech. Rept. UMTRI-2000-27, 2000.
9. Fancher, P. et al., Intelligent Cruise Control (ICC) Field Operational Test, UMTRI, Tech. Rept. DOT-HS-808-849, 1998.
10. Hedrick, J. K., Practical string stability. *18th IAVSD Symposium of the Dynamics of Vehicles on Roads and on Tracks*, Atsugi, Kanagawa, Japan, 2003.
11. Ioannou, P. and Chien, C. C., Autonomous Intelligent Cruise Control. *IEEE Transactions on Vehicular Technology*, 42(5), 671–677, 1993.
12. Yamamuma, Y. et al., An ACC design method for achieving both string stability and ride comfort. *Proceedings of AVEC'02*, Hiroshima, Japan, 2002.
13. Zhou, J. and Peng, H., String stability conditions of Adaptive Cruise Control algorithms. *IFAC Proceedings*, Washington, DC, 2003.
14. Rajamani, R. and Zhu, C., Semi-autonomous Adaptive Cruise Control Systems. *IEEE Transactions on Vehicular Technology*, 51(5), 1186–1192, 2002.
15. Bareket, Z. et al., Methodology for assessing Adaptive Cruise Control behavior. *IEEE Transactions on ITS (Special Issue on Automatic Cruise Control)*, 4(3), 123–131, 2003.
16. Fancher, P., Research on desirable Adaptive Cruise Control behavior in traffic streams, UMTRI, Tech. Rept. UMTRI-2002-16, 2002.
17. MacAdam, C. C., Understanding and modeling the human driver. *Vehicle System Dynamics*, 40(1–3), 101–134, 2003.
18. Gipps, P. G., A behavioral car-following model for computer simulation. *Transportation Research-B*, 15(B), 105–111, 1981.
19. Lee, K. W. and Peng, H., Identification and verification of a longitudinal human driving model for collision warning and avoidance systems. *International Journal of Vehicle Autonomous Systems*, Vol. 2, Nos. 1/2, 2004.
20. Fancher, P. et al., Research on desirable Adaptive Cruise Control behavior in traffic streams, UMTRI, Tech. Rept. UMTRI-2003-14 (Phase 2), 2003.
21. Brunson, S., Alert algorithm development program—NHTSA rear-end collision alert algorithm, U.S. DOT, Tech. Rept. DOT HS 809 526, 2002.
22. LeBlanc, D., Forward collision warning: Preliminary requirements for crash alert timing—Paper 2001-01-0462. *SAE Proceedings*, Detroit, MI, 2001.
23. Shladover, S., Review of the state of development of Advanced Vehicle Control Systems (AVCS). *Vehicle System Dynamics*, 24, 551–595, 1995.
24. Peng, H., Evaluation of driver assistance systems—A human centered approach. *AVEC Proceedings*, Hiroshima, Japan, 2002.

25. Kerner, B., Congested traffic flow: Observations and theory. *Proceedings of the Transportation Research Board 78th Annual Meeting*, Washington, DC, 1999.
26. Swaroop, D. and Hedrick, J. K., String stability of interconnected systems. *IEEE Transactions on Automatic Control*, 41(3), 349–357, 1996.
27. Rompe, K., Schindler, A., and Wallrich, M., Comparison of the braking performance achieved by average drivers in vehicles with standard and anti wheel lock brake systems. *SAE International Congress and Exposition*, SAE, Detroit, MI, 1987.
28. Rompe, K., Wallrich, M., and Schindler, A., Advantages of anti wheel lock system (Abs) for the average driver in difficult driving situations. *Proceedings of the 16th International Symposium on Automotive Technology and Automation*, University of Florence, Province Florence, Tuscany, Italy, 1987.
29. McLean, D., Newcomb, T. P., and Spurr, R. T., Simulation of driver behavior during braking. *IMechE Conference on Braking of Road Vehicles*, IME, Loughborough, U.K., 1976.
30. Newcomb, T. P., Driver behavior during braking. *Proceedings of the SAE West Coast International Meeting*, SAE, Seattle, WA, 1981.
31. Fambro, D. B. et al., Driver braking performance in stopping sight distance situations. *Transportation Research Record*, 1701, 9–16, 2000.
32. Hisaoka, Y., Yamamoto, M., and Okada, A., Closed-loop analysis of vehicle behavior during braking in a turn. *JSAE Review*, 20(4), 537–542, 1999.
33. Fancher, P. S. and Bareket, Z., Evolving model for studying driver-vehicle system performance in longitudinal control of headway. *Transportation Research Record*, 1631, 13–19, 1998.
34. Fancher, P. S. and Bareket, Z., Manual and automatic control of the longitudinal dynamics of individual motor vehicles. *Vehicle System Dynamics*, 33(Suppl. 2000), 270–281, 2000.
35. Eyre, J., Yanakiev, D., and Kanellakopoulos, I., Simplified framework for string stability analysis of automated vehicles. *Vehicle System Dynamics*, 30(5), 375–405, 1988.
36. Gerdes, J. C., Rossetter, E. J., and Saur, U., Combining lanekeeping and vehicle following with hazard maps. *Vehicle System Dynamics*, 36, 4–5, 2001.
37. Girault, A. and Yovine, S., Stability analysis of a longitudinal control law for autonomous vehicles. *Proceedings of the IEEE Conference on Decision and Control*, Phoenix, AZ, 1999.
38. Lee, G. D. and Kim, S. W., A longitudinal control system for a platoon of vehicles using a fuzzy-sliding mode algorithm. *Mechatronics*, 12, 97–118, 2002.
39. Lu, X.-Y., Hedrick, J. K., and Drew, M., ACC/Cacc—Control design, stability and robust performance. *Proceedings of the American Control Conference*, Anchorage, AL, 2002.
40. Mayr, R. and Bauer, O., Safety issues in Intelligent Cruise Control. *IEEE Conference on Intelligent Transportation Systems, Proceedings, ITSC*, Boulder, CO, 1999.
41. Stankovic, S. S., Mladenovic, S. M., and Siljak, D. D., Headway control of a platoon of vehicles: Inclusion principle and LQ optimization. *Proceedings of the IEEE Conference on Decision and Control*, Tampa, FL, 1998.
42. MacAdam, C. C. et al., Using neural networks to identify driving style and headway control behaviour of drivers. *Proceeding of the Dynamics of Vehicles on Roads and on Tracks*, Budapest, Hungary, 1997.
43. Bengtsson, J., Johansson, R., and Sjogren, A., Modeling of drivers' longitudinal behavior. *IEEE/ASME International Conference on Advanced Intelligent Mechatronics, AIM*, Como, Italy, 2001.
44. Gerdes, J. C. and Hedrick, J. K., Hysteresis control of nonlinear single-acting actuators as applied to brake/throttle switching. *Proceedings of the American Control Conference*, San Diego, CA, 1999.
45. Hedrick, J. K., Nonlinear controller design for automated vehicle applications. *IEEE Conference Publication*, UKACC International Conference on Control, (Control '98), vol. 1, pp. 23–32, Swansea, Wales, UK, Sept. 1–4, 1988.
46. Lee, H. and Tomizuka, M., Adaptive vehicle traction force control for Intelligent Vehicle Highway Systems (IVHS). *IEEE Transactions on Industrial Electronics*, 50, 37–47, 2003.
47. Lim, E. H. M. and Hedrick, J. K., Lateral and longitudinal vehicle control coupling for automated vehicle operation. *Proceedings of the American Control Conference*, San Diego, CA, 1999.
48. No, T. S., Chong, K.-T., and Roh, D.-H., A Lyapunov function approach to longitudinal control of vehicles in a platoon. *IEEE Transactions on Vehicular Technology*, 50, 116–125, 2001.
49. Levison, W. H. et al., Modification and partial validation of the driver/vehicle module. *Transportation Research Record*, 1803, 52–58, 2002.
50. Levison, W. H. et al., Stopping-distance model for driver speed decision making in curve approach.

Proceedings of the Human Factors and Ergonomics Society, 2, 1222–1226, 1998.
51. Savkoor, A. R. and Ausejo, S., Analysis of driver's steering and speed control strategies in curve negotiation. *Vehicle System Dynamics*, 33(Suppl. 2000), 94–109, 2000.
52. Yoshimoto, K., Katoh, M., and Inoue, K., A vision-based speed control algorithm for autonomous driving. *Proceedings of AVEC 2000 5th International Symposium on Advanced Vehicle Control*, Ann Arbor, MI, 2000.
53. Fritz, H., Longitudinal and lateral control of heavy duty trucks for automated vehicle following in mixed traffic: Experimental results from the chauffeur project. *IEEE Conference on Control Applications Proceedings*, Kona, HI, 1999.
54. Kalkkuhl, J., Hunt, K. J., and Fritz, H., Fem-based neural-network approach to nonlinear modeling with application to longitudinal vehicle dynamics control. *IEEE Transactions on Neural Networks*, 10(4), 885–897, 1999.
55. Omae, M. and Fujioka, T., Longitudinal control of platoon treated as one dynamic system. *Dynamic Systems and Control Division American Society of Mechanical Engineers, Dynamic Systems and Control Division*, 64, 691–703, 1998.
56. Schiehlen, W., Motion control of vehicles in convoy. *International Conference on Control of Oscillations and Chaos, Proceedings*, St. Petersburg, Russia, 2000.
57. Seshagiri, S. and Khalil, H. K., Longitudinal adaptive control of a platoon of vehicles. *Proceedings of the American Control Conference*, San Diego, CA, 1999.
58. Warnick, S. C. and Rodriguez, A. A., Systematic antiwindup strategy and the longitudinal control of a platoon of vehicles with control saturations. *IEEE Transactions on Vehicular Technology*, 49(3), 1006–1016, 2000.
59. Yanakiev, D. and Kanellakopoulos, I., Longitudinal control of automated CHVs with significant actuator delays. *IEEE Transactions on Vehicular Technology*, 50, 1289–1297, 2001.
60. Huang, S. and Ren, W., Vehicle longitudinal control using throttles and brakes. *Robotics and Autonomous Systems*, 26(4), 241–253, 1999.
61. Huang, S. and Ren, W., Longitudinal control with time delay in platooning. *IEEE Proceedings: Control Theory and Applications*, Vol. 145, Issue 2, pp. 211–217, March, 1998.
62. Liu, X. et al., Effects of communication delay on string stability in vehicle platoons. *IEEE Conference on Intelligent Transportation Systems, Proceedings, ITSC*, Singapore, 2001.
63. Wang, J., Chao, S. Y., and Agogino, A. M., Validation and fusion of longitudinal positioning sensors in AVCs. *Proceedings of the American Control Conference*, San Diego, CA, 1999.
64. Lu, X.-Y. and Hedrick, K. J., Longitudinal control algorithm for automated vehicle merging. *Proceedings of the IEEE Conference on Decision and Control*, Sydney, New South Wales, Australia, 2000.
65. Nobe, S. A. and Wang, F.-Y., An overview of recent developments in automated lateral and longitudinal vehicle controls. *Proceedings of the IEEE International Conference on Systems, Man and Cybernetics*, Tucson, AZ, 2001.
66. Rajamani, R. et al., Design and experimental implementation of control for a platoon of automated vehicles. *Dynamic Systems and Control Division American Society of Mechanical Engineers, Dynamic Systems and Control Division*, 64, 681–689, 1998.
67. Swaroop, D., Hedrick, J. K., and Choi, S. B., Direct adaptive longitudinal control of vehicle platoons. *IEEE Transactions on Vehicular Technology*, 50, 150–161, 2001.
68. Tsugawa, S. et al., A cooperative driving system with automated vehicles and inter-vehicle communications in Demo 2000. *IEEE Conference on Intelligent Transportation Systems, Proceedings, ITSC*, Singapore, 2001.
69. Wang, J., Chao, S. Y., and Agogino, A. M., Sensor noise model development of a longitudinal positioning system for AVCs. *Proceedings of the American Control Conference*, San Diego, CA, 1999.
70. MacAdam, C. C. and Bareket, Z., Adaptive neural network characterizations of driver longitudinal control behavior. *Proceedings of the International Symposium on Advanced Vehicle Control—AVEC*, Nagoya, Japan, 1998.

第41章 道路事故分析和重建

41.1 引言

机动车的发展史也是一部车辆事故的历史。1769年，法国军事工程师 Nicolas Cugnot（尼古拉·古诺）设计了第一辆自行推进的车辆，即一种蒸汽动力道路车辆。第二年，他又制造了一辆蒸汽动力三轮车，可以乘坐四名乘员。仅仅一年后，Cugnot 驾驶其中一辆撞到石墙上，使其成为遭受机动车事故的第一人。虽然这次事故是否发生还存在争议，但是现在新技术往往会导致不可预见的事件或事故发生。

根据文献 [1]，第一起有记录的汽车死亡事故发生在1869年爱尔兰中部的一座小镇中。著名显微镜学家、艺术家、天文学家和博物学家 Mary Ward（玛丽·沃德）从一辆蒸汽四轮车辆上跌落，死于沉重铁轮造成的致命性伤害。

如果上述提到的事故真实发生在 Cugnot 先生的身上，则文献 [2] 描述的世界上第一起以汽油为动力的汽车事故，发生在1891年美国的俄亥俄州。拥有600多项专利（大部分与汽车专利有关）的著名发明家 James W. Lambert（詹姆斯·W. 兰伯特）驾驶汽车发生了事故。当一个车轮碰到树桩时，汽车失控撞上邮桩，所幸这次事故造成的伤害很小。

几年后，一场更严重的事故发生，车辆的乘员就没有那么幸运了。1899年2月25日，英国的 Edwin Sewell（埃德温·休厄尔）和 Major Richer（马霍尔·里彻）分别成为第一个有记录死亡的驾驶员和乘员。在位于伦敦米德尔塞克斯郡哈罗镇的一条小山路上，他们从汽车上被抛到山下。为了纪念这一悲剧性事件，70年后在事故发生现场的路边树立了一块纪念碑。

自早期开始，道路交通在世界各地快速发展。随着这一发展，交通事故也达到难以置信的频率并产生严重的后果。根据 WHO（世界卫生组织）对欧洲交通事故的研究，每年因道路交通事故造成约12.7万人死亡，至少240万人受伤，因其造成的5～29岁儿童和青年的死亡人数，比任何其他事故的死亡人数都要多。在世界范围内，估计每年道路交通事故造成约130万人死亡，约2000万～

5000万人受到非致命性伤害。

虽然这样的数字会让人震惊，但是其太难以想象。因此，实际没有给公众留下深刻的印象。只有当发生的交通事故与人们所处的地点、所用的汽车或与受害者相识时，才会使人们震惊。如果发生的交通事故与其亲戚、朋友或某一名人相关，则人们就愿意去关注每一天甚至每一分钟以及某条街道和公路上发生的交通事故。

涉及名人的交通事故，也会使事故重建工作成为焦点。电影演员 James Dean（詹姆斯·迪恩）死于 1955 年的一次交通事故中，其驾驶的保时捷 550 Spyder（斯派德）与一辆 1950 年的 Ford Tudor（福特 都铎）发生正面碰撞。他的数百万粉丝为之哀悼，同时还引起人们对这次交通事故的辩论和多次调查。较近的一起交通事故，发生在 1997 年 8 月 31 日的巴黎，造成戴安娜王妃的离世，使世界各地的人民为之动容。由于这起致命事故的情景非常不清晰，在这种情况下事故重建起到重大作用[5]，这可能是迄今为止调查最全面和最透彻的一起交通事故。

41.1.1 事故分析：谁和为什么

道路车辆事故的分析和重建，是由一个国家内的各种机构进行的，不同的国家也有不同的组织。大多时候，交通警察首先涉及这类过程。通常他们维持事故现场，收集和记录相关证据，扣留车辆等。有时事故重建专家参与到这个早期阶段，有时他们会在后期行动。这些专家可能是受过专业训练的警察，也可能受雇于其他政府组织、法律事务所、学术机构或专门进行交通事故重建的法医办公室。此外，汽车制造商在交通事故分析和重建领域也有自己专门的部门和专家。

分析车辆交通事故的明显原因，是确定事故的起因。如果犯罪行为是原因，则将针对涉案人员展开刑事诉讼；如果要追究刑事责任，这些人员可能会受到刑事处罚。即使没有犯罪行为发生，车辆事故也经常引起法律诉讼。这一切都是真的，无论事故是由人为失误、缺陷设计、涉及车辆制造或者甚至事故地点附近的道路或标志的设计和建造缺陷等引起的。

至少自从《任何速度都不安全》一书出版以来[6]，产品责任已经成为汽车行业的一个重要问题。制造商经常被指责生产有缺陷的产品，造成或严重影响事故。缺陷设计情况对事故重建专家带来特殊的挑战。

41.1.2 信息来源

在详细讨论本章主题之前，对主要文献来源进行概述。在过去的几十年，不同国家的各种机构进行了大量重要的研究工作，与此同时有大量的信息可以利用。有关车辆事故重建的综合材料和大量的文献，可以在最新的书籍[7-11]和下列期刊中找到：

1) Accident Analysis & Prevention, Elsevier, ISSN 0001-4575

2) The Accident Reconstruction Journal (AR Journal), ISSN 1057-8153

3) VKU Verkehrsunfall und Fahrzeugtechnik, Vieweg + Teubner, ISSN 0724-2050

需要注意的是，这些并不是完整的列表，只是作为开始的基础。

41.2 事故场景

对于车辆事故的分析，不可能形成和提出一个统一的方法。其原因是可能发生太多不同的事故场景，而且的确发生在日常生活中。先从列出不同的机动车开始，它们遍布在道路和公路上：

1) 四轮车辆：乘用车、全地形车（ATS）、轻型货车等。
2) 两轮车辆（PWT）：摩托车、电动自行车等。
3) 多轮车辆：重型车、公共汽车等。
4) 多车组合：牵引-挂车、带有拖车的休旅车（RV）等。
5) 专用车辆：三轮车辆、铰接车辆、越野车辆等。

虽然物理定律适用于所有这些车辆，但是如果事故发生，其表现可能非常不同。例如，一辆乘用车或一辆摩托车涉及其中，情况就不同。由于每种车辆都有其特性，事故分析需要考虑这些特性。因此，有关事故重建的综合性出版物都会针对确定的每种车辆，如摩托车[12]、货车[13]或公共汽车[14]。

不仅要考虑上述机动车，还要考虑碰撞考虑可能发生在任何组合的情况：

1) 其他机动车。
2) 非机动车：自行车、三轮车等。
3) 行人。
4) 动物。
5) 不可移动物体：树木、柱子、建筑、护栏等。
6) 道路或环境的一部分：路缘石、山坡、河流、湖泊、沟渠等。

上述情况存在许多可能的组合，并且每种组合都有其细微的特性。当然，也有一些标准场景可以通过常规方法分析，如人行横道处汽车撞到行人、十字路口处两辆汽车相撞或转弯处摩托车冲出道路。但是在通常情况下，要考虑使得事故独特和难以分析的特殊细节。

41.3 事故阶段的顺序

实际上，所有事故都有一种共同的模式。事故可以细分为三个不同的阶段：

碰撞前、碰撞和碰撞后。根据事故类型、车辆种类或涉及的车辆，每个阶段可能不同，但顺序是相同的，因此可以用于构建整个事故。

下面将讨论这三个阶段的特点，为了说明和强调每个阶段的原则问题，使用一个简单的直线追尾事故作为实例，更复杂的事故场景将在41.4节进行讨论。

41.3.1 碰撞前阶段

碰撞前阶段定义为与其他车辆、行人、动物或物体发生首次和意外接触之前的一段时间。通常，这个阶段开始于对车辆驾驶员的刺激，其触发一系列视觉信息处理过程。这个过程包括对危险或威胁的感知、决策和避免事故发生的反应，这一系列的开始在很大程度上取决于驾驶员的认知能力[15,16]。为了分析事故，尤其是环境因素，如黑暗的光线和雨发挥重要作用时，需要认知科学的深刻知识[17]。事故重建人员的任务是确定一个时间间隔，即驾驶员从意识到危险的可能第一时刻到规避动作开始之间的时间间隔。

在文献 [7] 中，三元组"感知-决策-反应/响应"缩写为PDR，完成这些任务所需要的时间称为PDR时间。PDR时间可能变化很大并取决于许多因素，包括天气和交通环境、白天或夜间、车辆类型、驾驶员的精神状态等。对于驾驶员的感知能力，什么构成威胁是最重要的。与夜间试图从一辆停着的汽车后面感知横穿道路行人相比，感知白天进入十字路口的汽车要容易得多。因此，PDR时间的范围为 $0.5 \sim 2.5s$。文献 [11] 提到，在正常情况下，驾驶员平均需要 $0.8 \sim 1.0s$ 开始采取避险行为。这段时间从感知阶段完成时开始，驾驶员意识到危险和需要进行反应，直至制动或其他任何避险行动生效为止。

在PDR时间内，驾驶员也必须作出如何避险的决定。在正常情况下，汽车尤其是货车驾驶员除了制动以外别无选择。然而，摩托车驾驶员可以采取变更车道绕过其前面的障碍。后续章节将讨论与摩托车相关的问题，假设驾驶员只能采取紧急制动进行避险。

41.3.1.1 基本制动行为的计算

普遍认为，在PDR时间内，车辆的动态特性起着次要作用。因此，将车辆建立为具有一个纵向自由度的单质量模型。这种简化允许将下列公式用于所有类型的车辆上。然而，需要确保这是碰撞前阶段的一个有效模型。由于几乎总是缺少该阶段的加速度信息，因而多将加速度假设为一个定值，这样对于一组已知给定或假定的其他参数，很容易计算出未知参数。式 (41.1) ~ 式 (41.5)，来源于教科书和 [8]，下面使用的符号为：t 表示时间；d 表示距离；v_i 和 v_e 分别表示初速度和末速度；a 表示恒定的加速度。当 a 为负值时，表示减速。

计算由初速度 v_i 变化到末速度 v_e 的时间，恒定加速度 a 下，有

$$t = \frac{v_e - v_i}{a} \tag{41.1}$$

计算由初速度 v_i 变化到末速度 v_e 的加速/减速或时间 t 内的行驶距离 d，恒定加速度 a 下，有

$$d = \frac{v_e^2 - v_i^2}{2a} = v_i t + a\frac{t^2}{2} = \frac{t}{2}(v_i + v_e) \tag{41.2}$$

在初速度 v_i、给定时间 t、距离 d 或恒定加速度/减速度 a 下，计算末速度 v_e，有

$$v_e = v_i + at = \sqrt{v_i^2 + 2ad} \tag{41.3}$$

在恒定加速度/减速度 a、末速度 v_e 或给定时间 t 内和距离 d 下，计算初速度 v_i，有

$$v_i = v_e - at = \frac{2d - at^2}{2t} = \sqrt{v_e^2 - 2ad} \tag{41.4}$$

计算由初速度 v_i 变化到末速度 v_e 的恒定加速度 a，给定时间 t、距离 d 或末速度 v_e，有

$$a = \frac{v_e - v_i}{t} = \frac{2d - 2v_i t}{t^2} = \frac{v_e^2 - v_i^2}{2d} \tag{41.5}$$

如果事故是可以避免的，通常末速度 v_e 为 0，否则 v_e 是碰撞速度，后续的碰撞分析需要这个速度。如果加速度在整个过程不是常数，则需要推导出合适的公式或将整个过程细分为加速度恒定的几个部分，应用所提出的公式。然后，整个制动过程由这些部分组成。

41.3.1.2 制动减速度估计

减速度 a 的选择取决于几个因素，如车辆类型、制动系统、制动应用的程度、道路类型和道路条件等。只有在完全制动过程中所有车轮抱死或接近最佳滑移率的情况下（见第 17 章 ~ 第 19 章），减速度才能与道路和轮胎组合的摩擦系数直接相关。如今，实际上所有的乘用车都配备防抱死制动系统（ABS），如果整个制动过程都受驾驶员操作，这将保证几乎最优的减速度。然而，对于其他车辆，如货车和摩托车，ABS 的安装率不像乘用车那样高，使得估计减速度更加困难。有三种方法可以使这种估计值具有坚实的基础：

1）使用在路面上和等效于事故发生现场的条件测量的轮胎纵向力和摩擦系数。

2）使用车辆制造商、消费者报告或相关文献测量的减速度值。

3）在事故现场进行单独测量，最好使用同一工厂、同一年生产的车辆，并在类似的道路条件下进行。

方法 1 的优点，在于没有限制使用特定的车辆和制动设备。基于本书其他部

分给出的更精确的汽车模型，例如考虑轴之间的制动力分配，可以得到相当实际的结果。虽然轮胎文献有大量的轮胎测量结果，但是其大多适用于人工路面，如轮胎试验机。很难找到真实路面的数据，如使用过的潮湿沥青路面或结冰路面。

方法 2 是估计制动减速度最常用的方法。车辆试验的测量数据可以在各种综合来源找到，如文献 [8, 10, 11, 18]，也可以由期刊和车辆报告获得。注意的是，测试方法的参数和数据分析方法都会对结果产生影响。因此，对这些数据进行仔细检查是十分必要的，以避免误读数据。例如，在文献 [8] 中，给出不同初速度下（低于和高于 30m/h），制动过程各种条件无量纲减速度的变化范围。另一方面，文献 [11] 指出，结果包含 50% 的制动响应时间。表 41.1 给出几篇文献列出的乘用车在各种路面和路况条件下达到的最大制动减速度，测试方法和参数的差异导致表中数据的不同范围。也要注意的是，不同来源的结果变化很大，尤其是低摩擦系数路面。当需要使用数据时，需要查阅原始文献。

有时，尤其在困难的情况下，应选择方法 3。虽然这看似是最可靠的方法，但是仍然有一些难以克服的不确定性。路面、轮胎温度、轮胎使用时长和路面状况对制动力产生都有显著影响，由于这些参数很少为人所知，几乎不可能精确再现之前发生的制动行为。然而，有机会要尽可能接近现实情况，由现场测试可以得到对事故有价值的信息。另一方面，这种方法的应用也受到限制，由于各种各样的原因使得这样的测试不可能实现。

表 41.1 乘用车达到的最大无量纲制动减速度（减速度与重力加速度之比）

路面和条件	干燥	潮湿
新的混凝土	0.60 ~ 1.00	0.50 ~ 0.75
使用的混凝土	0.50 ~ 0.75	0.45 ~ 0.65
新的沥青	0.60 ~ 1.00	0.50 ~ 0.75
使用的沥青	0.50 ~ 0.70	0.45 ~ 0.65
紧密的碎石	0.35 ~ 0.70	0.40 ~ 0.70
松散的碎石	0.30 ~ 0.70	0.45 ~ 0.60
草地	0.30 ~ 0.60	0.10 ~ 0.40
紧密的雪	0.30 ~ 0.55	0.30 ~ 0.60
松散的雪	0.10 ~ 0.25	0.05 ~ 0.25
冰	0.10 ~ 0.20	0.02 ~ 0.10

41.3.1.3 事故现场证据分析

除了技术上获得制动减速度的不确定性外，也存在驾驶员使用制动系统的问题。除非发现制动痕迹，否则就没有实施制动或者根本就没有施加制动的证据。制动痕迹是一项重要的证据，因此碰撞前阶段的重建极度依赖于制动痕迹。然而，现代汽车和 ABS 的使用，由于制动系统禁止车轮抱死，制动痕迹变得少见。

虽然最佳纵向滑移下的制动轮可能会在路面上留下一些痕迹，但是在事故现场进行检查时，如果存在这样轮胎的痕迹，也难以识别和易于被忽略。配备有 ABS 的车辆，缺乏反映制动过程证据的结果，成为事故分析中附加的一个难点。因此，发生事故之前记录和存储诸如速度和制动应用的车辆数据的事件数据记录装置（EDS），成为未来解决这一问题唯一可靠的方案[19]。

在对碰撞前阶段的讨论中，假设车辆在碰撞发生前均处于驾驶员的控制下，驾驶员唯一的输入是对制动的操作。然而，在与其他车辆或物体发生碰撞前，存在驾驶员失去对车辆控制的事故。典型事故是侧翻和车辆无意中冲出道路，证据大多是曲线和分散的轮胎痕迹，由轮胎在大滑移角下行驶产生。这样的事故在碰撞前阶段就需要进行不同的分析，必须使用更复杂的模型以捕捉车辆碰撞前的动力学行为。

41.3.2 碰撞阶段

与碰撞前和碰撞后阶段相比，碰撞阶段本身持续时间非常短。然而，其是使事件成为事故的阶段，会对相关人员和财产造成微小或巨大损害。碰撞阶段的特点是，在很短的时间内出现非常高的碰撞力作用和变换。其从与碰撞物体第一次接触开始，直至接触终止时结束。典型的汽车之间碰撞或汽车与路障的碰撞只会持续 100~200ms，因而也称为冲击。在这段极短的时间内，接触力导致冲击物体的变形，这些变形可以是非永久的也可以是永久的，即弹性和塑性。而对于两个物体的弹性冲击，动量和动能是守恒的，在非弹性（塑性）冲击的情况下，一些动能转化为变形。

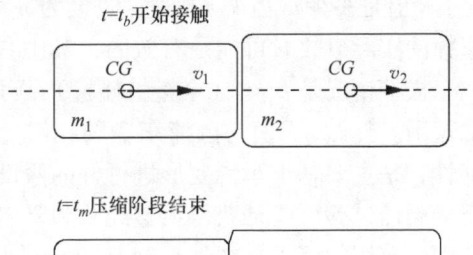

有一些的优秀文献来源[20,21]，以全面和通用的方式处理物体的冲击动力学。聚焦于车辆冲击和碰撞的主要著作是书籍[7,22,23]。但是，实际上所有关于事故重建的文献，都包括处理冲击力学和碰撞车辆的部分。

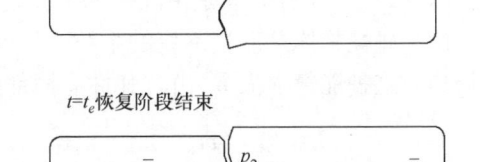

为了概括碰撞车辆的基本冲击力学特性，对一起最简单的事故——直线行驶追尾碰撞进行讨论，如图 41.1 所示。假设两个车辆的质量分别为 m_1 和 m_2，分别以速度 v_1 和 v_2 沿同一方向行驶，m_2 的车辆在前面，并且 $v_1 > v_2$。车辆的重心和速度矢量是一

图 41.1 一维冲击的各阶段定义

致的，因此简化为一维碰撞问题。在时间 $t=t_b$ 时，车辆结构开始接触、压缩和变形。第一个阶段称为压缩阶段，结束时间为 $t=t_m$，t_m 为两个车辆重心之间达到最小距离的时间。此时两辆车以相同的速度 v_m 行驶。

由动量守恒定律，压缩阶段结束时，车辆 m_1 和 m_2 之间存在冲量 P_1 的交换：

$$m_1(v_m - v_1) = -P_1 \text{ 和 } m_2(v_m - v_2) = P_1 \tag{41.6}$$

第二阶段是恢复阶段，其中变形在一定程度上可能恢复，车辆移动分开，直到 $t=t_e$ 时接触结束。t_e 时，车辆 m_1 以速度 $\bar{v}_1$ 行驶，车辆 m_2 以速度 $\bar{v}_2$ 行驶，并且 $\bar{v}_2 \geq \bar{v}_1$。再一次，一个未知冲量 P_2 在两个车辆之间交换：

$$m_1(\bar{v}_1 - v_m) = -P_2 \text{ 和 } m_2(\bar{v}_2 - v_m) = P_2 \tag{41.7}$$

只有四个公式可用，即式（41.6）和式（41.7），却有五个未知量 v_m、$\bar{v}_1$、$\bar{v}_2$、P_1 和 P_2。这种困境只能通过增加一个附加公式才能得到解决，即由 Newton（牛顿）假设获得，P_1 和 P_2 之间存在一个恢复系数 k：

$$P_2 = kP_1 \text{ 或 } (\bar{v}_2 - \bar{v}_1) = k(v_1 - v_2) \tag{41.8}$$

此时，冲击后最后的速度 $\bar{v}_1$、$\bar{v}_2$ 分别为：

$$\bar{v}_1 = v_1 - \frac{(v_1 - v_2)(1+k)}{1 + m_1/m_2} \text{ 和 } \bar{v}_2 = v_2 - \frac{(v_2 - v_1)(1+k)}{1 + m_2/m_1} \tag{41.9}$$

引入恢复系数 k 是克服方程缺少的数学问题的一个小技巧，却会引出另一个难题：k 值是多少？当 $k=1$ 时，假设为完全弹性碰撞。这在以非常低的车速发生碰撞的实际事故时可能是有效的，其中只有保险杠发生弹性变形和完全恢复。另一个极端情况是 $k=0$（全塑性碰撞），两辆车高速碰撞，车辆变形和超过可恢复的范围。显然，k 值与碰撞车辆的相对速度有关[24]。事故重建人员的另一种可能性，是主要基于车辆变形进行好的假设。当需要确定恢复系数时，很好记录的车辆碰撞试验可能是获得足够经验和坚实基础进行有依据猜测的唯一途径。对于欧洲，有用的资源是文献 [24]（www.crashtest-service.com），而对于美洲则是文献 [18]，这种差异是由欧洲和美洲之间车辆模型差异造成的。

两个碰撞物体总动量不变的系统，不受恢复系数影响，但是 $k<1$ 时存在能量损失。这种能量损失 E_c 由非弹性碰撞部分引起：

$$E_C = \frac{1}{2}[(m_1 v_1^2) + (m_2 v_2^2)] - \frac{1}{2}[(m_1 \bar{v}_1^2) + (m_2 \bar{v}_2^2)] \tag{41.10}$$

代入式（41.9），得：

$$E_C = \frac{1}{2}(1 - k^2)\frac{m_1 m_2}{m_1 + m_2}(v_1 - v_2)^2 \tag{41.11}$$

由式（41.11）可以看出，这个方程涉及与恢复系数有关的耗散能量。因此，也可以通过估计变形能量，而不是通过猜测恢复系数 k 的值解决缺失方程的问题。事实上，当发现残余变形与碰撞速度之间几乎呈线性关系时[25]，这是另一种流行的方法。自此以后，大量的努力用于分析对障碍和其他车辆的碰撞试验，致力于确定变形（压缩）能量，并将结果转移到其他相同车辆有类似变形的事故中，见文献 [26, 18] 中的论文。同样，将在41.4.3.2 小节讨论这个问题。

由于直线追尾碰撞常与前面汽车乘员颈部损伤的事故相关，因此也将这种状况作为讨论碰撞阶段的实例。这种损伤在过去很常见，部分是由于实际上这种颈部损伤没有明显的痕迹，因而难以证明其是否存在[27]，尤其是欺诈的指控与这种损伤有关。由于发生车内乘员颈部损伤的概率与车辆速度变化 $\Delta v = \bar{v} - v$ 有关，这对事故重建构成挑战。因此，这种看似简单的事故场景分析变得十分棘手，有关生物力学方面的进一步讨论见文献 [28, 29]。另一方面，汽车行业对此也作出反应，例如不断改进座椅设计，以便减少追尾发生时颈部损伤的风险[30,31]。

41.3.3 碰撞后阶段

当碰撞部件之间的最后接触结束和车辆或事故受害者移动至其最后位置时，碰撞后阶段开始。有时，可能难以在碰撞阶段和碰撞后阶段之间给出清晰的界线，尤其是在主要碰撞结束后存在二次碰撞和微小碰撞。当车辆或其驾驶员静止时，碰撞后阶段结束。重要的是应认识到，在碰撞阶段车辆和驾驶员可能分开，因此碰撞后阶段两者可能是彼此独立的。这在摩托车和其驾驶员身上经常发生，但是这也可能在敞篷车和其驾驶员身上发生。在极少数情况下，甚至普通汽车的驾驶员也会被抛出，主要发生在没有使用安全带和碰撞时车门打开的情况下。

事故中，涉及事故车辆的最终位置通常是已知的，尤其是当车辆发生严重事故后不能移动时。此外，制动痕迹、刮痕和其他痕迹都能给出这一阶段车辆路径的证据。连同碰撞发生位置、制动痕迹的特征、路面上液体的痕迹、玻璃碎片或残骸等其他证据，通常可能识别碰撞后阶段的开始、结束和路径。对于行人、驾驶员和乘员，往往只有最终的位置是已知的，因为碰撞后阶段轨迹的重要部分可能在空中甩出或者没有与路面足够接触形成痕迹。

由于碰撞后阶段通常是提供最可靠信息的阶段，并且这些信息也适于评价，因此事故重建经常开始于对事故事件的这部分分析。通过从最终位置所有速度为零开始时间回溯，找出碰撞后阶段开始时的速度。通过采用合适的数学模型，可能找到车辆运动的数值解。在理想情况下，这样的解将重现开始时的速度，也与事故现场的证据例如制动痕迹、液体痕迹和碎片位置等吻合。

通常，车辆在碰撞后阶段的运动包含纵向、侧向、横摆和侧倾运动。只有发生如直线行驶追尾、汽车撞到行人或轻质物体等简单的事故时，纵向运动才占主导。但是即使在这些情况下，也可能发生显著的俯仰运动。重点是与碰撞前阶段不同，应用简单的模型，如41.3.1小节中的单自由度模型受到相当的限制，或者即使已经应用，结果的价值也可能是有限的。因此，需要可以捕捉碰撞后运动更多细节的更精细的模型。对于没有出现车辆侧倾或倾覆的事故，能够描述纵向、侧向和横摆运动的平面模型可能就足够了。如果侧倾显著或倾覆发生，则需要一个6自由度的模型。

在碰撞后阶段，两轮车辆特别难以建模，因为倾覆是该阶段内必不可少的部分。其可能在碰撞中同时发生，之后立即或移动一段距离以后在一个稳定直立的位置上发生。

同样，人体或动物在碰撞后阶段的运动十分复杂。自由飞行的各阶段，包括主体的全部平动和转动，加上四肢的附加运动，都会因为与地面和物体的接触而破坏。此外，这个阶段内的肌肉活动可能显著影响碰撞后的轨迹。通常，由于有效模型的复杂性和未知的输入，分析主要取决于试验数据和基于非常简单模型提供的分析作为补充[32]。然而，有针对生物力学系统的多体系统软件可供使用，以便在一定程度上模拟行人和车辆乘员的复杂运动，见第5章。这种软件的应用可以用于指导特殊情况下的事故重建。

41.3.4 重建策略

事故重建的共同和主要目标，是确定事故发生中所有参与者和涉及物体的轨迹和速度。这将使重建人员能够回答事故涉及车辆的速度和路径，可以解释交通事故的原因和参与者的责任。

解决事故重建问题的策略主要取决于事故现场可用的信息和证据。首先，尝试确定开始和结束阶段的车辆位置和关于速度的大部分数据以及可以获得的其他数据。从而未知参数可用于相邻阶段，因此可以处理下一阶段。由于这种方法单独处理每个阶段，每个阶段可以使用不同的计算方法，也可以使用不同的模型。最终，解决事故中所有三个阶段涉及的所有参与者，并将它们融合在一起作为一个统一的解决方案。这种方法的优点是，可以根据事故的具体特征选择分析一个阶段的方法和模型。

一些软件工具使用不同的方法，见第5章。其中，应用数值仿真求解车辆模型的微分方程。由于这种方法的性质，要确定或假设初始状态值和冲击参数。然后，按照从开始到结束的阶段序列进行计算。在这个过程中，碰撞阶段作为主要的不连续阶段，基于初始或交互提供的数据进行处理。当达到车辆的最终位置时，将停止计算。此时，结果要与之前没有使用的信息进行比较，如车辆的最终位置。如果已知的（记录的）最终位置与计算结果匹配得很好，如果与其他证据吻合，则可以假定找到有效的解。如果有差异，则需要更改假设。接下来进行第二次迭代，直至朝向解收敛，满足所有验证信息和证据。

41.4 事故分析模型

在原理上,车辆事故分析和重建的数学模型与车辆动力学其他研究使用的模型没有不同。然而,出于一些原因需要相对小的模型。首先,随着复杂性的增加,需要的输入参数的数量也增加。通常,这些数据是不可用和无法进行调查的。因此,需要作出假设,这可能使更准确模型不那么可靠,削弱详细模型的原始优势。其次,这样的模型在台式计算机上不会造成不必要的计算时间。如果只能通过迭代过程找到解,由于计算需要进行许多次,则这方面是重要的。

事故分析模型的另一个问题,是一些参数的有效取值范围。由于车辆运动可能非常极端,尤其是在碰撞后阶段,完全线性的模型在多数情况下是不适用的。车辆动力学参数,如轮胎侧偏角在滑移过程可以取 $0 \sim \pi/2$ 之间的任何值,此时线性轮胎特性将不再适合。

下面将对车辆建模进行概述,尤其是乘用车。内容集中于主要的建模问题,车辆作为一个整体,考虑轮胎特性和碰撞事故。考虑其他车辆,如摩托车和半挂车超出本章的范围,有关其他车辆的详细分析可以参考列出的文献。

41.4.1 车辆模型

通常,使用自由度较少的车辆模型。采用描述模型的微分方程的解析解,或者通过数值时间步进过程寻求方程的数值解。

41.4.1.1 运动学模型

运动学模型基于单质量的单自由度模型建立。假设质量 m 具有恒定的加速度 a,沿 x 方向线性运动的控制方程为:

$$m\ddot{x} = ma = 常数 \qquad (41.12)$$

在时间间隔 $t = [t_i, t_e]$ 可以用解析方法求解。在初始时刻 $t_i = 0$,给定初始距离 x_i 和初始速度 v_i,得:

$$\dot{x}(t_e) = v_e = at_e + v_i \text{ 和 } x(t_e) = d = a\frac{t_e^2}{2} + v_i t_e + x_i \qquad (41.13)$$

这些基本方程可以进行转换,可以导出附加关系,如式(41.1)~式(41.5)所示。在事故分析中,许多基本问题可以应用这些方程进行分析。这种方法也可以用于环形路径、车道变换或其他运动。注意这个实例的关键点和基本简化,是假设在时间间隔 $t = [t_i, t_e]$ 内加速度为常数。不同的假设例如线性增加加速度或匀速,也可以描述和导出解析解。

重要的是,产生某种强迫运动需要的力不能出现在式(41.1)~式(41.5)和式(41.13)的解中。因此,要验证隐含条件,如制动力或转向力不能超过物理极限。

这种运动学模型的优点是其简单性，使得编程容易，易于在电子表格程序和其他类似软件中使用。明显的缺点是只能对简单的运动行为进行分析，而且对于更复杂情况必须使用动力学模型。

41.4.1.2 动力学模型

动力学模型，也被一些作者称为动态模型，基于牛顿定律通过微分方程组表示单体或多体系统。这些运动方程在其他章节已经进行介绍，为了完整性，这里以一般矩阵符号表示：

$$M(q)\ddot{q} = F(\dot{q}, q, t) \tag{41.14}$$

向量 $\ddot{q}$ 是广义位置向量 q 的二次导数。如果假设系统的自由度为 n，则向量 q 的长度为 n，其包含平动和转动。通常，平面三自由度系统有 $q = [x, y, \phi]^T$，用于车辆模型，包含纵向和侧向运动 $\dot{x}$、$\dot{y}$ 和横摆运动 $\dot{\phi}$[7,22]。很少有单独的六自由度模型，用于描述主要车体的全部运动特征。单体车辆的复杂多体模型常用于车辆动力学分析，但是很少使用，原因已经在前面说明。当然，车辆组合，如拖车连接在货车或乘用车甚至铰接车辆上，其模型需要增加额外的自由度。

在式 (41.14) 中，矩阵 $M(q)$ 表示系统的质量矩阵，包含系统的质量和转动惯量。对于刚性车辆，这个矩阵是常数 $M(q) = M$。然而，对于多体模型，其可能取决于系统的状态。

即使对于三自由度平面系统，这种模型的复杂性在于式 (41.14) 的右侧，其包含作用在系统上的所有外力，如果陀螺力存在，则也包括陀螺力。碰撞前和碰撞后阶段的显著外力来自于空气动力 $F_{aero}(\dot{q}, q)$ 和轮胎力 $F_{tire}(\dot{q}, q, t)$。在非碰撞阶段，后者构成几乎完全决定车辆运动的最主要的力。轮胎力由描述各种不同条件下轮胎行为的数学模型确定，将在 41.4.2 小节对其进行讨论。

空气动力主要取决于车辆速度，因为其随着空气质量相对速度的二次方增加。对于高速事故，空气动力可能是重要的，分别通过沿着车辆主轴作用的力和力矩予以考虑。这些力和力矩可以利用空气动力系数计算，如阻力和升力等[33]。

41.4.2 轮胎模型

除了碰撞阶段以外，轮胎力是车辆事故中作用在车辆上最重要的力。因此，车辆运动本质上由这些力决定，其精确计算极为重要。计算轮胎-路面接触区域内的力和力矩并将其提供给车辆模型，是轮胎力模型的作用。在过去，提出和报道了许多轮胎模型。这些轮胎模型的最新汇编见文献 [34]，模型性能测试见文献 [35]。然而，一个合适的轮胎力模型必须满足事故重建的特殊需求。主要需求是大的纵向滑移和侧向滑移的有效性，适用于不同轮胎尺寸的可扩展性，应用的方便性，最后重要的是数值计算的快速性。

一般而言，轮胎力模型是一个数学函数，通过一组输入参数计算车辆模型需要的力和力矩：

$$F_{tire} = [F_x, F_y, M_y]^T = f[F_z, \dot{x}_T, \dot{y}_T, \dot{\phi}_T, \omega_T, p_1(t), \cdots, p_n(t)] \quad (41.15)$$

式（41.15）是这种模型的通用形式，用于分别计算轮胎纵向力 F_x 和轮胎侧向力 F_y，作为需要的最重要的力。为了说明滚动阻力，也计算力矩 M_y。作用在轮胎上的其他力矩 M_x 和 M_z，除了单轨车辆外，很少用于事故重建模型中。

需要注意的是，轮胎垂向力 F_z 是模型的输入参数，其他输入参数是角速度 ω_T、纵向速度 $\dot{x}$、侧向速度 $\dot{y}_T$，它们用于确定作为轮胎行驶特性参数的实际纵向滑移和侧向滑移。一些输入参数 $p(t)$ 可能与时间有关，如驾驶员的转向输入；其他参数在求解域的某些范围内可以假定为常数，如轮胎 - 路面摩擦系数；一些只是模型的简单数值参数。由于轮胎的非线性行为，尤其是在极限情况下，大多数轮胎力模型不能使用如式（41.15）所示的通用函数 f 表示。事实上，轮胎力模型 f 可能由 s 个函数 $f_{1,\Lambda,s}$ 组成，各函数中参数的变化范围不同。

一方面，有关大多数轮胎力模型的复杂性和综合性在本书中车辆部件 - 轮胎部分内容中讨论。另一方面，下面将对有关目前先进的轮胎力模型进行简要概述。它基于文献［36］有非常详细的描述，其给出事故重建软件当前使用的各种轮胎力模型。由于复杂的轮胎力模型主要用于满足事故仿真软件的需要，因此这样的软件和轮胎力模型之间存在着紧密的联系。

41.4.2.1 "魔术公式"轮胎力模型

这个轮胎模型在第17章和文献［37］中有广泛的讨论。基于文献［38］，在美洲的原始文献中这个模型也称为 Bakker - Nyborg - Pacejka（BNP，巴克 - 尼伯格 - 帕采卡）模型。其中，描述的魔术公式能够计算侧向力、制动力和回正力矩的特性。数学表达式限于纯转向或纯制动的稳态条件下，形成描述轮胎制动和转向联合行为的基础。由其多功能性可以看出，它不仅可以用于一般的车辆动力学分析，而且可以用于车辆事故重建。

41.4.2.2 VCRware 轮胎力模型

这个轮胎模型是基于 BNP 模型的一个子集[38]。为了联合纵向力和横向力，采用 Nicolas - Comstock - Brach（NCB，尼古拉斯 - 康斯托克 - 布拉克）方程[7,39]。模型的一个特征是，其由纵向力 $F_x(\alpha, s)$ 和侧向力 $F_y(\alpha, s)$ 的函数组成，在整个侧偏角变化范围（$0 \leq \alpha \leq \pi/2$）和轮胎从自由滚动到抱死的纵向滑移率 s 变化范围（$0 \leq s \leq 1$）内是连续函数。这种轮胎力模型用于事故仿真软件 VCRware（Vehicle Crash Reconstruction Software）中，见41.5节。

41.4.2.3 PC Crash 线性轮胎力模型

事故模拟软件 PC Crash，见41.5节，提供和使用两种不同的轮胎力模型：

"线性"模型和TMEasy轮胎力模型,见41.4.2.4小节。"线性"模型并非是完全线性的模型,但是其通过分段线性和近似线性函数逼近非线性轮胎特性。因此,在PC Crash中称为"线性"模型。轮胎纵向力和侧向力定义在侧向滑移角 α 的三个范围内。在第一个范围($0 \leq \alpha \leq \alpha_{max}$),侧向力 F_y 随着 α 增加而线性增加。在第二个范围($\alpha > \alpha_{max}$),侧向力 F_y 保持摩擦极限处的常数。轮胎纵向力 F_x,是第一个范围和第二个范围的最大值。当纵向力 F_x 和侧向力 F_y 都达到附着椭圆上的值时,便是第三个范围。在第三个范围内,这两个力由摩擦椭圆方程联系在一起,表示完全滑转状态和侧向滑移角 $\alpha \leq \pi/2$ 的轮胎。文献[22]或文献[36]对此建模进行了充分的讨论。

这个模型使用的方程较少,计算的谐波函数也较少,具有快速数值计算的优势,当然,这是有代价的。与其他模型相比,在参数变化的某些区域内[36],轮胎特性近似的质量较差。

41.4.2.4 TMEasy轮胎力模型

TMEasy轮胎模型在文献[40,41]中进行了详细说明,它是一个相当复杂的半物理轮胎模型,适用于车辆的平面运动以及全三维运动。TMEasy轮胎模型采用相对较少的物理参数计算纵向和侧向的轮胎接触力特性,组合的力特性通过广义滑移方法直接产生。有了这个模型,也可以计算作为轮胎接触力第三个分量的轮胎载荷。此外,也可以确定其他模型无法计算的回正力矩、滚动阻力矩甚至扭转力矩。

此外,TMEasy轮胎模型的另一个特点是,它包括纵向力、侧向力和回正力矩的一阶非线性动力学特性。从模型精度而言,这是该模型明显的优势,因为碰撞后阶段经常发生高度瞬态的车辆运动。

通过标准轮胎接口(STI),TMEasy轮胎模型可以与其他软件集成。TMEasy轮胎模型及其衍生版本已经用于各种车辆动力学仿真软件中,其中就包括事故重建软件PC Crash。只有在精确的车辆模型下,充分利用轮胎模型所有特性的优点才有意义,同时会导致计算过程相对较慢。

41.4.2.5 其他轮胎力模型

由于车辆事故仿真程序需要一个合适的轮胎力模型,因此每个这样的程序都具有自己的轮胎模型,其中多数都是早期轮胎模型的演化版本。在很久以前,软件SIMON就使用基于广泛应用的HSRI轮胎模型的半经验模型[42],见41.5.1小节。另一个软件SMAC使用由Fiala(菲亚拉)提出[43]年代更久远的轮胎力模型,在文献[7]中讨论。

41.4.2.6 轮胎力模型的评价和比较

前述轮胎力模型虽然不完全,但是也包含应用的各种不同轮胎力模型。如前所述,碰撞后阶段的轮胎力在很大程度上可以决定车辆的运动。因此,轮胎力模型在通过数值方法对事故进行分析和重建过程中起着重要的作用。

然而,没有程序可以用于验证或检查这些轮胎模型的正确性。在过去,采用碰撞试验对仿真软件进行测试和对标,但是这样的比较涉及包含轮胎模型的整车模型。在文献[36]中,首次尝试强调轮胎模型的影响。使用不同轮胎模型的仿真模型,在各种车轮抱死和制动条件下,即使相同的初始条件在碰撞后阶段也会产生相当不同的车辆最终位置。考虑结果的可比性和可重复性,确定轮胎模型对标和轮胎参数定义标准应当是未来(轮胎模型)发展的一个目标。

41.4.3 碰撞模型

在车对车的碰撞中,接触区域的作用力比碰撞前和碰撞后阶段高好几个数量级,而且这个过程通常发生在十分之几秒内。因此,与其他阶段相比,碰撞阶段需要进行不同的处理。

碰撞模型的目标,是基于碰撞阶段开始时车辆的状态立即计算出碰撞后车辆的状态,主要有两种方法可以使用:

1)基于冲击刚体力学的模型,这意味着在接触区域内,出现一个无限短的接触时间以及无限大的接触应力。

2)在时域内分析接触的模型,计算接触力并将其应用于碰撞对象。

第一种方法明显的优点在于只需要对几个代数方程进行求解。然而,通过碰撞刚体力学进行车辆碰撞建模意味着需要满足严格的条件,很大程度上会限制其适用性或以不恰当的方式忽略其适用性。第二种方法当然可以更好捕捉实际的力学过程,并且给出更真实结果,缺点是真实详细的模型需要花费大量的计算时间。此外,如果要充分利用这种模型的优点,由于缺少需要的具体数据,除了汽车制造商之外,几乎没人使用这种方法。然而,近年来,在发展网格方法方面取得进展,该方法是模型准确度和计算量之间的一种折衷,见 41.4.3.3 小节。

车辆碰撞建模问题包含在大量文献中,直接与车辆事故重建有关的较为全面文献是文献[7,10,22-44]等。对于深入研究问题,这些文献将是很好的参考资料。

41.4.3.1 平面冲击力学

作为冲击力学的第一个例子,车辆之间的一维碰撞已经在 41.3.2 小节中进行了讨论。这里,将呈现车辆平面冲击力学最广泛使用的控制方程,并对其基本假设进行讨论。如前所述,碰撞模型由一组代数方程组组成,这些方程描述碰撞前线速度 v 和角速度 ω 与碰撞后 $\bar{v}$、$\bar{\omega}$ 之间的关系。这组方程中的一部分是著名的平面冲量 - 动量方程,方程左边是动量的变化,右边是接触冲量 P_n 和 P_t:

$$m_1(\bar{v}_{1n} - v_{1n}) = P_n, m_1(\bar{v}_{1t} - v_{1t}) = -P_t \tag{41.16}$$

$$m_2(\bar{v}_{2n} - v_{2n}) = -P_n, m_2(\bar{v}_{2t} - v_{2t}) = -P_t \tag{41.17}$$

一般的平面运动，如图 41.2 所示。其中，也考虑碰撞物体的旋转运动。根据每个车辆的角动量变化等于接触冲量的力矩，可以推导出附加的方程：

$$I_1(\overline{\omega}_1 - \omega_1) = P_t n_1 - P_n t_1 \quad (41.18)$$

$$I_2(\overline{\omega}_2 - \omega_2) = -P_t n_2 + P_n t_2 \quad (41.19)$$

在一般的平面情况下，八个未知量（$\overline{v}_{1n}$、$\overline{v}_{1t}$、$\overline{v}_{2n}$、$\overline{v}_{2t}$、$\overline{\omega}_1$、$\overline{\omega}_2$、P_n、P_t）有六个方程。要解决这个问题，缺少两个方程（与一维情况相比，多了一个方程）。

采用碰撞冲量 $\boldsymbol{P} = [p_n, p_t]^T = \boldsymbol{P}_1 + \boldsymbol{P}_2$，再次通过恢复系数 k 将恢复冲量 $\boldsymbol{P}_2$ 与压缩阶段的冲量 $\boldsymbol{P}_1$ 建立关系：

$$\boldsymbol{P}_2 = k\boldsymbol{P}_1 \quad (41.20)$$

通过消除恢复冲量，得到接触面冲量的法向和切向分量：

$$P_n = P_{1-n}(1+k) \quad (41.21)$$

$$P_t = P_{1-t}(1+k) \quad (41.22)$$

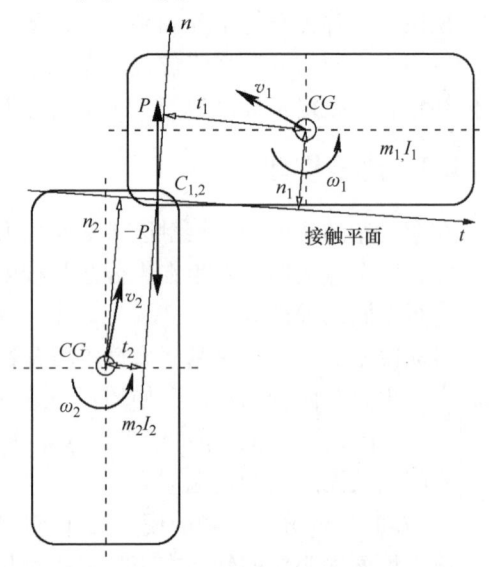

图41.2　两个碰撞车辆的平面冲击力学

显然，仍然有太多的未知量，需要第二个假设。其为运动学假设：
车辆 1 和 2 一致的接触点 C_1、C_2 和相对速度 $\Delta v_c = [\Delta v_{c-n}, \Delta v_{c-t}]^T$ 为：

$$\Delta v_{c-n} = v_{1n} - \omega_1 t_1 - (v_{2n} + \omega_2 t_2) \quad (41.23)$$

$$\Delta v_{c-t} = v_{1t} + \omega_1 n_1 - (v_{2t} + \omega_2 n_2) \quad (41.24)$$

假设接触前相对速度的方向是恒定的，在碰撞压缩阶段，

$$\frac{\Delta v_{c-t}}{\Delta v_{c-n}} = 常数 \quad (41.25)$$

这就是所谓 Kudlich – Slibar（库德里奇 – 斯利巴尔）冲击模型的基本假设[45]。重要的是 Δv_c 的方向不是冲量 $\boldsymbol{P}$ 的方向。然而，基于式（41.25），可以推导出适当的接触冲量分量[45]：

$$\Delta v_{c-n} = hP_{1-t} - c_n P_{1-n} \quad (41.26)$$

$$-\Delta v_{c-t} = c_t P_{1-t} - hP_{1-n} \quad (41.27)$$

常量为

$$c_n = \frac{1}{m_1} + \frac{1}{m_2} + \frac{n_1^2}{I_1} + \frac{n_2^2}{I_2}$$

$$c_t = \frac{1}{m_1} + \frac{1}{m_2} + \frac{t_1^2}{I_1} + \frac{t_2^2}{I_2}$$

$$h = \frac{t_1 n_1}{I_1} + \frac{t_2 n_2}{I_2} \tag{41.28}$$

通过重新安排方程和代入式（41.21），得到最后结果：

$$P_n = (1+k)\frac{\Delta v_{c-n} c_n \Delta v_{c-t} h}{h^2 - c_n c_t} \tag{41.29}$$

$$P_t = (1+k)\frac{\Delta v_{c-n} h + \Delta v_{c-t} c_t}{h^2 - c_n c_t} \tag{41.30}$$

通过式（41.16）、式（41.19）、式（41.23）、式（41.24）、式（41.29）和式（41.30）可以求解该问题，也能计算未知变量。

大多数车辆碰撞的冲击模型，都与上述模型相同或类似[7,22,44]，尽管对模型说明的角度可能有所不同。

对于每一个模型，重要的是要知道其局限性，产生的冲量比为：

$$\frac{P_t}{P_n} = \frac{\Delta v_{c-n} h + \Delta v_{c-t} c_t}{\Delta v_{c-n} c_n + \Delta v_{c-t} h} = f \text{ 即 } P_t = fP_n \tag{41.31}$$

它将切向冲量和法向冲量联系起来。式（41.25）的假设意味着这个比率可以在接触区域内得到。然而，这只有在摩擦条件满足局部摩擦系数 μ 大于冲量比，即 $f \leqslant \mu$ 时才可能实现。只有这样，才能在接触区域内形成必要的切向力，式（41.25）才是有效的假设，否则可能发生滑移接触，摩擦系数限制了切向力（因而也是冲量）。严格而言，式（41.25）是存在问题的，必须作出其他假设。为了解决这个困难，已经提出各种策略，可参见前面提到的文献。

另一个关键问题是接触点的位置。在理想情况下，冲击模型适用于非常的小变形。在实际中，变形通常都相当大。因此，可能难以定义接触"点"。然而，其位置定义距离和臂 n_1、n_2、t_1、t_2，对计算和结果具有直接和决定性的影响。这在车辆发生正面碰撞事故且有小偏移时变得特别重要，这样的事故情节对上述几何参数十分敏感，需要仔细分析。这种模型也不适于产生非常大偏移的情况，因为滑移碰撞发生后，根本没有明显的恢复阶段。

尽管存在各种缺点和缺陷，但是这种碰撞模型或其衍生版本应用十分广泛，因为有许多软件用于事故重建，见41.5节。

41.4.3.2 基于能量的方法

前面提出的碰撞模型只通过恢复系数考虑车辆变形，有关车辆永久变形的所有信息和能量耗散都浓缩于这个参数，其自身表明要深入分析这些变形和提取有关碰撞的附加信息。汽车制造商在新车型设计过程中经常这样做，在进行碰撞试验的同时，应用大型车辆有限元（FE）模型，在计算机中模拟碰撞试验，使两者的结果一致。对于事故重建,做碰撞完整规模的有限元分析几乎从不是选项,因为这样的有限元模型对于事故重建人员通常是不可用的,创建这样的模型也非常困难、太耗时且成本较高。

然而,过去曾经尝试大幅降低问题的复杂性,将变形车辆的形状与产生残余变形所消耗的能量联系在一起。从固定刚性障碍开始,在不同速度下对乘用车进行试验。试验结果表明,残余变形与碰撞速度之间几乎呈线性关系[46]。这些研究最终得到

$$\sqrt{\frac{2E_C}{L}} = c_0 + c_1 D \qquad (41.32)$$

其给出单位长度 L 的变形(碰撞)能量 E_c 与残余变形 D 之间的关系,其中残余形变 D 沿垂直于车身原始和未变形表面测试。然而,两个常数 c_0 和 c_1 需要由试验确定,两者对于每辆车甚至每个不同变形的位置(前部、后部和侧面)都不同。

将这些发现与现实世界车对车事故和方向相适应,除了正面碰撞外,产生称为 CRASH3 的方法[48]。这种方法的基本思想是从车辆碰撞前后的轮廓线(水平投影)开始,如图 41.3 所示。通常,沿着破坏轮廓线取六个点的变形,由六个点的测量结果计算碰撞能量[47]

$$E_C = c_0^2 K_1 + c_0 c_1 K_2 + c_1^2 K_3 \qquad (41.33)$$

其中,

$$K_1 = \frac{L}{2} \qquad (41.34)$$

$$K_2 = \frac{L[D_1 + 2(D_2 + D_3 + D_4 + D_5) + D_6]}{10} \qquad (41.35)$$

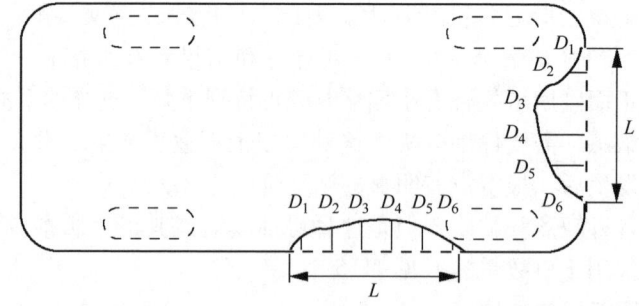

图 41.3 由车辆变形估计变形能

$$K_3 = \frac{L[D_1^2 + 2(D_2^2 + D_3^2 + D_4^2 + D_5^2) + D_6^2]}{30} + \frac{L(D_1 D_2 + D_2 D_3 + D_3 D_4 + D_4 D_5 + D_5 D_6)}{30}$$

$$(41.36)$$

需要注意的是，为应用上述方法，还有两个参数 c_0 和 c_1 需要已知或由特定汽车进行估计。

一旦计算变形能 E_c，就取决于如何处理碰撞构型。对于两辆车的一维碰撞，无论是相同方向还是相反方向运动，碰撞问题都可以立即求解，见 41.3.2 小节。变形能代替式（41.8）和式（41.10）引入的恢复系数，可以将其当作求解动量方程需要的附加方程，以便得到可解的代数方程系统。

在一般的二维或三维碰撞情况下，变形能的信息不足以解决各自的碰撞问题。线动量和角动量的动量守恒方程，需要补充与上面情况类似的附加假设。在碰撞模型中，通常这样的假设也是算法的一部分，对用户而言并不总是明显的。这种方法的一个典型实例和一般的缺点，是假设整个耗散能等于变形能。在碰撞过程中，在接触区域有大的摩擦力情况下，这是不正确的，如车辆间具有大偏移量和大量滑移接触的正面碰撞。CRASH3 模型也假设在车辆垂直变形面上没有恢复，是完全的非弹性碰撞。这个假设也称为所谓的等速条件，因为发生完全非弹性碰撞后，两辆车碰撞区域的速度是相同的。

因此，车辆速度变化可以不同的方式进行计算，取决于碰撞模型的细节，见文献 [7] 对该问题的讨论。一些这样的模型基于 CRASH3 模型计算变形能，CRASH3 是第一个完全发展的这种类型模型。在过去，必须模型进行修改和扩展，以使其更加通用，尤其对于三维应用，这方面将在 41.5 节中讨论。

通过沿变形区测量六个点变形计算变形能是非常简单的方法，当然也需要较为复杂的方法。在文献 [49] 中，提到这样一种方法，作者将投影的变形区分成单元，它们与压缩这个单元所需要的能量相关。单元能量数据需要由碰撞试验事先已知，可以用于估计车辆碰撞过程耗散的总能量。只有在车辆碰撞数据足够的情况下，才能改进计算变形能的结果。

由这两个实例可知，以计算耗散能的目标估计车辆变性能并不是一项简单的任务。对于最简单的模型，需要两个特定于车辆的参数；对于复杂的模型，需要更多的数据。此外，还需要测量变形区域。因此，这在很大程度上取决于可获得的信息，即哪种方法最适用于某个问题。

41.4.3.3 替代方法

在前面两节中，讨论了车辆碰撞建模的两种方法。两种方法有个共同点——将碰撞处理为冲击，这意味着存在几个假设。其中，假设接触时间可以忽略不计，并且可以假设为零。这导致接触力变为无限大，不能直接计算。对于某些事故，这个假设与涉及的其他冲击模型的假设不完全一致。例如，具有大偏移的正面碰撞导致接触时间较长，在碰撞车辆之间有显著的摩擦滑动接触，冲击模型基本上不适用。

为了克服冲击模型的典型缺陷，唯一的解决方法就是在时域内求解碰撞。因此，不能再使用刚体，而必须引入具有合适材料特性的变形体。通常，这通过某种有限元方法实现，其中车身或至少接触区域通过变形的结构单元进行离散化。这种模型的另一个需要是接触单元在两个接触面上分别产生接触力。

更合适和更可靠模型的优点，是用更多的时间进行更多的数值计算。不仅计算速度是一个问题，数据采集和有限元网格生成也增加了事故分析的时间。这导致所谓网格方法的发展，避免了全有限元模型的缺点，比简单的弹簧-阻尼器模型更灵活。这种方法的一个实例是"DyMESH方法"[50,51]，它基于一个碰撞算法，使用车辆离散化外观定义的三角网格。两个网格之间可能的接触，通过一个网格的节点相对于另一个网格的节点和面单元的位置变化进行监测。一旦接触，相互作用的三维力由车辆的材料特性生成。

由于这种网格模型复杂，其只能与精度较高的车辆仿真模型联合使用，见41.5.1和41.5.2小节。

41.5 事故分析的软件工具

图形化方法已经在事故重建中应用很长时间，但是由于强大的计算机已经可以供事故重建人员使用，越来越多实际事故分析和重建的工作借助于计算机和软件完成。

事故分析和重建的过程涉及许多任务，从评估证据开始，包含从图片中提取信息、检查汽车和采集数据，直到重建汽车运动，在适用的情况下重建事故受害者。在几乎所有的必要步骤中，计算机可以某种方式提供帮助。因此，相当多的软件产品可用于各种任务的重建[8]，首先包括车辆动力学和碰撞分析，但也包括其他重要的任务，例如摄影测量、图像修复和维修费用计算等。

下面只简要介绍分析车辆运动或碰撞的软件，主要目的是将感兴趣的读者引向一些最流行的软件工具。但是，人们也可以从中获益，因为其显示了事故重建相关的各个方面。然而，列出的软件并不完整，不能帮助读者全面检查哪款软件适于其特殊需求。同样，列出的软件顺序没有特殊含义，只是简单按照字母顺序进行介绍。

41.5.1 HVE 和 HVE-2D

HVE (Human-Vehicle-Environment，人-车-环境) 及其精简版 HVE-2D，都是位于美国俄勒冈州比佛顿的 EDC (Engineering Dynamics Corporation) 的产品。接下来的概述和产品描述反映了本书出版时该产品的发展状况，相关信息和材料主要源于该公司的官网[52]。

HVE 不是一个单一的仿真程序，而是一个完整的3D仿真环境，通过设置和运行仿真模块研究与汽车有关的各种安全问题，如动态操纵行为、道路条件的影响、系统故障或驾驶员反应、包含失控和侧翻，或涉及乘员、行人的真实碰撞。

在 HVE 中，通过使用专门设计具有优越能力的各种程序模块，可以研究评价车辆动态操纵行为，设计和测试车辆制动系统的有效性，研究驾驶员对爆胎和不规则路面等瞬态效应的反应，模拟车辆-障碍和车辆-车辆的碰撞试验，模拟现实碰撞，从这些碰撞中确定乘员伤害的潜在来源。

在 HVE 中，一些所谓的编辑器允许在模型设置（人-车-环境）、事故管理和结果之间自由转换。此外，HVE 还提供大量在 HVE 兼容仿真程序中可以使用的特性集，这些特性允许对车辆控制系统、驾驶员反应、轮胎或制动系统故障和三维碰撞建模进行先进的仿真。每个 HVE 兼容的物理程序，都是一个在 HVE 仿真环境中独立运行的程序。

41.5.1.1 与 HVE 兼容的程序模块

在 HVE 环境中，用于事故分析最重要的模型将在下面列出。注意的是，EDVSM、EDVSD 和 SIMON 程序模块使用三维功能，因此它们与 HVE-2D 不兼容。HVE-2D 是 HVE 的一个简化版本，只允许使用平面车辆模型，每个车辆限制在三个自由度上：

1) EDCRASH 是用于单个车辆和两个车辆事故（包括碰撞）的重建程序模块，主要目的是基于事故现场证据和车辆损伤测量确定冲击速度和速度变化量。这个模块也用于车辆与不可移动障碍的碰撞，如桥墩或大树等。尽管 EDCRASH 已经扩展和重新验证，以便在 HVE 中使用三维地形，但是其本质上是一个二维重建程序。

2) EDSMAC4 是一个用于车辆碰撞的仿真程序模块。基于 EDMAC，EDSMAC4 包括 EDC 公司开发的许多扩展。可以对任意数量的车辆、拖车和障碍进行分析，也可以对任意数量物体的同时碰撞进行分析。原有的 SMAC 碰撞模型也得到显著扩展，现在包括车辆每侧的不同刚度参数以及适用于与障碍的直接碰撞。EDCMAC4 还提供乘员碰撞仿真特性，见后续的 EDHIS 和 GATB。EDSMAC4 本质上是一个二维重建程序，但是已经进行扩展和重新验证，使其可以在 HVE 中使用三维地形。

3) EDVSM 是一个仿真程序模块，用于模拟车辆对于驾驶员输入和三维路面条件的真实三维动态响应。基于 Calspan（卡尔斯本）开发的 HVOSM-VD2 模型，EDVSM 对功能进行了增强，包含一个轮胎-地面相互作用模型和一个爆胎模型。用户需要输入初始位置、速度和驾驶员控制，该程序将计算三维车辆的运动、轮胎力和力矩、悬架力和挠度、空气动力、驱动力矩和制动力矩。通过计算车辆三维网格（见 41.5.1.2 小节）和地面网格之间的力，建立车体与地面的相互作用模型。利用 EDVSM，可以模拟车辆在任何条件和任何地面上的行驶，包括抛在空中的车辆和完全侧翻的汽车。

4) EDVDS 是一个仿真程序模块，用于模拟商用车对驾驶员输入和三维路面条件的三维动态响应，可以模拟一个牵引车带有 1~3 辆拖车。EDVDS 是 UMTRI 开发的第四阶段的扩展版本，其特性与 EDVSM 特性兼容。

5) SIMON 是另一个仿真程序模块，用于模拟一个或多个车辆对驾驶员输入、车间碰撞和与环境相关的三维动态响应。其为新开发的仿真模块，使用新的、通用的三维车辆动力学引擎[53,54]。动力学引擎允许簧载质量具有六个自由度，允许具有多个轴，每个轴可有五个自由度。用户输入初始位置、速度和每辆车的驾驶员控制，拖车和小车根据连接的兼容性和位置自动定位在牵引车后面。然后，SIMON 预测每个车辆簧载质量的运动、非簧载质量的运动、悬架动力学、轮胎动力学和当前每个车轮制动系统的参数，也可以计算车身的碰撞损伤，并且利用 HVE 的 3D 视觉器将结果可视化。SIMON 是为了利用 HVE 仿真环境中的先进特性而专门设计的。

6) EDHIS 是一个仿真程序模块，用于对机动车碰撞中乘员响应进行三维分析。EDHIS 基于 UMTR 开发的 HSRI 3D 模型进行扩展和改进，采用安全气囊和安全带（三点式安全带）模型，适用于研究约束系统有效性的问题。EDHIS 可以实现十二个自由度的分析，将人体分为三个质量（头、躯干和下肢）和两个连接点（颈部和臀部），使用 HVE 15 段或 14 个连接点人体模型进行人体可视化。

7) GATB 是一个基于计算机程序 ATB 的三维计算机模型，可以用于对机动车碰撞中涉及的乘员或行人进行研究。GATB 将人体表示为 15 段和 14 个连接点，每个人体具有 48 个自由度，人体的 15 个质量段均可以移动和与环境相互作用。GATB 计算人体运动、连接点的角度和转矩、人体与车内面板的接触力、乘员之间的接触力或单个乘员四肢之间的接触力。通过使用 GATB，多达四名人体模型可以放在碰撞过程的车内，预测人体如何运动，可能与车内哪些位置发生碰撞或如何被抛出车外，也可以用于模拟人体被汽车外部碰撞和研究对行人的冲击。

41.5.1.2 HVE 的高级功能

1) DyMESH 是一个机动车碰撞三维动态仿真计算机模型，使用有限元技术的方法进行碰撞检测和确定应力-应变关系以计算碰撞力。DyMESH 使用具有机械特性的三维车辆网格作为输入，车辆碰撞产生的力和力矩作为输出。然后，DyMESH 的输出被车辆仿真模块使用，连同悬架作用力、空气动力和车辆间相互连接的力，产生在每个时间步作用在车辆上固定的总力和总力矩。一个完整的有限元分析需要几个小时甚至几天，而应用 DyMESH 仿真只需要几分钟。

DyMESH 用于所有碰撞仿真都是有用的，尤其适用于行驶碰撞或任何呈现三维碰撞动力学的碰撞,详细的验证结果可以在文献[50,51]中找到。

2) HVE 驾驶员模型是一个闭环驾驶员模型,允许用户定义一个预设操纵,让仿真确定需要的转向输入,使车辆沿预设路径行驶,典型的实例包括单车道和双车道变换。HVE 驾驶员模型也可以用于研究驾驶员疲劳和醉酒对驾驶行为的影响。

3) HVE 转向自由度模型允许用户研究驾驶员脱离转向盘如何影响车辆行驶轨迹,用于仿真的转向输入由车辆行驶时轮胎的相互作用和由用户定义的三维地面模型的相互作用计算。转向自由度模型一个明显的应用是研究碰撞后车辆的运动。

4) HVE 爆胎模型用于提供有关任何操纵下发生爆胎时车辆瞬态响应特性详细信息的模型。

5) 其他模型:ABS 模型模拟真实车辆上的 ABS;制动设计器模型包括研究制动衰退特性的能力;径向弹簧模型允许仿真轮胎的安装限制和越过坑洞的特性;侧面冲击模型允许对作用在轮胎侧向的力进行严格建模,如发生侧翻时;松软土壤模型允许计算行驶在松软地面上的轮胎阻力。

41.5.2 PC Crash

PC Crash 及其精简版 PC Crash 2D 均由位于奥地利林茨的 DSD 研发。该程序由加拿大里士满的工程师和科学家与欧洲几个国家通过多边协议进行分销,参见网页[55]。下面的概述和产品描述反映了本书出版时产品发展状况,基于其官方网站上的产品信息和材料[55,56]。

PC Crash 是一个基于微软 Windows 的三维碰撞和轨迹仿真工具,能够用于各种机动车的碰撞分析和其他事故分析。在二维和三维情况下,可以同时模拟多达 32 辆车,用于分析汽车-汽车事故、汽车-摩托车事故、汽车-行人事故、行人的运动以及汽车侧翻。目前,PC Crash 可能是应用最为广泛的事故重建软件,在全世界范围内安装数量超过 2700 个。

接下来简要总结 PC Crash 的基本模型和特性:

1) 冲击模型:PC Crash 使用 Kudlich – Slibar 冲击模型[22,45]作为碰撞分析的主要模型,可以自动检测区分首次冲击和二次冲击,二次冲击可以具有与首次冲击不同的特性。一个非常有用的特性是碰撞优化器,可以定义一个目标函数对给定的任何解进行量化评价。之后,在 PC Crash 改变相关参数值,包括车辆速度、冲击特性和车辆位置,碰撞优化器将找到最小化目标函数值的解。

另一个可用的冲击模型是变形网格模型,在三维模型中尤其有用。通过指定网格力/变形特性,PC Crash 将确定随着时间变化的接触力和变形,依此调整车辆轨迹。网格可以与其他变形网格、刚性物体或地面相互作用。当车辆变形显著影响随后的车辆相互作用时,这种模型是有用的。

对于持续、低水平的接触或具有显著垂向分量的冲击,可以使用所谓的椭球模型。车辆建模为一组可压缩的椭球单元,其为默认的侧翻模型,也可以用于车辆-车辆的碰撞分析。

2)轨迹模型:实现全三维车辆刚体动力学分析,轮胎力通过简单的轮胎模型或者更复杂的 TMEasy 模型产生,可以反映车辆特性,如 ABS 和稳定性控制等。

3)拖车模型:全定制化的拖车可以与任何车辆连接,所有相同的模型特性适用于拖车和普通车辆。力在铰接处传递,以便满足车辆连接的运动学约束,可以组合多个拖车成为列车甚至更复杂的组合。用户可以自定义铰接处的属性,包括沿三个轴的转动刚度和失效前容许的最大铰接力。

4)地面模型:地面模型以三维 DFX 图形输入或由内置的二维、三维绘图工具设计,可以使用参数化的路面形状规范。

5)MADYMO:可选的 MADYMO 模块,允许对乘员运动和载荷进行有限元建模[57]。使用已经在 PC Crash 中完成的仿真,MADYMO 模块可以模拟 Hybrid-3 型碰撞试验假人的运动。可以指定不同类型的安全带,包括用于大腿和躯干的安全带预紧器。可以指定两种不同的安全气囊——驾驶员处和副驾驶员处。MADYMO 仿真结果可以通过三维动画或图表的形式给出。

6)其他特性:使用 PC Crash 中的多体系统可以实现对移动负载的模拟,也可以研究其对车辆驾驶行为的影响。附加的特性包括能够定义和计算前后桥的制动力分配,一个行人和摩托车模型(多体模型),在计算中使用真实的车辆形状,通过人体测量数据实现不同体型的行人,对多体系统(行人和摩托车等)进行定义和配置的预处理器,计算轮胎接触痕迹,应用 Crash-3 模型的能量等效速度(EES)。

PC Crash 2D 是一个精简版本,没有 3D 功能,只用于没有拖车的两个车辆,也不能使用多体模型。

41.5.3 VCRware

VCRware 2.0 是位于美国印第安纳州的 Brach 工程开发的产品。下面的概述和产品描述反映本书出版时产品的发展状况,主要基于公司官网上的产品信息和材料[58]。

VCRware 是一个基于微软 Excel 表格的一套 11 个数据表格构成的软件,允许事故重建人员分析和重建大多数车辆事故。这个软件的详细描述和每一段程序的理论基础,在文献 [7] 中详细给出。

Excel 表格环境提供分析功能,允许用户定义输入参数的值,不需要迭代就可以获得一些表格指定或希望的输出值。例如，用户可以容易一步确定所需的阻力系数，用于实现给定初速度和给定距离内停车。同样，可以处理诸如多变量最大和最小的复杂问题，使用户能够自动化耗时的迭代过程，而这通常需要完成许多重建任务。此外，分析计算中不确定性的统计工具采用 Monte Carlo 技术，可以方便地与 VCRware 结合使用。

关于车辆动力学，分析时用到的最重要的表格如下：

1）铰接车辆冲击：两辆车可以铰接也可以不铰接，已知物理参数、在某一参考系的定位和初速度分量，这个表格使用平面冲击力学[59]计算冲击后的最终速度分量、速度变化量和能量损耗。

2）临界速度公式：在给定摩擦阻力系数和实测的曲线坐标的圆形路径上，确定单个车辆在突然转向时的横摆临界速度[7,60]。

3）平面冲击力学分析：对于已知物理参数、定位和碰撞中心的两辆车，表格由平面冲击力学计算最终速度分量、速度变化量和能量损失，是非常有用的功能，文献[7]是介绍该基本模型的综合文献。

4）低速车辆冲击分析：分析两个低速车辆的正面碰撞和追尾事故，使用包含碰撞恢复系数和车辆道路阻力的点质量碰撞力学[61]。

5）由车辆-障碍碰撞试验获得碰撞刚度系数：这个表格使用车辆-障碍碰撞试验的数据确定碰撞刚度系数。

6）由 CRASH3 获得能量损失和速度变化：这个表格应用 CRASH3 算法计算两个车辆碰撞时的能量损失和速度变化量。

7）车辆-行人碰撞分析：用户可以计算车辆-行人（或自行车骑手）碰撞的各种情况和二次碰撞的时间、速度、行人抛出距离和车辆制动距离，文献[62]给出这类事故的一个实例。

8）车辆和半挂车动力学程序：可以计算单个车辆和带有半挂车的平面运动，并以时间变量的函数给出。驾驶员控制模式包括抱死车轮制动、车道变换或任意转向，可以单独模拟抱死车轮、传动系统阻力和匀加速运动。

41.5.4　其他软件

如前所述，大量的软件产品可以用于帮助事故分析和重建，且大多数都有自己的官方网站，通过合适的搜索引擎搜索关键词即可找到官网。此外，文献[8]也是有用的，因为它讨论了七个软件包。

41.6　事故分析专题

由于道路上存在各种各样的机动车、非机动车、行人甚至动物，除了两辆车碰撞外还有很多事故场景。下面将对这些事故的一些特点和重建进行简要介绍。

41.6.1 摩托车事故

从统计数据而言，摩托车事故占据了很大一部分比例，在涉及重伤和死亡的事故中尤其是如此。主要原因是，一方面是摩托车具有较快的速度和加速度潜力，另一方面是摩托车对驾驶员只能提供有限的被动安全。

单轨车辆在其他车辆中也是独特的，因为其在静止和多数速度下的直立位置本质上是不稳定的，见第 35 章。这一点对于某些单轨车辆事故可能是重要的，其中车辆不稳定性是事故发生的原因。除了驾驶员观察到的情况以外，很少有证据反映这些事故。在严重的事故中，有时可能有车辆在路面上滑移的痕迹。

与常规机动车相比，摩托车碰撞前阶段的分析是不同的，因为摩托车多数采用前后独立的制动系统[63]。即使在事故现场存在车轮抱死（多为后轮）产生滑移的痕迹，制动减速度可能在一个相当大的范围内变化，可能难以估计[64]。此外，摩托车驾驶员可以选择变换车道回避事故发生，而不是尝试通过制动停止车辆。

摩托车与其他车辆的碰撞可能看起来非常不同，不仅取决于碰撞车辆哪个部分与摩托车发生碰撞，也取决于摩托车与车辆的质量比[65]。摩托车前部的永久变形用于重建冲击速度，但不能提供非常可靠的结果。冲击力学可以用于分析碰撞，但是重点应当放在驾驶员身上，它可以与摩托车手把或其他车辆交互作用，甚至可能提早与摩托车分离。

摩托车和驾驶员的静止位置对重建碰撞后速度和轨迹是非常有用的信息。需要仔细选择减速参数，因为摩托车种类和地面类型对滑动摩擦具有显著影响。碰撞后摩托车和驾驶员的轨迹也可能很大一部分在空中，因此几乎没有摩擦。

关于摩托车事故方面的全面讨论和广泛的参考案例见文献［9，10，12，66］，后者还包括许多碰撞试验的结果。

41.6.2 涉及行人的事故

在大多数涉及行人事故的情况下，碰撞车辆动力学在这样的事故场景中不起主要作用。由于行人和车辆通常使用街道上不同的区域，冲突的情况几乎都发生在行人进入车辆行驶区域的时候。这可能发生在人行横道上，车辆驾驶员可能闯红灯，或者也可能发生非法情况，例如在禁止通行的情况下行人试图横穿马路，与正常行驶的车辆在车道内发生碰撞。

重建汽车-行人事故的任务，实际总是从车辆驾驶员对行人能见度和识别的这一问题开始。主要目的是在合理的情况下确定驾驶员采取措施避免事故发生的位置和时间点。当然，同样的考虑也用在行人身上，确定其是否有权利这样做。

这个问题主要是感知、识别和反应时间的问题，受到人的因素和环境因素等的影响，前者如健康和精神状态以及药物、酒精或毒品的使用，后者如日光和天气条件。

通常，可以假设车辆的运动为匀速或匀减速运动，在碰撞前阶段，直到达到静止状态。由于车辆与行人具有较大的质量比，碰撞只会导致车辆速度微小的变化，甚至可以忽略不计。由41.3.1小节中的运动学公式，可以计算随时间变化的车辆以及行人的速度和距离。

车辆－行人事故中最具挑战的部分是车辆碰撞速度的重建。如果通过某些证据已知行人初始接触位置和车辆的静止位置，则碰撞后的距离可以用于计算车辆的碰撞速度。如果车辆没有停止或不能确定的减速过程，则可以尝试采用行人抛出距离代替。假人或尸体试验可以有经验性的结果，由简单的力学模型导出的方程或多或少也可以有结果。车辆碰撞后行人的运动十分复杂，从一次或多次与车辆接触开始，之后经历一个自由飞行阶段，最后经过在地面上的一些滚动或滑动停下来。根据事故重建的目标，使用文献［7］中总结的近似模型可能就足够了，但是偶尔也需要使用如MADYMO[57]的复杂多体动力学软件，以便捕捉车辆－行人事故中两者复杂的相互作用。

车辆－行人事故的各方面详细讨论，可以在文献［7，9，10，17，32］中找到。

参 考 文 献

1. I. Fallon and D. O'Neill, The world's first automobile fatality, *Accident Analysis & Prevention* 37 (2005), pp. 601–603.
2. N.N., *World's First Automobile Accident,* Ohio History Central, revision April 28, 2013, www.ohiohistorycentral.org.
3. N.N., Pillars and posts, Autocar 137 (1972) Haymarket Motoring Publications Ltd.
4. World Health Organization, *Global Status Report on Road Safety: Time for Action,* World Health Organization, Geneva, Switzerland (2009).
5. I. Parry and P. Fidler, *The Simulation of the Fatal Crash Involving Diana, Princess of Wales and Implications for the Investigation of Loss of Control Incidents,* in *17th EVU Annual Congress,* Nice, France, November 6–8, 2008, pp. 151–164.
6. R. Nader, *Unsafe at Any Speed, The Designed-In Dangers of The American Automobile,* Grossman Publishers, New York (1965).
7. R.M. Brach and R.M. Brach, *Vehicle Accident Analysis and Reconstruction Methods,* SAE, Warrendale, PA (2005).
8. R.V. Dukkipati, J. Pang, M.S. Qatu, G.S. Chen, and Z. Shuguang, *Road Vehicle Dynamics,* SAE, Warrendale, PA (2008).
9. H. Burg and A. Moser (eds.), *Handbuch Verkehrsunfallrekonstruktion,* Friedr. Vieweg & Sohn, Wiesbaden, Germany (2007).
10. W. Hugemann (ed.), *Unfallrekonstruktion,* Verlag autorenteam, Münster, Germany (2007).
11. R. Fucik, F. Hartl, H. Schlosser, and B. Wielke (eds.), *Handbuch des Verkehrsunfalls,* 2nd edn. MANZ, Vienna, Austria (2008).

12. K.S. Obenski, P.F. Hill, E.S. Shapiro, and J.C. Debes, *Motorcycle Accident Reconstruction and Litigation*, 4th ed. Lawyers & Judges Publ. Comp., Tucson, AZ (2007).
13. R.F. Sutphen and R.W. Varner, *Commercial Vehicle Accident Reconstruction and Investigation*, Lawyers & Judges Publ. Comp., Tucson, AZ (2008).
14. R.S. Hickman and P.E. Hill, *Bus and Recreational Vehicle Accident Reconstruction and Litigation*, Lawyers & Judges Publ. Comp., Tucson, AZ (2000).
15. R.E. Dewar and P.L. Olson, *Human Factors in Traffic Safety*, Lawyers & Judges Publ. Comp., Tucson, AZ (2002).
16. A.T. Welford, *Reaction Times*, Academic Press, London, U.K., 1980.
17. P.L. Olson, *Forensic Aspects of Driver Perception and Response*, Lawyers & Judges Publ. Comp., Tucson, AZ (1996).
18. Michael S. Varat, *Crash Reconstruction Research: 20 Years of Progress (1988–2007)*, PT-138 SAE, Warrendale, PA (2008).
19. R. Fay, R. Robinette, J. Scott, and D. Deering, *Using Event Data Recorders in Collision Reconstruction*, Paper 2002-01-0535, SAE, Warrendale, PA (2002).
20. B. Brogliato, *Nonsmooth Mechanics*, 2nd edn. Springer, New York (1999).
21. W.J. Stronge, *Impact Mechanics*, Cambridge University Press, Cambridge, U.K. (2000).
22. G. Kasanický, P. Kohút, and M. Lukášik, *Impact Dynamics Theory for the Analysis and Simulation of Collisions*, Žilinská Univerzita, Žilina, Slovak Rep. (2004).
23. M. Huang, *Vehicle Crash Mechanics*, R-284 SAE, Warrendale, PA (2002).
24. W. Kalthoff, *The Coefficient of Restitution on Rear-End Collisions. New Findings*, in *17th EVU Annual Congress*, Nice, France, November 6–8, 2008, pp. 283–288.
25. K.L. Campbell, *An Energy Basis for Collision Severity*, Paper 74565, SAE, Warrendale, PA (1974).
26. N.J. Carpenter, *Stiffness and Crush Energy Analysis for Vehicle Collision and Its Relationship to Barrier Equivalent Velocity (Bev)*, Paper 2001-01-0500, SAE, Warrendale, PA (2001).
27. A. Cesarani, D. Alpini, R. Boniver, C. Claussen, P. Gagey, L. Magnusson, and L. Odkvist (eds.), *Whiplash Injuries*, SAE, Warrendale, PA (1996).
28. J.A. Pike, *Forensic Biomechanics*, R-379 SAE, Warrendale, PA (2008).
29. J.A. Pike, *Neck Injury Biomechanics*, PT-141 SAE, Warrendale, PA (2009).
30. D.C. Viano, *Role of the Seat in Rear Crash Safety*, R-317 SAE, Warrendale, PA (2002).
31. N.N., *2009 Occupant Protection and Crashworthiness Technology Collection on CD-ROM*, OP2009 SAE, Warrendale, PA (2009).
32. J.J. Eubanks and P.F. Hill, *Pedestrian Accident Reconstruction and Litigation*, 3rd ed. Lawyers & Judges Publ. Comp., Tucson, AZ (2009).
33. R.H. Barnard (ed.), *Road Vehicle Aerodynamic Design*, 2nd ed. Mechaero Publishing, St Albans, U.K. (2001).
34. P. Lugner and M. Plöchl (eds.), *Tyre Models for Vehicle Dynamics Analysis*, Taylor & Francis Group, London, U.K. (2005).
35. P. Lugner and M. Plöchl (eds.), *Tyre Model Performance Test*, Taylor & Francis Group, London, U.K. (2007).
36. R.M. Brach and R.M. Brach, *Tire Models for Vehicle Dynamic Simulation and Accident Reconstruction*, Paper 2009-01-0102, SAE, Warrendale, PA (2009).
37. H.B. Pacejka, *Tyre and Vehicle Dynamics*, 2nd edn., Butterworth Heinemann, Oxford, U.K. (2005).
38. E. Bakker, L. Nyborg, and H.B. Pacejka, *Tyre Modelling for Use in Vehicle Dynamics Studies*, Paper 870421, SAE, Warrendale, PA (1987).
39. R.M. Brach and R.M. Brach, *Tire Forces: Modeling the Combined Braking and Steering Forces*, Paper 2000-01-0357, SAE, Warrendale, PA (2000).
40. W. Hirschberg, G. Rill, and H. Weinfurter, User-appropriate tyre-modelling for vehicle dynamics in standard and limit situations, *Vehicle System Dynamics* 38 (2003), pp. 103–125.
41. W. Hirschberg, G. Rill, and H. Weinfurter, Tire model TMeasy, *Vehicle System Dynamics* 45 (2007), pp. 101–119.
42. C.C. MacAdam, P.S. Fancher, G.T. Hu, and T.D. Gillespie, *A Computerized Model For Simulating the Braking and Steering Dynamics of Trucks, Tractor-Semitrailers, Doubles, and Triple Combinations*, UM-HSRI 80-58, The University of Michigan, Ann Arbor, MI, 1980.
43. E. Fiala, *Seitenkräfte am rollenden Luftreifen*, VDI-Zeitschrift 96 (1954).

44. R.M. Brach, *Mechanical Impact Dynamics,* John Wiley & Sons, New York, 1991.
45. H. Kudlich, *Beitrag zur Mechanik des Kraftfahrzeug-Verkehrsunfall,* PhD thesis., Vienna University of Technology, Vienna, Austria (1966).
46. P.H. Cheng, M.J. Sens, J.F. Weichel, and D.A. Guenther, *An Overview of the Evolution of Computer Assisted Motor Vehicle Accident Reconstruction,* Paper 871991, SAE, Warrendale, PA (1987).
47. A.K. Prasad, *CRASH3 Damage Algorithm Reformulation for Front and Rear Collisions,* Paper 900098, SAE, Warrendale, PA (1990).
48. T. Noga and T. Oppenheimer, *CRASH3 User's Guide and Technical Manual,* DOT Report HS 805 732, NHTSA, Washington, DC (1981).
49. F. Zeidler, H.H. Schreier, and R. Stadelmann, *Accident Research und Accident Reconstruction by the EES-Accident Reconstruction Method,* Paper 850256, SAE, Warrendale, PA (1985).
50. A.R. York and T.D. Day, *The DyMesh Method for Three-Dimensional Multi-Vehicle Collision Simulation,* Paper 1999-01-0104, SAE, Warrendale, PA (1999).
51. A.R. York and T.D. Day, *Validation of DyMESH for Vehicles vs. Barrier Collisions,* Paper 2000-01-0844, SAE, Warrendale, PA (2000).
52. Engineering Dynamics Corporation, Beaverton, OR, http://www.edccorp.com/, visited May 10, 2013.
53. T.D. Day, S.G. Roberts, and A.R. York, *Simon: A New Vehicle Simulation Model for Vehicle Design and Safety Research,* Paper 2001-01-0503, SAE, Warrendale, PA (2001).
54. T.D. Day, *Validation of the Simon Model for Vehicle Handling and Collision Simulation—Comparison of Results With Experiments and Other Models,* Paper 2004-01-1207, SAE, Warrendale, PA (2004).
55. Dr. Steffan Datentechnik, Linz, Austria, http://www.dsd.at/, visited May 10, 2013.
56. MEA Forensic Engineers & Scientists, Richmond, BC, http://www.pc-crash.com, visited May 10, 2013.
57. TASS, Rijswijk, The Netherlands, http://www.tass-safe.com, visited May 10, 2013.
58. Brach Engineering, Granger, IN, https://www.brachengineering.com, visited May 10, 2013.
59. R.M. Brach, *Analysis of Collisions Involving Articulated Vehicles,* Paper 2007-01-0735, SAE, Warrendale, PA (2007).
60. R.M. Brach, *An Analytical Assessment of the Critical Speed Formula,* Paper 970957, SAE, Warrendale, PA (1997).
61. R.M. Brach, *Modeling of Low-Speed, Front-to-Rear Vehicle Impacts,* Paper 2003-01-0491, SAE, Warrendale, PA (2003).
62. I. Han and R.M. Brach, *Throw Model for Frontal Pedestrian Collisons,* Paper 2001-01-0898, SAE, Warrendale, PA (2001).
63. H. Ecker, J. Wassermann, R. Ruspekhofer, G. Hauer, and M. Winkelbauer, *Brake Reaction Times of Motorcycle Riders,* in *Proc. of Int. Motorcycle Safety Conference,* Orlando, FL, March, 1–4 2001.
64. H. Ecker, J. Wassermann, G. Hauer, R. Ruspekhofer, and M. Grill, *Braking Deceleration of Motorcycle Riders,* in *Proc. of Int. Motorcycle Safety Conference,* Orlando, FL, March 1–4, 2001.
65. K.S. Adamson, P. Alexander, C.I.B. III, J.R. Kinney, R. Aronberg, J. McManus, G.C. Anderson, D.W. Sallmann, G. Johnson, and A.G. Fonda, *Seventeen Motorcycle Crash Tests Into Vehicles and a Barrier,* Paper 2002-01-0551, SAE, Warrendale, PA (2002).
66. G. Kasanický, P. Kohút, and J. Priester, *Analysis of Single-Track Vehicle Accidents,* Žilinská Univerzita, Žilina, Slovak Rep. (2003).

第42章 汽车结构耐撞性和乘员保护

42.1 引言

车辆车身主要用于设计承载乘员、货物、车辆动力传动总成和底盘，然后才用于减轻人员或其他道路使用者受到的人身伤害。在过去的30年里，为了适应改善乘员和货物在碰撞事件中的保护要求，车辆结构和系统经历了巨大的变化。车辆被动安全研究的领域涉及汽车结构部件、不同类型的乘员约束和保护系统，对这些研究的重点都是从碰撞开始直至结束的所有事件。在这段时间内，需要控制车辆的变形，使其变形的发生从外部逐渐过渡到内部，尽可能维持乘员的生存空间，改变外形进而吸收能量。通过开发适当的结构部件和车辆安全系统，保护乘员不暴露在大的加速度和高冲击力的作用下，所有乘员保护系统，如座椅安全带、安全气囊、座椅位置和配置等，要对控制乘员运动学进行管理。本章的目的是对汽车被动安全的发展提供一些历史背景，提出被动安全的设计、批准要求和规定，给出并演示用于设计和分析汽车耐撞性的一些数值工具。

由于汽车必须在自身和其他使用者之间共享道路，这就使得事故发生成为潜在可能。如图42.1所示，无论采取什么样的措施避免事故发生，事故都是无法完全避免的。自汽车早期开始，车辆被动安全就吸引了汽车相关领域不同人员的兴趣。保护乘员受到冲击载荷或大加速度影响的研究，开始于Hugh DeHaven（休·德哈文）的先驱性工作。Hugh DeHaven是一名空难幸存者，他被称为耐撞性之父。其最早进行了损伤生物力学的初步研究，首次发表有关这一问题的工作[1]。在20世纪50年代，美国空军上校John Paul Stapp（约翰·保罗·斯塔普）开发了评价人体对极限加速度耐久性的试验项目，以便确定人体耐久性极限。Stapp上校不仅因为其研发的试验项目闻名于世[2]，而且他还做了一些试验，成为1.4s内由1000km/h到完全停止的第一个人体试验对象，采用的装置如图42.2所示。一系列学术会议以其名字命名，如自1961年开始每年都召开的

Stapp 汽车碰撞会议[3]。第二次世界大战之后，许多个人和团体对损伤生物力学作出了贡献，这使得如今在商用车上实现乘员保护成为可能。关于这些发展的回顾，感兴趣的读者可以参考 Mackay（麦凯）[4]或 Schmitt（斯密特）[5]等人的工作。

图 42.1　1895 年美国俄亥俄州只有两辆汽车，猜猜发生了什么事

图 42.2　Stapp 上校利用火箭橇推进测试人体所能承受的极限加速度

虽然旨在揭示损伤生物力学的第一部著作出版于 20 世纪中期，但是在汽车上最早提出约束系统的建议可以追溯到 1903 年，由 Lebau（勒博）[6]提出安全带专利的组成，如图 42.3 所示。然而，直到第二次世界大战以后，安全带才应用到汽车上。现在汽车使用的标准三点式安全带，由 Volvo（沃尔沃）的工程师 Nils Bohlin（尼尔斯·博林）在 1959 年发明。基于人体对冲击力和大加速度的耐久性和可用技术的发现，一些国家强制驾驶员和前排乘员使用安全带：20 世纪 70 年代早期开始于大洋洲；20 世纪 70 年代中期欧洲多数国家开始实施，之后在 20 世纪 80 年代中期美国开始实施[7]。强制后排乘员使用安全带，则开始

于20世纪80年代中期和20世纪90年代早期[8]。

图42.3 Lebau 在其专利中首次提出安全带的概念

另一个广泛应用在汽车上的被动安全系统为安全气囊,其独立发明归功于德国人 Walter Linderer (沃尔特·林德尔) 和北美人 John Hetrick (约翰·黑特里克)。其中,John Hetrick 在 1951 年针对其早期设计注册了第一批专利。虽然安全气囊的发明来源于简单的观察,没有使用任何损伤生物力学的知识。但是,通用汽车、福特和奔驰等对这种装置涉及的原理进行了进一步研究。在20世纪60年代,设计了装备合适传感器和点燃气体发生推进剂,以便使安全气囊充气。从1973年第一个为商用车 Oldsmobile (奥兹莫比尔) Toronado 提供安全气囊开始,经过20世纪80年代梅赛德斯-奔驰S级车直到现代汽车,安全气囊在汽车上被接受为一个最重要的被动安全系统不断增长。自从1997年以来,美国生产的所有新车必须为驾驶员和前排乘员提供安全气囊。今天,世界上几乎所有的新车,除了强制要求的前排安全气囊外,还有两侧安全气囊,许多还有胸部和膝部的安全气囊。目前在许多商用车中常用的安全气囊的配置,如图42.4 所示。

图42.4 乘用车中用于乘员正面和侧面碰撞保护的安全气囊

直到20世纪60年代，保护乘员的感知要求包括具有刚性的车身，其在碰撞中不发生变形。这一个有争议的结构概念最早由Baréry（巴尔）[9]提出，其作为一名梅赛德斯-奔驰的工程师在1952年提出，车辆强度应当由外到内增加，以便在碰撞发生时渐进压溃进而吸收能量，如图42.5所示。虽然设计车身用于承载车辆的主要部件和乘员，缓冲区的概念已经细化和广泛应用于现今生产的所有白车身中，负责吸收四分之一的碰撞能量。依然重要的还是车辆的生存空间，保持其形状基本完好，不仅可以避免空间减少，还可以确保不同的安全系统不受影响。

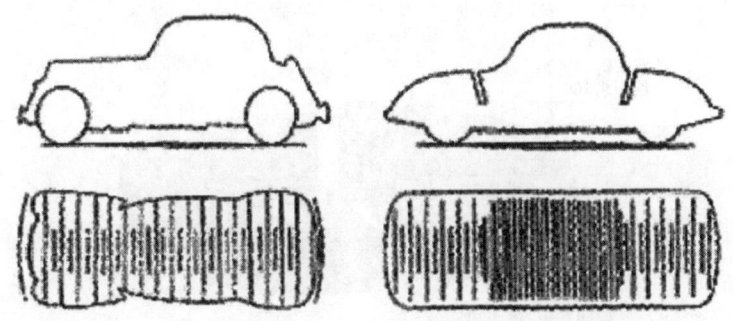

图42.5　Baréry提出的缓冲区概念（竖线密度表示车身刚度）

基于汽车乘员保护建立了基本原理和系统，重点放在实施更重要的结构安排和系统。事故统计分析是确定道路车辆被动安全发展、实施和调整的优先顺序的基础，图42.6给出欧洲汽车事故的典型分布[10-12]和每一种碰撞种类的致死率[12]。例如，正面碰撞事故约占事故总数的48%，这些正面碰撞事故中的40%出现了人员死亡。因此，正面碰撞的车辆前部结构和乘员保护系统首先得到关注是应该的。

许多国家存在的碰撞-损伤记录系统，通常基于与医院记录相关联的警方的基本事故报告。尽管这些记录不全可靠，但在过去的几年里这种情况得到明显的改善，事故统计为被动安全的决策策略提供了最为重要的信息源[4]。然而，考虑到轻微伤，还有很大的漏报，医院和警方之间的信息系统连接还需要进一步改善。

作为评价交通事故损伤的重要组成部分，医疗报告要基于医务人员、工程师和监管机构可以理解的一些量化损伤形式给出。损伤度定义为损伤类型和损伤严重程度的数值分类，提出的用于分级和量化损伤的方案或者是解剖学、生理学，或者是伤残、残疾和社会损失规模[13]。在解剖层面上，1971年发布之后多次更新的简明损伤定级标准（AIS）[5,14]基于医学诊断为交通事故产生的损伤提供了一个分类。AIS分类见表42.1，给出每种分类的死亡率[13]。表42.2给出不同损伤分类下相应的损伤实例。

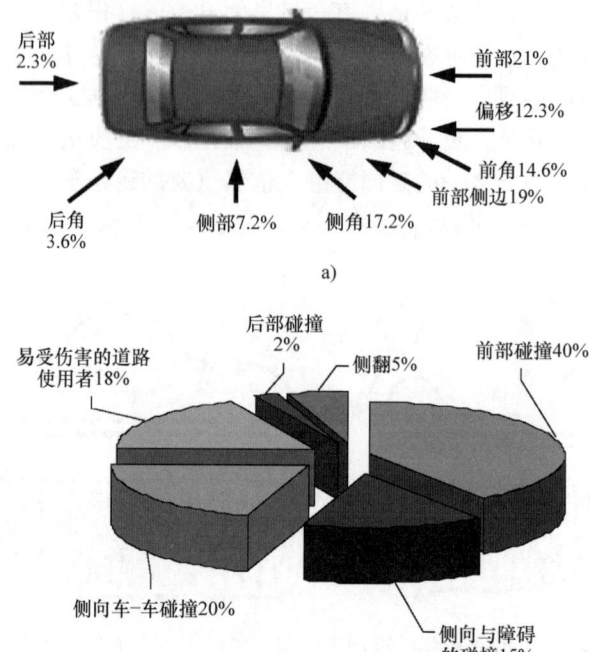

图 42.6 事故类别分析：a）车辆碰撞位置分布；b）单个碰撞种类的死亡率

应当指出，AIS 不是线性比例的，并且不是一个普遍接受的损伤评分。主要批评之一是 AIS 不能评价多处伤害。

表 42.1 AIS 与每个评分相关的死亡率

AIS	严重性	死亡率（%）
0	没有损伤	0
1	微小	0
2	中度	0.1~0.4
3	严重	0.8~2.1
4	重度	7.8~10.6
5	危险	53.1~58.4
6	无法生存	100

表 42.2 每个身体区域的 AIS 评分的实例

AIS	头部	胸部	腹部和骨盆	脊柱	四肢和骨盆骨
0	身体正常				
1	头痛或头晕	1个肋骨骨折	腹壁：肤浅的裂伤	急性压力（不断裂或位错）	脚趾骨折

(续)

AIS	头部	胸部	腹部和骨盆	脊柱	四肢和骨盆骨
2	无意识少于1小时；线性骨折	2-3个肋骨骨折；胸骨骨折	脾肾或肝脏：裂伤或挫伤	轻微骨折没有涉及脊髓	胫骨、骨盆或髌骨：简单骨折
3	无意识1-6小时；凹陷性骨折	≥4个肋骨骨折；2-3个肋骨骨折有血或气胸	脾脏和肾脏：主要的裂伤	破裂盘与神经根损害	膝盖位错；股骨骨折
4	无意识6-24小时；开放骨折	≥4个肋骨骨折有血或气胸；连枷胸部	肝脏：主要裂伤	不完整的综合症	截肢或上面压碎膝盖；骨盆压碎
5	无意识超过24h；大量血肿	主动脉撕裂（部分横断）	肾、肝或结肠破裂	四肢麻痹	骨盆挤压（打开）
6	已死亡				

基于身体不同部位 AIS 的损伤严重度评分成为一些权威的首选，其他则选择不同的分类。然而，需要注意的是，损伤评分和损伤标准之间的关系也可用于建立汽车性能的评价，这样设计车辆就可以提高乘员保护。伤害标准和碰撞试验都用于汽车被动安全性能的设计和评价，下面将对此进行讨论。之后，对汽车设计和分析使用这些标准和试验，给出正面碰撞、侧面碰撞和侧翻碰撞的场景。

42.2 乘员保护测量

改善车辆被动安全的设计，一方面需要数值和试验工具用于量化碰撞时乘员的损伤，另一方面需要明确定义标准碰撞场景和最重要事故类型的代表。在车辆碰撞中，通过使用不同身体部位的损伤标准量化人体损伤的可能性，标准车辆碰撞场景大多数由国际交通主管部门和消费群体通过法规进行确定。

42.2.1 不同身体部位的损伤标准

本概述用于车辆验收或评价车辆被动安全性能的不同法规中使用的损伤标准。应当注意的是，针对不同身体部位已经提出许多其他的损伤标准，这些损伤标准限制于特定群体的应用。然而，由于法规中目前使用的损伤标准受到实际的批评，或者因为对身体其他部位的保护变得相对重要，可能使得新批准得到批准，或者对已有的标准进行更新以便包括更新的科学知识[15]。

42.2.1.1 头部损伤

头部损伤指标（HIC）可能是全球范围内使用最为知名的损伤指标。基于头部的平移加速度，该指标的计算式为[16]：

$$HIC = \max \left[\frac{1}{t_2 - t_1} \int_{t_1}^{t_2} a(t) \, dt \right]^{2.5} (t_2 - t_1) \quad (42.1)$$

式中，$a(t)$ 为头部加速度；$(t_2 - t_1)$ 为碰撞事件中预定义的时间间隔；max 为碰撞事件中任何时间间隔获得上述积分的最大值。一些法规要求 $(t_2 - t_1) = 36\text{ms}$，此时该指标记为 HIC_{36}。对于联邦机动车安全标准（FMVSS）和欧洲经济委员会（ECE）法规，HIC_{36} 的最大值或者欧洲等效头部保护标准（HPC）均规定为 1000。在一些法规中，用于计算指标的时间间隔为 15ms。采用 50 百分位人体时，HIC_{15} 的最大值为 700。

当处理乘员与车辆内部结构的接触时，几个欧洲国家和北美的法规采用 3ms 标准（$a_{3\text{ms}}$）。这个标准以冲击持续 3ms 获得平均加速度水平定义[5]，$a_{3\text{ms}}$ 必须总是低于 $80g$。如 HIC 一样，$a_{3\text{ms}}$ 也基于 Wayne（韦恩）州耐受性曲线[17]，只计算头部平移加速度。

Newman（纽曼）尝试提出考虑头部的平移加速度和角加速度作为一个单独的指标[18]，采用大脑损伤阈值的广义加速度模型（GAMBIT），表示为：

$$G(t) = \left[\left(\frac{a(t)}{a_c} \right)^n + \left(\frac{\ddot{\alpha}(t)}{\ddot{\alpha}_c} \right)^m \right]^{1/s} \quad (42.2)$$

式中，$a(t)$ 和 $\ddot{\alpha}(t)$ 分别为头部的平移加速度和角加速度；n 和 m 为用于数据拟合的经验常数；a_c 和 $\ddot{\alpha}_c$ 为头部的平移加速度和角加速度的临界值。

虽然，这种 HIC 具有包括多个方向加速度的潜能。但是，它还没有得到验证。因此，它没有包含在任何法规中[19]。

42.2.1.2 脊柱损伤

在交通事故中，人体脊柱损伤与颈椎或颈部有特殊的关系，少部分发生在胸部和腰椎。虽然在一般的碰撞中，颈部损伤发生的概率低于头部损伤，但是在以追尾表征的事故中，大量的损伤事故发生在颈部[19]。例如，由于如挥鞭样损伤的存在，即使颈部轻微的损伤，都可能导致长期的后果。

Boström（博斯特伦）等提出颈部损伤指标（NIC）[20]，考虑颈部内流体压力变化对颈腔的影响，并将其与颈部损伤相关联，定义 NIC 为：

$$NIC(t) = 0.2 a_{rel}(t) + [v_{rel}(t)]^2 \quad (42.3)$$

式中，$a_{rel}(t)$ 为头部质心和第一胸椎之间在前后方向上的相对加速度；$v_{rel}(t)$ 为相对速度。

已经发现轻微损伤的风险，通过 $15\text{m}^2/\text{s}^2$ 限制。虽然这个指标用于事故分类研究中，但是在许多运动学条件下应用它是有问题的[5]。

美国国家公路交通安全管理局（NHTSA）提出采用 $N_{ij}NIC$ 表示重大事故中正面碰撞的损伤，因为其涉及安全气囊的展开或大加速度，表示为：

$$N_{ij} = \frac{F_Z}{F_{int}} + \frac{M_y}{M_{int}} \tag{42.4}$$

式中，F_Z 和 M_y 分别为轴向力和径向弯矩；F_{int} 和 M_{int} 分别为由适当假人确定的相应临界值，例如受拉压时 $F_{int} = 4500\text{N}$，受屈曲时 $M_{int} = 310\text{N} \cdot \text{m}$，受拉时 $M_{int} = 125\text{N} \cdot \text{m}$，所有结果均采用 50 百分位人体定义[5]；$N_{ij}$ 由轴向力、拉力或压力、弯曲力矩、拉伸或屈曲的线性组合计算。计算轴向力与力矩组合的四个值，分别记为 N_{te}、N_{tf}、N_{ce}、N_{cf}，对于每一种载荷组合，该值不应当超过 1。

由于其他载荷工况相对重要性的增加和预防低速冲击损伤，正在提出致力于颈部损伤的其他标准。其中，包括 Schmitt（施密特）等提出的颈部保护标准（N_{km}）[22]，Panjabi（逢加比）等提出的颈部椎间损伤标准（$IV-NIVC$）[23]，Viano（维亚诺）提出的颈部位移标准（NDC）[24]，或者 Heitplatz（海特普拉斯）提出的颈部底部负荷指数（LNL）[25]，LNL 处理颈部损伤机制的不同特性。然而，由于没有得到充分的验证，应用范围十分有限，或者因为其他原因，这些标准在研究中，还没有列入任何被动安全法规中。

42.2.1.3 胸部损伤

继头部和颈部损伤之后，胸部是车辆事故保护中最为关键的区域。虽然胸部损伤很少会造成永久性残疾，受害者要么很快死亡，要么会完全恢复[19]。在车辆被动安全方面，需要重要保护的损伤是由钝性创伤导致的肋骨骨折、肺部挫伤或血管破裂。

胸部可以承受的加速度和力的极限值，包括在一些正面碰撞的法规中。胸部力承受的水平，胸骨为 3.3kN，胸和肩膀为 8.8kN，而加速度的承受水平采用 $a_{3\text{ms}}$，其值为 $60g$ [5]。对于侧向冲击，AIS0 的承受水平为 7.4kN，AIS3 则为 10.2kN[26]。然而，Viano[27]指出对于发生概率 25% 的 AIS4 或更高，力的承受水平为 5.5N，T8 胸椎椎体侧向加速度承受水平为 $45.2g$，或者如果对 T12 胸椎椎体测试，则侧向加速度承受水平为 $31.6g$。

对于侧面冲击，胸部创伤指数（TTI）将损伤与最大侧向加速度相联系，最大侧向加速度在肋骨承受冲击处和下胸椎处测试，考虑受害者的年龄和体重[5]，表示为：

$$TTI = 1.4 Age + 0.5(a_{Rib_Y} + a_{T12_Y})\frac{M}{M_{std}} \tag{42.5}$$

式中，Age 为受害者的年龄；a_{Rib_Y} 为冲击发生一侧第四和第八肋骨的最大侧向加速度；a_{T12_Y} 为第 12 胸椎处的最大绝对加速度；M 为受害者质量；$M_{std} = 75\text{kg}$。

在一些法规中，采用 SID 假人的四门车 TTI 的阈值为 $85g$，两门车为 $90g$。

已经表明，胸部压缩指标（CC）与 AIS 的相关很好[5]。胸部变形以 50 百分位男性进行测量，并且初始胸围为 230mm。例如，胸部压缩 40% 与重度损伤

AIS4 密切相关。

此外，观察到软组织损伤不仅依赖于压缩量，还取决于压缩时间变化率。与胸部损伤风险密切相关的黏性指标（VC）[28]为：

$$VC = v(t)c(t) \tag{42.6}$$

式中，$v(t)$为胸部变形速度；$c(t)$为瞬时压缩函数，作为胸部变形与胸部初始厚度的比值。

VC的最大值VC_{max}与损伤的风险密切相关。对于概率为25%的重度损伤，AIS4或更高的损伤，承受水平为$VC_{max} = 1m/s$[28]，这是法规中使用的限值。

对于正面碰撞，将压缩和加速响应放在一起，定义联合胸部指数（CTI）为[21]

$$CTI = \frac{A_{max}}{A_{int}} + \frac{D_{max}}{D_{int}} \tag{42.7}$$

式中，$A_{max} = a_{3ms}$为脊柱的合成加速度（g）；A_{int}为临界截距值，对于50百分位混合Ⅲ型假人该值为$85g$；D_{max}为胸部变形量（mm）；D_{int}为临界截距值，对于同样的假人该值为102mm。

42.2.1.4 腹部损伤

目前正在进行大量的工作，以便制定合适的腹部损伤标准。面向外部载荷或加速度，正在测试内脏器官的强度和生理变化，从而定义损伤的阈值和进行合适的描述[5]。然而，由于问题的复杂性，没有发布许多关于腹部损伤的损伤标准的结论。腹部力峰值（APF）成为法规中唯一采用的指标。APF采用Euro-SID假人确定，要求其内部力小于2.5kN，或者外部力小于4.5kN。

42.2.1.5 骨盆损伤

临床上骨盆损伤的特点为骨盆环骨折、骶骨或相关的损伤[5]。已经有文献表明，如果载荷通过股骨大转子或髂骨施加，则承受的外力超过10kN，承受的加速度超过$100g$[29]。这就导致产生骨盆侧向加速度（PLA）指标，其用于FMVSS214标准中，指定损伤前骨盆可以承受的加速度限值为$130g$。然而，应当注意的是，PLA指标设定的阈值是加载到整个骨盆上的值。如果只有股骨大转子加载，在这个阈值一半时就会发生骨盆骨折。

42.2.1.6 下肢损伤

近些年，由于头部、颈部和胸部的保护大幅度改善，上半身损伤导致的死亡率下降，使得下肢损伤变得相对重要。胫骨压力指标（TCFC）定义为沿着试验假人每根胫骨轴向传递的最大力。在一些欧洲法规中，可接受的TCFC最大值为8kN。FMVSS法规指定髋关节-大腿-膝盖承受的最大压力为10kN[5]。

股骨力指标（FFC）采用股骨上承受的压力和持续时间，持续时间单位采用ms。欧洲法规规定，如果持续时间大于10ms，则FFC必须小于7.58kN。

其他指标，由 Yamada（山田）[30]由静态弯曲试验建立，是胫骨指数（TI）：

$$TI = \frac{M}{M_{crit}} + \frac{F}{F_{crit}} \qquad (42.8)$$

式中，M 为弯矩；F 为压力；M_{crit} 和 F_{crit} 为截距值，对于 50 百分位人体，两值分别为 225Nm 和 33.9kN。

欧洲法规规定，对于每根胫骨 TI 不能超过 1.3。

42.2.1.7 损伤标准与乘员保护之间的关系

按照损伤标准得到的值并不总是与碰撞事故中存在的损伤直接相关，但是为乘员保护指定的阈值可能与一些损伤评级相关。损伤标准的值与乘员保护水平之间的关系，见表 42.3[31]。

在这一点上，应当注意的是，损伤标准的值与损伤实际机理之间的关系通常没有良好的映射关系。甚至在 AIS 分数与损伤标准之间都没有明确的定义，尽管进行了大量的研究试图建立两者之间的关系。有兴趣的读者可以参考 Schmitt、Niederer（尼得勒）、和 Walz（瓦尔兹）[5]的相关研究，获得该方面更加详细的信息。

表 42.3 与可能的损伤保护评级损伤有关的参数截止值

身体部位	参数	损伤评价参考值 IARV	良好 - 可接受	可接受 - 边缘	边缘 - 不好
头和颈部	HIC_{15}	700	560	700	840
	N_{ij}	1.0	0.8	1.0	1.2
	颈部轴向拉力/kN	3.3	2.6	3.3	4.0
	颈部收缩/kN	4.0	3.2	4.0	4.8
胸部	胸椎加速度（a_{3ms}）	60	60	75	90
	胸骨变形/mm	-50	-50	-60	-75
	胸骨变形率/(mm/s)	-8.2	-6.6	-8.2	-9.8
	VI	1.0	0.8	1.0	1.2
腿和脚	FFC	-9.1	-7.3	-9.1	-10.9
	胫骨-股骨位移/mm	-15	-12	-15	-18
	TI	1.0	0.8	1.0	1.2
	TCFC	-8.0	-4.0	-6.0	-8.0
	脚加速度	150	150	200	260

42.2.2 汽车碰撞试验法规

真实的碰撞事故是一项复杂的事件，不可能定义出碰撞场景，预测所有可能结果的组合。利用事故分析背景和可用的统计数据，可以为乘员保护设定优先权[10,12]，如图 42.6 所示。人体冲击耐久极限的定义和对冲击产生的生物力学结果进行测试识别的方式，导致性能标准的建立，可以有效用于车辆设计和分析。定义一些碰撞场景，代表最重要事故类别可以实现标准化，通过生物力学标准对车辆安全性进行评价，成为下一个必需的步骤，产生现今使用的被动安全标准[4,5,10]。这些标准的一些要求总结，见表42.4～42.6。

所有车型在生产销售批准通过之前必须进行被动安全测试的法规，反映前述的机制确定的乘员保护中的优先权。欧洲官方标准由 ECE 建立，发布为 ECE R++，而在北美洲，法规由 NHTSA 建立，包含在 FMVSS 中，发布为 FMVSS+++。同样，在亚洲和大洋洲，几个组织负责发布法规，多数类似于欧洲和北美洲的同行。新车评价程序（NCAP）也有一系列测试程序，一定程度上与不同官方组织使用的不同。由于公众的接受，这里列出 EuroNCAP 试验。不过注意的是，目前还没有实现统一的 NCAP[32]。

ECE、FMVSS 和 EuroNCAP 的正面碰撞试验法规，总结在表 42.4 中。所有试验采用混合Ⅲ型假人，一些试验使用的变形障碍也完全定义在法规中。

表 42.4　法规中正面碰撞试验和损伤阈值

试验配置	欧洲法规 R94[33]	美国法规 FMVSS208[34]	新车评价程序 EuroNCAP①[35]
假人	2个混合Ⅲ型假人	2个混合Ⅲ型假人	2个混合Ⅲ型假人
头部损伤	$HPC<1000$ $a_{3ms}<80g$	$HIC_{36}<1000$ $HIC_{15}<700$	$a_{peak}<80g$ 如果 $a_{peak}>80g$，则 $a_{3ms}<72g$ 和 $HIC_{36}<650$
颈部损伤②	$N_{extension}<57Nm$ $N_{tension@60ms}<1.1kN$ $N_{shear@45ms}<1.1kN$	$N_{ij}<1.0$	$N_{extension}<42N\cdot m$ $N_{tension@60ms}<2.7kN$ $N_{shear@45ms}<1.9kN$
胸部损伤	$CC<50mm$ $VC<1.0m/s$	$CC<76.2mm$ $a_{3ms}<60g$	$CC<22mm$ $VC<0.5m/s$
股骨损伤	$FFC_{@10ms}<7.58kN$	$FFC<10kN$	$FFC_{@10ms}<3.8kN$
膝关节损伤	$\Delta d<15mm$	—	$\Delta d<6mm$
胫骨损伤	$TCFC<8kN$ $TI<1.3$	—	$TCFC<2kN$ $TI<0.4$
转向盘位移	$\Delta x<100mm$ $\Delta y<80mm$		$\Delta x<90mm$ $\Delta y<72mm$
踏板位移			$\Delta x<100mm$

① EuroNCAP 极限给出最高分，R94 极限导致零分。
② 极限受到法规描述的力通道限制。

第42章 汽车结构耐撞性和乘员保护

ECE、FMVSS 和 EuroNCAP 的侧面碰撞试验法规,总结在表42.5中。所有试验使用冲击障碍,标准定义了其特性和侧面碰撞假人。注意的是,欧洲和北美洲试验采用的假人和障碍是不同的。尤其是障碍,不仅具有不同的几何和材料特性,还具有不同的高度。因此,与汽车接触的部位是不同的。

表42.5 法规中侧面碰撞试验和损伤阈值

试验配置	欧洲法规 R95[36]	美国法规 FMVSS 214[37]	新车评价程序 EuroNCAP①[35]
假人	1个 Euro-SID 假人	2个 SID 假人	2个 Euro-SID 假人
头部损伤	HPC < 1000	HIC_{36} < 1000 HIC_{15} < 700	a_{peak} < 80g 如果 a_{peak} > 80g,则 a_{3ms} < 72g 和 HIC_{36} < 650
胸部损伤	VC < 1.0m/s RDC < 42mm	TTI < 85g	CC < 22mm VC < 0.32m/s
骨盆损伤	PSPF < 6kN	a_{peak} < 130g	PSPF < 3kN
腹部损伤	APF < 2.5kN	FFC < 180g	APF < 1.0kN·m
胫骨损伤	—		TCFC < 2kN TI < 0.4

① EuroNCAP 极限给出最高分,R95 极限导致零分。

FMVSS 法规包含侧面碰撞圆柱试验,但是欧洲没有法规强制规定。EuroNCAP 试验将侧面碰撞圆柱试验作为评价车辆侧面保护特性的可选形式,针对所有标准侧面碰撞试验达到最高分数的车辆。这些试验,见表42.6,用于评估车辆侧面入侵对乘员安全的影响,并且不仅可以表示与静态目标的接触,还可以表示与机动车例如摩托车的接触。

欧洲和北美洲法规的追尾碰撞试验,见表42.7。追尾碰撞试验只设计用于处理燃油系统的稳定性。然而,随着追尾造成乘员损伤的相对重要性正在提高,如鞭梢效应损伤。可以预见,追尾碰撞试验将引入到相关法规中,作为量化乘员安全保护的一种形式。

除了正面、侧面和追尾碰撞试验外,侧翻试验也应用于法规,但是其目的是用于评估燃油箱性能、车顶抗压阻力和风窗玻璃的保持性,如 FMVSS216 和 FM-

VSS208。一些法规也适当定义车辆外观柔性对弱势交通参与者股骨和头部冲击的影响[41,42]。

应当注意的是,虽然法规规定的全面试验具有根本的重要性,但是它们只是作为一种可靠的最终检验,不能作为开发新车型的工具[43]。这些标准被转换成一系列部件性能等级,通过专门开发的试验成为每个汽车公司内部标准的一部分。Ardoino(阿杜诺)[43]指出菲亚特(FIAT)一款汽车开发需要进行约70次全面碰撞试验;80次碰撞模拟试验,即台车试验;250次部件试验;超过50次的计算机虚拟试验。随着计算机技术的发展和计算机模型精度的提高,上述数字之间的平衡正在急剧变化,但是部件测试、虚拟或试验还是必需的,不受国际法规限制的想法仍然是有效的。

表 42.6 法规中圆柱碰撞试验和损伤阈值

试验配置	欧洲法规	美国法规 FMVSS201[38]	新车评价程序 EuroNCAP①[35]
	—	$v=29$km/h $d=254$mm	$v=29$km/h $d=254$mm
假人	—	1 个 SID 假人	1 个 Euro – SID 假人
头部损伤	—	$HIC_{36} < 1000$	$HIC_{36} < 1000$ $a_{peak} > 80g$

① EuroNCAP 极限给出最高分,圆柱试验是选择的,只有侧面碰撞有最高分时才进行。

表 42.7 法规中追尾碰撞试验和损伤阈值

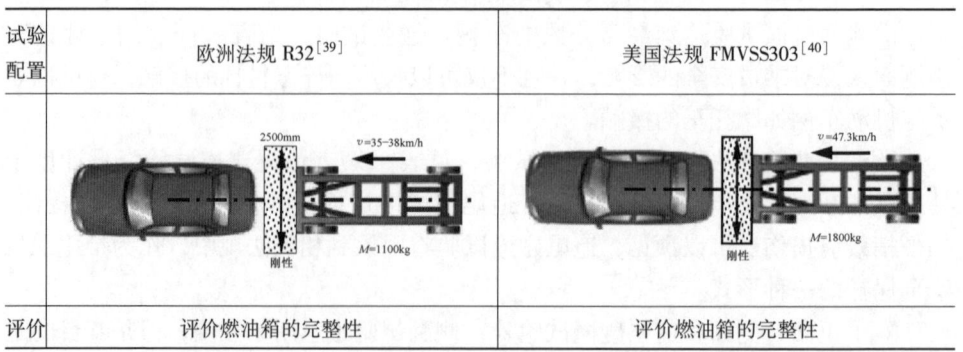

试验配置	欧洲法规 R32[39]	美国法规 FMVSS303[40]
	2500mm $v=35-38$km/h 刚性 $M=1100$kg	$v=47.3$km/h 刚性 $M=1800$kg
评价	评价燃油箱的完整性	评价燃油箱的完整性

42.2.3 人体试验装置——假人

无论是实车碰撞试验还是虚拟碰撞试验,使用的人体试验装置(ATD),又称为碰撞试验假人,其是评价车辆被动安全性能的基础。不应当简单将 ATD 混淆为人体的替代物,其不仅是测量装置,还具有生物逼真度,可测量选定点的加速度、力和挠度等碰撞响应。所有假人都基于其模拟的人体,具有相应的尺寸和重量。设计的每个 ATD 都用于给定碰撞方向的碰撞试验,不能或不应当用于所有碰撞方向的碰撞试验。全方向假人的研发仍然是一个研究课题,在任何实践应用中还难以实现。当然,正在进行的先进人体模型的研究,对人体结构生物材料行为、生理学和神经学的理解,将为此类研究提供重要的进展[44,45]。

在所有法规中,正面碰撞使用的正面冲击假人,是 50 百分位 Hybid(混合)Ⅲ型男性假人,如图 42.7 所示。在各种试验设置中,5 百分位女性假人和 95 百分位男性假人也用于覆盖大部分的人口。同样,人体乘员抵抗(THOC)假人的试验装置也用于正面碰撞,尽管其不应用于任何官方法规中。

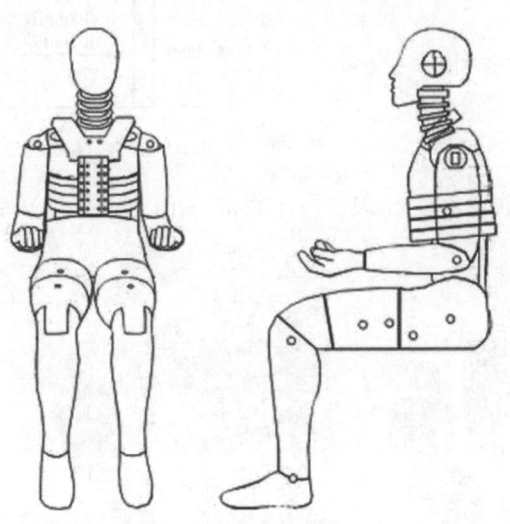

图 42.7 50 百分位人体混合Ⅲ型假人特征

与正面碰撞中的假人相反,侧面碰撞 FMVSS 和 ECE 法规规定采用不同的侧面碰撞假人,即分别规定采用 U.S. - SID 和 Euro - SID1 型假人,如图 42.8 所示。在图 42.9 中,给出侧面碰撞的假人数值模型,使用有限元(FE)法和多体(MB)动力学程序。Euro - SID 型假人与 U.S. - SID 型假人的主要区别,在于假人躯干处的机械部件。在测试能力和生物逼真度方面,由于两种假人存在诸多差异,当前正在努力试图建立一个统一和可以在全球范围内使用的侧面碰撞假人。

欧洲假人的下一代（Euro–SID2）、生物逼真度侧面碰撞测试假人（Bio–SID）和 world–SID 都代表此方向假人的发展趋势。

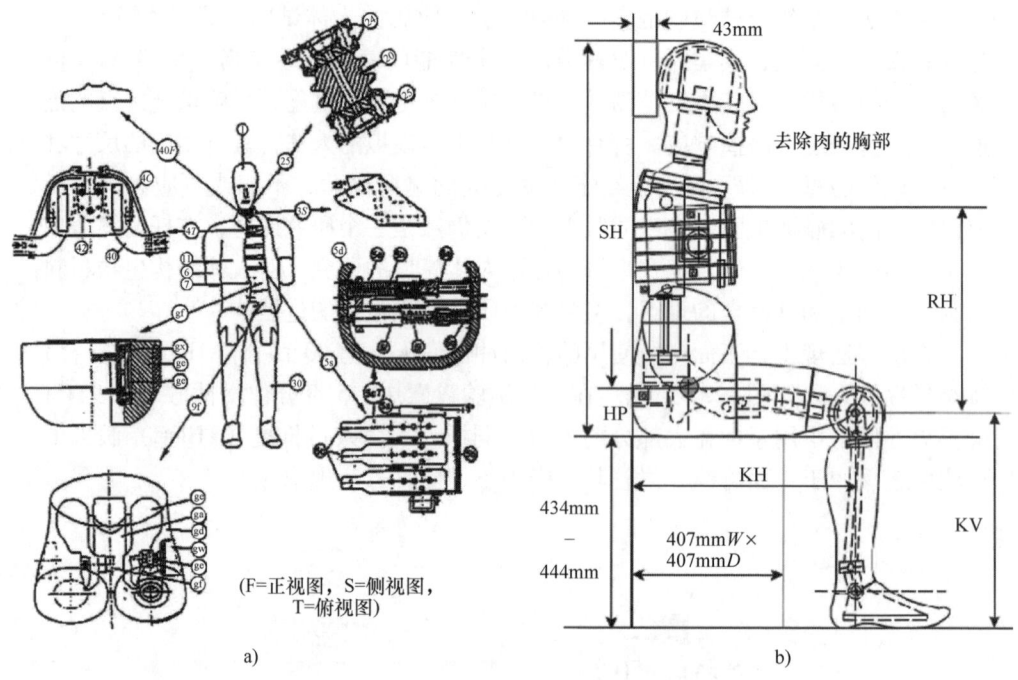

图 42.8　侧面碰撞假人的特性：a) Euro–SID1 假人；b) U.S.–SID 假人

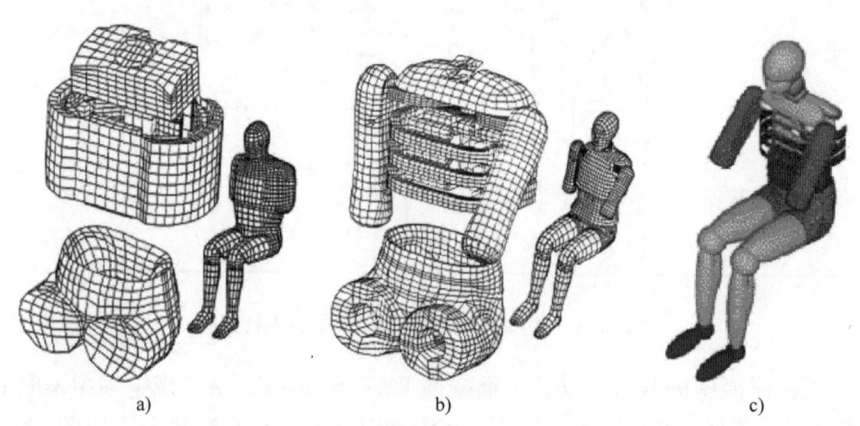

图 42.9　侧面碰撞假人数值模型：a) Euro–SID1 假人；
b) U.S.–SID 假人；c) 多体的 Euro–SID 假人

虽然只有部分假人用于官方法规，但是还有完整的假人系列用于商业，如图

42.10 所示。除了不同商业公司出售的物理 ATD，软件开发者也在其软件中包括这些假人系列的充分验证的模型。用于被动安全的所有 FE 和 MB 商业代码，基本上都包括这些假人模型[48-51]。

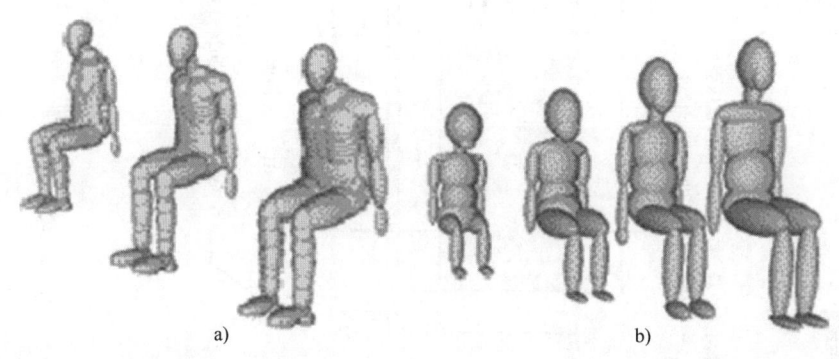

图 42.10 多体碰撞假人模型的实例：a）混合Ⅲ型假人系列，5th%、50th%、95th%；
b）CRABI 12 个月婴儿模型和 TNO 儿童假人，P3/4、P3、P6、和 P10

除了正面和侧面碰撞假人外，也有用于追尾碰撞或其他室内专用试验的假人。虽然混合Ⅱ型假人已经用于追尾碰撞，但是其颈部的生物特性还不能反映这种碰撞场景。生物逼真追尾假人（BioRID）对脊柱进行了改善，呈现出追尾具有的生物运动学特性[5]。还有一些努力也用于开发适合站立的行人和乘员的假人，POLAR 假人是这些相关工作的实例。然而，在这类假人提供可靠和具有生物逼真的响应前，不仅还要做大量的研究，而且要求使用这类假人的法规还没有发布。

42.2.4 碰撞障碍

在碰撞试验中，碰撞障碍发挥着基础性作用，在法规中作为规范化的碰撞参与者。FMVSS 和 ECE 法规规定碰撞障碍的几何形状、质量和材料特性，例如侧面碰撞保护法规 FMVSS214 指定的碰撞障碍，如图 42.11 所示。

用于正面碰撞的 ECE R94，不仅规定碰撞障碍的几何形状和材料特性，还对其施工规范进行规定。障碍的认证包括在规定位置进行样本采集，确保产生的力-变形与标准中规定的规范相匹配[33]。标准中描述的程序必须遵循碰撞障碍的物理施工要求，并且一个适当等效的数学模型必须用于验证数值模型中使用的任何虚拟变形障碍。在碰撞试验中，使用的所有其他类型碰撞障碍都应当遵循相应法规中适当规定的类似程序。

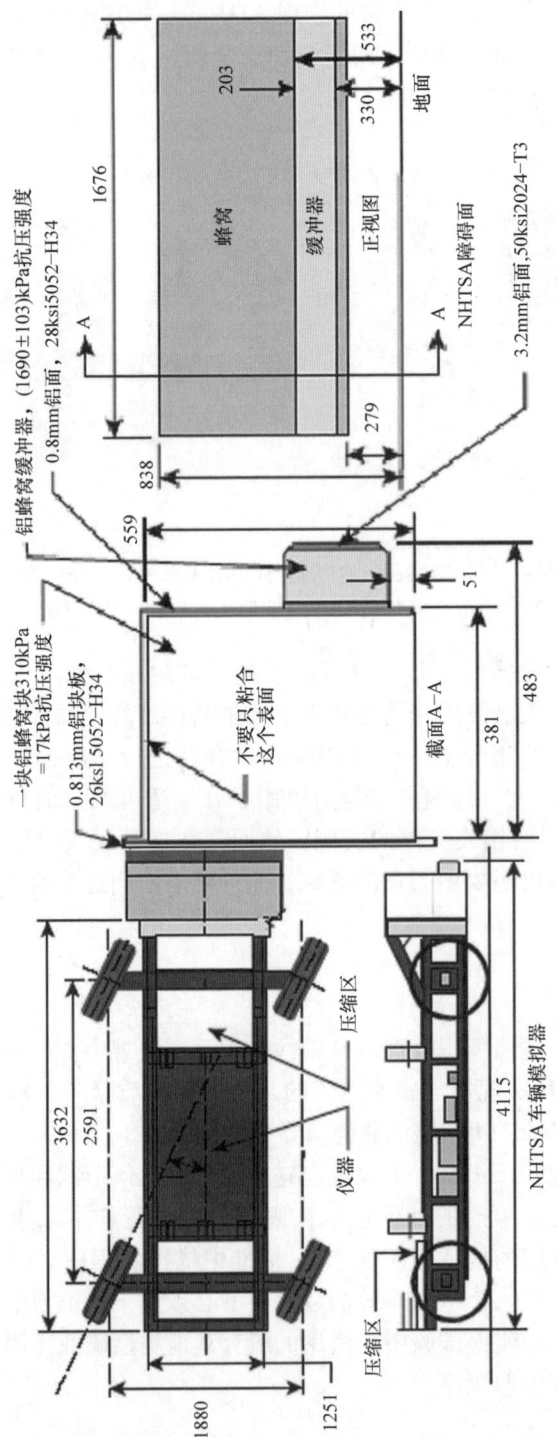

图 42.11 FMVSS214 法规中碰撞障碍

42.3 被动安全结构特性和系统

车辆乘员的被动安全开始于车辆结构的设计，车辆结构要能够表现合适的能量吸收特性和可控的变形、未变形或者能够限制对乘员生存空间的侵入。在确保适当的车辆结构特性之后，一般将安全带或安全气囊等安全装置安装在白车身中，以确保对乘员的有效保护。这里概述正面碰撞、侧面碰撞和侧翻的车辆保护的结构要求，随后提出对保护系统的简要概述，强调安全带和安全气囊的作用。

42.3.1 车辆结构的耐撞性

虽然车身主要设计用于承载动力传动总成、乘员和货物，但是其被动安全性正变得越来越重要。尽管不同制造商生产的车辆前部结构布置上具有众多不同，但是用于控制变形和能量吸收的主要结构部件是纵梁，如图42.12a所示。

在正面碰撞中，车辆的其他结构部件在车辆能量吸收中起着作用。前部结构部件典型的能量吸收分布，如图42.12b所示[52]。根据Wittemann（威特曼）的研究[52]，纵梁吸收的能量约占汽车前部全部吸收能量的50%，剩下的50%能量由保险杠、前面板、车轮罩、发动机等的变形所吸收，通常50%的能量吸收发生在车辆前部的第一部分，即保险杠和发动机之间的部分，剩下的50%的能量由前部第二部分吸收，即发动机和防火墙之间的部分。

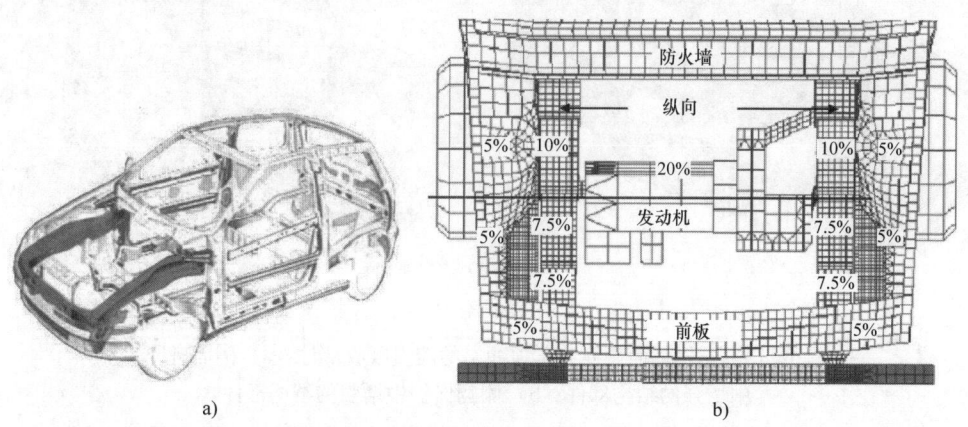

图42.12 正面碰撞中车辆前部的能量吸收部件：a）典型小型汽车中与碰撞相关的结构加固部件；b）车辆前部结构部件的典型能量吸收特性

多数的正面碰撞是偏移的碰撞或斜向的碰撞，如图42.6所示。无论车辆前部结构如何布置，甚至当碰撞偏移时，仍然加载完整的前部能量吸收结构。不同的车辆前部结构部件对总能量耗散的相对贡献，随着冲击方位和车速的变化而变化。表42.8给出正面碰撞中不同结构部件典型的能量吸收分布[53]。

需要注意的是,在正面碰撞中,必须保持乘员生存空间和风窗玻璃。此外,在碰撞发生后,至少有一个车门不需要工具就可以打开。为了实现防火墙和A柱后部系统和结构的完整性,侧壁必须与车轮罩相连,并且作用在A柱上的力必须通过车门和侧梁传递到B柱上[10]。

表42.8 车辆前部结构部件的能量吸收特性

结构部件	完全的正面障碍		40%偏移的正面障碍	
	32km/h(%)	56km/h	32km/h(%)	56km/h(%)
保险杠	29	24	29	26
发动机舱盖	3	4	7	8
散热器	1	3	3	5
散热器悬置	2	2	4	4
挡泥板	1	2	2	3
轮罩	16	16	15	18
纵向导轨	44	45	36	28
发动机	3	3	3	9

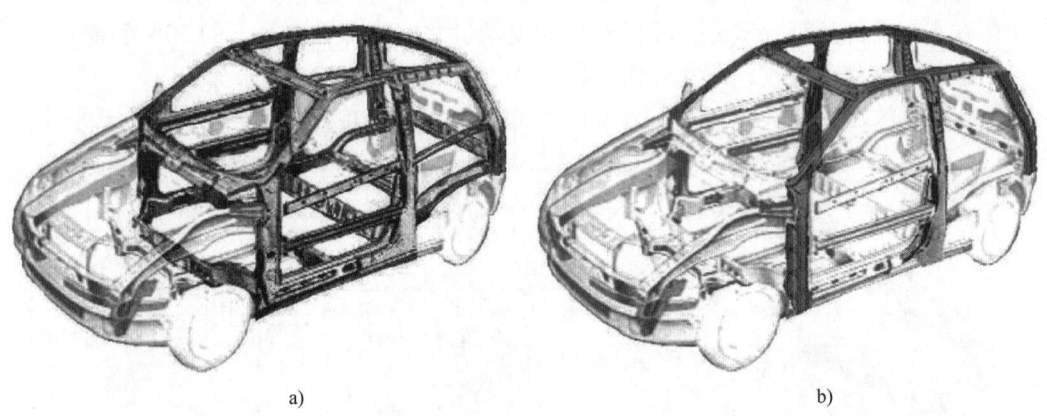

图42.13 车辆侧面碰撞和车顶冲击的能量吸收部件:a)侧面碰撞中增强的结构部件;b)侧翻保护中增强的结构部件

从历史上看,前部保护之后,侧面碰撞成为车辆被动安全的重中之重。典型的车辆结构部件负责限制对乘员舱的侵入和管理结构能量吸收,如图42.13a所示。应当注意的是,对于一般的侧面碰撞完全消除对乘员生存空间的侵入是不可能的,但是对于圆柱碰撞显然是过度的。A柱和B柱的强度特性、车门加固、坚固的铰链、有效的门锁、车门与车窗和底盘摇杆之间良好的连接,都是侧面碰撞中一些至关重要的结构特性。

在车辆事故中,侧翻死亡的重要性远低于正面碰撞和侧面碰撞。但是,随着其他被动安全问题正在解决,侧翻也变得越来越重要。侧翻中负责乘员保护的典型结构部件,如图 42.13b 所示。实际的法规只规定对施加在车顶上的静力强度进行验证,通过 FMVSS 216 法规规定一个动态侧翻试验,以便保证风窗玻璃的完整性和燃料箱、燃油线路不出现泄漏。

42.3.2 车辆内部保护系统

车辆内部最重要的安全保护系统是安全带和安全气囊,其次是座椅和头枕。虽然设计更有效和更智能乘员保护系统的技术正在以非常快的速度发展,但是这些技术的目标都是相同的,即引导乘员运动学向一个更有利减轻损伤的配置发展。为了实现这一目标,无论是约束系统还是安全气囊,都需要碰撞传感器、碰撞传感标准、安全气囊的充气装置和气囊、安全带预紧器、载荷限制器、安全带和合适的车辆内部空间[54]。此处只对车辆内部保护系统的一些原理和功能进行介绍,更深入的信息可参考 Chan(钱)[54] 关于碰撞传感器基础的研究工作、Seiffert(塞弗特)和 Wech(维奇)[10] 对通用乘员保护的研究。当今销售的所有商用车对前排乘员几乎都采用三点式安全带配置,如图 42.14a 所示。前座椅、后座椅安全带的锚接点一般分别位于 B 柱和 C 柱,如图 42.14b 所示。在一些配置中,也将锚接点置于座椅中。

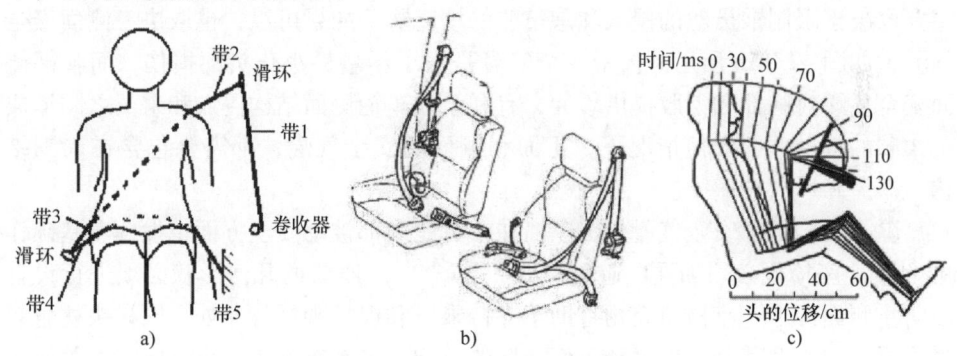

图 42.14 当今车辆的安全带
a) 前排座椅总成 b) 具有锚接点的三点式安全带 c) 具有标准卷收器
安全带在 50km/h 台架试验中乘员偏移

具有卷收器的安全带允许控制乘员的运动,如图 42.14c 所示[4],虽然乘员的身体得到很好的保护,但是其头部可能会碰到转向盘。因此,安全气囊还需要与座椅安全带联合使用。为了同时保护系安全带的驾驶员,美国使用的安全带尺寸和预紧力都大于欧洲。车辆结构中锚接点的位置,需要能够承受座椅安全带工作产生的载荷。由于回缩系统的作用,为了避免对乘员产生过大载荷,安全带也可能配备载荷限制器[54,55]。最后,安全带的正确操作需要对座椅、安全带自身具备增强的座椅板,以便避免滑脱,即避免减速时乘员身体陷进座椅和座椅安全带下滑到乘员腹部以致增加内伤的风险[5,56,57]。

驾驶员和前排乘员的安全气囊,对市场上所有新车都是强制安装的,如图42.15a 所示。FMVSS 208 规定,安全气囊应当同时保护系安全带和不系安全带的乘员,而 ECE 法规只规定安全气囊对系安全带乘员的性能。因此,北美洲市场中的车辆安全气囊尺寸较大,并且操作时需要更大的压力,因为其可能与头部和躯干接触,而欧洲市场中的车辆安全气囊只用于与头部接触[5,10]。

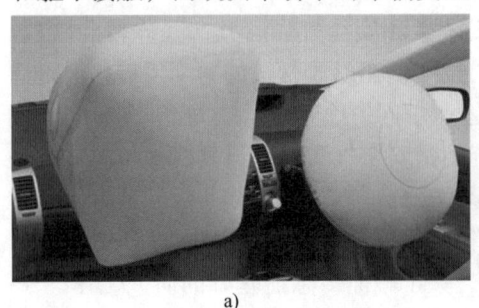 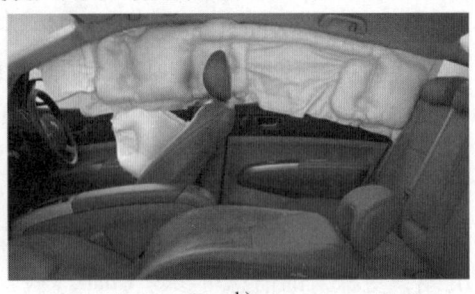

a) b)

图 42.15 车辆安全气囊

a) 前排安全气囊 b) 用于头部和胸部的侧面安全气囊

在侧面碰撞中,三点式安全带在控制乘员运动方面发挥次要作用。乘员保护主要取决于限制乘员舱的侵入和乘员舱的填充物,如果可以,也取决于侧面安全气囊,如图 42.15b 所示。窗帘安全气囊是为了尽量最小化头部损伤,而胸部侧面安全气囊对胸部和下肢提供缓冲,有利于在车辆侧面结构侵入和乘员之间形成更柔顺的接触。在任何情况下,正面和侧面的安全气囊,都需要包含在周围结构、车窗和风窗玻璃中。

除了安全带和安全气囊外,座椅在乘员舱内部被动安全方面也发挥着基础作用[5,10]。座椅板必须加强以避免乘员下滑[56,57],座椅的几何形状必须进行设计以防止侧面冲击,座椅填充物有助于支持乘员和保护乘员骨盆处。同样头枕也起着重要作用,尤其是在追尾和正面碰撞的反弹阶段,有助于最小化鞭样相关的损伤。在头枕中使用合适的泡沫材料能够在不同温度下表现出良好的性能,还能够减小头部和头枕之间距离,提高对鞭样损伤的预防[5,58]。最后,作用于座椅运动上的主动系统能够耗散乘员和座椅的运动能量,作为一些车辆的可选保护系统[55,59,60]。

42.4 车辆被动安全中的数值方法

直到 20 世纪 70 年代初,碰撞研究几乎完全依赖于试验测试,集中于全尺寸

第42章 汽车结构耐撞性和乘员保护

试验和开发相关试验场景[61]。回顾以往的研究工作，Tidbury（蒂德伯里）[62]强调试验的成本相当高，试验结果既不能推广到其他碰撞情景中，也不能在新车设计过程中使用这样的方法。因此，对精确数值程序的需求在那时变得明显。随着计算机能力和计算力学的进步，即使当今也变得更加明显。早期用于车辆耐撞性的数值方法，基于集中质量和非线性弹簧假设。采用这样方法建立的模型称为集中参数模型，使用集中质量表示车辆零部件，如发动机缸体或乘员舱等，在分析时考虑为刚体。弹簧用于表示结构单元，负责对变形能量的管理[63]。集中参数模型多数是一维或二维的，并且它们包括对车辆悬架单元最简化的表示。

第一个用于车辆乘员生物力学仿真的数值模型，由 McHenry（麦克亨利）[64]提出。其为二维模型，包含四个铰接的刚体和乘员约束系统。之后，Lobdell（洛布德尔）[65]提出一种具有类似数值特性的集中参数方法，用于模拟车辆结构碰撞对人体胸部负荷的影响。集中参数生物力学模型的研究从1970年延续到1980年，伴随着车辆结构碰撞模型的发展，但是两者没有使用一个共同数值框架的协同。

将车辆结构模型和乘员生物力学模型通用化，变成全三维模型需要的另一种类型数值方法，多体（MB）动力学方法为进行更先进的研发提供了框架。Nikravesh（尼克拉夫斯）和 Chung（钟）[66]提出的塑性铰方法，用于表示道路车辆在碰撞情况下的结构动力学，采用通用的多体表示。其中，对整车进行描述，将结构系统分为几个刚体，刚体之间通过运动链连接到非线性弹簧上，表示与其相关的结构变形。此后，一些学者对这种方法进行了深入研究[67,68]，用于道路汽车和铁路车辆的耐撞性分析，证明该方法对于解决结构耐撞性具有通用性和有效性，尤其在需要进行广泛再分析的车辆设计初始阶段。尽管发展到此时对结构耐撞性的发展知之甚少，但是 MB 方法开始广泛应用于车辆乘员生物力学模型的发展中。从 McHenry[64]开始进行初步研究，经历 Robbins（罗宾斯）[69]和 Fleck（福莱克）等[70]的发展，在乘员生物力学中采用 MB 动力学方法已经达到成熟的水平，使得该方法成为当今碰撞生物力学中最为流行的数值方法。车辆行业对于基于多体模型的接受，使得商业化乘员仿真软件的成功发展，如SOMLA[71]和 MADYMO[48]。

计算机能力的不断提高和有限元方法的不断发展，确保了采用有限元模型对车辆结构耐撞性研究的可行性。Thompson（汤姆森）[72]报告了首次成功应用非线性有限元预测车辆碰撞的一个案例。Belytschko（贝利特施科）和 Hsieh（谢地）[73]提出在结构耐撞性中定义应用有限元发展的框架。在20世纪70年代的10年间，发布了几种适于耐撞性应用的非线性有限元软件。其中，Hallquist（霍尔奎斯特）[74]开发的 DYNA3D 和 Belytschko[75]开发的 WHAMS 具有特殊的重要性，因为其分别作为商业化软件 LS - DYNA[49]、PAM - CRASH[50]和

RADIOSS[51]的基础，而这些商业化软件均是碰撞分析常用的有限元软件。这种方法应用的可能性正在扩展，以便于允许建立车辆的复杂模型，并且与乘员集成。但是，车辆悬架系统和主动安全系统表示还没有出现在有限元模型中，除非进行大量的计算。庞大的系统需要的信息量当然很多，这使得有限元软件只适用于结构和生物力学系统的分析阶段。对于早期设计阶段，多体模型仍然是仿真的主要数值工具[67]。

虽然基于多体动力学和 FE 的不同数值方法的特性包括碰撞分析的大部分成分，但是更常用的模型既不集成结构耐撞性和乘员生物力学，也不考虑车辆的整体动力学。包括低速和中速车辆的碰撞、多次碰撞、长时间接触或甚至对于碰撞结果重要的车辆之间一致性的应用，是与悬架和车轮路面接触相关的车辆动力学发挥重要作用的案例。传统车辆动力学建模最常用的数值技术都是基于多体动力学方法，这与车辆碰撞模型和乘员生物力学模型是相同的，没有理由不利用它们的特性开发精确而有效的车辆被动安全模型。

在这项工作中，基于多体动力学软件提供统一的框架，用于耐撞结构和乘员的设计、分析工具的开发。当今计算机开发的模型计算效率高，允许进行大量的再分析循环，这种再分析循环是对车辆耐撞性进行优化设计所要求的。此外，在应用那种结构变形模式事先是未知的或者部分 FE 模型是可用的情况下，多体动力学方法能够将集中参数模型和结构变形的 FE 描述有效耦合。

42.5 基于多体动力学的分析工具

典型的多体模型定义为一系列刚体和柔体的集合，运动学铰接点限制了两者的相对运动和依据外力作出反应，如图 42.16 所示。在车辆的特定情况下，许多多体子系统可以识别为相应的悬架、发动机、变速器、车身部件和内部部件。

通用的多体系统由 n_b 个物体组成。为了简化，假设系统中所有物体都为刚体。无约束刚体系统的运动方程为[77]：

$$M\ddot{q} = g \tag{42.9}$$

式中，M 为质量矩阵，其包含各物体的质量和转动惯量；$\ddot{q}$ 为加速度矢量；g 为施加的外力和外力矩矢量。

在耐撞性应用的框架中，刚体描述变形可以忽略不计的车辆部件。

物体之间的相对运动由运动铰接点约束，可以通过 n_c 个代数方程进行数学描述，其简洁形式为

$$\Phi(q,t) = 0 \tag{42.10}$$

运动铰接点用于表示限制系统部件之间相对运动的约束，悬架系统和转向系统上的铰链是可以用运动铰接点建模表征的实例。然而，如果这些单元的变形对

于设想的应用具有重要性,如在稳定性和操纵性研究中悬架接头的衬套,运动铰接点建模为力单元[77]。运动铰接点也用于表示结构的变形机理,使其作为塑性铰接部分。

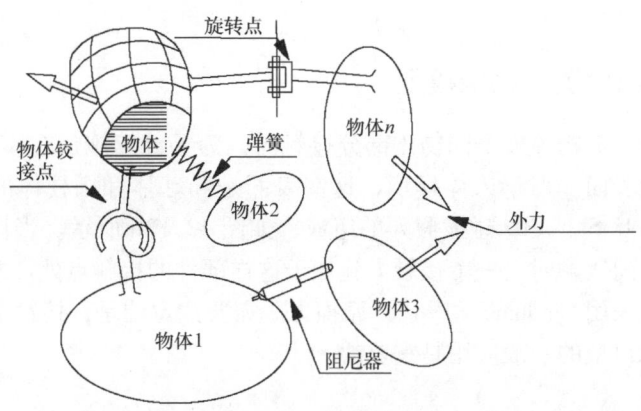

图42.16 通用多体系统

式(42.11)中的一阶和二阶时间导数,构成速度和加速度的约束方程:

$$\dot{\Phi}(q,t) \equiv D\dot{q} = v$$
$$\ddot{\Phi}(q,\dot{q},t) \equiv D\ddot{q} = \gamma \quad (42.11)$$

式中,D为Jacob矩阵。

通常,运动铰接点对系统约束物体的影响包含在式(42.9)中,通过在右侧增加等效铰接点的反作用力$g^{(c)} = -D^T\lambda$,其中λ为n_c个未知Lagrange(拉格朗日)乘子矢量,有

$$M\ddot{q} = g - D^T\lambda \quad (42.12)$$

式(42.12)具有$n_b + n_c$个未知量,求解方程必须结合约束方程的二阶导数。由此产生的代数微分方程组为

$$\begin{bmatrix} M & D^T \\ D & 0 \end{bmatrix} \begin{bmatrix} \ddot{q} \\ \lambda \end{bmatrix} = \begin{bmatrix} g \\ \gamma \end{bmatrix} \quad (42.13)$$

需要注意的是,式(42.13)的求解具有数值困难,因为在积分的过程中需要确保不违反运动学约束。

对于多体系统的前向动态分析,需要给出系统的初始条件。q^0表示位置矢量、$\dot{q}^0$表示速度矢量,对式(42.13)进行组装和求解未知的加速度,在时间上与速度一起轮流积分。使用的数值方法必须包括对违反约束的修正或者包括约束的稳定性,对于较长时间的仿真尤其如此。

式(42.13)中出现的力矢量,包含应用在车辆部件上的所有外力,并且乘员描述为刚体。碰撞产生的接触力、轮胎和路面之间的相互作用、弹簧和阻尼器或被动安全约束系统，表示必须包含在外力矢量中的一些关系。需要注意的是，车辆系统中一些最重要的建模工作通常是找到合适的参数，以便使用不同单元之间的力本构关系。开发适合不同类型汽车研究的轮胎模型，只是这种复杂性的一个方面。

42.5.1 接触检测和接触模型

当物体与其他物体或不同物体部分接触时，为了计算施加在模型上的外力，定义一组接触表面。对于人体模型，这些表面是椭球体和圆柱体的形式，如图 42.17a 所示。U.S. - SID 碰撞假人的组成，如图 42.17b 所示。当检测到生物力学模型部件之间接触时，一个接触力施加于这样部件的接触点处。摩擦力也施加于接触表面，采用 Coulomb（库仑）摩擦力。需要注意的是，接触中表面的特性对于生物力学模型的一般应用是重要的。

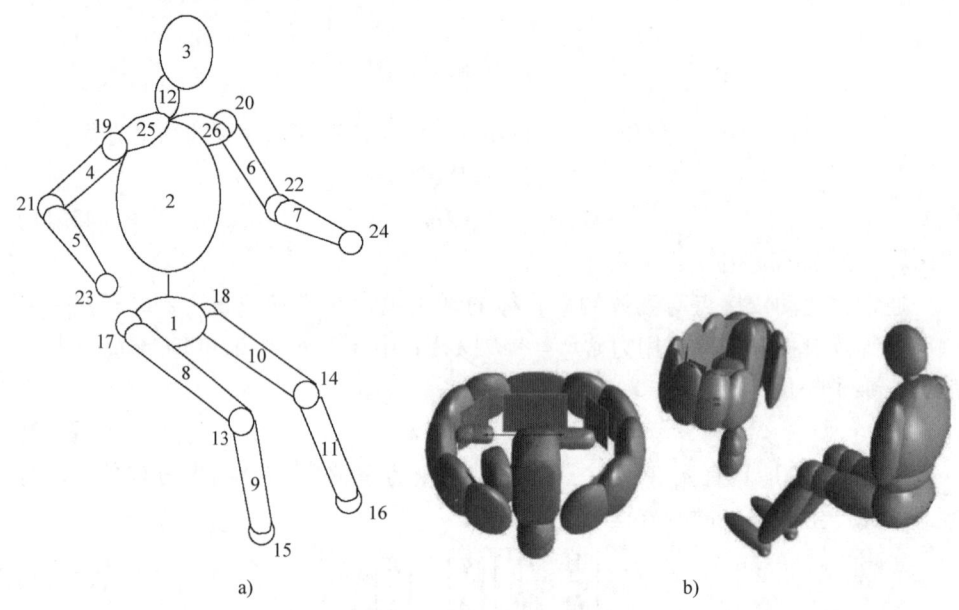

图 42.17　假人接触面表示

a）人体生物力学模型　b）U.S. - SID 胸部内部组成和完整模型

在碰撞应用中，接触检测的数值程序类似其他类型应用中用于检测接触的方法。在多体系统的运动过程中，让系统的一个物体靠近一个表面，如图 42.18 所示。将碰撞表面通过网格划分描述，尤其是三角形网格单元，由点 i、j 和 l 定义，其中物体的节点 k 将发生碰撞。需要注意的是，这里的节点意味着刚体上的一点或者柔体 FE 网格上的一个节点。如果节点或点 k 在单元内部和在表面上有一侵入 $\delta > 0$，则在其位置作用一个接触力。虽然有几个接触模型可以用于表示接触力,但是这里采用一个连续力模型。

设两个物体或系统一个部件与外部物体的接触力表示为一个关于拟侵入量 δ 和拟侵入速度 $\dot{\delta}$ 的函数:

$$f_{s,i} = (K\delta^n + D\dot{\delta})\boldsymbol{u} \tag{42.14}$$

式中,K 为等效刚度;D 为阻尼系数;$\boldsymbol{u}$ 为接触表面的单位法矢量。

迟滞损耗通过 $D\dot{\delta}$ 引入式(42.14)中,阻尼系数表示为

$$D = \frac{3K(1-e^2)}{4\dot{\delta}^{(-)}}\delta^n \tag{42.15}$$

该系数是冲击速度 $\dot{\delta}^{(-)}$、接触面刚度和恢复系数 e 的函数。广义刚度系数 K 取决于接触表面的几何材料,对于球体与平面的接触[78]:

$$K = 0.424\sqrt{r}\left(\frac{1-\nu_i^2}{\pi E_i} + \frac{1-\nu_j^2}{\pi E_j}\right)^{-1} \tag{42.16}$$

式中,ν 和 E 分别为各接触面的泊松比和弹性模量;r 为碰撞球体的半径。

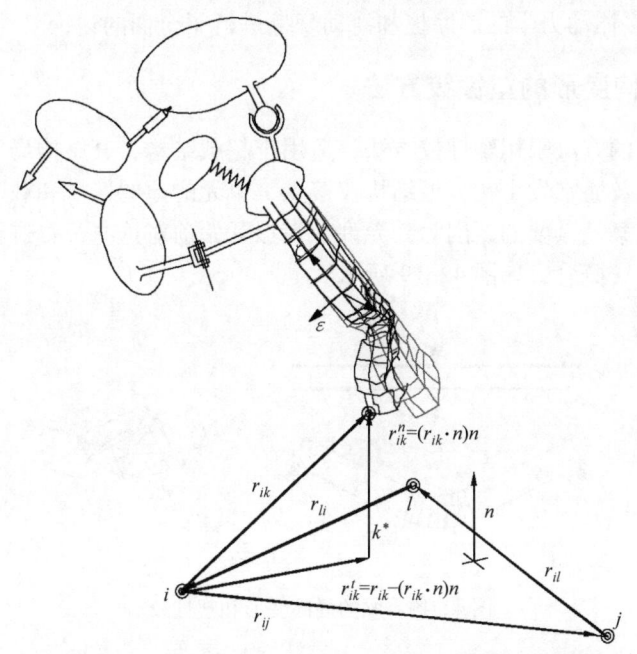

图 42.18 多体部件和三角形网格单元之间的接触检测

将式(42.15)代入式(42.14)中,得到非线性接触力:

$$f_{s,i} = K\delta^n\left[1 + \frac{3(1-e^2)}{4}\frac{\dot{\delta}}{\dot{\delta}^{(-)}}\right]\boldsymbol{u} \tag{42.17}$$

式(42.17)适用于接触速度远小于弹性波传播速度的冲击条件,即 $\dot{\delta}^{(-)} \leqslant 10^{-5}\sqrt{E/\rho}$。

节点和接触表面的接触力,包含采用库仑摩擦模型的摩擦力。滑动时,库仑摩擦力为

$$f_{friction} = -\mu_d f_d \left(\frac{|f_{s,i}^n|}{|\dot{q}_k|} \right) \dot{q}_k \quad (42.18)$$

式中,μ_d 为动态摩擦系数;$\dot{q}_k$ 为 k 点的速度。

动态修正系数 f_d 表示为

$$f_d = \begin{cases} 0 & \text{如果} |\dot{q}_k| \leqslant v_0 \\ (|\dot{q}_k| - v_0)/(v_1 - v_0) & \text{如果} v_0 \leqslant |\dot{q}_k| \leqslant v_1 \\ 1 & \text{如果} |\dot{q}_k| \geqslant v_1 \end{cases} \quad (42.19)$$

动态修正系数防止摩擦力改变几乎为零值的节点切向速度方向,这将由积分算法感知为高频响应,迫使其缩短时间步长。式(42.19)表示的摩擦模型没有考虑节点和接触表面之间的附着。感兴趣的读者可以参考 Wu(吴)等的研究[79],其对多体动力学的静摩擦和滑动摩擦进行了全面的讨论。

42.5.2 结构变形的塑性铰方法

这里介绍的方法采用塑性铰方法,适用于超载结构,其结构局部区域发生塑性变形。塑性铰通常发生在靠近结构铰接点、单元的薄弱区域和载荷加载点,对这些位置的观察是重要的,因为其允许在模拟开始前对这些位置进行识别。弯曲简支梁的塑性铰概念,如图 42.19 所示。

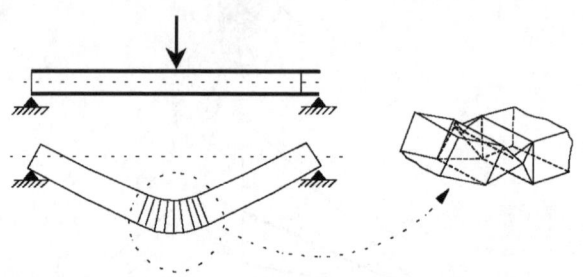

图 42.19 梁的局部变形和塑性铰

在塑性铰点,需要应用一个运动连接点以便描述变形的运动,应用一个广义的弹簧单元表示变形的结构特性。这种本构弹簧单元必须表示构件的弹-塑刚度和发生塑性变形时的能量吸收特性。在多体中建模时,这种弹簧单元可以与常见类型的铰接点使用,如图 42.20 所示,给出单轴弯曲、双轴弯曲、扭转和轴向压缩。

为了描述塑性铰方法的使用,取用结构子系统为代表,如图 42.21 所示。每个结构部件可以建模为通过点和非线性弹簧单元连接的刚体集合,根据部件的特

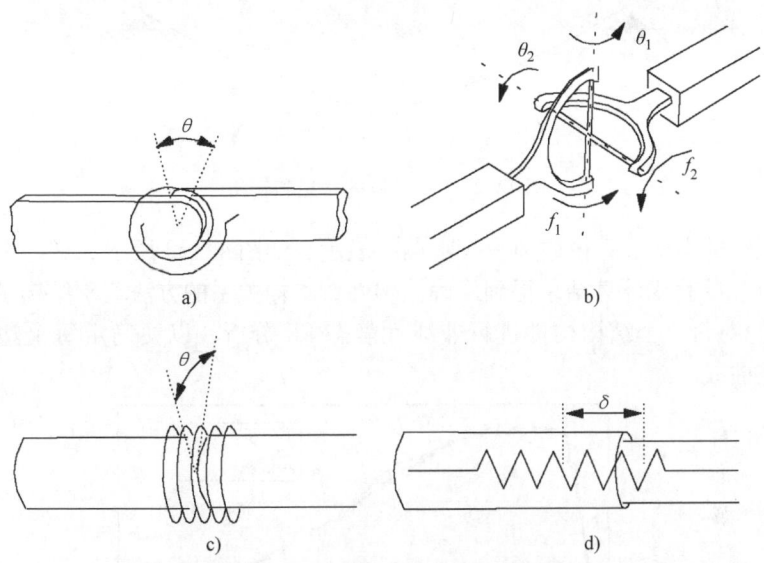

图 42.20 不同加载点的塑性铰接模型
a) 单轴弯曲 b) 双轴弯曲 c) 扭转 d) 轴向压缩

定位置和预期变形，要求和必须选择每一个铰接点的类型，以便保证可以形成正确的变形机理。

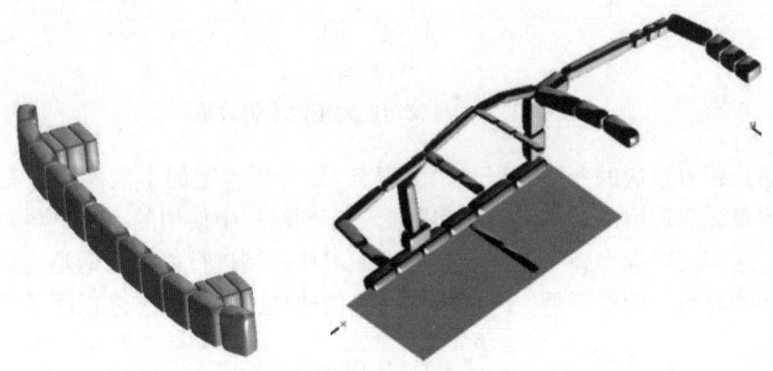

图 42.21 车辆子结构的塑性铰模型：保险杠和车架

在弯曲塑性铰的特殊情况下，弹簧刚度表示为塑性铰连接的两个相邻物体相对转角变化的函数，如图 42.22 所示。对于弯曲塑性铰，旋转点轴线必须与梁的中性轴和塑性铰弯曲平面同时垂直。在弯曲平面内，测量的相邻物体相对转角为

$$\theta_{ij} = \theta_i - \theta_j - \theta_{ij}^0 \tag{42.20}$$

式中，θ_{ij}^0 为相邻物体的初始相对转角。

需要注意的是，对于相邻的柔性体，相对转角也包括节点旋转产生的变形。

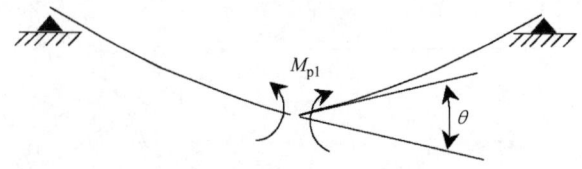

图 42.22 塑性铰的弯矩和转角

塑性铰的本构关系由载荷 - 变形曲线表示，如图 42.23 所示。这些本构关系通过分析、试验或计算结果得到。确认塑性铰本构关系的方法基于结构子系统的 FE 模型。对每一个结构构件进行非线性静态 FE 分析，以便确定每个塑性铰的力 - 位移曲线。

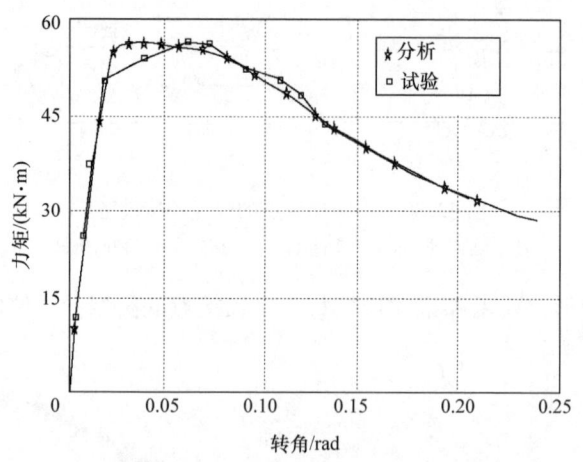

图 42.23 塑性铰弯曲力矩的本构关系

当遇到相对较快的变形过程时，由静态 FE 分析确定的本构模型没有考虑一些由结构单元表现出的动态影响。实际上，车辆结构中使用的一些材料对应变速率敏感，这需要对静态弹 - 塑性分析确定的本构模型进行修改。钢是这类对应变速率敏感的材料，而铝不是。考虑应变速率敏感性，采用动态修正因子[80]：

$$\frac{P_d}{P_s} = 1 + 0.07 v_0^{0.82} \tag{42.21}$$

式中，P_d 和 P_s 分别为动态力和静态力；v_0 为相邻两个物体的相对速度。

式（42.21）中出现的系数取决于截面类型和截面材料，在碰撞中应用塑性铰的详细说明可以参考文献 [60 - 68]。

42.6 正面碰撞车辆模型的发展

构建用于正面碰撞的车辆多体模型，不仅用于举例说明法规中的试验如何应用于车辆开发,也可以说明即使存在车辆结构和机械部件的通用描述,可能实现与现有车辆碰撞响应类似还不完全知道的模型。在这个意义上,开发的车辆模型被指定为通用的车辆。为了利用可使用的资源,这里提出的多体通用模型开发基于以前开发的一辆小型汽车的详细 FE 模型。FE 模型的碰撞响应用于作为多体最终模型的参考,需要注意的是,现有详细 FE 模型对于多体模型开发不是强制性的。车辆结构子部件和悬架系统,或者甚至实际车辆的模糊几何描述,就足以满足这种开发。在这种情况下,多体模型最终开发所需的参考碰撞响应,可能是实际车辆的试验数据(如果其存在);或者是 ECE、NHTSA 或 EuroNCAP 已经公布的同类型车辆试验数据,甚至是针对目标车辆的虚拟碰撞响应数据。提出的模型是欧洲 APROSYS – SP7 计划的一部分[81]。

RADIOSS[51] 的 FE 模型是一辆不存在车辆的通用模型,由菲亚特技术研究中心(CRF)开发[82],如图 42.24 所示。在车辆多体模型中,只考虑结构抗冲击部件,这样的结构部件由图 42.24 所示的车辆给出。在侧面碰撞应用中,车门面板非常重要,因此将其包含在模型中。在正面碰撞中,从车辆前部到 B 柱之间的所有结构部件都是重要的。在正面碰撞和侧面碰撞中,车辆后部均不起作用。因此,这两种情况均不考虑车辆后部的结构部件,但是仍然将它们视为具有质量和惯性的刚体单元。

图 42.24 乘用车的 FE 模型

过程的第一部分包含使用 FE 车辆模型的几何及其结构部件构建多体车辆模型的几何,以便使两种模型具有相同的尺寸。强调车辆正确尺寸是重要的,因为其在所有的变形过程中都有着至关重要的作用,包括侵入、机械变形和能量吸收。过程的第二部分包含车辆部件子结构的划分,其可以通过一系列刚体独立建模和通过塑性铰连接。在每一个子结构模型中,特定的塑性铰本构方程添加到每一个运动连接点上,这些连接点连接着刚体[66-68]。这些本构方程使用 FE 子结构模型得到,通过应用 ABAQUS FE[83] 适当加载变形。过程建模的最后一步是多体子模型组装,多体软件 MADYMO[48] 用于表示开发的模型,因为其允许表示塑性铰,所有形式的本构方程可以通过点和万向节限制。用于正面碰撞的完整多体车辆模型,如图 42.25 所示。

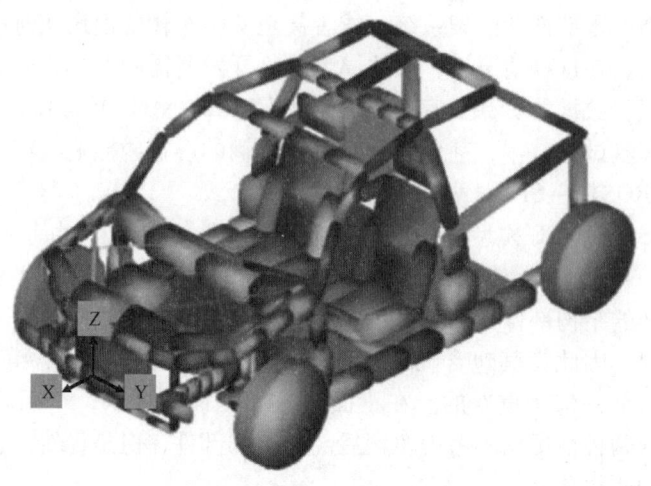

图 42.25　多体一般的汽车模型

多体一般的车辆模型分为 15 个子系统,给出车辆底盘模型子结构和所有等效的多体子系统模型,见表 42.9。在这些元素中,也包含前悬架、后悬架系统和车轮。同样,模型通过使用合适的轮胎模型,包含路面与轮胎之间的相互作用。由于模型开发的重点在于结构部件,没有包含车辆的其他机械部件,这里没有给出与悬架系统相关的过多细节。

表 42.9　车辆结构和机械部件子系统

FE 子模型	多体系统模型		描述
			车身右侧、车身左侧

（续）

FE 子模型	多体系统模型	描述
		后部
		车架
		保险杠
		左/右悬架、后左/后右车轮

（续）

FE 子模型	多体系统模型	描述
		发动机罩
		左门/右门
		发动机/散热器

  对于开发的多体模型，车辆后部在任何正面碰撞中都不发挥作用。图 42.26 给出车辆后部作为通过支架接头连接的刚体集合，即连接处的运动限制了相互连接两刚体之间的任何相对自由度。因此，为了便于计算，将整个车辆后部子系统考虑为一个具有质量和惯性的刚体，具有与参考车辆相同的子结构。应当指出的是，对车辆后部进行建模只需要一个刚体就足够了。对于追尾碰撞，应用多体车辆模型是必需的。支架接头可以采用其他运动接头代替，与其相关联的本构方程

可以在塑性铰这种形式下建模,使得子系统多体模型可用于追尾碰撞分析。

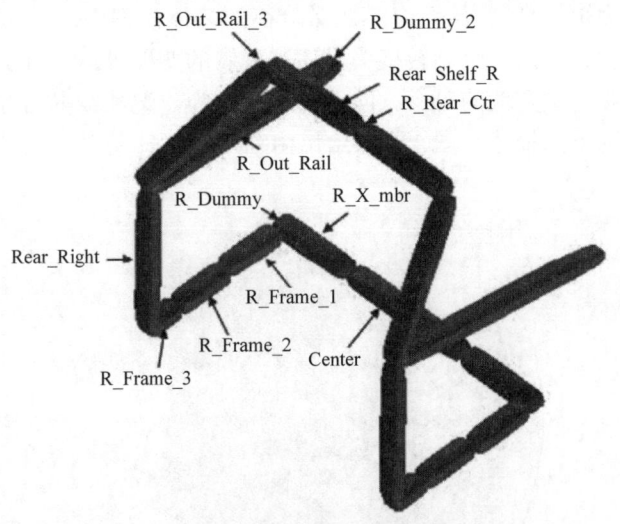

图 42.26　车辆后部子系统总成

塑性铰的本构方程用于表示车辆结构变形,通过不同载荷工况下每个结构部件的非线性 FE 静态分析确定。虽然任何合适的非线性 FE 软件都可以进行该分析,但是这里采用 FE 软件 ABAQUS 进行非线性静态分析。必须注意的是,这样的本构行为可以定义为一个设计目标或者通过对结构子部件的试验得到。塑性铰的结构特性通过应用 ABAQUS 的显式方法确定,建立 FE 模型计算塑性铰方程的第一步,是分离塑性铰所在子结构的 FE 模型部分。图 42.27 给出 ABAQUS 中汽车保险杠通用的 FE 模型[83]。材料的塑形定律,选择 Johnson – Cook(约翰逊 – 库克)本构模型[84]。

图 42.27　ABAQUS 中的保险杠 FE 模型

图 42.28 表示保险杠车架的模型,用于对塑性铰本构方程进行评价,这里给出的塑性铰位于模型的右侧。在保险杠车架系统模型中,这种塑形铰与一个或多

个运动铰相关[81]。获得塑性本构方程,要求非线性 FE 分析在模型一侧固定,在另一侧施加力矩或牵引/压缩力。在保险杠的多体模型中,施加力矩用于确定塑性铰本构方程,采用一个旋转接头描述这种铰的变形机理。对于每根轴,只施加一个弯矩,用于确定铰的每个方向上的本构行为。塑性铰本构方程反映子结构响应在载荷工况下的描述,图 42.29 给出由结构顺时针变形和逆时针力矩产生的塑性铰接行为。

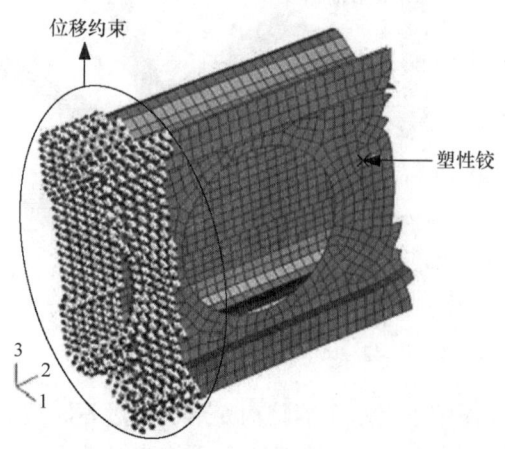

图 42.28　保险杠车架系统模型加载的边界条件

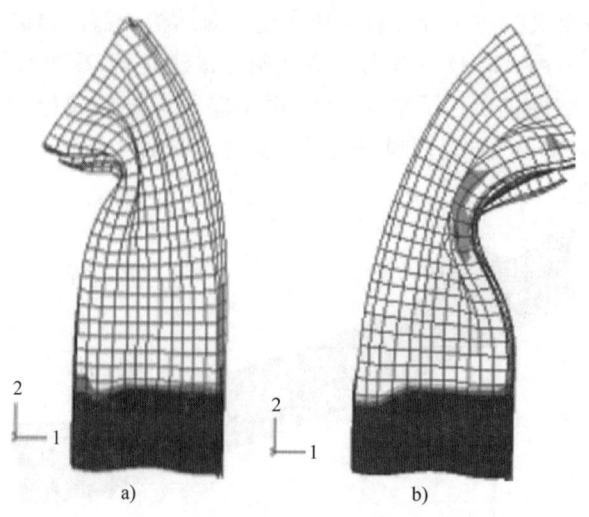

图 42.29　保险杠
a) 逆时针力矩　b) 顺时针变形

加载情况下得到的函数,如图 42.30 所示。其结果源自于对于子结构元素的 FE 模型施加弯矩,导致转角变化范围为 $[-1,1]$ rad。图 42.30 所示的图形不能在多体模型中直接实现，塑性铰的本构行为通过一个加载和卸载路径下的分段线性函数近似表示，弹性卸载平行于函数的第一段。用于表示载荷－变形曲线的分段数，应当尽可能少并且在加载路径上没有较大的波动。

需要注意的是，该过程必须对所有车辆模型中考虑的塑性铰进行重复。在结构部件 FE 模型中，塑性铰之间的弹性变形没有在多体模型中表示。这导致多体结构模型的刚度增加，可以通过人为降低塑性铰的刚度进行补偿。这样的修正措施应用在具有参考碰撞行为的多体模型验证中，而不用于建模阶段。

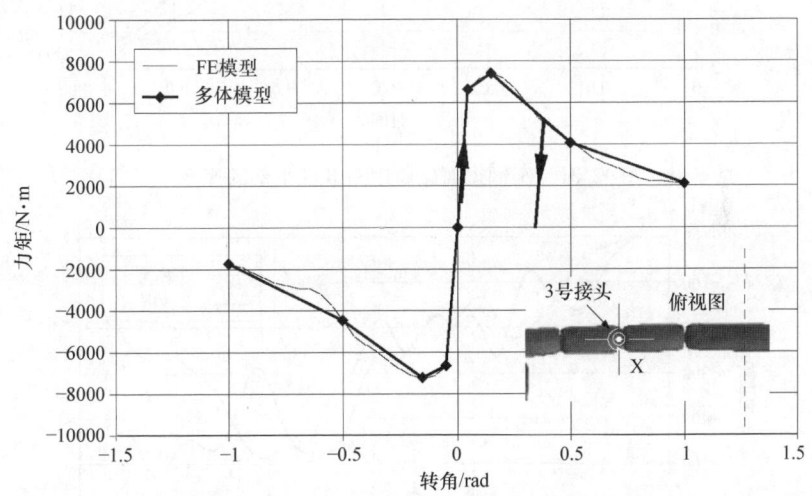

图 42.30 Z 轴连接点旋转定义的塑性铰本构关系

用于碰撞试验模拟的车辆多体模型，对应于 FMVSS 208 正面刚体障碍碰撞。车辆模型使用前面概述的过程开发，因此没有被验证，即不保证其碰撞响应与参考碰撞行为相匹配。车辆碰撞响应可以通过结构选定点的加速度和速度测量，或者通过对碰撞过程中的能量吸收进行评价。对于装备假人的车辆模型，不属于当前分析的情况，不同人体部位损伤的测量不仅与模型的描述质量相关，还与验证目的相关。

验证过程相对于等效 FE 模型[82]获得的参考行为，包含修正后的塑性铰本构关系，参考 FE 车辆模型与多体模型响应之间具有较好的相关性。通过反复尝试过程，对车辆不同部分的塑形铰进行调整。得到的模型与原型车辆在相同情况下的试验相同，如图 42.31 ~ 图 42.33 所示，给出验证车辆的碰撞响应，采用 CFC 60 滤波器对加速度信号进行滤波。

验证模型与参考模型响应具有良好的相关性。两种模型表现出的变形模式，如图 42.34 所示，也证明两种模型的能量吸收机理相似。图 42.34 所示的相关性虽然只是纯粹的定性分析，但是也进行了不同子系统能量吸收相关性的定量分

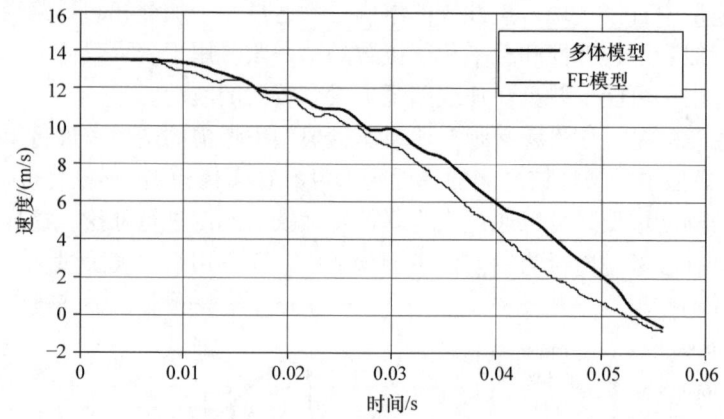

图 42.31 车辆正面碰撞中左 B 柱上部的速度

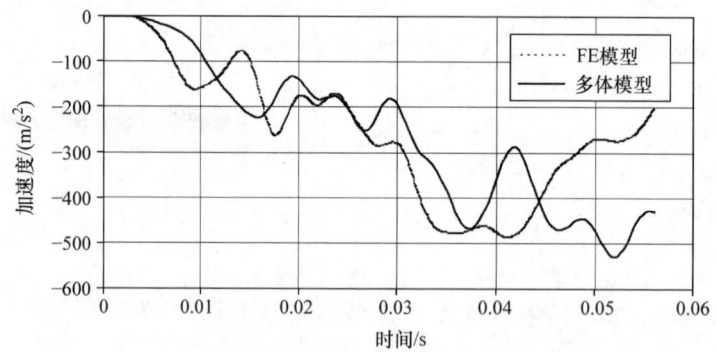

图 42.32 车辆正面碰撞中左 B 柱上部的加速度

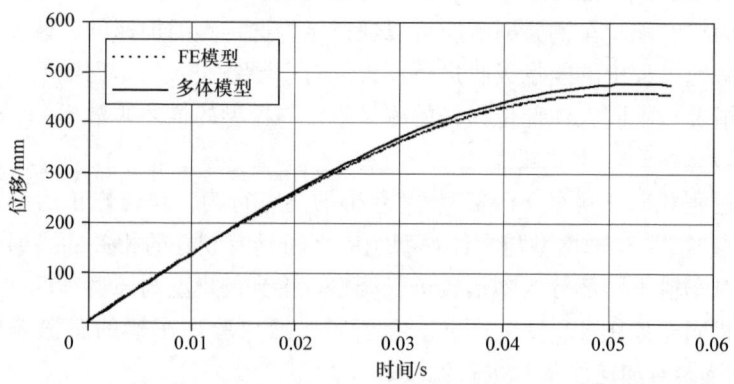

图 42.33 车辆正面碰撞中左 B 柱位移

析,所得结果验证了所得结论。

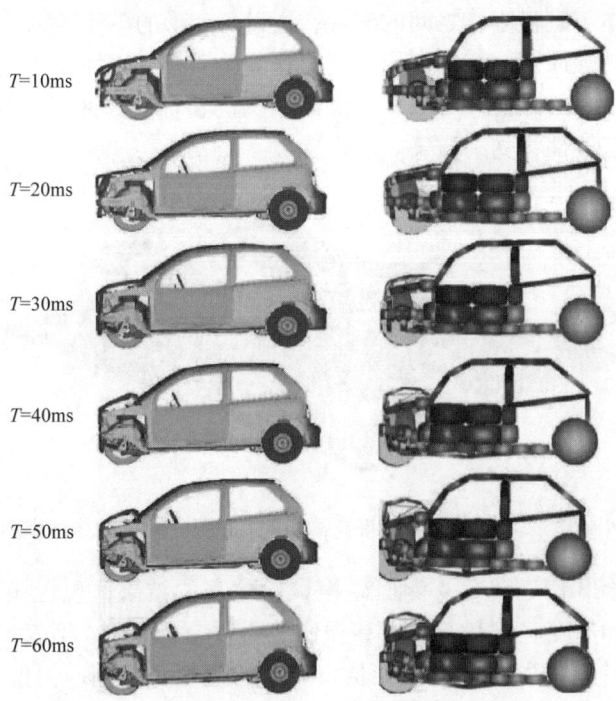

图 42.34　正面碰撞试验中多体模型和 FE 模型的变形

42.7　侧面碰撞保护系统的发展

　　这里描述的研究源于 APROSYS – SP6[85] 项目的一部分，目的是设计一个执行器，在实际碰撞发生前 200ms 开始激活，以便改善对乘员的保护。由于保密性的原因，用于展示的过程是对座椅复位和车门内饰的评价，而不是最后实现的整个系统。Chrysler（克莱斯勒）车型 Neon 的多体模型，如图 42.35 所示，由前述的方法开发得到，用于对法规 FMVSS 214 描述的碰撞场景进行分析，旨在开发一套有助于在侧面碰撞中改善乘员保护的预碰撞系统。多体模型分析采用软件 MADYMO 实现[48]，起始点是 Chrysler Neon 的多体模型，在其中要运行执行器。

　　图 42.36 所示的运动铰接点根据预期的变形机理进行设置，这些变形是在车辆侧面碰撞中产生的。如果将模型用于 FMVSS 214 或 ECE 95 法规以外的任何其他类型的侧面碰撞，则必须谨慎使用模型。保证模型不仅可以适当描述车辆发生变形的区域，还可以定义潜在的接触。

　　在试验配置中，车辆侧面结构的能量吸收只有包含在整车中才可以实现。由于所有结构塑性变形包含在侧面结构区域内，可以认为底盘的其余部分是刚体。

侧面结构的刚体与底盘刚体之间的附件,通过可变形的单元表示。由于车顶、门槛、A 柱和 C 柱等周围的结构变形,使得这些单元具有塑性变形能。如果这些单元的变形超过给定的限值,可以认为侧面结构的塑性变形超过车辆建模的区域。因此,模型的有效性将受到质疑。

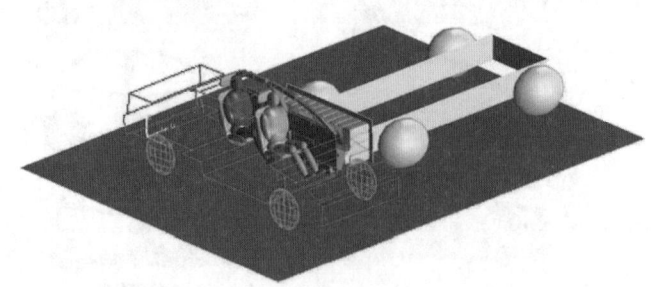

图 42.35　FMVSS 214 侧面碰撞中的 Chrysler Neon 的多体模型

图 42.37 给出 FMVSS 214 侧面碰撞试验仿真的结果,包含头部、骨盆、胸椎和中肋骨的加速度。与 U.S.–SID 损伤准则对应的仿真,见表 42.5。TTI 值高于 FMVSS 214 中规定的最大可接受值,PLA 的值也非常高,但低于标准中规定的值。结构和假人不同点的速度,与试验测试的结果相匹配。

假人的接触力如图 42.38 所示,在试验中没有进行测量。由图 42.38 可知,骨盆、胸部和头部的最大作用力同时出现;仿真预测的骨盆接触力明显大于头部和胸部的接触力,这主要是由于座椅和驾驶员骨盆靠近 B 柱,B 柱直接受到障碍冲击。不同时刻 B 柱运动和乘员运动,如图 42.39 所示。显然 B 柱侵入车辆乘员舱内,在其下方具有特殊的发生率。B 柱的侵入导致与驾驶员座椅接触,将座椅推向车辆内部。

仿真结果也表明车辆悬架建模、轮胎与地面接触建模的重要性,车辆侧倾和侧向位移在碰撞事故过程中起着重要作用。悬架和轮胎与地面之间的摩擦消耗的能量,在低速碰撞时不能忽略。

侧面碰撞的结果说明在这种碰撞场景下使用车辆和乘员多体模型的可靠性。只有当每次分析的计算时间都很短时,整车的广泛再分析才可能实现。为了评价这种方法的计算效率,采用多体模型的车辆侧面碰撞每次仿真需要的时间以分钟计算。而在相同的试验条件下,采用等效的 FE 模型进行仿真以天计算。驾驶员坐在不同位置好处的评价,在不同的仿真中进行研究。主要目的是找到在侧面碰撞中重新定位驾驶员有利的位置,将其作为侧面保护的有效策略。需要注意的是,用于 APROSYS–SP6 项目[85]的碰撞前驱动解决方案与这里的报告不同,虽然所使用的方法是相同的。

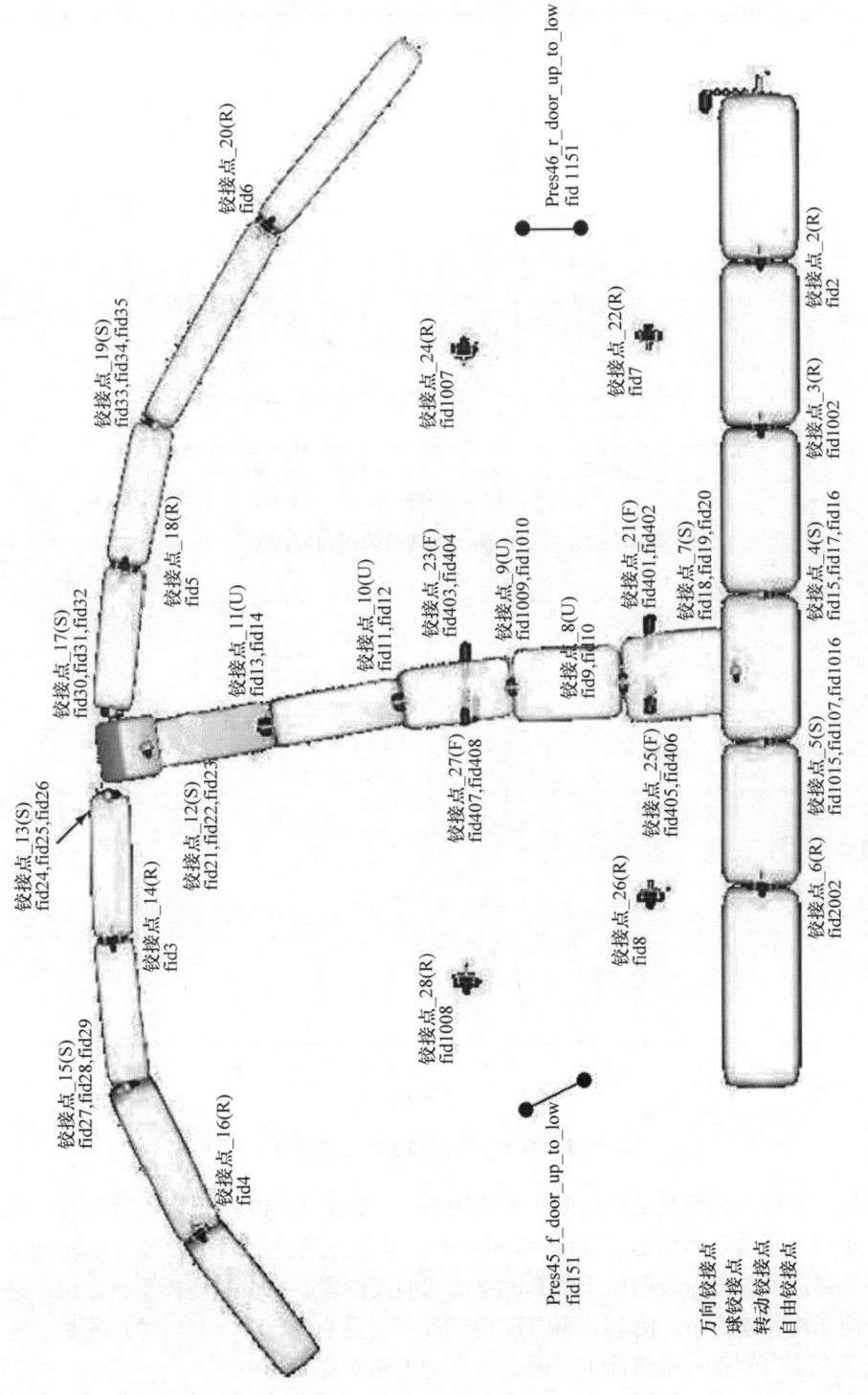

图 42.36 侧面结构中运动铰接点的表示

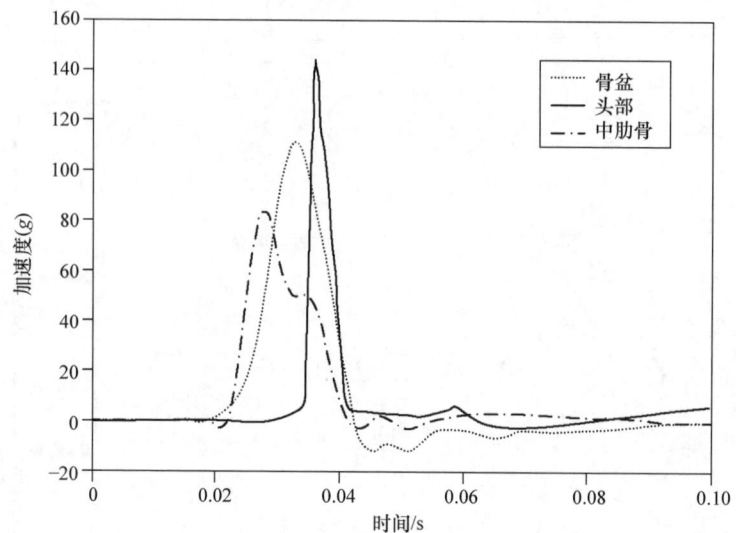

图 42.37 碰撞中假人各部位的侧向加速度

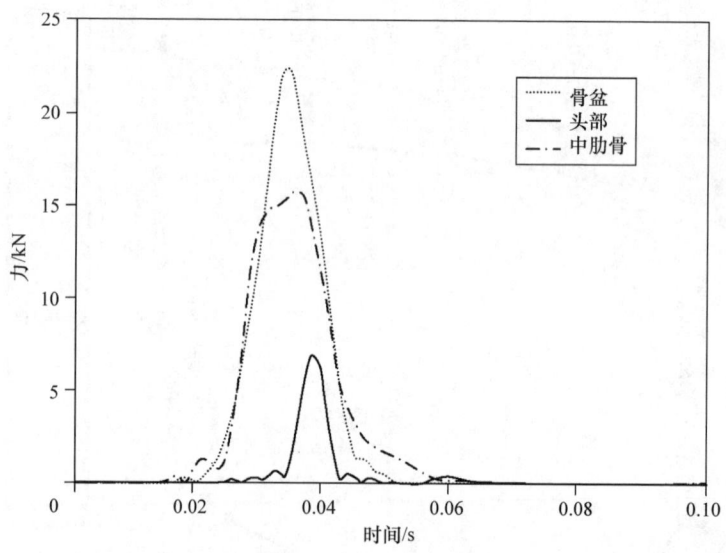

图 42.38 骨盆、胸部和头部的接触力

  第一种策略是驾驶员座椅向车内移动 5cm，如图 42.40 所示，使得驾驶员和侵入车门之间的空间增加。在图 42.40c 中，黑色边线表示座椅和假人的初始位置，实体假人的图像表明用于仿真的座椅和假人位置。乘员和座椅重新定位，进一步向车内移动 5cm，使 PLA 和 TTI 得到改善，见表 42.10。应当注意的是，座椅位置必须由坐着的乘员确定，假定乘员是正确坐着的。

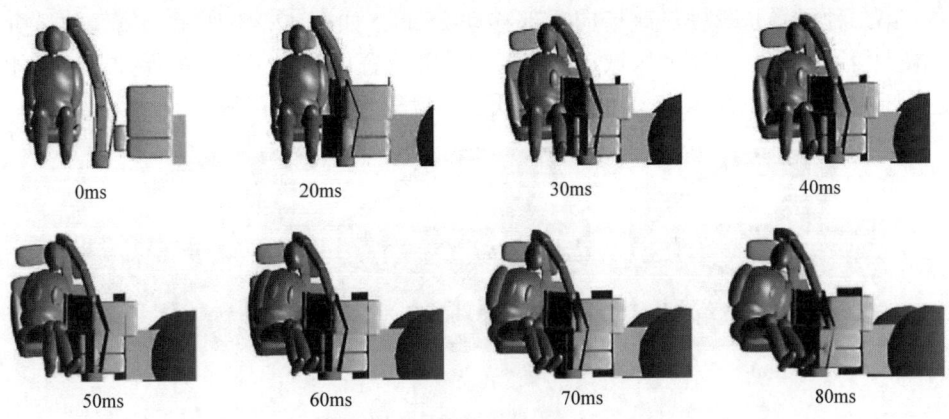

图 42.39　侧面碰撞的系列图像

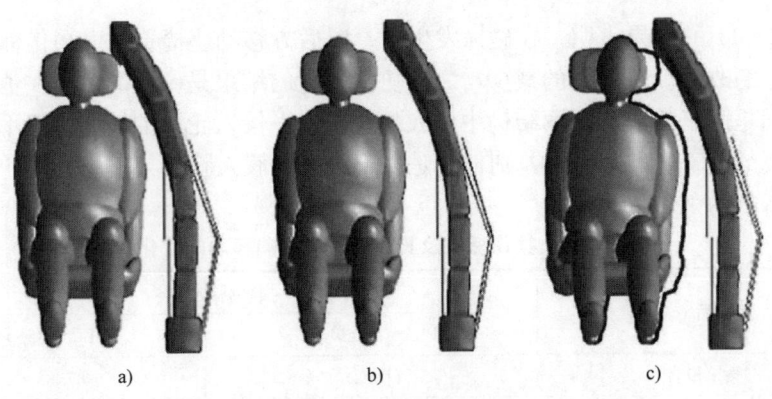

图 42.40　驾驶员座椅位置
a) 原始位置　b) 向车内移动 5cm　c) 两者差别

表 42.10　损伤标准及其对驾驶员侧向移动的变化

侧向方式	损伤标准值	
	PLA（<130g）	TTI（<85g）
原始设计	110.23	87.83
座椅向车内移动 5cm	81.13	77.16
损伤指标的变化（%）	-26.4	-12.15

具有小扰动乘员座位的场景分析，表明损伤标准对由于座椅移动引起的假人位置变化以及骨盆和胸部的速度变化较为敏感。这说明如果要在短时间内改变车内座椅的位置，也必须对乘员进行有效的重新定位。最后，需要注意的是，损伤标准的改进独立于车辆侧面结构侵入的增加。侵入增加可以解释为座椅向车内移动，更加靠近内部的位置，减少了侵入的阻力。

第二种场景是驾驶员座椅向后部移动 15cm，如图 42.41 所示，使驾驶员置于减少侵入位移和速度的区域。将座椅向后部放置更有利于骨盆的保护，这可能是由于靠近 B 柱的侵入和侵入速度值低于靠近车门中部的区域。

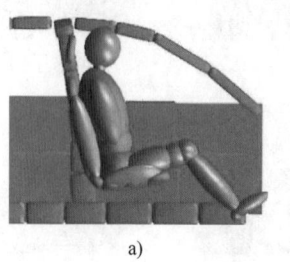 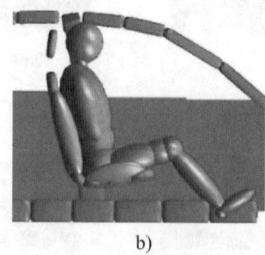 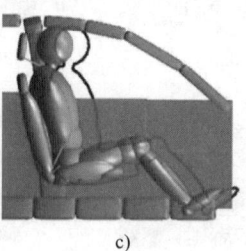

a)　　　　　　　　　　　b)　　　　　　　　　　　c)

图 42.41　驾驶员位置

a）原始位置　b）向后进一步移动 15cm　c）两者差别

表 42.11 的结果表明，在碰撞发生前，向后方移动座椅，假人损伤标准可以得到一定的改善。PLA 值的减少与之前仿真确定的结果是一致的，PLA 值减少幅度的不同是由于在车辆侧面结构中假人相对于水平侵入轮廓的最终位置不同造成的。仿真的 TTI 值具有较大差别，这是由于仿真中假人胸部与车门之间的距离由于安全带的约束发生改变。

表 42.11　损伤标准及其对驾驶员前向移动的变化

前 - 后方式	损伤标准值	
	PLA（<130g）	TTI（<85g）
原始设计	110.23	87.83
座椅向后移动 15cm	73.76	41.97
损伤指标的变化（%）	-33.08	-52.33

在侧面碰撞发生之前，将驾驶员座椅向后移动可以提高保护水平。然而，必须对模型进行更加详细的分析，以便确保不仅座位可以移动，乘员也可以随之移动。在目标车辆中旋转驾驶员座椅，对使驾驶员转向车辆内部带来的可能好处也进行了研究，如图 42.42 所示。

为了保证碰撞前乘员随着座椅向内移动，座椅安全带用于随着座椅旋转改善假人躯干运动的耦合。如果保护策略涉及实施对驾驶员座椅的移动，则对这个模型要进一步分析，使用可以在假人身上滑动的安全带模型。此外，可能需要一些附加的设备，以确保躯干的运动遵循座椅的运动。

表 42.12 给出侧面碰撞中 TTI 和 PLA 的测量值。表 42.12 的结果表明，在侧面碰撞中座椅向目标汽车内部旋转是一个非常有效的保护策略。事实上，如果座椅旋转 16°，则 PLA 和 TTI 的值分别减少 45% 和 50%。

第42章 汽车结构耐撞性和乘员保护

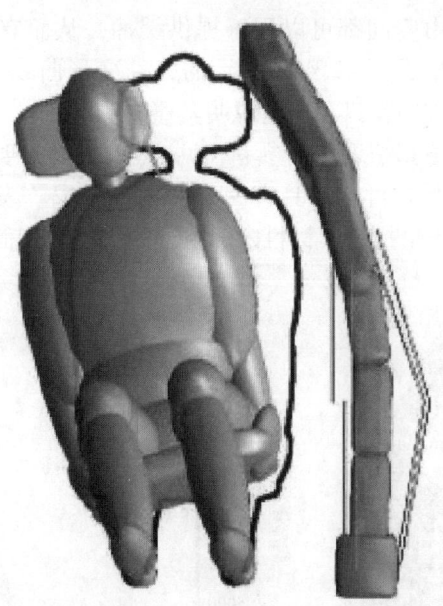

图 42.42　侧面碰撞前驾驶员座椅的旋转

表 42.12　损伤标准及其对驾驶员座椅旋转的变化

座椅旋转	损伤标准值	
	PLA（<130g）	TTI（<85g）
原始设计	110.23	87.83
损伤指标	61.64	42.95
损伤指标的变化（%）	-44.08	-51.1
损伤部位	骨盆	胸部
接触力变化（%）	-30.05	-57.53
导致的加速度变化（%）	-43.11	—

在发生侧面碰撞的情况下，对车门和 B 柱侵入的限制，允许乘员与车门之间的空间用于乘员侧向偏移。三点式安全带和座椅形状对这种乘员侧向运动没有有效的限制，因此车辆内部尤其是车门必须具有柔性，有助于减轻乘员在侧面碰撞中产生的损伤[86,87]。此处举例说明如何利用数值工具开发一个可展开/伸缩装置的功能要求，在车辆侧面碰撞时不仅可以限制乘员的侧向移动，还可以增加车辆内部的柔性。

针对骨盆和胸部，专门设计了具有缓冲功能的挤压垫，即将其置于车门内乘员与车门之间占据的空间，如图 42.43a 所示。为了评价其在侧面碰撞中具有的乘员保护潜力，对其进行了一系列仿真。为此，建立两个挤压垫的模型，以便在胸部和骨盆提供独立的缓冲功能。这些缓冲装置嵌入到侵入的车门当中，使车门与假人之间的所有自由空间都可以用于提供缓冲,从而有助于改善侧面碰撞性能。每一个挤压垫都根据图 42.43b 所示的力-变形曲线表现。需要注意的是,挤压垫的刚度值是虚构的,只在这里说明其概念。

没有考虑阻尼的仿真结果作为参考,见表 42.13。需要注意的是,无阻尼模型不符合实际,因为所有材料都具有一定的内部阻尼。表 42.13 中的结果给出"软"和"硬"的挤压垫材料,材料内部阻尼的大小对侧面碰撞结果具有重要的影响。

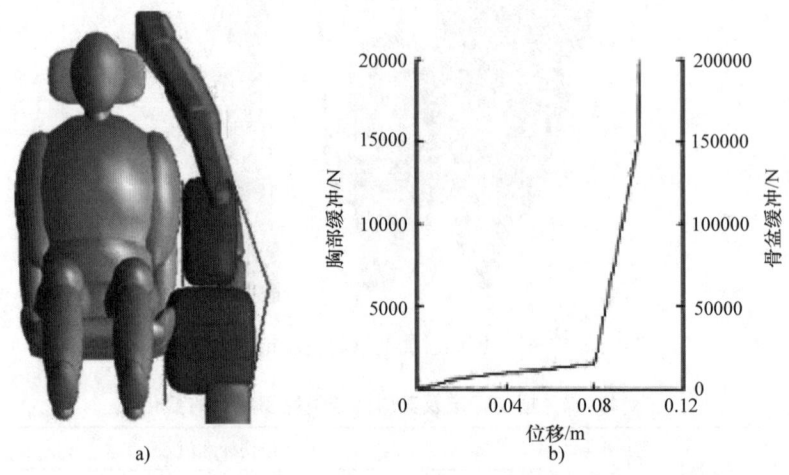

图 42.43 车门缓冲位置,骨盆和胸部处的挤压垫位置和描述挤压垫材料的力-变形曲线
a) 挤压垫位置 b) 力-变形曲线

表 42.13 不同挤压垫材料阻尼的损伤标准

车门内部挤压垫	损伤标准值	
	PLA ($<130g$)	TTI ($<85g$)
原始设计	110.23	87.83
无阻尼	82.77	83.29
低阻尼	79.55	75.68
中阻尼	69.21	66.06
高阻尼	72.82	80.36
车门内部挤压垫	损伤标准值的变化(%)	
	PLA	TTI
无阻尼	-24.92	-5.17
低阻尼	-27.83	-13.84
中阻尼	-37.21	-24.79
高阻尼	-33.94	-8.51

挤压垫内部阻尼的存在,对驾驶员相关的损伤标准是有利的。合理范围内的

材料阻尼有助于减少接触力,但是如果阻尼值过高,接触力反而再次增加。

图 42.44 和图 42.45 说明使用优化的挤压垫后损伤得到改善,骨盆处受到的峰值压力有初始设计的 25kN 减小至 10kN;由于侵入轮廓与乘员旋转不兼容,使得初始设计汽车驾驶员头部接触力过高;由于改进设计使得乘员保持更直立的坐姿,并且在接触区域更具有柔性,因而实现两者兼容。

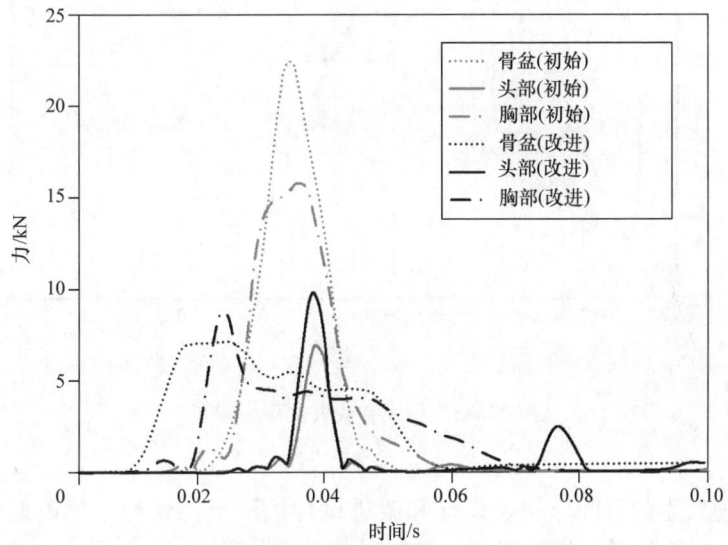

图 42.44　初始设计和改进设计的假人接触力

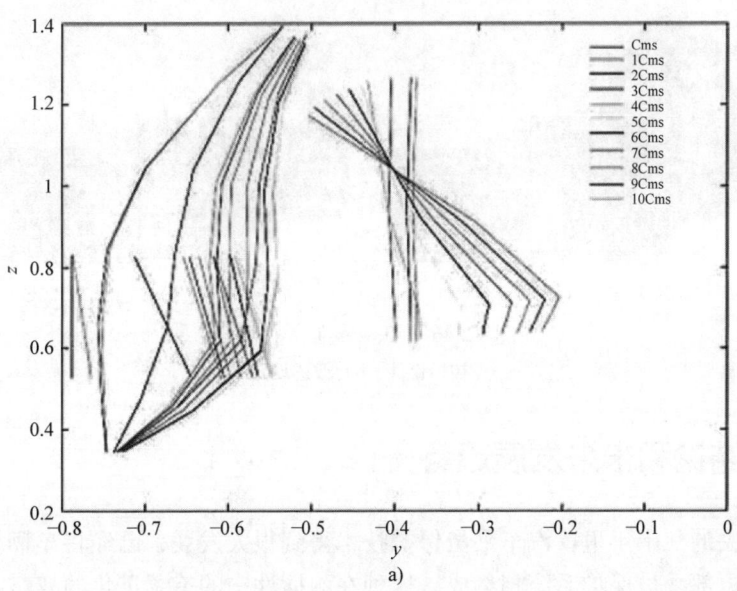

图 42.45　侵入和假人位移
a)初始设计

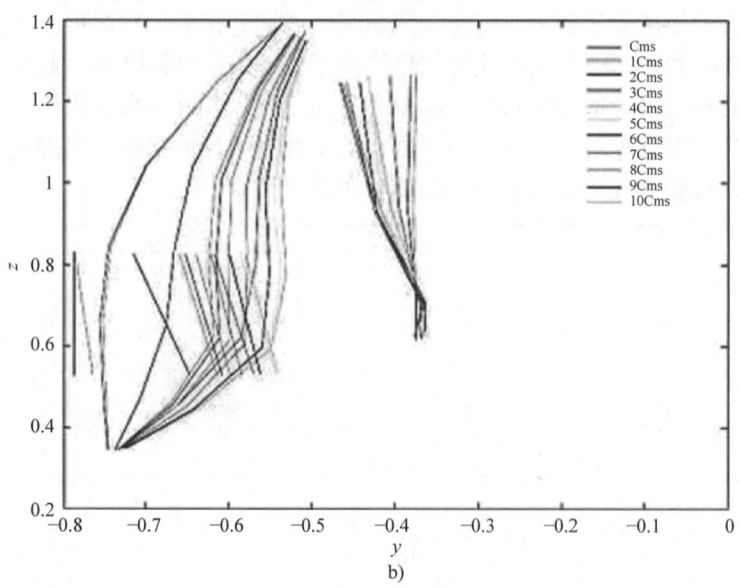

图 42.45 侵入和假人位移（续）
b）改进设计

在碰撞发生的瞬间，初始设计和改进设计的乘员位置与车辆侧向结构的接触，如图 42.46 所示。即使对这两种情况进行定性观察，允许得出结论：对于初始设计的车辆，驾驶员骨盆和胸部发生更为严重的冲击。

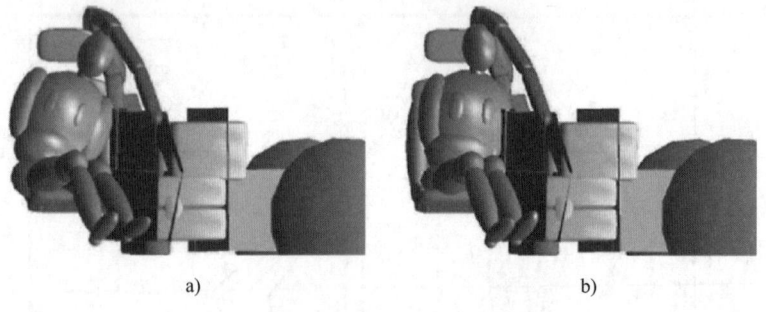

图 42.46 80ms 的假人位移
a）初始设计 b）改进设计

42.8 结论和未来发展趋势

在过去的几十年里，汽车乘员保护技术得到很大发展，已经将车辆结构的解决方案与内部乘员保护系统相集成。这种在耐撞性中的持续进化的战略方针，不仅通过事故分析定义，允许确定乘员保护的优先次序，也通过传感器、传感算法和内部设备的技术发展扩展碰撞事件的决定范围,甚至在碰撞开始之前,能够使保护系统的特性适用单独的汽车乘员。用于耐撞性的法规多具有区域性,考虑到不同的汽车市场和事故分布的情况。

在车辆被动安全技术发展的过程中,数值方法起到基础性的作用。不仅计算力学得到不断发展,提供更可靠的材料模型,为建立结构和系统模型提供更好的工具,为求解车辆及其子系统动态平衡方程提供更快和更可靠的算法和改进接触算法,还支持先进的图形界面,可以为定义更详细和更精确的信息提供更好的外观和感觉。计算能力的不断改善,保证开发的模型可以在合理的时间内提供更先进、更好集成和更高预测的结果。基于 FE 方法和 MB 动力学方法之间的实际区别,将逐步缩小和更加集成。最后,与其他数值方法例如优化工具和实时控制模式的集成,将增加车辆设计中计算方法的重要性。

人体损伤机理,对人体组织、器官和结构建模,对冲击的生物学反应等的发展和更先进的知识,必定会对当前的法规、乘员保护系统设计和车辆结构设计产生影响。目前,只有 ATD(碰撞试验假人装置)用于法规和不同公司的内部规范中,其他人类乘员的假人主要用于冲击生物力学的研究。设计试验假人用于收集规定加载方向的数据,不包括任何肌肉活动。因此,不能表示一般碰撞中人类真实的行为。人体建模的研究预计会对更先进假人设计的发展产生影响,最终实现全面的假人,其可以在低速碰撞中反映出一定水平的肌肉行为。同样,损伤标准定义的发展预计将是先进人体建模研究发展的结果。当然,法规将仍然是区域性的,至少在汽车市场中是不同的,但是测量装置预计是统一的。

汽车被动安全其他方面的主要发展,预计将会受益于许多现有传感器设备在车辆中的集成。这些装置不仅允许针对碰撞和乘员的特定特性对内部保护装置进行调整,还允许根据可预见的碰撞对车辆和乘员进行碰撞前行为的准备。新材料和新结构方案的发展将扩展碰撞前系统的范围,从系统的水平扩展到实际车辆结构。最后,预计主动安全和被动安全的许多方面集成度将越来越高,以便于车辆运行的各个阶段都可以利用共同的资源,产生更加集成的车辆安全。

致谢

EC 通过 TIP3 – CT – 2004 – 506503 项目对 APROSYS – SP6 和 APROSYS – SP7 子项目的资助,APROSYS – SP6 合作伙伴有 SIEMENS VDO(Ge),Faurecia(Ge),Daimler Chrysler(Ge),CIDAUT(Sp),Fh G(Ge),Warsaw University of Technology(Pl),and TNO(Nl),他们提出了对车辆侧面碰撞保护的输入和讨论;APROSYS – SP7 的合作伙伴有 Mecalog(Fr),CRF(It),TNO(Nl),Polytechnic of Turin(It),CIDAUT(Sp),and Graz University of Technology(At),他们提供了正

面碰撞的参考模型。

参考文献

1. DeHaven, H.: *Mechanical Analysis of Survival in Falls from Heights of Fifty to One Hundred and Fifty Feet.* War Medicine Accident Research Methods and Approaches, New York, 1942, Vol. 2, pp. 586–596.
2. Stapp, J., and Gell, C.F.: Human Exposure to Linear Declarative Force in the Backward and Forward Facing Seating Position. Military Surgeon 109(2), (1951), 106–109.
3. *Proceedings of the 8th Stapp Car Crash Conference*, Way State University Press, Detroit, MI, 1966.
4. Mackay, M.: A review of the biomechanics of impacts in road accidents. In: J. Ambrósio, M. Pereira and F. Pina da Silva (eds.): *Crashworthiness of Transportation Systems: Structural Impact and Occupant Protection*. Kluwer Academic Publishers, Dordrecht, the Netherlands, 1997, pp. 115–138.
5. Schmitt, K.-U., Niederer, P., and Walz, F.: *Trauma Biomechanics: An Introduction to Accidental Injury*. Springer, Heidelberg, Germany, 2004.
6. Brevet d'Invention no 331.926. Republique Francaise. Office National de la Propriete Industrielle, 1903.
7. Adams, J.: *The Efficacy of Seat Belt Legislation*. SAE Technical Paper 820819, SAE Transactions, SAE International, Warrendale, PA, 1982, pp. 2824–2834.
8. Janssen, W.: Seat-belt wearing and driving behavior: An instrumented-vehicle study. *Accid Anal Prev* 26(2), (1994), 249–261.
9. Barényi, B.: Kraftfahrzeug, Insbesondere zur Beförderung von Personen, Deutsches Patentamt Nr. 854157 30, 1952.
10. Seiffert, U. and Wech, L.: *Automotive Safety Handbook*. SAE International, Warrendale, PA, 2003.
11. Kokkula, S., Langseth, M., Hopperstad, O., and Lademo, O.-G.: Offset impact behavior of bumper beam-longitudinal systems: Experimental investigations. *Int. J. Crashworthiness* 11(4), (2006), 299–316.
12. Klanner, W.: Status report on future development of EuroNCAP programme. *Proceedings of the 17th ESV Conference*. Amsterdam, the Netherlands, 2001.
13. Wismans, J.: Introduction in injury biomechanics. In: J. Ambrósio, (ed.): *Crashworthiness: Energy Management and Occupant Protection*. Springer, Vienna, Austria, 2001, pp. 305–331.
14. *The Abbreviated Injury Scale, 1990 version/update 98*. Association of Advancement of Automotive Medicine. Dea Plaines, IL, 2001.
15. Viano, D.C. and King, A.I.: Injury mechanisms and biofidelity of dummies. In: J. Ambrósio, M. Pereira, and F. Pina da Silva (eds.): *Crashworthiness of Transportation Systems: Structural Impact and Occupant Protection*. Kluwer Academic Publishers, Dordrecht, the Netherlands, 1997, pp. 25–51.
16. Versace, J.: A review of the severity index. *Proceedings of the 15th STAPP Car Crash Conference*, SAE, New York, 1971, pp. 771–796.
17. Lissner, H.R., Lebow, M., and Evans, F.G.: Experimental studies on the relation between acceleration and intracranial pressure changes in man. *Surg. Gynecol. Obstet*. 111, (1960), 329–338.
18. Newman, J.A.: A generalized acceleration model for brain injury threshold. *Proceedings of the International Conference on Biomechanics of Impact 1986*. IRCOBI, Lyon, France, 1986, pp. 121–131.
19. Wismans, J., Janssen, E.G., Beusenberg, M., Koppens, W.P., and Lupker, H.A.: *Course Notes in Injury Biomechanics*. Faculty of Mechanical Engineering, Technical University of Eindhoven, Eindhoven, the Netherlands, 1994.
20. Boström, O., Svensson, M., Aldman, B., Hansson, H., Håland, Y., Lövsund, P., Seeman, T., Suneson, A., Säljö, A., and Örtengen, T.: A new neck injury criterion candidate based on injury findings in the cervical spinal ganglia after experimental neck extension trauma. *Proceedings of the International Conference on Biomechanics of Impact 1996*. Lyon, France, 1996, pp. 123–136.
21. Kleinberger, M., Sun, E., Eppinger, R., Kuppa, S., and Saul, R.: *Development of Improved Injury Criteria for the Assessment of Advanced Automotive Restraint Systems*. NHTSA Report, Washington, DC, 1998.
22. Schmitt, K.-U., Muser, M., Walz, F., and Niederer, P.: N_{km}—A proposal for a neck protection criterion for low-speed rear-ends impacts. *Traffic Inj. Prev*. 3(2), (2002), 117–126.
23. Panjabi, M., Wang, J., and Delson, N.: Neck injury criterion based on intervertebral motions and its evaluation using an instrumented neck dummy. *Proceedings of the International Conference on Biomechanics*

of Impact 1999. IRCOBI, Lyon, France, 1999, pp. 179–190.
24. Viano, D. and Davidsson, J.: Neck displacement of volunteers, BioRID P3 and hybrid III in rear impacts: Implications to whiplash assessment by neck displacement criterion (NDC). *Proceedings of the IIWPG/IRCOBI Symposium.* Isle of Man, U.K., 2001.
25. Heitplatz, F., Sferco, R., Fay, P., Kim, A. and Prasad, P.: An evaluation of existing and proposed injury criteria with various dummies to determine their ability to predict levels of soft tissue neck injury seen in real world accidents. *Proceedings of the 18th ESV Conference.* Nagoya, Japan, 2003.
26. Tarriere, C., Walfisch, G., and Fayon, A.: Synthesis of human tolerances obtained from lateral impact simulations. *Proceedings of the 7th ESV Conference.* NHTSA, Washington, DC, 1979, pp. 359–373.
27. Viano, D.: Biomechanical responses and injuries in blunt lateral impact. *Proceedings of the 33rd STAPP Car Crash Conference*, SAE, Warrendale, PA, 1971, pp. 113–142.
28. Viano, D. and Lau, I.V.: A viscous tolerance criterion for soft tissue injury assessment. *J. Biomech.* 21(5), (1988), 387–399.
29. Haffner, M.: Synthesis of pelvic fracture criteria for lateral impact loading. *Proceedings of the 10th ESV Conference.* Washington, DC, 1985.
30. Yamada, H.: *Strength of Biological Materials.* R.E. Krieger Publishers, New York, 1970.
31. IIHS: *Frontal Offset Crashworthiness Evaluation Guidelines for Rating Injury Measures.* Insurance Institute for Highway Safety, Arlington, VA. 2004.
32. Seek, A., Coxon, C., and Wani, K.: Global NCAP harmonisation—Initial Position, Requirements and Prospects. *Int. J. Crashworthiness* 8(1), (2003), 5–15.
33. European Council for Europe: Regulation 94–Uniform provisions concerning the approval of vehicles with regard to the protection of the occupants in the event of a frontal collision. 1995.
34. National Highway Traffic Safety Administration: Federal motor vehicle safety standard no 208, Occupant Crash Protection. *Code of Federal Regulations Part §571.208.* (2004) pp. 497–580.
35. www.euroncap.com.
36. European Council for Europe: Regulation 95–Uniform provisions concerning the approval of vehicles with regard to the protection of the occupants in the event of a lateral collision. 1995.
37. National Highway Traffic Safety Administration: Federal motor vehicle safety standard no 214, Side Impact Protection. *Code of Federal Regulations Part §571.214.* (2004) pp. 666–677.
38. National Highway Traffic Safety Administration: Federal motor vehicle safety standard no 201, occupant protection in interior impact. *Code of Federal Regulations Part §571.201.* (2004) pp. 463–483.
39. European Council for Europe: Regulation 32–Uniform provisions concerning the approval of vehicles with regard to the structure of impacted vehicles in a rear-end collision. 1993.
40. National Highway Traffic Safety Administration: Federal Motor Vehicle Safety Standard no 303, Fuel system integrity of compressed natural gas vehicles. *Code of Federal Regulations Part §571.303.* (2002), pp. 743–746.
41. Matsui, Y., Ishikawa, H., and Sasaki, A. Proposal of injury risk curves for evaluating pedestrian femur/pelvis injury risk using EEVC upper legform impactor based on accident reconstruction. *Int. J. Crashworthiness.* 11(2), (2006), 97–103.
42. European Enhanced Vehicle-Safety Committee. Improved test methods to evaluate pedestrian protection afforded by passenger cars. EEVC working group 17 report. 1998.
43. Ardoino, P.: Car crash and safety testing. In: J. Ambrósio, M. Pereira, and F. Pina da Silva (eds.): *Crashworthiness of Transportation Systems: Structural Impact and Occupant Protection.* Kluwer Academic Publishers, Dordrecht, the Netherlands, 1997, pp. 189–205.
44. SAE 2006 International Conference and Exposition of Digital Human Modeling for Design and Engineering, Lyon, France, July 4–6, 2006.
45. Schonpflug, M., Merten, K., and Werniecke, P. Numerical simulation of human kinematics and injuries in side crash scenarios. In: *Proceedings of the Digital Human Modeling for Design and Engineering Symposium.* Rochester, MI, June, 2004.
46. Lescheticky, T. and Gholami, T.: USSID and EuroSID: Two tools for the side impact simulation of car structures. In: J. Ambrósio and M. Pereira (eds.): *Proceedings of the NATO-ASI on Crashworthiness of Transportation Systems: Structural Impact and Occupant Protection: Volume II—Contributed Papers.* Tróia, Portugal, July 7–19, 1996, pp. 19–34.
47. Wismans, J.: Design tools: Human body modelling. In: J. Ambrósio, (ed.): *Crashworthiness: Energy Management and Occupant Protection.* Springer, Vienna, Austria, 2001, pp. 333–377.
48. TNO Automotive: *MADYMO Manuals, Version 6.2.* TNO MADYMO BV., Delft, the Netherlands, 2004.

49. Hallquist, J.O.: *LS-DYNA Theoretical Manual: Nonlinear Dynamics Analysis of Structures*. Livermore Software Technology Corporation, Livermore, CA, 1998.
50. Haug, E.: The PAM-CRASH Code as an efficient tool for crashworthiness simulation and design. *Proceedings of the Second European Cars/Trucks Simulation Symposium*. Schliersee, Germany, May 22–24. 1989.
51. Mecalog: *RADIOSS Input Manual, Version 4.2*. Mecalog, Antony, France, 2000.
52. Wittemann, W.J.: Improved vehicle crashworthiness design by control of the energy absorption for different collision situations. PhD dissertation. Technical University of Eindhoven, Eindhoven, the Netherlands, 1999.
53. Wågström, L., Thomson, R., and Pipkorn, B.: Structural adaptivity in frontal collisions: Implications on crash pulse characteristics. *Int. J. Crashworthiness* 10(4), (2005), 371–378.
54. Chan, C.-Y.: *Fundamentals of Crash Sensing in Automotive Air Bag Systems*. SAE International, Warrendale, PA, 2000.
55. Cesari, D.: Advanced restraint systems for occupant protection. In: J. Ambrósio, M. Pereira, and F. Pina da Silva (eds.): *Crashworthiness of Transportation Systems: Structural Impact and Occupant Protection*. Kluwer Academic Publishers, Dordrecht, the Netherlands, 1997, pp. 173–187.
56. Harms, P., Renouf, M., Thomas, P., and Bradford, M. Injuries to restrained car occupants: What are the outstanding problems? In: *Proceedings of the 11th ESV Conference*. SAE Paper no 876029. SAE International, Warrendale, PA, 1987, pp. 183–201.
57. Miller, M.A.: The biomechanical response of the lower abdomen to belt restraint loading. *J. Trauma*, 29(11), (1989), 1571–1584.
58. Wiklund, C. and Larsson, H.: *Saab Active Head Restraint (SAHR)—Seat Design to Reduce the Risk of Neck Injuries in Rear Impacts*. SAE Paper no 980297, SAE Transactions, SAE International, Warrendale, PA, 1998.
59. Lundell, B., Jakobsson, L., Alfredsson, B., Lindstrom, M., and Simonsson, L.: The WHIPS Seat—A car seat for improved protection against neck injuries in rear-end impacts. In: *Proceedings of the 16th ESV Conference*, Paper no. 98-S7-O-08, Washington, DC, 1998.
60. Schmitt, K.-U. and Muser, M.: *Seat Component to Prevent Whiplash Injury*. Patent EP 02 405 537.8, European Patent Office, 2002.
61. Wilson, R.A.: A review of vehicle impact testing: How it began and what is being done. SAE Paper no700403, SAE Transactions, SAE International, Warrendale, PA, 1970.
62. Tidbury, G.H.: Vehicle structural analysis: A survey. *Int. J. Vehicle Design* 1, (1980), .165–172.
63. Kamal, M.M. and Wolf, J.A. (Eds.): *Modern Automotive Structural Analysis*. Van Nostrand Reinhold Company, New York, 1982.
64. McHenry, R.R.: Analysis of the dynamics of automobile passenger restraint systems. *Proceedings of the 7th Stapp Car Crash Conference*, Playa del Rey, CA, November 11–13, 1963, pp. 207–249.
65. Lobdell, T.E.: Impact response of the human thorax. In *Human Impact Response: Measurement and Simulation*. Plenum Press, New York, 1973, pp. 201–245.
66. Nikravesh, P.E., Chung, I.S., and Benedict, R.L.: Plastic hinge approach to vehicle crash simulation. *Comp. Struct*. 16(1–4), 1983, pp. 395–400.
67. Ambrósio, J., Pereira, M., and Dias, J.: Distributed and discrete nonlinear deformations in multibody dynamics. *Nonlinear Dyn*. 10(4), (1996), 359–379.
68. Milho, J., Ambrósio, J., and Pereira, M.: Design of train crash experimental tests by optimization procedures. *Int. J. of Crashworthiness* 9(5), (2004), 483–493.
69. Robbins, D.H., Bowman, B.M., and Bennett, R.O.: The MVMA two-dimensional crash victim simulation. *Proceedings of the 18th Stapp Car Crash Conference*. SAE International, Warrendale, PA, 1974, pp. 657–678.
70. Fleck, J., Butler, F., and Vogel, S.: *An Improved Three-Dimensional Computer Simulation of Motor Vehicle Crash Victims*, Tech. Report no ZQ-5180-L-1, Calspan Corporation, Buffalo, New York. 1974.
71. Laananen, D.H., Bolukbasi, A.O., and Coltman, J.W.: Computer simulation of an aircraft seat and occupant in a crash environment: Volume 1, Technical Report DOT/FAA/CT-82/33-I, US Department of Transportation, Federal Aviation Administration, Atlantic City, NJ, 1983.
72. Thompson, J.E.: Vehicle crush prediction using finite element techniques, paper no 730157. SAE Transactions, SAE International, Warrandale, PA, 1973.
73. Belytschko, T. and Hsieh, B.J.: Nonlinear transient finite element analysis with convected coordinates.

Int. J. Numer. Meth Eng., 7, (1973), 255–271.
74. Hallquist, J.O.: *Preliminary Users Manual for DYNA3D and DYNAP (Nonlinear Dynamic Analysis of Solids in Three Dimensions)*. Report UCID-17268. Lawrence Livermore National Laboratory, Berkley, CA, 1976.
75. Belytschko, T. and Kenedy, J. M.: *WHAMS-3D, An Explicit 3D Finite Element Program*. KBS2 Inc., Willow Springs, IL, 1986.
76. Nikravesh, P.: *Computer-Aided Analysis of Mechanical Systems*, Prentice Hall, Englewood-Cliffs, NJ, 1988.
77. Veríssimo, P. and Ambrósio, J.: Improved bushing models for vehicle dynamics, In C.A. Mota Soares et al. (eds.), *Proceedings of III European Conference on Computational Mechanics: Solids, Structures and Coupled Problems in Engineering* (on CD), Lisbon, Portugal, June 5–8, 2006, pp. 1–20.
78. Lankarani, H.M., Ma, D., and Menon, R.: Impact dynamics of multibody mechanical systems and application to crash responses of aircraft occupant/structure, In: M. Pereira and J. Ambrósio (eds.) *Computational Dynamics in Multibody Systems*, Kluwer Academic Publishers, Dordrecht, the Netherlands, 1995, pp. 239–265.
79. Wu, S., Yang, S., and Haug, E.: Dynamics of mechanical systems with coulomb friction, stiction, impact and constraint addition-deletion, Technical Report 84-19, Center for Computer Aided Design, University of Iowa, University Heights, IA, 1984.
80. Winmer, A.: Einfluss der lelastungsgeschwindigkeit auf das festigkeitsund verformungsverhalten am beispiel von kraftfahrzeugen. *ATZ*. 77(10), (1977), 281–286.
81. Sousa, L., Veríssimo, P., and Ambrósio, J.: *Generic Multibody Car Models*, Technical Report IST-APROSYS-SP7, Instituto Superior Técnico, Technical University of Lisbon, Lisbon, Portugal. 2006.
82. Puppini, R., Diez, M., Avalle, M., Ciglaric, I., and Feist, F.: Generic car (FE) models for categories super minis, small family cars, large family executive cars, MPV and heavy vehicle, Technical Report APROSYS AP-SP7-0029-A, 2005.
83. ABAQUS Analysis User's Manual. Hibbitt, Karlsson and Sorensen, Inc., Pawtucket, Richmond, CA, 2004.
84. Kang, W.J., Cho, S.S., Huh, H., and Chung, D.T.: Modified Johnson-Cook model for vehicle body crashworthiness simulation. *Int. J. Vehicle Design*. 21(4/5), (1999), 424–435.
85. J. Dias and J. Ambrósio: APROSYS-SP6: Actuator requirements definition multibody simulations. Technical Report AP-SP61-D614, 2005.
86. Lim, J.M., Choi, J.W., and Park, G.-J.: Automobile side impact modeling using ATB software. *Int. J. Crashworthiness* 2(3), (1997), 287–297.
87. Zhu, J.Y., Cavanaugh, J.M., and King, A.I.: *Pelvic Biomechanical Response and Padding Benefits in Side Impact Based on a Cadaveric Test Series*. SAE Paper no 933128, Warrendale, PA, 1993, 223–233.

Road and Off – Road Vehicle System Dynamics Handbook/by Giampiero Mastinu, Manfred Ploechl/ISBN: 9780849333224

Copyright © 2014 by CRC Press

Authorized translation from English language edition published by CRC Press, part of Taylor & Francis Group LLC; All rights reserved. 本书原版由 Taylor & Francis 出版集团旗下，CRC 出版公司出版，并经其授权翻译出版，版权所有，侵权必究。

China Machine Press is authorized to publish and distribute exclusively the Chinese (Simplified Characters) language edition. This edition is authorized for sale throughout Mainland of China. No part of the publication may be reproduced or distributed by any means, or stored in a database or retrieval system, without the prior written permission of the publisher. 本书中文简体翻译版授权由机械工业出版社独家出版并限在中国大陆地区销售，未经出版者书面许可，不得以任何方式复制或发行本书的任何部分。

Copies of this book sold without a Taylor & Francis Sticker on the cover are unauthorized and illegal. 本书封面贴有 Taylor & Francis 公司防伪标签，无标签者不得销售。

本书北京市版权局著作权登记图字：01 - 2015 - 3497 号。

图书在版编目（CIP）数据

车辆系统动力学手册. 第4卷，控制和安全/（意）吉亚姆皮埃罗·马斯蒂努（Giampiero Mastinu），（奥）曼弗雷德·普勒彻（Manfred Ploechl）主编；李杰等译. —北京：机械工业出版社，2020.12

（汽车先进技术译丛. 汽车技术经典手册）

书名原文：Road and Off – Road Vehicle System Dynamics Handbook

ISBN 978-7-111-66937-1

Ⅰ.①车… Ⅱ.①吉… ②曼… ③李… Ⅲ.①车辆动力学 - 手册 Ⅳ.①U270.1 - 62

中国版本图书馆 CIP 数据核字（2020）第 228404 号

机械工业出版社（北京市百万庄大街22号　邮政编码100037）
策划编辑：孙　鹏　　责任编辑：孙　鹏
责任校对：张　薇　　封面设计：鞠　杨
责任印制：郜　敏
盛通（廊坊）出版物印刷有限公司印刷
2021年1月第1版第1次印刷
169mm×239mm・36.25印张・2插页・704千字
0 001—1 500 册
标准书号：ISBN 978-7-111-66937-1
定价：199.00元

电话服务　　　　　　网络服务
客服电话：010-88361066　　机　工　官　网：www.cmpbook.com
　　　　　010-88379833　　机　工　官　博：weibo.com/cmp1952
　　　　　010-68326294　　金　书　网：www.golden-book.com
封底无防伪标均为盗版　　机工教育服务网：www.cmpedu.com